DIN 1053 – 1
Mauerwerk
Teil 1: Berechnung und Ausführung

Fachbuch für Architekten,
Bauingenieure und Studierende

DIN 1053 – 1
Mauerwerk
Teil 1: Berechnung und Ausführung

von
Dipl.-Ing. B. Mathias
Dr.-Ing. H. Reeh
Dipl.-Ing. S. Reeh
BGS Ingenieursozietät, Hannover

Redaktion:
Dipl.-Ing. S. Brinkmann, Durmersheim
Dipl.-Ing. B. Diestelmeier, Dorsten
Dipl.-Ing. G. Meyer, Hannover
Dipl.-Ing. W. Raab, Röthenbach a.d. Pegnitz
Dipl.-Bauing. O. Roschkowski, Duisburg
Dipl.-Ing. J. Schmertmann, Buxtehude
Dipl.-Ing. H. Schwieger, Hannover

Herausgeber:
Kalksandstein-Info GmbH
Postfach 21 01 60, 30401 Hannover
Telefon 05 11/2 79 54-0
Telefax 05 11/2 79 54-54
www.kalksandstein.de
info@kalksandstein.de

VLB-Meldung

Kalksandstein: DIN 1053-1. Mauerwerk. Teil 1:
Berechnung und Ausführung / von B. Mathias,
H. Reeh, S. Reeh / Hrsg.: KS-Info GmbH, Hannover.
– Düsseldorf: Verlag Bau + Technik GmbH

ISBN 3-7640-0451-7

Gesamtproduktion und © by Verlag Bau + Technik, Düsseldorf, 1997
2., überarbeitete Auflage, 2005
Stand: I-9022–05/04–4000

Empfohlener Ladenverkaufspreis € 78,–

Alle Angaben erfolgen nach bestem Wissen und Gewissen,
jedoch ohne Gewähr.

Vorwort

Im November 1996 sind die Neufassungen der DIN 1053-1, Mauerwerk, Teil 1: Berechnung und Ausführung sowie DIN 1053-2, Mauerwerk, Teil 2: Mauerwerksfestigkeitsklassen aufgrund von Eignungsprüfungen erschienen.

DIN 1053 Teil 1, Ausgabe Februar 1990, galt mit dem vereinfachten Bemessungsverfahren für die Berechnung und Ausführung von Rezeptmauerwerk. DIN 1053 Teil 2, Ausgabe Juli 1984, enthielt das genauere Berechnungsverfahren für Mauerwerk und Bestimmungen für Mauerwerk nach Eignungsprüfung. Die Bemessung nach der „neuen DIN 1053-1", Ausgabe November 1996, erfolgt sowohl im vereinfachten als auch im genaueren Berechnungsverfahren. Grundlagen sind die Grundwerte der zulässigen Druckspannungen.

Das genauere Berechnungsverfahren ist nahezu vollständig vom Teil 2 (Ausgabe Juli 1984) in den Teil 1 (Ausgabe November 1996) übernommen worden. Die DIN 1053-2 (Ausgabe 1996) regelt nur noch die Festlegung zur Bestimmung von Mauerwerksfestigkeitsklassen aufgrund von Eignungsprüfungen. Weitere wesentliche Änderungen in der Ausgabe sind die Erhöhung der Grundwerte der zulässigen Druckspannungen bei Verwendung von Dünnbettmörtel sowie die Erhöhung der zulässigen Randspannungen um 33% beim Nachweis nach dem genaueren Verfahren.

Mit dem KS-Statikbuch, das von der BGS Ingenieursozietät in Zusammenarbeit mit dem Redaktionsausschuss der KS-Info GmbH geschaffen wurde, erhält der Fachplaner eine Arbeitshilfe, die die Anwendung der DIN 1053-1 wesentlich erleichtert. Großer Wert wird auf die praktische Anwendung gelegt. So sind im farbig abgesetzten Teil des Fachbuches umfangreiche Beispiele typischer Mauerwerksbauten mit Erläuterungen der Grundlagen und Berechnungshilfen (Tafeln) enthalten.

Im August 2004 wurde Teil 100 der DIN 1053 veröffentlicht. Im Gegensatz zu Teil 1 erfolgt im Teil 100 die Berechnung auf der Grundlage des semiprobabilistischen Sicherheitskonzepts (Teilsicherheitskonzept). Die Aufnahme von DIN 1053-100 in die Liste der technischen Baubestimmungen (LTB) wird im Laufe des Jahres 2005 erwartet. Die bauaufsichtliche Einführung in den verschiedenen Bundesländern ist mit zeitlichem Verzug zu erwarten. Für die nächsten Jahre werden Teil 1 und Teil 100 gleichzeitig gelten.

Mit Einführung von DIN 1053-100 wird DIN 1053-1 nicht außer Kraft gesetzt. Dies bedeutet, dass auch weiterhin Mauerwerk nach DIN 1053-1 nachweisbar ist. Insbesondere die Abschnitte Konstruktion und Ausführung sind in DIN 1053-100 nicht enthalten. Für diese Abschnitte gilt weiterhin DIN 1053-1.

Im Fachbuch wird ausschließlich auf DIN 1053-1 eingegangen.

Der Nachdruck der überarbeiteten 2. Auflage des KS-Statikbuches enthält eine CD-ROM mit der KS-Vorlagenbibliothek für das Programm „Bautext" vom Bausoftwarehaus Veit Christoph GmbH. Mit der KS-Vorlagenbibliothek lassen sich die Berechnungsbeispiele aus dem KS-Statikbuch nachrechnen und die Eingabewerte (Belastung, Wanddicke etc.) ändern. Häufig genutzte Vorlagen lassen sich somit einfach anwenden.

Hannover, im März 2005

Kalksandstein-Info GmbH

Inhaltsverzeichnis

1	**Vorbemerkungen**	9
1.1	Entwicklung der Mauerwerksnormen	10
1.2	Stand der Mauerwerksnormen	10
1.3	Hochbelastbares Mauerwerk	11
1.4	Anwendungsbereiche der DIN 1053 Teil 1 und Teil 2	11
1.5	Besonderheiten in DIN 1053 Teil 1	12
1.6	Nachzuweisende Bauteile in Mauerwerksbauten	12
1.7	Zielsetzung des Buches	13
2	**Tragende Wände**	15
2.1	Allgemeines	16
2.2	Einteilung der Wände	17
2.3	Vereinfachtes Berechnungsverfahren	18
2.4	Bemessung im vereinfachten Verfahren	25
2.5	Genaueres Berechnungsverfahren	35
2.6	Bemessung im genaueren Verfahren	38
3	**Bauteile und Konstruktionsdetails, Ausführung**	43
3.1	Allgemeines	44
3.2	Tragende und aussteifende Wände	44
3.3	Kellerwände	44
3.4	Nichttragende Wände	47
3.5	Anschluß der Wände an die Decken und an das Dach	47
3.6	Ringanker und Ringbalken	48
3.7	Schlitze und Aussparungen	50
3.8	Außenwände	51
3.9	Gewölbe, Bogen und Gewölbewirkung	53
3.10	Lager-, Stoß- und Längsfugen	54
3.11	Flachstürze	55
3.12	Giebelwände	58
3.13	Pfeiler und kurze Wände	59
3.14	Weitere Bauteile	60
4	**Beispiele**	63
4.1	Vorbemerkungen	65
4.2	Standsicherheitsnachweise	66
4.3	Hinweise zum genaueren Berechnungsverfahren und zu den Beispielen in Kap. 6	101
5	**KS-Mauerwerk**	103
5.1	Steinarten und Anforderungen	104
5.2	KS-Formsteine	106
5.3	Nichttragende KS-Außenwände	106
5.4	Nichttragende KS-Innenwände	113
5.5	Verformung und Rißsicherheit	117
5.6	Rationelles kosten- und flächensparendes Bauen	128
5.7	Grundwerte der zulässigen Spannungen	129
Anhang		133
6	**Grundlagen und Beispiele zum genaueren Berechnungsverfahren**	133
6.1	Allgemeines	135
6.2	Nachweis des Wand-Decken-Knotens	140
6.3	Knicksicherheitsnachweis	163
6.4	Schubnachweis	188
6.5	Bauwerksaussteifung	192
6.6	Kelleraußenwand	207
6.7	Lasteinleitung	243
6.8	Nachweis tragender Bauglieder, Beispiele	245
Literatur		291
Baunormen		293
Bezeichnungen		294
Stichwortverzeichnis		297
DIN 1053–1		301

1 Vorbemerkungen

1.1	Entwicklung der Mauerwerksnormen	10
1.2	Stand der Mauerwerksnormen	10
1.3	Hochbelastbares Mauerwerk	11
1.4	Anwendungsbereiche der DIN 1053 Teil 1 und Teil 2	11
1.5	Besonderheiten in DIN 1053 Teil 1	12
1.6	Nachzuweisende Bauteile in Mauerwerksbauten	12
1.7	Zielsetzung des Buches	13

1 Vorbemerkungen

1.1 Entwicklung der Mauerwerksnormen

Mauerwerk war schon im Altertum eine allgemein anerkannte und bewährte Bauweise, die über Jahrtausende hinweg das Umfeld der Menschen prägte. Wie in der Antike war auch im Mittelalter die Mauerwerksbaukunst hoch entwickelt. Bis zur ersten Hälfte unseres Jahrhunderts wurde Mauerwerk nach Handwerksregeln, Brauchtum und persönlicher Erfahrung ausgeführt. Entsprechend groß waren die Unterschiede in den vorhandenen Sicherheiten der einzelnen Bauteile. Die überlieferten Erfahrungen und die gewonnenen Erkenntnisse wurden in den früheren Vorschriften berücksichtigt.

Der Mauerwerksbau wurde aber durch vergleichsweise höheren Aufwand auf der Baustelle und durch wirklichkeitsfremde Berechnungsmethoden und unzeitgemäße Vorschriften von anderen Baustoffen und Bauweisen allmählich verdrängt.

Erst durch neue rationelle Bauverfahren in Verbindung mit erheblicher Zeit- und Materialersparnis unter Verwendung hochfester Wandbausteine und großformatiger Wandelemente, aber auch durch genauere Berechnungsverfahren und moderne Vorschriften ist es gelungen, die Anwendungsbereiche auszuweiten und die Position des Mauerwerksbaues im Baugeschehen unseres Landes und Europas zu festigen.

Ein Schritt in Richtung auf eine ingenieurmäßige Betrachtungsweise wurde 1965 in der Schweiz mit der Einführung der SIA-Norm 113 [1/1] getan. Diese Norm gilt als erstes Beispiel einer Vorschrift für hochbelastbares Mauerwerk. Hier wurden die Gesetze der technischen Mechanik konsequent auf die wirklichkeitsnahe Berechnung von Mauerwerksbauten angewendet. So konnten in der Schweiz bis zu 20geschossige Wohnhochhäuser mit tragenden Mauerwerkswänden von nur 15 und 18 cm Wanddicke ausgeführt werden [1/2].

Angeregt durch Entwicklungen im Ausland setzte sich auch in Deutschland der ingenieurmäßige Mauerwerksbau immer mehr durch. So wurde schon 1973 ein 10geschossiges Wohnhochhaus in Hanau mit Kalksand-Planblöcken – so die damalige Steinbezeichnung – errichtet und die Anwendung des Ingenieurmauerwerks erprobt [1/3, 1/4]. Erstmals in Deutschland wurden großformatige Planblöcke in Verbindung mit Dünnbettmörtel und unvermörtelten Stoßfugen mit Hilfe eines Versetzgerätes vermauert. Die 15 und 20 cm dicken Wände wurden mit höheren Normalspannungen als nach der damals gültigen Ausgabe der DIN 1053 erlaubt nachgewiesen. Bei der Ausführung von Wandanschlüssen wurde die Stumpfstoßtechnik angewendet.

Dies führte, unterstützt durch umfangreiche Forschungsarbeiten, zur Herausgabe von DIN 1053 Teil 2, Ausgabe Juli 1984, mit der die ingenieurmäßige Berechnung von Mauerwerksbauten ermöglicht wurde. Das in DIN 1053 Teil 2 angegebene genauere Berechnungsverfahren erwies sich jedoch für viele Fälle der Praxis als rechenaufwendig. Daher wurde mit Einführung von DIN 1053 Teil 1, Ausgabe Februar 1990, die vereinfachte Berechnung von Mauerwerksbauten ermöglicht.

DIN 1053 Teil 1, Ausgabe Februar 1990, galt für die Berechnung und Ausführung von Rezeptmauerwerk und enthielt ein vereinfachtes Berechnungsverfahren in Form von Spannungsnachweisen für mittig angenommene Belastung. Die Einflüsse der Endauflager von Decken und des Knickens wurden durch Abminderungsfaktoren des Grundwertes der zulässigen Druckspannung berücksichtigt.

DIN 1053 Teil 2, Ausgabe Juli 1984, galt für Mauerwerk nach Eignungsprüfung und enthielt das genauere Berechnungsverfahren, das auch für Rezeptmauerwerk nach DIN 1053 Teil 1 anwendbar war.

Das vereinfachte Berechnungsverfahren war widerspruchsfrei an das genauere Verfahren nach DIN 1053 Teil 2, Ausgabe Juli 1984, angepaßt. Es mußten Anwendungsgrenzen beachtet werden, die jedoch so gewählt waren, daß die meisten Mauerwerksbauten damit nachgewiesen werden konnten. Wenn diese Grenzen verlassen wurden oder ein genauerer Nachweis erwünscht war, konnte DIN 1053 Teil 2, Ausgabe Juli 1984, angewendet werden. Sollte jedoch die Festigkeitsklasse des Mauerwerkes mit Hilfe einer Eignungsprüfung festgelegt werden, so mußte die Berechnung des Mauerwerkes in jedem Fall nach dem genaueren Verfahren in DIN 1053 Teil 2, Ausgabe Juli 1984, erfolgen.

Zur Aktualisierung und Vervollständigung der für den deutschen Mauerwerksbau wichtigsten Norm DIN 1053 Teil 1, Ausgabe Februar 1990, wurde von einem Normenausschuß des DIN eine Neufassung dieser Norm und der DIN 1053 Teil 2, Ausgabe Juli 1984, erarbeitet. Diese Bearbeitung geschah auch im Hinblick darauf, daß mit der bauaufsichtlichen Einführung des Eurocode 6 als Alternative zur DIN 1053 nicht vor dem Jahr 2000 gerechnet wird.

1.2 Stand der Mauerwerksnormen

Mit der Veröffentlichung der neuen DIN 1053 Teil 1 und Teil 2 gilt der in Tafel 1/1 dargestellte Bearbeitungsstand der Mauerwerksnorm DIN 1053. Die neue DIN 1053 Teil 1 enthält neben dem vereinfachten jetzt auch das genauere Berechnungsverfahren. Das genauere Verfahren wurde nahezu vollständig von Teil 2 in den Teil 1 übertragen. Dabei wurden die bisher in DIN 1053 Teil 2 fehlenden Angaben für Leicht- und

---

Mauerwerksnormen DIN 1053 Teil 1 und Teil 2

bisher: DIN 1053 Teil 1, Ausgabe Februar 1990, enthielt das vereinfachte Berechnungsverfahren. DIN 1053 Teil 2, Ausgabe Juli 1984, enthielt das genauere Berechnungsverfahren und Mauerwerk nach Eignungsprüfung.

jetzt: Die Neuausgabe der DIN 1053 Teil 1 enthält das vereinfachte und das genauere Berechnungsverfahren, wobei der Inhalt der vorherigen Ausgaben (Februar 1990 bzw. Juli 1984) weitgehend übernommen wurde.

Die Neuausgabe der DIN 1053 Teil 2 enthält nur noch Festlegungen zur Bestimmung von Mauerwerksfestigkeitsklassen aufgrund von Eignungsprüfungen.

Die bisherige Ausgabe (Juli 1984) wurde weitgehend überarbeitet.

Die genaue Bezeichnung der DIN 1053 lautet nunmehr: DIN 1053-1, Mauerwerk, Teil 1: Berechnung und Ausführung bzw.

DIN 1053-2, Mauerwerk, Teil 2: Mauerwerksfestigkeitsklassen aufgrund von Eignungsprüfungen.

In diesem Fachbuch werden als Kurzform die bisherigen Bezeichnungen DIN 1053 Teil 1 bzw. DIN 1053 Teil 2 beibehalten.

Tafel 1/1: Übersicht über die Teile der Mauerwerksnorm DIN 1053

Teil 1	Ausgabe 11.96	Mauerwerk; Berechnung und Ausführung Anhang A: Mauermörtel
Teil 2	Ausgabe 11.96	Mauerwerk; Mauerwerksfestigkeitsklassen aufgrund von Eignungsprüfungen
Teil 3	Ausgabe 02.90	Mauerwerk; Bewehrtes Mauerwerk; Berechnung und Ausführung Anhang A: Anforderungen an Formsteine
Teil 4	Ausgabe 09.78	Mauerwerk; Bauten aus Ziegelfertigbauteilen

Dünnbettmörtel sowie die Mörtelgruppen I und II ergänzt. Durch die Zusammenlegung der beiden Berechnungsverfahren entfallen alle bisher in den beiden Normen doppelt aufgeführten Regelungen, so daß der Inhalt der alten DIN 1053 Teil 1 und Teil 2 redaktionell gestrafft werden konnte. Der Begriff „Rezeptmauerwerk" entfällt. Die neue DIN 1053 Teil 1 gilt allgemein für Mauerwerk und regelt dessen Berechnung und Ausführung. In der neuen DIN 1053 Teil 2 sind nur noch Festlegungen zur Bestimmung von „Mauerwerksfestigkeitsklassen aufgrund von Eignungsprüfungen" enthalten.

Das genauere Berechnungsverfahren der neuen DIN 1053 Teil 1 entspricht dem früher für Mauerwerk nach Eignungsprüfung und Rezeptmauerwerk geltenden Verfahren der alten DIN 1053 Teil 2. Mauerwerksfestigkeitsklassen sind im neuen Teil 1 nur noch für Mauerwerk nach Eignungsprüfung vorgesehen. Die Bemessung nach der neuen DIN 1053 Teil 1 erfolgt im vereinfachten oder im genaueren Verfahren auf der Grundlage von Grundwerten σ_0 der zulässigen Druckspannungen. Diese sind in Abhängigkeit von den Steinfestigkeitsklassen und den Mörtelarten bzw. -gruppen sowie von den Nennfestigkeiten für Mauerwerk nach Eignungsprüfung festgelegt.

> Nachfolgend wird unter der Bezeichnung „vereinfachtes Verfahren" das vereinfachte Berechnungsverfahren nach der neuen DIN 1053 Teil 1, Abschnitt 6, und unter der Bezeichnung „genaueres Verfahren" das genauere Berechnungsverfahren nach der neuen DIN 1053 Teil 1, Abschnitt 7, verstanden.

Für bewehrtes Mauerwerk gilt DIN 1053 Teil 3. Diese Bauweise ist in Deutschland nur wenig verbreitet. Entwicklungen im Ausland – z. B. in Großbritannien – lassen vermuten, daß sich der Anwendungsbereich von bewehrtem Mauerwerk auch in Deutschland vergrößern wird. Einsatzbereiche könnten beispielsweise Kelleraußenwände und nichttragende Außenwände sein. Die Verwendung von Formsteinen, die gemäß den Steinnormen und den zusätzlichen Anforderungen nach DIN 1053 Teil 3 hergestellt werden müssen, wird die Anwendung dieser Bauart erleichtern. Die Regeln in DIN 1053 Teil 3 sind so allgemein gefaßt, daß sie einer materialgerechten und wirtschaftlichen Entwicklung genügend Spielraum lassen [1/5].

DIN 1053 Teil 4 „Bauten aus Ziegelfertigbauteilen" entspricht schon lange nicht mehr den allgemein anerkannten Regeln der Technik. Da Mauertafeln in der europäischen Normung nicht berücksichtigt werden, wird derzeit von einem Normenausschuß des DIN ein neuer Teil 4 ausgearbeitet. Hierbei werden zukünftig auch Mauertafeln aus Kalksandsteinen erfaßt und die bisher in Zulassungen geregelten Ausführungen einbezogen. Das Berechnungsverfahren wird an die neue DIN 1053 Teil 1 angeglichen, so daß die Nachweise auf Druck und Schub gegenüber dem alten Teil 4 wesentlich einfacher und anwendungsfreundlicher werden.

Für die Bemessung und Ausführung von Mauerwerk im Europäischen Binnenmarkt wird der Eurocode 6 maßgebend. Die Teile 1-1: „Allgemeine Regeln – Regeln für bewehrtes und unbewehrtes Mauerwerk, Riß- und Verformungsverhalten" und Teil 1-2: „Allgemeine Regeln – Ergänzende Regeln für die brandschutztechnische Bemessung" wurden im Juni 1994 zur Veröffentlichung als europäische Vornorm – ENV – verabschiedet. Sie liegen als prENV 1996-1-1: 1995 (Teil 1-1) und prENV 1996-1-2 (Teil 1-2) vor.

Ein spezieller Arbeitsausschuß des DIN erarbeitet z. Z. das Nationale Anwendungsdokument – NAD – für die beiden Normteile. Erst nach Fertigstellung der NAD können die beiden ENV-Teile des Eurocode 6 zusammen mit dem NAD bauaufsichtlich als gleichwertig zu den deutschen Normen der DIN 1053 zur Anwendung erlaubt werden.

Die verbindliche Einführung des EC 6 als europäische Norm – EN – ist zwischen 1997 und 1999 vorgesehen. Die Ausarbeitung der Baustoff- und Prüfnormen im Technischen Komitee 125 des CEN – CEN/TC 125 – sollte ursprünglich früher abgeschlossen sein, zieht sich aber teilweise auch wegen nicht vorliegender Mandate der Kommission der EG länger hin. Es ist daher fraglich, ob der EC 6 ohne die zugehörigen Baustoff- und Prüfnormen bereits im Jahr 2000 eingeführt werden kann.

1.3 Hochbelastbares Mauerwerk

Soll Mauerwerk besser ausgenutzt werden, so müssen seine technologischen Eigenschaften genau ermittelt und das Tragverhalten der Konstruktion in der statischen Berechnung wirklichkeitsnah erfaßt werden.

Wirtschaftliches Bauen erfordert, die heute verfügbaren hochwertigen Baustoffe möglichst gut auszunutzen und entsprechend ihren Eigenschaften einzusetzen. Damit lassen sich bei Mauerwerksbauten größere Höhen oder schlankere Konstruktionen erreichen. Die Anordnung dünnerer Wände – z. B. auch bei Ein- und Zweifamilienwohnhäusern – erlaubt unter Beibehaltung des Grundrisses größere Wohnflächen und Materialeinsparungen.

Bei Anwendung des vereinfachten oder des genaueren Verfahrens der neuen DIN 1053 Teil 1 ist die statische Berechnung und Ausführung von hochbelastbarem Mauerwerk mit den beschriebenen wirtschaftlichen Vorteilen noch besser als bisher möglich.

1.4 Anwendungsbereiche der DIN 1053 Teil 1 und Teil 2

Entsprechend der Genauigkeit der Berechnungen ergeben sich die Anwendungsbereiche des vereinfachten und des genaueren Verfahrens der DIN 1053 Teil 1. Einfache Mauerwerksbauten mit üblichen Abmessungen und Nutzlasten (z. B. im Wohnungsbau) stellen an die Berechnung und Ausführung im Regelfall nur durchschnittliche Anforderungen, ihre Bemessung kann daher mit dem vereinfachten Verfahren nach DIN 1053 Teil 1 durchgeführt werden. Dabei dürfen einzelne Geschosse oder Bauteile durchaus nach dem genaueren Verfahren statisch nachgewiesen werden.

Wenn eine Bemessung nach dem vereinfachten Verfahren, z. B. bei Bauten mit großer Höhe oder geringer Anzahl von aussteifenden Wänden sowie bei Industriebauten mit weitgespannten Decken und hohen Nutzlasten, zu großen Wanddicken führt, erweist sich die genauere Berechnung des Mauerwerkes als wirtschaftlicher.

Nach DIN 1053 Teil 1 kann Mauerwerk mit Normal-, Dünnbett- oder Leichtmörtel berechnet und ausgeführt werden. Gleiches gilt für Mauerwerk ohne Stoßfugenvermörtelung und die Stumpfstoßtechnik. Um auch für diese Mauerwerksarten eine genauere Berechnung durchführen zu können, enthält DIN 1053 Teil 1 die dafür erforderlichen Angaben.

DIN 1053 Teil 2 gilt für die Einstufung von Mauerwerk in Mauerwerksfestigkeitsklassen aufgrund von Eignungsprüfungen. Solche Prüfungen lohnen sich nur bei größeren Baumaßnahmen und nur dann, wenn für bestimmte Stein-/Mörtelkombinationen mit einer höheren Ausnutzung gerechnet werden kann als sie sich bei Einstufung nach DIN 1053 Teil 1 ergeben würde. Mit der Einstufung in eine Mauerwerksfestigkeitsklasse nach DIN 1053 Teil 2 erfolgt die Zuordnung zu einem Grundwert σ_0 der zulässigen Druckspannung, so daß die Bemessung mit den beiden Verfahren der DIN 1053 Teil 1 möglich ist.

1.5 Besonderheiten in DIN 1053 Teil 1

Die neue DIN 1053 Teil 1 gilt für die Berechnung und Ausführung von Mauerwerk. Sie enthält ein vereinfachtes und ein genaueres Verfahren. Für bestimmte Stein-/Mörtelkombinationen bzw. Nennfestigkeiten des Mauerwerkes sind Grundwerte der zulässigen Druckspannungen festgelegt.

DIN 1053 Teil 1 regelt damit Mauerwerk mit oder ohne Stoßfugenvermörtelung aus Steinen der Festigkeitsklassen 2 bis 60 in Verbindung mit den Mörtelgruppen I, II, IIa, III und IIIa bei der Verwendung von Normal-, Leicht- und Dünnbettmörtel.

Das vereinfachte Verfahren darf nur bei Einhaltung bestimmter Voraussetzungen angewendet werden. Damit kann jedoch der größte Teil der Mauerwerksbauten bemessen werden, ohne daß im einzelnen die Nachweise des Wand-Decken-Knotens, des Knickens und der Windlast auf Außenwände nach dem genaueren Verfahren geführt werden müssen. Die Einflüsse des Wand-Decken-Knotens (Endauflagerung von Decken), des Knickens und der Windlast auf Außenwände sind beim vereinfachten Verfahren implizit in den zulässigen Spannungen und in den Anwendungsgrenzen berücksichtigt.

Die neue DIN 1053 Teil 1 enthält gegenüber der alten Ausgabe vom Februar 1990 im wesentlichen folgende Änderungen:

- Aufnahme des genaueren Berechnungsverfahrens aus der bisherigen DIN 1053 Teil 2, Ausgabe Juli 1984.
- Erhöhung der Grundwerte σ_0 der zulässigen Druckspannungen bei Verwendung von Dünnbettmörtel.
- Erhöhung der zulässigen Randspannungen (Kantenpressungen) um 33% beim Nachweis nach dem genaueren Verfahren.
- Keine Begrenzung der klaffenden Fuge infolge planmäßiger und zusätzlicher Exzentrizität (e + f) im Bruchzustand beim Nachweis nach dem genaueren Verfahren.
- Änderung der Definition von Pfeilern und kurzen Wänden einschließlich der zugehörigen Sicherheitsbeiwerte.
- Günstigere Ermittlung der Knicklängen bei drei- und vierseitig gehaltenen Wänden im genaueren Verfahren.
- Genauere – bisher fehlende – Festlegungen beim Schubnachweis.

1.6 Nachzuweisende Bauteile in Mauerwerksbauten

Bei Mauerwerksbauten übernehmen die Wände die Abtragung der lotrechten Eigengewichts- und Verkehrslasten sowie der waagerechten Lasten aus Wind und Erddruck in den Baugrund. Pfeiler können wegen ihrer geringen Biegesteifigkeit nur lotrechte Lasten abtragen. Die Lasten werden meist über die Geschoßdecken in die Wände eingeleitet. Zum Teil werden die Wände auch direkt rechtwinklig zu ihrer Ebene belastet, z. B. Außenwände. Diese Tragwirkung in Mauerwerksbauten muß vom Architekten und vom Tragwerksplaner beim Entwurf besonders beachtet werden. Bereiche mit Lastkonzentrationen im Mauerwerk sowie die Abtragung der waagerechten Lasten sind bei der Bemessung zu berücksichtigen. Hierzu zählen bei einem mehrgeschossigen Mauerwerksbau die hochbelasteten Innen- und Außenwände im Erdgeschoß. Bei diesen Wänden müssen daher die Bereiche mit Lastkonzentrationen untersucht werden, die sich bei Außenwänden zwischen Fenstern und bei Innenwänden zwischen Türen ergeben.

Bei nahezu zentrischer Lasteinleitung flächig aufgelagerter Massivdecken können Mauerwerkswände in der Regel hohe vertikale Belastungen aufnehmen. Exzentrische Belastung bei Außenwänden sowie die Knickgefahr in halber Wandhöhe führen jedoch zu einer Verringerung der aufnehmbaren Belastung, die aber bei Anwendung des vereinfachten Verfahrens durch eine Näherungsberechnung ohne großen Aufwand erfaßt werden kann.

Große Bedeutung hat die Aussteifung des Gebäudes sowie die Aufnahme und Abtragung der Windlasten. Hierzu wird in beiden Richtungen eine genügende Anzahl aussteifender Wände, die bis zur Gründung durchgehen, benötigt. Auf den Nachweis der Aufnahme von waagerechten Lasten, z. B. Wind und Erddruck, wird in den meisten Fällen bei Wohngebäuden verzichtet werden können, wenn bestimmte Voraussetzungen (siehe Kap. 2.3.3, 3.3.1 sowie Kap. 6.5 und 6.6) erfüllt sind. Sind diese Voraussetzungen nicht gegeben, so sind die aussteifenden Wände nachzuweisen. Dabei ist neben dem Lastfall Vollast auch der Lastfall Eigengewicht zu untersuchen, da letzterer die geringste zulässige Schubbeanspruchung ergibt und bei geringer Auflast die Gefahr des Aufreißens der Wandquerschnitte besteht. In beiden Lastfällen ist die aus der Windbelastung herrührende zusätzliche Druckbelastung der aussteifenden Wand mit den Spannungen aus den Deckenlasten und dem Eigengewicht der Wände zu überlagern.

Tragende Wände sollen unmittelbar auf den Fundamenten gegründet werden. Wird in Ausnahmefällen eine tragende Wand abgefangen, so ist außer dem Standsicherheitsnachweis auch der Durchbiegungsnachweis zu führen. Die Durchbiegungen müssen durch entsprechend steife Abfangkonstruktionen [1/6, Kap. 6.3] so begrenzt werden, daß Risse in der Mauerwerkswand vermieden werden.

Bei Mauerwerkswänden, die auf weitgespannten Decken stehen, muß wegen der Durchbiegung der Decken auch bei der Ausführung eine Reihe von Maßnahmen beachtet werden [1/7].

Bei kleineren Gebäuden sind insbesondere die Kelleraußenwände zu untersuchen, bei denen die Anschüttung des Erdreiches oft bis zur Höhe der Kellerdecke reicht, aber die Auflast auf der Kellerwand nur gering ist. Konstruktive Hinweise für Kelleraußenwände mit geringer Auflast bei voller Erdanschüttung enthält Kap. 6.6.7.

Bei Ein- und Mehrfamilienhäusern mit Satteldächern können sich große Giebelwandflächen ergeben. Die Standsicherheit dieser Giebelwände ist, insbesondere in Bereichen ohne Auflast, sicherzustellen (siehe Kap. 3.12).

Die erwähnten Nachweisstellen (Bauteile) im Mauerwerksbau sind in Bild 1/1 angegeben; auf sie wird in Kap. 4 näher eingegangen.

Eine frühzeitige Abstimmung zwischen den beteiligten Planern kann dabei helfen, erforderliche Schlitze und Durchbrüche nicht in Bereichen hoher Beanspruchung des Mauerwerkes anzuordnen und so für eine wirtschaftliche Konstruktion zu sorgen sowie kostengünstiges Bauen zu ermöglichen.

Mit der Optimierung des Tragwerks lassen sich die Baukosten durch schlanke Wände sowie geringere Deckendicken und -stützweiten reduzieren. Neben den Kosteneinsparungen lassen sich hierdurch weitere Vorteile, wie beispielsweise ein Wohnflächengewinn von 5–7%, erzielen; im einzelnen wird darauf in Kap. 5.6 näher eingegangen.

1.7 Zielsetzung des Buches

> Mit Einführung der neuen DIN 1053 Teil 1 ergeben sich aufgrund der Zusammenfassung des vereinfachten und des genaueren Berechnungsverfahrens in einer einzigen Norm für die statische Berechnung von Mauerwerksbauten Vereinfachungen. Hierzu tragen im wesentlichen die beim genaueren Verfahren vorgenommenen Änderungen bei. Damit ergeben sich weitere Möglichkeiten zur wirtschaftlichen Bemessung von Mauerwerk.

Mit diesem Fachbuch soll die Anwendung der neu eingeführten Vorschrift „DIN 1053 Teil 1" erleichtert werden. Die Grundlagen und alle zur Bemessung erforderlichen Gleichungen werden erläutert. Großer Wert wird auf Beispiele gelegt, wobei die wichtigsten und am häufigsten vorkommenden Wandkonstruktionen anhand von Bauteilen in statischer Hinsicht behandelt werden. Insbesondere werden für die Bemessung wichtige Stellen bei Mauerwerksbauten beschrieben und deren Nachweise gezeigt.

Das Buch ist die überarbeitete und auf den neuesten Stand gebrachte Fassung der 2. Auflage „Kalksandstein – DIN 1053 Teil 1 – Rezeptmauerwerk, Berechnung und Ausführung" [1/8] und enthält Beispiele nach dem vereinfachten und nach dem genaueren Verfahren. Es werden alle Beispiele des Buches [1/8] in überarbeiteter Fassung behandelt.

Die Beispiele nach dem genaueren Verfahren sind im Anhang (Kap. 6) zu diesem Buch, zusammen mit der Erläuterung von Grundlagen und Berechnungshilfen (Tafeln), enthalten. Das Kap. 6 stellt damit die überarbeitete Fassung des Buches [1/9] dar.

Die bisher in den Fachbüchern [1/8] und [1/9] enthaltenen Programmbeschreibungen (Ablaufdiagramme) sind nicht mehr aufgenommen. Es sind mittlerweile zahlreiche bewährte EDV-Programme zur Bemessung von Mauerwerk erhältlich, so daß sich die Beschreibung weiterer Rechenabläufe erübrigt.

Die im Buch enthaltenen Beispiele sind aus typischen Mauerwerksbauten, die den bauphysikalischen Anforderungen genügen, hergeleitet. Auf die besonderen Anforderungen bezüglich des Wärme-, Feuchte-, Schall- und Brandschutzes wird nicht näher eingegangen (siehe hierzu [1/10]). An dieser Stelle wird jedoch darauf hingewiesen, daß beim Nachweis des Brandschutzes von Wänden die Ergebnisse der Berechnung nach DIN 1053 Teil 1 eine größere Rolle als bisher haben werden. In Abhängigkeit vom Ausnutzungsgrad α_2 (Verhältnis zwischen vorhandener und zulässiger Beanspruchung) sind in der Neuausgabe der DIN 4102 Teil 4 Mindestwanddicken für die unterschiedlichen Feuerwiderstandsklassen vorgegeben.

Des weiteren werden besondere Beanspruchungen, die sich in der Regel während des Bauablaufes aus den einzelnen Bauzuständen ergeben, nicht behandelt [1/11].

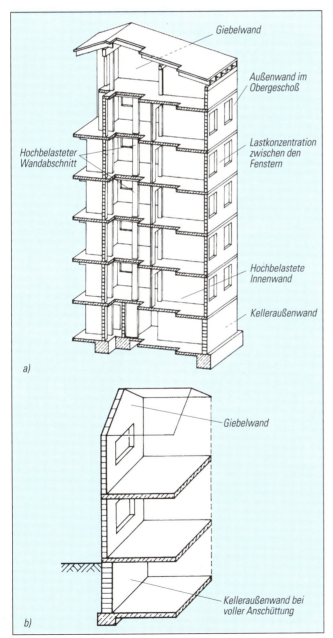

Bild 1/1: Nachweisstellen in Mauerwerksbauten
a) Mehrfamilienhaus   b) Einfamilienreihenhaus

2 Tragende Wände

2.1	Allgemeines	16
2.2	Einteilung der Wände	17
2.3	Vereinfachtes Berechnungsverfahren	18
2.3.1	Allgemeines	18
2.3.2	Ermittlung der Schnittgrößen infolge von Lasten	18
2.3.2.1	Auflagerkräfte aus Decken	18
2.3.2.2	Knotenmomente	18
2.3.2.3	Wind	
2.3.3	Räumliche Steifigkeit	18
2.3.4	Zwängungen	19
2.3.5	Grundlagen für die Berechnung der Formänderung	20
2.3.6	Aussteifung und Knicklänge von Wänden	20
2.3.6.1	Allgemeine Annahmen für aussteifende Wände	20
2.3.6.2	Knicklängen	20
2.3.6.3	Öffnungen in Wänden	23
2.3.7	Mitwirkende Breite von zusammengesetzten Querschnitten	23
2.3.8	Stumpfstoßtechnik	23
2.4	Bemessung im vereinfachten Verfahren	25
2.4.1	Allgemeines	25
2.4.2	Voraussetzungen	26
2.4.3	Spannungsnachweis bei zentrischer und exzentrischer Druckbeanspruchung	26
2.4.4	Nachweis der Knicksicherheit	31
2.4.5	Auflagerpressungen	32
2.4.6	Zug- und Biegezugspannungen	32
2.4.7	Schubnachweis	34
2.5	Genaueres Berechnungsverfahren	35
2.5.1	Allgemeines	35
2.5.2	Ermittlung der Schnittgrößen infolge von Lasten	36
2.5.2.1	Auflagerkräfte aus Decken	36
2.5.2.2	Knotenmomente	36
2.5.2.3	Wandmomente	37
2.5.2.4	Wind	37
2.5.3	Räumliche Steifigkeit	37
2.5.4	Zwängungen	37
2.5.5	Grundlagen für die Berechnung der Formänderung	37
2.5.6	Aussteifung und Knicklänge von Wänden	37
2.5.6.1	Allgemeine Annahmen für aussteifende Wände	37
2.5.6.2	Knicklängen	37
2.5.6.3	Öffnungen in Wänden	38
2.5.7	Mitwirkende Breite von zusammengesetzten Querschnitten	38
2.5.8	Stumpfstoßtechnik	38
2.6	Bemessung im genaueren Verfahren	38
2.6.1	Allgemeines	38
2.6.2	Voraussetzungen	38
2.6.3	Tragfähigkeit bei zentrischer und exzentrischer Druckbeanspruchung	38
2.6.4	Nachweis der Knicksicherheit	39
2.6.5	Einzellasten, Lastausbreitung und Teilflächenpressung	40
2.6.6	Zug- und Biegezugspannungen	40
2.6.7	Schubnachweis	41

2 Tragende Wände

2.1 Allgemeines

Mauerwerkswände bestehen aus zwei verschiedenen Baustoffen – aus Steinen und Mörtel. Die im Werk hergestellten Steine werden auf der Baustelle mit Mörtel vermauert. Sowohl die Steine als auch der Mörtel können in ihren Baustoffeigenschaften sehr unterschiedlich sein.

Tragende Mauerwerkswände werden im wesentlichen durch lotrechte Lasten infolge Eigengewicht und Verkehr auf den Geschoßdecken, aber auch durch waagerechte Lasten infolge Wind und Erddruck beansprucht. Hierbei erzeugen waagerechte Lasten in Längsrichtung der Wand eine Scheibenbeanspruchung, waagerechte Lasten rechtwinklig zur Wandebene (z. B. Wind, Erddruck) eine Plattenbeanspruchung (Bild 2/1). Die auf den Wänden liegenden Decken können sich nicht frei verdrehen und bewirken dadurch eine zusätzliche Plattenbeanspruchung der Wand.

Wie in DIN 1053 Teil 1, Ausgabe Februar 1990, ist auch in der neuen Ausgabe die rechnerische Berücksichtigung von Zug- und Biegezugspannungen rechtwinklig zur Lagerfuge nicht erlaubt. Biegemomente, die Normalspannungen rechtwinklig zur Lagerfuge hervorrufen, können deshalb nur dann aufgenommen werden, wenn gleichzeitig im Wandquerschnitt Druckspannungen aus lotrechten Lasten vorhanden sind (Bild 2/2). In Bild 2/2b ist zu erkennen, daß zur Aufnahme von Biegemomenten das Vorhandensein einer Normalkraft eine notwendige Voraussetzung ist. Eine Belastung des Mauerwerkes rechtwinklig zu den Lagerfugen erhöht die Biegetragfähigkeit der Wand. Dies ist für die Lastabtragung bei Kelleraußenwänden und Aussteifungswänden von großer Bedeutung.

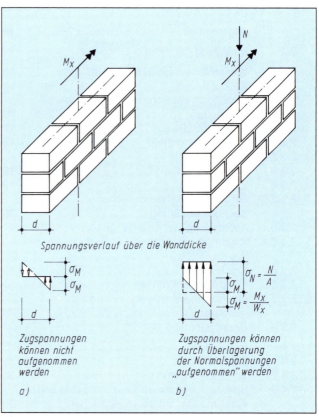

Bild 2/2: Aufnahme des Biegemomentes M_x (Plattenbeanspruchung)
a) Ohne Normalkraft b) Mit Normalkraft

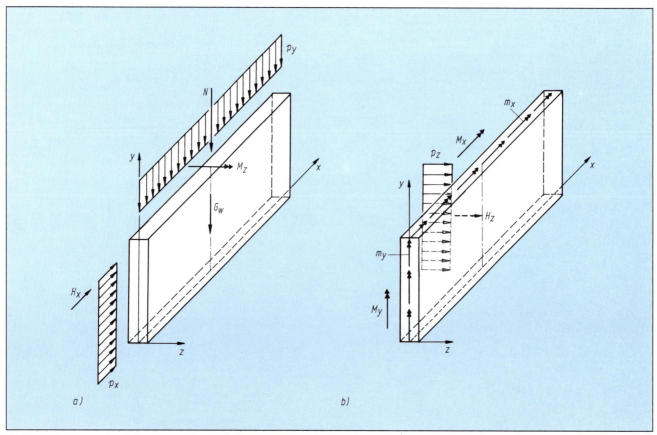

Bild 2/1: Beanspruchung von Mauerwerkswänden a) Scheibenbeanspruchung b) Plattenbeanspruchung

2.2 Einteilung der Wände

Als Kriterium für die Einteilung von Mauerwerkswänden können die an sie gestellten Anforderungen verwendet werden; sie lassen sich in lastabtragende, bauphysikalische und brandschutztechnische Aufgaben einteilen und ergeben sich nach der Lage der Wände im Gebäude. Den unterschiedlichen Anforderungen können die Wände mit Hilfe verschiedener Baustoffe und Wandaufbauten gerecht werden (Tafel 2/1).

Die Wände werden danach in Innenwände und Außenwände eingeteilt. Bei Innenwänden steht die Lastabtragung im Vordergrund. Es wird in der Regel ein einschaliger Wandaufbau ausgeführt. Eine Ausnahme bilden Haustrennwände, die als zweischalige Wände bei Reihenhäusern einzelne Gebäude trennen. Bei Außenwänden sind häufig die bauphysikalischen Aufgaben maßgebend. Das Anforderungsprofil bei Außenwänden ist umfangreicher, weil zusätzlich zur Lastabtragung, zum Schall- und Brandschutz noch der Witterungs- und Wärmeschutz hinzukommen. Aus diesem Grund werden für Außenwände häufig mehrschalige (Norddeutschland) oder mehrschichtige (Süddeutschland) Wandaufbauten ausgeführt.

In DIN 1053 Teil 1 stehen die lastabtragenden Aufgaben der Wände im Vordergrund. In dieser Vorschrift werden daher tragende und nichttragende Wände unterschieden (Tafel 2/2). Als tragende Mauerwerkswände gelten nach DIN 1053 Teil 1, Abschnitt 8.1.2, Wände, die mehr als ihre Eigenlast aus einem Geschoß zu tragen haben.

Die abzutragenden Lasten und die auftretenden Wandbeanspruchungen wurden zuvor erläutert (Kap. 2.1). Bezüglich der Lastabtragung können die tragenden Wände eingeteilt werden:

- Tragende Innenwände
- Einschalige Außenwände und zweischalige Haustrennwände

Tafel 2/1: Einteilung der Wände nach ihrer Lage im Gebäude gemäß DIN 1053 Teil 1

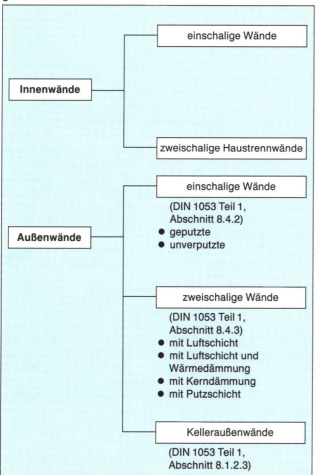

Tafel 2/2: Einteilung der Wände nach der Lastabtragung gemäß DIN 1053 Teil 1

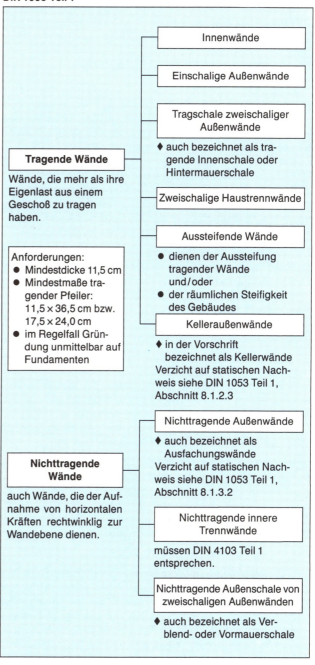

Abweichend von der in DIN 1053 Teil 1 gewählten Maßeinheit für Wanddicken (mm), werden in diesem Fachbuch die in der Praxis gebräuchlicheren Einheiten cm bzw. m verwendet.

- Tragschale bei zweischaligen Außenwänden
- Aussteifende Wände
- Kelleraußenwände

Unter einer aussteifenden Wand wird eine zur Gebäudeaussteifung oder zur Halterung einer tragenden Wand herangezogene Wand verstanden. In der Regel steifen die tragenden Wände sich gegenseitig aus und stellen so die räumliche Steifigkeit des Gebäudes her.

Wände, die waagerechte Lasten rechtwinklig zur Wandebene aufnehmen, dürfen auch als nichttragende Wände ausgebildet werden (DIN 1053 Teil 1, Abschnitte 8.1.2.1 und 8.1.3). Nichttragende Wände kommen als Außen- oder Innenwände vor (siehe Kap. 5.3 und 5.4).

2.3 Vereinfachtes Berechnungsverfahren

2.3.1 Allgemeines

Grundlage jeder Tragwerksberechnung ist es, die Beanspruchung des Tragwerkes und seiner Teile zu ermitteln und einen Vergleich mit den aufnehmbaren Beanspruchungen durchzuführen. Zuerst werden mit Hilfe einer statischen Berechnung die inneren Kräfte berechnet. Sie rufen im Mauerwerk Beanspruchungen der Steine, des Mörtels und in den Grenzflächen zwischen den beiden Baustoffen hervor, die sich in Spannungen ausdrücken lassen. An geeigneten Rechenmodellen werden die Spannungen im Mauerwerk ermittelt und mit zulässigen Werten verglichen.

Das in DIN 1053 Teil 1, Abschnitt 6, zugrundegelegte Berechnungsverfahren ist auf die einfache Form der Spannungsnachweise zurückgeführt. Die Bemessung des Mauerwerkes wird durch einen Vergleich von vorhandenen mit zulässigen Spannungen vorgenommen. Die Ermittlung der Spannungen erfolgt dabei, wie auch in den alten Ausgaben der DIN 1053 Teil 1, mit der Annahme mittig angesetzter Belastung.

Biegemomente aus Deckeneinspannungen, ungewollte Ausmitten beim Knicknachweis sowie Windlasten auf Außenwände sind in die Bemessungsgleichungen des vereinfachten Verfahrens eingearbeitet [2/1] und brauchen nicht gesondert berücksichtigt zu werden. Auch für alle anderen Nachweise werden Vereinfachungen mit dem Ziel vorgenommen, den Rechenaufwand zu begrenzen.

Sind die Voraussetzungen zur Anwendung des vereinfachten Berechnungsverfahrens nicht erfüllt, ist der genauere Nachweis nach DIN 1053 Teil 1, Abschnitt 7, zu führen (siehe Kap. 2.5).

2.3.2 Ermittlung der Schnittgrößen infolge von Lasten

2.3.2.1 Auflagerkräfte aus Decken

Bei durchlaufenden, einachsig gespannten Platten und Rippendecken sowie bei Balken und Plattenbalken dürfen die Auflagerkräfte im allgemeinen ohne Berücksichtigung einer Durchlaufwirkung ermittelt werden. Die Decken und Balken werden also auf den Wänden als gestoßen und frei drehbar gelagert angenommen. Gemäß DIN 1053 Teil 1, Abschnitt 6.2.1, ist die Durchlaufwirkung jedoch bei der ersten Innenstütze stets, bei den übrigen Innenstützen dann zu berücksichtigen, wenn das Verhältnis benachbarter Stützweiten kleiner als 0,7 ist (Bild 2/3).

Die parallel zur Deckenspannrichtung verlaufenden Wände werden ebenfalls belastet. Für den Nachweis dieser Wände

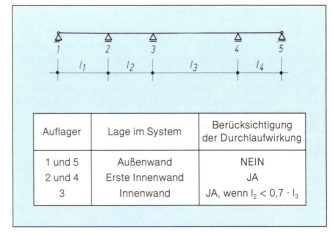

Bild 2/3: Ermittlung der Deckenauflagerkräfte bei einachsig gespannten Decken nach DIN 1053 Teil 1, Abschnitt 6.2.1

sind daher Lasten aus einem parallelen Deckenstreifen angemessener Breite zu berücksichtigen. Die Streifenbreiten können beispielsweise unter der Annahme ermittelt werden, daß die Decken ihre Lasten zweiachsig abtragen (Bild 2/4).

Bei zweiachsig gespannten Decken können die Auflagerkräfte aus Einflußflächen in Anlehnung an DIN 1045, Abschnitt 20.1.5, angenähert bestimmt werden. Es wird hierbei eine Aufteilung der Decken in Dreiecks- und Trapezflächen vorgenommen (Bild 2/5).

Die Schnittgrößen sind für die während des Errichtens und im Gebrauch auftretenden, maßgebenden Lastfälle zu berechnen. Bei der Ermittlung der Auflagerkräfte aus Decken ist die Verkehrslast in ungünstiger Anordnung zu berücksichtigen.

2.3.2.2 Knotenmomente

Bei Wänden, die als Zwischen- oder als einseitiges Endauflager von Decken dienen, brauchen die Biegemomente aus Deckeneinspannungen (Auflagerdrehwinkel der Decken) unter den Voraussetzungen des vereinfachten Berechnungsverfahrens nicht nachgewiesen zu werden (DIN 1053 Teil 1, Abschnitt 6.2.2). Als Zwischenauflager, für die der Ansatz einer ausmittigen Deckenauflagerung entfallen darf, gelten die Innenauflager durchlaufender Decken, die beidseitigen Endauflager von Decken und die Innenauflager von Massivdecken mit oberer konstruktiver Bewehrung im Auflagerbereich, auch wenn sie rechnerisch auf einer oder auf beiden Seiten der Wand parallel zur Wand gespannt sind. Bei einseitigen Endauflagern von Decken ist der Einfluß der Biegemomente infolge des Auflagerdrehwinkels beim Nachweisverfahren bereits berücksichtigt (Faktor k_3, siehe Kap. 2.4.3).

2.3.2.3 Wind

Der Einfluß der Windlast rechtwinklig zur Wandebene braucht nicht berücksichtigt zu werden, wenn die Voraussetzungen des vereinfachten Berechnungsverfahrens gegeben und ausreichende horizontale Halterungen der Wände vorhanden sind (DIN 1053 Teil 1, Abschnitt 6.3). Für die Wände müssen also horizontale Auflager am Wandkopf und Wandfuß, z. B. durch Decken mit Scheibenwirkung oder Ringbalken, vorhanden sein.

2.3.3 Räumliche Steifigkeit

Nach DIN 1053 Teil 1, Abschnitt 6.4, muß die räumliche Steifigkeit von Gebäuden sichergestellt sein. Dies bedeutet, daß

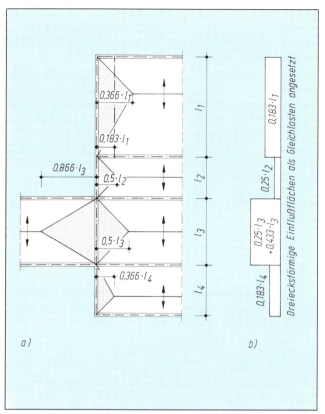

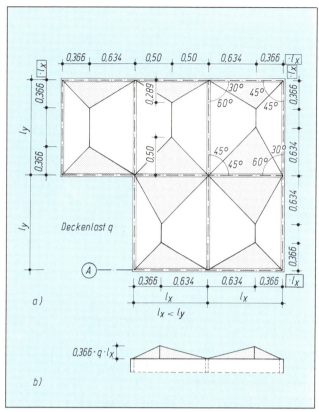

Bild 2/4: Lastermittlung für eine Wand, die parallel zu einachsig gespannten Decken verläuft.

a) Grundriß mit Einflußflächen

b) Breite des Ersatzstreifens für die Wandbelastung

Bild 2/5: Lastermittlung für Wände bei zweiachsig gespannten Decken

a) Grundriß mit Einflußflächen

b) Belastung der Wand in Achse A

alle waagerechten Lasten vom Gebäude sicher in den Baugrund abgeleitet werden können. Waagerechte Lasten können durch Wind, Schrägstellung sowie – je nach geographischer Lage des Gebäudes – auch durch seismische Lasten [2/2] hervorgerufen werden.

Auf einen rechnerischen Nachweis der räumlichen Steifigkeit kann verzichtet werden, wenn die Geschoßdecken als steife Scheiben ausgebildet sind bzw. statisch nachgewiesene Ringbalken vorliegen und wenn in Längs- und Querrichtung des Gebäudes eine offensichtlich ausreichende Anzahl von genügend langen aussteifenden Wänden in allen Geschossen vorhanden ist. Die aussteifenden Wände sollen ohne größere Schwächungen und ohne Versprünge bis zu den Fundamenten geführt werden. Ist bei einem Bauwerk nicht von vornherein erkennbar, daß Steifigkeit und Stabilität gesichert sind, so ist ein rechnerischer Nachweis der Standsicherheit der waagerechten und lotrechten Bauteile erforderlich. Dabei sind auch Lotabweichungen des Systems durch den Ansatz horizontaler Kräfte zu berücksichtigen, die sich durch eine rechnerische Schrägstellung des Gebäudes um den im Bogenmaß gemessenen Winkel

$$\varphi = \pm \frac{1}{100 \cdot \sqrt{h_G}} \qquad (2.1)$$

ergeben. Für h_G ist die Gebäudehöhe in m über OK Fundament einzusetzen.

Bei Bauwerken, die aufgrund ihres statischen Systems eine Umlagerung der Kräfte erlauben, dürfen bis zu 15 % des ermittelten horizontalen Kraftanteiles einer Wand auf andere Wände umverteilt werden.

Bei großer Nachgiebigkeit der aussteifenden Bauteile müssen darüber hinaus die Formänderungen bei der Ermittlung der Schnittgrößen berücksichtigt werden. Dieser Nachweis darf entfallen, wenn die lotrechten aussteifenden Bauteile die Bedingungen der folgenden Gleichung erfüllen:

$$h_G \sqrt{\frac{N}{E\,I}} \begin{matrix} \leq 0{,}6 & \text{für } n \geq 4 \\ \leq 0{,}2 + 0{,}1 \cdot n & \text{für } 1 \leq n \leq 3 \end{matrix} \qquad (2.2)$$

Hierin bedeuten

h_G Gebäudehöhe über OK Fundament

N Summe aller lotrechten Lasten des Gebäudes

E I Summe der Biegesteifigkeit aller lotrechten aussteifenden Bauteile im Zustand I nach der Elastizitätstheorie (für E siehe DIN 1053 Teil 1, Abschnitt 6.6)

n Anzahl der Geschosse

Auf den rechnerischen Nachweis der Bauwerksaussteifung (räumliche Steifigkeit) wird hier nicht näher eingegangen. Der Anhang dieses Buches (Kap. 6.5) enthält ausführliche Erläuterungen und Berechnungsbeispiele zur Beurteilung der Bauwerksaussteifung. Weitere Kriterien zur Abschätzung einer ausreichenden räumlichen Steifigkeit enthält [2/3].

2.3.4 Zwängungen

Bei jedem Tragwerk ist die Aufnahme der Belastung mit Verformungen verbunden. Diese Verformungen sind vom verwendeten Baustoff und vom statischen System abhängig. Die Beanspruchungen einzelner Tragwerksteile und also auch die Verformungen werden in der Regel unterschiedlich sein. Aus Verformungen, die sich nicht frei einstellen können, ergeben sich Zwängungen.

Für das Entstehen von Zwängungen sowie für die bei der Berechnung zu verwendenden Verformungskennwerte und für konstruktive Maßnahmen werden in DIN 1053 Teil 1, Abschnitt 6.5, Hinweise gegeben. Danach können bei der starren Verbindung von Baustoffen unterschiedlichen Verformungsverhaltens infolge von Schwinden, Kriechen und Temperaturänderungen erhebliche Zwänge entstehen. Es ergeben sich daraus zusätzliche Spannungen bzw. Spannungsumlagerungen. Bei Überschreitung der für Mauerwerk geringen Zugfestigkeit entstehen dann in den Mauerwerkswänden zwangsläufig Risse. Eine weitere Ursache für das Auftreten solcher Schäden können unterschiedliche Setzungen sein. DIN 1053 Teil 1 verlangt, daß durch konstruktive Maßnahmen wie z.B. ausreichende Wärmedämmung, geeignete Baustoffwahl und zwängungsfreie Anschlüsse die Standsicherheit und die Gebrauchsfähigkeit von Gebäuden sichergestellt wird.

Für die Berechnung von Verformungen dürfen nach DIN 1053 Teil 1, Abschnitt 6.5, die Verformungskennwerte aus Tabelle 2 entnommen werden (siehe Kap. 2.3.5, Tafel 2/3).

In Kapitel 5.5 bzw. [2/4, Kap. 14] werden die wesentlichen Verformungsfälle ausführlich beschrieben. Als rißgefährdet werden folgende Bauteilkombinationen genannt:

- Miteinander verbundene Außen- und Innenwände
- Miteinander verbundene Dachdecken und Wände (starre oder reibungsfreie Verbindung)
- Leichte Trennwände auf weit gespannten Decken
- Zweischalige Außenwände mit Verblendschale

Innen- und Außenwände von gemauerten Gebäuden sind in der Regel durch die Deckensysteme unterschiedlich belastet. Werden dann für diese Wände verschiedene Baustoffe verwendet, so empfiehlt es sich, die Verformungsdifferenzen zu berechnen.

Unterschiedliche horizontale Verformungen treten zwischen einer flachen Dachdecke und den darunterliegenden Wänden auf. Es empfiehlt sich in solchen Fällen, in der Gebäudemitte einen Bereich festzulegen, in dem Wände und Decke fest miteinander verbunden sind (Festpunkt), sonst sind Gleitschichten zwischen Wänden und Dachdecke anzuordnen (siehe hierzu auch Bild 3/10). Die verbleibenden Reibungskräfte sowie die Windbelastung auf die Außenwände müssen dann von Ringbalken aufgenommen werden [2/5, Kap. 9.1.3].

Die horizontalen Verformungen einer Dachdecke sind von den Temperaturdifferenzen, denen die Decke ausgesetzt ist, abhängig. Durch die Vergrößerung der auf der Deckenoberseite angeordneten Wärmedämmschicht können die Temperaturunterschiede zwischen Decke und Wänden verringert werden.

Bei weitgespannten Dachdecken kann der Drehwinkel am Endauflager ein Abheben der Deckenaußenkante bewirken. Schäden im Mauerwerk und Putz sind dann z.B. durch Zentrierleisten oder Kantennuten vorzubeugen (Bild 2/21). Eine rechnerische Untersuchung kann für solche Auflagerpunkte nach dem genaueren Berechnungsverfahren erfolgen. Dabei wird die Ausmitte der Deckenauflagerkraft bestimmt; nach DIN 1053 Teil 1, Abschnitt 7.2.4, sind dann konstruktive Maßnahmen erforderlich, wenn die planmäßige Ausmitte größer als ein Drittel der Wanddicke wird.

Nichttragende gemauerte innere Trennwände sind rißgefährdet, wenn sie auf weitgespannten Decken stehen. Dabei sind eine Reihe von Konstruktions- und Ausführungsregeln zu beachten, die in [2/6] zusammengestellt sind.

Bei zweischaligem Verblendmauerwerk mit Luftschicht ohne und mit Wärmedämmung sowie mit Kerndämmung sind die innere tragende Schale und die Verblendschale unterschiedlichen Beanspruchungen ausgesetzt. Die Innenschale trägt die Lasten ab, die dabei auftretenden elastischen Verformungen werden durch Kriechen und Schwinden erhöht. Die Temperaturen in der Innenschale bleiben weitgehend konstant. Die Außenschale ist dagegen den Witterungseinflüssen aus Temperatur und Feuchtigkeit ausgesetzt, so daß deshalb durch Fugen für eine zwängungsfreie Beweglichkeit gesorgt werden muß.

> Kapitel 5.5 bzw. [2/4, Kap. 14] enthält ausführliche Erläuterungen, konstruktive Hinweise und Berechnungsbeispiele zum Verformungsverhalten und zur Rißsicherheit von KS-Mauerwerk. Mit Hilfe der genannten Näherungsverfahren lassen sich für bestimmte Fälle ohne besondere Schwierigkeiten die Rißsicherheiten beurteilen.

2.3.5 Grundlagen für die Berechnung der Formänderung

Die Rechenwerte für die Verformungseigenschaften von Mauerwerk aus künstlichen Steinen sind in DIN 1053 Teil 1, Tabelle 2, zusammengestellt. Da die Eigenschaften der unterschiedlichen Mauerwerksarten stark streuen, sind die Werte in Abhängigkeit von der Steinart in einem möglichen Streubereich angegeben (Tafel 2/3).

Für KS-Mauerwerk ist auch beim Nachweis der Randdehnung der in Tafel 2/3 genannte Elastizitätsmodul anzusetzen. Die in Tafel 2/3 enthaltenen Bezeichnungen werden im Kap. 5.5 näher erläutert.

2.3.6 Aussteifung und Knicklänge von Wänden

2.3.6.1 Allgemeine Annahmen für aussteifende Wände

In DIN 1053 Teil 1, Abschnitt 6.7.1, sind insbesondere aussteifende Wände angesprochen, die der Halterung tragender Wände dienen. Hierbei steht die zweiseitig gehaltene Wand im Vordergrund. Zur Abminderung der Knicklänge kann es in manchen Fällen sinnvoll sein, tragende Wände als drei- oder vierseitig gehalten auszubilden und zu untersuchen.

Die Bedingungen, die für die Ausbildung der aussteifenden Wände und ihre Verbindung mit den tragenden Wänden angegeben sind, gelten für das vereinfachte und das genauere Berechnungsverfahren. Erläuterungen hierzu finden sich in Kap. 6.3.2.2.

Hiervon abweichende Regelungen, die bei der Ausführung von KS-Wandanschlüssen in Stumpfstoßtechnik zu beachten sind, enthält Kap. 2.3.8.

2.3.6.2 Knicklängen

Für die Bemessung muß die Knicklänge h_K der betreffenden Wand bekannt sein. Sie wird in Abhängigkeit von der lichten Geschoßhöhe h_s angegeben.

Zu den Voraussetzungen des vereinfachten Berechnungsverfahrens (siehe Tafel 2/7) gehört eine Begrenzung der lichten Geschoßhöhe h_s. Sie darf grundsätzlich bei tragenden Wänden mit $d < 24$ cm den Wert 2,75 m und bei Wänden mit

Tafel 2/3: Verformungskennwerte für Kriechen, Schwinden, Temperaturänderung sowie Elastizitätsmoduln gemäß DIN 1053 Teil 1, Tabelle 2

Mauersteinart	Endwert der Feuchtedehnung (Schwinden, chemisches Quellen)[1] $\varepsilon_{f\infty}$[1]		Endkriechzahl φ_∞[2]		Wärmedehnungskoeffizient α_T		Elastizitätsmodul E[3]	
	Rechenwert	Wertebereich	Rechenwert	Wertebereich	Rechenwert	Wertebereich	Rechenwert	Wertebereich
	[mm/m]				[10⁻⁶/K]		[MN/m²]	
1	2	3	4	5	6	7	8	9
Mauerziegel	0	+0,3 bis −0,2	1,0	0,5 bis 1,5	6	5 bis 7	$3500 \cdot \sigma_0$	3000 bis 4000 · σ_0
Kalksandsteine[4]	−0,2	−0,1 bis −0,3	1,5	1,0 bis 2,0	8	7 bis 9	$3000 \cdot \sigma_0$	2500 bis 4000 · σ_0
Leichtbetonsteine	−0,4	−0,2 bis −0,5	2,0	1,5 bis 2,5	10[5]	8 bis 12	$5000 \cdot \sigma_0$	4000 bis 5500 · σ_0
Betonsteine	−0,2	−0,1 bis −0,3	1,0	–	10	8 bis 12	$7500 \cdot \sigma_0$	6500 bis 8500 · σ_0
Porenbetonsteine	−0,2	+0,1 bis −0,3	1,5	1,0 bis 2,5	8	7 bis 9	$2500 \cdot \sigma_0$	2000 bis 3000 · σ_0

[1] Verkürzung (Schwinden): Vorzeichen minus; Verlängerung (chemisches Quellen): Vorzeichen plus
[2] $\varphi_\infty = \varepsilon_{k\infty}/\varepsilon_{el}$; $\varepsilon_{k\infty}$ = Endkriechdehnung, $\varepsilon_{el} = \sigma/E$
[3] E = Sekantenmodul aus Gesamtdehnung bei etwa 1/3 der Mauerwerkdruckfestigkeit; Grundwert σ_0 nach Kap. 2.4.3, Tafeln 2/9 und 2/10
[4] Gilt auch für Hüttensteine
[5] Für Blähton $\alpha_T = 8 \cdot 10^{-6}$/K

d ≥ 24 cm den Wert 12 · d nicht überschreiten. Für Innenwände mit d ≥ 24 cm ist kein Grenzwert festgelegt. Nach DIN 1053 Teil 1, Abschnitt 6.7.2, werden zwei- sowie drei- und vierseitig gehaltene Wände unterschieden. Für diese Wände gelten danach die folgenden vereinfachten Angaben zur Ermittlung der Knicklänge. Es kann jedoch auch eine genauere Untersuchung nach DIN 1053 Teil 1, Abschnitt 7.7.2, erfolgen (Kap. 2.5.6.2).

a) Zweiseitig gehaltene Wände

Im allgemeinen ist die Knicklänge gleich der lichten Geschoßhöhe, d. h. es gilt

$$h_K = h_s \qquad (2.3)$$

Diese Knicklänge ist insbesondere bei der Verwendung von Holzbalkendecken anzusetzen (Bild 2/6 a).

Bei Massivdecken und anderen flächig aufgelagerten Plattendecken darf die günstig wirkende Einspannung der Wand in den Decken durch Abminderung der Knicklänge berücksichtigt werden. Unter der Voraussetzung, daß keine größeren horizontalen Lasten als die planmäßigen Windlasten rechtwinklig zur Wand wirken und Mindestauflagertiefen der Decken eingehalten sind (Bild 2/6 b), gilt dann für die Knicklänge

$$h_K = \beta \cdot h_s \qquad (2.4)$$

Der Beiwert β kann Tafel 2/4 entnommen werden.

b) Drei- und vierseitig gehaltene Wände

Bei drei- und vierseitig gehaltenen Wänden mit lichten Geschoßhöhen $h_s \leq 3{,}50$ m darf die Knicklänge mit Hilfe des in DIN 1053 Teil 1, Tabelle 3, angegebenen Abminderungsbeiwertes β bestimmt werden. Die Abminderungsbeiwerte β aus dieser Tabelle 3 sind in Bild 2/7 für dreiseitig und in Bild 2/8 für vierseitig gehaltene Wände dargestellt. Sie ergeben sich

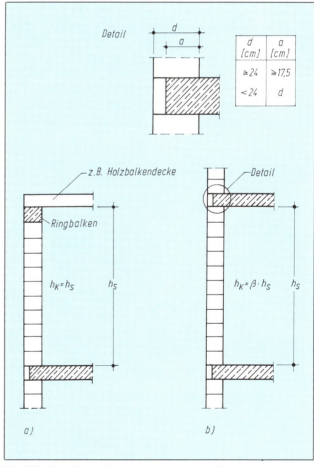

Bild 2/6: Knicklänge für zweiseitig gehaltene Wände
a) Im allgemeinen
b) Bei flächig aufgelagerten Decken

Knicklängen

Tafel 2/4: Vereinfachte Annahme für den Abminderungsbeiwert β zur Ermittlung der Knicklänge

Wanddicke d [cm]	Abminderungsbeiwert β –
11,5	0,75
17,5	0,75
24	0,90
30	1,00
36,5	1,00

aus dem genaueren Berechnungsverfahren, Abschnitt 7.7.2, Gleichungen 9a und 9b, wobei für den Ausdruck $\beta \cdot h_s$ der Wert 2,75 m eingesetzt wurde.

Die günstige Wirkung der drei- und vierseitigen Halterung geht verloren, wenn die aussteifenden Querwände bestimmte Abstände überschreiten; die Wandbreiten sind also begrenzt. Diese Abstände werden auch Grenzbreiten genannt. Es gelten hierfür die in DIN 1053 Teil 1, Abschnitt 6.7.2, angegebenen Werte.

Dreiseitig gehaltene Wände:

$$b' \leq 15 \cdot d = b'_{max} \qquad (2.5)$$

Vierseitig gehaltene Wände:

$$b \leq 30 \cdot d = b_{max} \qquad (2.6)$$

Diese Grenzwerte stimmen mit den im genaueren Verfahren angegebenen Werten überein (DIN 1053 Teil 1, Abschnitt 7.7.2).

Es bedeuten

b' Abstand des freien Randes von der Mitte der aussteifenden Wand

b Mittenabstand der aussteifenden Wände

d Wanddicke

Ergibt sich bei Untersuchung eines Wandabschnittes als zweiseitig gehaltene Wand ein geringerer Abminderungsbeiwert für die Knicklänge, so kann dieser für die Berechnung benutzt werden. Deshalb wurde in den Bildern 2/7 und 2/8 der Wert $\beta = 0,75$ mit eingetragen. Dieser Wert gilt als Grenzwert für die Wanddicken 11,5 cm und 17,5 cm bei einer maximalen lichten Geschoßhöhe von 2,75 m.

Der Einfluß der Wandbreite auf die Betrachtung als drei- oder vierseitig gehaltene Wand ist in Bild 2/9 gezeigt. Bei Überschreitung der Grenzbreiten entstehen am freien Rand bzw. im mittleren Wandabschnitt Bereiche, die als zweiseitig gehalten zu untersuchen sind.

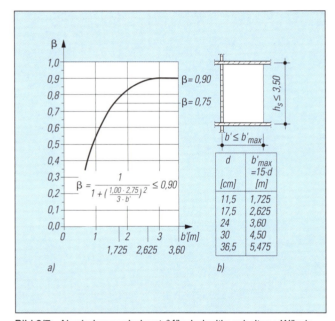

Bild 2/7: Abminderungsbeiwert β für dreiseitig gehaltene Wände

a) Abminderungsbeiwert β in Abhängigkeit vom Randabstand b'

b) Grenzen für die Behandlung als dreiseitig gehaltene Wand

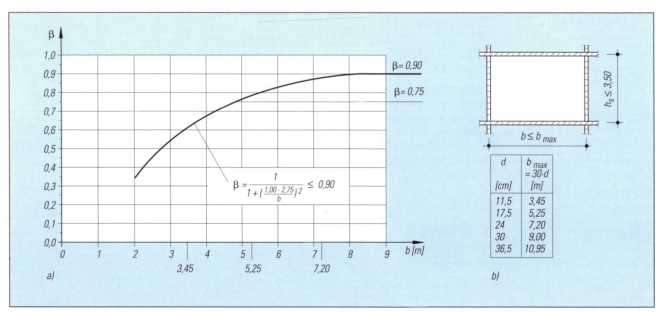

Bild 2/8: Abminderungsbeiwert β für vierseitig gehaltene Wände

a) Abminderungsbeiwert β in Abhängigkeit vom Abstand b der aussteifenden Wände

b) Grenzen für die Behandlung als vierseitig gehaltene Wand

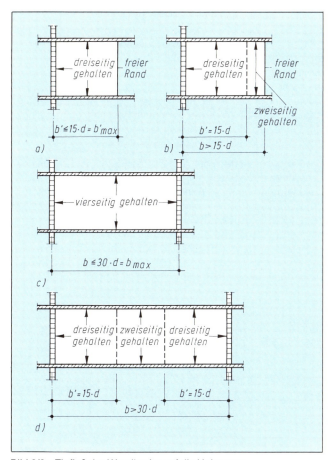

Bild 2/9: Einfluß der Wandbreite auf die Halterung

a) Wand, dreiseitig gehalten
b) Wand mit drei gehaltenen Rändern und einem freien Rand
c) Wand, vierseitig gehalten
d) Wand mit vier gehaltenen Rändern

c) Einfluß von Nischen und vertikalen Schlitzen

Bei Nischen oder vertikalen Schlitzen im mittleren Drittel der Wandhöhe muß nach DIN 1053 Teil 1, Abschnitt 6.7.2, der Berechnung der Knicklänge entweder bei einer Nische die verbleibende Restwanddicke zugrunde gelegt oder bei einem Schlitz ein lotrechter freier Rand angenommen werden. Ein freier Rand ist auch dann anzunehmen, wenn bei einer vertikalen Nische die Restwanddicke kleiner als die halbe Wanddicke oder kleiner als 11,5 cm ist. Diese Regelungen entsprechen, ebenso wie die für Öffnungen, den Festlegungen des genaueren Berechnungsverfahrens.

Erläuterungen zu Schlitzen und Aussparungen, für die kein rechnerischer Nachweis erforderlich ist, sind in Kap. 3.7 angegeben. Weitere Hinweise zum Einfluß von Öffnungen und Schlitzen bei der Ermittlung der Knicklänge enthält Kap. 6.3.2.3, Bild 6/34.

2.3.6.3 Öffnungen in Wänden

Bei Öffnungen, deren lichte Höhe größer als 1/4 der Geschoßhöhe oder deren Breite größer als 1/4 der Wandbreite ist, muß der Einfluß auf die Wandhalterung untersucht werden. Dies gilt auch dann, wenn die gesamte Öffnungsfläche größer als 1/10 der Wandfläche ist. Da die Fensterhöhen im Regelfall

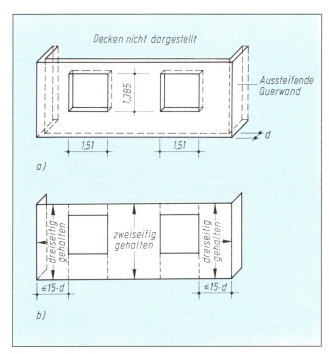

Bild 2/10: Einfluß von Fensteröffnungen auf die Halterung einer Außenwand

a) Ansicht mit Fenstern
b) Systemskizze mit unterschiedlicher Halterung der einzelnen Wandabschnitte

größer als 1/4 der Geschoßhöhe sind, müssen in Außenwänden die Wandabschnitte zwischen den Fenstern als zweiseitig gehalten angenommen werden. Der Bereich zwischen Fenster und aussteifender Wand kann als dreiseitig gehalten untersucht werden (Bild 2/10). Kleinere Öffnungen haben dagegen keinen Einfluß auf die Halterung der Wand.

2.3.7 Mitwirkende Breite von zusammengesetzten Querschnitten

Bei Anwendung des vereinfachten Verfahrens ist zu beachten, daß beim Schubnachweis keine zusammengesetzten Querschnitte zugrundegelegt werden dürfen (siehe auch Kap. 2.4.7).

Bei Ausführung von KS-Wandanschlüssen in Stumpfstoßtechnik dürfen die Wände beim statischen Nachweis trotz eingelegter Edelstahl-Flachanker nur als Rechteckquerschnitt und nicht als zusammengesetzter Querschnitt angesetzt werden (Kap. 2.3.8).

Da der Ansatz einer mitwirkenden Breite von zusammengesetzten Querschnitten nur im genaueren Verfahren maßgebend werden kann, wird hierauf in Kap. 2.5.7 näher eingegangen.

2.3.8 Stumpfstoßtechnik

Sollen Wände durch Querwände ausgesteift werden, so darf nach DIN 1053 Teil 1, Abschnitt 6.7.1, eine unverschiebliche Halterung nur dann angenommen werden, wenn die Wände aus Baustoffen gleichen Verformungsverhaltens bestehen und gleichzeitig im Verband hochgeführt werden oder wenn die zug- und druckfeste Verbindung durch andere Maßnahmen gesichert ist.

Stumpfstoßtechnik

Unter diesen anderen Maßnahmen ist zum Beispiel der Wandanschluß in Stumpfstoßtechnik zu verstehen, wenn er statisch nachgewiesen ist, die Anschlußfuge der Wände vermörtelt ist und im Bereich des Stumpfstoßes Edelstahl-Flachanker eingelegt sind. Unter diesen Voraussetzungen können die ausgesteiften (tragenden) Wände auch als drei- oder vierseitig gehalten nachgewiesen werden. Die aussteifende Wand selbst ist mit diesem Anschluß nicht als seitlich gehalten anzusehen und darf daher beim Nachweis nur zweiseitig gehalten angenommen werden. Da baupraktisch hierbei noch erhebliche Reserven vorhanden sind, ist vorgesehen, diese Reserven durch entsprechende Versuche nachzuweisen. Nach Abschluß und Auswertung dieser Versuche lassen sich evtl. auch aussteifende Wände bei Ausführung der Wandanschlüsse in Stumpfstoßtechnik als drei- oder vierseitig gehalten nachweisen.

Für die Ermittlung der Knicklängen gilt DIN 1053 Teil 1, Abschnitt 6.7.2 (siehe Kap. 2.3.6.2).

Auch bei Wänden, die nur als zweiseitig gehalten bemessen werden, wird empfohlen, die Querwände konstruktiv mit Edelstahl-Flachankern anzuschließen. Die Anschlußfuge ist auch hierbei voll zu vermörteln. Beim Bauen in erdbebengefährdeten Gebieten ist örtlich zu klären, ob z. B. ein Stumpfstoß noch ohne rechnerischen Nachweis zulässig ist.

Grundsätzlich können alle Wandanschlüsse stumpf gestoßen werden. Es wird empfohlen, die Außenecken von Kelleraußenwänden auch unter Annahme zweiseitiger Halterung aus konstruktiven Gründen immer miteinander zu verzahnen.

Für zweigeschossige Ein- und Zweifamilienhäuser sowie für bis zu viergeschossige Gebäude lassen sich einfache Regelausführungen des Ankeranschlusses zwischen tragender Wand und aussteifender Querwand angeben (Bild 2/11), so daß bei deren Einhaltung auf statische Nachweise verzichtet werden darf.

Werden rechnerische Nachweise erforderlich, z. B. bei von Bild 2/11 abweichender Ausführung oder bei Gebäudehöhen > 20 m bzw. mehr als 4 Geschossen, sind die Flachanker in Analogie zur kraftschlüssigen Verbindung von Wänden aus Betonfertigteilen (DIN 1045, Abschnitt 19.8.3) so zu bemessen, daß sie in den Drittelspunkten der Wandhöhe jeweils 1/100 der vertikalen Last der tragenden Wand übertragen. Der Wert 1/100 der vertikalen Last liegt auf der sicheren Seite, so daß ausreichende Reserven zur Abtragung einer anteiligen Windsoglast vorhanden sind.

Die Tauglichkeit der Edelstahl-Flachanker wurde in Ausziehversuchen nachgewiesen [2/7]. Die Ergebnisse der Versuche (zulässige Ankerlasten) sind in Abhängigkeit von der Mörtelgruppe und der Einbindelänge in Tafel 2/5 angegeben. Bei bekannter Wandlast kann jeder Ankeranschluß zwischen tragender Wand und aussteifender Querwand mit Hilfe der Tafel 2/6 einfach bemessen werden. In Abhängigkeit von der Wandlast kann die Anzahl der in den Drittelspunkten der Wandhöhe jeweils erforderlichen Flachanker direkt abge-

Tafel 2/5: Zulässige Lasten von Edelstahl-Flachankern nach Ausziehversuchen

Mörtelgruppe	zulässige Ankerlast [kN]			
	Einbindelänge			
	23 cm	17 cm	11 cm	7 cm
II	2,0	2,0	1,5	1,0
IIa	2,5	2,5	2,0	1,5
III	2,5	2,5	2,5	2,0
Dünnbettmörtel	2,5	2,5	2,5	2,0
Leichtmörtel LM 21	1,5	1,0	0,8	0,7
LM 36	2,0	1,0	1,0	0,7

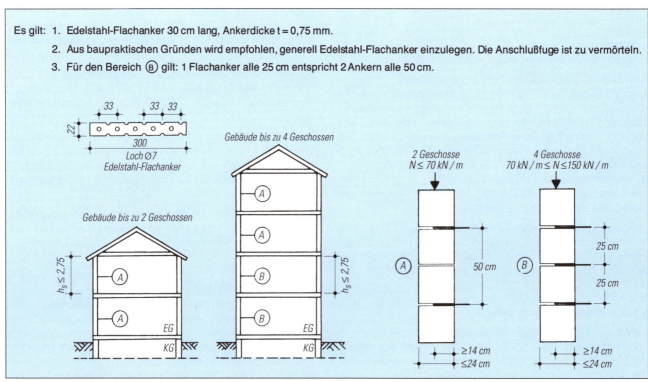

Bild 2/11: Stumpfstoß mit Edelstahl-Flachankern, Regelausführung

Tafel 2/6: Stumpfstoß mit Edelstahl-Flachankern – Bemessung

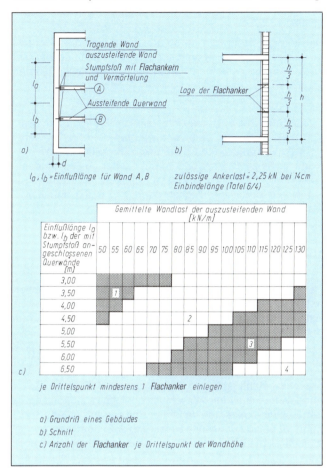

a) Grundriß eines Gebäudes
b) Schnitt
c) Anzahl der Flachanker je Drittelspunkt der Wandhöhe

l_a, l_b = Einflußlänge für Wand A, B
zulässige Ankerlast = 2,25 kN bei 14 cm Einbindelänge (Tafel 6/4)
je Drittelspunkt mindestens 1 Flachanker einlegen

lesen werden. In Tafel 2/6 wurde der in der Praxis übliche Flachanker von 30 cm Länge bei 14 cm Einbindelänge zugrunde gelegt. Die zulässige Ankerlast wurde nach Tafel 2/5 mit 2,25 kN (Mittelwert) gewählt und in Tafel 2/6 eingearbeitet. Bei anderen Einbindelängen ist mit den jeweils zutreffenden zulässigen Ankerlasten die Anzahl der einzulegenden Flachanker zu bestimmen. Bei hohen Wandlasten können sich in den Drittelspunkten rechnerisch bis zu vier Flachanker in einer Lage ergeben. Zur Vermeidung mehrerer Flachanker an nur zwei Stellen (Drittelspunkte) dürfen sie auch über die Geschoßhöhe verteilt werden, z. B. auf jede zweite oder jede Lagerfuge. Die Anzahl der erforderlichen Flachanker kann dann im Verhältnis der zwei Stellen in Tafel 2/6 bezogen auf die tatsächliche Zahl der Verankerungsstellen umgerechnet werden (siehe Anwendungsbeispiel).

Trotz eingelegter Edelstahl-Flachanker dürfen die Wände beim statischen Nachweis nur als Rechteckquerschnitt und nicht als zusammengesetzter Querschnitt angesetzt werden (siehe Kap. 2.3.7 und 2.4.7).

Weitere Erläuterungen und konstruktive Hinweise zur Stumpfstoßtechnik enthält [2/4].

Anwendungsbeispiel

Die Bestimmung der erforderlichen Edelstahl-Flachanker wird an einem Beispiel gezeigt.

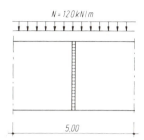

Gegeben:

Abmessungen

Tragende Wand (auszusteifende Wand)
d = 17,5 cm
Aussteifende Querwand d = 11,5 cm
Einflußlänge für die aussteifende Wand 5,00 m

Dreigeschossiges Gebäude (n_G = 3)

Baustoffe

Tragende Wand und aussteifende Querwand (Steinfestigkeitsklasse 12, Mörtelgruppe II a)

Belastung

Normalkraft der tragenden Wand
N = 120 kN/m

Gesucht:

Anzahl der Edelstahl-Flachanker

Berechnungsgang:

Wandlast 5,00 · 120 = 600 kN

Die Flachanker in den Drittelspunkten sind für die waagerechte Last von 1/100 der Auflast zu bemessen:

$$\frac{600}{100} = 6,00 \text{ kN}$$

Bei einer gewählten Einbindelänge von 14 cm beträgt die zulässige Ankerlast 2,25 kN (Mittelwert aus Tafel 2/5).

Die erforderliche Anzahl der Flachanker errechnet sich zu

$$n = \frac{6,00}{2,25} = 2,67$$

Es müssen also in den beiden Drittelspunkten jeweils 3 Flachanker eingebaut werden.

Dieselbe Anzahl der Flachanker je Drittelspunkt der Wandhöhe erhält man für eine Wandlänge von l_A = 5,00 m und eine Wandlast von 120 kN/m auch aus Tafel 2/6.

Da die Voraussetzungen nach Bild 2/11 erfüllt sind, kann gemäß der Regelausführung auch in jede Lagerfuge (Abstand der Lagerfugen ≤ 25 cm) ein Edelstahl-Flachanker eingelegt werden.

2.4 Bemessung im vereinfachten Verfahren

2.4.1 Allgemeines

Für die Bemessung von Mauerwerkswänden stehen zwei unterschiedliche Verfahren zur Verfügung:

- Das vereinfachte Berechnungsverfahren nach DIN 1053 Teil 1, Abschnitt 6
- Das genauere Berechnungsverfahren nach DIN 1053 Teil 1, Abschnitt 7

Vereinfachtes Verfahren, Voraussetzungen, Spannungsnachweis

Beide Verfahren haben die gleichen Grundlagen; sie sind somit „verträglich". Das vereinfachte Verfahren wurde bereits 1987 aus dem genaueren hergeleitet [2/1].

Der Übergang von einem zum anderen Verfahren ist möglich. So kann beispielsweise innerhalb eines Bauwerkes, das nach dem vereinfachten Verfahren berechnet wird, für einzelne Geschosse oder Bauteile eine genauere Bemessung nach DIN 1053 Teil 1, Abschnitt 7, erfolgen. Der Nachweis eines Bauteils darf hierbei jedoch entweder nur nach dem vereinfachten oder nach dem genaueren Verfahren durchgeführt werden.

Im folgenden wird zunächst das vereinfachte Berechnungsverfahren beschrieben. Die für das genauere Verfahren geltenden Regeln werden in Kap. 2.5 behandelt.

2.4.2 Voraussetzungen

Um mit dem in DIN 1053 Teil 1, Abschnitt 6, angegebenen vereinfachten Verfahren rechnen zu dürfen, müssen das Gebäude und seine Einzelteile die in Abschnitt 6.1 angegebenen Voraussetzungen erfüllen. Die wichtigsten sind:

- Die Gebäudehöhe über Gelände darf höchstens 20 m betragen. Bei geneigten Dächern gilt als Gebäudehöhe das Mittel von First- und Traufhöhe.
- Die Deckenstützweite darf höchstens 6,0 m betragen, sofern nicht die Biegemomente aus dem Deckendrehwinkel durch konstruktive Maßnahmen begrenzt werden.
- Die lichte Geschoßhöhe h_s darf für Wanddicken kleiner als 24 cm höchstens 2,75 m betragen.
- Die Verkehrslast auf den Decken darf höchstens 5 kN/m² betragen.

Weitere Einzelheiten zu diesen Voraussetzungen sowie Sonderregelungen sind in Tafel 2/7 und in Bild 2/12 zusammengestellt.

Die Voraussetzungen sind so ausgelegt, daß die Mehrzahl der üblichen Mauerwerksbauten (z. B. Wohnungsbauten) nach dem vereinfachten Verfahren nachgewiesen werden kann.

> Aus Tafel 2/7 wird deutlich, daß die Berechnung des Mauerwerkes nach dem vereinfachten Verfahren zu den „Regelwanddicken" 11,5 cm und 17,5 cm bei Innenwänden sowie zu 17,5 cm und 24 cm bei den Außenwänden führen wird. Die Wände lassen sich meist als zweiseitig, d. h. nur durch die Decken oben und unten gehalten, nachweisen.

2.4.3 Spannungsnachweis bei zentrischer und exzentrischer Druckbeanspruchung

Der Nachweis von Wand-Decken-Knoten und der Knicksicherheit wird beim vereinfachten Berechnungsverfahren durch Einhaltung abgeminderter zulässiger Druckspannungen in der Form

$$\text{vorh}\,\sigma \leq \text{zul}\,\sigma_D \qquad (2.7)$$

erbracht. Die vorhandene Spannung wird dabei im Gebrauchszustand auf der Grundlage einer linearen Spannungsverteilung unter Ausschluß von Zugspannungen ermittelt. Beim vereinfachten Verfahren darf die vorhandene Spannung für mittig angesetzte Belastung errechnet werden. Bei aussteifenden Wänden, die neben den lotrechten auch noch waagerechte Lasten infolge Wind und Schrägstellung des

Tafel 2/7: Voraussetzungen für die Anwendung des vereinfachten Berechnungsverfahrens gemäß DIN 1053 Teil 1, Abschnitt 6.1 (siehe auch Bild 2/12)

	Bauteil	Wanddicke d [cm]	lichte Geschoß- höhe h_s [m]	Verkehrs- last der Decke[2]) p [kN/m²]	Geschoß- zahl/ Gebäude- höhe	Aussteifende Querwände Abstand e_q [m]
1	Innenwände	≥ 11,5 < 24,0	≤ 2,75	≤ 5,0	[1])	nicht erforderlich
2		≥ 24,0	keine Ein- schränkung			
3	Einschalige Außenwände	≥ 11,5 < 17,5	≤ 2,75		[3])	
4		≥ 17,5 < 24,0			[1])	
5		≥ 24,0	≤ 12·d			
6	Tragschalen zweischaliger Außenwände und zweischalige Haustrennwände	≥ 11,5 < 17,5	≤ 2,75	≤ 3,0 ein- schließlich Trennwand- zuschlag	≤ 2 Voll- geschosse + ausgebautes Dach- geschoß	$e_q \leq 4,5$ Randabstand von einer Öffnung e ≤ 2,00
7		≥ 17,5 < 24,0		≤ 5,0	[1])	nicht erforderlich
8		≥ 24,0	≤ 12·d			

[1]) Gebäudehöhe ≤ 20,0 m, bei geneigten Dächern Mittel zwischen First- und Traufhöhe.
[2]) Deckenstützweite l ≤ 6,00 m, sofern nicht die Biegemomente aus Deckendrehwinkel durch konstruktive Maßnahmen begrenzt werden (z. B. Zentrierleisten).
[3]) Nur für eingeschossige Garagen und vergleichbare Bauwerke, die nicht dem dauernden Aufenthalt von Menschen dienen.

Spannungsnachweis, Abminderungsfaktoren

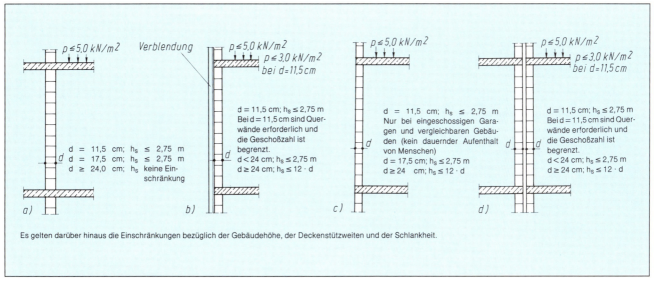

Bild 2/12: Voraussetzungen für die Anwendung des vereinfachten Berechnungsverfahrens nach DIN 1053 Teil 1, Abschnitt 6.1 (siehe auch Tafel 2/7)

a) Innenwände

b) Tragschale von zweischaligen Außenwänden

c) Einschalige Außenwände

d) Zweischalige Haustrennwände

Gebäudes abtragen, ist der Spannungsanteil aus den Biegemomenten bei der Ermittlung der vorhandenen Druckspannung zu berücksichtigen.

Die zulässige Druckspannung wird aus dem Grundwert σ_o und einem Abminderungsfaktor k berechnet:

$$\text{zul}\,\sigma_D = k \cdot \sigma_o \qquad (2.8)$$

Der Abminderungsfaktor k erfaßt die Einflüsse der Auflagerdrehwinkel und der Knicksicherheit. Er setzt sich aus jeweils zwei Faktoren zusammen und beträgt für

Wände als Zwischenauflager $\quad k = k_1 \cdot k_2$

Wände als Endauflager $\quad k = k_1 \cdot k_2$ oder $k = k_1 \cdot k_3$

Der kleinere Wert ist maßgebend.

Faktor k_1

Im Hinblick auf den Faktor k_1 wird in DIN 1053 Teil 1, Abschnitt 6.9.1, zwischen Wänden und kurzen Wänden bzw. Pfeilern unterschieden. Bei kurzen Wänden bzw. Pfeilern ist es von Bedeutung, ob sie aus ungetrennten oder getrennten Steinen mit niedrigem oder hohem Lochanteil hergestellt sind. Im einzelnen gilt:

- Wände $\quad k_1 = 1,0$
- Kurze Wände (Pfeiler) aus ungetrennten Steinen $\quad k_1 = 1,0$
- Kurze Wände (Pfeiler) aus getrennten Steinen mit Lochanteil < 35 % (ohne Schlitze oder Aussparungen) $\quad k_1 = 1,0$
- Kurze Wände (Pfeiler) aus getrennten Steinen mit Lochanteil < 35 % (mit Schlitzen oder Aussparungen) $\quad k_1 = 0,8$
- Kurze Wände (Pfeiler) aus getrennten Steinen mit Lochanteil $\geq$ 35 % $\quad k_1 = 0,8$

Die bisherige Forderung, nach DIN 1053 Teil 1, Ausgabe Februar 1990, für kurze Wände bzw. Pfeiler grundsätzlich $k_1 = 0,8$ anzusetzen, ist somit in die Neuausgabe der DIN 1053 Teil 1 nicht übernommen worden.

Der Unterschied zwischen Pfeilern und kurzen Wänden gemäß der Definition nach DIN 1053 Teil 1, Abschnitt 2.3, ist in Bild 2/13 dargestellt (siehe auch Kap. 3.13). Es ist darauf hinzuweisen, daß auch Querschnitte von 24 cm × 49 cm oder 36,5 cm × 49 cm in der Praxis als Pfeiler bezeichnet werden. Da ihre Fläche jedoch größer als 1000 cm² ist, gelten sie im Hinblick auf den Faktor k_1 als Wände. Gemauerte Querschnitte, deren Fläche kleiner als 400 cm² ist, sind als tragende Teile unzulässig (DIN 1053 Teil 1, Abschnitt 2.3).

Faktor k_2

Der Faktor k_2 berücksichtigt das Knicken der Wand [2/1] und ist in Abhängigkeit von der Schlankheit h_K/d angegeben:

$$h_K/d \leq 10: \quad k_2 = 1,0$$

$$10 < h_K/d < 25: \quad k_2 = \frac{25 - h_K/d}{15} \qquad (2.9)$$

Der Faktor k_2 enthält also den Einfluß der ungewollten Ausmitte und der Verformung nach Theorie II. Ordnung. Ebenso ist der Einfluß aus Knotenmomenten und Windbelastung rechtwinklig zur Wandebene erfaßt. Das Auftreten von größeren planmäßigen Ausmitten muß bei Verwendung des Faktors k_2 ausgeschlossen sein (siehe Kap. 2.4.4). Im Regelfall werden im Mauerwerksbau am Wandkopf und Wandfuß Decken gleicher Stützweite aufliegen, so daß diese Voraussetzung – zumindest näherungsweise – hier auch erfüllt ist.

Bis zur Schlankheit $h_K/d = 10$ ergibt sich durch den Faktor k_2 keine Abminderung. Zwischen $h_K/d = 10$ und der Grenzschlankheit $h_K/d = 25$ fällt der Faktor k_2 linear von 1,0 auf 0 ab (Bild 2/13).

Schlankheiten $h_K/d > 25$ sind nicht zulässig.

Abminderungsfaktoren

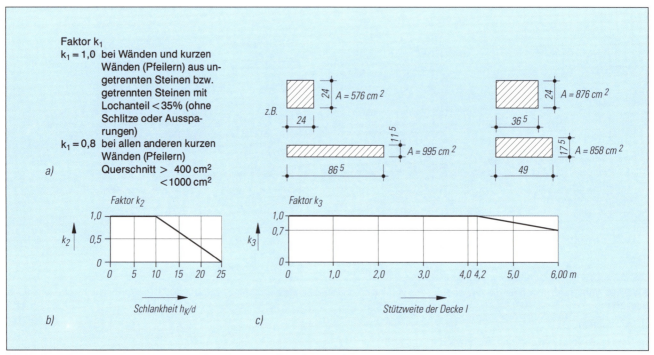

Bild 2/13: Faktoren zur Abminderung des Grundwertes σ_0 der zulässigen Druckspannung beim vereinfachten Berechnungsverfahren nach DIN 1053 Teil 1, Abschnitt 6

a) Faktor k_1 zur Berücksichtigung unterschiedlicher Sicherheitsbeiwerte bei Wänden, Pfeilern und kurzen Wänden
b) Faktor k_2 zur Traglastminderung bei Knickgefahr
c) Faktor k_3 zur Traglastminderung durch den Deckendrehwinkel bei Endauflagern von Decken zwischen Geschossen

Faktor k_3

Der Faktor k_3 berücksichtigt den Drehwinkel am Endauflager von Decken. Er gilt daher für einseitig durch Decken belastete Wände (Innen- und Außenwände) und beträgt in Abhängigkeit von der Deckenstützweite bei Decken zwischen Geschossen:

$$l \leq 4{,}20 \text{ m}: \quad k_3 = 1{,}0$$

$$4{,}20 \text{ m} < l \leq 6{,}00 \text{ m}: \quad k_3 = 1{,}7 - \frac{l}{6} \qquad (2.10)$$

Bei Decken über dem obersten Geschoß (insbesondere Dachdecken) gilt unabhängig von der Deckenstützweite:

$$k_3 = 0{,}5$$

Hierbei sind – wie in DIN 1053 Teil 1, Abschnitt 6.9.1, erwähnt – rechnerisch klaffende Lagerfugen infolge der planmäßigen Exzentrizität e höchstens bis zum Schwerpunkt des Gesamtquerschnittes vorausgesetzt.

Durch die Einspannung der Decken im Wand-Decken-Knoten ergibt sich eine ausmittige Belastung der Wand und damit ein über die Wanddicke veränderlicher Spannungsverlauf. Zur Herleitung des Faktors k_3 wurde ein Ersatzsystem für die Außenwand und für die Innenwand untersucht [2/1]. Danach braucht für die Berechnung von Innenwänden, bei denen die angrenzenden Deckenstützweiten den Wert von 6,0 m nicht überschreiten, die Traglastminderung aus dem Deckendrehwinkel nicht berücksichtigt zu werden; das gleiche gilt für Außenwände bei einer Stützweite der angrenzenden Decke von $l \leq 4{,}20$ m. Bei Außenwänden mit angrenzenden Deckenstützweiten $l > 4{,}20$ m ist dagegen die Traglastabminderung der Wand zu erfassen. Der Faktor k_3 sinkt linear bis auf den Wert 0,7 bei $l = 6{,}00$ m (Bild 2/13c). Wenn jedoch durch konstruktive Maßnahmen am Auflager der Decken, z. B. durch Zentrierleisten, für mittige Belastung der Wände gesorgt wird, so kann stets, d. h. unabhängig von der Deckenstützweite bei Decken zwischen Geschossen, $k_3 = 1{,}0$ gesetzt werden.

Maßgebender Faktor bei zweiseitig gehaltenen Wänden

Für zweiseitig gehaltene Wände läßt sich sofort angeben, ob der Faktor k_2 oder k_3 zu berücksichtigen ist. Für die Geschoßhöhe von 2,75 m (lichte Wandhöhe 2,59 m) und die Wanddicken 11,5 cm bis 30,0 cm enthält Tafel 2/8 die maßge-

Tafel 2/8: **Maßgebende Abminderungsfaktoren k_2 und k_3 bei zweiseitig gehaltenen Wänden mit einer Geschoßhöhe von 2,75 m (lichte Wandhöhe 2,59 m)**

	Wanddicke d [cm]			
	11,5	17,5	24	30
Innenwände und einseitig durch Decken belastete Wände, Deckenstützweite $l \leq 4{,}20$ m	0,541[1]	0,927[1]	1,00[1][2]	1,00[1][2]
Einseitig durch Decken belastete Wände, Deckenstützweite $l = 5{,}00$ m	0,541[1]	0,867[2]	0,867[2]	0,867[2]
Einseitig durch Decken belastete Wände, Deckenstützweite $l = 6{,}00$ m	0,541[1]	0,700[2]	0,700[2]	0,700[2]

[1] maßgebend ist Faktor k_2
[2] maßgebend ist Faktor k_3 (bei Decken zwischen Geschossen)

benden Faktoren. Mit diesen Faktoren können die abgeminderten zulässigen Druckspannungen ermittelt werden. Gegebenenfalls muß noch zusätzlich der Faktor $k_1 = 0,8$ für bestimmte Pfeiler und kurze Wände berücksichtigt werden.

Grundwerte σ_0 der zulässigen Druckspannung

In DIN 1053 Teil 1, Tabellen 4a, 4b und 4c, sind die Grundwerte der zulässigen Druckspannungen für Mauerwerk angegeben (siehe Tafeln 2/9 und 2/10).

Neu aufgenommen gegenüber der bisherigen DIN 1053 Teil 1, Ausgabe Februar 1990, wurde die Tabelle 4c, die entsprechende Grundwerte σ_0 für Mauerwerk nach Eignungsprüfung enthält. Je nach Nennfestigkeit des Mauerwerkes beträgt der Grundwert der zulässigen Druckspannung:

$$\sigma_0 = (0{,}30 \div 0{,}35) \cdot \beta_M \qquad (2.11)$$

mit β_M Nennfestigkeit des Mauerwerkes gemäß DIN 1053 Teil 2, Tabelle 1.

Des weiteren dürfen nach DIN 1053 Teil 1, Tabelle 4b, für KS-Mauerwerk bei Verwendung von Dünnbettmörtel höhere Grundwerte σ_0 als bisher angesetzt werden.

Rechenablauf

Der Nachweis von Wänden und Pfeilern bei zentrischer und exzentrischer Druckbeanspruchung unter Berücksichtigung von Knickgefahr und Deckendrehwinkel kann nach Tafel 2/11 erfolgen. Nach der Berechnung der Eingangswerte, Normalkräfte und der Wandschlankheit werden die Faktoren k_1, k_2 und k_3 und damit der Abminderungsfaktor k bestimmt. Je nach verwendeter Stein-/Mörtelkombination bzw. Nennfestigkeit des Mauerwerkes wird nach DIN 1053 Teil 1, Tabellen 4a, 4b oder 4c (Tafeln 2/9 und 2/10), der Grundwert der zulässigen Druckspannung festgelegt. Der Nachweis ist erbracht, wenn die vorhandene Druckspannung den mit dem Abminderungsfaktor k multiplizierten Grundwert der zulässigen Druckspannung σ_0 nicht überschreitet. Für eine Wand als Endauflager von Decken (z. B. Außenwand) ist der kleinere Wert des Abminderungsfaktors k maßgebend.

Im vereinfachten Berechnungsverfahren ist nicht deutlich geregelt, ob der Nachweis für eine Wand innerhalb eines Geschosses an den drei Stellen Wandkopf, in halber Wandhöhe und Wandfuß oder nur an einer, nämlich der ungünstigsten, Stelle geführt werden muß. Im Sinne eines vereinfachten Verfahrens halten es die Verfasser in nahezu allen Fällen für ausreichend, die Wand nur an einer Stelle nachzuweisen (Regelfall). Hierbei wird die größte Normalkraft am Wandfuß zugrunde gelegt (N_F, Bild 2/14).

Für den Nachweis am Wandfuß kann danach auch der Knickeinfluß die zulässige Druckspannung bestimmen.

Dies trifft für Innenwände stets zu, da bei ihnen der Einfluß des Deckendrehwinkels keine Rolle spielt ($k_3 = 1{,}0$).

Wenn sich die maßgebende zulässige Druckspannung aus dem Knickeinfluß (Faktor k_2) ergibt, kann zur Bestimmung der vorhandenen Druckspannung auch die geringere Normalkraft in halber Wandhöhe zugrunde gelegt werden. Weder bei hoch noch bei gering belasteten Wänden spielt der Unterschied der Normalkraft (in halber Wandhöhe oder am Wandfuß) bei der Bemessung eine entscheidende Rolle. Eine Ausnahme hiervon bilden die gering belasteten Kelleraußen- und Giebelwände.

Beim Nachweis von einseitig durch Decken belasteten Wänden im obersten Geschoß ist im Hinblick auf den Faktor k_3 zu beachten, daß an den Nachweisstellen Wandkopf und Wandfuß unterschiedliche k_3-Faktoren anzusetzen sind. Am Wandkopf gilt $k_3 = 0{,}5$ (Dachdeckenknoten) und am Wandfuß $k_3 = 0{,}7 \div 1{,}0$ (Zwischendeckenknoten). Es wird empfohlen,

Tafel 2/9: Grundwerte σ_0 der zulässigen Druckspannung für Mauerwerk mit Normal-, Leicht- und Dünnbettmörtel gemäß DIN 1053-1, Tabellen 4a und 4b [MN/m²].

Steinfestig-keitsklasse	Normalmörtel					Leichtmörtel		Dünnbettmörtel			
	MG I	MG II	MG IIa	MG III	MG IIIa	LM 21	LM 36	Plansteine		KS XL	
	Voll-, Loch- und Hohlblocksteine							Voll-/ Block-steine	Loch-/ Hohl-block-steine	ohne Nut	mit Nut
6	0,5	0,9	1,0	1,2	–	0,7	0,9	1,5	1,2	–	–
8	0,6	1,0	1,2	1,4	–	0,8	1,0	2,0	1,4	–	–
12	0,8	1,2	1,6	1,8	1,9	0,9	1,1	2,2[1]	1,8	3,0[2]	2,2[2]
20	1,0	1,6	1,9	2,4	3,0	0,9	1,1	3,2[1]	2,4	4,0[2]	3,4[2]
28	–	1,8	2,3	3,0	3,5	0,9	1,1	3,7[1]	–	4,0[2]	3,7[2]
36	–	–	–	3,5	4,0	–	–	–	–	–	–
48	–	–	–	4,0	4,5	–	–	–	–	–	–
60	–	–	–	4,5	5,0	–	–	–	–	–	–

[1] Gilt auch für KS XL (Vollsteine) mit Löchern.
[2] Höchste Ausnutzung gemäß entsprechenden bauaufsichtlichen Zulassungen für Mauerwerk aus KS XL.

Tafel 2/10: Grundwerte σ_0 der zulässigen Druckspannung für Mauerwerk nach Eignungsprüfung (EM) gemäß DIN 1053 Teil 1, Tabelle 4c [MN/m²].

Nennfestigkeit β_M in N/mm²	1,0 bis 9,0	11,0 bis 13,0	16,0 bis 25,0
σ_0	0,35 β_M	0,32 β_M	0,30 β_M
β_M nach DIN 1053-2	Abrunden auf 0,01 MN/m²		

Vereinfachtes Berechnungsverfahren, Rechenablauf

Tafel 2/11: Spannungsnachweis bei zentrischer und exzentrischer Druckbeanspruchung nach dem vereinfachten Berechnungsverfahren gemäß DIN 1053 Teil 1, Abschnitt 6

Eingangswerte und Normalkräfte:

Wandabmessungen	d	b
Deckenspannweiten	l_1	l_2
lichte Geschoßhöhe	h_s	
Auflast	N_o	
Auflagerkraft der Decke	A_K	
Eigengewicht der Wand	G	
Größtwert der Normalkraft am Wandfuß	N_F	

Vorhandene Druckspannung:

Größtwert am Wandfuß (Regelfall) $\quad$ vorh $\sigma = \dfrac{N_F}{b \cdot d}$ [MN/m²]

Schlankheit:

Beiwert $\quad\quad \beta \quad\quad$ Für zweiseitig gehaltene Wände: Tafel 2/4
Für drei- und vierseitig gehaltene Wände: Bilder 2/7 und 2/8

Knicklänge $\quad\quad h_K = \beta \cdot h_s \quad\quad$ (2.4)

Schlankheit $\quad\quad h_K/d$

Abminderungsfaktoren:

Wände und kurze Wände (Pfeiler) aus ungetrennten Steinen bzw. getrennten Steinen mit Lochanteil <35% (ohne Schlitze oder Aussparungen) $\quad k_1 = 1{,}0$

Alle anderen kurzen Wände (Pfeiler) $\quad k_1 = 0{,}8$

Knicken $\quad k_2 = \dfrac{25 - h_K/d}{15} \leq 1{,}0 \quad\quad$ (2.9)

Deckendrehwinkel – Decken zwischen Geschossen $\quad k_3 = 1{,}7 - \dfrac{l}{6} \leq 1{,}0 \quad\quad$ (2.10)

– Decken im obersten Geschoß (insbesondere Dachdecken) $\quad k_3 = 0{,}5$

Abminderungsfaktor zur Berücksichtigung des
- Knickens $\quad k = k_1 \cdot k_2$ oder
- Deckendrehwinkels $\quad k = k_1 \cdot k_3$

Der kleinere Wert von k ist maßgebend

Grundwert der zulässigen Druckspannung:

nach DIN 1053 Teil 1, Tabellen 4a oder 4b, je nach gewählter Stein-/Mörtelkombination oder für Mauerwerk nach Eignungsprüfung nach DIN 1053 Teil 1, Tabelle 4c, je nach Nennfestigkeit des Mauerwerkes $\quad\quad \sigma_o$

Zulässige Druckspannung:

$\quad\quad$ zul $\sigma_D = k \cdot \sigma_o \quad\quad$ (2.8)

Nachweis:

$\quad\quad$ vorh $\sigma \leq$ zul $\sigma_D \quad\quad$ (2.7)

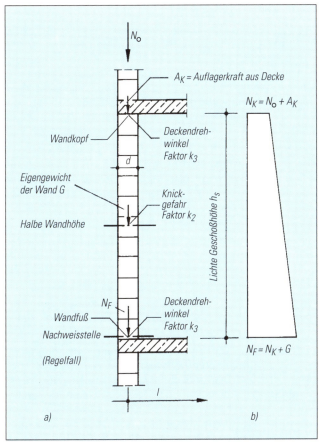

Bild 2/14: Normalkräfte und Nachweisstelle von Wänden nach dem vereinfachten Berechnungsverfahren gemäß DIN 1053 Teil 1, Abschnitt 6

a) Schnitt durch eine Außenwand
b) Normalkraftverlauf

immer eine zusätzliche Untersuchung des Wandkopfes mit der dort tatsächlich vorhandenen Wandnormalkraft durchzuführen.

Beim genaueren Berechnungsverfahren nach DIN 1053 Teil 1, Abschnitt 7, dagegen muß der Nachweis am Wandkopf, in halber Wandhöhe und am Wandfuß mit den an diesen Stellen vorhandenen Normalkräften geführt werden (siehe Kap. 2.5).

Planmäßige Ausmitte, Randdehnung bei Scheibenbeanspruchung und Zusatznachweis bei schlanken Wänden

Wenn die Voraussetzungen des vereinfachten Berechnungsverfahrens erfüllt sind und die räumliche Steifigkeit offensichtlich gegeben ist, braucht ein Windnachweis nicht geführt zu werden. Die Berechnung erfolgt für mittig angesetzte Lasten.

Falls ein Nachweis für ausmittige Last bei Scheibenbeanspruchung zu führen ist, dürfen die Wandquerschnitte höchstens bis zum Schwerpunkt des Querschnittes aufreißen. Die planmäßige Ausmitte darf also im Gebrauchszustand bei Rechteckquerschnitten höchstens d/3 betragen. Bei Windscheiben ist zusätzlich nachzuweisen, daß die Randdehnung aus der Scheibenbeanspruchung auf der Seite der Klaffung den Wert $\varepsilon_R = 10^{-4}$ nicht überschreitet (Bild 2/15). Der Elastizitätsmodul für Mauerwerk darf hierbei zu $E = 3000 \cdot \sigma_0$ angenommen werden.

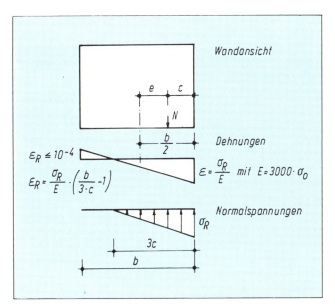

Bild 2/15: Zulässige rechnerische Randdehnung bei Scheibenbeanspruchung und klaffender Fuge

Im Gegensatz zu mehrseitig oder breiten zweiseitig gehaltenen Wänden sind schlanke Wände mit geringer Breite nicht immer in der Lage, ungewollte Horizontallasten ohne besonderen Nachweis aufzunehmen und weiterzuleiten. Dabei ist nach DIN 1053 Teil 1, Abschnitt 6.9.1, bei zweiseitig gehaltenen Wänden mit Wanddicken d < 17,5 cm und mit Schlankheiten $h_K/d > 12$ und Wandbreiten < 2,0 m ein Nachweis der Aufnahme einer horizontalen Einzellast H = 0,5 kN, die in halber Geschoßhöhe angreift und die über die Wandbreite gleichmäßig verteilt angenommen werden darf, zu führen. Dieser im vereinfachten Verfahren zu führende Nachweis ist eine Neuerung gegenüber der bisherigen Ausgabe der DIN 1053 Teil 1.

Für diesen besonderen Lastfall darf eine höhere zulässige Spannung

$$\text{zul } \sigma_D = 1{,}33 \cdot k \cdot \sigma_o \tag{2.12}$$

angesetzt werden.

In Bild 2/15 bedeuten (in Anlehnung an DIN 1053 Teil 1, Bild 3)

b   Länge der Windscheibe

e   Planmäßige Ausmitte im Gebrauchszustand
$\left(\dfrac{b}{6} < e \leq \dfrac{b}{3}\right)$

3c Überdrückte Länge der Windscheibe

σ_R Vorhandene Druckspannung am Querschnittsrand

E   Elastizitätsmodul des Mauerwerkes, DIN 1053 Teil 1, Abschnitt 6.9.1

ε_D Rechnerische Randstauchung im maßgebenden Gebrauchs-Lastfall

ε_R Rechnerische Randdehnung auf der Seite der Klaffung

2.4.4 Nachweis der Knicksicherheit

Der in Kap. 2.4.3 angegebene Faktor k_2 berücksichtigt die ungewollte Ausmitte und die Verformung nach Theorie II. Ordnung. Ebenso ist der Einfluß aus Knotenmomenten und aus Windbelastung rechtwinklig zur Wandebene erfaßt; er braucht nicht besonders ermittelt zu werden. Bei größeren horizontalen Lasten oder vertikalen Lasten mit größerer Ausmitte (Exzentrizität) muß der Knicksicherheitsnachweis nach dem genaueren Berechnungsverfahren erfolgen (Kap. 2.6.4).

Bei Änderung der Wanddicken entstehen in der Wand infolge ausmittiger vertikaler Lasten Biegemomente. Im Rahmen des vereinfachten Verfahrens nach DIN 1053 Teil 1, Abschnitt 6.9.2, muß ein Versatz der Wandachsen nicht untersucht werden, wenn keine größere Exzentrizität vorliegt. Dies ist der Fall, wenn der Querschnitt der dickeren Wand den Querschnitt der dünneren umschreibt (Bild 2/16 a–c).

Bei einem Überstand der Innenschale einer zweischaligen Außenwand über die Innenkante der Kelleraußenwand umschreibt der Querschnitt der dickeren Wand nicht den der dünneren (Bild 2/16 d). Es muß daher ein genauerer Nachweis erfolgen, obwohl sich das infolge des Versatzes entstehende Biegemoment für die Kelleraußenwand günstig auswirkt (siehe auch Kap. 3.3.2). Wegen der großen Wanddicke der Kelleraußenwand ist dies jedoch nicht für den Knicksicherheitsnachweis, sondern für den Spannungsnachweis maßgebend. Kap. 6.6 enthält hierzu zahlreiche Beispiele.

2.4.5 Auflagerpressungen

Werden Wände oder Pfeiler aus Mauerwerk nur auf einem Teil ihrer Querschnittsfläche belastet, so liegt eine Teilflächenbelastung des Mauerwerkes vor. Dies tritt beispielsweise bei der Einleitung von Einzellasten aus Stützen und Unterzügen auf. Es ergeben sich im Einleitungsbereich größere Spannungen, die mit zunehmender Entfernung von der Lasteinleitungsstelle infolge der Lastausbreitung abnehmen [2/9]. Die dabei entstehenden Spaltzugkräfte sind vom Mauerwerksverband aufzunehmen.

Die Druckverteilung darf nach DIN 1053 Teil 1, Abschnitt 6.9.3, unter 60° angesetzt werden. Der so beanspruchte Wandbereich kann in Mauerwerk höherer Druckfestigkeit ausgeführt werden.

Nach dem vereinfachten Berechnungsverfahren ist unter Einzellasten eine gleichmäßig verteilte Auflagerpressung von $1{,}3 \cdot \sigma_o$ zulässig, wenn unter Berücksichtigung der oben beschriebenen Druckverteilung in halber Wandhöhe die zulässige Druckspannung zul $\sigma_D = k_2 \cdot \sigma_o$ eingehalten ist.

Gelingt der Nachweis im Auflagerbereich nicht mehr mit Mauerwerk, so kann ein Lastverteilungsbalken aus Beton oder Stahlbeton angeordnet werden.

In Sonderfällen können auch Teilflächenpressungen rechtwinklig zur Wandebene auftreten, Kap. 6.7.2.2, Bild 6/83. Nach DIN 1053 Teil 1, Abschnitt 6.9.3, gilt auch dafür $1{,}3 \cdot \sigma_o$ als zulässige Druckspannung. Bei Einzellasten, die größer sind als 3 kN, ist zusätzlich die Schubspannung in den Lagerfugen der belasteten Steine nachzuweisen. Bei Loch- und Kammersteinen muß die Druckkraft, z. B. durch Unterlagsplatten, auf mindestens zwei Stege übertragen werden. Diese Regelungen stimmen sinngemäß mit denen des genaueren Berechnungsverfahrens, Abschnitt 7.9.3, überein.

2.4.6 Zug- und Biegezugspannungen

Nach DIN 1053 Teil 1, Abschnitt 6.9.4, dürfen Zugspannungen rechtwinklig zur Lagerfuge in tragenden Wänden nicht in Rechnung gestellt werden.

Für Biegezugspannungen parallel zur Lagerfuge gilt im Rahmen des vereinfachten Berechnungsverfahrens folgende zulässige Spannung:

$$\text{zul}\,\sigma_Z = 0{,}4 \cdot \sigma_{oHS} + 0{,}12 \cdot \sigma_D \leq \max \sigma_Z \qquad (2.13)$$

Es bedeuten

zul σ_Z Zulässige Biegezugspannung parallel zur Lagerfuge

σ_D Zugehörige Druckspannung rechtwinklig zur Lagerfuge

σ_{oHS} Zulässige abgeminderte Haftscherfestigkeit nach DIN 1053 Teil 1, Tabelle 5

max σ_Z Wert nach DIN 1053 Teil 1, Tabelle 6

Der Wert σ_{oHS} entspricht dem bisherigen Rechenwert der Kohäsion nach DIN 1053 Teil 2, Ausgabe Juli 1984, Abschnitt 7.5, unter Berücksichtigung des globalen Sicherheitsbeiwertes $\gamma = 2{,}0$. Für Mauerwerk mit unvermörtelten Stoßfugen sind die Werte σ_{oHS} zu halbieren.

Die Herleitung der zulässigen Biegezugspannung nach Gl. (2.13) erfolgte auf der Grundlage von DIN 1053 Teil 2, Ausgabe Juli 1984. Es wurden dabei zwei Bruchkriterien, nämlich das Versagen der Lagerfuge und das Steinversagen, berück-

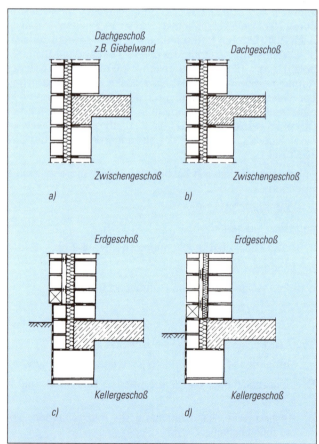

Bild 2/16: Versatz der Wandachsen
a) Schnitt im Bereich Dachgeschoß/Zwischengeschoß
b) wie a) jedoch dickere Wand unten
c) Schnitt im Bereich Erdgeschoß/Kellergeschoß
d) wie c) jedoch mit Überstand der Innenseite

Normalspannungsnachweis, Schubnachweis

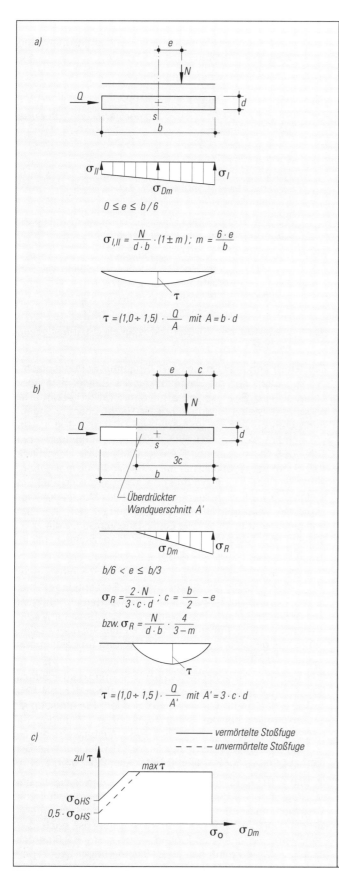

Ungerissener Querschnitt bei Scheibenbeanspruchung:

Der Querschnitt wird über seine gesamte Länge*) auf Druck beansprucht. Er ist vollständig überdrückt (ungerissen), wenn die planmäßige Ausmitte im Gebrauchszustand $e \leq b/6$ ist (Bild 2/17a).

Gerissener Querschnitt = teilweise gerissener Querschnitt bei Scheibenbeanspruchung:

Der Querschnitt wird nicht über seine gesamte Länge*) auf Druck, sondern bereichsweise rechnerisch auch auf Zug beansprucht. Er ist teilweise gerissen, wenn die planmäßige Ausmitte im Gebrauchszustand

$b/6 < e \leq b/3$ ist (Bild 2/17b).

Klaffende Fuge bei Scheibenbeanspruchung:

Beim teilweise gerissenen Querschnitt wird die Länge*) des Querschnittes, die auf Zug beansprucht wird, als klaffende Fuge bezeichnet. Klaffende Fugen, die rechnerisch über den Schwerpunkt des Querschnittes hinausgehen, sind unzulässig. Der Grenzwert wird bei einer planmäßigen Ausmitte von

$e = b/3$ erreicht.

Das rechnerische Aufreißen der Wandquerschnitte ist eine Folge des der Bemessung von Mauerwerk zugrunde gelegten Rechenmodells. Die sich rein rechnerisch ergebenden Risse sind unschädlich und dürfen nicht mit durchgehenden Rissen im Mauerwerk infolge Reißens der Steine oder infolge Überwindens der Haftscherfestigkeit des Mörtels gleichgestellt werden. Die zuletzt genannten Risse können die Gebrauchsfähigkeit der Wand beeinträchtigen und auch eine Gefahr für die Standsicherheit werden. Solche Risse stellen einen Mangel dar, sie lassen sich aber bei Einhalten der Bemessungsvorschriften und der konstruktiven Regeln im Mauerwerksbau vermeiden.

---

*) Bei Plattenbeanspruchung ist anstelle der Länge die Dicke der Wand maßgebend.

Bild 2/17: Normal- und Schubspannungen für eine Aussteifungswand mit Rechteckquerschnitt
a) Ungerissener Querschnitt
b) Teilweise gerissener Querschnitt
c) Prinzipieller Verlauf von zul τ in Abhängigkeit von der Normalspannung σ bei Scheibenschub

sichtigt (siehe Kap. 6.4). Man erhält Gl. (2.13) des vereinfachten Verfahrens, wenn in Gl. (2.27) des genaueren Verfahrens folgende Werte eingesetzt werden:

Globaler Sicherheitsbeiwert $\gamma = 2{,}0$
Reibungsbeiwert $\mu = 0{,}6$
Überbindemaß/Steinhöhe $ü/h_{St} = 0{,}4$

Der in DIN 1053 Teil 1, Tabelle 6, angegebene Grenzwert max σ_Z entspricht dem sich nach Gl. (2.28) des genaueren Verfahrens ergebenden Wert. Beim Grenzwert max σ_Z wird jedoch im vereinfachten Berechnungsverfahren nicht nach Steinarten, wie z. B. Vollstein, Lochstein und Hohlblockstein, unterschieden. Der Grenzwert max σ_Z liegt deshalb für Vollsteine mit größerer Zugfestigkeit gegenüber Loch- und Hohlblocksteinen gleicher Druckfestigkeit auf der sicheren Seite. In Grenzfällen lohnen hier daher Untersuchungen nach dem genaueren Berechnungsverfahren der DIN 1053 Teil 1, Abschnitt 7.9.4.

2.4.7 Schubnachweis

Waagerechte Lasten in Längsrichtung der Wand, z. B. Windlasten, Lasten aus Schrägstellung des Gebäudes, erzeugen eine Scheibenbeanspruchung, waagerechte Lasten rechtwinklig zur Wandebene, z. B. Erddruck, Wind, bewirken eine Plattenbeanspruchung der Wand (Bilder 2/1 und 2/2). Je nach Beanspruchungsart ist daher beim Schubnachweis zwischen Scheiben- und Plattenschub zu unterscheiden.

Auf den Nachweis der räumlichen Steifigkeit kann man nach DIN 1053 Teil 1, Abschnitt 6.4, verzichten, wenn in Längs- und Querrichtung des Gebäudes eine ausreichende Anzahl von genügend langen Wänden vorhanden ist, die ohne größere Schwächungen und ohne Versprünge bis auf die Fundamente geführt werden (siehe Kap. 2.3.3). Sind diese Voraussetzungen nicht erfüllt, so ist die Verteilung der Windlasten auf die das Gebäude aussteifenden Wände zu ermitteln (siehe Kap. 6.5); für diese Wände ist dann auch ein Schubnachweis infolge Scheibenbeanspruchung durchzuführen.

Waagerechte Lasten rechtwinklig zur Wandebene (z. B. Erddruck, Wind) dürfen im Rahmen des vereinfachten Verfahrens unberücksichtigt bleiben, wenn bestimmte Voraussetzungen erfüllt sind. Ein Schubnachweis infolge der Plattenbeanspruchung ist dann nicht erforderlich.

Unabhängig von der Beanspruchungsart dürfen im vereinfachten Verfahren nach DIN 1053 Teil 1, Abschnitt 6.9.5, keine zusammengesetzten Querschnitte berücksichtigt werden; es sind nur Rechteckquerschnitte anzusetzen (Bild 2/17).

Beim Nachweis muß die vorhandene Schubspannung kleiner als die zulässige Schubspannung sein; es gilt:

Scheibenschub

$$\tau = \frac{c \cdot Q}{A} \leq \text{zul}\,\tau \qquad (2.14\text{a})$$

$$\text{zul}\,\tau = \sigma_{oHS} + 0{,}2 \cdot \sigma_{Dm} \leq \max\tau \qquad (2.15\text{a})$$

Plattenschub

$$\tau = \frac{1{,}5 \cdot Q}{A} \leq \text{zul}\,\tau \qquad (2.14\text{b})$$

$$\text{zul}\,\tau = \sigma_{oHS} + 0{,}3 \cdot \sigma_{Dm} \qquad (2.15\text{b})$$

Es bedeuten

Q Querkraft (auf die betrachtete Wand entfallender Horizontallastanteil)

A Überdrückte Querschnittsfläche

σ_{oHS} siehe DIN 1053 Teil 1, Tabelle 5

c Faktor zur Berücksichtigung der Verteilung von τ über den Querschnitt
c = 1,5 für H/l ≥ 2
c = 1,0 für H/l ≤ 1
Dazwischen darf interpoliert werden.
H gesamte Wandhöhe
l Wandlänge

σ_{Dm} Mittlere zugehörige Druckspannung rechtwinklig zur Lagerfuge im ungerissenen Querschnitt A (Bild 2/17)

max τ = $0{,}010 \cdot \beta_{Nst}$ für Hohlblocksteine
= $0{,}012 \cdot \beta_{Nst}$ für Hochlochsteine und Steine mit Grifföffnungen oder -löchern
= $0{,}014 \cdot \beta_{Nst}$ für Vollsteine ohne Grifföffnungen oder -löcher

β_{Nst} Nennwert der Steindruckfestigkeit (Steinfestigkeitsklasse)

Der Grenzwert max τ nach Gl. (2.15a) stellt auf vereinfachte Weise sicher, daß die Zugfestigkeit der Steine nicht überschritten wird. Er entspricht somit dem Bruchkriterium „Versagen der Steine infolge schräger Hauptzugspannungen" nach dem genaueren Verfahren der DIN 1053 Teil 1, Gln. (16a und b), siehe auch Kap. 6.4. Gegenüber der bisherigen DIN 1053 Teil 1, Ausgabe Februar 1990, wurde klargestellt, daß dieser Versagensfall nur bei Scheibenschub maßgebend wird. Bei Plattenschub ist unter der Voraussetzung, daß Einsteinmauerwerk (d. h. keine Längsfuge im Mauerwerk) vorliegt, ein Versagen infolge Überschreitung der Steinzugfestigkeit nicht möglich. Die Gl. (2.15a) wurde für die zuvor genannten Steinarten und verschiedene Steinfestigkeitsklassen ausgewertet (Bild 2/18).

Der Wert σ_{oHS} entspricht dem Rechenwert der abgeminderten Haftscherfestigkeit des genaueren Berechnungsverfahrens (DIN 1053 Teil 1, Abschnitt 7.9.5) unter Berücksichtigung des globalen Sicherheitsbeiwertes $\gamma = 2{,}0$. Er ist für Mauerwerk mit unvermörtelten Stoßfugen zu halbieren. Für Dünnbettmörtel gilt stets $\sigma_{oHS} = 0{,}11$ MN/m^2 und für Leichtmörtel $\sigma_{oHS} = 0{,}09$ MN/m^2.

Gln. (2.15a und b) entsprechen der Gleichung der Reibungsgeraden, die auch beim genaueren Verfahren der DIN 1053 Teil 1, Gln. (16a und b), verwendet werden. Sie erfassen als Bruchkriterium bei der Schubtragfähigkeit „Versagen der Lagerfuge infolge Reibung". Als Reibungsbeiwert liegt Gl. (2.15a) der abgeminderte und Gl. (2.15b) der normale Beiwert zugrunde. Zur Herleitung siehe Kap. 2.6.7 bzw. 6.4.

In Bild 2/19 wurde für Steine der Festigkeitsklasse 12 und Mörtelgruppe IIa der Bereich der Schubtragfähigkeit zum Vergleich nach dem vereinfachten und dem genaueren Berechnungsverfahren aufgetragen. Dabei ist nach dem genaueren Verfahren der Sicherheitsbeiwert $\gamma = 2{,}0$ berücksichtigt. Man erkennt, daß im Bereich geringer Druckspannungen das vereinfachte Verfahren und bei größeren Druckspannungen das genauere Verfahren eine höhere Schubbeanspruchung zuläßt.

Für die Ermittlung der zulässigen Schubspannung ist die mittlere zugehörige Druckspannung maßgebend (Bild 2/17).

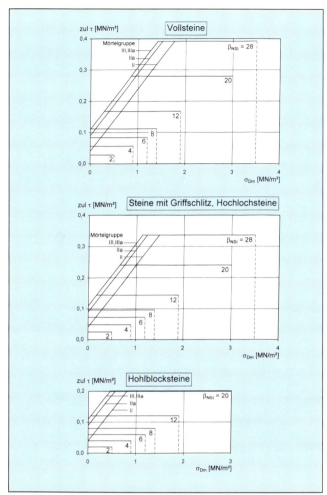

Bild 2/18: Zulässige Schubspannung zul τ bei Scheibenschub in Abhängigkeit von der Druckspannung nach DIN 1053 Teil 1, Abschnitt 6.9.5, bei Mauerwerk mit vermörtelten Stoßfugen

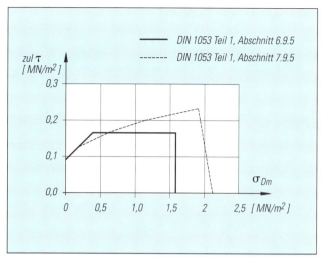

Bild 2/19: Bereich zulässiger Schubspannungen als Beispiel für Steinfestigkeitsklasse 12 und Mörtelgruppe II a bei Scheibenschub

Diese mittlere Druckspannung im Schwerpunkt des überdrückten Wandquerschnittes beträgt bei teilweise gerissenen Rechteckquerschnitten die Hälfte der größten Randspannung (Bild 2/17b), bei ungerissenen Rechteckquerschnitten das Mittel aus beiden Randspannungen (Bild 2/17a). Da die größte Randspannung die zulässige Druckspannung nicht überschreiten darf, wird deshalb die zum Größtwert der Schubspannung gehörige mittlere Druckspannung meistens kleiner als $0,5 \cdot \sigma_o$ sein. Im Bereich $\sigma_{Dm} \leq 0,5 \cdot \sigma_o$ sind die Abweichungen zwischen dem vereinfachten und dem genaueren Verfahren gering.

Entsprechend der in der Neuausgabe der DIN 1053 Teil 1 vorgenommenen Unterscheidung in Scheiben- und Plattenschub stehen zur Ermittlung der vorhandenen Schubspannungen nunmehr zwei Gleichungen zur Verfügung (Gln. (2.14a und b)). Für Wände geringer Höhe können sich die Schubspannungen um bis zu 33% niedriger als nach bisheriger Berechnung ergeben.

Beim Nachweis nach DIN 1053 Teil 1, Abschnitt 6, dürfen im Rahmen des vereinfachten Verfahrens die aussteifenden Wände nur mit Rechteckquerschnitten angesetzt werden. Sind beim zu untersuchenden Gebäude Längs- und Querwände im Verband gemauert, so tragen in Wirklichkeit zusammengesetzte Querschnitte die Windlasten ab, so daß für die Aufnahme waagerechter Lasten noch Reserven vorhanden sind. Bei Ausführung von Stumpfstößen stimmen dagegen die ausgeführten Querschnitte mit den Annahmen nach DIN 1053 Teil 1, Abschnitt 6, überein.

2.5 Genaueres Berechnungsverfahren

2.5.1 Allgemeines

Das genauere Berechnungsverfahren darf für einzelne Bauteile, einzelne Geschosse oder ganze Bauwerke angewendet werden.

Soll die Tragfähigkeit von Mauerwerk besser ausgenutzt werden, als dies nach dem vereinfachten Berechnungsverfahren nach DIN 1053 Teil 1, Abschnitt 6, möglich ist, so müssen die Eigenschaften des Mauerwerkes genauer ermittelt und das Tragverhalten der Konstruktion in der statischen Berechnung wirklichkeitsnäher erfaßt werden. Dies ist mit dem in DIN 1053 Teil 1, Abschnitt 7, genannten genaueren Verfahren möglich. Für Mauerwerksbauten lassen sich hiermit größere Bauwerkshöhen und schlankere Konstruktionen nachweisen. Die Verwendung dünnerer Wände erlaubt unter Beibehaltung des Grundrisses Materialeinsparungen und größere Wohnflächen.

Im genaueren Berechnungsverfahren werden die grundlegenden Nachweise

- Wand-Decken-Knoten
- Knicksicherheit
- Schub

geführt. Die Bemessung erfolgt in Form von Spannungsnachweisen. Die vorhandenen Spannungen werden dabei unter Berücksichtigung der planmäßigen und ungewollten Ausmitten errechnet. Weiterhin sind im genaueren Verfahren Biegemomente aus Deckeneinspannung und infolge von Windlasten auf Außenwände zu berücksichtigen. Der Knicksicherheitsnachweis ist als Spannungsnachweis nach Theorie II. Ordnung zu führen. Aus diesem Grund wird bei Nachweisen im genaueren Verfahren in den meisten Fällen nicht mehr die mittlere Spannung σ_m, sondern die Randspannung σ_R maßgebend.

Genaueres Berechnungsverfahren, Schnittgrößenermittlung

Beim Schubnachweis sowie beim Nachweis der Zug- und Biegezugspannungen dürfen gegenüber dem vereinfachten Verfahren andere, meist höhere zulässige Spannungen angesetzt werden. Für alle Nachweise im genaueren Verfahren gilt, daß mit etwas mehr Rechenaufwand günstigere Ergebnisse als nach dem vereinfachten Verfahren erzielt werden können.

Die theoretischen Grundlagen zu den einzelnen Nachweisen werden ausführlich in Kap. 6 behandelt. In den Kap. 2.5 und 2.6 wird das genauere Verfahren nur in gekürzter Form vorgestellt. Es werden die maßgebenden Bemessungsgleichungen aufgeführt und beschrieben.

2.5.2 Ermittlung der Schnittgrößen infolge von Lasten

2.5.2.1 Auflagerkräfte aus Decken

Es gilt Kap. 2.3.2.1.

2.5.2.2 Knotenmomente

Die auf Mauerwerkswänden lagernde Stahlbetondecke kann sich – insbesondere bei darüberstehenden Wänden – am Auflager nicht frei verdrehen. Die Decke ist zwischen den Wänden elastisch eingespannt. Die Auswirkung dieser Einspannung auf die Bemessung der Decke wird in der Regel konstruktiv berücksichtigt. Für die Wand jedoch ergeben sich infolge der Einspannmomente Ausmitten der Wandnormalkraft, die bei der Bemessung berücksichtigt werden müssen. Nach DIN 1053 Teil 1, Abschnitt 7.2.2, dürfen die ermittelten Knotenmomente aufgrund einer Berechnung nach der Elastizitätstheorie auf 2/3 ihres Wertes abgemindert werden.

Der Ermittlung der Knotenmomente wird näherungsweise ein einfaches Teilsystem zugrunde gelegt; dieses wird aus dem Gesamtsystem herausgeschnitten und enthält nur die an dem zu untersuchenden Knoten angrenzenden Decken und Wände. Die Decken reichen hierbei bis zum Nachbarknoten, die Wandabschnitte bis zu den geschätzten Momentennullpunkten. Für den Nachweis darf die halbe Verkehrslast als ständige Last angesetzt werden. Die andere Hälfte der Verkehrslast ist als Wechsellast aufzubringen. Der E-Modul des Mauerwerks ist mit $E = 3000 \cdot \sigma_o$ anzunehmen.

Vereinfachte Berechnung der Knotenmomente (5%-Regel)

Für Decken, deren Nutzlast nicht größer als 5 kN/m² ist, erlaubt DIN 1053 Teil 1, Abschnitt 7.2.3, eine vereinfachte Berechnung der Knotenmomente. Die Ausmitte der Deckenauflagerkraft darf bei Außenwandknoten zu 5% der angrenzenden Deckenstützweite, bei Innenwandknoten zu 5% der Differenz der beiden angrenzenden Deckenstützweiten angesetzt werden (Bild 2/20).

Die Knotenmomente M_D bzw. M_Z sind bei Dachdecken voll in den Wandkopf, bei Zwischendecken je zur Hälfte in den angrenzenden Wandkopf und Wandfuß einzuleiten. Der Index Z gilt dabei für Zwischendecken, der Index D für Dachdecken.

Zur Ermittlung der Ausmitte von Deckenauflagerkräften darf bei zweiachsig gespannten Deckenplatten nach DIN 1053 Teil 1, Abschnitt 7.2.3, 2/3 der kürzeren Stützweite eingesetzt werden.

Mit zunehmender Differenz der Deckenspannweiten verliert die günstige Wirkung der zweiachsigen Lastabtragung an Bedeutung. Der erwähnte Faktor 2/3 darf daher nur bis zu einem Verhältnis der Deckenspannweiten von 1:2 angewendet werden.

Wenn das Verhältnis der Deckenspannweiten 1:2 unterschreitet, darf keine zweiachsige Lastabtragung mehr angesetzt werden; die Decke trägt dann die Lasten nur noch einachsig in Richtung der kürzeren Spannweite ab.

Begrenzung der Knotenmomente

Es ist nachzuweisen, daß im Gebrauchszustand die rechnerische planmäßige Ausmitte den Wert d/3 nicht überschreitet. Ergibt sich bei geringer Normalkraft am Wandkopf oder Wandfuß eine Ausmitte, die d/3 überschreitet, so darf diese Ausmitte für den rechnerischen Nachweis nach Abschnitt 7.2.4 zu d/3 angenommen werden. Hierbei ist jedoch mit Klaffungen der Auflagerfuge zu rechnen. Zur Verhinderung von Bauschäden müssen in solchen Fällen konstruktive Maßnahmen zur Zentrierung der Deckenauflagerkraft getroffen werden (Kap. 6.2.2.4). Dieser Fall tritt häufig beim Endauflager einer Dachdecke auf (Bild 2/21).

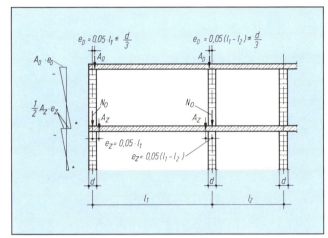

Bild 2/20: Vereinfachende Annahmen zur Berechnung von Knoten- und Wandmomenten (DIN 1053 Teil 1, Bild 4)

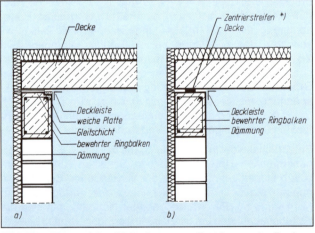

Bild 2/21: Konstruktive Maßnahmen zur Zentrierung der Deckenauflagerkraft am Beispiel der Außenwand einer Dachdecke

a) mit eingelegter weicher Platte an der Wandinnenseite

b) mit Zentrierstreifen zwischen Wand und Decke, *) z. B. Cigular®-Dachdeckenlager von Calenberg Ingenieure, Salzhemmendorf, oder SPEBA® Streifenlager M von Spezial Baustofftechnik, Sinzheim

2.5.2.3 Wandmomente

Der Verlauf der Biegemomente einer Wand infolge lotrechter Lasten ergibt sich aus den anteiligen Momenten M_o und M_u der Knotenberechnung am Wandkopf und Wandfuß. Aus dem Momentenverlauf kann auch der für den Knicksicherheitsnachweis maßgebende Wert in halber Geschoßhöhe einfach bestimmt werden.

Bei Außenwänden treten bei waagerechter Belastung rechtwinklig zur Wand, z.B. infolge Wind oder Erddruck, zusätzlich Biegemomente in der Wand auf (Kap. 3.3 und 6.6). Diese Biegemomente müssen denen aus der Deckeneinspannung infolge der lotrechten Eigengewichts- und Verkehrslasten überlagert werden. Dabei ist die Begrenzung der klaffenden Fuge bis zur halben Wanddicke zu beachten. Nach DIN 1053 Teil 1, Abschnitt 7.2.5, dürfen die Biegemomente infolge waagerechter Belastung innerhalb der Grenzfälle für gelenkige Lagerung und Volleinspannung umgelagert werden.

2.5.2.4 Wind

Für Wanddicken d ≥ 24 cm und lichte Geschoßhöhen $h_s ≤ 3{,}0$ m dürfen die Momente aus Windlast rechtwinklig zur Wandebene im Bereich bis zu 20 m über Gebäude vernachlässigt werden. Die Windlasten in Wandebene sind jedoch zu berücksichtigen (siehe auch Kap. 2.5.3).

2.5.3 Räumliche Steifigkeit

Die Bedingungen für den Nachweis der räumlichen Steifigkeit, d. h. Weiterleitung der Horizontallasten infolge Wind, Lotabweichung (Schrägstellung des Gebäudes) oder seismische Lasten, sind in Kap. 2.3.3 angegeben. Ausführliche Erläuterungen und Beispiele enthält Kap. 6.5.

2.5.4 Zwängungen

Es gilt Kap. 2.3.4.

2.5.5 Grundlagen für die Berechnung der Formänderung

Es gilt Kap. 2.3.5.

2.5.6 Aussteifung und Knicklänge von Wänden

2.5.6.1 Allgemeine Annahmen für aussteifende Wände

Es gilt Kap. 2.3.6.1.

2.5.6.2 Knicklängen

Die Knicklänge wird in Abhängigkeit von der lichten Geschoßhöhe h_s angegeben.

a) Freistehende Wände

Für freistehende, am Wandfuß voll eingespannte Wände gilt nach DIN 1053 Teil 1, Abschnitt 7.7.2 (Gl. 7):

$$h_K = 2 \cdot h_s \cdot \sqrt{\frac{1 + 2 \cdot N_o/N_u}{3}} \qquad (2.16)$$

Es bedeuten

N_o Normalkraft am Wandkopf

N_u Normalkraft am Wandfuß

b) Zweiseitig gehaltene Wände

Die Knicklänge zweiseitig gehaltener Wände ist im allgemeinen gleich der lichten Geschoßhöhe anzusetzen (Kap. 6, Bild 6/33b). Durch Einspannung der Wand am Kopf bzw. Fuß kann die Knicklänge verringert werden (Bild 6/33c). Dies ist jedoch nur bei flächiger Auflagerung der Decken und Einhaltung der in DIN 1053 Teil 1, Tabelle 7, geforderten Auflagertiefen möglich. Wenn in halber Geschoßhöhe der Querschnitt planmäßig nicht aufreißt (e ≤ d/6), gilt für die Knicklänge wie beim vereinfachten Verfahren

$$h_K = \beta \cdot h_s \qquad (2.4)$$

Falls der Wert β nicht durch Rahmenberechnung nach Theorie II. Ordnung bestimmt wird, darf er nach DIN 1053 Teil 1, Gl. (8b), wie folgt angenommen werden:

$$\beta = 1 - 0{,}15 \cdot \frac{E_B \cdot I_B}{E \cdot I_M} \cdot h_s \cdot \left(\frac{1}{l_1} + \frac{1}{l_2}\right) \geq 0{,}75 \qquad (2.17a)$$

Es bedeuten

E   E-Modul der Mauerwerkswand nach DIN 1053 Teil 1, Tabelle 2

E_B E-Modul der Stahlbetondecke nach DIN 1045, Tabelle 11

I_M, I_B Flächenmomente 2. Grades der Mauerwerkswand bzw. der Stahlbetondecke

l_1, l_2 Angrenzende Deckenstützweiten

h_s Lichte Geschoßhöhe (Wandhöhe)

Bei Außenwänden ist in Gl. (2.17a) $1/l_2 = 0$ zu setzen; damit erhält man

$$\beta = 1 - 0{,}15 \cdot \frac{E_B \cdot I_B}{E \cdot I_M} \cdot \frac{h_s}{l_1} \geq 0{,}75 \qquad (2.17b)$$

Bei Wanddicken d ≤ 17,5 cm darf $\beta = 0{,}75$ gesetzt werden, wenn die Auflagertiefe der Decke sich über die gesamte Wanddicke erstreckt und der Querschnitt in halber Geschoßhöhe nicht aufgerissen ist (e ≤ d/6).

Bei einem Aufreißen des Wandquerschnitts in halber Geschoßhöhe bis zur Querschnittsmitte (e = d/3) ist nach DIN 1053 Teil 1, Tabelle 7 bzw. Tafel 2/12, $\beta = 1$ zu setzen.

Für dreiseitig und vierseitig gehaltene Wände sind in DIN 1053 Teil 1, Abschnitt 7.7.2, Formeln zur Ermittlung der maß-

Tafel 2/12: Reduzierung der Knicklänge zweiseitig gehaltener Wände mit flächig aufgelagerten Massivdecken (DIN 1053 Teil 1, Tabelle 7)

Wanddicke d cm	Erforderliche Auflagertiefe a der Decke auf der Wand
< 24	d
≥ 24 ≤ 30	$\geq \frac{3}{4} d$
> 30	$\geq \frac{2}{3} d$
Planmäßige Ausmitte e[1] der Last in halber Geschoßhöhe (für alle Wanddicken)	**Reduzierte Knicklänge h_K[2]**
$\leq \frac{d}{6}$	$\beta \cdot h_s$
$\frac{d}{3}$	$1{,}00 \cdot h_s$

[1] Das heißt Ausmitte ohne Berücksichtigung von f_1 und f_2 nach Abschnitt 7.9.2, jedoch gegebenenfalls auch infolge Wind.

[2] Zwischenwerte dürfen geradlinig eingeschaltet werden.

gebenden Knicklänge angegeben, die gegenüber DIN 1053 Teil 2, Ausgabe Juli 1984, geringfügig geändert wurden, so daß sich jetzt günstigere Knicklängen – auch gegenüber dem vereinfachten Verfahren – ergeben.

c) Dreiseitig gehaltene Wände mit einem freien vertikalen Rand

$$h_K = \frac{1}{1+\left(\frac{\beta \cdot h_s}{3b}\right)^2} \cdot \beta \cdot h_s \geq 0{,}3 \cdot h_s \qquad (2.18)$$

d) Vierseitig gehaltene Wände

für $h_s \leq b$: $\quad h_K = \dfrac{1}{1+\left(\dfrac{\beta \cdot h_s}{b}\right)^2} \cdot \beta \cdot h_s \qquad (2.19\,a)$

$h_s > b$: $\quad h_K = b/2 \qquad (2.19\,b)$

Es bedeuten

b   Abstand des freien Randes von der Mitte der aussteifenden Wand bzw. Mittenabstand der aussteifenden Wände

β Abminderungsbeiwert, der sich bei Annahme einer zweiseitig gehaltenen Wand ergibt

Die günstige Wirkung aussteifender Querwände bei drei- und vierseitig gehaltenen schlanken Wänden geht verloren, wenn die aussteifenden Wände bestimmte Abstände überschreiten. Diese Abstände werden auch Grenzbreiten genannt. In DIN 1053 Teil 1, Abschnitt 7.7.2, sind hierfür die folgenden Werte festgelegt (siehe auch vereinfachtes Verfahren, Abschnitt 2.3.6.2):

Dreiseitig gehaltene Wände:
$\quad b \leq 15 \cdot d \qquad (2.5)$

Vierseitig gehaltene Wände:
$\quad b \leq 30 \cdot d \qquad (2.6)$

Werden die o. g. Grenzbreiten überschritten, so sind die Wände als zweiseitig gehalten zu betrachten.

2.5.6.3 Öffnungen in Wänden

Es gilt Kap. 2.3.6.3.

2.5.7 Mitwirkende Breite von zusammengesetzten Querschnitten

Beim Nachweis der Aufnahme von Horizontallasten dürfen unter bestimmten Voraussetzungen zusammengesetzte Wandquerschnitte für den allgemeinen Spannungsnachweis und den Schubnachweis angesetzt werden. Nach DIN 1053 Teil 1, Abschnitt 6.8, gelten nur solche Querschnitte als zusammengesetzt, deren Teile aus Steinen gleicher Art, Höhe und Festigkeitsklasse bestehen, die gleichzeitig im Verband mit gleichem Mörtel gemauert werden und bei denen ein Abreißen von Querschnittsteilen infolge stark unterschiedlicher Verformung nicht zu erwarten ist.

Querschnittsschwächungen durch Schlitze sind zu berücksichtigen; Brüstungs- und Sturzmauerwerk dürfen nicht für die mitwirkende Breite herangezogen werden. Die mitwirkende Breite von zusammengesetzten Querschnitten darf bei Einhaltung der genannten Voraussetzungen nach der Elastizitätstheorie ermittelt werden. Falls kein genauer Nachweis geführt wird, darf die mitwirkende Breite beidseitig zu je 1/4 der über dem betrachteten Schnitt liegenden Höhe des zusammengesetzten Querschnittes, jedoch nicht mehr als die vorhandene Querschnittsbreite, angenommen werden. Bei zusammengesetzten Querschnitten ist der Schubnachweis außer an der Stelle der maximalen Schubspannung auch am Anschnitt der Teilquerschnitte zu führen.

2.5.8 Stumpfstoßtechnik

Es gilt Kap. 2.3.8.

2.6 Bemessung im genaueren Verfahren

2.6.1 Allgemeines

Die grundlegenden Nachweise nach DIN 1053 Teil 1, Abschnitt 7.9, behandeln

- Zentrische und exzentrische Druckbeanspruchung
- Knicksicherheit
- Teilflächenpressung
- Zug- und Biegezugspannungen
- Schubspannungen

2.6.2 Voraussetzungen

Für die Nachweise darf vereinfachend zugrunde gelegt werden

- Elastisches Materialverhalten
- Ungerissene Decken- und Wandquerschnitte zur Ermittlung der Biegesteifigkeiten (Zustand I)
- Ebenbleiben der Querschnitte
- Lineare Spannungsverteilung

2.6.3 Tragfähigkeit bei zentrischer und exzentrischer Druckbeanspruchung

Es ist nachzuweisen, daß die γ-fache Gebrauchslast ohne Mitwirkung von Zugspannungen im Mauerwerk aufgenommen werden kann. Der für die Berechnung maßgebende und auf die Schlankheit Null bezogene Rechenwert der Druckfestigkeit β_R ist festgelegt mit

$$\beta_R = 2{,}67 \cdot \sigma_o \qquad (2.20)$$

Es bedeutet

σ_o Grundwert der zulässigen Druckspannung nach DIN 1053 Teil 1, Abschnitt 7.9.1, Tabellen 4a, 4b oder 4c (Tafeln 2/9 und 2/10).

In DIN 1053 Teil 1 wird ein globaler Sicherheitsbeiwert eingeführt, der das Verhältnis der rechnerischen Bruchlast zur Gebrauchslast angibt.

Es werden zwei Sicherheitsbeiwerte unterschieden:

Für Wände oder kurze Wände (Pfeiler), die aus ungetrennten oder getrennten Steinen mit einem Lochanteil < 35% bestehen und keine Schlitze oder Aussparungen enthalten

$\gamma_W = 2{,}0$

Für alle anderen kurzen Wände (Pfeiler) gilt

$\gamma_P = 2{,}5$

Wie bereits in Kap. 2.4.3 beschrieben, gelten als Pfeiler oder „kurze Wand" hierbei Wände, deren Querschnittsflächen kleiner als 1000 cm² sind. Gemauerte Querschnitte, deren Flächen weniger als 400 cm² betragen, sind nach DIN 1053 Teil 1, Abschnitt 7.9.1, als tragende Wände nicht zulässig (Kap. 2.4.3).

Im Bruchzustand darf die Kantenpressung bei exzentrischer Belastung den Wert $1,33 \cdot \beta_R$ und die mittlere Pressung den Wert β_R nicht überschreiten.

Damit ergeben sich die für den Nachweis auf Druck maßgebenden Bemessungsgleichungen

$$\sigma_R \leq 1,33 \cdot \frac{\beta_R}{\gamma} \qquad (2.21)$$

$$\sigma_m \leq \frac{\beta_R}{\gamma} \qquad (2.22)$$

Es bedeuten

σ_R Randspannung (Kantenpressung) im Gebrauchszustand

σ_m Mittlere Spannung im Gebrauchszustand

γ Globaler Sicherheitsbeiwert (entweder γ_W oder γ_P)

Die Gleichungen (2.21) und (2.22) gelten sowohl für den Nachweis des Wand-Decken-Knotens als auch für den Knicksicherheitsnachweis. Beim Wand-Decken-Knoten ist die planmäßige Ausmitte e maßgebend (Bild 2/22), beim Knicksicherheitsnachweis ist die zusätzliche Ausmitte f zu berücksichtigen (Kap. 2.6.4, Bild 2/23). Anstelle des in DIN 1053 Teil 1 geforderten Spannungsnachweises kann auch ein Normalkraftnachweis geführt werden. Die hierzu erforderlichen Bemessungsgleichungen sind in Kap. 6.2.3 und Kap. 6.3.3 angegeben.

Im Gebrauchszustand dürfen nach DIN 1053 Teil 1, Abschnitt 7.9.1, klaffende Fugen infolge der planmäßigen Ausmitte e (ohne $f_1 + f_2$) rechnerisch höchstens bis zum Schwerpunkt des Gesamtquerschnitts entstehen. Bei Querschnitten, die vom Rechteck abweichen, ist bei klaffender Fuge außerdem ein Nachweis der Kippsicherheit erforderlich. Hierbei ist eine mindestens 1,5fache Kippsicherheit nachzuweisen.

Bei Querschnitten mit Scheibenbeanspruchung und klaffender Fuge darf die rechnerische Randdehnung aus der Scheibenbeanspruchung auf der Seite der Klaffung unter Gebrauchslast (Zugseite) den Wert $\varepsilon_R = 10^{-4}$ nicht überschreiten (wie beim vereinfachten Verfahren, Bild 2/15).

2.6.4 Nachweis der Knicksicherheit

Der Knicksicherheitsnachweis nach DIN 1053 Teil 1, Abschnitt 7.9.2, wird als Spannungsnachweis nach Theorie II. Ordnung in halber Geschoßhöhe geführt. Hierbei wird der Einfluß der Verformungen auf die Schnittgrößen berücksichtigt.

Es wird davon ausgegangen, daß die Wand nicht ideal eben ist, sondern ungewollte Ausmitten aufweist. In Anlehnung an DIN 1045 werden diese sinusförmig über die Geschoßhöhe angenommen. Der Größtwert in halber Geschoßhöhe ist mit

$$f_1 = \frac{h_K}{300} \qquad (2.23)$$

festgelegt (DIN 1053 Teil 1, Abschnitt 7.9.2). Dieser Wert für f_1 liegt auf der sicheren Seite.

Für den Spannungsnachweis in halber Geschoßhöhe wird die Wandverformung nach Theorie II. Ordnung benötigt. Sie darf nach DIN 1053 Teil 1 durch eine einfache Näherungsgleichung ermittelt werden, die auf der sicheren Seite liegt und sämtliche Verformungsanteile im Bruchzustand aus planmäßiger und ungewollter Ausmitte sowie zur Berücksichtigung des Kriechens als mittleren Wert die Endkriechzahl $\varphi_\infty = 4/3$ enthält. Es ergibt sich dann die einfache Gleichung

$$f = \bar{\lambda} \cdot h_K \cdot \frac{1+m}{1800} \qquad (2.24)$$

Hierin bedeuten

$\bar{\lambda} = \dfrac{h_K}{d}$ Schlankheit der Wand,

Schlankheiten $\bar{\lambda} > 25$ sind nicht zulässig.

h_K Knicklänge der Wand

$m = \dfrac{6 \cdot e}{d}$ Bezogene planmäßige Ausmitte in halber Geschoßhöhe

Für den Nachweis der Knicksicherkeit gelten ebenfalls die Gln. (2.21) und (2.22) in Kap. 2.6.3. Sie sind in der für den Knicksicherheitsnachweis geltenden Form in Bild 2/23 zusammengestellt.

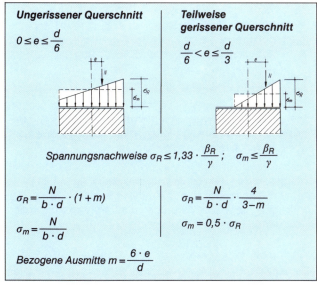

Bild 2/22: Spannungen für den Nachweis des Wand-Decken-Knotens

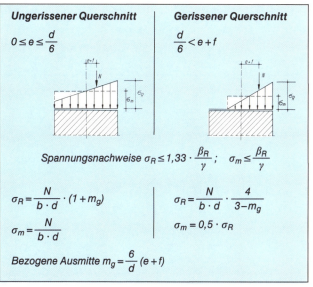

Bild 2/23: Spannungen für den Nachweis der Knicksicherheit

Teilflächenpressung

In DIN 1053 Teil 1, Abschnitt 7.9.1, ist das Aufreißen des Querschnittes nur im Gebrauchszustand begrenzt, d. h. die planmäßige Ausmitte e (ohne zusätzliche Ausmitte f_1 und f_2) darf den Wert d/3 nicht überschreiten. Beim Knicksicherheitsnachweis unter Ansatz der gesamten Ausmitte e + f (siehe Kap. 6.3.3.3) ist kein oberer Grenzwert mehr angegeben. Rechnerisch darf der Querschnitt bei diesem Nachweis also auch über den Schwerpunkt hinaus aufreißen. Die Begrenzung des Aufreißens wird automatisch über den Nachweis auf Druck geregelt.

Bei zweiseitig gehaltenen Wänden mit Schlankheiten $h_K/d > 12$ und Wandbreiten < 2,0 m ist zusätzlich – wie im vereinfachten Verfahren (Kap. 2.4.3) – nachzuweisen, daß unter dem Einfluß einer ungewollten, horizontalen Einzellast H = 0,5 kN die Sicherheit γ mindestens noch 1,5 beträgt. Die Horizontalkraft H ist in halber Wandhöhe anzusetzen und darf auf die vorhandene Wandbreite b gleichmäßig verteilt werden.

Dieser Nachweis darf entfallen, wenn

$$\bar{\lambda} \leq 20 - 1000 \cdot \frac{H}{A \cdot \beta_R} \tag{2.25}$$

ist. In Gl. (2/25) bedeutet

A   Wandquerschnitt = b · d.

2.6.5 Einzellasten, Lastausbreitung und Teilflächenpressung

Werden Wände oder Pfeiler aus Mauerwerk auf Druck beansprucht und wird nur ein Teil der Querschnittsfläche belastet, so liegt eine Teilflächenbelastung des Mauerwerkes vor. Die Einleitung der Druckkräfte kann hierbei sowohl mittig als auch ausmittig erfolgen. Im Mauerwerksbau tritt eine Teilflächenbelastung beispielsweise bei der Einleitung von Einzellasten aus Stützen und Unterzügen in Wänden auf (Bild 2/24).

Eine Teilflächenbelastung verursacht im Bereich der Lasteinleitung infolge Querdehnungsbehinderung einen räumlichen Spannungszustand. Im Vergleich zum einachsigen Spannungszustand dürfen im Einleitungsbereich größere Spannungen aufgenommen werden [2/9]. Die hohen Spannungen sind auf den Einleitungsbereich von Teilflächenlasten beschränkt; mit zunehmender Entfernung von der Lasteinleitungsstelle nehmen diese Spannungen infolge der Lastausbreitung ab. Bei der Lastausbreitung entstehen im Mauerwerk Spaltzugkräfte, die vom Mauerwerksverband aufzunehmen sind.

Bei hohen Einzellasten kann ein Lastverteilungsbalken angeordnet werden.

Bei Teilflächenbelastung dürfen in der Übertragungsfläche der Einzellast nach DIN 1053 Teil 1, Abschnitt 7.9.3, für mittige und ausmittige Belastung (bezogen auf die Wanddicke, Bild 2/24) erhöhte Spannungen angesetzt werden:

$$\sigma_1 = \frac{\beta_R}{\gamma} \cdot \left(1 + 0{,}1 \cdot \frac{a_1}{l_1}\right) \leq 1{,}5 \cdot \frac{\beta_R}{\gamma} \tag{2.26}$$

Für Verhältnisse $a_1/l_1 > 5$ erhält man aus Gl. (2.26) als Teilflächenpressung $\sigma_1 > 1{,}5 \cdot \beta_R/\gamma$; in solchen Fällen darf aber nur mit $\sigma_1 = 1{,}5 \cdot \beta_R/\gamma$ gerechnet werden.

Es bedeuten (Bild 2/24)

σ_1 Teilflächenpressung

γ Sicherheitsbeiwert nach DIN 1053 Teil 1, Abschnitt 7.9.1 (Kap. 2.6.3)

β_R Rechenwert der Druckfestigkeit des Mauerwerkes nach Kap. 2.6.3, Gl. (2.20)

Es müssen folgende Bedingungen eingehalten sein:

- Teilfläche $A_1 \leq 2 \cdot d^2$
- Ausmitte des Schwerpunktes der Teilfläche $e \leq \dfrac{d}{6}$

Ist die Aufnahme der Spaltzugkräfte gesichert, so darf die Druckverteilung unter der Einzellast innerhalb des Mauerwerks unter 60° angesetzt werden. Einzellasten auf einer Stahlbetondecke wirken bereits verteilt auf die Mauerwerkswand. Falls erforderlich, darf der höher beanspruchte Wandbereich in höherer Mauerwerksfestigkeit ausgeführt werden. Hierbei sind jedoch Einflüsse aus unterschiedlichem Verformungsverhalten nach DIN 1053 Teil 1, Abschnitt 6.5, zu berücksichtigen.

Bei Teilflächenpressung rechtwinklig zur Wandebene gelten nach DIN 1053 Teil 1, Abschnitt 7.9.3, die folgenden Bedingungen:

- $\sigma_1 \leq 0{,}5 \cdot \beta_R$
- Bei Einzellasten F ≥ 3 kN ist zusätzlich die Schubspannung in den Lagerfugen der belasteten Einzelsteine nach DIN 1053 Teil 1, Abschnitt 7.9.5, nachzuweisen.
- Bei Loch- und Kammersteinen ist z. B. durch Unterlagsplatten sicherzustellen, daß die Druckkraft rechtwinklig zur Wandebene auf mindestens 2 Stege übertragen wird.

2.6.6 Zug- und Biegezugspannungen

Wegen der stark streuenden Haftscherfestigkeit zwischen Mörtel und Stein darf beim Standsicherheitsnachweis für tragende Wände rechtwinklig zur Lagerfuge keine Zugfestigkeit des Mauerwerkes angesetzt werden.

Voraussetzung zur Aufnahme von Zugspannungen parallel zur Lagerfuge ist die Herstellung des Mauerwerkes im Verband und eine ausreichende Zugfestigkeit der Steine. Die Zugfestigkeit der Wand wird überschritten, wenn entweder die Lagerfuge oder der Stein versagt.

a) Versagen der Lagerfuge

Bei Berücksichtigung des Sicherheitsbeiwertes γ ergibt sich als zulässige Zugspannung parallel zur Lagerfuge

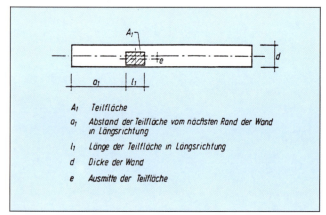

Bild 2/24: Erläuterung zur Teilflächenbelastung

$$\text{zul } \sigma_z = \frac{1}{\gamma} \cdot (\beta_{RHS} + \mu \cdot \sigma_D) \cdot \frac{ü}{h_{St}} \quad (2.27)$$

b) Versagen des Steines

Unter Berücksichtigung des Sicherheitsbeiwertes γ ergibt sich als zulässige Zugspannung parallel zur Lagerfuge

$$\text{zul } \sigma_z = \frac{\beta_{RZ}}{2 \cdot \gamma} \leq 0{,}3 \text{ MN/m}^2 \quad (2.28)$$

Es bedeuten

zul σ_z	Zulässige Zugspannung parallel zur Lagerfuge
σ_D	Druckspannung rechtwinklig zur Lagerfuge
β_{RHS}	Rechenwert der Haftscherfestigkeit
μ	Reibungsbeiwert = 0,6
γ	Sicherheitsbeiwert (Kap. 2.6.3)
ü/h_{St}	Überbindemaß/Steinhöhe
β_{RZ}	Steinzugfestigkeit

Als zulässige Zugspannung gilt der kleinere der sich aus den Gleichungen (2.27) und (2.28) ergebenden Werte.

2.6.7 Schubnachweis

Nach DIN 1053 Teil 1, Abschnitt 7.9.5, dürfen die Schubspannungen nach der Technischen Biegelehre bzw. nach der Scheibentheorie für homogenes Material ermittelt werden. Bei Querschnitten mit klaffenden Fugen dürfen nur die überdrückten Bereiche in Rechnung gestellt werden. Je nach Art der Beanspruchung ist zwischen Scheiben- und Plattenschub zu unterscheiden.

Ein durch Normal- und Schubkräfte in Scheibenebene beanspruchtes Mauerwerk versagt je nach Größe der Druckspannungen rechtwinklig zur Lagerfuge auf drei verschiedene Arten. Die zugehörigen Bruchbedingungen werden durch Gleichgewichtsbetrachtungen am Wandelement und am Einzelstein gewonnen.

Bei geringer Druckspannung versagt das Mauerwerk in der Lagerfuge infolge Reibung

$$\gamma \cdot \tau \leq \beta_{RHS} + \bar{\mu} \cdot \sigma. \quad (2.29a)$$

Es gilt

$\beta_{RHS} = 2 \cdot \sigma_{oHS}$

mit σ_{oHS} nach Tafel 2/13

Bei Erhöhung der Druckspannungen kann es vor Versagen der Lagerfuge zu einem Reißen der Steine infolge schräger Hauptzugspannungen kommen.

Tafel 2/13: Zulässige abgeminderte Haftscherfestigkeit σ_{oHS} gemäß DIN 1053 Teil 1, Tabelle 5

Mörtelgruppe	NM I	NM II	NM IIa LM 21 LM 36	NM III DM	NM IIIa
σ_{oHS}[1]) [MN/m²]	0,01	0,04	0,09	0,11	0,13

[1]) Für Mauerwerk mit unvermörtelten Stoßfugen sind die Werte σ_{oHS} zu halbieren. Als vermörtelt in diesem Sinn gilt eine Stoßfuge, bei der etwa die halbe Wanddicke oder mehr vermörtelt ist.

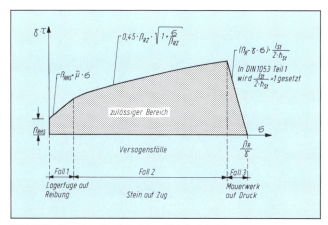

Bild 2/25: Bereich der Schubtragfähigkeit bei Scheibenschub nach DIN 1053 Teil 1, Abschnitt 7.9.5

$$\gamma \cdot \tau \leq 0{,}45 \cdot \beta_{RZ} \cdot \sqrt{1 + \frac{\sigma}{\beta_{RZ}}} \quad (2.30)$$

Bei sehr hohen Druckspannungen versagt Mauerwerk infolge schräger Hauptdruckspannungen

$$\gamma \cdot \tau \leq (\beta_R - \gamma \cdot \sigma) \cdot \frac{l_{St}}{2 \cdot h_{St}} \quad (2.31)$$

Im genaueren Verfahren wird das Verhältnis $l_{St}/2 \cdot h_{St} = 1$ gesetzt.

Die drei Bruchbedingungen für den Nachweis bei Scheibenschub können in einem τ-σ-Diagramm aufgetragen werden, wie es auch in Bild 6 der DIN 1053 Teil 1 verwendet wird (Bild 2/25). Die Bruchbedingungen bilden einen Linienzug (Hüllkurve), der den zulässigen Bereich begrenzt.

Bei Plattenschub ist unter der Voraussetzung, daß Einsteinmauerwerk vorliegt, beim Schubnachweis nur der Versagensfall 1 (Reibung in der Lagerfuge) maßgebend. Ein Versagen infolge Überschreiten der Steinzugfestigkeit nach Fall 2 (schräge Hauptzugspannungen) trifft bei Plattenschub nicht zu. Abweichend von Gl. (2.29a) darf anstelle des abgeminderten mit dem normalen Reibungsbeiwert gerechnet werden.

Es gilt

$$\gamma \cdot \tau \leq \beta_{RHS} + \mu \cdot \sigma \quad (2.29b)$$

Bei Rechteckquerschnitten wird die maximale Schubspannung in der Mitte des überdrückten Wandquerschnitts ermittelt. Bei zusammengesetzten Querschnitten ist der Schubnachweis zusätzlich am Anschluß der Teilquerschnitte zu führen.

Es bedeuten

τ	Vorhandene Schubspannung im Gebrauchszustand
σ	Zugehörige Normalspannung in der Lagerfuge im Gebrauchszustand
$\bar{\mu}$	Rechenwert des abgeminderten Reibungsbeiwertes = 0,4
σ_{oHS}	Abgeminderte Haftscherfestigkeit (Tafel 2/13)
l_{St}	Steinlänge

3 Bauteile und Konstruktionsdetails, Ausführung

3.1	Allgemeines	44
3.2	Tragende und aussteifende Wände	44
3.3	Kellerwände	44
3.3.1	Nachweis nach DIN 1053 Teil 1, Abschnitt 8.1.2.3	44
3.3.2	Nachweis nach den ermittelten Schnittgrößen	45
3.3.2.1	Einachsig gespannte Kelleraußenwand	46
3.3.2.2	Zweiachsig gespannte Kelleraußenwand	47
3.4	Nichttragende Wände	47
3.5	Anschluß der Wände an die Decken und an das Dach	47
3.6	Ringanker und Ringbalken	48
3.6.1	Allgemeines	48
3.6.2	Ringanker	48
3.6.3	Ringbalken	49
3.7	Schlitze und Aussparungen	50
3.8	Außenwände	51
3.8.1	Allgemeines	51
3.8.2	Einschalige Außenwände	51
3.8.2.1	Geputzte einschalige Außenwände	51
3.8.2.2	Unverputzte einschalige Außenwände (einschaliges Verblendmauerwerk, Sichtmauerwerk)	51
3.8.3	Zweischalige Außenwände	52
3.8.3.1	Konstruktionsarten und allgemeine Bestimmungen für die Ausführung	52
3.8.3.2	Zweischalige Außenwände mit Luftschicht	52
3.8.3.3	Zweischalige Außenwände mit Luftschicht und Wärmedämmung	52
3.8.3.4	Zweischalige Außenwände mit Kerndämmung	52
3.8.3.5	Zweischalige Außenwände mit Putzschicht	52
3.8.3.6	Zweischalige Haustrennwände	52
3.9	Gewölbe, Bogen und Gewölbewirkung	53
3.9.1	Gewölbe und Bogen	53
3.9.2	Gewölbte Kappen zwischen Trägern	54
3.9.3	Gewölbewirkung über Wandöffnungen	54
3.10	Lager-, Stoß- und Längsfugen	54
3.10.1	Allgemeines	54
3.10.2	Vermauerung mit Stoßfugenvermörtelung	55
3.10.3	Vermauerung ohne Stoßfugenvermörtelung	55
3.11	Flachstürze	55
3.11.1	Allgemeines	55
3.11.2	Rechnerischer Nachweis von Flachstürzen	55
3.11.3	Nachweis mit Bemessungstafeln	56
3.12	Giebelwände	58
3.12.1	Allgemeines	58
3.12.2	Giebelwände ohne Auflast	58
3.12.3	Giebelwände mit Auflast	59
3.13	Pfeiler und kurze Wände	59
3.14	Weitere Bauteile	60

3 Bauteile und Konstruktionsdetails, Ausführung

3.1 Allgemeines

Die Behandlung von Bauteilen und Konstruktionsdetails erfolgt gemäß DIN 1053 Teil 1, Abschnitt 8.

Die statisch erforderlichen Wanddicken für tragende Wände sind nach den in Kap. 2 angegebenen Verfahren nachzuweisen, sofern die gewählten Wanddicken nicht offensichtlich ausreichen.

Für verschiedene Wandarten, wie z. B. Kelleraußenwände oder nichttragende Außenwände, sind in DIN 1053 Teil 1, Abschnitt 8, Bedingungen angegeben, bei deren Einhaltung auf einen statischen Nachweis verzichtet werden darf. Außerdem sind in diesem Abschnitt für bestimmte Wände Mindestwanddicken vorgeschrieben (Tafel 3/1).

Innerhalb eines Geschosses sollten möglichst wenige Steinarten und Mörtelgruppen vorgesehen werden, um Ausführung und Überwachung zu erleichtern.

Steine, die unmittelbar der Witterung ausgesetzt sind, müssen frostbeständig sein. Dies gilt z. B. für unverputzte einschalige Außenwände und für unverputzte Außenschalen zweischaliger Außenwände.

3.2 Tragende und aussteifende Wände

Wände, die mehr als ihre Eigenlast aus einem Geschoß zu tragen haben, sind als tragende Wände anzusehen. Als tragend gelten auch Wände, die andere tragende Wände und somit das Gebäude stabilisieren.

Wände, die rechtwinklig zur Wandebene durch horizontale Kräfte belastet werden, können dagegen auch als nichttragende Wände ausgebildet werden. Tragende Innen- und Außenwände müssen nach DIN 1053 Teil 1, Abschnitt 8.1.2.1, eine Wanddicke von mindestens 11,5 cm aufweisen. Eine größere Wanddicke kann aufgrund der Standsicherheit oder der Bauphysik erforderlich werden. Die angegebene Mindestwanddicke von 11,5 cm gilt auch für aussteifende Wände. Die Mindestmaße tragender Pfeiler betragen 11,5 cm × 36,5 cm bzw. 17,5 cm × 24 cm. In beiden Fällen ergibt sich für den Querschnitt eine Fläche, die größer als 400 cm² ist. Dies stimmt mit der in DIN 1053 Teil 1, Abschnitt 6.9.1, erhobenen Forderung überein (Bild 2/13).

Tragende und aussteifende Wände sollen unmittelbar auf Fundamenten gegründet werden (siehe Kap. 2.3.3). Wenn dies nicht möglich ist, muß dafür Sorge getragen werden, daß die Abfangkonstruktionen die erforderliche Biegesteifigkeit aufweisen, um die Durchbiegungen möglichst gering zu halten. Für Mauerwerksbauten sind die Durchbiegungsbeschränkungen nach DIN 1045, Abschnitt 17.7, in diesem Fall nicht streng genug. Als Abfangkonstruktionen kommen im Regelfall Stahlbetonbalken oder Stahlträger in Frage, deren Durchbiegungen 1/500 der Stützweite nicht überschreiten sollten. Bei Stahlbetonbalken ist der Einfluß von Kriechen und Schwinden des Betons zu berücksichtigen. Ausführliche Angaben enthält [3/2, Kap. 7].

3.3 Kellerwände

Unter Kellerwänden werden in DIN 1053 Teil 1 ausschließlich Kelleraußenwände verstanden.

3.3.1 Nachweis nach DIN 1053 Teil 1, Abschnitt 8.1.2.3

Bei Kelleraußenwänden kann der Nachweis auf Erddruck entfallen, wenn folgende Bedingungen erfüllt sind (Bild 3/1):

- Wanddicke $d \geq 24{,}0$ cm
- Lichte Höhe der Kellerwand $h_s \leq 2{,}60$ m
- Die Kellerdecke wirkt als Scheibe und kann die aus dem Erddruck entstehenden Kräfte aufnehmen.
- Im Einflußbereich des Erddruckes auf die Kellerwand beträgt die Verkehrslast auf der Geländeoberfläche nicht mehr als 5 kN/m², die Geländeoberfläche steigt nicht an und die Anschütthöhe h_e ist nicht größer als die Wandhöhe h_s.
- Die Wandlängskraft N_1 aus ständiger Last in halber Höhe der Anschüttung liegt innerhalb folgender Grenzen (DIN 1053 Teil 1, Gl. (17)):

$$\frac{d \cdot \beta_R}{3\gamma} \geq N_1 \geq \min N \quad (3.1)$$

mit

$$\min N = \frac{\varrho_e \cdot h_s \cdot h_e^2}{20 \cdot d} \quad (3.2)$$

In Gln. (3.1), (3.2) und in Bild 3/1 bedeuten

h_s Lichte Höhe der Kellerwand
h_e Höhe der Anschüttung
d Wanddicke
ϱ_e Rohdichte der Anschüttung
β_R, γ Nach Kap. 2.6.3

Oder:

Die ständige Auflast N_o der Kelleraußenwand unterhalb der Kellerdecke liegt innerhalb folgender Grenzen (DIN 1053 Teil 1, Gl. (18)):

$$\max N_o \geq N_o \geq \min N_o \quad (3.3)$$

mit

$$\max N_o = 0{,}45 \cdot d \cdot \sigma_o \quad (3.4)$$

$\min N_o$ nach DIN 1053 Teil 1, Tabelle 8

Tafel 3/1: Mindestwanddicken nach DIN 1053 Teil 1

Wand	DIN 1053 Teil 1 Abschnitt	Mindestwanddicke [cm]
Tragende Innen- und Außenwände, aussteifende Wände, tragende Innenschalen zweischaliger Außenwände	8.1.2.1 8.1.2.2 8.4.3.1	11,5
Kelleraußenwände ohne Nachweis auf Erddruck	8.1.2.3	24,0
Nichttragende Außenwände ohne rechnerischen Nachweis	8.1.3.2	11,5
Einschalige Außenwände mit einem Außenputz nach DIN 18 500 Teil 1 als Witterungsschutz	6.1 8.4.2.1	17,5 24,0
Unverputzte einschalige Außenwände	8.4.2.2	31,0
Außenschale zweischaliger Außenwände	8.4.3.1	9,0
Außenschale zweischaliger Außenwände mit Kerndämmung	8.4.3.4	9,0

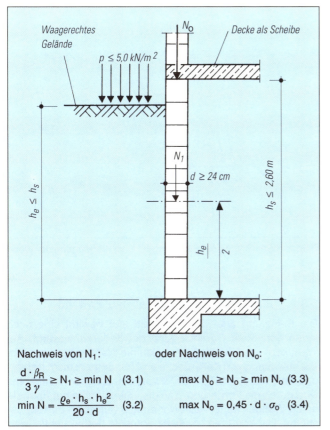

Bild 3/1: Bedingungen für das Entfallen des Nachweises von Kelleraußenwänden auf Erddruck nach DIN 1053 Teil 1, Abschnitt 8.1.2.3

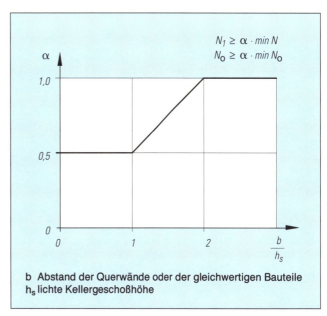

Bild 3/2: Abminderung des Mindestwertes der Wandlängskraft N_1 bzw. der Auflast N_o bei zweiachsig gespannten Kelleraußenwänden

Nachweis von N_1:

$$\frac{d \cdot \beta_R}{3\gamma} \geq N_1 \geq \min N \quad (3.1)$$

$$\min N = \frac{\varrho_e \cdot h_s \cdot h_e^2}{20 \cdot d} \quad (3.2)$$

oder Nachweis von N_o:

$$\max N_o \geq N_o \geq \min N_o \quad (3.3)$$

$$\max N_o = 0{,}45 \cdot d \cdot \sigma_o \quad (3.4)$$

Es bedeuten

d Wanddicke

σ_o Grundwert der zulässigen Druckspannung für Mauerwerk mit Normalmörtel nach DIN 1053 Teil 1, Tab. 4a, für Mauerwerk mit Dünnbett- oder Leichtmörtel nach Tab. 4b und für Mauerwerk nach Eignungsprüfung nach Tab. 4c (Kap. 2.4.3, Tafeln 2/9 und 2/10).

Für den Nachweis des oberen Grenzwertes max N_o muß nach Meinung der Verfasser die Auflast N_o aus dem Lastfall Vollast, für den unteren Grenzwert min N_o aus dem Lastfall Eigengewicht bestimmt werden. Der obere Grenzwert max N_o entspricht der Traglast der Kelleraußenwand ohne Knickgefahr, während der untere Grenzwert min N_o die mindestens erforderliche Auflast bezeichnet, damit sich innerhalb der Wand ein lotrechter Bogen (Druckgewölbe) einstellen kann. Dies gilt sinngemäß auch für den Nachweis nach Gl. (3.1).

Ist die dem Erddruck ausgesetzte Kelleraußenwand durch Querwände oder statisch nachgewiesene Bauteile im Abstand b ausgesteift, so kann eine zweiachsige Lastabtragung nach DIN 1053 Teil 1 bei Ermittlung des unteren Grenzwertes N_1 oder N_o berücksichtigt werden:

Für $b \leq h_s$

$$N_1 \geq 0{,}5 \cdot \min N \quad (3.5a)$$

$$N_o \geq 0{,}5 \cdot \min N_o \quad (3.5b)$$

Für $b \geq 2 \cdot h_s$

$$N_1 \geq \min N \quad (3.6a)$$

$$N_o \geq \min N_o \quad (3.6b)$$

Zwischenwerte sind geradlinig zu interpolieren (Bild 3/2).

Der obere Grenzwert max N_o nach Gl. (3.4) stimmt mit Gl. (3.1) überein, wenn man die Beziehung $\beta_R = 2{,}67 \cdot \sigma_o$ verwendet und für den Sicherheitsbeiwert $\gamma = 2{,}0$ einsetzt. Für den unteren Grenzwert min N_o wurde die Gl. (3.2) für übliche Abmessungen ausgewertet und die Ergebnisse in DIN 1053 Teil 1, Tabelle 8, dargestellt.

Ein wesentlicher Unterschied beim Nachweis nach den beiden Gleichungen (3.1) und (3.3) besteht im Ansatz von verschiedenen Bezugswerten der Normalkraft der Kelleraußenwand. In Gl. (3.3) wird die Auflast N_o in Höhe der Unterkante der Kellerdecke herangezogen, in Gl. (3.1) dagegen die Wandlängskraft in halber Höhe der Anschüttung. Beim Nachweis nach Gl. (3.3) wird damit von einer größeren Normalkraft ausgegangen, da ein erheblicher Anteil des Eigengewichtes der Kelleraußenwand berücksichtigt wird. Beim Nachweis von Kelleraußenwänden mit geringer Auflast kann dieser günstig wirkende Lastanteil von großer Bedeutung sein, so daß für solche Wände ein Nachweis nach Gl. (3.3) zu empfehlen ist. Hierfür sind in Kap. 6.6 Berechnungshilfen angegeben.

3.3.2 Nachweis nach den ermittelten Schnittgrößen

Wenn die zuvor in Kap. 3.3.1 erwähnten erforderlichen Voraussetzungen nicht gegeben sind, muß eine genauere Berechnung der Kelleraußenwand durchgeführt werden. Hierbei wird die Wand im Regelfall als einachsig vom Wandkopf zum Wandfuß gespannt angenommen. Wird die Kelleraußenwand durch Querwände abgestützt, deren Abstand höchstens das 1–2fache der lichten Kellergeschoßhöhe beträgt, so kann für die Kelleraußenwand auch eine zweiachsige Lastabtragung angenommen werden.

Nachweis für Kellerwände

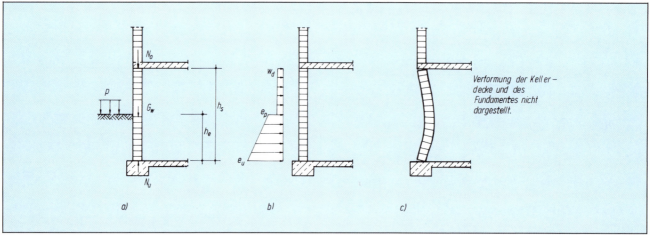

Bild 3/3: Belastung und Verformung einer Kelleraußenwand   a) Schnitt   b) Schnitt mit Belastung   c) Verformung der Wand

3.3.2.1 Einachsig gespannte Kelleraußenwand

Die Belastung aus Erddruck (Bild 3/3) bewirkt eine nach innen gerichtete Durchbiegung der Kelleraußenwand. Am Wandkopf und Wandfuß kann sich die Wand wegen der Einspannwirkung von Kellerdecke und Fundament nicht frei verdrehen (Bild 3/3c). Der Größtwert des Einspannmomentes wird durch die Forderung, daß die Querschnitte nur über die halbe Wanddicke (bis zur Wandmitte) aufreißen dürfen, bestimmt. Daher dürfen als Biegemomente berücksichtigt werden

- Wandkopf

$$M_o = -N_o \cdot \frac{d}{3} \qquad (3.7\text{a})$$

- Wandfuß

$$M_u = -N_u \cdot \frac{d}{3} \qquad (3.7\text{b})$$

Es bedeuten

M_o Biegemoment am Wandkopf

M_u Biegemoment am Wandfuß

N_o Normalkraft aus ständigen Lasten am Wandkopf

N_u Normalkraft aus ständigen Lasten am Wandfuß: $N_u = N_o + G_W$

G_W Eigengewicht der Kelleraußenwand

Zur Ermittlung der Schnittgrößen der Kelleraußenwand werden am statischen System des Einfeldträgers zusätzlich zu den waagerechten Lasten aus Erd- und gegebenenfalls Winddruck (Bild 3/4a) die Biegemomente an den Wandenden nach den Gln. (3.7a) und (3.7b) als äußere Belastung aufgebracht (Bild 3/4b).

In den Bildern 3/4a und 3/4b ist der Biegemomenten- und Querkraftverlauf, der sich aus einer statischen Berechnung ergibt, dargestellt. Die für die Bemessung maßgebende Überlagerung der Schnittgrößen zeigt Bild 3/4c.

Beim Nachweis der Kelleraußenwand müssen an jeder Stelle drei Bedingungen erfüllt sein:

- Der Querschnitt darf nur bis zur Wandmitte klaffen

$$e = \frac{M}{N} \leq \frac{d}{3} \qquad (3.8)$$

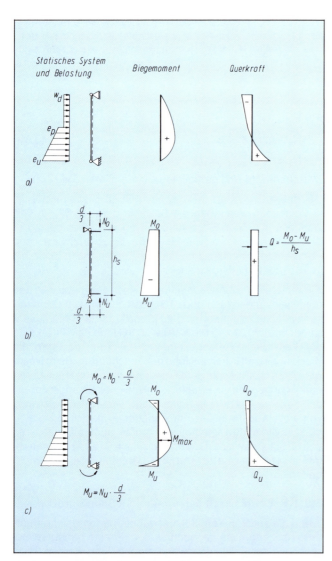

Bild 3/4: Statisches System und Belastung, Biegemoment und Querkraft einer einachsig gespannten Kelleraußenwand

a) Bei waagerechter Belastung
b) Bei Momentenbelastung am Wandkopf und Wandfuß
c) Überlagerung

- Folgende Spannungen müssen eingehalten werden:

$$\sigma_R \leq 1{,}33 \cdot \frac{\beta_R}{\gamma} \qquad (3.9)$$

$$\sigma_m \leq \frac{\beta_R}{\gamma} \qquad (3.10)$$

- Die mit dem Sicherheitsbeiwert γ multiplizierte Schubspannung muß den in DIN 1053 Teil 1, Abschnitt 7.9.5, Gl. 16c, angegebenen Grenzwert einhalten. Für den Nachweis des Plattenschubes gilt

$$\gamma \cdot \tau \leq \beta_{RHS} + \mu \cdot \sigma. \qquad (3.11)$$

Die Berechnungsgrundlagen der einachsig gespannten Kelleraußenwand werden ausführlich in Kap. 6.6.1.4 bis Kap. 6.6.1.6 und Kap. 6.6.2.1 behandelt.

3.3.2.2 Zweiachsig gespannte Kelleraußenwand

Zum Nachweis der zweiachsig gespannten Kelleraußenwand wird auf Kap. 6.6.1.7 und die Bilder 6/60 und 6/61 verwiesen.

3.4 Nichttragende Wände

Nichttragende Wände dürfen keine Lasten aus anderen Bauteilen aufnehmen, sie müssen jedoch die auf sie selbst wirkenden Belastungen auf andere tragende Bauteile abtragen.

Nichttragende Außen- und Innenwände werden in den Kap. 5.3 und 5.4 behandelt.

3.5 Anschluß der Wände an die Decken und an das Dach

Zur Erreichung der räumlichen Steifigkeit müssen alle tragenden und aussteifenden Wände mit den Decken kraftschlüssig verbunden werden. Hierzu zählen als wichtige Konstruktionselemente neben Zugankern (Mauerankern) auch Ringanker und Ringbalken. Ihre Anwendung und Ausbildung werden im folgenden erläutert.

In DIN 1053 Teil 1, Abschnitt 8.1.4, werden konstruktive Regeln für die Verbindung von Decken und Wänden angegeben. Danach müssen Umfassungswände an die Decken entweder durch Zuganker oder durch Reibung angeschlossen werden. Unter Umfassungswänden werden die Außenwände verstanden.

Falls Decken als horizontales Auflager für die Wände verwendet werden sollen, sind sie als schubsteife Scheiben auszubilden. Diese Voraussetzung ist bei Massivdecken im Regelfall erfüllt, bei Balkendecken nur bei entsprechender Ausbildung (Kap. 6.5.1).

Bei Balkendecken (Holz, Stahl) ist nach DIN 1053 Teil 1, Abschnitt 8.1.4.2, ein Anschluß durch Zuganker erforderlich, der in den belasteten Wandbereichen erfolgen muß. Bei fehlender Auflast sind erforderlichenfalls Ringanker anzuordnen. Der Abstand der Zuganker soll im allgemeinen 2,00 m nicht überschreiten. In besonderen Fällen darf er höchstens 4,00 m betragen (Bild 3/5).

Bei Wänden, die parallel zu den tragenden Balken verlaufen, müssen die Zuganker mindestens einen 1 m breiten Deckenstreifen und mindestens zwei Deckenrippen oder Balken, bei Holzbalkendecken drei Balken, erfassen.

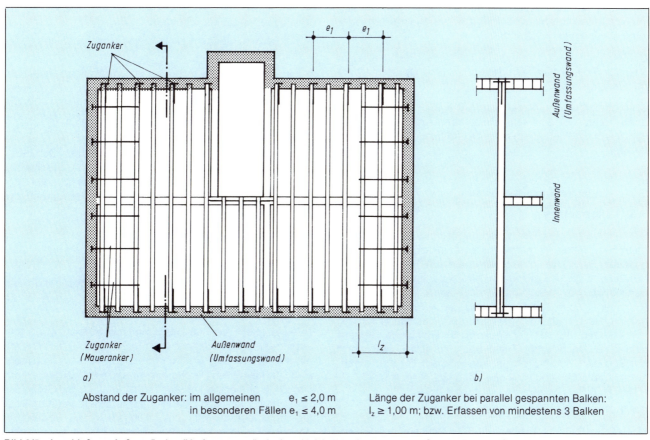

Abstand der Zuganker: im allgemeinen $e_1 \leq 2{,}0$ m
in besonderen Fällen $e_1 \leq 4{,}0$ m

Länge der Zuganker bei parallel gespannten Balken:
$l_z \geq 1{,}00$ m; bzw. Erfassen von mindestens 3 Balken

Bild 3/5: Anschluß von Außenwänden (Umfassungswänden) an Holzbalkendecken   a) Grundriß   b) Schnitt

Anschluß der Wände, Ringanker

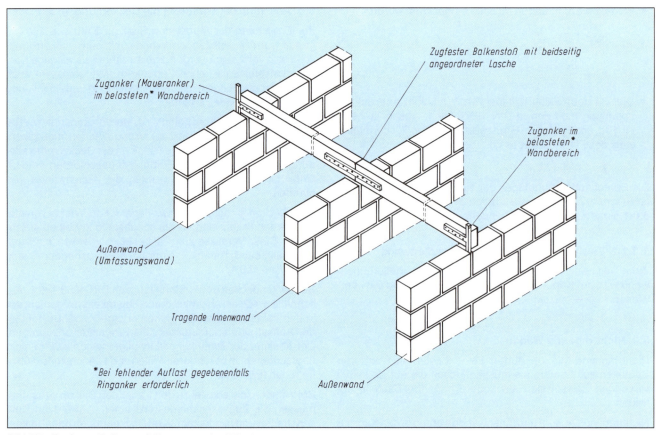

Bild 3/6: Zugfester Balkenstoß über tragenden Wänden

Über Innenwänden gestoßene Balken, die mit den Umfassungswänden verankert werden, sind am Stoß miteinander zugfest zu verbinden (Bild 3/6).

Giebelwände sind durch Querwände oder Pfeilervorlagen ausreichend auszusteifen oder kraftschlüssig mit dem Dachtragwerk zu verbinden (siehe Kap. 3.12).

Bei Massivdecken kann der Anschluß durch Haftung und Reibung erfolgen. Es sind keine besonderen Zuganker erforderlich, wenn die Auflagertiefe der Decke mindestens 10,0 cm beträgt.

3.6 Ringanker und Ringbalken

3.6.1 Allgemeines

Bei Ringankern und Ringbalken handelt es sich um stabförmige Bauglieder. Ringanker nehmen innerhalb der Wandscheiben Zugkräfte auf und erhöhen damit die Stabilität der Wände und die des gesamten Gebäudes. Im Regelfall werden sie bei Massivdecken innerhalb der Decke angeordnet. Ringbalken übernehmen ebenfalls die Aufgabe von Ringankern; sie dienen aber vor allem der seitlichen Halterung von Wänden, die von der Decke durch Gleitfugen getrennt sind (z. B. Dachdecke). Ringanker sind also überwiegend auf Zug und Ringbalken überwiegend auf Biegung beansprucht. Ausführliche Hinweise siehe [3/2, Kap. 9.1.3].

3.6.2 Ringanker

Nach DIN 1053 Teil 1, Abschnitt 8.2.1, müssen alle Außenwände und diejenigen Querwände, die als vertikale Scheiben der Abtragung von horizontalen Lasten dienen, in den folgenden Fällen Ringanker erhalten:

- Bei Bauten, die mehr als zwei Vollgeschosse haben oder länger als 18 m sind.
- Bei Wänden mit vielen oder großen Öffnungen, insbesondere dann, wenn die Summe der Öffnungsbreiten 60% der Wandlänge oder bei Fensterbreiten von mehr als 2/3 der Geschoßhöhe 40% der Wandlänge übersteigt (Bild 3/7).
- Wenn die Baugrundverhältnisse es erfordern.

Die Ringanker halten die tragenden Wände des Gebäudes zusammen. Sie sind in jeder Deckenlage oder unmittelbar darunter anzubringen (Bild 3/8). Sie müssen unter Gebrauchslast eine Zugkraft von 30 kN aufnehmen können und dürfen aus folgenden Baustoffen bestehen:

- Stahlbeton
- Bewehrtem Mauerwerk
- Stahl oder Holz.

Wenn der Ringanker nicht durchgehend ausgebildet werden kann, muß die Übertragung der Zugkräfte auf andere Weise sichergestellt werden.

Bei Ringankern aus Stahlbeton sind mindestens zwei durchlaufende Bewehrungsstäbe einzubauen (z. B. zwei Stäbe mit mindestens 10 mm Durchmesser). Es dürfen auch mehr Stäbe mit kleinerem Durchmesser verwendet werden, sofern eine Zugkraft von 30 kN aufgenommen wird. Die Stöße der Bewehrung sind nach DIN 1045 auszubilden und möglichst gegeneinander zu versetzen. Ringanker aus bewehrtem Mauerwerk sind gleichwertig zu bewehren. Auf Ringanker darf eine parallel zu ihnen liegende durchlaufende Beweh-

Ringanker, Ringbalken

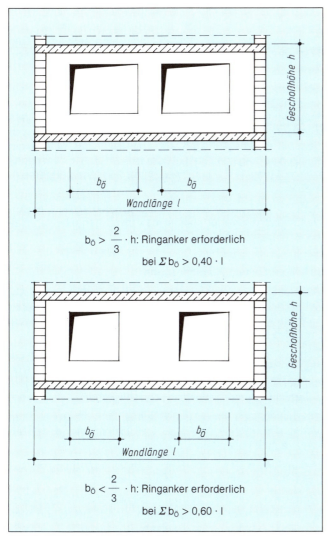

Bild 3/7: Erfordernis von Ringankern nach DIN 1053 Teil 1, Abschnitt 8.2.1, in tragenden und aussteifenden Wänden mit vielen Öffnungen

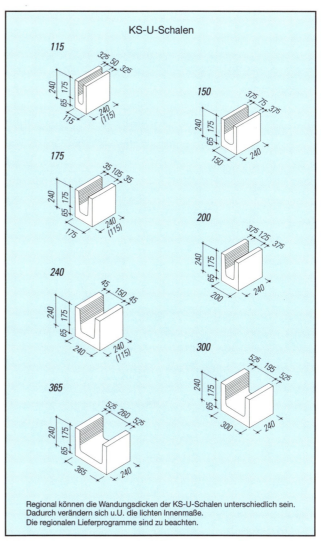

Bild 3/9: Abmessungen von KS-U-Schalen; Darstellung von Querschnitten für verschiedene Wanddicken (Regional sind andere Wandungsdicken möglich)

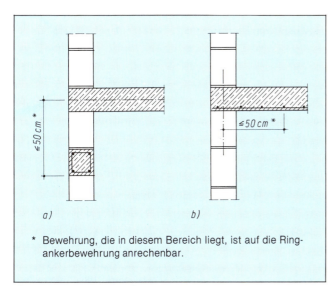

* Bewehrung, die in diesem Bereich liegt, ist auf die Ringankerbewehrung anrechenbar.

Bild 3/8: Anordnung von Ringankern
a) Unterhalb einer Decke
b) Innerhalb einer Massivdecke

rung angerechnet werden, wenn sie nicht weiter als 0,5 m von der Mittelebene der Wand oder der Decke entfernt liegt (Bild 3/8).

Für Ringanker ist der Einsatz von KS-U-Schalen vorteilhaft [3/3], weil damit das aufwendige Einschalen des Stahlbetonquerschnittes entfällt (Bild 3/9).

3.6.3 Ringbalken

Ringbalken müssen dann angeordnet werden, wenn sie zur seitlichen Halterung der Wände erforderlich sind. Dies ist z. B. der Fall bei:

- Decken ohne Scheibenwirkung (z. B. Holzbalkendecken)
- Anordnung von Gleitschichten unter den Deckenauflagern von Flachdächern (Bild 3/10).

Falls die Scheibenwirkung von Holzbalkendecken nicht durch besondere Maßnahmen hergestellt wird [3/4], muß bei Ansatz einer seitlichen Halterung der Wand in Höhe der Decke ein Ringbalken angeordnet werden. Gleiches gilt bei Gleitschichten unter den Auflagern von Flachdächern, da wegen der Gleitfuge zwischen Decke und Wänden bewußt auf eine Schubübertragung verzichtet wird.

Ringbalken, Schlitze und Aussparungen

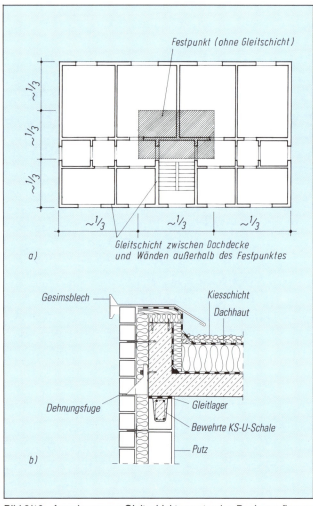

Bild 3/10: Anordnung von Gleitschichten unter den Deckenauflagern von Flachdächern
a) Grundriß
b) Detail, Auflager

Die Ringbalken sind für die anteiligen Windlasten und 1/100 der auf sie entfallenden lotrechten Belastung nachzuweisen. Bei Ringbalken unter Gleitschichten sind außerdem Zugkräfte aus den verbleibenden Reibungskräften der Decke zu berücksichtigen.

Die Aufnahme der Auflagerkräfte der Ringbalken ist nachzuweisen. Die Weiterleitung der Kräfte ist bis zu den Fundamenten zu verfolgen. Falls ein Ringbalken nicht gleichzeitig Ringankerfunktionen erfüllt, braucht er nur soweit geführt zu werden, bis er seine Auflagerkräfte abgegeben hat. Ringbalken müssen so biegesteif ausgebildet werden, daß in dem gehaltenen Mauerwerk keine Risse durch Formänderungen entstehen.

Auch für Ringbalken können KS-U-Schalen verwendet werden, wenn die Verformungen des damit hergestellten Balkens gering bleiben.

3.7 Schlitze und Aussparungen

Für Schlitze und Aussparungen gibt DIN 1053 Teil 1, Abschnitt 8.3 und Tabelle 10, Grenzabmessungen an, bei deren Einhaltung keine Berücksichtigung hinsichtlich der Bemessung des Mauerwerkes erforderlich ist.

Schlitze und Aussparungen sind zulässig, wenn dadurch die Standsicherheit der Wand nicht beeinträchtigt wird. Sie sind bei der Bemessung des Mauerwerkes zu berücksichtigen, sofern sie von den Tabellenwerten abweichen.

Werden Aussparungen und Schlitze nicht im gemauerten Verband hergestellt, so sind sie zu fräsen oder mit speziellen Werkzeugen herzustellen.

In den Bildern 3/11 und 3/12 sind zur Verdeutlichung die aus Tafel 3/2 entnommenen Maße dargestellt.

Wird von den in DIN 1053 Teil 1, Tabelle 10, (Tafel 3/2) geregelten Anforderungen abgewichen, sind Schlitze und Aussparungen statisch nachzuweisen.

Unabhängig von der Lage eines vertikalen Schlitzes oder einer Nische ist an ihrer Stelle ein freier Rand (wie z. B. Tür)

Tafel 3/2: Ohne Nachweis zulässige Schlitze und Aussparungen in tragenden Wänden (DIN 1053 Teil 1, Tabelle 10), Maße in mm

1	2	3	4	5	6	7	8	9	10
Wanddicke	Horizontale und schräge Schlitze[1]) nachträglich hergestellt		Vertikale Schlitze und Aussparungen nachträglich hergestellt			Vertikale Schlitze und Aussparungen in gemauertem Verband			
	Schlitzlänge		Tiefe[4])	Einzelschlitzbreite[5])	Abstand der Schlitze und Aussparungen von Öffnungen	Breite[5])	Restwanddicke	Mindestabstand der Schlitze und Aussparungen	
	unbeschränkt Tiefe[3])	≤ 1,25 m lang[2]) Tiefe						von Öffnungen	untereinander
≥ 115	–	–	≤ 10	≤ 100	–	–	–	≥ 2fache Schlitzbreite bzw. ≥ 240	≥ Schlitzbreite
≥ 175	0	≤ 25	≤ 30	≤ 100	≥ 115	≤ 260	≥ 115		
≥ 240	≤ 15	≤ 25	≤ 30	≤ 150		≤ 385	≥ 115		
≥ 300	≤ 20	≤ 30	≤ 30	≤ 200		≤ 385	≥ 175		
≥ 365	≤ 20	≤ 30	≤ 30	≤ 200		≤ 385	≥ 240		

[1]) Horizontale und schräge Schlitze sind nur zulässig in einem Bereich < 0,4 m ober- oder unterhalb der Rohdecke sowie jeweils an einer Wandseite. Sie sind nicht zulässig bei Langlochziegeln.
[2]) Mindestabstand in Längsrichtung von Öffnungen ≥ 490 mm, vom nächsten Horizontalschlitz zweifache Schlitzlänge.
[3]) Die Tiefe darf um 10 mm erhöht werden, wenn Werkzeuge verwendet werden, mit denen die Tiefe genau eingehalten werden kann, z. B. Mauerfräsen, Mauernutsägen etc. Bei Verwendung solcher Werkzeuge dürfen auch in Wänden ≥ 240 mm gegenüberliegende Schlitze mit jeweils 10 mm Tiefe ausgeführt werden.
[4]) Schlitze, die bis maximal 1 m über den Fußboden reichen, dürfen bei Wanddicken ≥ 240 mm bis 80 mm Tiefe und 120 mm Breite ausgeführt werden.
[5]) Die Gesamtbreite von Schlitzen nach Spalte 5 und Spalte 7 darf je 2 m Wandlänge die Maße in Spalte 7 nicht überschreiten. Bei geringeren Wandlängen als 2 m sind die Werte in Spalte 7 proportional zur Wandlänge zu verringern.

Schlitze und Aussparungen, Einschalige Außenwände

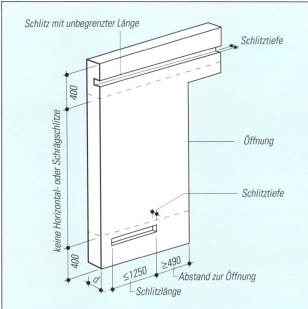

Wanddicke	Schlitzlänge	
	unbeschränkt	≤ 1,25 m lang[2])
	Tiefe[3])	Tiefe[3])
≥ 115	–	–
≥ 175	0	≤ 25
≥ 240	≤ 15	≤ 25
≥ 300	≤ 20	≤ 30
≥ 365	≤ 20	≤ 30

[2]) Mindestabstand in Längsrichtung von Öffnungen ≥ 490 mm, vom nächsten Horizontalschlitz zweifache Schlitzlänge.

[3]) Die Tiefe darf um 10 mm erhöht werden, wenn Werkzeuge verwendet werden, mit denen die Tiefe genau eingehalten werden kann, z. B. Mauerfräsen, Mauernutsägen etc. Bei Verwendung solcher Werkzeuge dürfen auch in Wänden ≥ 240 mm gegenüberliegende Schlitze mit jeweils 10 mm Tiefe ausgeführt werden.

Bild 3/11: Nachträglich hergestellte horizontale und schräge Schlitze nach DIN 1053 Teil 1, Tabelle 10, Maße in mm

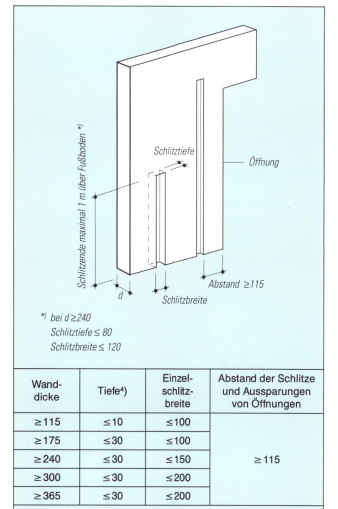

*) bei d ≥ 240
Schlitztiefe ≤ 80
Schlitzbreite ≤ 120

Wanddicke	Tiefe[4])	Einzelschlitzbreite	Abstand der Schlitze und Aussparungen von Öffnungen
≥ 115	≤ 10	≤ 100	≥ 115
≥ 175	≤ 30	≤ 100	
≥ 240	≤ 30	≤ 150	
≥ 300	≤ 30	≤ 200	
≥ 365	≤ 30	≤ 200	

[4]) Schlitze, die bis maximal 1 m über den Fußboden reichen, dürfen bei Wanddicken ≥ 240 mm bis 80 mm Tiefe und 120 mm Breite ausgeführt werden.

Bild 3/12: Nachträglich hergestellte vertikale Schlitze und Aussparungen nach DIN 1053 Teil 1, Tabelle 10, Maße in mm

anzunehmen, wenn die Restwanddicke kleiner als die halbe Wanddicke oder kleiner als 11,5 cm ist.

Bei horizontalen Schlitzen ist die Größe der Tragfähigkeitsminderung im allgemeinen proportional zur Querschnittsminderung. Die Größe der Minderung kann durch das Verhältnis Restquerschnitt / ungeschwächter Querschnitt ausgedrückt werden. Die Aussage gilt für dicke und schlanke Wände sowie für mittige und ausmittige Belastung.

Versuche haben eindeutig gezeigt, daß bei der Bemessung von schlanken KS-Wänden horizontale Wandschlitze nur im Verhältnis geschwächter Querschnitt / ungeschwächter Querschnitt zu berücksichtigen sind. Das bedeutet, daß die Anordnung eines horizontalen Schlitzes von 2 cm Tiefe bei einer 17,5 cm dicken Tragwand lediglich zu einer geringen Spannungserhöhung um den Faktor

$$\frac{17,5}{15,5} = 1,13$$

führt, die bei den hohen Tragreserven von KS-Mauerwerk im allgemeinen keine Rolle spielt.

3.8 Außenwände

3.8.1 Allgemeines

Außenwände werden in DIN 1053 Teil 1, Abschnitt 8.4, behandelt. Im folgenden werden diejenigen Bestimmungen besprochen, die die Standsicherheit und damit die Tragwerksplanung berühren. Ausführungstechnische Hinweise enthält [3/3], siehe auch Kap. 5.

3.8.2 Einschalige Außenwände

3.8.2.1 Geputzte einschalige Außenwände

Bei Außenwänden aus nicht frostbeständigen Steinen ist ein Außenputz nach DIN 18550 Teil 1 oder ein anderer Witterungsschutz aufzubringen.

3.8.2.2 Unverputzte einschalige Außenwände (einschaliges Verblendmauerwerk, Sichtmauerwerk)

Für einschaliges Verblendmauerwerk nach DIN 1053 Teil 1, Abschnitt 8.4.2.2, dürfen Steine mit unterschiedlicher Festigkeitsklasse verwendet werden. In diesem Fall ist für die zulässige Beanspruchung die im Querschnitt verwendete niedrigste Steinfestigkeitsklasse maßgebend. Es sind in jeder Mauerschicht mindestens zwei Steinreihen gleicher Höhe anzuordnen, zwischen denen eine durchgehende, schichtweise versetzte, hohlraumfrei vermörtelte 2 cm dicke Längsfuge verlaufen muß. Die Mindestwanddicke beträgt 31 cm. Alle Fugen müssen vollfugig und haftschlüssig vermörtelt werden.

In unverputzten witterungsbeanspruchten einschaligen KS-Außenwänden sind nur frostbeständige KS-Verblendsteine KS Vb (Vollsteine) der Steinfestigkeitsklasse 20 nach DIN 106 Teil 2 zu vermauern.

3.8.3 Zweischalige Außenwände

3.8.3.1 Konstruktionsarten und allgemeine Bestimmungen für die Ausführung

Zweischalige Außenwände bestehen aus einer nichttragenden Außenschale und einer tragenden Innenschale. Nach dem Wandaufbau werden die zweischaligen Außenwände unterschieden in solche mit

- Luftschicht
- Luftschicht und Wärmedämmung
- Kerndämmung
- Putzschicht.

Bei der Bemessung ist als Wanddicke nur die Dicke der tragenden Innenschale anzunehmen. Die Mindestdicke dieser Schale muß 11,5 cm betragen. Bei der Berechnung der Innenschale nach dem vereinfachten Verfahren genügt die Dicke von 11,5 cm nur für Gebäude mit höchstens zwei Vollgeschossen zuzüglich einem ausgebauten Dachgeschoß. Außerdem müssen dann aussteifende Querwände angeordnet sein.

Innen- und Außenschale sind durch nichtrostende Drahtanker zu verbinden. Form und Anordnung der Anker regelt DIN 1053 Teil 1, Abschnitt 8.4.3.1 e.

Für die Außenschale wird folgendes bestimmt:

- Die Mindestdicke beträgt 9 cm.
- Die Auflagerung soll über die ganze Länge vollflächig erfolgen. Bei unterbrochener Auflagerung (z. B. durch Konsolen) muß in der Abfangebene jeder Stein beidseitig gelagert sein.
- Bei einer Dicke von 11,5 cm muß die Abfangung in Höhenabständen von etwa 12 m erfolgen. Bei Abfangung in jedem 2. Geschoß darf die 11,5 cm dicke Außenschale bis zu einem Drittel ihrer Dicke über das Auflager vorstehen.
- Außenschalen mit d < 11,5 cm dürfen nicht höher als 20 m über Gelände reichen und müssen in Höhenabständen von 6,0 m abgefangen werden.
- Bei Gebäuden bis zu zwei Vollgeschossen darf ein Giebeldreieck bis 4 m Höhe ohne zusätzliche Abfangung ausgeführt werden. Diese Außenschalen dürfen bis zu 15 mm über ihr Auflager vorstehen.

Die Höhenabstände für die Abfangung der Außenschalen sind in Tafel 3/3 zusammengestellt (siehe auch Bild 3/13).

In der Außenschale sollen lotrechte Dehnungsfugen angeordnet werden. Dies gilt auch bei verputzter Außenschale. Die freie Beweglichkeit muß jedoch nicht nur in waagerechter, sondern auch in lotrechter Richtung durch entsprechende Ausbildung von waagerechten Dehnungsfugen sichergestellt sein.

Lotrechte Dehnungsfugen sind anzuordnen [3/3, Kap. 4.3]:

- Im Bereich der Gebäudeecken
- Bei langen Außenschalen im Abstand von etwa 8 m
- Bei großen Fenster- und Türöffnungen in Verlängerung der Laibungen

Weitere Hinweise zu Dehnungsfugen in Außenwänden enthält [3/2, Kap. 9.1.2].

In der unverputzten witterungsbeanspruchten Außenschale sind nur frostbeständige KS-Verblendsteine KS Vb (Vollsteine) der Steinfestigkeitsklasse 20 nach DIN 106 Teil 2 zu vermauern.

3.8.3.2 Zweischalige Außenwände mit Luftschicht

Die Luftschicht bei zweischaligen Außenwänden ohne zusätzliche Wärmedämmung soll mindestens 60 mm und darf höchstens 150 mm dick sein. Wird der Fugenmörtel mindestens an einer Hohlraumseite abgestrichen, so darf die Dicke der Luftschicht auf 40 mm verringert werden.

3.8.3.3 Zweischalige Außenwände mit Luftschicht und Wärmedämmung

Bei zweischaligen Außenwänden mit Luftschicht und Wärmedämmung darf der Abstand der Mauerwerksschalen 150 mm nicht überschreiten. Die Luftschichtdicke muß mindestens 40 mm betragen.

3.8.3.4 Zweischalige Außenwände mit Kerndämmung

Der lichte Abstand der Mauerwerksschalen darf 150 mm nicht überschreiten.

3.8.3.5 Zweischalige Außenwände mit Putzschicht

Da in DIN 1053 Teil 1, Abschnitt 8.4.3.5, für zweischalige Außenwände mit Putzschicht keine zusätzlichen Anforderungen an Mindestwanddicken genannt sind, gilt für die Außenschale eine Mindestwanddicke von 9 cm.

3.8.3.6 Zweischalige Haustrennwände

Die „zweischalige Haustrennwand" wird in DIN 1053 Teil 1 nur in Tabelle 1 (siehe Tafel 2/7) – jedoch ohne nähere Erläuterungen – erwähnt. Indirekt ist sie als Wand, die als einseitiges Endauflager von Decken dient, angesprochen.

Statisch gesehen handelt es sich um zwei einschalige Innenwände, die einseitig durch Decken belastet werden. Windlasten rechtwinklig zur Wand brauchen im vereinfachten Verfahren nicht angesetzt werden, da sie im Berechnungsverfahren bereits berücksichtigt sind.

Tafel 3/3: Höhenabstand der Abfangung von Verblendschalen

Dicke der Außenschale [cm]	maximale Höhe über Gelände [m]	Überstand über Auflager [cm]	Höhenabstand der Abfangung
9,0 ≤ d < 11,5	20,0	≤ 1,5	ca. 6,0 m
d = 11,5	unbegrenzt	≤ 3,8	≤ 2 Geschosse
d = 11,5	unbegrenzt	≤ 2,5	ca. 12,0 m

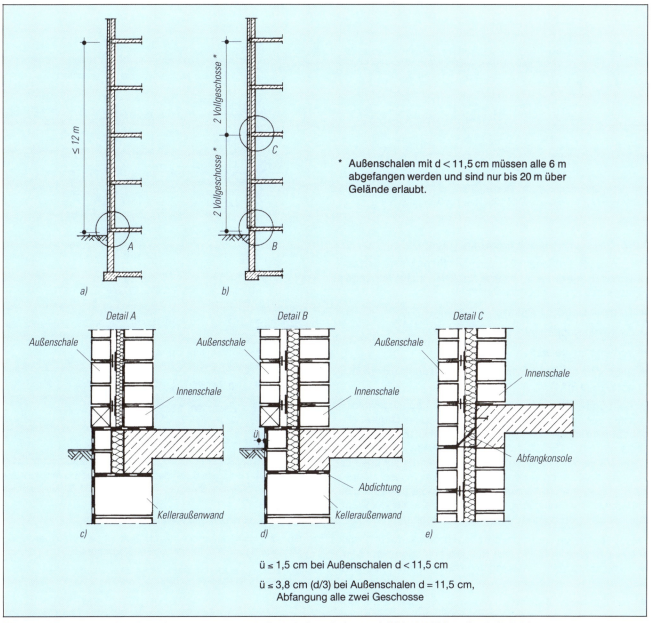

Bild 3/13: Bedingungen für die Abfangung von zweischaligen Außenwänden nach DIN 1053 Teil 1, Abschnitt 8.4.3.1
a) Dicke der Außenschale 11,5 cm
b) Dicke der Außenschale ≥ 9 und < 11,5 cm
c) Detail A: Auflagerung der Außenschale bei a)
d) Detail B: Auflagerung der Außenschale bei b)
e) Detail C: Abfangung der Außenschale bei b)

3.9 Gewölbe, Bogen und Gewölbewirkung

3.9.1 Gewölbe und Bogen

Von den Beanspruchungsarten Druck, Zug, Biegung und Schub kann Mauerwerk am besten Druckbeanspruchungen aufnehmen. Will man daher mit Mauerwerk Öffnungen oder Räume überspannen, so muß das abfangende Bauteil so geformt sein, daß überwiegend Druckbeanspruchungen auftreten. Dies gelingt, indem sich Stab- oder Flächentragwerke der von der Belastung abhängigen Stützlinie anpassen. Deshalb sollen nach DIN 1053 Teil 1, Abschnitt 8.5.1, Gewölbe und Bogen nach der Stützlinie für ständige Lasten geformt werden. Die auf Druck beanspruchten Fugen müssen dann rechtwinklig zu dieser Stützlinie angeordnet sein.

Gewölbe und Bogen mit günstigem Stichverhältnis, voller Hintermauerung oder reichlicher Überschüttungshöhe und mit überwiegend ständiger Last dürfen nach dem Stützlinienverfahren untersucht werden. Sind diese Voraussetzungen nicht alle erfüllt, so darf dieses Verfahren nur bei kleinen Stützweiten angewendet werden.

Für Gewölbe und Bogen ist die Aufnahme des Gewölbeschubes eine erforderliche Voraussetzung. Hierbei dürfen keine horizontalen Verschiebungen auftreten, da Gewölbe und Bogen selbst bei nur kleinen Auflagerverschiebungen wegen Verminderung des Stiches eine erhebliche Vergrößerung ihrer Beanspruchung erfahren.

Gewölbte Kappen, Gewölbewirkung, Fugen

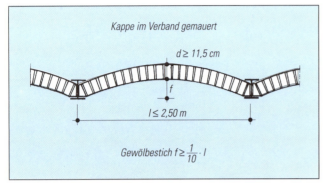

Bild 3/14: Bedingungen für Decken aus gewölbten Kappen ohne statischen Nachweis nach DIN 1053 Teil 1, Abschnitt 8.5.2

3.9.2 Gewölbte Kappen zwischen Trägern

Bei vorwiegend ruhender Belastung ist für gewölbte Kappen zwischen Trägern ein statischer Nachweis unter folgenden Voraussetzungen nicht erforderlich:

- Trägerabstand ≤ 2,50 m
- Dicke der Kappen mindestens 11,5 cm
- Verbandsmauerwerk
- Stichhöhe der Kappen mindestens 1/10 der Kappenstützweite (Bild 3/14)

In den Endfeldern von durchlaufenden Kappengewölben müssen Zuganker zur Aufnahme des Gewölbeschubes eingebaut werden, deren Abstand nicht größer ist als der Trägerabstand (Bild 3/15a). Die Breite des Endfeldes muß mindestens 1/3 seiner Länge betragen, wenn es als schubsteife Scheibe angesehen werden soll. Die Anker müssen länger als die so ermittelte Mindestbreite des Endfeldes sein. Die Endfelder müssen seitliche Auflager, z.B. bei fehlender Wand durch Vormauerung oder Verankerung, erhalten.

Bei Kellerdecken kann davon ausgegangen werden, daß der Horizontalschub von den Kappen aufgenommen wird, wenn die folgenden Voraussetzungen eingehalten sind (Bild 3/15b):

- Verkehrslast ≤ 2 kN/m²
- Stützweite der Kappen ≤ 1,30 m
- Dicke der Querwände ≥ 24 cm, ihr Abstand ≤ 6,00 m und ihre Länge ≥ 2,00 m

Auf die Berechnung von Gewölben, Bogen und gewölbten Kappen wird in [3/2, 3/5] näher eingegangen. Hinweise für die Ausführung finden sich in [3/6].

3.9.3 Gewölbewirkung über Wandöffnungen

Ist eine Wand durch Tür- oder Fensteröffnungen geschwächt, so müssen die Lasten über den Öffnungen umgeleitet werden. Wenn in diesen Umleitungsbereichen keine anderen störenden Öffnungen liegen, können sich Gewölbe im Mauerwerk ausbilden. Voraussetzung ist allerdings, daß der Gewölbeschub im Auflagerbereich auch aufgenommen werden kann.

Die Form des Gewölbes richtet sich nach der zur Last gehörenden Stützlinie. Mit dem Gewölbe werden alle darüber auftretenden Lasten abgetragen; der unterhalb des Gewölbes liegende Mauerwerksbereich muß durch einen Sturz aufgenommen werden.

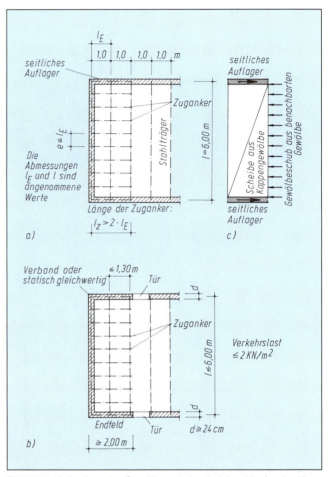

Bild 3/15: Aufnahme des Gewölbeschubes bei durchlaufenden Kappengewölben zwischen Stahlträgern nach DIN 1053 Teil 1, Abschnitt 8.5.2

a) Grundriß mit Anordnung von Zugankern
b) Grundriß mit Bedingungen für das Entfallen eines rechnerischen Nachweises der Aufnahme des Gewölbeschubes
c) Statisches System des Endfeldes

Aus den voranstehenden Überlegungen wurden die in DIN 1053 Teil 1, Abschnitt 8.5.3, getroffenen Regelungen abgeleitet. Danach muß der Sturz über einer Öffnung mit dem Mauerwerksgewicht aus einem gleichseitigen Dreieck belastet werden, dessen untere Ecken in Höhe der Sturzauflager liegen. Auflagerkräfte aus Decken müssen nach DIN 1053 Teil 1, Bild 11a, berücksichtigt werden, sofern sie innerhalb dieses Belastungsdreiecks angreifen.

Einzellasten, die über der Öffnung in Höhe des oben beschriebenen Dreiecks oder 25 cm darüber liegen, sind bei der Belastung gemäß DIN 1053 Teil 1, Bild 11b, zu berücksichtigen.

3.10 Lager-, Stoß- und Längsfugen

3.10.1 Allgemeines

Bedingt durch die im Vergleich zur Wand geringen Abmessungen der Steine ergeben sich im Mauerwerk zwangsläufig Fugen. Die Dicke der Fugen soll nach DIN 1053 Teil 1, Abschnitt 9.2.1, so gewählt werden, daß sie dem Baurichtmaß entspricht. Die Fugendicke soll im Regelfall betragen:

Bei Normalmörtel
- Stoßfuge 10 mm
- Lagerfuge 12 mm

Bei Dünnbettmörtel
- Stoß- und Lagerfuge 1 bis 3 mm

Fugen im Mauerwerksbau haben u. a. die Aufgabe, beim Herstellen der Wände Abweichungen bei den Steinabmessungen auszugleichen und so auch für eine gleichmäßige Belastung der Steine zu sorgen. Der Ausgleich der Steintoleranzen erfolgt durch den Fugenmörtel, dessen Dicke entsprechend variiert.

Kalksandsteine sind maßgenau und flächeneben, so daß ein gleichmäßig dünnes Fugenbild mit Normalmörtel im Mauerwerk problemlos möglich ist. Für die Ausführung mit Dünnbettmörtel werden KS-Plansteine KS (P) mit besonderer Präzision hergestellt.

Auch bei den Steinformen hat sich im Laufe der Zeit eine Veränderung vollzogen. Die Steinflächen, die an Lager- und Längsfugen grenzen (Bild 3/16), sind im allgemeinen eben. Die Stirnflächen der Steine werden häufig mit Nut und Feder ausgebildet, um beim Versetzen in der Wand eine Verzahnung zu erreichen oder auf die Vermörtelung der Stoßfugen teilweise oder völlig verzichten zu können.

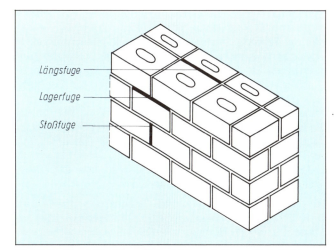

Bild 3/16: Darstellung von Stoß-, Längs- und Lagerfuge im Mauerwerksverband

3.10.2 Vermauerung mit Stoßfugenvermörtelung

Bei Vermauerung mit Stoßfugenvermörtelung sind die Lagerfugen stets vollflächig zu vermörteln und die Längsfugen satt zu vergießen. Dagegen brauchen die Stoßfugen nach DIN 1053 Teil 1, Tabelle 5, nicht über die gesamte Fläche vermörtelt zu werden. Die Stoßfugen gelten als vermörtelt, wenn mindestens die halbe Wanddicke vermörtelt ist. Es müssen jedoch immer die bauphysikalischen sowie die brandschutztechnischen Anforderungen erfüllt werden.

Bei Steinen mit Mörteltaschen wird der Mörtel entweder auf die Steinflanken aufgetragen (Bild 3/17a), so daß sichtbare Stoßfugen entstehen, oder die Steine werden knirsch verlegt und die Mörteltaschen später verfüllt (Bild 3/17b). Die Mörteltaschen sind im zuletzt genannten Fall nicht sichtbar. Der Abstand der Steine soll dabei im allgemeinen nicht größer als 5 mm sein. Wird dieses Maß überschritten, so sind die Fugen zusätzlich an der Außenseite mit Mörtel zu verfüllen.

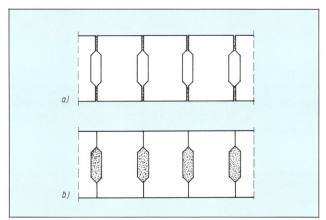

Bild 3/17: Mauerwerk mit Stoßfugenvermörtelung, Grundriß
a) Mit sichtbar vermörtelten Stoßfugen
b) Mit ausgefüllten Mörteltaschen

3.10.3 Vermauerung ohne Stoßfugenvermörtelung

Bei Vermauerung ohne Stoßfugenvermörtelung sind die Steine stumpf oder mit Verzahnung knirsch bzw. ineinander verzahnt zu versetzen (Bild 3/18). Bei nicht knirsch verlegten Steinen mit Stoßfugendicken, die größer als 5 mm sind, müssen die Fugen nachträglich mit Mörtel verfüllt werden.

3.11 Flachstürze

3.11.1 Allgemeines

Flachstürze bestehen aus einem vorgefertigten, bewehrten oder vorgespannten Zuggurt und bilden mit den darüberliegenden Schichten aus Mauerwerk oder Beton ein Tragwerk. Oberhalb des Flachsturzes bildet sich im Mauerwerk oder Beton ein Druckbogen aus. Der Bogenschub wird durch die im Zuggurt liegende Bewehrung aufgenommen.

3.11.2 Rechnerischer Nachweis von Flachstürzen

Flachstürze sind nicht in DIN 1053 Teil 1 behandelt. Für sie sind die Richtlinien für die Bemessung und Ausführung von

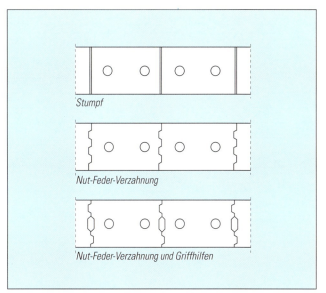

Bild 3/18: Mauerwerk mit Normal- und Dünnbettmörtel ohne Stoßfugenvermörtelung

Flachstürzen [3/7] zu beachten. Danach dürfen Flachstürze bis zu einer Stützweite von 3,0 m als Einfeldträger verwendet werden. Es dürfen mehrere Zuggurte nebeneinander angeordnet werden, wenn die Druckzone in ihrer Breite alle Zuggurte erfaßt. Flachstürze dürfen nur bei vorwiegend ruhender Last verwendet werden. Einzellasten dürfen die Zuggurte nicht direkt belasten. Nach [3/7] müssen die Zuggurte mindestens 6 cm hoch und 11,5 cm breit sein. Für Zuggurte, die nur die Eigenlasten des darüberliegenden Mauerwerkes abzutragen haben, gilt als Mindesthöhe 5 cm. Die Betondeckung der Bewehrung muß mindestens 2 cm betragen, wenn nach anderen Vorschriften (z. B. DIN 1053 Teil 3 oder DIN 1045) nicht ein höherer Wert verlangt wird.

Für größere Stützweiten muß bei Flachstürzen, deren Zuggurte höher als 6 cm sind, für eine Montageabstützung im Abstand von 1,25 m gesorgt werden. Diese muß bleiben, bis die Druckzone erstellt ist und eine ausreichende Festigkeit erreicht hat; im allgemeinen genügen 7 Tage. Die Zuggurte sind am Auflager in ein Mörtelbett zu verlegen. Die Auflagertiefe muß mindestens 11,5 cm betragen. Die Druckzone ist aus Mauerwerk im Verband mit vollständig gefüllten Stoß- und Lagerfugen und mit Steinen mindestens der Festigkeitsklasse 12 herzustellen. Der Mauermörtel muß mindestens Mörtelgruppe II entsprechen (Bild 3/19).

3.11.3 Nachweis mit Bemessungstafeln

Die Tragfähigkeit des Flachsturzes ist in jedem Einzelfall statisch nachzuweisen. Für KS-Flachstürze stehen Bemessungstafeln zur Verfügung, denen typengeprüfte statische Berechnungen zugrunde liegen (Tafeln 3/4 bis 3/6).

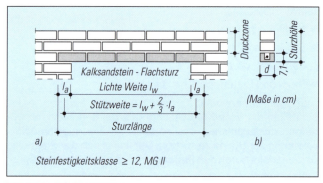

Bild 3/19: KS-Flachstürze
a) Ansicht b) Schnitt

Die Benutzung dieser Tafeln ist an die Verwendung der zugrundeliegenden Flachstürze gebunden. Die Bemessung erfolgt danach durch Vergleich der vorhandenen mit der in Abhängigkeit der Stützweite und der Sturzhöhe angegebenen zulässigen Gleichstreckenlast:

$$q_v \leq zul\, q_v \qquad (3.12)$$

Wenn sich oberhalb und neben der Öffnung Gewölbewirkung einstellen kann, ergibt sich die in Bild 3/20 angegebene Belastung. Nach Ermittlung der Auflagerkraft A kann zur Bemessung folgende Gleichstreckenlast herangezogen werden:

$$q_v = \frac{2{,}67 \cdot A}{l} \qquad (3.13)$$

Tafel 3/4: Bemessungstafel für zulässige Streckenlasten zul q_v [kN/m] bezogen auf KS-Flachstürze für das Format NF mit einer Auflagerlänge von 11,5 cm

Lichte Weite [m]	D = 19,6 cm	D = 32,1 cm	D = 44,6 cm	D = 57,1 cm	D ≥ 69,6 cm	Lichte Weite [m]
0,760	7,52	24,54	31,11	31,11	31,11	0,760
0,885	6,03	17,81	27,07	27,07	27,07	0,885
1,010	5,02	13,84	23,95	23,95	23,95	1,010
1,135	4,29	11,25	21,83	21,83	21,83	1,135
1,260	3,74	9,43	19,47	19,47	19,47	1,260
1,385	3,32	8,10	16,18	17,89	17,89	1,385
1,510	2,98	7,09	13,70	16,40	16,40	1,510
1,635	2,70	6,29	11,85	15,21	15,21	1,635
1,760	2,46	5,64	10,41	14,16	14,16	1,760
1,885	2,27	5,12	9,27	13,27	13,27	1,885
2,010	2,10	4,68	8,34	12,47	12,47	2,010
2,135	1,96	4,30	7,58	11,77	11,77	2,135
2,260	1,83	3,98	6,93	11,01	11,14	2,260
2,385	1,71	3,71	6,39	10,02	10,57	2,385
2,510	1,62	3,46	5,92	9,19	10,06	2,510
2,635	1,53	3,25	5,51	8,48	9,60	2,635
2,760	1,45	3,06	5,15	7,86	9,18	2,760

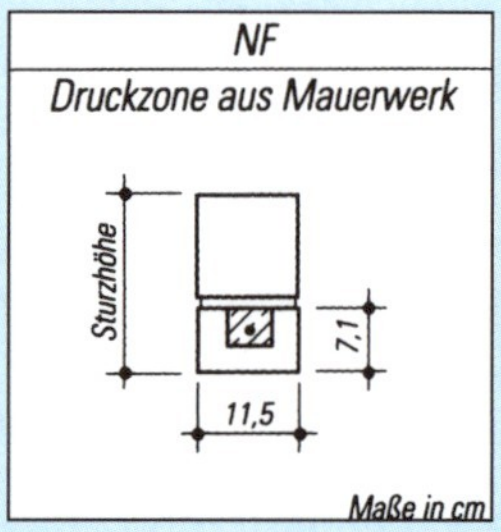

Flachstürze, Nachweis mit Bemessungstafeln

Tafel 3/5: Bemessungstafel für zulässige Streckenlasten zul q_v [kN/m] bezogen auf KS-Flachstürze für das Format 2 DF mit einer Auflagerlänge von 11,5 cm

Format 2 DF		Druckzone aus Mauerwerk, Auflagerlänge 11,5 cm				
Lichte Weite [m]	D = 23,8 cm	D = 36,3 cm	D = 48,8 cm	D = 61,3 cm	D ≥ 73,8 cm	Lichte Weite [m]
0,760	9,97	31,11	31,11	31,11	31,11	0,760
0,885	7,69	22,38	27,07	27,07	27,07	0,885
1,010	6,23	16,66	23,95	23,95	23,95	1,010
1,135	5,22	13,16	21,83	21,83	21,83	1,135
1,260	4,49	10,82	19,47	19,47	19,47	1,260
1,385	3,93	9,15	17,89	17,89	17,89	1,385
1,510	3,49	7,91	15,78	16,40	16,40	1,510
1,635	3,15	6,98	12,94	15,21	15,21	1,635
1,760	2,87	6,25	11,33	14,16	14,16	1,760
1,885	2,64	5,65	10,06	13,27	13,27	1,885
2,010	2,44	5,15	9,03	12,47	12,47	2,010
2,135	2,26	4,73	8,18	11,77	11,77	2,135
2,260	2,11	4,37	7,47	11,14	11,14	2,260
2,385	1,98	4,06	6,87	10,57	10,57	2,385
2,510	1,87	3,79	6,36	10,06	10,06	2,510
2,635	1,76	3,56	5,91	9,01	9,60	2,635
2,760	1,67	3,35	5,52	8,34	9,17	2,760

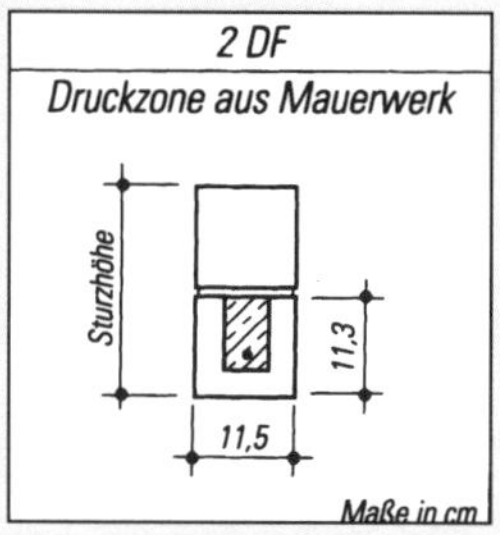

Tafel 3/6: Bemessungstafel für zulässige Streckenlasten zul q_v [kN/m] bezogen auf KS-Flachstürze für das Format 3 DF mit einer Auflagerlänge von 11,5 cm

Format 3 DF		Druckzone aus Mauerwerk, Auflagerlänge 11,5 cm				
Lichte Weite [m]	D = 23,8 cm	D = 36,3 cm	D = 48,8 cm	D = 61,3 cm	D ≥ 73,8 cm	Lichte Weite [m]
0,760	15,43	48,47	62,24	62,24	62,24	0,760
0,885	12,28	33,97	54,15	54,15	54,15	0,885
1,010	9,29	25,84	47,92	47,92	47,92	1,010
1,135	8,30	20,69	42,98	42,98	42,98	1,135
1,260	7,12	16,98	35,02	38,96	38,96	1,260
1,385	6,22	14,34	28,20	35,63	35,63	1,385
1,510	5,52	12,37	23,47	32,82	32,82	1,510
1,635	4,98	10,92	20,15	30,43	30,43	1,635
1,760	4,54	9,76	17,62	28,36	28,36	1,760
1,885	4,16	8,82	15,63	26,55	26,55	1,885
2,010	3,85	8,04	14,02	22,68	24,96	2,010
2,135	3,57	7,38	12,70	20,21	23,55	2,135
2,260	3,34	6,82	11,59	18,19	22,29	2,260
2,385	3,13	6,33	10,66	16,52	21,16	2,385
2,510	2,94	5,91	9,85	15,12	20,13	2,510
2,635	2,78	5,54	9,16	13,92	19,21	2,635
2,760	2,63	5,21	8,55	12,89	18,36	2,760

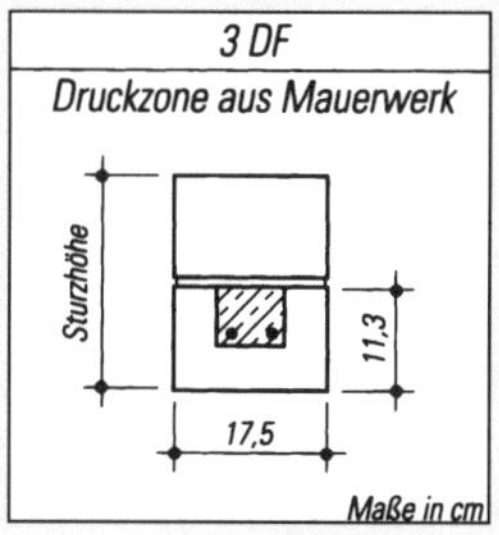

Giebelwände

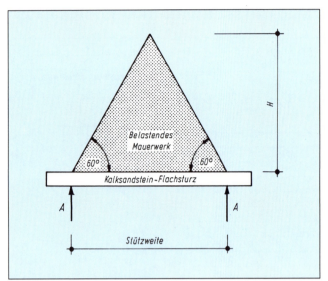

Bild 3/20: Ermittlung der Belastung von KS-Flachstürzen bei Gewölbewirkung

3.12 Giebelwände

3.12.1 Allgemeines

Bei Mauerwerksbauten mit geneigten Dächern, z. B. Satteldächern, werden gemauerte Giebelwände erforderlich, die bei einem steilen Dach erhebliche Flächen aufweisen können. Bei Sparren- und Kehlriegeldächern erhalten diese Giebelwände keine Belastungen aus dem Dach. Sie tragen neben ihrem Eigengewicht noch Windlasten ab (Bild 3/21a).

Bei Pfetten- und Walmdächern können Giebelwände durch Pfetten belastet werden (Bild 3/21b). Die belasteten Wandbereiche sind als tragende Außenwände statisch zu untersuchen.

> Giebelwände sind nach DIN 1053 Teil 1, Abschnitt 8.1.4.2, durch Querwände oder Pfeilervorlagen ausreichend auszusteifen, falls sie nicht kraftschlüssig mit dem Dachstuhl verbunden werden.

3.12.2 Giebelwände ohne Auflast

Bei Sparren- und Kehlriegeldächern erhalten Giebelwände aus dem Dach keine Auflast und können daher als nichttragende Außenwände angesehen werden.

Es wird vorgeschlagen, die Giebelflächen durch ein oder mehrere Ersatzrechtecke zu beschreiben und dann mit den zulässigen Flächen nach DIN 1053 Teil 1, Tabelle 9, zu vergleichen. Voraussetzung für diese Vorgehensweise ist, daß die Wände an den Rändern bzw. zusätzlich durch Querwände oder Pfeilervorlagen seitlich gehalten sind. Die seitliche Halterung der Giebelwand am unteren Rand erfolgt durch die Stahlbetondecke entweder mittels Zuganker oder über Haftung und Reibung (DIN 1053 Teil 1, Abschnitt 8.1.4).

Liegen im Einzelfall keine typengeprüften Unterlagen für KS-Flachstürze vor, so muß eine Berechnung nach den Richtlinien [3/7] erfolgen (siehe auch [3/8], [3/9]). Ein Beispiel mit Verwendung von KS-U-Schalen ist in Kap. 4.2.11 angegeben.

Anstelle eines KS-Flachsturzes kann mit Hilfe von KS-U-Schalen auch ein Stahlbetonbalken ausgebildet werden, der nach Richtlinie [3/7] und nach DIN 1045 nachgewiesen werden muß.

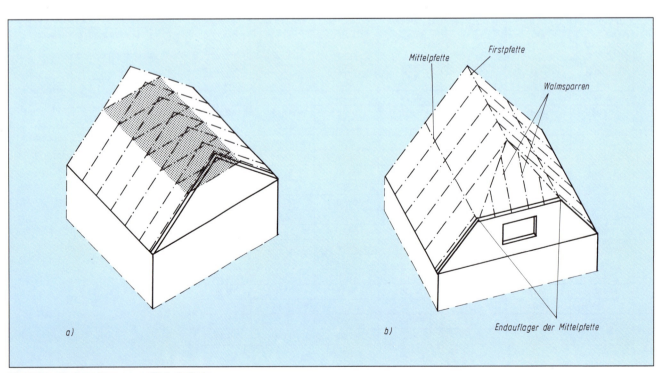

Bild 3/21: Systemskizzen von Giebelwänden
a) Ohne Auflast bei einem Kehlriegeldach
b) Mit Auflast bei einem Walmdach

Die seitliche Halterung der Giebelwand am oberen Rand erfolgt durch einen Ringbalken oder durch die Dachkonstruktion. Hierzu muß die Dachkonstruktion ausgesteift sein (z. B. durch gespannte Windrispen oder Lochbänder).

Die konstruktiv beste, aber auch aufwendigste Lösung ist die Ausbildung eines Ringbalkens, der mindestens an seinen Enden durch Stahlanker mit der Dachkonstruktion verbunden werden muß.

Falls auf die Ausführung von Ringbalken verzichtet werden soll, sind zur Halterung der Giebelwand durch das Dach besondere konstruktive Maßnahmen zu ergreifen, um die Windlast über Anker oder Druckkontakt in das Dach einzuleiten.

Der Einbau von Mauerankern stellt die traditionelle Lösung dar. Bei der Verbindung von Giebelwand und Dach über Druckkontakt ist das obere Wandende an beiden Seiten horizontal unverschieblich zu halten. Beispielsweise kann der Druckkontakt zwischen Mauerwerk und unmittelbar danebenliegendem Gespärre mittels Längshölzern erreicht werden. Die gleiche Wirkung läßt sich auch mit Stahlprofilen erzielen, die den oberen Wandrand umgreifen.

Für nichttragende Außenwände verlangt DIN 1053 Teil 1 keinen rechnerischen Nachweis. In den Angaben über zulässige Ausfachungsflächen ist indirekt berücksichtigt, daß Zugspannungen rechtwinklig zur Lagerfuge aufgenommen werden können. In tragenden Wänden dürfen sie jedoch nicht in Rechnung gestellt werden (DIN 1053 Teil 1, Abschnitt 6.9.4).

3.12.3 Giebelwände mit Auflast

Werden bei Pfetten- und Walmdächern die Mittelpfetten auf die Giebelwände aufgelegt (Bild 3/22 a–c), so kann unter dem Pfettenauflager infolge der lotrechten Belastung ein tragender Mauerwerkspfeiler angenommen werden, der neben der Aufnahme der Dachlasten auch noch aussteifende Wirkung für die Giebelwand hat (Kap. 4, Beispiel 4.2.10.2). Die Giebelwand wird so in tragende und nichttragende Wandbereiche unterteilt.

Die tragenden Wandbereiche (Mauerwerkspfeiler) unter den Pfetten sind nach dem genaueren Berechnungsverfahren nachzuweisen.

Es ist sinnvoll, die Auflagerkraft der Pfette nur im mittleren Drittel der Wanddicke einzuleiten, um die Biegemomente in der Wand möglichst gering zu halten. Als Knicklänge sollte für solche Wandpfeiler deren lichte Höhe angesetzt werden (Bild 3/22 b). Für den Nachweis der Knicksicherheit kann eine Verteilung der Belastung aus der Pfette unter 60° angesetzt werden. Die hölzerne Dachkonstruktion muß die Auflagerkraft aus der horizontalen Halterung am Wandkopf des Pfeilers aufnehmen können und sie in die Ebene der Decke, z. B. mit Hilfe von gespannten Windrispen, weiterleiten.

Die nichttragenden Wandbereiche neben den Mauerwerkspfeilern sind als Giebelwand ohne Auflast nachzuweisen (Kap. 3.12.2).

Ein Beispiel zur Auflagerung von Pfetten auf einer 11,5 cm dicken Haustrennwand zeigt Bild 3/22 d.

3.13 Pfeiler und kurze Wände

In DIN 1053 Teil 1, Abschnitt 7.9.1, sind für Wände, kurze Wände und Pfeiler unterschiedliche Sicherheitsbeiwerte angegeben (Kap. 6.1.2.6). Der Mindestquerschnitt tragender Bauteile beträgt grundsätzlich 400 cm². Als Pfeiler oder als kurze Wand gelten alle Wände, deren Querschnittsfläche < 1000 cm² ist.

Tafel 3/7 enthält die sich aus diesen Regelungen ergebenden Mindestlängen für Pfeiler und Wände bei unterschiedlichen Wanddicken. Bei Wandvorlagen, die Querschnitte < 400 cm² aufweisen, sind sinnvollerweise angrenzende Wandbereiche

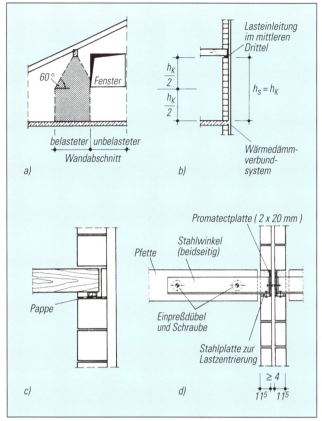

Bild 3/22: Belastung einer Wand durch Holzbalken (Pfetten)

a) Mittelpfette auf Giebelwand, Ansicht
b) Schnitt zu a)
c) Auflagerdetail zu a)
d) Holzbalken auf Haustrennwand, Auflagerdetail

Tafel 3/7: Mindestwerte für Wandbreiten bei Pfeilern (kurzen Wänden) und Wänden

Wanddicke d [cm]	Pfeiler (kurze Wände) $\gamma_p = 2,0$*) $400\ cm^2 \leq A < 1000\ cm^2$ Wandbreite [cm]		Wände $\gamma_w = 2,0$ $A \geq 1000\ cm^2$ Wandbreite [cm]	
	In Klammern sind die theoretischen Grenzwerte angegeben.			
11,5	≥ 36,5	(34,8)	≥ 86,5	(87,0)
17,5	≥ 24,0	(22,9)	≥ 61,5	(57,1)
24,0	≥ 24,0	(16,7)	≥ 49,0	(41,7)
30,0	≥ 24,0	(13,3)	≥ 36,5	(33,3)
36,5	≥ 24,0	(11,0)	≥ 36,5	(27,4)

*) $\gamma_p = 2,5$ bei Ausführung aus getrennten Steinen mit einem Lochanteil ≥ 35% bzw. < 35% bei Querschnittsschwächung durch Schlitze oder Aussparungen.

Pfeiler und kurze Wände

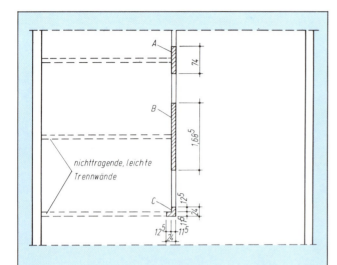

Bild 3/23: Erläuterung zur Definition von Pfeilern (kurzen Wänden) und Wänden am Beispiel des dargestellten Grundrisses

dem Querschnitt der Wandvorlage hinzuzurechnen, so daß sich ein Querschnitt > 400 cm² ergibt.

Beispielsweise ergäbe sich für den Wandabschnitt C in Bild 3/23, ohne Berücksichtigung der Wandvorlage, ein Querschnitt von A = 24 · 11,5 = 276 cm² < 400 cm². Dieser Querschnitt wäre nach DIN 1053 Teil 1, Abschnitt 7.9.1, nicht zulässig. Der Gesamtquerschnitt ergibt sich in diesem Fall jedoch zu A = 420 cm² und ist damit für einen tragenden Pfeiler zulässig.

Daraus ergibt sich, daß bei Anwendung der Stumpfstoßtechnik jeder tragende Querschnittsteil mindestens 400 cm² betragen muß.

Der den Nachweisen des Wand-Decken-Knotens und der Knicksicherheit zugrunde zu legende Gesamtquerschnitt muß im Verband gemauert sein. Ersatzmaßnahmen für den Verband gelten hierfür nicht.

Für Pfeiler und kurze Wände sind im übrigen die gleichen Nachweise wie für Wände erforderlich.

Wegen der geringen Abmessungen und Querschnittswerte (Flächenmomente 2. Grades) im Vergleich zu sonstigen tragenden Wänden sind Pfeiler und kurze Wände im Regelfall für die Abtragung von Horizontallasten ohne Bedeutung. Ein Schubnachweis braucht daher bei Pfeilern und kurzen Wänden in der Regel nicht geführt zu werden.

3.14 Weitere Bauteile

Weitere Bauteile und Konstruktionsdetails werden in Kap. 5 behandelt.

Beispiele, Allgemeines

Beispiele für schlanke KS-Mauerwerkskonstruktionen
Fotos: H. Naumann

4 Beispiele

4.1	Vorbemerkungen	65		4.2.8.2	Wandabschnitt im Kellergeschoß	86
				4.2.9	Kelleraußenwand	88
4.2	Standsicherheitsnachweise	66		4.2.9.1	Mit hoher Auflast	88
4.2.1	Allgemeines	66		4.2.9.2	Mit geringer Auflast	90
4.2.2	Außenwand im Obergeschoß	68		4.2.9.3	Mit geringerer Auflast bei voller Erdanschüttung	91
4.2.3	Außenwand im Erdgeschoß	70		4.2.9.4	Mit Fenstern bzw. Öffnungen	91
4.2.4	Haustrennwand im Erdgeschoß	72		4.2.10	Giebelwand im Dachgeschoß	92
4.2.4.1	Ohne aussteifende Querwände	72		4.2.10.1	Unbelastete Giebelwand	92
4.2.4.2	Mit aussteifenden Querwänden	74		4.2.10.2	Belastete Giebelwand	94
4.2.5	Innenwand im Obergeschoß	76		4.2.11	Sturz aus KS-U-Schalen	99
4.2.6	Innenwand im Erdgeschoß	78		4.2.12	Erläuterung der Ergebnisse	101
4.2.7	Aussteifungswand im Erdgeschoß (Bauwerksaussteifung)	80		4.3	Hinweise zum genaueren Berechnungsverfahren und zu den Beispielen in Kap. 6	101
4.2.8	Hochbelastete Wandabschnitte	84				
4.2.8.1	Wandabschnitt im Erdgeschoß	84				

4 Beispiele

4.1 Vorbemerkungen

Nachdem in Kap. 2 die nach DIN 1053 Teil 1 erforderlichen Nachweise für tragende Wände beschrieben und in Kap. 3 einzelne Bauteile sowie Konstruktions- und Ausführungsdetails behandelt wurden, folgt in diesem Kapitel die Untersuchung von Einzelbauteilen. Hierbei werden für ausgewählte Bauteile eines Mehr- und eines Einfamilienwohnhauses die wesentlichen Nachweise nach dem vereinfachten Berechnungsverfahren der DIN 1053 Teil 1, Abschnitt 6, geführt. Ein Nachweis nach dem genaueren Verfahren, Abschnitt 7, erfolgt nur für das Beispiel „4.2.10.2 Belastete Giebelwand" (siehe auch Kap. 4.3). Die Beispiele sind so ausgewählt, daß die wichtigsten und am häufigsten ausgeführten Wandkonstruktionen behandelt und die für einen Mauerwerksbau zur Bemessung der Wände erforderlichen statischen Nachweise geführt werden. Dabei werden außer Innen- und Außenwänden auch Giebel- und Haustrennwände nachgewiesen.

Die Bemessung innerhalb der Beispiele erfolgt ausführlich in zwei Spalten. Links ist der Berechnungsgang angegeben, rechts wird der Gang der Nachweise erläutert. In der Praxis wird daher die statische Berechnung eines Mauerwerksbaues nach dem vereinfachten Verfahren der DIN 1053 Teil 1 von geringerem Umfang sein als bei den hier gezeigten Beispielen.

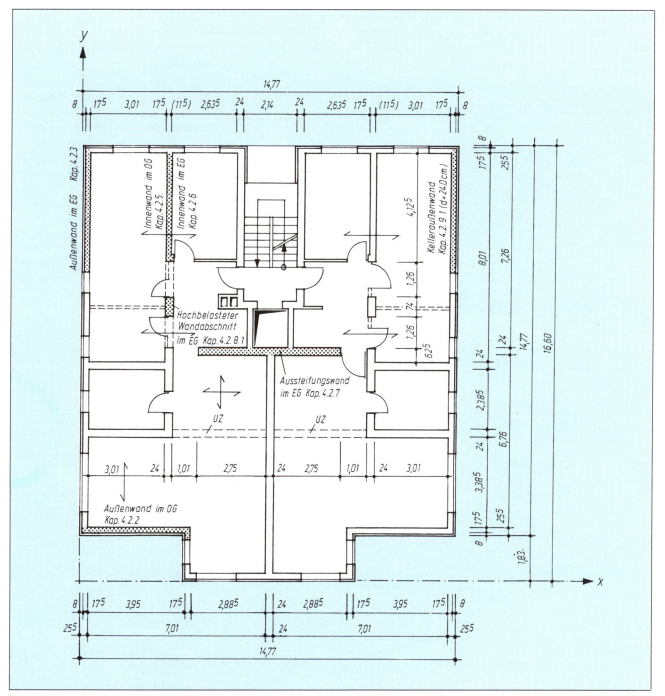

Bild 4/1: Mehrfamilienhaus, Grundriß Normalgeschoß

Beispiele, Allgemeines

4.2 Standsicherheitsnachweise
4.2.1 Allgemeines

Den Beispielen werden die Grundrisse eines Mehrfamilienhauses (Bild 4/1) und eines Einfamilienreihenhauses (Bild 4/2) zugrunde gelegt. Beide Grundrisse sind aus den Gebäuden nach Bild 1/1 hergeleitet.

Das Mehrfamilienhaus besteht aus fünf Vollgeschossen, einem ausgebauten Dachgeschoß und einem Kellergeschoß. Die Geschoßhöhe beträgt 2,75 m in den Obergeschossen und 2,60 m im Kellergeschoß. Als Gebäudehöhe über Oberkante der KG-Decke wird vereinfachend der Mittelwert zwischen First- und Traufhöhe angesetzt:

$$H = 5 \cdot 2{,}75 + 2{,}50 = 16{,}25 \text{ m}$$

Die Stahlbetondecken sind 16 cm dick. Die Wanddicken betragen 11,5 cm, 17,5 cm und 24 cm. Die Außenwände erhalten zusätzlich eine 8 cm dicke Thermohaut. Im Kellerbereich wird eine Perimeterdämmung angeordnet.

Aus dem Mehrfamilienhausbau werden

- gering und hoch belastete Außen- und Innenwände,
- eine Aussteifungswand,
- hochbelastete Wandabschnitte und
- eine Kelleraußenwand

behandelt.

Aus dem Einfamilienhausbau wird der Nachweis

- einer ausgesteiften und einer nicht ausgesteiften Haustrennwand im Erdgeschoß,
- einer Kelleraußenwand und
- einer unbelasteten und einer belasteten Giebelwand

gezeigt.

Die Stahlbetondecken sind 18 cm dick. Die Wanddicken betragen 11,5 cm und 17,5 cm. Als Gebäudehöhe werden dabei 10,10 m zugrunde gelegt.

Außerdem wird die Berechnung eines Sturzes, der mit KS-U-Schalen hergestellt wird, durchgeführt.

Als Baustoffe sind vorgesehen:

Decken, Unterzüge: Beton B 25, Betonstahl BSt 500 S, BSt 500 M (BSt IV)

Wände: Mauerwerk
Steinart: Vollsteine mit Grifföffnungen, KS XL
Steinfestigkeitsklassen: 12 und 20

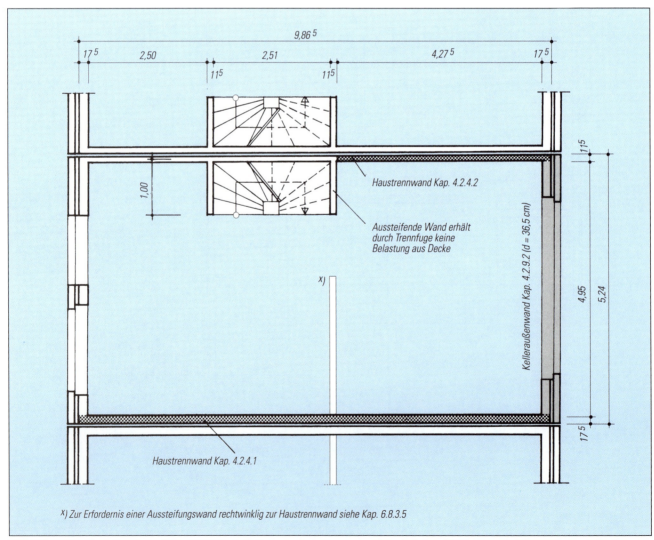

Bild 4/2: Einfamilienreihenhaus, Grundriß Erdgeschoß

KS – 12 – 1,8 und KS – 20 – 1,8
Normalmörtel der Mörtelgruppen II, II a und III
KS XL – 20 – 2,0
Dünnbettmörtel

Die lotrechten und waagerechten Belastungen der einzelnen Wände werden nicht ermittelt; die Belastungen sind in jedem Beispiel realistisch angenommen. Die Berechnung der Wände wird an Wandbereichen gezeigt, die nicht durch Fenster oder Türen geschwächt sind. In der Praxis sind Bereiche zwischen Öffnungen wegen der Lastkonzentrationen gesondert zu untersuchen. Der Gang der Berechnung hierbei entspricht den behandelten Beispielen (siehe hierzu Kap. 6.8).

Auf die Lastermittlung sowie die Untersuchungen zur räumlichen Steifigkeit wird hier nicht eingegangen; solche Ermittlungen und Untersuchungen sind ausführlich in Kap. 6.5 behandelt.

Nach DIN 1053 Teil 1, Abschnitt 6.2.2, entfällt beim vereinfachten Berechnungsverfahren ein gesonderter Nachweis der Biegemomente am Wand-Decken-Knoten. Bei Endauflagern ist dieser Nachweis im Faktor k_3 berücksichtigt. In den folgenden Beispielen wird somit kein eigener Nachweis des Wand-Decken-Knotens geführt.

Ebenso entfällt nach DIN 1053 Teil 1, Abschnitt 6.9.2, beim vereinfachten Berechnungsverfahren ein gesonderter Knicksicherheitsnachweis. Mit dem Faktor k_2 werden die ungewollte Ausmitte und die Verformung nach Theorie II. Ordnung berücksichtigt, so daß damit auch die Knicksicherheit nachgewiesen ist.

Der Einfluß der Windlast rechtwinklig zur Wandebene kann nach DIN 1053 Teil 1, Abschnitt 6.3, unter den Voraussetzungen des vereinfachten Berechnungsverfahrens vernachlässigt werden, wenn eine ausreichende horizontale Halterung der Wände vorhanden ist. Dies wird für die im Kap. 4 behandelten Beispiele als erfüllt angesehen, da Massivdecken mit Scheibenwirkung angenommen werden.

Bei den Nachweisen sind die Dimensionen zu beachten. Die Belastungen sind in kN/m, die Wanddicke in cm, sonstige Abmessungen in m angegeben. Für die Spannungen wird die übliche Dimension MN/m² gewählt, so daß in den Gleichungen für die vorhandene Spannung von kN auf MN und von cm auf m umgerechnet werden muß.

4.2.2 Außenwand im Obergeschoß

Gegeben:
Einschalige Außenwand
Baustoffe
Steinfestigkeitsklasse 12, Mörtelgruppe II
Abmessungen   d = 17,5 cm
                            b = 4,125 m (Bild 4/1)
Stützweite Decke   l = 3,56 m
Belastung Decke   p = 2,75 kN/m²
Normalkraft Wandkopf N_K = 16,00 kN/m
Normalkraft Wandfuß N_F = 25,00 kN/m

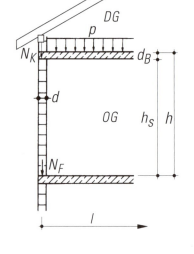

Gesucht:
Standsicherheitsnachweise
a) Überprüfung der Voraussetzungen
b) Schlankheit
c) Abminderungsfaktoren
d) Nachweis

Berechnungsgang:

a) Überprüfung der Voraussetzungen

• Tafel 2/7 Die Wand ist mit d = 17,5 cm < 24,0 cm in Tafel 2/7, Zeile 4, enthalten.	Es wird überprüft, ob die Voraussetzungen zur Anwendung des vereinfachten Berechnungsverfahrens erfüllt sind.
• Gebäudehöhe über Gelände H = 16,25 m < 20,0 m	Kap. 4.2.1
• Stützweite der aufliegenden Decke l = 3,56 m < 6,00 m	Bild 4/1
• Lichte Geschoßhöhe h_s = 2,75 − 0,16 = 2,59 m < 2,75 m	
• Verkehrslast p = 2,75 kN/m² < 5,00 kN/m²	Die Voraussetzungen zur Anwendung des vereinfachten Berechnungsverfahrens sind damit eingehalten.

b) Schlankheit

Es liegt eine vierseitig gehaltene Wand vor.	Für die Ermittlung der Knicklänge muß geprüft werden, ob eine zwei-, drei- oder vierseitig gehaltene Wand vorliegt.
b = 4,125 m < 30 · 0,175 = 5,25 m	Der maximale Abstand der Querwände nach Kap. 2.3.6.2, Gl. 2.6 bzw. nach DIN 1053 Teil 1, Tabelle 3, für eine vierseitig gehaltene Wand mit der Dicke d = 17,5 cm beträgt b = 5,25 m. Da der Abstand der Querwände mit 4,125 m kleiner ist als der für eine vierseitig gehaltene Wand ermittelte Grenzwert, liegt eine vierseitig gehaltene Wand vor.
h_K = 0,68 · 2,59 = 1,76 m	Nach DIN 1053 Teil 1, Abschnitt 6.7.2, Tabelle 3, ergibt sich der Abminderungsbeiwert β bei d = 17,5 cm und b = 4,125 m zu 0,68.
Schlankheit h_K/d = 1,76/0,175 = 10,06 ≈ 10	

Außenwand im Obergeschoß

c) Abminderungsfaktoren

$k_1 = 1,0$　　　　　　　　　　　　　　　　　Es liegt eine Wand vor, da der Wandquerschnitt größer als 0,10 m² ist.

$k_2 = 1,0$　　　　　　　　　　　　　　　　　Wegen Schlankheit $h_K/d = 10,06 \approx 10$

am Wandkopf:　$k_3 = 0,5$　　　　　　　Die untersuchte Wand liegt im Obergeschoß. Nach DIN 1053 Teil 1, Abschnitt 6.9.1, gilt somit für den Wandkopf $k_3 = 0,5$
am Wandfuß:　　$k_3 = 1,0$　　　　　　　und für den Wandfuß $k_3 = 1,0$, da beim Wandkopf die Decke über dem obersten Geschoß und beim Wandfuß eine Decke zwischen Geschossen maßgebend ist.

Der Faktor k_3 berücksichtigt den Einfluß des Auflagerdrehwinkels bei einseitig durch Decken belasteten Wänden (z. B. Außenwänden).

Wandkopf:　　　　　　　　　　　　　　　　Abminderungsfaktor k:

$k_1 \cdot k_3 = 1,0 \cdot 0,5 = 0,5$　　　　　　　　　　Der kleinere Wert des Produktes $k_1 \cdot k_2$ oder $k_1 \cdot k_3$ ist maßgebend.

Wandmitte, Wandfuß:

$k_1 \cdot k_2$ bzw. $k_1 \cdot k_3 = 1,0 \cdot 1,0 = 1,0$

d) Nachweis

Grundwert der zulässigen Druckspannung　　　　Der Grundwert der zulässigen Druckspannung σ_0 ergibt sich

$\sigma_0 = 1,2$ MN/m²　　　　　　　　　　　　für die Steinfestigkeitsklasse 12 und Normalmörtel der Mörtelgruppe II nach DIN 1053 Teil 1, Tabelle 4a (Tafel 2/9).

Zulässige Druckspannung am Wandkopf

zul $\sigma_D = 0,5 \cdot 1,2 = 0,6$ MN/m²　　　　　　　　zul $\sigma_D = k \cdot \sigma_0$

Zulässige Druckspannung in halber Wandhöhe und am Wandfuß

zul $\sigma_D = 1,0 \cdot 1,2 = 1,2$ MN/m²

Spannungsnachweis am Wandkopf

vorh $\sigma_D = \dfrac{0,016}{1,0 \cdot 0,175} = 0,09$ MN/m² < zul $\sigma_D = 0,6$ MN/m²

Spannungsnachweis in halber Wandhöhe und am Wandfuß

vorh $\sigma_D = \dfrac{0,025}{1,0 \cdot 0,175} = 0,14$ MN/m² < zul $\sigma_D = 1,2$ MN/m²　　　　Damit ist die Außenwand im Obergeschoß mit den gewählten Baustoffen und Abmessungen nachgewiesen.

4.2.3 Außenwand im Erdgeschoß

Gegeben:
Einschalige Außenwand
Baustoffe
Steinfestigkeitsklasse 12, Mörtelgruppe II
Abmessungen $d = 17,5$ cm
 $b = 8,22$ m (Bild 4/1)
Stützweite Decke $l = 3,20$ m
Belastung Decke $p = 2,75$ kN/m²
Normalkraft Wandfuß $N_F = 120,00$ kN/m

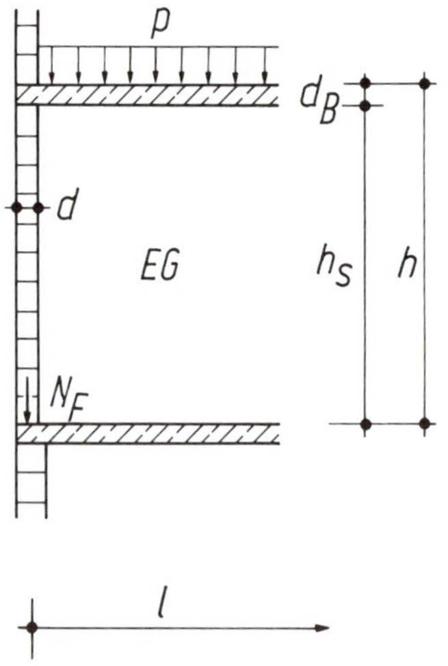

Gesucht:
Standsicherheitsnachweise
a) Überprüfung der Voraussetzungen
b) Schlankheit
c) Abminderungsfaktoren
d) Nachweis

Berechnungsgang:

a) Überprüfung der Voraussetzungen

- Tafel 2/7
  Die Wand ist mit $d = 17,5$ cm $< 24,0$ cm
  in Tafel 2/7, Zeile 4, enthalten.

  Es wird überprüft, ob die Voraussetzungen zur Anwendung des vereinfachten Berechnungsverfahrens erfüllt sind.

- Gebäudehöhe über Gelände
  $H = 16,25$ m $< 20,0$ m

  Kap. 4.2.1

- Stützweite der aufliegenden Decke
  $l = 3,20$ m $< 6,00$ m

  Bild 4/1

- Lichte Geschoßhöhe
  $h_s = 2,75 - 0,16 = 2,59$ m $< 2,75$ m

- Verkehrslast
  $p = 2,75$ kN/m² $< 5,00$ kN/m²

  Die Voraussetzungen zur Anwendung des vereinfachten Berechnungsverfahrens sind damit eingehalten.

b) Schlankheit

Es liegt eine zweiseitig gehaltene Wand vor.

Für die Ermittlung der Knicklänge muß geprüft werden, ob eine zwei-, drei- oder vierseitig gehaltene Wand vorliegt.

$b = 8,22$ m $> 30 \cdot 0,175 = 5,25$ m

Der maximale Abstand der Querwände nach Kap. 2.3.6.2, Gl. 2.6 bzw. nach DIN 1053 Teil 1, Tabelle 3, für eine vierseitig gehaltene Wand mit der Dicke $d = 17,5$ cm beträgt $b = 5,25$ m. Da der Abstand der Querwände mit 8,22 m größer ist als der für eine vierseitig gehaltene Wand ermittelte Grenzwert, liegt eine zweiseitig gehaltene Wand vor.

Auflagerung der Massivdecke auf der gesamten Wanddicke, daher
$h_K = 0,75 \cdot 2,59 = 1,94$ m

Nach DIN 1053 Teil 1, Abschnitt 6.7.2, darf bei $d = 17,5$ cm der Abminderungsbeiwert β zu 0,75 gesetzt werden, wenn die Massivdecke auf ganzer Wanddicke aufliegt.

Schlankheit
$h_K/d = 1,94/0,175 = 11,09 > 10$

c) Abminderungsfaktoren

$k_1 = 1,0$ — Es liegt eine Wand vor, da der Wandquerschnitt größer als 0,10 m² ist.

$k_2 = \dfrac{25 - 11,09}{15} = 0,927$ — Der Faktor k_2 berücksichtigt die Knickgefahr bei schlanken Wänden.
Bei Schlankheit $h_K/d > 10$ wird $k_2 < 1,00$.

$k_3 = 1,0$ — Der Faktor k_3 berücksichtigt den Einfluß des Auflagerdrehwinkels bei einseitig durch Decken belasteten Wänden (z. B. Außenwänden). Bei Decken zwischen Geschossen gilt:
Wegen l = 3,20 m < 4,20 m wird $k_3 = 1,0$.

$k_1 \cdot k_2 = 1,0 \cdot 0,927 = 0,927$
$k_1 \cdot k_3 = 1,0 \cdot 1,0 \;\;\; = 1,0$
Es wird mit k = 0,927 weitergerechnet.

Abminderungsfaktor k:
Der kleinere Wert des Produktes $k_1 \cdot k_2$ oder $k_1 \cdot k_3$ ist maßgebend.

d) Nachweis

Grundwert der zulässigen Druckspannung
$\sigma_o = 1,2$ MN/m²

Der Grundwert der zulässigen Druckspannung σ_o ergibt sich für die Steinfestigkeitsklasse 12 und Normalmörtel der Mörtelgruppe II nach DIN 1053 Teil 1, Tabelle 4a (Tafel 2/9).

Zulässige Druckspannung
zul $\sigma_D = 0,927 \cdot 1,2 = 1,11$ MN/m²

zul $\sigma_D = k \cdot \sigma_o$

Spannungsnachweis

vorh $\sigma_D = \dfrac{0,120}{1,0 \cdot 0,175} = 0,69$ MN/m² < zul $\sigma_D = 1,11$ MN/m²

Damit ist die Außenwand im Erdgeschoß mit den gewählten Baustoffen und Abmessungen nachgewiesen.

Haustrennwand im Erdgeschoß, ohne aussteifende Querwände

4.2.4 Haustrennwand im Erdgeschoß
4.2.4.1 Ohne aussteifende Querwände

Gegeben:
Zweischalige Haustrennwand
Baustoffe
Steinfestigkeitsklasse 12, Mörtelgruppe II
Abmessungen $d = 17,5$ cm
                $b = 9,69$ m (Bild 4/2)
Stützweite Decke $l = 5,10$ m
Belastung Decke $p = 2,75$ kN/m²
Normalkraft Wandfuß $N_F = 70,00$ kN/m

Gesucht:
Standsicherheitsnachweise
a) Überprüfung der Voraussetzungen
b) Schlankheit
c) Abminderungsfaktoren
d) Nachweis

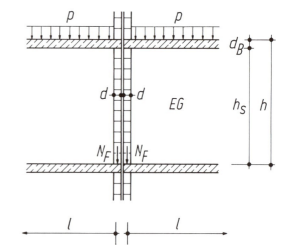

Berechnungsgang:

a) Überprüfung der Voraussetzungen

- Tafel 2/7
  Die Wand ist mit $d = 17,5$ cm $< 24,0$ cm in Tafel 2/7, Zeile 7, enthalten.

Es wird überprüft, ob die Voraussetzungen zur Anwendung des vereinfachten Berechnungsverfahrens erfüllt sind.

- Gebäudehöhe über Gelände
  $H = 10,10$ m $< 20,0$ m

Kap. 4.2.1

- Stützweite der aufliegenden Decke
  $l = 5,10$ m $< 6,00$ m

Bild 4/2

- Lichte Geschoßhöhe
  $h_s = 2,78 - 0,18 = 2,60$ m $< 2,75$ m

- Verkehrslast
  $p = 2,75$ kN/m² $< 5,00$ kN/m²

Die Voraussetzungen zur Anwendung des vereinfachten Berechnungsverfahrens sind damit eingehalten. Gemäß DIN 1053 Teil 1, Tabelle 1, muß die Wanddicke $d = 17,5$ cm betragen.

b) Schlankheit

Es liegt eine zweiseitig gehaltene Wand vor.

Für die Ermittlung der Knicklänge muß geprüft werden, ob eine zwei-, drei- oder vierseitig gehaltene Wand vorliegt.

$b = 9,69$ m $> 30 \cdot 0,175 = 5,25$ m

Der maximale Abstand der Querwände nach Kap. 2.3.6.2, Gl. 2.6 bzw. nach DIN 1053 Teil 1, Tabelle 3, für eine vierseitig gehaltene Wand mit der Dicke $d = 17,5$ cm beträgt $b = 5,25$ m. Da der Abstand der Querwände mit 9,69 m größer ist als der für eine vierseitig gehaltene Wand ermittelte Grenzwert, liegt eine zweiseitig gehaltene Wand vor.

Auflagerung der Massivdecke auf der gesamten Wanddicke, daher
$h_K = 0,75 \cdot 2,60 = 1,95$ m

Nach DIN 1053 Teil 1, Abschnitt 6.7.2, darf bei $d = 17,5$ cm der Abminderungsbeiwert β zu 0,75 gesetzt werden, wenn die Massivdecke auf ganzer Wanddicke aufliegt.

Schlankheit
$h_K/d = 1,95/0,175 = 11,14 > 10$

Haustrennwand im Erdgeschoß, ohne aussteifende Querwände

c) Abminderungsfaktoren

$k_1 = 1,0$

Es liegt eine Wand vor, da der Wandquerschnitt größer als 0,10 m² ist.

$k_2 = \dfrac{25 - 11,14}{15} = 0,924$

Der Faktor k_2 berücksichtigt die Knickgefahr bei schlanken Wänden.
Bei Schlankheit $h_K/d > 10$ wird $k_2 < 1,00$.

$k_3 = 1,7 - 5,10/6 = 0,850$

Der Faktor k_3 berücksichtigt den Einfluß des Auflagerdrehwinkels bei einseitig durch Decken belasteten Wänden (z. B. Außenwänden). Bei Decken zwischen Geschossen gilt:
$k_3 = 1,7 - l/6$, da 4,20 m < 5,10 m < 6,00 m

$k_1 \cdot k_2 = 1,0 \cdot 0,924 = 0,924$
$k_1 \cdot k_3 = 1,0 \cdot 0,850 = 0,850$
Es wird mit $k = 0,850$ weitergerechnet.

Abminderungsfaktor k:
Der kleinere Wert des Produktes $k_1 \cdot k_2$ oder $k_1 \cdot k_3$ ist maßgebend.

d) Nachweis

Grundwert der zulässigen Druckspannung
$\sigma_0 = 1,2$ MN/m²

Der Grundwert der zulässigen Druckspannung σ_0 ergibt sich für die Steinfestigkeitsklasse 12 und Normalmörtel der Mörtelgruppe II nach DIN 1053 Teil 1, Tabelle 4a (Tafel 2/9).

Zulässige Druckspannung
zul $\sigma_D = 0,850 \cdot 1,2 = 1,02$ MN/m²

zul $\sigma_D = k \cdot \sigma_0$

Spannungsnachweis

vorh $\sigma_D = \dfrac{0,070}{1,0 \cdot 0,175} = 0,40$ MN/m² < zul $\sigma_D = 1,02$ MN/m²

Damit ist die Haustrennwand im Erdgeschoß mit den gewählten Baustoffen und Abmessungen nachgewiesen.

Haustrennwand im Erdgeschoß, mit aussteifenden Querwänden

4.2.4.2 Mit aussteifenden Querwänden

Gegeben:
Zweischalige Haustrennwand
Baustoffe
Steinfestigkeitsklasse 12, Mörtelgruppe II
Abmessungen $d = 11{,}5$ cm
              $b = 4{,}42$ m (Bild 4/2)
Stützweite Decke $l = 5{,}10$ m
Belastung Decke $p = 2{,}75$ kN/m²
Normalkraft Wandfuß $N_F = 65{,}00$ kN/m

Gesucht:
Standsicherheitsnachweise
a) Überprüfung der Voraussetzungen
b) Schlankheit
c) Abminderungsfaktoren
d) Nachweis

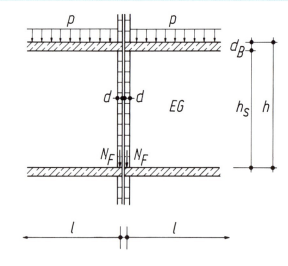

Berechnungsgang:

a) Überprüfung der Voraussetzungen

- Tafel 2/7
  Die Wand ist mit $d = 11{,}5$ cm $< 17{,}5$ cm
  in Tafel 2/7, Zeile 6, enthalten.

  Es wird überprüft, ob die Voraussetzungen zur Anwendung des vereinfachten Berechnungsverfahrens erfüllt sind.

- Geschoßzahl ohne ausgebautes Dachgeschoß
  $n = 2 = $ zul n

  Es sind zwei Vollgeschosse vorhanden. Gemäß Tafel 2/7, Zeile 6, sind zwei Vollgeschosse zulässig.

- Stützweite der aufliegenden Decke
  $l = 5{,}10$ m $< 6{,}00$ m

  Bild 4/2

- Lichte Geschoßhöhe
  $h_s = 2{,}78 - 0{,}18 = 2{,}60$ m $< 2{,}75$ m

- Verkehrslast einschließlich Zuschlag für leichte Trennwände
  $p = 2{,}75$ kN/m² $< 3{,}00$ kN/m²

- Abstand aussteifender Querwände
  max $e_q = 4{,}275 + 0{,}5 \cdot (0{,}175 + 0{,}115)$
       $= 4{,}42$ m $< 4{,}50$ m

  Vorhandene Länge der Aussteifungswand
  vorh $l = 1{,}00$ m $>$ erf $l = 0{,}2 \cdot 2{,}60 = 0{,}52$ m

  Bild 4/2
  Nach DIN 1053 Teil 1, Tabelle 1, sind auch bei zweiseitig gehaltenen Haustrennwänden aussteifende Querwände im Abstand $\leq 4{,}50$ m erforderlich.
  Nach DIN 1053 Teil 1, Abschnitt 6.7.1, müssen aussteifende Wände mindestens eine wirksame Länge von 1/5 der lichten Geschoßhöhe sowie eine Mindestdicke von $d = 11{,}5$ cm haben.

  Die Voraussetzungen zur Anwendung des vereinfachten Berechnungsverfahrens sind damit eingehalten.

b) Schlankheit

Es liegt eine zweiseitig gehaltene Wand vor.

Für die Ermittlung der Knicklänge muß geprüft werden, ob eine zwei-, drei- oder vierseitig gehaltene Wand vorliegt.

$b = 4{,}42 \text{ m} > 30 \cdot 0{,}115 = 3{,}45 \text{ m}$

Der maximale Abstand der Querwände nach Kap. 2.3.6.2, Gl. 2.6 bzw. nach DIN 1053 Teil 1, Tabelle 3, für eine vierseitig gehaltene Wand mit der Dicke d = 11,5 cm beträgt b = 3,45 m. Da der Abstand der Querwände mit 4,42 m größer ist als der für eine vierseitig gehaltene Wand ermittelte Grenzwert, liegt eine zweiseitig gehaltene Wand vor.

Auflagerung der Massivdecke auf der gesamten Wanddicke, daher
$h_K = 0{,}75 \cdot 2{,}60 = 1{,}95 \text{ m}$

Nach DIN 1053 Teil 1, Abschnitt 6.7.2, darf bei d = 11,5 cm der Abminderungsbeiwert β zu 0,75 gesetzt werden, wenn die Massivdecke auf ganzer Wanddicke aufliegt.

Schlankheit
$h_K/d = 1{,}95/0{,}115 = 16{,}96 > 10$

c) Abminderungsfaktoren

$k_1 = 1{,}0$

Es liegt eine Wand vor, da der Wandquerschnitt größer als 0,10 m² ist.

$k_2 = \dfrac{25 - 16{,}96}{15} = 0{,}536$

Der Faktor k_2 berücksichtigt die Knickgefahr bei schlanken Wänden.
Bei Schlankheit $h_K/d > 10$ wird $k_2 < 1{,}00$.

$k_3 = 1{,}7 - 5{,}10/6 = 0{,}850$

Der Faktor k_3 berücksichtigt den Einfluß des Auflagerdrehwinkels bei einseitig durch Decken belasteten Wänden (z. B. Außenwänden). Bei Decken zwischen Geschossen gilt:
$k_3 = 1{,}7 - l/6$, da 4,20 m < 5,10 m < 6,00 m

$k_1 \cdot k_2 = 1{,}0 \cdot 0{,}536 = 0{,}536$
$k_1 \cdot k_3 = 1{,}0 \cdot 0{,}850 = 0{,}850$
Es wird mit k = 0,536 weitergerechnet.

Abminderungsfaktor k:
Der kleinere Wert des Produktes $k_1 \cdot k_2$ oder $k_1 \cdot k_3$ ist maßgebend.

d) Nachweis

Grundwert der zulässigen Druckspannung
$\sigma_o = 1{,}2 \text{ MN/m}^2$

Der Grundwert der zulässigen Druckspannung σ_o ergibt sich für die Steinfestigkeitsklasse 12 und Normalmörtel der Mörtelgruppe II nach DIN 1053 Teil 1, Tabelle 4a (Tafel 2/9).

Zulässige Druckspannung
zul $\sigma_D = 0{,}536 \cdot 1{,}2 = 0{,}64 \text{ MN/m}^2$

zul $\sigma_D = k \cdot \sigma_o$

Spannungsnachweis
vorh $\sigma_D = \dfrac{0{,}065}{1{,}0 \cdot 0{,}115} = 0{,}57 \text{ MN/m}^2$ < zul $\sigma_D = 0{,}64 \text{ MN/m}^2$

Damit ist die Haustrennwand im Erdgeschoß mit den gewählten Baustoffen und Abmessungen nachgewiesen.

4.2.5 Innenwand im Obergeschoß

Gegeben:
Innenwand
Baustoffe
Steinfestigkeitsklasse 12, Mörtelgruppe II
Abmessungen $\quad$ d = 11,5 cm
$\quad\quad\quad\quad\quad\quad\quad$ b = 4,21 m (Bild 4/1)
Stützweiten Decke $\quad l_1$ = 3,20 m
$\quad\quad\quad\quad\quad\quad\quad l_2$ = 2,85 m
Belastung Decke $\quad$ p = 2,75 kN/m²
Normalkraft Wandfuß $\quad N_F$ = 60,00 kN/m

Gesucht:
Standsicherheitsnachweise
a) Überprüfung der Voraussetzungen
b) Schlankheit
c) Abminderungsfaktoren
d) Nachweis

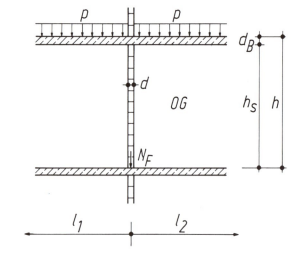

Berechnungsgang:

a) Überprüfung der Voraussetzungen

- Tafel 2/7
  Die Wand ist mit d = 11,5 cm < 24,0 cm
  in Tafel 2/7, Zeile 1, enthalten.

  Es wird überprüft, ob die Voraussetzungen zur Anwendung des vereinfachten Berechnungsverfahrens erfüllt sind.

- Gebäude über Gelände
  H = 16,25 m < 20,0 m

  Kap. 4.2.1

- Stützweiten der aufliegenden Decke
  l_1 = 3,20 m < 6,00 m
  l_2 = 2,85 m < 6,00 m

  Bild 4/1

- Lichte Geschoßhöhe
  h_s = 2,75 − 0,16 = 2,59 m < 2,75 m

- Verkehrslast
  p = 2,75 kN/m² < 5,00 kN/m²

  Die Voraussetzungen zur Anwendung des vereinfachten Berechnungsverfahrens sind damit eingehalten.

b) Schlankheit

Es liegt eine zweiseitig gehaltene Wand vor.

Für die Ermittlung der Knicklänge muß geprüft werden, ob eine zwei-, drei- oder vierseitig gehaltene Wand vorliegt.

b = 4,21 m > 15 · 0,115 ≈ 1,75 m

Eine vierseitige Halterung ist nicht gegeben, da nur an einer Seite eine aussteifende Querwand vorhanden ist. Die maximal zulässige Wandlänge nach Kap. 2.3.6.2, Gl. 2.5 bzw. nach DIN 1053 Teil 1, Tabelle 3, für eine dreiseitig gehaltene Wand mit der Dicke d = 11,5 cm beträgt b' = 1,75 m. Da die vorhandene Wandlänge mit 4,21 m größer ist als der für eine dreiseitig gehaltene Wand ermittelte Grenzwert, liegt eine zweiseitig gehaltene Wand vor.

Auflagerung der Massivdecke auf der gesamten Wanddicke, daher
h_K = 0,75 · 2,59 = 1,94 m

Nach DIN 1053 Teil 1, Abschnitt 6.7.2, darf bei d = 11,5 cm der Abminderungsbeiwert β zu 0,75 gesetzt werden, wenn die Massivdecke auf ganzer Wanddicke aufliegt.

Schlankheit
h_K/d = 1,94/0,115 = 16,87 > 10

Innenwand im Obergeschoß

c) Abminderungsfaktoren

$k_1 = 1{,}0$ — Es liegt eine Wand vor, da der Wandquerschnitt größer als $0{,}10\ m^2$ ist.

$k_2 = \dfrac{25 - 16{,}87}{15} = 0{,}542$ — Der Faktor k_2 berücksichtigt die Knickgefahr bei schlanken Wänden.
Bei Schlankheit $h_K/d > 10$ wird $k_2 < 1{,}00$.

$k_3 = 1{,}0$ — Bei beidseitig durch Decken belasteten Wänden ist der Faktor $k_3 = 1{,}0$ zu setzen (keine Endauflagerung).

$k = 1{,}0 \cdot 0{,}542 = 0{,}542$ — Abminderungsfaktor k:
$k = k_1 \cdot k_2$

d) Nachweis

Grundwert der zulässigen Druckspannung
$\sigma_0 = 1{,}2\ MN/m^2$

Der Grundwert der zulässigen Druckspannung σ_0 ergibt sich für die Steinfestigkeitsklasse 12 und Normalmörtel der Mörtelgruppe II nach DIN 1053 Teil 1, Tabelle 4a (Tafel 2/9).

Zulässige Druckspannung
zul $\sigma_D = 0{,}542 \cdot 1{,}2 = 0{,}65\ MN/m^2$

zul $\sigma_D = k \cdot \sigma_0$

Spannungsnachweis
vorh $\sigma_D = \dfrac{0{,}060}{1{,}0 \cdot 0{,}115} = 0{,}52\ MN/m^2 <$ zul $\sigma_D = 0{,}65\ MN/m^2$

Damit ist die Innenwand im Obergeschoß mit den gewählten Baustoffen und Abmessungen nachgewiesen.

Innenwand im Erdgeschoß

4.2.6 Innenwand im Erdgeschoß

Gegeben:
Innenwand
Baustoffe
Steinfestigkeitsklasse 12, Mörtelgruppe IIa
Abmessungen   d = 17,5 cm
                       b = 4,21 m (Bild 4/1)
Stützweiten Decke l_1 = 3,20 m
                       l_2 = 2,85 m
Belastung Decke   p = 2,75 kN/m²
Normalkraft Wandfuß N_F = 210,00 kN/m

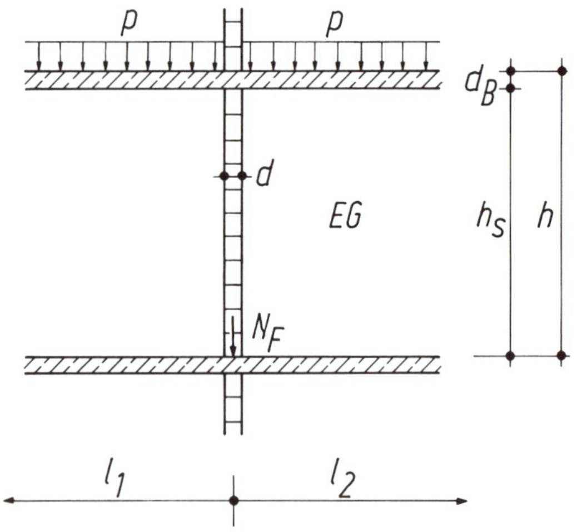

Gesucht:
Standsicherheitsnachweise
a) Überprüfung der Voraussetzungen
b) Schlankheit
c) Abminderungsfaktoren
d) Nachweis

Berechnungsgang:

a) Überprüfung der Voraussetzungen

- Tafel 2/7
  Die Wand ist mit d = 17,5 cm < 24,0 cm
  in Tafel 2/7, Zeile 1, enthalten.

  Es wird überprüft, ob die Voraussetzungen zur Anwendung des vereinfachten Berechnungsverfahrens erfüllt sind.

- Gebäudehöhe über Gelände
  H = 16,25 m < 20,0 m

  Kap. 4.2.1

- Stützweiten der aufliegenden Decke
  l_1 = 3,20 m < 6,00 m
  l_2 = 2,85 m < 6,00 m

  Bild 4/1

- Lichte Geschoßhöhe
  h_s = 2,75 − 0,16 = 2,59 m < 2,75 m

- Verkehrslast
  p = 2,75 kN/m² < 5,00 kN/m²

  Die Voraussetzungen zur Anwendung des vereinfachten Berechnungsverfahrens sind damit eingehalten.

b) Schlankheit

Es liegt eine zweiseitig gehaltene Wand vor.

Für die Ermittlung der Knicklänge muß geprüft werden, ob eine zwei-, drei- oder vierseitig gehaltene Wand vorliegt.

b = 4,21 m > 15 · 0,175 ≈ 2,60 m

Eine vierseitige Halterung ist nicht gegeben, da nur an einer Seite eine aussteifende Querwand vorhanden ist. Die maximal zulässige Wandlänge nach Kap. 2.3.6.2, Gl. 2.5 bzw. nach DIN 1053 Teil 1, Tabelle 3, für eine dreiseitig gehaltene Wand mit der Dicke d = 17,5 cm beträgt b' = 2,60 m. Da die vorhandene Wandlänge mit 4,21 m größer ist als der für eine dreiseitig gehaltene Wand ermittelte Grenzwert, liegt eine zweiseitig gehaltene Wand vor.

Auflagerung der Massivdecke auf der gesamten Wanddicke, daher
h_K = 0,75 · 2,59 = 1,94 m

Nach DIN 1053 Teil 1, Abschnitt 6.7.2, darf bei d = 17,5 cm der Abminderungsbeiwert β zu 0,75 gesetzt werden, wenn die Massivdecke auf ganzer Wanddicke aufliegt.

Schlankheit
h_K/d = 1,94/0,175 = 11,09 > 10

Innenwand im Erdgeschoß

c) Abminderungsfaktoren

$k_1 = 1{,}0$

Es liegt eine Wand vor, da der Wandquerschnitt größer als 0,10 m² ist.

$k_2 = \dfrac{25 - 11{,}09}{15} = 0{,}927$

Der Faktor k_2 berücksichtigt die Knickgefahr bei schlanken Wänden.
Bei Schlankheit $h_K/d > 10$ wird $k_2 < 1{,}00$.

$k_3 = 1{,}0$

Bei beidseitig durch Decken belasteten Wänden ist der Faktor $k_3 = 1{,}0$ zu setzen (keine Endauflagerung).

$k = 1{,}0 \cdot 0{,}927 = 0{,}927$

Abminderungsfaktor k:
$k = k_1 \cdot k_2$

d) Nachweis

Grundwert der zulässigen Druckspannung

$\sigma_o = 1{,}6$ MN/m²

Der Grundwert der zulässigen Druckspannung σ_o ergibt sich für die Steinfestigkeitsklasse 12 und Normalmörtel der Mörtelgruppe IIa nach DIN 1053 Teil 1, Tabelle 4a (Tafel 2/9).

Zulässige Druckspannung

zul $\sigma_D = 0{,}927 \cdot 1{,}6 = 1{,}48$ MN/m²

zul $\sigma_D = k \cdot \sigma_o$

Spannungsnachweis

vorh $\sigma_D = \dfrac{0{,}210}{1{,}0 \cdot 0{,}175} = 1{,}20$ MN/m² $<$ zul $\sigma_D = 1{,}48$ MN/m²

Damit ist die Innenwand im Erdgeschoß mit den gewählten Baustoffen und Abmessungen nachgewiesen.

Aussteifungswand im Erdgeschoß (Bauwerksaussteifung)

4.2.7 Aussteifungswand im Erdgeschoß (Bauwerksaussteifung)

Gegeben:
Innenwand
Baustoffe
(Mauerwerk ohne Stoßfugenvermörtelung)
Steinfestigkeitsklasse 20, Mörtelgruppe II
Abmessungen d = 24,0 cm
                         b = 5,74 m (Bild 4/1)
Stützweiten Decke l_1 : Lastabtrag parallel
                             zur Wand
                     l_2 : l_x = 4,00 m
                             l_y = 3,38 m
Belastung Decke   p = 2,75 kN/m²
Lotrechte Lasten
Normalkraft Wandfuß min N_F = 700,00 kN
                     max N_F = 850,00 kN
Horizontale Lasten   Q = 100,00 kN
aus Wind   M = 990,00 kNm

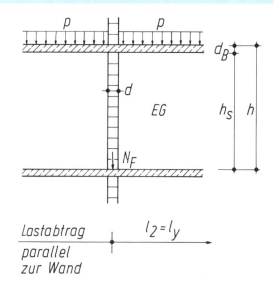

Gesucht:
Standsicherheitsnachweise
a) Überprüfung der Voraussetzungen
b) Schlankheit
c) Abminderungsfaktoren
d) Nachweis auf Druck
e) Nachweis auf Schub

Berechnungsgang:

a) Überprüfung der Voraussetzungen

• Tafel 2/7 Die Wand ist mit d = 24,0 cm in Tafel 2/7, Zeile 2, enthalten.	Es wird überprüft, ob die Voraussetzungen zur Anwendung des vereinfachten Berechnungsverfahrens erfüllt sind.
• Gebäudehöhe über Gelände H = 16,25 m < 20,0 m	Kap. 4.2.1
• Stützweiten der aufliegenden Decke	Bild 4/1 (Ausschnitt)

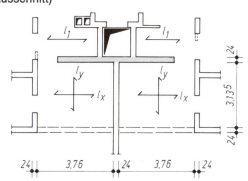

l_1 kein Kriterium

Der Lastabtrag der Decke erfolgt parallel zur Aussteifungswand. Die Stützweite l_1 ist daher nicht maßgebend.

$l_2 = l_y$ = 3,38 m < 6,00 m

Bei zweiachsig gespannten Decken ist für l die kleinere der beiden Stützweiten einzusetzen.

• Lichte Geschoßhöhe
für d ≥ 24 cm kein Kriterium

Für d ≥ 24 cm entfällt das Kriterium für die lichte Geschoßhöhe.

• Verkehrslast
p = 2,75 kN/m² < 5,00 kN/m²

Die Voraussetzungen zur Anwendung des vereinfachten Berechnungsverfahrens sind damit eingehalten.

Aussteifungswand im Erdgeschoß (Bauwerksaussteifung)

b) Schlankheit

Es liegt eine dreiseitig gehaltene Wand vor.

Für die Ermittlung der Knicklänge muß geprüft werden, ob eine zwei-, drei- oder vierseitig gehaltene Wand vorliegt.

$b' = 2,00 \text{ m} < 15 \cdot 0,24 = 3,60 \text{ m}$

Eine vierseitige Halterung ist nicht gegeben, da nur an einer Seite eine aussteifende Querwand vorhanden ist. Die maximal zulässige Wandlänge nach Kap. 2.3.6.2, Gl. 2.5 bzw. nach DIN 1053 Teil 1, Tabelle 3, für eine dreiseitig gehaltene Wand mit der Dicke d = 24,0 cm beträgt $b' = 3,60$ m. Da das freie Wandende von der ersten Querwand einen Abstand von 2,00 < 3,60 m hat, liegt eine dreiseitig gehaltene Wand vor.

$h_K = 0,83 \cdot 2,59 \text{ m} = 2,15 \text{ m}$

Nach DIN 1053 Teil 1, Abschnitt 6.7.2, Tabelle 3, ergibt sich der Abminderungsbeiwert β bei d = 24,0 cm und $b' = 2,00$ m zu 0,83.

Schlankheit
$h_K/d = 2,15/0,24 = 8,96 < 10$

c) Abminderungsfaktoren

$k_1 = 1,0$

Es liegt eine Wand vor, da der Wandquerschnitt größer als 0,10 m² ist.

$k_2 = 1,0$

Wegen Schlankheit $h_K/d = 8,96 < 10$

$k_3 = 1,0$

Bei beidseitig durch Decken belasteten Wänden ist der Faktor $k_3 = 1,0$ zu setzen (keine Endauflagerung).

$k = 1,0 \cdot 1,0 = 1,0$

Abminderungsfaktor k:
$k = k_1 \cdot k_2$

d) Nachweis auf Druck

Der Nachweis auf Druck wird sowohl für den Lastfall Eigengewicht und Wind als auch für den Lastfall Vollast und Wind durchgeführt.

Lastfall Eigengewicht und Wind

Eigengewicht $\triangleq$ min N_F

- Planmäßige Ausmitte der Normalkraft in Längsrichtung der Wand

$e = \dfrac{990}{700} = 1,41 \text{ m} > b/6 = 5,74/6 = 0,96 \text{ m}$
$\qquad\qquad\quad < b/3 = 5,74/3 = 1,91 \text{ m}$

Es liegt ein teilweise gerissener Querschnitt vor.

- Bezogene Ausmitte

$m = \dfrac{6 \cdot 1,41}{5,74} = 1,47$

- Randspannung

$\sigma_R = \dfrac{0,700}{5,74 \cdot 0,24} \cdot \left(\dfrac{4}{3 - 1,47}\right) = 1,33 \text{ MN/m}^2$

Die größte Randspannung ergibt sich nach Bild 2/17 bei teilweise gerissenen Querschnitten zu:

$\sigma_R = \dfrac{N}{b \cdot d} \cdot \left(\dfrac{4}{3 - m}\right)$

Lastfall Vollast und Wind

Vollast $\triangleq$ max N_F

- Planmäßige Ausmitte der Normalkraft in Längsrichtung der Wand

$e = \dfrac{990}{850} = 1,17 \text{ m} > b/6 = 5,74/6 = 0,96 \text{ m}$
$\qquad\qquad\quad < b/3 = 5,74/3 = 1,91 \text{ m}$

Es liegt ein teilweise gerissener Querschnitt vor.

Aussteifungswand im Erdgeschoß (Bauwerksaussteifung)

- Bezogene Ausmitte
$$m = \frac{6 \cdot 1{,}17}{5{,}74} = 1{,}22$$

- Randspannung
$$\sigma_R = \frac{0{,}850}{5{,}74 \cdot 0{,}24} \cdot \left(\frac{4}{3-1{,}22}\right) = 1{,}39 \text{ MN/m}^2$$

Nachweis
Grundwert der zulässigen Druckspannung
$\sigma_o = 1{,}6$ MN/m²

Der Grundwert der zulässigen Druckspannung σ_o ergibt sich für die Steinfestigkeitsklasse 20 und Normalmörtel der Mörtelgruppe II nach DIN 1053 Teil 1, Tabelle 4a (Tafel 2/9).

Zulässige Druckspannung
zul $\sigma_D = 1{,}0 \cdot 1{,}6 = 1{,}6$ MN/m²

zul $\sigma_D = k \cdot \sigma_o$

Spannungsnachweis
vorh σ_D = max $\sigma_R = 1{,}39$ MN/m² < zul $\sigma_D = 1{,}6$ MN/m²

Randdehnung auf der Zugseite
Lastfall Eigengewicht und Wind

$c = 5{,}74/2 - 1{,}41 = 1{,}46$ m

$$\varepsilon_R = \frac{1{,}33}{3000 \cdot 1{,}6} \cdot \left(\frac{5{,}74}{3 \cdot 1{,}46} - 1\right) = 0{,}86 \cdot 10^{-4} < 1{,}00 \cdot 10^{-4}$$

Nach DIN 1053 Teil 1, Abschnitt 6.9.1, darf die rechnerische Randdehnung auf der Seite der Klaffung den Wert $\varepsilon_R = 1{,}00 \cdot 10^{-4}$ nicht überschreiten.
Nach Bild 2/15 ergibt sich die rechnerische Randdehnung zu:

$$\varepsilon_R = \frac{\sigma_R}{3000 \cdot \sigma_o} \cdot \left(\frac{b}{3c} - 1\right) \text{ mit } c = b/2 - e$$

Der Elastizitätsmodul wird nach DIN 1053 Teil 1, Abschnitt 6.9.1, zu $E = 3000 \cdot \sigma_o$ angenommen. Für σ_o ist der oben bestimmte Wert $\sigma_o = 1{,}6$ MN/m² einzusetzen.

Lastfall Vollast und Wind
$c = 5{,}74/2 - 1{,}17 = 1{,}70$ m

$$\varepsilon_R = \frac{1{,}39}{3000 \cdot 1{,}6} \cdot \left(\frac{5{,}74}{3 \cdot 1{,}70} - 1\right) = 0{,}36 \cdot 10^{-4} < 1{,}00 \cdot 10^{-4}$$

Die zulässige rechnerische Randdehnung wird in beiden Lastfällen nicht überschritten.

Spannungsverlauf

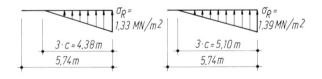

Dehnungsverlauf

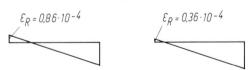

Lastfall Eigengewicht und Wind   Lastfall Vollast und Wind

Aussteifungswand im Erdgeschoß (Bauwerksaussteifung)

e) Nachweis auf Schub

Zulässige Schubspannung

Lastfall Eigengewicht und Wind
zul $\tau = 0{,}02 + 0{,}2 \cdot 0{,}67 = 0{,}154$ MN/m²

Lastfall Vollast und Wind
zul $\tau = 0{,}02 + 0{,}2 \cdot 0{,}70 = 0{,}160$ MN/m²

Grenzwert max τ
max $\tau = 0{,}012 \cdot 20 = 0{,}240$ MN/m²
Der kleinere Wert zul τ bzw. max τ ist maßgebend.

Spannungsnachweis
Lastfall Eigengewicht und Wind

$$\tau = 1{,}5 \cdot \frac{0{,}100}{1{,}05} = 0{,}143 \text{ MN/m}^2 < \text{zul } \tau = 0{,}154 \text{ MN/m}^2$$

Lastfall Vollast und Wind
$$\tau = 1{,}5 \cdot \frac{0{,}100}{1{,}22} = 0{,}123 \text{ MN/m}^2 < \text{zul } \tau = 0{,}160 \text{ MN/m}^2$$

Die zulässige Schubspannung wird nach DIN 1053 Teil 1, Abschnitt 6.9.5, ermittelt.

zul $\tau = \sigma_{oHS} + 0{,}2 \cdot \sigma_{Dm} \leq$ max τ

Es bedeuten

σ_{oHS} Zulässige abgeminderte Haftscherfestigkeit nach DIN 1053 Teil 1, Tabelle 5, in Abhängigkeit der verwendeten Mörtelgruppe (für unvermörtelte Stoßfugen wird der Wert nach Tabelle 5 halbiert).
Für Mörtelgruppe II und unvermörtelte Stoßfugen ergibt sich ein Wert von $\sigma_{oHS} = 0{,}02$ MN/m².

σ_{Dm} Mittlere Normalspannung im überdrückten Wandquerschnitt
Lastfall Eigengewicht und Wind:
$\sigma_{Dm} = \sigma_R/2 = 1{,}33/2 \approx 0{,}67$ MN/m²
Lastfall Vollast und Wind:
$\sigma_{Dm} = 1{,}39/2 \approx 0{,}70$ MN/m²

max τ Grenzwert für die Schubspannung
Für Hochlochsteine und Steine mit Grifföffnungen oder -löchern ist max $\tau = 0{,}012 \cdot \beta_{Nst}$

β_{Nst} Steinfestigkeitsklasse

Die vorhandene Schubspannung ergibt sich bei Scheibenbeanspruchung nach DIN 1053 Teil 1, Gl. (5), zu:

$$\tau = c \cdot \frac{Q}{A}$$

Der Faktor c berücksichtigt die Schubspannungsverteilung über den Wandquerschnitt. Die Aussteifungswand geht über 5 Geschosse durch. Die gesamte Wandhöhe H beträgt somit $5 \cdot 2{,}75 = 13{,}75$ m; als Wandlänge L sind 5,74 m anzusetzen. Mit H/L = 13,75/5,74 = 2,4 > 2 ergibt sich der Faktor c zu 1,5. Für A ist nur die überdrückte Querschnittsfläche einzusetzen.

Lastfall Eigengewicht und Wind:
$A = 3 \cdot c \cdot d = 3 \cdot 1{,}46 \cdot 0{,}24 = 1{,}05$ m²

Lastfall Vollast und Wind:
$A = 3 \cdot 1{,}70 \cdot 0{,}24 = 1{,}22$ m²

Damit ist die Aussteifungswand im Erdgeschoß mit den gewählten Baustoffen und Abmessungen nachgewiesen.

4.2.8 Hochbelastete Wandabschnitte
4.2.8.1 Wandabschnitt im Erdgeschoß

Gegeben:
Innenwand
Baustoffe
Steinfestigkeitsklasse 20, Mörtelgruppe III
Abmessungen d = 24,0 cm
 b = 0,74 m (Bild 4/1)
Stützweiten Decke l_1 = 3,20 m
 l_2 = 2,85 m
Belastung Decke p = 2,75 kN/m²
Normalkraft Wandfuß N_F = 400,00 kN

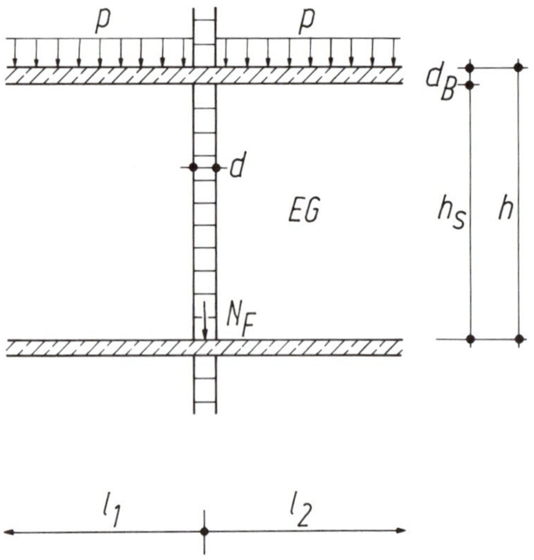

Gesucht:
Standsicherheitsnachweise
a) Überprüfung der Voraussetzungen
b) Schlankheit
c) Abminderungsfaktoren
d) Nachweis

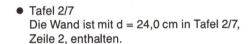

Berechnungsgang:

a) Überprüfung der Voraussetzungen

- Tafel 2/7
  Die Wand ist mit d = 24,0 cm in Tafel 2/7, Zeile 2, enthalten.

  Es wird überprüft, ob die Voraussetzungen zur Anwendung des vereinfachten Berechnungsverfahrens erfüllt sind.

- Gebäudehöhe über Gelände
  H = 16,25 m < 20,0 m

  Kap. 4.2.1

- Stützweiten der aufliegenden Decke
  l_1 = 3,20 m < 6,00 m
  l_2 = 2,85 m < 6,00 m

  Bild 4/1

- Lichte Geschoßhöhe
  für d ≥ 24,0 cm kein Kriterium

  Für d ≥ 24 cm entfällt das Kriterium für die lichte Geschoßhöhe.

- Verkehrslast
  p = 2,75 kN/m² < 5,00 kN/m²

  Die Voraussetzungen zur Anwendung des vereinfachten Berechnungsverfahrens sind damit eingehalten.

b) Schlankheit

Es liegt ein zweiseitig gehaltener Wandabschnitt vor.

Auflagerung der Decke auf der gesamten Wanddicke, daher
h_K = 0,90 · 2,59 = 2,33 m

Nach DIN 1053 Teil 1, Abschnitt 6.7.2, darf bei 17,5 cm < d < 25,0 cm der Abminderungsbeiwert β zu 0,90 gesetzt werden, da die Massivdecke auf ganzer Wanddicke aufliegt.

Schlankheit
h_K/d = 2,33/0,24 = 9,71 < 10

c) Abminderungsfaktoren

$k_1 = 1,0$ — Es liegt eine Wand vor, da der Wandquerschnitt größer als 0,10 m² ist.
$A = 0,24 \cdot 0,74 = 0,18$ m² $> 0,10$ m²

$k_2 = 1,0$ — Wegen Schlankheit $h_K/d = 9,71 < 10$

$k_3 = 1,0$ — Bei beidseitig durch Decken belasteten Wänden ist der Faktor $k_3 = 1,0$ zu setzen (keine Endauflagerung).

$k = 1,0 \cdot 1,0 = 1,0$ — Abminderungsfaktor k:
$k = k_1 \cdot k_2$

d) Nachweis

Grundwert der zulässigen Druckspannung

$\sigma_0 = 2,4$ MN/m²

Der Grundwert der zulässigen Druckspannung σ_0 ergibt sich für die Steinfestigkeitsklasse 20 und Normalmörtel der Mörtelgruppe III nach DIN 1053 Teil 1, Tabelle 4a (Tafel 2/9).

Zulässige Druckspannung

zul $\sigma_D = 1,0 \cdot 2,4 = 2,4$ MN/m²

zul $\sigma_D = k \cdot \sigma_0$

Spannungsnachweis

vorh $\sigma_D = \dfrac{0,400}{0,24 \cdot 0,74} = 2,25$ MN/m² $<$ zul $\sigma_D = 2,4$ MN/m²

Damit ist der hochbelastete Wandabschnitt im Erdgeschoß mit den gewählten Baustoffen und Abmessungen nachgewiesen.

4.2.8.2 Wandabschnitt im Kellergeschoß

Gegeben:
Innenwand
Baustoffe
Planelemente gemäß Zulassung [4/1] in
Steinfestigkeitsklasse 20, Dünnbettmörtel
Abmessungen   d = 15,0 cm
                b = 0,99 m
Stützweiten Decke l_1 = 2,90 m
                   l_2 = 2,70 m
Belastung Decke   p = 2,75 kN/m²
Normalkraft Wandfuß N_F = 430,00 kN

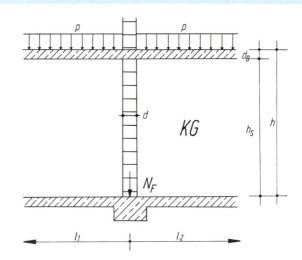

Gesucht:
Standsicherheitsnachweise
a) Überprüfung der Voraussetzungen
b) Schlankheit
c) Abminderungsfaktoren
d) Nachweis

Berechnungsgang:

a) Überprüfung der Voraussetzungen

- Tafel 2/7
  Die Wand ist mit d = 15,0 cm (bzw. 11,5 cm)
  < 24,0 cm in Tafel 2/7, Zeile 1, enthalten.

Die Zulassung [4/1] enthält die für diese Wandbauart maßgebenden Bestimmungen, wie z. B. Anwendungsgrenzen, Ausführungsanforderungen und Berechnungsgrundlagen. Insbesondere die Regelungen zur Berechnung des Mauerwerks aus KS-Planelementen beziehen sich gemäß [4/1], Abschnitt 4, auf die bisherige DIN 1053 Teil 1, Ausgabe Februar 1990. Mit der Neuausgabe der DIN 1053 Teil 1 gelten die entsprechenden Bestimmungen dieser Vorschrift.

Im folgenden Beispiel wird davon ausgegangen, daß die in den übrigen Abschnitten der Zulassung [4/1] genannten Anforderungen erfüllt sind.

Gemäß Zulassung [4/1] darf die Berechnung nach dem vereinfachten oder dem genaueren Verfahren der DIN 1053 Teil 1 erfolgen. Es wird zunächst überprüft, ob die Voraussetzungen zur Anwendung des vereinfachten Berechnungsverfahrens erfüllt sind.

Nach [4/1], Abschnitt 3.1.5, ist bei Wanddicken, die nicht in DIN 1053 Teil 1 genannt werden, die nächstniedrigere Wanddicke des Oktametermauerwerks maßgebend. Daher ist im Rahmen der Überprüfung die tatsächlich vorhandene Wanddicke nur mit d = 11,5 cm anzunehmen.

- Gebäudehöhe über Gelände
  H = 16,25 m < 20,0 m

Kap. 4.2.1

- Stützweiten der aufliegenden Decke
  l_1 = 2,90 m < 6,00 m
  l_2 = 2,70 m < 6,00 m

- Lichte Geschoßhöhe
  h_s = 2,60 − 0,16 = 2,44 m < 2,75 m

- Verkehrslast
  p = 2,75 kN/m² < 5,00 kN/m²

Die Voraussetzungen zur Anwendung des vereinfachten Berechnungsverfahrens sind damit eingehalten.

b) Schlankheit

Es liegt ein zweiseitig gehaltener Wandabschnitt vor.

Auflagerung der Decke auf der gesamten Wanddicke, daher
$h_K = 0,75 \cdot 2,44 = 1,83$ m

Nach DIN 1053 Teil 1, Abschnitt 6.7.2, darf bei d = 15,0 cm (bzw. 11,5 cm) der Abminderungsbeiwert β zu 0,75 gesetzt werden, wenn die Massivdecke auf ganzer Wanddicke aufliegt. Die Annahme einer nächstniedrigen Wanddicke wirkt sich bei der Ermittlung des Abminderungsbeiwertes β nicht aus.

Schlankheit
$h_K/d = 1,83/0,15 = 12,20 > 10$

Zur Ermittlung der Schlankheit darf die tatsächlich vorhandene Wanddicke angesetzt werden, da hier keine Bestimmung der DIN 1053 Teil 1 im Sinn von [4/1], Abschnitt 3.1.5, vorliegt.

c) Abminderungsfaktoren

$k_1 = 1,0$

Es liegt eine Wand vor, da der Wandquerschnitt größer als 0,10 m² ist.
$A = 0,15 \cdot 0,99 = 0,15$ m² $> 0,10$ m²

$k_2 = \dfrac{25 - 12,20}{15} = 0,853$

Der Faktor k_2 berücksichtigt die Knickgefahr bei schlanken Wänden.
Bei Schlankheit $h_K/d > 10$ wird $k_2 < 1,00$.

$k_3 = 1,0$

Bei beidseitig durch Decken belasteten Wänden ist der Faktor $k_3 = 1,0$ zu setzen (keine Endauflagerung).

$k = 1,0 \cdot 0,853 = 0,853$

Abminderungsfaktor k:
$k = k_1 \cdot k_2$

d) Nachweis

Grundwert der zulässigen Druckspannung
$\sigma_0 = 4,0$ MN/m²

Der Grundwert der zulässigen Druckspannung σ_0 ergibt sich für Planelemente der Steinfestigkeitsklasse 20 und Dünnbettmörtel nach Zulassung [4/1], Tabelle 2 (siehe auch Tafel 2/9).

Zulässige Druckspannung
zul $\sigma_D = 0,853 \cdot 4,0 = 3,41$ MN/m²

zul $\sigma_D = k \cdot \sigma_0$

Spannungsnachweis
vorh $\sigma_D = \dfrac{0,430}{0,15 \cdot 0,99} = 2,90$ MN/m² $<$ zul $\sigma_D = 3,41$ MN/m²

Damit ist der hochbelastete Wandabschnitt im Kellergeschoß mit den gewählten Baustoffen und Abmessungen nachgewiesen.

4.2.9 Kelleraußenwand
4.2.9.1 Mit hoher Auflast

Gegeben:
Baustoffe
Steinfestigkeitsklasse 12, Mörtelgruppe II a
Abmessungen $d = 24{,}0$ cm
  $h_s = 2{,}44$ m
Anschütthöhe $h_e = 1{,}50$ m
Belastung Gelände $p = 5{,}00$ kN/m²
Auflast der Wand:
Lastfall Eigengewicht $N_o = 105{,}00$ kN/m
Lastfall Vollast $N_o = 135{,}00$ kN/m

Gesucht:
Standsicherheitsnachweise
a) Bedingungen für das Entfallen des Erddrucknachweises
b) Nachweis der Auflast

Berechnungsgang:

a) Bedingungen für das Entfallen des Erddrucknachweises

- Lichte Höhe der Kellerwand
  $h_s = 2{,}44$ m $< 2{,}60$ m

  Nach DIN 1053 Teil 1 darf der Nachweis auf Erddruck entfallen, wenn die nach Abschnitt 8.1.2.3 geforderten Bedingungen erfüllt sind.

- Wanddicke
  $d = 24{,}0$ cm = erf d

- Scheibenwirkung der Kellerdecke
  Bei Massivdecke gegeben

  Die Kellerdecke wirkt als Scheibe und kann die aus dem Erddruck entstehende Belastung aufnehmen.

- Verkehrslast auf Geländeoberfläche
  $p = 5{,}0$ kN/m² = zul p

- Anschütthöhe
  $h_e = 1{,}50$ m $< h_s = 2{,}44$ m

  Die Anschütthöhe beträgt 1,50 m, das Gelände steigt nicht an.

- Grenzen der Auflast
  Der genaue Nachweis der Auflast erfolgt unter b)

  Nach DIN 1053 Teil 1, Abschnitt 8.1.2.3, Gl. (18), muß die Auflast N_o der Kellerwand innerhalb bestimmter Grenzen liegen.
  max $N_o \geq N_o \geq$ min N_o

Kelleraußenwand mit hoher Auflast

b) Nachweis der Auflast

Oberer Grenzwert

max $N_o = 0{,}45 \cdot 0{,}24 \cdot 1{,}6 \cdot 10^3 = 172{,}8$ kN/m

Der obere Grenzwert bzw. die maximal zulässige Auflast ergibt sich nach DIN 1053 Teil 1, Gl. (18), zu:
max $N_o = 0{,}45 \cdot d \cdot \sigma_o$

Der Grundwert der zulässigen Druckspannung σ_o ergibt sich für die Steinfestigkeitsklasse 12 und Normalmörtel der Mörtelgruppe II a nach DIN 1053 Teil 1, Tabelle 4a (Tafel 2/9), zu
$\sigma_o = 1{,}6$ MN/m².

Unterer Grenzwert

min $N_o = 20$ kN/m

Der untere Grenzwert bzw. die erforderliche Auflast ergibt sich nach DIN 1053 Teil 1, Tabelle 8, bei d = 24,0 cm und $h_e = 1{,}50$ m zu 20 kN/m.

Nachweis

max $N_o = 172{,}8$ kN/m > 135 kN/m
105 kN/m > min $N_o = 20$ kN/m

Für den Vergleich mit dem oberen Grenzwert max N_o muß die größte vorhandene Auflast (aus Vollast) herangezogen werden, während der untere Grenzwert von der Auflast aus ständigen Lasten eingehalten sein muß.

Es sind alle nach DIN 1053 Teil 1, Abschnitt 8.1.2.3, geforderten Bedingungen erfüllt, so daß der Nachweis auf Erddruck entfallen kann.

Damit ist die Kelleraußenwand mit den gewählten Baustoffen und Abmessungen nachgewiesen.

Kelleraußenwand mit geringer Auflast

4.2.9.2 Mit geringer Auflast

Gegeben:
Baustoffe
Steinfestigkeitsklasse 12, Mörtelgruppe II
Abmessungen $\quad d = 36{,}5$ cm
$\quad\quad\quad\quad\quad\quad\quad h_s = 2{,}42$ m
Anschütthöhe $\quad h_e = 2{,}00$ m
Belastung Gelände $\quad p = 5{,}00$ kN/m²
Auflast der Wand:
Lastfall Eigengewicht $\quad N_o = 28{,}00$ kN/m
Lastfall Vollast $\quad N_o = 35{,}00$ kN/m

Gesucht:
Standsicherheitsnachweise
a) Bedingungen für das Entfallen des Erddrucknachweises
b) Nachweis der Auflast

Berechnungsgang:

a) Bedingungen für das Entfallen des Erddrucknachweises

- Lichte Höhe der Kellerwand
  $h_s = 2{,}42$ m $< 2{,}60$ m

  Nach DIN 1053 Teil 1 darf der Nachweis auf Erddruck entfallen, wenn die nach Abschnitt 8.1.2.3 geforderten Bedingungen erfüllt sind.

- Wanddicke
  $d = 36{,}5$ cm $>$ erf d

- Scheibenwirkung der Kellerdecke
  Bei Massivdecke gegeben

  Die Kellerdecke wirkt als Scheibe und kann die aus dem Erddruck entstehende Belastung aufnehmen.

- Verkehrslast auf Geländeoberfläche
  $p = 5{,}0$ kN/m² = zul p

- Anschütthöhe
  $h_e = 2{,}00$ m $< h_s = 2{,}42$ m

  Die Anschütthöhe beträgt 2,00 m, das Gelände steigt nicht an.

- Grenzen der Auflast
  Der genaue Nachweis der Auflast erfolgt unter b)

  Nach DIN 1053 Teil 1, Abschnitt 8.1.2.3, Gl. (18), muß die Auflast N_o der Kellerwand innerhalb bestimmter Grenzen liegen.
  max $N_o \geq N_o \geq$ min N_o

b) Nachweis der Auflast

Oberer Grenzwert

$\max N_o = 0{,}45 \cdot 0{,}365 \cdot 1{,}2 \cdot 10^3 = 197{,}1$ kN/m

Der obere Grenzwert bzw. die maximal zulässige Auflast ergibt sich nach DIN 1053 Teil 1, Gl. (18), zu:
$\max N_o = 0{,}45 \cdot d \cdot \sigma_o$

Der Grundwert der zulässigen Druckspannung σ_o ergibt sich für die Steinfestigkeitsklasse 12 und Normalmörtel der Mörtelgruppe II nach DIN 1053 Teil 1, Tabelle 4a (Tafel 2/9), zu: $\sigma_o = 1{,}2$ MN/m².

Unterer Grenzwert

$\min N_o = 25$ kN/m

Der untere Grenzwert bzw. die erforderliche Auflast ergibt sich nach DIN 1053 Teil 1, Tabelle 8, bei d = 36,5 cm und h_e = 2,00 m zu 25 kN/m.

Nachweis

$\max N_o = 197{,}1$ kN/m > 35 kN/m
$\qquad\qquad\quad$ 28 kN/m > $\min N_o = 25$ kN/m

Für den Vergleich mit dem oberen Grenzwert max N_o muß die größte vorhandene Auflast (aus Vollast) herangezogen werden, während der untere Grenzwert von der Auflast aus ständigen Lasten eingehalten sein muß.

Es sind alle nach DIN 1053 Teil 1, Abschnitt 8.1.2.3, geforderten Bedingungen erfüllt, so daß der Nachweis auf Erddruck entfallen kann.

Damit ist die Kelleraußenwand mit den gewählten Baustoffen und Abmessungen nachgewiesen.

4.2.9.3 Mit geringerer Auflast bei voller Erdanschüttung

Bei geringerer Auflast bzw. größerer Anschütthöhe als nach Beispiel 4.2.9.2 reicht der vereinfachte Nachweis nach DIN 1053 Teil 1 nicht mehr aus.

Die Kelleraußenwand muß dann genauer nach den ermittelten Schnittgrößen nachgewiesen werden. Beispiele und Konstruktionshinweise für solche Kelleraußenwände sind in Kap. 6.6 enthalten.

4.2.9.4 Mit Fenstern bzw. Öffnungen

Sind die Wandquerschnitte der Kelleraußenwände durch Öffnungen (z. B. Fenster) geschwächt, müssen die Bereiche seitlich bzw. zwischen den Öffnungen wegen der erhöhten Lastkonzentration gesondert untersucht werden.

Der Berechnungsgang entspricht den Beispielen in Kap. 4.2.9.1 und 4.2.9.2.

Unbelastete Giebelwand im Dachgeschoß

4.2.10 Giebelwand im Dachgeschoß
4.2.10.1 Unbelastete Giebelwand

Gegeben:
Einschalige Giebelwand
Baustoffe
Steinfestigkeitsklasse 12, Mörtelgruppe IIa
Abmessungen   d = 17,5 cm

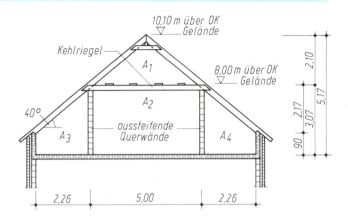

Gesucht:
Standsicherheitsnachweis als nichttragende Außenwand
a) Bedingungen für den Fortfall des Nachweises
b) Vergleich der vorhandenen Teilflächen mit den zulässigen Flächen

Nach Kap. 3.12.2 sind Giebelwände kraftschlüssig mit dem Dachsturz zu verbinden und gegebenenfalls durch Querwände oder Pfeilervorlagen ausreichend auszusteifen. Für eine unbelastete Giebelwand wird hier eine Möglichkeit des Nachweises vorgeschlagen.

Die Giebelwand im Dachgeschoß wird in lotrechter Richtung nur durch ihr Eigengewicht belastet. Sie erhält keine Belastung aus dem Dach, da es als Keilriegeldach die Lasten parallel zur Giebelwand abträgt. Sie ist daher nach DIN 1053 Teil 1, Abschnitt 8.1.3.2, als nichttragende Außenwand nachzuweisen.

Berechnungsgang:

a) Bedingungen für den Fortfall des Nachweises

● Halterung der Wände
Die Wände bzw. alle Teilflächen sind vierseitig gehalten.

Am Ortgang erfolgt eine durchgehende Halterung der Wand durch die Dachkonstruktion. Halterungen erfolgen außerdem durch die Stahlbetondecke sowie durch die Verbindung der Wand mit der Kehlriegellage (Kap. 3.12.2). Die zuletzt genannte Verbindung kann z. B. mit den in [4/2] vorgeschlagenen Detaillösungen erfolgen.

Im Dachgeschoß sind zwei Querwände vorhanden, die zur Aussteifung der Giebelwand herangezogen werden.

● Mörtelgruppe
Es wird Normalmörtel der Mörtelgruppe IIa verwendet.

Nach DIN 1053 Teil 1, Abschnitt 8.1.3.2, ist mindestens Normalmörtel der Mörtelgruppe IIa, Dünnbettmörtel oder Leichtmörtel LM 36 zu verwenden.

● Ausfachungsflächen
Der Vergleich der vorhandenen Flächen mit den zulässigen Flächen erfolgt unter b).

In DIN 1053 Teil 1, Tabelle 9, sind Grenzwerte der zulässigen Ausfachungsflächen angegeben.

b) Vergleich der vorhandenen Teilflächen mit den zulässigen Flächen

- Ausfachungsfläche A_1
  Höhe über Gelände $H = 10{,}10$ m
  Wanddicke $d = 17{,}5$ cm
  Wandbreite $b = 5{,}00$ m
  Mittlere Wandhöhe
  $h_m = 0{,}5 \cdot 2{,}10 = 1{,}05$ m

  Seitenverhältnis
  $\varepsilon = 5{,}00/1{,}05 = 4{,}76 > 2{,}00$

  Vorhandene Ausfachungsfläche
  vorh $A = 5{,}00 \cdot 1{,}05 = 5{,}25$ m²

  Zulässiger Größtwert der Ausfachungsfläche
  zul $A = 9{,}00$ m² $> 5{,}25$ m²

- Ausfachungsfläche A_2
  Höhe über Gelände $H = 8{,}00$ m
  Wanddicke $d = 17{,}5$ cm
  Wandbreite $b = 5{,}00$ m
  Wandhöhe $h = 3{,}07$ m

  Seitenverhältnis
  $\varepsilon = 5{,}00/3{,}07 = 1{,}63$

  Vorhandene Ausfachungsfläche
  vorh $A = 5{,}00 \cdot 3{,}07 = 15{,}35$ m²

  Zulässiger Größtwert der Ausfachungsfläche
  zul $A = 20 - (20 - 14) \cdot 0{,}63 = 16{,}22$ m² $> 15{,}35$ m²

- Ausfachungsflächen A_3 und A_4
  Höhe über Gelände $H = 8{,}00$ m
  Wanddicke $d = 17{,}5$ cm
  Wandbreite $b = 2{,}26$ m
  Mittlere Wandhöhe
  $h_m = 0{,}90 + 2{,}17/2 = 1{,}99$ m

  Seitenverhältnis
  $\varepsilon = 2{,}26/1{,}99 = 1{,}14$

  Vorhandene Ausfachungsfläche
  vorh $A = 2{,}26 \cdot 1{,}99 = 4{,}50$ m²

  Zulässiger Größtwert der Ausfachungsfläche
  zul $A = 20 - (20 - 14) \cdot 0{,}14 = 19{,}16$ m² $> 4{,}50$ m²

Die Werte in DIN 1053 Teil 1, Tabelle 9, gelten für nichttragende Außenwände mit rechteckiger Fläche. Sie werden im folgenden zu einer näherungsweisen Untersuchung der vorliegenden Giebelwand verwendet. Die Teilflächen der Giebelwand werden dazu in flächengleiche Rechtecke zerlegt.

Das Seitenverhältnis ε ist das Verhältnis der größeren zur kleineren Seite der Ausfachungsfläche.

Bei Seitenverhältnissen $1{,}0 < \varepsilon < 2{,}0$ dürfen die zulässigen Größtwerte der Ausfachungsflächen geradlinig interpoliert werden.

Bei allen Teilflächen sind die zulässigen Größtwerte der Ausfachungsflächen eingehalten.

Damit ist die unbelastete Giebelwand im Dachgeschoß mit den gewählten Baustoffen und Abmessungen nachgewiesen.

Unter bestimmten Voraussetzungen dürfen die in DIN 1053 Teil 1, Tabelle 9, angegebenen Größtwerte von Ausfachungsflächen für nichttragende KS-Außenwände erhöht werden (siehe Kap. 5.3, Tafeln 5/3 bis 5/6).

Belastete Giebelwand im Dachgeschoß

4.2.10.2 Belastete Giebelwand

Gegeben:
Einschalige Giebelwand
Baustoffe
Steinfestigkeitsklasse 12, Mörtelgruppe II a
Abmessungen $\quad$ d = 17,5 cm
Auflagerkraft der Mittelpfette:
Lastfall Eigengewicht $\quad A_g = 14,80$ kN
Lastfall Vollast $\quad A_q = 27,80$ kN

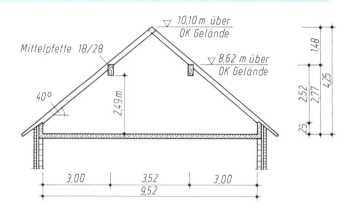

Gesucht:
Standsicherheitsnachweise
a) Nachweis des Wandabschnittes zwischen den Mittelpfetten als nichttragende Außenwand
b) Nachweis des Wandabschnittes unter den Mittelpfetten nach dem genaueren Berechnungsverfahren

Nach Kap. 3.12.2 sind Giebelwände kraftschlüssig mit dem Dachstuhl zu verbinden und gegebenenfalls durch Querwände oder Pfeilervorlagen ausreichend auszusteifen. Für eine belastete Giebelwand wird hier eine Möglichkeit des Nachweises vorgeschlagen.

Die Giebelwand wird durch zwei Mittelpfetten der Dachkonstruktion belastet. Es entstehen dadurch zwei „vorgespannte" lotrechte Wandabschnitte, die als seitliche Halterung der daneben und dazwischenliegenden unbelasteten Wandabschnitte dienen.

Berechnungsgang:

a) Nachweis des Wandabschnittes zwischen den Mittelpfetten als nichttragende Außenwand

- Ausfachungsfläche

    Höhe über Gelände $\quad H = 10,10$ m
    Wanddicke $\quad d = 17,5$ cm
    Wandbreite $\quad b = 3,52$ m
    Mittlere Wandhöhe
    $h_m = 2,77 + 1,48/2 = 3,51$ m

Die untere Halterung erfolgt durch die Stahlbetondecke, die obere Halterung durch eine kontinuierliche Befestigung der Giebelwand an der Dachkonstruktion. Damit sind alle Ränder gehalten.

Der unbelastete Wandbereich, der in lotrechter Richtung nur durch sein Eigengewicht belastet wird, ist somit nach DIN 1053 Teil 1, Abschnitt 8.1.3.2, als nichttragende Außenwand nachzuweisen. Durch Vergleich dieser Fläche mit den Angaben in DIN 1053 Teil 1, Tabelle 9, wird zunächst untersucht, ob dieser Wandbereich standsicher ist.

Seitenverhältnis
$\varepsilon = 3{,}51/3{,}52 \approx 1{,}00$

Vorhandene Ausfachungsfläche
vorh $A = 3{,}52 \cdot 3{,}51 = 12{,}36$ m²

Das Seitenverhältnis ε ist das Verhältnis der größeren zur kleineren Seite der Ausfachungsfläche.

Zulässiger Größtwert der Ausfachungsfläche
zul A = 13,00 m² > 12,36 m²

zul A siehe DIN 1053 Teil 1, Tabelle 9

Der zulässige Größtwert der Ausfachungsfläche ist damit eingehalten.

(Die unbelasteten Wandabschnitte an der Traufe der Giebelwand sind kleiner als der Wandabschnitt zwischen den Mittelpfetten und werden daher nicht nachgewiesen).

b) Nachweis des Wandabschnittes unter den Mittelpfetten nach dem genaueren Berechnungsverfahren

Nach DIN 1053 Teil 1, Abschnitt 6.9.2, berücksichtigt das vereinfachte Berechnungsverfahren nur Biegemomente aus Knotenmomenten, die durch die Auflagerung von Decken entstehen. Da im vorliegenden Beispiel am Wandkopf ein Holzbalken als Einzellast wirkt, sind die Voraussetzungen für das vereinfachte Berechnungsverfahren nicht mehr erfüllt, so daß der Nachweis nach dem genaueren Verfahren der DIN 1053 Teil 1, Abschnitt 7.9, zu führen ist.

Spannungsnachweise Lastverteilungsbalken

- Oberer Rand des Lastverteilungsbalkens

  Vorhandene Spannung
  $$\sigma_R = \frac{2 \cdot 0{,}0278}{0{,}18 \cdot 0{,}10} = 3{,}09 \text{ MN/m}^2$$

  Zulässige Spannung
  zul $\sigma = 17{,}5/2{,}1 = 8{,}33$ MN/m²

  Spannungsnachweis
  $\sigma_R = 3{,}09$ MN/m² < zul $\sigma = \dfrac{17{,}5}{2{,}1} = 8{,}33$ MN/m²

Am Wandkopf wird unter der Pfette zur Lastzentrierung ein Streifenlager (Kernbreite 100 mm) eingelegt. Unterhalb des Auflagers wird zur Lastverteilung ein Balken aus unbewehrtem Beton B 25 angeordnet. Maßgebend für die Spannungsermittlung wird die Auflagerkraft $A_q = 27{,}8$ kN aus dem Lastfall Vollast. Für unbewehrten Beton B 25 muß nach DIN 1045, Abschnitt 17.9, der Sicherheitsbeiwert $\gamma = 2{,}1$ berücksichtigt werden. Mit dem Rechenwert der Betondruckfestigkeit $\beta_R = 17{,}5$ MN/m² wird zul $\sigma = \beta_R/\gamma$. Zusätzlich muß in der Praxis ein Nachweis der Holzpressung erfolgen.

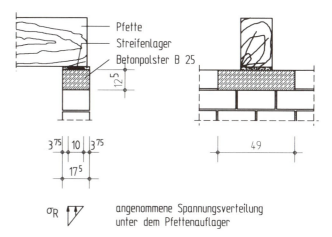

σ_R angenommene Spannungsverteilung unter dem Pfettenauflager

- Unterer Rand des Lastverteilungsbalkens

  Vorhandene Spannung
  $$\max \sigma = \frac{0{,}0278}{0{,}053} = 0{,}53 \text{ MN/m}^2$$

  Zulässige Spannung
  $$\text{zul } \sigma = \beta_R/\gamma = \frac{2{,}67 \cdot 1{,}6}{2{,}0} = 2{,}14 \text{ MN/m}^2$$

  Spannungsnachweis
  max $\sigma = 0{,}53$ MN/m² < zul $\sigma = 2{,}14$ MN/m²

Nach DIN 1045 muß man in unbewehrtem Beton eine Lastausbreitung mit einer Neigung von 1:2 zugrunde legen, so daß sich zwischen Betonpolster und Mauerwerk eine druckbeanspruchte Fläche von $A = 0{,}175 \cdot 0{,}305 = 0{,}053$ m² ergibt.

Für die Berechnung nach dem genaueren Verfahren ist nach DIN 1053 Teil 1, Abschnitt 7.9.1, für den Rechenwert der Druckfestigkeit $\beta_R = 2{,}67 \cdot \sigma_0$ zu setzen.
σ_0 = Grundwert der zulässigen Druckspannung für die Steinfestigkeitsklasse 12 und Normalmörtel der Mörtelgruppe II a nach DIN 1053 Teil 1, Tabelle 4a (Tafel 2/9).

Belastete Giebelwand im Dachgeschoß

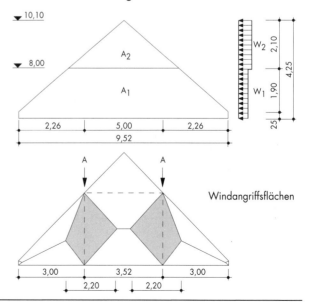

Lastermittlung

• Lotrechte Lasten

Für den Knicksicherheitsnachweis wird die minimale Pfettenauflagerkraft A_g = 14,80 kN, für den Nachweis des Wand-Decken-Knotens die maximale Auflagerkraft A_q = 27,80 kN berücksichtigt.

DIN 1055 Teil 1, Abschnitt 7.5.2:
Rohdichte der Steine = 1,8 kg/dm³
Rechenwert der Eigenlast = 18,0 kN/m³

Das Berechnungsgewicht für die Wanddicke d = 17,5 cm ergibt sich zu:
0,175 · 18 = 3,15 kN/m²

Wandkopf N_K = 14,80 kN
Wandmitte N_m = 14,80 + 0,5 · (2,49 · 1,62 · 3,15)
= 21,15 kN
Wandfuß N_F = 21,15 + 0,5 · (2,49 · 1,62 · 3,15)
= 27,50 kN

$N_m = N_K + 0{,}5 \cdot$ Eigengewicht der Wand

$N_F = N_m + 0{,}5 \cdot$ Eigengewicht der Wand

• Waagerechte Lasten

Ermittlung der Windlasten:
w_1 = 0,8 · 0,5 = 0,40 kN/m²
w_2 = 0,8 · 0,8 = 0,64 kN/m²

Nach DIN 1055 Teil 4 beträgt die Windlast rechtwinklig auf die vom Wind getroffene Fläche je nach Höhe über Gelände
w = c · q

Es bedeuten: c Formbeiwert nach DIN 1055 Teil 4, Abschnitt 6.3
q Staudruck nach DIN 1055 Teil 4, Tabelle 1

Windangriffsflächen

$A_1 = 0{,}25 \cdot 9{,}52 + \left(\dfrac{5{,}00 + 9{,}52}{2}\right) \cdot 1{,}90 = 16{,}17$ m²
A_2 = 5,00 · 2,10/2 = 5,25 m²
A_{ges} = 16,17 + 5,25 = 21,42 m²

Zur Ermittlung einer mittleren Windlast wird die Giebelfläche in zwei Wandbereiche aufgeteilt.

Mittlere Windlast
w = 0,40 · 16,17 + 0,64 · 5,25/21,42 = 0,46 kN/m²

Einflußbreite des Windes für den nachzuweisenden Wandabschnitt
b_w = 2,20/2 = 1,10 m

Windlast für den nachzuweisenden Wandabschnitt
q_{wd} = 0,46 · 1,10 = 0,51 kN/m

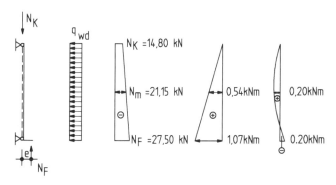

Ersatzsystem

- Biegemomente

  infolge exzentrischer Normalkraft am Wandfuß
  $M_F = 27{,}50 \cdot 0{,}039 = 1{,}07$ kNm

Die Einspannung der Stahlbetondecke am unteren Wand-Decken-Knoten bewirkt eine Ausmitte der Wandnormalkraft am Wandfuß. Der mögliche Grenzwert dieser Ausmitte liegt gemäß DIN 1053 Teil 1, Abschnitt 7.2.4, bei $e = d/3 = 0{,}175/3 = 0{,}058$ m. Anstelle dieser ungünstigsten Annahme wird für das Beispiel die Ausmitte zu $2/3 \cdot 0{,}058$ m $= 0{,}039$ m angesetzt.

infolge Winddruck in halber Wandhöhe
$M_{wm} = 0{,}5 \cdot 0{,}51 \cdot 2{,}49^2/8 = 0{,}20$ kNm

Für die Biegemomente infolge der Windlasten wird gelenkige Lagerung am Wandkopf und Volleinspannung am Wandfuß angenommen.

Durch die oben beschriebene Ausbildung des Auflagers der Mittelpfette wird die Ausmittigkeit der Lasteinleitung begrenzt; für die weitere Untersuchung wird daher von mittiger Lasteinleitung am Wandkopf ausgegangen.

Knicksicherheitsnachweis

Vorwerte

- Schnittgrößen in halber Wandhöhe
  $N_m = 21{,}15$ kN
  $M_m = 0{,}54 + 0{,}20 = 0{,}74$ kNm

- Planmäßige Ausmitte
  $e = 0{,}74/21{,}15 = 0{,}035$ m $< 0{,}175/3 = 0{,}058$ m

  $e = M_m/N_m$

- Bezogene Ausmitte
  $m = \dfrac{6 \cdot 0{,}035}{0{,}175} = 1{,}20$

  $m = \dfrac{6 \cdot e}{d}$

- Knicklänge $h_K = 2{,}49$ m

Für den betrachteten Wandabschnitt muß die Knicklänge gleich der lichten Höhe angesetzt werden, siehe Bild 2/6a.

- Schlankheit
  $\bar{\lambda} = h_K/d = 2{,}49/0{,}175 = 14{,}23 < 25$

Nach DIN 1053 Teil 1, Abschnitt 7.9.2, sind Schlankheiten $\bar{\lambda} = h_K/d > 25$ nicht zulässig.

Belastete Giebelwand im Dachgeschoß

Nachweis
Wandverformung
$$f = 14{,}23 \cdot \frac{1+1{,}20}{1800} \cdot 2{,}49 = 0{,}043 \text{ m}$$

Gesamte Ausmitte
$e + f = 0{,}035 + 0{,}043 = 0{,}078 \text{ m} > d/3 = 0{,}175/3 = 0{,}058 \text{ m}$

$$f = \bar{\lambda} \cdot \frac{1+m}{1800} \cdot h_K \quad \text{nach DIN 1053 Teil 1, Gl. 11}$$

Es liegt rechnerisch ein teilweise, sogar über die Wandmitte hinaus gerissener Querschnitt vor. In DIN 1053 Teil 1, Abschnitt 7.9.1, ist das Aufreißen des Querschnittes nur im Gebrauchszustand begrenzt, d.h. die planmäßige Ausmitte e (ohne zusätzliche Ausmitte f_1 und f_2) darf beim Rechteckquerschnitt den Wert d/3 nicht überschreiten. Beim Knicksicherheitsnachweis unter Ansatz der gesamten Ausmitte e und f ist kein oberer Grenzwert mehr angegeben. Rechnerisch darf der Querschnitt bei diesem Nachweis also auch über die Wandmitte hinaus aufreißen. Die Begrenzung des Aufreißens wird automatisch über den Nachweis auf Druck geregelt. Der theoretische Grenzwert für die gesamte Ausmitte e + f beträgt d/2. In diesem Grenzfall steht bei vorausgesetzter geradliniger Spannungsverteilung die Normalkraft am Querschnittsrand. Die Randspannung ergibt sich zu $\sigma_R = \infty$, die zulässige Normalkraft zu $N_{zul} = 0$ (siehe hierzu Kap. 6.3.3.3).

Vorhandene Spannungen
- Kantenpressung
$$\sigma_R = \frac{0{,}02115}{1{,}62 \cdot 0{,}175} \cdot \frac{4}{(3-2{,}67)} = 0{,}90 \text{ MN/m}^2$$
mit $m_g = 6 \cdot 0{,}078/0{,}175 = 2{,}67$

- Mittlere Spannung
$$\sigma_m = \frac{0{,}02115}{1{,}62 \cdot 0{,}175} = 0{,}08 \text{ MN/m}^2$$

$$\sigma_R = \frac{N}{b \cdot d} \cdot \frac{4}{(3-m_g)} \leq 1{,}33 \cdot \frac{\beta_R}{\gamma} \quad \text{(Kap. 6, Gln. 6.43a und 6.68b)}$$
mit $m_g = 6 \cdot (e+f)/d$

$$\sigma_m = \frac{N}{b \cdot d} \leq \beta_R/\gamma \quad \text{(Kap. 6, Gl. 6.43b)}$$

b = Breite des belasteten Wandabschnittes
$b = 2 \cdot 1{,}25/\tan 60° + 0{,}18 = 1{,}62 \text{ m}$

Für die Berechnung nach dem genaueren Verfahren ist nach DIN 1053 Teil 1, Abschnitt 7.9.1, für den Rechenwert der Druckfestigkeit $\beta_R = 2{,}67 \cdot \sigma_0 = 2{,}67 \cdot 1{,}6 \approx 4{,}27 \text{ MN/m}^2$ zu setzen.

σ_0 = Grundwert der zulässigen Druckspannung für die Steinfestigkeitsklasse 12 und Normalmörtel der Mörtelgruppe IIa nach DIN 1053 Teil 1, Tabelle 4a (Tafel 2/9).

Zulässige Spannungen
- Kantenpressung
zul $\sigma = 1{,}33 \cdot 4{,}27/2{,}0 = 2{,}84 \text{ MN/m}^2$

- Mittlere Spannung
zul $\sigma = 4{,}27/2{,}0 = 2{,}14 \text{ MN/m}^2$

Spannungsnachweise
- Kantenpressung
$\sigma_R = 0{,}90 \text{ MN/m}^2 < \text{zul } \sigma = 2{,}84 \text{ MN/m}^2$

- Mittlere Spannung
$\sigma_m = 0{,}08 \text{ MN/m}^2 < \text{zul } \sigma = 2{,}14 \text{ MN/m}^2$
(nicht maßgebend)

In Kap. 6.2.3.4 bzw. 6.3.3.4 ist ein Kriterium hergeleitet, wann die Kantenpressung σ_R und wann die mittlere Spannung σ_m für den Nachweis eines Wandquerschnittes maßgebend wird.

Nachweis des Wand-Decken-Knotens am Wandfuß

Als Nachweisstelle ist der Wandfuß maßgebend. Es wird die Auflagerkraft A_q und das Eigengewicht der Wand angesetzt ($27{,}8 + 2{,}49 \cdot 1{,}62 \cdot 3{,}15 = 40{,}51$ kN). Auf der sicheren Seite liegend wird angenommen, daß der Querschnitt bis zur Wandmitte aufreißt, d.h. es gilt für die Randspannung

Spannungsnachweise
- Kantenpressung
$$\sigma_R = \frac{0{,}0405}{1{,}62 \cdot 0{,}175} \cdot 4 = 0{,}57 \text{ MN/m}^2 < \text{zul } \sigma = 2{,}84 \text{ MN/m}^2$$

- Mittlere Spannung
(σ_m nicht maßgebend)

$$\sigma_R = \frac{A_q}{b \cdot d} \cdot 4$$

Damit ist die belastete Giebelwand mit den gewählten Baustoffen und Abmessungen nachgewiesen.

4.2.11 Sturz aus KS-U-Schalen

Gegeben:
Sturz in einer Innenwand
Baustoffe
Steinfestigkeitsklasse 12, Mörtelgruppe II a
Beton des Zuggurtes B 25
Abmessungen   d = 24,0 cm
Lichte Weite der Öffnung l_w = 1,26 m
Höhe des Mauerwerkes
unter der Decke   49,0 cm
Belastung des Sturzes q = 35,30 kN/m

Gesucht:
Standsicherheitsnachweise
a) Biegetragfähigkeit
b) Schubtragfähigkeit
c) Verankerung am Auflager

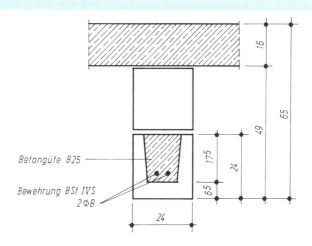

Berechnungsgang:

a) Biegetragfähigkeit

Auflagertiefe 11,5 cm

Stützweite
l = 1,26 + 2 · 1/3 · 0,115 = 1,34 m < 3,00 m
l = 1,05 · 1,26 = 1,32 m < 3,00 m
Es wird mit l = 1,32 m weitergerechnet.

Als Stützweite ist nach DIN 1045, Abschnitt 15.2, der Abstand der vorderen Drittelspunkte der Auflagertiefe bzw. die um 5% vergrößerte lichte Weite anzusetzen. Es darf mit dem kleineren Wert weitergerechnet werden.

Nach den Richtlinien für Bemessung und Ausführung von Flachstürzen [4/3], Abschnitt 3.1, beträgt die maximal zulässige Stützweite 3,00 m.

Querkraft
Q = 35,30 · 1,32/2 = 23,30 kN

Biegemoment
M = 35,30 · 1,32² · 1/8 = 7,69 kNm

Ermittlung der statischen Nutzhöhe h

Dicke der U-Schale 6,5 cm
Betonüberdeckung   2,0 cm

Die Betonüberdeckung der Bewehrung muß nach [4/3], Abschnitt 4.2, mindestens 2,0 cm betragen. Dieser Wert stimmt mit der Forderung in DIN 1045, Tabelle 10, Zeile 1, für Durchmesser bis zu 12 mm überein.

Durchmesser der
Bewehrung   8 mm

Statische Nutzhöhe h
h = 65 − 6,5 − 2,0 − 0,8/2 = 56,1 cm

Zur Ermittlung der statischen Nutzhöhe wird auf [4/4] verwiesen. Danach wird die Deckendicke zur Ermittlung der Sturzhöhe herangezogen.

Begrenzung der Schubschlankheit

$$\lambda = \frac{1,32}{4 \cdot 0,56} = 0,59 < 0,6$$

Nach [4/3], Abschnitt 6.1.1, ist die Schubschlankheit auf den Wert 0,6 zu begrenzen. Bei Gleichlast gilt:
$$\lambda = \frac{\text{Stützweite}}{4 \cdot \text{Nutzhöhe}}$$

Für die weitere Berechnung
$$h = \frac{1,32}{4 \cdot 0,6} = 0,55 \text{ m}$$

Wird $\lambda < 0,6$, so ist mit $\lambda = 0,6$ die maßgebliche statische Nutzhöhe zu errechnen.

Sturz aus KS-U-Schalen

Biegebemessung
$k_h = 55/\sqrt{7{,}69/0{,}24} = 9{,}72$
$k_s = 3{,}6$; $k_z = 0{,}97$
erf $A_s = 3{,}6 \cdot 7{,}69/55 = 0{,}50$ cm²

Gewählte Bewehrung (BSt IV S):

2 ⌀ 8 mit $A_s = 1{,}00$ cm² > 0,50 cm²

Biegebemessung für Druckzone aus Mauerwerk analog der Bemessung nach DIN 1045. Bemessungstafel z. B. in [4/4].

b) Schubtragfähigkeit

zul $Q = 0{,}1 \cdot 0{,}24 \cdot 0{,}55 \cdot \dfrac{0{,}6 + 0{,}4}{0{,}6 - 0{,}4} = 0{,}066$ MN

zul $Q = 66{,}0$ kN > vorh $Q = 23{,}30$ kN

Nach [4/3], Abschnitt 6.1.1, ist $\tau_{zul} = 0{,}1$ MN/m² zu setzen. Die zulässige Querkraft gilt für die rechnerische Auflagerlinie:

zul $Q = \tau_{zul} \cdot b \cdot h \cdot \dfrac{\lambda + 0{,}4}{\lambda - 0{,}4}$

c) Verankerung am Auflager

$F_{sR} = 23{,}30 \cdot 0{,}75 = 17{,}48$ kN

Die Verankerung der Bewehrung am Auflager ist nach [4/3], Abschnitt 6.2.2, nachzuweisen. Die Zugkraft am Auflager ist $F_{sR} = Q \cdot v/h$.

Das Versatzmaß darf mit $v = 0{,}75 \cdot h$ angesetzt werden. Falls sich der Wert F_{sR} größer als die Zugkraft Z_A an der Stelle des maximalen Biegemomentes ergeben sollte, ist die Verankerung für den Wert Z_A nachzuweisen:

$Z_A = \dfrac{7{,}69}{0{,}97 \cdot 0{,}55} = 14{,}41$ kN < 17,48 kN

$Z_A = \dfrac{\max M}{k_z \cdot h}$

Erforderliche Bewehrung am Auflager
erf $A_s = 14{,}41/28{,}57 = 0{,}51$ cm²

Für Stahl IV S: $\sigma_{zul} = 50{,}0/1{,}75 = 28{,}57$ kN/cm²
erf $A_s = Z_A/\sigma_{zul}$

Gewählte Bewehrung (BSt IV S):

2 ⌀ 8 mit $A_s = 1{,}00$ cm² > 0,51 cm²

Verankerungslänge l_2 hinter der Auflagervorderkante:

Grundmaß der Verankerungslänge l_0

$l_0 = \dfrac{50}{7 \cdot 1{,}8} \cdot 8 = 31{,}8$ cm

Die Ermittlung der erforderlichen Verankerungslänge erfolgt nach DIN 1045, Abschnitt 18.5 und Abschnitt 18.7.4.

$l_0 = \alpha_0 \cdot d_s$ mit $\alpha_0 = \beta_s/(7 \cdot$ zul $\tau_1)$ (DIN 1045, Gl. 21)

Es bedeuten

β_s Streckgrenze des Betonstahles nach DIN 1045, Tabelle 6
zul τ_1 Grundwert der Verbundspannung nach DIN 1045, Tabelle 19
d_s Nenndurchmesser des Bewehrungsstabes

Verankerungslänge l_1

$l_1 = 1{,}0 \cdot \dfrac{0{,}51}{1{,}00} \cdot 31{,}8 = 16{,}2$ cm > $10 \cdot 0{,}8 = 8{,}0$ cm

l_1 ist das reduzierte Grundmaß der Verankerungslänge l_0.

$l_1 = \alpha_1 \cdot \alpha_A \cdot l_0 \geq 10\, d_s$ mit $\alpha_A =$ erf $A_s/$vorh A_s (DIN 1045, Gl. 22)

Es bedeuten

α_1 Beiwert zur Berücksichtigung der Art der Verankerung nach DIN 1045, Tabelle 20
α_A Beiwert in Abhängigkeit vom Grad der Ausnutzung

Verankerungslänge l_2

$l_2 = \dfrac{2}{3} \cdot 16{,}2 = 10{,}8$ cm > $6 \cdot 0{,}8 = 4{,}8$ cm

$l_2 = \dfrac{2}{3} \cdot l_1 \geq 6 \cdot d_s$ (DIN 1045, Gl. 27)

Damit ist der Sturz aus KS-U-Schalen mit den gewählten Baustoffen und Abmessungen nachgewiesen.

4.2.12 Erläuterung der Ergebnisse

Aus dem Mehrfamilienhausbau wurden gering- und hochbelastete Innen- und Außenwände nach dem vereinfachten Berechnungsverfahren der DIN 1053 Teil 1, Abschnitt 6, nachgewiesen.

Für die Außenwände eines Mehrfamilienhauses liegt den Nachweisen die Wanddicke 17,5 cm zugrunde. Die Außenwand im Erdgeschoß kann dabei noch mit Steinfestigkeitsklasse 12 und Mörtelgruppe II, also in handelsüblichen Baustoffgüten, ausgeführt werden.

Als Beispiel für Innenwände eines Mehrfamilienhauses wurde im 4. Obergeschoß eine Wand aus Steinen der Festigkeitsklasse 12 und Mörtelgruppe II mit der Wanddicke 11,5 cm nachgewiesen. Im Erdgeschoß wird an dieser Stelle wegen der höheren Belastung eine 17,5 cm dicke Wand aus Steinen der Festigkeitsklasse 12 und Mörtelgruppe II a erforderlich.

> Für Innen- und Außenwände konnten also mit d = 11,5 cm und d = 17,5 cm sehr wirtschaftliche Wanddicken nachgewiesen werden, die dabei in der Regel eine nur zweiseitige Wandhalterung voraussetzen.

Sind die Voraussetzungen des vereinfachten Berechnungsverfahrens nicht mehr eingehalten, z. B. bei Überschreitung der Gebäudehöhe von 20 m, sind die Bauteile nach dem genaueren Verfahren nachzuweisen.

Zum Nachweis der Bauwerksaussteifung müssen die beiden Richtungen parallel zu den Wänden untersucht werden (siehe Bild 4/1). In x-Richtung wurde die Wand mit dem größten Anteil an der waagerechten Belastung ausgewählt. Sie wurde als 24 cm dicke Wand mit Steinfestigkeitsklasse 20 und Mörtelgruppe II nachgewiesen. Bei Verwendung der Mörtelgruppe III wäre für diese Wand auch eine Wanddicke von 17,5 cm möglich. Aus Schallschutzgründen sollte jedoch wegen des unmittelbar angrenzenden Fahrstuhls die Wanddicke von 24 cm beibehalten werden.

In y-Richtung ist bei dem untersuchten Gebäude eine ausreichende Anzahl aussteifender Wände vorhanden, so daß für diese Richtung auf den Nachweis der Bauwerksaussteifung verzichtet werden konnte.

Aus dem Einfamilienreihenhaus wurden zwei Haustrennwände behandelt, die die Last aus 5,10 m weit gespannten Decken abtragen. In beiden Fällen genügt die Steinfestigkeitsklasse 12 in Verbindung mit Mörtelgruppe II. Es ist darauf hinzuweisen, daß bei einseitig durch Decken belasteten 11,5 cm dicken Wänden aussteifende Querwände im Abstand von 4,50 m vorhanden sein müssen.

Als Beispiel für Kelleraußenwände wurden eine Wand mit hoher Auflast aus dem Mehrfamilienhaus und eine mit geringer Auflast aus dem Einfamilienreihenhaus untersucht. Dabei ist im ersten Fall der Nachweis maßgebend, daß der obere Grenzwert für die Auflast beim Lastfall Vollast eingehalten werden muß. Bei Kelleraußenwänden mit geringer Auflast, wie sie z. B. bei Einfamilienhäusern vorkommen, muß dagegen nachgewiesen werden, daß die minimale erforderliche Auflast erreicht wird, wobei nur Lasten aus Eigengewicht angesetzt werden dürfen.

Für den Nachweis von Giebelwänden wurden ein Beispiel ohne Auflast und ein Beispiel mit Auflast aus der Dachkonstruktion behandelt. Bei der Giebelwand ohne Auflast wird eine Unterteilung der Wand entsprechend ihrer seitlichen Halterung durch Querwände und die Dachkonstruktion vorgeschlagen. Die Standsicherheit der so entstehenden Teilflächen wurde durch Vergleich mit Grenzwerten für Ausfachungsflächen von nichttragenden Außenwänden nachgewiesen.

Bei Giebelwänden mit Auflast entstehen – z. B. durch die Auflagerung von Mittelpfetten – belastete Wandbereiche, die sich auch an der Abtragung der Windlasten beteiligen. Diese „versteckten Stiele" konnten im gewählten Beispiel nur nach dem genaueren Berechnungsverfahren der DIN 1053 Teil 1, Abschnitt 7, nachgewiesen werden. Bei den gewählten Abmessungen und Randbedingungen muß die Giebelwand ohne Auflast 17,5 cm, die Giebelwand mit Auflast ebenfalls 17,5 cm dick ausgeführt werden.

Falls im darunterliegenden Geschoß eine geringere Wanddicke erforderlich wird, so ist die Bemessung der dünneren Wand mit dem vereinfachten Verfahren auch möglich, wenn die beiden Außenflächen der Wände bündig aufeinanderstehen (Bild 2/16a).

Als letztes Beispiel wurde ein KS-Sturz nachgewiesen, dessen Zuggurt aus KS-U-Schalen erstellt wird.

4.3 Hinweise zum genaueren Berechnungsverfahren und zu den Beispielen in Kap. 6

Die in den Kap. 4.2.2 bis 4.2.10.1 behandelten Beispiele zeigen, daß mit Hilfe des vereinfachten Berechnungsverfahrens nach DIN 1053 Teil 1, Abschnitt 6, in üblichen Mauerwerksbauten vorkommende Bauteile unter Verwendung wirtschaftlicher Wandquerschnitte und üblicher Baustoffgüten problemlos nachgewiesen werden können. Die Berechnung nach dem genaueren Verfahren ist dagegen zwingend vorgeschrieben, wenn die Voraussetzungen des vereinfachten Verfahrens (Kap. 2.4.2) nicht eingehalten sind. Wie in DIN 1053 Teil 1, Abschnitt 1, angegeben, darf die Berechnung einzelner Bauteile oder Geschosse auch dann nach dem genaueren Berechnungsverfahren durchgeführt werden, wenn das übrige Gebäude nach dem vereinfachten Verfahren nachgewiesen wird. Dies gilt auch für Wände, bei denen die Voraussetzungen des vereinfachten Verfahrens erfüllt sind. Im folgenden werden Hinweise gegeben, in welchen Fällen eine Berechnung nach dem genaueren Berechnungsverfahren (DIN 1053 Teil 1, Abschnitt 7) sinnvoll ist.

Bei Außen- und Haustrennwänden wird in der Regel eine genauere Berechnung nach Abschnitt 7 keinen Vorteil bringen. Dies gilt insbesondere für Außenwände mit den Wanddicken 11,5 cm und 17,5 cm, für die nach dem genaueren Verfahren in jedem Fall die Windlasten und ausmittig eingeleitete Deckenlasten bei der Berechnung berücksichtigt werden müssen.

Für Innenwände mit der Dicke 11,5 cm, die zweiseitig, d. h. am Wandkopf und Wandfuß gehalten sind, lohnt sich dagegen eine genauere Berechnung. Es kann hierbei eine bis zu 26% höhere Tragfähigkeit nachgewiesen werden, die auf die beim vereinfachten Verfahren eingebauten Reserven bei der Knicksicherheit zurückzuführen ist. Für Innenwände der Wanddicke d = 17,5 cm und d = 24 cm gilt, daß ein Nachweis nach dem genaueren Verfahren nur bei hohen Auflasten und geringen Stützweitenunterschieden der Decken vorteilhaft ist. Mit steigender Wanddicke und/oder höherer Mauerwerksgüte wird der Vorteil durch die genauere Berechnung nach Abschnitt 7 jedoch geringer.

Beim Nachweis der Bauwerksaussteifung nach dem vereinfachten Berechnungsverfahren dürfen die aussteifenden

Wände nur als Rechteckquerschnitte berücksichtigt werden. Für genauere Schubnachweise unter Ansatz von zusammengesetzten Querschnitten ist daher DIN 1053 Teil 1, Abschnitt 7, anzuwenden.

Der Nachweis von Kelleraußenwänden darf nach DIN 1053 Teil 1, Gl. (17) oder Gl. (18), geführt werden. Der Unterschied besteht in den unterschiedlichen Bezugswerten für die nachzuweisenden Grenzwerte der Auflast der Wand (Kap. 3.3.1). Nach Gl. (18) wird die Auflast der Wand unterhalb der Kellerdecke, nach Gl. (17) in halber Höhe der Anschüttung bestimmt. Beim Nachweis nach Gl. (17) darf also noch mindestens das halbe Eigengewicht der Kelleraußenwand mit angesetzt werden. Da Kelleraußenwände im Regelfall mit Steinen hoher Rohdichte ausgeführt werden, ist bei geringer Auflast eine Berechnung nach Gl. (17) empfehlenswert.

In Kap. 6 dieses Buches werden zahlreiche Beispiele zur Berechnung nach den genaueren Verfahren der DIN 1053 Teil 1, Abschnitt 7, behandelt. Es wird unterschieden zwischen „kleineren" Anwendungsbeispielen, die den Umgang mit den Bemessungsgleichungen zeigen sollen, sowie zusammenhängenden Untersuchungen von Einzelbaugliedern und Bauwerken. Wie in den Beispielen der Kap. 4.2.2 bis 4.2.11 sind die Nachweise bewußt sehr ausführlich beschrieben und umfassen ebenfalls die in der Praxis am häufigsten ausgeführten Wandkonstruktionen. Es werden alle nach DIN 1053 Teil 1, Abschnitt 7, erforderlichen Nachweise geführt.

Des weiteren sind zur Vereinfachung der rechnerischen Nachweise des Wand-Decken-Knotens, der Knicksicherheit und der Schubtragfähigkeit für KS-Mauerwerk Berechnungshilfen in Form von Tafeln und Bildern zusammengestellt.

Grundsätzlich können die erforderlichen Nachweise entweder nach Tafeln oder Bildern oder nach aufbereiteten Gleichungen geführt werden.

Im einzelnen enthält Kap. 6 folgende Beispiele:

„Kleinere" Anwendungsbeispiele

Nachweise Wand-Decken-Knoten:

Beispiel 1: Außenwandknoten A der Dachdecke
Beispiel 2: Innenwandknoten E der Dachdecke
Beispiel 3: Außenwandknoten einer Zwischendecke
Beispiel 4: Innenwandknoten D einer Zwischendecke

Knicksicherheitsnachweise:

Beispiel 1: Knicklänge einer schlanken Wand
Beispiel 2: Planmäßig, mittig belastete Wand
Beispiel 3: Schlanke Wand geringer Breite (b < 2,0 m)
Beispiel 4: Ausmittig belastete Wand bei hoher Auflast

Schubnachweis:

Beispiel: Nachweis eines auf Druck und Schub beanspruchten Querschnittes

Nachweise Bauwerksaussteifung:

Beispiel 1: Aussteifungswand mit Rechteckquerschnitt
Beispiel 2: Beurteilung der Bauwerksaussteifung nach dem Kriterium

Nachweise Kelleraußenwand:

Beispiel 1: Kelleraußenwand, d = 24,0 cm (Nachweis nach DIN 1053 Teil 1)
Beispiel 2: Kelleraußenwand, d = 24,0 cm (Nachweis nach den ermittelten Schnittgrößen)
Beispiel 3: Kelleraußenwand, d = 30,0 cm, Hohe Verkehrslast im Einflußbereich des Erddruckes
Beispiel 4: Kelleraußenwand, d = 36,5 cm, Geringe Auflast am Wandkopf
Beispiel 5: Kelleraußenwände beim Einfamilienhaus
Beispiel 6: Kelleraußenwand ohne Auflast, d = 30,0 cm, Nachweis als waagerechtes Gewölbe
Beispiel 7: Terrassenseitige Kelleraußenwand eines Einfamilienhauses, d = 30,0 cm
Beispiel 8: Kelleraußenwand ohne Auflast, d = 30,0 cm, Nachweis als lotrechtes Gewölbe
Beispiel 9: Kelleraußenwand, d = 30,0 cm, Verblendschale 50 cm in das Kellergeschoß heruntergeführt

Nachweis Lasteinleitung

Beispiel: Nachweis der Teilflächenpressung

Untersuchung von Einzelbaugliedern und Bauwerken

Nachweis tragender Bauglieder:

- Aus dem Mehrfamilienhaus
  Beispiel 1: Nachweis Gesamtstabilität
  Beispiel 2: Außenwand im Dachgeschoß (Pos. W 9)
  Beispiel 3: Innenwand im Erdgeschoß (Pos. W 11)
  Beispiel 4: Aussteifungswand im Erdgeschoß (Pos. W 1)
  Beispiel 4.1: Ohne Windnachweis
  Beispiel 4.2: Mit Windnachweis

- Aus dem Einfamilienreihenhaus
  Beispiel 5: Nachweis Haustrennwand (Pos. W 1)

- Als Sonderfallbetrachtung
  Beispiel 6: Nachweis der Wanddeckenknoten bei unterschiedlichen Wand- und Deckendicken

- Bei Ausführung des Mauerwerkes in Stumpfstoßtechnik
  Beispiel 7: Nachweis eines Mehrfamilienhauses mit Stumpfstoßmauerwerk
  Beispiel 7.1: Aussteifungswand im Erdgeschoß in y-Richtung (Pos. W 1)
  Beispiel 7.2: Aussteifungswand im Erdgeschoß in x-Richtung (Pos. W 11)

5 KS-Mauerwerk

5.1	Steinarten und Anforderungen	104	5.5.2	Formänderungen	118
5.2	KS-Formsteine	106	5.5.2.1	Allgemeines	118
			5.5.2.2	Feuchtedehnung	118
5.3	Nichttragende KS-Außenwände	106	5.5.2.3	Wärmedehnung	119
5.3.1	Statik	107	5.5.2.4	Elastische Dehnung	119
5.3.2	Anschlüsse an angrenzende, tragende Bauteile	108	5.5.2.5	Kriechen	119
			5.5.3	Verformungsfälle, Rißsicherheit	120
5.4	Nichttragende KS-Innenwände	113	5.5.3.1	Miteinander verbundene Außen- und Innenwände	120
5.4.1	Anforderungen	113			
5.4.2	Einbaubereiche	114	5.5.3.2	Zweischalige Außenwände mit Verblendschale	123
5.4.3	Grenzabmessungen	114			
5.4.4	Befestigung an angrenzende Bauteile	114	5.5.3.3	Leichte Trennwände	127
5.4.5	Beschränkung der Deckendurchbiegung	117	5.5.3.4	Gebäudetrennfugen	127
5.4.6	Lastannahmen für Decken	117	5.5.3.5	Verformungen der Dachdecke	127
5.4.7	Schadensfreie Ausführung	117	5.6	Rationelles kosten- und flächensparendes Bauen	128
5.5	Verformung und Rißsicherheit	117			
5.5.1	Das Entstehen von Spannungen und Rissen	118	5.7	Grundwerte der zulässigen Druckspannungen	129

5 KS-Mauerwerk

Kalksandsteine sind Mauersteine, die aus den natürlichen Rohstoffen Kalk und kieselsäurehaltige Zuschläge (Sand) hergestellt, nach innigem Mischen verdichtet, geformt und unter Dampfdruck gehärtet werden. Die Zuschlagarten sollen DIN 4226-1 entsprechen. Die Verwendung von Zuschlagarten nach DIN 4226-2 (Leichtzuschläge) ist zulässig, soweit hierdurch die Eigenschaften der KS-Steine nicht ungünstig beeinflusst werden.

5.1 Steinarten und Anforderungen nach DIN V 106 – Kalksandsteine.

Die DIN V 106 (2003-01) besteht aus zwei Teilen, in denen die nachfolgend aufgeführten Steinarten und -gruppen beschrieben sind:

- Teil 1 Voll-, Loch-, Block-, Hohlblocksteine, Plansteine, Planelemente, Fasensteine, Bauplatten, Formsteine
- Teil 2 Vormauersteine und Verblender

KS-Vollsteine (KS)

sind – abgesehen von den durchgehenden Grifföffnungen oder Hantierlöchern – fünfseitig geschlossene Mauersteine mit einer Steinhöhe von ≤ 123 mm, deren Querschnitt durch Lochung senkrecht zur Lagerfläche bis zu 15% gemindert sein darf.

KS-Lochsteine (KS L)

sind – abgesehen von durchgehenden Grifföffnungen oder Hantierlöchern – fünfseitig geschlossene Mauersteine mit einer Steinhöhe von ≤ 123 mm, deren Querschnitt durch Lochung senkrecht zur Lagerfläche um mehr als 15% gemindert sein darf.

KS-Blocksteine (KS-R)

sind – abgesehen von durchgehenden Grifföffnungen oder Hantierlöchern – fünfseitig geschlossene Mauersteine mit Steinhöhen > 123 mm, deren Querschnitt durch Lochung senkrecht zur Lagerfläche bis zu 15% gemindert sein darf.

KS-Hohlblocksteine (KS L-R)

sind – abgesehen von durchgehenden Grifföffnungen oder Hantierlöchern – fünfseitig geschlossene Mauersteine mit Steinhöhen > 123 mm, deren Querschnitt durch Lochung senkrecht zur Lagerfläche um mehr als 15% gemindert sein darf.

KS-Plansteine (KS (P))

sind Voll-, Loch-, Block- und Hohlblocksteine, die in Dünnbettmörtel zu versetzen sind. Es werden erhöhte Anforderungen an die zulässigen Grenzabmaße für die Höhe gestellt.

KS-Planelemente (KS XL)

sind großformatige KS-Vollsteine mit einer Höhe > 248 mm und einer Länge ≥ 498 mm, deren Querschnitt durch Lochung senkrecht zur Lagerfläche bis zu 15% gemindert sein darf und an die erhöhte Anforderungen hinsichtlich der Grenzabmaße für die Höhe gestellt werden. KS XL werden unterteilt in werkseitig konfektionierte Bausätze (KS XL-PE) und Rasterelemente im Baukastenprinzip – oktametrisches Raster – (KS XL-RE). Für die Anwendung von KS XL sind zzt. noch bauaufsichtliche Zulassungen erforderlich. Die Bemessung und Ausführung dieser Bauweise wird zukünftig in DIN 1053-5 geregelt.

KS XL werden in den Steinrohdichteklassen 1,8 und 2,0 und in den Steinfestigkeitsklassen 12 und 20 hergestellt (bevorzugt werden sie in der Steinrohdichteklasse 2,0 und der Steinfestigkeitsklasse 20 angeboten). Die zulässige Druckspannung ist gegenüber Mauerwerk nach DIN 1053-1 erhöht.

KS XL – Planelemente (KS XL-PE)

werden als komplette Wandbausätze angeboten und inklusive aller Passelemente zusammen mit EDV-Versetzplänen auf die Baustelle geliefert, im Markt bekannt z.B. als KS Plus.

KS XL – Rasterelemente (KS XL-RE)

sind auf das oktametrische Raster (12,5 cm) ausgerichtet. Die üblichen Wandlängen im beliebig Vielfachen von 12,5 cm sind möglich. Es werden Regelelemente (1/1) und zwei Passelemente (3/4 und 1/2) werkseitig angeboten. Weitere Passelemente sind ggf. auf der Baustelle herzustellen, im Markt bekannt z.B. als KS-Quadro.

KS-Bauplatten (KS-P)

sind KS-Steine für nicht tragende innere Trennwände nach DIN 4103-1 mit Regelhöhen von 248 mm und 498 mm und einer Breite < 115 mm, die mit einem umlaufenden Nut-Feder-System ausgebildet sein können und an die erhöhte Anforderungen hinsichtlich der Grenzabmaße für die Höhe gestellt werden. Die Stoßfugen der KS-Bauplatten werden i.d.R. vermörtelt.

KS-Vormauersteine (KS Vm)

sind frostwiderstandsfähige Kalksandsteine (25-facher Frost-Tau-Wechsel) mindestens der Festigkeitsklasse 10.

KS-Verblender (KS Vb)

sind frostwiderstandsfähige Kalksandsteine mindestens der Festigkeitsklasse 16. An sie werden bezüglich der Frostwiderstandsfähigkeit (50 Frost-Tau-Wechsel), Ausblühungen und Verfärbungen sowie Grenzabmaße erhöhte Anforderungen gestellt. Für die Herstellung der KS-Verblender werden besonders ausgewählte Rohstoffe verwendet. KS-Verblender müssen werkseitig frei sein von schädlichen Einschlüssen oder anderen Stoffen, die später zu Abblätterungen, Kavernenbildung und anderen Gefügestörungen sowie zu Ausblühungen und Verfärbungen führen können, die das Aussehen der unverputzten Wände dauerhaft beeinträchtigen.

Steinrohdichte.

Kalksandsteine sind in den Rohdichteklassen (RDK) 0,6 – 0,7 – 0,8 – 0,9 – 1,0 – 1,2 – 1,4 – 1,6 – 1,8 – 2,0 – 2,2 nach DIN V 106-1 genormt, Vormauersteine und Verblender nach DIN V 106-2 in den Rohdichteklassen 1,0 bis 2,2 (bevorzugt werden die Rohdichteklassen 1,2 bis 2,0). Die regionalen Lieferprogramme sind zu beachten.

Steindruckfestigkeit.

Kalksandsteine nach DIN V 106-1 sind in den Festigkeitsklassen 4 – 6 – 8 – 10 – 12 – 16 – 20 – 28 – 36 – 48 – 60 genormt, KS Vm in den Festigkeitsklassen 10 bis 28 und KS Vb in den Festigkeitsklassen 16, 20 und 28. Die Festigkeitsklassen 36, 48 und 60 bei Kalksandsteinen nach DIN V 106-1 sind auf Sonderfälle beschränkt (bevorzugt werden die Festigkeitsklassen 12 bis 20).

Kalksandsteinarten

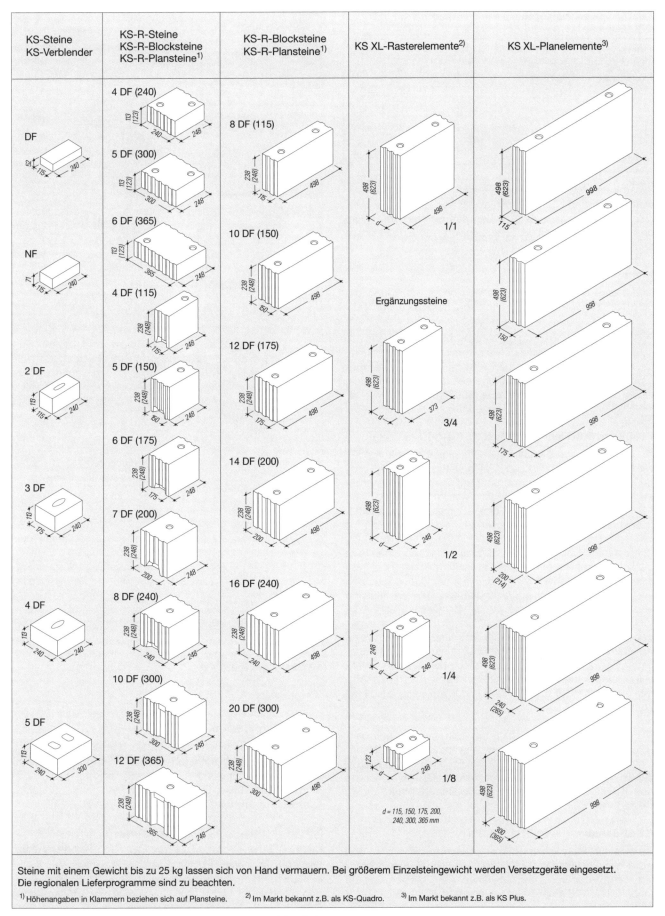

Bild 5/1: Beispiele KS-Steinformate für Mauerwerk nach DIN 1053

Bauteile zur Systemergänzung, Nichttragende KS-Außenwände

Tafel 5/1: Berechnungsgewicht von KS-Wänden nach DIN 1055-1

Stein-Rohdichte-klasse	Wandflächengewicht (ohne Putz) in kN/m² für Wanddicke d in cm						
	7	10	11,5	15	17,5	20	24
1,0	–	–	–	1,80	2,10	2,40	2,88
1,2	–	1,40	1,61	2,10	2,45	2,80	3,36
1,4	–	1,60	1,73	2,25	2,63	3,00	3,60
1,6	–	1,70	1,96	2,55	2,98	3,40	4,08
1,8	1,26	1,80	2,07	2,70	3,15	3,60	4,32
2,0	1,40	2,00	2,30	3,00	3,50	4,00	4,80

5.2 Bauteile zur Systemergänzung

werden von den KS-Werken regional angeboten. Die Bauteile zur Systemergänzung runden das Lieferprogramm ab und ermöglichen somit die Erstellung von Wänden aus einem homogenen Baustoff.

Kimmsteine

sind Steine, die in unterschiedlichen Höhen zum Höhenausgleich am Wandfuß bzw. am Wandkopf eingesetzt werden.

KS-ISO-Kimmsteine

sind druckfeste wärmetechnisch optimierte Mauersteine nach DIN V 106-1, die an geometrisch bedingten Wärmebrücken eingesetzt werden. Sie werden regional als Vollstein in der Steindruckfestigkeitsklasse 12 (20) und einer Wärmeleitfähigkeit $\lambda_R \leq 0{,}33$ W/(mK) angeboten.

KS-Stürze (KS-Flachstürze und KS-Fertigteilstürze)

sind vorgefertigte Bauteile zur Öffnungsüberdeckung. Es wird unterschieden zwischen KS-Flachstürzen (h ≤ 12,5 cm), deren Druckzone (Übermauerung) auf der Baustelle hergestellt wird – Bemessung nach der Flachsturzrichtlinie –, und KS-Fertigteilstürzen (h ≥ 24,8 cm) – Bemessung nach allgemeiner bauaufsichtlicher Zulassung.

Zur Überdeckung von Wandöffnungen in tragenden und nicht tragenden Innenwänden, in Hintermauerschalen von zweischaligem Mauerwerk sowie im Sichtmauerwerk werden vorgefertigte KS-Flachstürze angeboten. Die Bemessung erfolgt nach der „Richtlinie für die Bemessung und Ausführung von Flachstürzen" (Flachsturzrichtlinie). Die zulässigen Streckenlasten ergeben sich hiernach aus Sturzbreite, Auflagerlänge, Art und Höhe der Übermauerung und eingelegter Bewehrung (siehe Typenstatiken der Sturzhersteller). Bei Überdeckung der Stürze mit Mauerwerk sind die Stoßfugen zu vermörteln, damit sich ein Druckgewölbe ausbilden kann.

Als Alternative zu den Flachstürzen kommen im Hintermauerbereich KS-Fertigteilstürze zur Anwendung, deren Nennlängen zwischen 1000 und 2000 mm liegen. Bei diesen Stürzen ist im Vergleich zu den Flachstürzen die Übermauerung aus KS XL (Druckzone mit vermörtelter Stoßfuge) gleich Bestandteil des Sturzes.

KS-U-Schalen

werden für Ringbalken, Stürze, Aussteifungsstützen und Installationsschlitze im Mauerwerk verwendet. KS-U-Schalen werden für tragendes Mauerwerk in üblicher Qualität (nach DIN V 106-1) und für Verblendmauerwerk nach DIN V 106-2 angeboten. Sie werden folienverpackt auf Paletten geliefert.

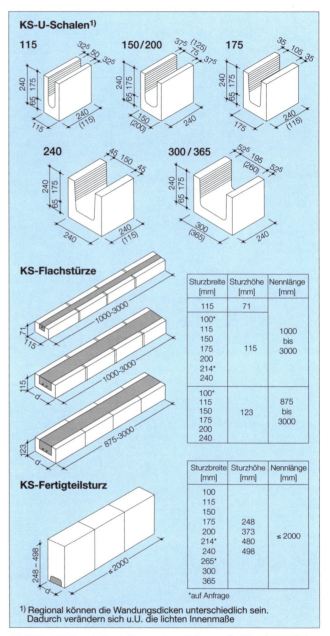

Bild 5/2: KS-Sonderbauteile – regional können die Wandungsdicken der U-Schalen unterschiedlich sein. Dadurch verändern sich u. U. die lichten Innenmaße.

KS-Sonderprodukte.

Regional werden eine Reihe von Sondersteinen produziert, die an den verschiedensten Stellen eines Mauerwerksgebäudes Anwendung finden, z.B. Installationssteine für Schalter und Steckdosen, Gurtrollersteine, Verblender mit schrägen oder runden Ecken usw.

5.3 Nichttragende KS-Außenwände

Nichttragende KS-Außenwände sind scheibenartige Bauteile, die überwiegend nur durch ihr Eigengewicht beansprucht werden. Sie müssen die auf ihre Fläche einwirkenden Windlasten sicher auf die angrenzenden, tragenden Bauteile, z.B. Wand- und Deckenscheiben, Stahl- oder Stahlbetonstützen und Unterzüge abtragen.

Nichttragende KS-Außenwände können entsprechend den an sie gestellten Anforderungen einschalig oder mehrschalig, verputzt oder unverputzt, mit zusätzlicher Wärmedämmung, mit vorgehängter Fassade u. a. ausgeführt werden.

5.3.1 Statik

Größtwerte der Ausfachungsflächen gemäß DIN 1053 Teil 1

Bei Ausfachungswänden von Fachwerk, Skelett- und Schottensystemen darf nach DIN 1053 Teil 1, Abschnitt 8.1.3.2, auf einen statischen Nachweis verzichtet werden, wenn

- die Wände vierseitig gehalten sind, z. B. durch Verzahnung, Versatz oder Anker,
- die Bedingungen nach DIN 1053 Teil 1, Tabelle 9 (Tafel 5/2) erfüllt sind,
- mind. Normalmörtel der Mörtelgruppe II a, Dünnbettmörtel oder Leichtmörtel LM 36 verwendet wird.

Zulässige Wandabmessungen und -flächen für KS-Mauerwerk nach DIN 1053 Teil 1 sind für verschiedene Wanddicken in den Tafeln 5/2 bis 5/6 angegeben.

Erhöhte Größtwerte von Ausfachungsflächen [5/1]

Die Größtwerte von Ausfachungsflächen nichttragender KS-Außenwände dürfen unter folgenden Voraussetzungen erhöht werden:

- Verwendung von KS-Steinen der Höhe h = 23,8 oder 24,8 cm (Blocksteine, Hohlblocksteine, großformatige Plansteine)
- Verwendung der Mörtelgruppe III oder Dünnbettmörtel

Bei Verwendung der Mörtelgruppe III sind die KS-Steine vorzunässen. Unter diesen Voraussetzungen sind in einigen Fällen – siehe Tafeln 5/3 und 5/6 – auch dreiseitig gehaltene – oberer Rand frei – Wände möglich.

Wandabmessungen

Die Abmessungen nichttragender KS-Außenwände sind abhängig von

- der Dicke der Wand,
- dem Verhältnis der größeren zur kleineren Seite der Ausfachungsfläche,
- der Höhe der Wand über Gelände.

Tafel 5/2: Zulässige Größtwerte der Ausfachungsfläche von nichttragenden Außenwänden ohne rechnerischen Nachweis (nach DIN 1053 Teil 1, Tabelle 9)

	1	2	3	4	5	6	7
	Wanddicke[1]	Zulässiger Größtwert der Ausfachungsfläche bei einer Höhe über Gelände von					
		0 bis 8 m		8 bis 20 m		20 bis 100 m	
	[cm]	$\varepsilon = 1{,}0$ [m²]	$\varepsilon \geq 2{,}0$[3] [m²]	$\varepsilon = 1{,}0$ [m²]	$\varepsilon \geq 2{,}0$[3] [m²]	$\varepsilon = 1{,}0$ [m²]	$\varepsilon \geq 2{,}0$[3] [m²]
1	11,5[1]	12	8	8	5	6	4
1a	11,5[2]	16	10,6	10,6	6,7	8	5,3
2	17,5	20	14	13	9	9	6
3	≥24,0	36	25	23	16	16	12
4	≥30,0	50	33	35	23	25	17

Hierbei ist ε das Verhältnis der größeren zur kleineren Seite der Ausfachungsfläche. Bei Seitenverhältnissen $1{,}0 < \varepsilon < 2{,}0$ dürfen die zulässigen Größtwerte der Ausfachungsflächen geradlinig interpoliert werden.

[1] Zulässig bei Steinfestigkeitsklasse <12
[2] Zulässig bei Steinfestigkeitsklasse ≥ 12 (Werte der Zeile 1a sind gegenüber den Werten der Zeile 1 um 1/3 erhöht)
[3] Bei Verwendung von Steinen der Festigkeitsklasse ≥ 20 und einem Seitenverhältnis h/l ≥ 2,0 dürfen die Werte der Spalten 3, 5 und 7 verdoppelt werden.

Tafel 5/3: Zulässige Größtwerte der Ausfachungsfläche von nichttragenden Außenwänden für Steinhöhen 23,8 oder 24,8 cm (KS-Blocksteine, KS-Hohlblocksteine, großformatige KS-Plansteine) mit Mörtelgruppe III oder Dünnbettmörtel nach [5/1]

Wanddicke d [cm]	Größte zulässige Ausfachungsflächen [m²] bei einer Höhe über Gelände von								
	0 bis 8 m			8 bis 20 m			20 bis 100 m		
	$\varepsilon = 0{,}5$	$\varepsilon = 1{,}0$	$\varepsilon = 2{,}0$	$\varepsilon = 0{,}5$	$\varepsilon = 1{,}0$	$\varepsilon = 2{,}0$	$\varepsilon = 0{,}5$	$\varepsilon = 1{,}0$	$\varepsilon = 2{,}0$
a) Vierseitig gehalten[1]									
17,5	22	20	22	13	13	13	9	9	9
24,0	38	36	38	25	23	25	18	16	18
≥30,0	60	54	60	38	35	38	28	25	28
b) Dreiseitig gehalten, oberer Rand frei									
17,5	8	10	16	–	–	–	–	–	–
24,0	16	20	30	10	12	18	–	–	–
≥30,0	25	30	45	16	20	28	12	15	20

[1] Werte gelten auch bei $\varepsilon < 0{,}5$ und $\varepsilon > 2{,}0$.
ε ist das Verhältnis Wandhöhe zu Wandlänge.

Anschlüsse, Beispiele Ausfachungsmauerwerk

Bei einem Seitenverhältnis $\varepsilon = h/l \geq 2$ und bei Verwendung von Steinen der Festigkeitsklasse ≥ 20 dürfen die Werte der Tafel 5/2, Spalten 3, 5 und 7, verdoppelt werden: Wandhöhe $h \geq 2\,l$ (h = Wandhöhe; l = Wandlänge).

Sind in nichttragenden Außenwänden Fenster- oder Türöffnungen vorgesehen, die die Stabilität und Lastabtragung der Wand beeinträchtigen, wird ein statischer Nachweis erforderlich.

Die Abmessungen des Ausfachungsmauerwerks sind die lichten Maße zwischen den Auflagerkonstruktionen. Die angegebenen Höhen über Gelände beziehen sich auf die Oberkante der jeweiligen Ausfachungsfläche.

5.3.2 Anschlüsse an angrenzende, tragende Bauteile

Die nichttragenden Außenwände müssen in den in Tafel 5/4 bis 5/6 angegebenen Abständen horizontal unverschieblich gehalten werden. Überschreiten die angrenzenden tragenden Bauteile die zur Aussteifung der Außenwände erforderlichen Abstände, kann die Aussteifung durch andere Maßnahmen erreicht werden, z. B. mit Hilfe von Stahlprofilen in [- oder I-Form. Werden die Wände nicht bis unter die Decke oder den Unterzug gemauert, so sind die Wandkronen durch Aussteifungsriegel, z. B. aus Stahl oder Stahlbeton, zu halten.

Für den Anschluß der Wand kann auf einen statischen Nachweis verzichtet werden, wenn diese Verbindungen offensichtlich unter Einhaltung der üblichen Sicherheiten ausreichen. Bei den Wandanschlüssen ist zu beachten, daß infolge der Verformungen keine Zwängungsspannungen auftreten.

Die nichttragenden Außenwände und ihre Anschlüsse müssen so ausgebildet sein, daß sie die auf sie wirkenden Windlasten auf die angrenzenden, tragenden Bauteile sicher ab-

---

Beispiel 1:
Zur Ermittlung der erforderlichen Wanddicke

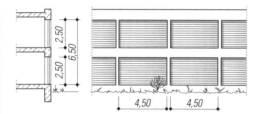

Gegeben:
Einschalige Ausfachungswand in Stahlbetonskelettbau

Baustoffe
Steinfestigkeitsklasse 12, Mörtelgruppe IIa

Abmessungen
Größe der Ausfachungsfläche
$\qquad A = 4{,}50 \cdot 2{,}50 = 11{,}25\ m^2$
Höhe der Ausfachungsfläche
über Gelände $\qquad H < 8{,}00\ m$
Wanddicke $\qquad d = 11{,}5\ cm$

Gesucht:
Geringste, konstruktiv notwendige Wanddicke nach Tafel 5/4

Berechnungsgang:
a) Ermittlung des Seitenverhältnisses

$$\varepsilon = \frac{\text{größere Seite}}{\text{kleinere Seite}} = \frac{4{,}50}{2{,}50} = 1{,}8$$

b) Ermittlung der zulässigen Ausfachungsfläche
(Tafel 5/4, Tabelle für 0 bis 8 m Höhe über Gelände)

Bei einer Wanddicke $d = 11{,}5\ cm$, einem Seitenverhältnis $\varepsilon = 1{,}8$ und einer Höhe über Gelände von $H < 8{,}00\ m$ ist eine Ausfachungsfläche bis $11{,}8\ m^2$ zulässig.

c) Nachweis
$\qquad$ zul $A = 11{,}8\ m^2 >$ vorh $A = 11{,}25\ m^2$

Damit ist die Ausfachungswand mit den gewählten Baustoffen und Abmessungen nachgewiesen.

Beispiel 2:
Zur Ermittlung der zulässigen Wandfläche

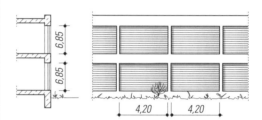

Gegeben:
Einschalige Ausfachungswand in Stahlbetonskelettbau

Baustoffe
Steinfestigkeitsklasse 12, Mörtelgruppe IIa

Abmessungen
Höhe der Ausfachungsfläche
über Gelände $\qquad H = 0$ bis $8{,}00\ m$
Wandlänge $\qquad l = 4{,}20\ m$
Wandhöhe $\qquad h = 6{,}85\ m$
Wanddicke $\qquad d = 24{,}0\ cm$

Gesucht:
Zulässige Ausfachungsfläche nach Tafel 5/5

Berechnungsgang:
a) Ermittlung der vorhandenen Ausfachungsfläche
$\qquad$ vorh $A = 4{,}20 \cdot 6{,}85 = 28{,}77\ m^2$

b) Ermittlung der zulässigen Ausfachungsfläche
Seitenverhältnis
$\qquad \varepsilon = 6{,}85/4{,}20 = 1{,}63$

Zulässiger Größtwert der Ausfachungsfläche
(Tafel 5/5)

$\qquad$ zul $A = A_{\varepsilon=2{,}0} + [(A_{\varepsilon=1{,}0} - A_{\varepsilon=2{,}0}) \cdot (2{,}0 - \varepsilon)]$
$\qquad\qquad = 25{,}0 + [(36{,}0 - 25{,}0) \cdot (2{,}0 - 1{,}63)]$
$\qquad\qquad = 29{,}07\ m^2$

c) Nachweis
$\qquad$ zul $A = 29{,}07\ m^2 >$ vorh $A = 28{,}77\ m^2$

Damit ist die Ausfachungswand mit den gewählten Baustoffen und Abmessungen nachgewiesen.

Anschlüsse

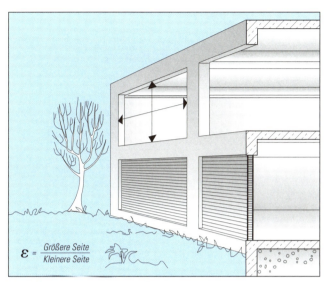

Bild 5/3: Abmessungen des Ausfachungsmauerwerks

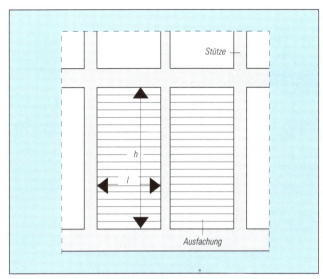

Bild 5/4: Ausfachungsflächen bei $\varepsilon = h/l \geq 2$

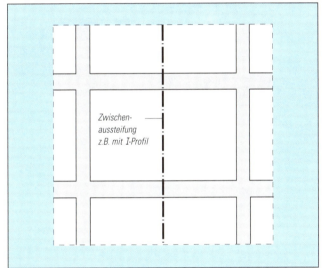

Bild 5/5: Zwischenaussteifung des Ausfachungsmauerwerks

tragen: diese Forderung wird bei den Konstruktionsbeispielen (Bilder 5/6 und 5/7) erfüllt.[1]

Die Standsicherheit der Wände muß durch geeignete Maßnahmen und Anschlüsse gewährleistet sein. Einflüsse, die die Formänderungen angrenzender Bauteile haben, z. B. durch Längenänderungen oder nachträgliches Durchbiegen weitgespannter Tragkonstruktionen sowie Formänderungen der Wände selbst infolge von Witterungs- und Temperatureinflüssen, sind bei der Wahl der Anschlüsse zu berücksichtigen.

Seitliche Anschlüsse

Der seitliche Anschluß an angrenzende Bauteile erfolgt in der Regel gleitend und elastisch

---

[1] Lieferfirma: Halfen, 40591 Düsseldorf

Bild 5/6: Verschiedene Außenwandkonstruktionen nichttragender Wände

Zulässige Ausfachungsflächen

Tafel 5/4: Zulässige Wandabmessungen und Wandflächen nichttragender KS-Außenwände

d = 11,5 cm; 4-seitig gehalten

Höhe über Gelände [m]	$\varepsilon = \frac{\text{größere Seite}}{\text{kleinere Seite}}$										
	1,0	1,1	1,2	1,3	1,4	1,5	1,6	1,7	1,8	1,9	≥2,0
0 bis 8	16,0	15,5	15,0	14,4	13,9	13,4	12,8	12,3	11,8	11,2	10,6
8 bis 20	10,7	10,3	9,9	9,5	9,1	8,7	8,3	7,9	7,5	7,1	6,7
20 bis 100	8,0	7,7	7,5	7,2	6,9	6,7	6,4	6,1	5,8	5,6	5,3

Zulässige Wandflächen [m²] in Abhängigkeit von Seitenverhältnis und Höhe über Gelände

0 bis 8 m Höhe über Gelände

Höhe [m]	Länge [m]						
	2,00	2,50	3,00	3,50	4,00	4,50	5,00
2,00	4,00	5,00	6,00	7,00	8,00	9,00	10,00
2,50	5,00	6,25	7,50	8,75	10,00	11,25	–
3,00	6,00	7,50	9,00	10,50	12,00	13,50	–
3,50	7,00	8,75	10,50	12,25	14,00	–	–
4,00	8,00	10,00	12,00	14,00	16,00	–	–
4,50	9,00	11,25	13,50	–	–	–	–
5,00	10,00	–	–	–	–	–	–

0 bis 8 m Höhe über Gelände
($\varepsilon \geq 2{,}0$; Steinfestigkeitsklasse ≥ 20, zul $A \leq 2 \cdot 10{,}7 \leq 21{,}4$ m²)

Höhe [m]	Länge [m]			
	2,00	2,50	3,00	3,50
4,00	8,00	–	–	–
5,00	10,00	12,50	–	–
6,00	12,00	15,00	18,00	–
7,00	14,00	17,50	21,00	–
8,00	16,00	20,00	–	–
9,00	18,00	–	–	–
10,00	20,00	–	–	–
11,00	–	–	–	–

8 bis 20 m Höhe über Gelände

Höhe [m]	Länge [m]			
	2,00	2,50	3,00	3,50
2,00	4,00	5,00	6,00	7,00
2,50	5,00	6,25	7,50	8,75
3,00	6,00	7,50	9,00	10,50
3,50	7,00	8,75	10,50	–

8 bis 20 m Höhe über Gelände ($\varepsilon \geq 2{,}0$; Steinfestigkeitsklasse ≥ 20, zul $A \leq 2 \cdot 6{,}7 \leq 13{,}40$ m²)

Höhe [m]	Länge [m]		
	2,00	2,50	3,00
4,00	8,00	–	–
5,00	10,00	12,50	–
6,00	12,00	–	–
7,00	–	–	–

d = 17,5 cm; 4-seitig gehalten

Höhe über Gelände [m]		$\varepsilon = \frac{\text{größere Seite}}{\text{kleinere Seite}}$										
		1,0	1,1	1,2	1,3	1,4	1,5	1,6	1,7	1,8	1,9	≥2,0
0 bis 8	DIN 1053	20,0	19,4	18,8	18,2	17,6	17,0	16,4	15,8	15,2	14,6	14,0
	Gutachten[1])	20,0	20,2	20,4	20,6	20,8	21,0	21,2	21,4	21,6	21,8	22,0
8 bis 20	DIN 1053	13,0	12,6	12,2	11,8	11,4	11,0	10,6	10,2	9,8	9,4	9,0
	Gutachten[1])	13,0	13,0	13,0	13,0	13,0	13,0	13,0	13,0	13,0	13,0	13,0
20 bis 100	DIN 1053	9,0	8,7	8,4	8,1	7,8	7,5	7,2	6,9	6,6	6,3	6,0
	Gutachten[1])	9,0	9,0	9,0	9,0	9,0	9,0	9,0	9,0	9,0	9,0	9,0

0 bis 8 m Höhe über Gelände

Höhe [m]	Länge [m]										
	2,00	2,50	3,00	3,50	4,00	4,50	5,00	5,50	6,00	6,50	7,00
2,00	4,00	5,00	6,00	7,00	8,00	9,00	10,00	11,00	12,00	13,00	14,00
2,50	5,00	6,25	7,50	8,75	10,00	11,25	12,50	13,75	15,00	16,25	17,50
3,00	6,00	7,50	9,00	10,50	12,00	13,50	15,00	16,50	18,00	19,50	21,00
3,50	7,00	8,75	10,50	12,25	14,00	15,75	17,50	19,25	21,00	–	–
4,00	8,00	10,00	12,00	14,00	16,00	18,00	20,00	–	–	–	–
4,50	9,00	11,25	13,50	15,75	18,00	20,25	–	–	–	–	–
5,00	10,00	12,50	15,00	17,50	20,00	–	–	–	–	–	–
5,50	11,00	13,75	16,50	19,25	–	–	–	–	–	–	–
6,00	12,00	15,00	18,00	21,00	–	–	–	–	–	–	–
6,50	13,00	16,25	19,50	–	–	–	–	–	–	–	–
7,00	14,00	17,50	21,00	–	–	–	–	–	–	–	–

0 bis 8 m Höhe über Gelände
($\varepsilon \geq 2{,}0$; Steinfestigkeitsklasse ≥ 20, zul $A \leq 2 \cdot 14{,}0 \leq 28{,}0$ m²)

Höhe [m]	Länge [m]				
	2,00	2,50	3,00	3,50	4,00
4,00	8,00	–	–	–	–
5,00	10,00	12,50	–	–	–
6,00	12,00	15,00	13,00	–	–
7,00	14,00	17,50	21,00	24,50	–
8,00	16,00	20,00	24,00	28,00	–
9,00	18,00	22,50	27,00	–	–
10,00	20,00	25,00	–	–	–
11,00	22,00	27,50	–	–	–
12,00	24,00	–	–	–	–

8 bis 20 m Höhe über Gelände

Höhe [m]	Länge [m]						
	2,00	2,50	3,00	3,50	4,00	4,50	5,00
2,00	4,00	5,00	6,00	7,00	8,00	9,00	10,00
2,50	5,00	6,25	7,50	8,75	10,00	11,25	12,50
3,00	6,00	7,50	9,00	10,50	12,00	–	–
3,50	7,00	8,75	10,50	12,25	–	–	–
4,00	8,00	10,00	12,00	–	–	–	–
4,50	9,00	11,25	–	–	–	–	–
5,00	10,00	12,50	–	–	–	–	–

8 bis 20 m Höhe über Gelände
($\varepsilon \geq 2{,}0$; Steinfestigkeitsklasse ≥ 20, zul $A \leq 2 \cdot 9{,}0 \leq 18{,}0$ m²)

Höhe [m]	Länge [m]			
	2,00	2,50	3,00	3,50
4,00	8,00	–	–	–
5,00	10,00	12,50	–	–
6,00	12,00	15,00	18,00	–
7,00	14,00	17,50	–	–
8,00	16,00	–	–	–
9,00	18,00	–	–	–
10,00	–	–	–	–

[1]) Die weiß ausgesparten Werte unterhalb der Treppenlinie gelten nur unter den Voraussetzungen des Gutachtens [5/1]

Tafel 5/5: Zulässige Wandabmessungen und Wandflächen nichttragender KS-Außenwände

d = 24,0 cm; 4-seitig gehalten

Höhe über Gelände [m]		$\varepsilon = \frac{\text{größere Seite}}{\text{kleinere Seite}}$										
		1,0	1,1	1,2	1,3	1,4	1,5	1,6	1,7	1,8	1,9	≥2,0
0 bis 8	DIN 1053	36,0	34,9	33,7	32,7	31,6	30,5	29,4	28,3	27,2	26,1	25,0
	Gutachten[1]	36,0	36,2	36,4	36,6	36,8	37,0	37,2	37,4	37,6	37,8	38,0
8 bis 20	DIN 1053	23,0	22,3	21,6	20,9	20,2	19,5	18,8	18,1	17,4	16,7	16,0
	Gutachten[1]	23,0	23,2	23,4	23,6	23,8	24,0	24,2	24,4	24,6	24,8	25,0
20 bis 100	DIN 1053	16,0	15,6	15,2	14,8	14,4	14,0	13,6	13,2	12,8	12,4	12,0
	Gutachten[1]	16,0	16,2	16,4	16,6	16,8	17,0	17,2	17,4	17,6	17,8	18,0

0 bis 8 m Höhe über Gelände

Höhe [m]	Länge [m]										
	2,00	3,00	4,00	5,00	6,00	7,00	8,00	9,00	10,00	11,00	12,00
2,00	4,00	6,00	8,00	10,00	12,00	14,00	16,00	18,00	20,00	22,00	24,00
3,00	6,00	9,00	12,00	15,00	18,00	21,00	24,00	27,00	30,00	33,00	36,00
4,00	8,00	12,00	16,00	20,00	24,00	28,00	32,00	36,00	–	–	–
5,00	10,00	15,00	20,00	25,00	30,00	35,00	–	–	–	–	–
6,00	12,00	18,00	24,00	30,00	36,00	–	–	–	–	–	–
7,00	14,00	21,00	28,00	35,00	–	–	–	–	–	–	–
8,00	16,00	24,00	32,00	–	–	–	–	–	–	–	–
9,00	18,00	27,00	36,00	–	–	–	–	–	–	–	–
10,00	20,00	30,00	–	–	–	–	–	–	–	–	–
11,00	22,00	33,00	–	–	–	–	–	–	–	–	–
12,00	24,00	36,00	–	–	–	–	–	–	–	–	–

0 bis 8 m Höhe über Gelände ($\varepsilon \geq 2,0$; Steinfestigkeitsklasse ≥ 20, zul A ≤ 2·25,0 ≤ 50,0 m²)

Höhe [m]	Länge [m]						
	2,00	2,50	3,00	3,50	4,00	4,50	5,00
4,00	8,00	–	–	–	–	–	–
5,00	10,00	12,50	–	–	–	–	–
6,00	12,00	15,00	18,00	–	–	–	–
7,00	14,00	17,50	21,00	24,50	–	–	–
8,00	16,00	20,00	24,00	29,00	32,00	–	–
9,00	18,00	22,50	27,00	31,50	36,00	40,50	–
10,00	20,00	25,00	30,00	35,00	40,00	45,00	50,00
11,00	22,00	27,50	33,00	38,50	44,00	49,50	–
12,00	24,00	30,00	36,00	42,00	48,00	–	–

8 bis 20 m Höhe über Gelände

Höhe [m]	Länge [m]							
	2,00	3,00	4,00	4,80	5,00	6,00	7,00	8,00
2,00	4,00	6,00	8,00	9,60	10,00	12,00	14,00	16,00
3,00	6,00	9,00	12,00	14,40	15,00	18,00	21,00	24,00
4,00	8,00	12,00	16,00	19,20	20,00	24,00*	–	–
4,80	9,60	14,40	19,20	23,00	–	–	–	–
5,00	10,00	15,00	20,00	–	–	–	–	–
6,00	12,00	18,00	24,00	–	–	–	–	–
7,00	14,00	21,00	–	–	–	–	–	–
8,00	16,00	24,00	–	–	–	–	–	–

*) geringfügige Überschreitung

8 bis 20 m Höhe über Gelände ($\varepsilon \geq 2,0$; Steinfestigkeitsklasse ≥ 20, zul A ≤ 2·16,0 ≤ 32,0 m²)

Höhe [m]	Länge [m]				
	2,00	2,50	3,00	3,50	4,00
4,00	8,00	–	–	–	–
5,00	10,00	12,50	–	–	–
6,00	12,00	15,00	18,00	–	–
7,00	14,00	17,50	21,00	24,50	–
8,00	16,00	20,00	24,00	28,00	32,00
9,00	18,00	22,50	27,00	31,50	–
10,00	20,00	25,00	30,00	–	–
11,00	22,00	27,50	–	–	–
12,00	24,00	30,00	–	–	–

[1]) Die weiß ausgesparten Werte unterhalb der Treppenlinie gelten nur unter den Voraussetzungen des Gutachtens [5/1]

d ≥ 30,0 cm; 4-seitig gehalten

Höhe über Gelände [m]		$\varepsilon = \frac{\text{größere Seite}}{\text{kleinere Seite}}$										
		1,0	1,1	1,2	1,3	1,4	1,5	1,6	1,7	1,8	1,9	≥2,0
0 bis 8	DIN 1053	50,0	48,3	46,6	44,9	43,2	41,5	39,8	38,1	36,4	34,7	33,0
	Gutachten[1]	54,0	54,6	55,2	55,8	56,4	57,0	57,6	58,2	58,8	59,4	60,0
8 bis 20	DIN 1053	35,0	33,8	32,6	31,4	30,2	29,0	27,8	26,6	25,4	24,2	23,0
	Gutachten[1]	35,0	35,3	35,6	35,9	36,2	36,5	36,8	37,1	37,4	37,7	38,0
20 bis 100	DIN 1053	25,0	24,2	23,4	22,6	21,8	21,0	20,2	19,4	18,6	17,8	17,0
	Gutachten[1]	25,0	25,3	25,5	25,9	26,2	26,5	26,8	27,1	27,4	27,7	28,0

0 bis 8 m Höhe über Gelände

Höhe [m]	Länge [m]										
	2,00	3,00	4,00	5,00	6,00	7,00	8,00	9,00	10,00	11,00	12,00
2,00	4,00	6,00	8,00	10,00	12,00	14,00	16,00	18,00	20,00	22,00	24,00
3,00	6,00	9,00	12,00	15,00	18,00	21,00	24,00	27,00	30,00	33,00	36,00
4,00	8,00	12,00	16,00	20,00	24,00	28,00	32,00	36,00	40,00	44,00	48,00
5,00	10,00	15,00	20,00	25,00	30,00	35,00	40,00	45,00	50,00	55,00	60,00
6,00	12,00	18,00	24,00	30,00	36,00	42,00	48,00	54,00	–	–	–
7,00	14,00	21,00	28,00	35,00	42,00	49,00	–	–	–	–	–
8,00	16,00	24,00	32,00	40,00	48,00	–	–	–	–	–	–
9,00	18,00	27,00	36,00	45,00	54,00	–	–	–	–	–	–
10,00	20,00	30,00	40,00	50,00	–	–	–	–	–	–	–
11,00	22,00	33,00	44,00	55,00	–	–	–	–	–	–	–
12,00	24,00	36,00	48,00	60,00	–	–	–	–	–	–	–

0 bis 8 m Höhe über Gelände ($\varepsilon \geq 2,0$; Steinfestigkeitsklasse ≥ 20, zul A ≤ 2·33,0 ≤ 66,0 m²)

Höhe [m]	Länge [m]						
	2,00	3,00	3,50	4,00	4,50	5,00	5,50
4,00	8,00	–	–	–	–	–	–
5,00	10,00	–	–	–	–	–	–
6,00	12,00	18,00	–	–	–	–	–
7,00	14,00	21,00	24,50	–	–	–	–
8,00	16,00	24,00	28,00	32,00	–	–	–
9,00	18,00	27,00	31,50	36,00	40,50	–	–
10,00	20,00	30,00	35,00	40,00	45,00	50,00	–
11,00	22,00	33,00	38,50	44,00	49,50	55,00	60,50
12,00	24,00	36,00	42,00	48,00	54,00	60,00	66,00

8 bis 20 m Höhe über Gelände

Höhe [m]	Länge [m]										
	2,00	3,00	4,00	5,00	6,00	7,00	8,00	9,00	10,00	11,00	12,00
2,00	4,00	6,00	8,00	10,00	12,00	14,00	16,00	18,00	20,00	22,00	24,00
3,00	6,00	9,00	12,00	15,00	18,00	21,00	24,00	27,00	30,00	33,00	36,00
4,00	8,00	12,00	16,00	20,00	24,00	28,00	32,00	36,00	–	–	–
5,00	10,00	15,00	20,00	25,00	30,00	35,00	–	–	–	–	–
6,00	12,00	18,00	24,00	30,00	–	–	–	–	–	–	–
7,00	14,00	21,00	28,00	35,00	–	–	–	–	–	–	–
8,00	16,00	24,00	32,00	–	–	–	–	–	–	–	–
9,00	18,00	27,00	36,00	–	–	–	–	–	–	–	–
10,00	20,00	30,00	–	–	–	–	–	–	–	–	–
11,00	22,00	33,00	–	–	–	–	–	–	–	–	–
12,00	24,00	36,00	–	–	–	–	–	–	–	–	–

8 bis 20 m Höhe über Gelände ($\varepsilon \geq 2,0$; Steinfestigkeitsklasse ≥ 20, zul A ≤ 2·23,0 ≤ 46,0 m²)

Höhe [m]	Länge [m]					
	2,00	2,50	3,00	3,50	4,00	4,50
4,00	8,00	–	–	–	–	–
5,00	10,00	12,50	–	–	–	–
6,00	12,00	15,00	18,00	–	–	–
7,00	14,00	17,50	21,00	24,50	–	–
8,00	16,00	20,00	24,00	28,00	32,00	–
9,00	18,00	22,50	27,00	31,50	36,00	40,50
10,00	20,00	25,00	30,00	35,00	40,00	45,00
11,00	22,00	27,50	33,00	38,50	44,00	–
12,00	24,00	30,00	36,00	42,00	48,00	–

Zulässige Ausfachungsflächen

Tafel 5/6: Zulässige Wandabmessungen und Wandflächen nichttragender KS-Außenwände [5/1]

d = 24,0 cm; 3-seitig gehalten
(oberer Rand frei)

Höhe über Gelände [m]	$\varepsilon = \frac{\text{Wandhöhe}}{\text{Wandlänge}}$							
	0,5	0,75	1,0	1,2	1,4	1,6	1,8	≥2,0
0 bis 8	16,0	18,0	20,0	22,0	24,0	26,0	28,0	30,0
8 bis 20	10,0	11,0	12,0	13,2	14,4	15,6	16,8	18,0

Höhe 0 bis 8 m; 3-seitig gehalten

Wandhöhe [m]	Wandlänge [m]							
	2,00	2,50	3,00	3,50	4,00	4,50	5,00	5,50
2,00	4,00	5,00	6,00	7,00	8,00	–	–	–
2,50	5,00	6,25	7,50	8,75	10,00	11,25	12,50	–
3,00	6,00	7,50	9,00	10,50	12,00	13,50	15,00	16,50
3,50	7,00	8,75	10,50	12,25	14,00	15,75	17,50	–
4,00	8,00	10,00	12,00	14,00	16,00	18,00	–	–
4,50	9,00	11,25	13,50	15,75	18,00	20,25	–	–
5,00	10,00	12,50	15,00	17,50	20,00	–	–	–
5,50	11,00	13,75	16,50	19,25	22,00	–	–	–
6,00	12,00	15,00	18,00	21,00	24,00	–	–	–
6,50	13,00	16,25	19,50	22,75	26,00	–	–	–
7,00	14,00	17,50	21,00	24,50	–	–	–	–
7,50	15,00	18,75	22,50	26,25	–	–	–	–
8,00	16,00	20,00	24,00	28,00	–	–	–	–

Höhe 8 bis 20 m; 3-seitig gehalten

Wandhöhe [m]	Wandlänge [m]				
	2,00	2,50	3,00	3,50	4,00
2,00	4,00	5,00	6,00	7,00	8,00
2,50	5,00	6,25	7,50	8,75	10,00
3,00	6,00	7,50	9,00	10,50	–
3,50	7,00	8,75	10,50	12,25	–
4,00	8,00	10,00	12,00	–	–
4,50	9,00	11,25	13,50	–	–
5,00	10,00	12,50	15,00	–	–
5,50	11,00	13,75	16,50	–	–
6,00	12,00	15,00	18,00	–	–
6,50	13,00	16,25	–	–	–
7,00	14,00	17,50	–	–	–
7,50	15,00	–	–	–	–
8,00	16,00	–	–	–	–

d = 17,5 cm; 3-seitig gehalten
(oberer Rand frei)

Höhe über Gelände [m]	$\varepsilon = \frac{\text{Wandhöhe}}{\text{Wandlänge}}$							
	0,5	0,75	1,0	1,2	1,4	1,6	1,8	≥2,0
0 bis 8	8,0	9,0	10,0	11,2	12,4	13,6	14,8	16,0

Höhe 0 bis 8 m; 3-seitig gehalten

Wandhöhe [m]	Wandlänge [m]					
	2,00	2,50	3,00	3,50	4,00	4,50
2,00	4,00	5,00	6,00	7,00	8,00	–
2,50	5,00	6,25	7,50	8,75	–	–
3,00	6,00	7,50	9,00	–	–	–
3,50	7,00	8,75	10,50	–	–	–
4,00	8,00	10,00	12,00	–	–	–
4,50	9,00	11,25	–	–	–	–
5,00	10,00	12,50	–	–	–	–
5,50	11,00	13,75	–	–	–	–
6,00	12,00	15,00	–	–	–	–
6,50	13,00	–	–	–	–	–
7,00	14,00	–	–	–	–	–

d ≥ 30,0 cm; 3-seitig gehalten
(oberer Rand frei)

Höhe über Gelände [m]	$\varepsilon = \frac{\text{Wandhöhe}}{\text{Wandlänge}}$							
	0,5	0,75	1,0	1,2	1,4	1,6	1,8	≥2,0
0 bis 8	25,0	27,5	30,0	33,0	36,0	39,0	42,0	45,0
8 bis 20	16,0	18,0	20,0	21,6	23,2	24,8	26,4	28,0
20 bis 100	12,0	13,5	15,0	16,0	17,0	18,0	19,0	20,0

Höhe 0 bis 8 m; 3-seitig gehalten

Wandhöhe [m]	Wandlänge [m]				
	2,00	3,00	4,00	5,00	6,00
2,00	4,00	6,00	8,00	–	–
3,00	6,00	9,00	12,00	15,00	18,00
4,00	8,00	12,00	16,00	20,00	24,00
5,00	10,00	15,00	20,00	25,00	–
6,00	12,00	18,00	24,00	30,00	–
7,00	14,00	21,00	28,00	35,00	–
8,00	16,00	24,00	32,00	40,00*)	–
9,00	18,00	27,00	36,00	–	–
10,00	20,00	30,00	40,00	–	–
11,00	22,00	33,00	44,00	–	–
12,00	24,00	36,00	–	–	–

*) geringfügige Überschreitung

Höhe 8 bis 20 m; 3-seitig gehalten

Wandhöhe [m]	Wandlänge [m]			
	2,00	3,00	4,00	5,00
2,00	4,00	6,00	8,00	–
3,00	6,00	9,00	12,00	15,00
4,00	8,00	12,00	16,00	–
5,00	10,00	15,00	20,00	–
6,00	12,00	18,00	24,00	–
7,00	14,00	21,00	–	–
8,00	16,00	24,00	–	–

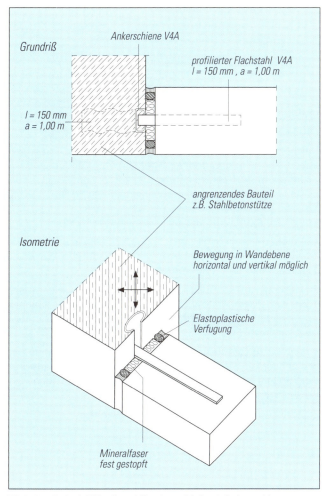

Bild 5/7: Beispiel für einen Wandanschluß mit Ankerschienen

- durch Einführen der Wand in eine Nut,
- durch übergreifende Profile,
- durch zweiteilige Ankersysteme, z. B. aus nichtrostendem Stahl.

Zwischen Wandbauteil und angrenzenden Bauteilen werden Streifen aus weichfederndem, elastischem, unverrottbarem Material, z. B. Mineralwolle, Bitumenfilz o. ä. eingelegt, äußere und innere Fugen sind elastoplastisch oder mit Fugenbändern abzudichten.

Bei zweischaligen Wänden wird jeweils die Wandschale verankert, die für die Bestimmung der Größe der Ausfachungsfläche herangezogen wird, im Normalfall die Innenschale. Die Außenschale wird mit der Innenschale entsprechend DIN 1053 mit nichtrostenden Drahtankern verbunden und erhält in den erforderlichen Abständen Dehnungsfugen.

Oberer Anschluß

Der obere Anschluß der nichttragenden Außenwand an die tragenden Bauteile ist sinngemäß wie der seitliche Anschluß gleitend und elastisch auszuführen.

Entsprechend Art und Spannweite der tragenden Konstruktion erfolgt im Bereich des oberen Wandanschlusses ein Toleranzausgleich, im allgemeinen von ca. 2 cm. Der Hohlraum wird mit weichfederndem, unverrottbarem Material ausgefüllt. Dadurch wird vermieden, daß die tragenden angrenzenden Bauteile durch Formänderungen und nachträgliches Durchbiegen unbeabsichtigte Lasten und Spannungen auf die nichttragenden Außenwände übertragen.

Unterer Anschluß

Am unteren Anschluß (Fußpunkt) werden die Horizontalkräfte aus Windlasten zwischen der nichttragenden Außenwand und dem tragenden Bauteil durch Reibung auf die tragende Konstruktion abgeleitet. Zwischen Wand und tragendem Bauteil (z. B. Decke) ist eine Lage Dachpappe – unbesandet – anzuordnen (Bild 5/6).

5.4 Nichttragende KS-Innenwände

Nichttragende Innenwände sind Raumtrennwände, die keine statischen Aufgaben für die Gesamtkonstruktion, insbesondere der Gebäudeaussteifung, zu erfüllen haben. Sie könnten entfernt werden, ohne daß die Standsicherheit des Gebäudes beeinträchtigt wird. Die Standsicherheit der nichttragenden Innenwände selbst ist durch die Verbindung mit den an sie angrenzenden Bauteilen gegeben, sofern die zulässigen Abmessungen der Wandscheiben eingehalten werden.

Nichttragende KS-Innenwände werden in Wohngebäuden sowie in Stahl- und Stahlbetonskelettbauten als Zwischen- oder Ausfachungswände ausgeführt.

Sie werden aus KS-Vollsteinen oder KS-Lochsteinen oder besonders rationell aus großformatigen KS-Steinen oder KS-Bauplatten (KS-P) – ein- oder zweischalig – erstellt. Bei entsprechender Ausbildung erfüllen sie hohe Anforderungen an den Brand- und Schallschutz oder auch an den Wärme- und Feuchtigkeitsschutz. Ihr hohes Wärmespeichervermögen – besonders bei Steinen hoher Rohdichte – gewährleistet ein ausgeglichenes Raumklima und guten sommerlichen Wärmeschutz. Nichttragende KS-Innenwände können mit Putz oder Spachtelputz versehen oder aber als Sichtmauerwerk erstellt werden.

5.4.1 Anforderungen

Nichttragende KS-Innenwände und ihre Anschlüsse müssen so ausgebildet sein, daß sie folgende Anforderungen der DIN 4103 Teil 1 erfüllen:

- Sie müssen statischen – vorwiegend ruhenden – sowie stoßartigen Belastungen, die im Gebrauchsfall entstehen können, widerstehen.

- Sie müssen, neben ihrer Eigenlast einschließlich Putz oder Bekleidung, die auf ihre Fläche wirkenden Lasten aufnehmen und auf andere Bauteile, wie Wände, Decken, Stützen, abtragen.

- Sie übernehmen Funktionen zur Sicherung gegen Absturz.

- Sie müssen leichte Konsollasten aufnehmen, deren Wert ≤ 0,4 kN/m Wandlänge beträgt bei einer vertikalen Wirkungslinie von ≤ 0,3 m von der Wandoberfläche.

  Bilder, Buchregale, kleine Wandschränke u. ä. lassen sich so an jeder Stelle der Wand unmittelbar in geeigneter Befestigungsart anbringen.

- Sie dürfen sowohl bei weichen als auch bei harten Stößen nicht zerstört oder örtlich durchstoßen werden.

Zulässige Wandlängen, Grenzabmessungen

- Sie müssen zum Nachweis ausreichender Biegegrenztragfähigkeit eine horizontale Streifenlast aufnehmen, die 0,9 m über dem Fußpunkt der Wand angreift:

Einbaubereich 1: p = 0,5 kN/m
Einbaubereich 2: p = 1,0 kN/m.

Belastungen nach DIN 4103 Teil 1

Konsollast 0,4 kN/m

Horizontallast
   Einbaubereich 1: p = 0,5 kN/m
   Einbaubereich 2: p = 1,0 kN/m

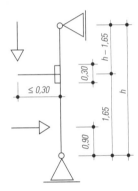

5.4.2 Einbaubereiche

Für die genannten Anforderungen werden zwei Einbaubereiche unterschieden:

Einbaubereich 1:

Bereiche mit geringer Menschenansammlung, zum Beispiel Wohnungen, Hotel-, Büro-, Krankenräume und ähnlich genutzte Räume einschließlich der Flure.

Einbaubereich 2:

Bereiche mit großer Menschenansammlung, zum Beispiel größere Versammlungsräume, Schulräume, Hörsäle, Ausstellungs- und Verkaufsräume und ähnlich genutzte Räume. Hierzu zählen auch stets Trennwände zwischen Räumen mit einem Höhenunterschied der Fußböden ≥ 1,00 m.

5.4.3 Grenzabmessungen

Der Nachweis der Erfüllung der Anforderungen wurde entsprechend der DIN 4103 Teil 1 durch Versuche erbracht, da rechnerische Nachweise dem wirklichen Tragverhalten gemauerter nichttragender Innenwände nur unzureichend gerecht werden.

Die Grenzabmessungen nichttragender Innenwände wurden durch umfangreiche Versuchsreihen ermittelt.

Je nach Ausbildung des Wand-Deckenanschlusses kann eine gewisse Lastabtragung der Decke auf die nichttragende Wand erfolgen, zum Beispiel bei vermörtelter Anschlußfuge zwischen oberem Wandende und Betondecke.

Bei nichttragenden Innenwänden wird daher unterschieden in:

- Vierseitig gehaltene Wände mit Auflast
- Vierseitig gehaltene Wände ohne Auflast
- Dreiseitig gehaltene Wände ohne Auflast, oberer Rand frei

Bei dreiseitig gehaltenen Wänden mit und ohne Auflast und einem freien vertikalen Rand sind reduzierte Wandlängen anzunehmen.

In Abhängigkeit von Einbaubereich, Wanddicke, Wandhöhe und Wandgeometrie (Seitenverhältnis) sowie von den Wandanschlüssen sind in der Tafel 5/7 Grenzabmessungen für nichttragende KS-Innenwände angegeben. Aus bauphysikalischen Gründen und aus Gründen der Rißsicherheit empfiehlt es sich, die Wandlängen auf max. 12 m zu begrenzen.

Vermeintliche Unstimmigkeiten der Grenzabmessungen zwischen vierseitig und dreiseitig gehaltenen Wänden sind vor allem auf die Art der Belastung (Linienlast generell in 90 cm Höhe über Wandfuß) und unterschiedlich große Biegefestigkeiten des Mauerwerks senkrecht und parallel zur Lagerfuge zurückzuführen (unterschiedliche Auswirkungen).

Bei Wandhöhen > 6 m sind statische Nachweise erforderlich. So können zum Beispiel solche Wände durch horizontale Tragelemente unterteilt werden.

Sollten bei Ausfachungen die zulässigen Wandlängen nach Tafel 5/7 überschritten werden, können die Wandflächen durch Aussteifungsstützen zum Beispiel aus Stahl oder Stahlbeton unterteilt werden.

Dreiseitig und vierseitig gehaltene KS-Innenwände ohne und mit Auflast können aus Mauerwerk ohne Stoßfugenvermörtelung erstellt werden, wenn als Wandlängen mindestens 12 m zulässig sind.

Das trifft zu bei vierseitig gehaltenen Wänden

- Ohne Auflast bei Wanddicke d ≥ 17,5 cm,
- Mit Auflast bei Wanddicke d ≥ 11,5 cm sowie
- Bei drei- und vierseitig gehaltenen Wänden generell bei einer Wanddicke von d ≥ 24 cm.

In den anderen Fällen sind die Stoß- und Lagerfugen zu vermörteln. Das gilt insbesondere auch für dreiseitig gehaltene Wände mit oberem freien Rand.

Die Grenzabmessungen nichttragender KS-Innenwände nach Tafel 5/7 gelten für KS-Mauerwerk mit Normalmörtel und Dünnbettmörtel. KS-Wände mit d ≥ 11,5 cm können mit Normalmörtel mindestens der MG II a oder mit Dünnbettmörtel, KS-Wände mit d < 11,5 cm müssen mit Normalmauermörtel der MG III oder mit Dünnbettmörtel erstellt werden.

5.4.4 Befestigung an angrenzende Bauteile

Die nichttragenden Innenwände erhalten ihre Standsicherheit durch geeignete Anschlüsse an die angrenzenden Bauteile. Die Anschlüsse müssen so ausgebildet sein, daß die Formänderungen der angrenzenden Bauteile sich nicht negativ auf die nichttragenden Innenwände auswirken können.

Werden die nichttragenden Innenwände nicht bis unter die Decke gemauert, zum Beispiel bei durchlaufenden Fensterbändern, so können sie oben als ausreichend gehalten angesehen werden, wenn die Wandkronen mit durchlaufenden Aussteifungsriegeln z. B. aus Stahlbeton, aus betonierten KS-U-Schalen oder aus Stahlprofilen gehalten werden. Raumhohe Zargen und Stahlprofile in U- oder I-Form oder auch ausbetonierte U-Schalen gelten bei entsprechender Ausbildung als seitliche Halterung.

Während die Wandscheiben selbst als nachgewiesen gelten, wenn die Grenzabmessungen nach Tafel 5/7 eingehalten sind, ist die Aufnahme der Belastungen durch die Anschlüsse

Tafel 5/7: Zulässige Wandlängen nichttragender KS-Innenwände[1]

Halterung	Einbaubereich	Wandhöhe [m]	Wanddicke [cm]				
			7[4]	10	11,5/15	17,5/20	24
A vierseitig/dreiseitig ohne Auflast[3][5]	1	2,5 3 3,5 4 4,5	5 /2,5 5,5/2,75 6 /3 6,5/3,25 7 /3,5	7 /3,5 7,5/3,75 8 /4 8,5/4,25 9 /4,5	10/5 10/5 10/5 10/5 10/5	12/8 12/8 12/8 12/8 12/8	12/12 12/12 12/12 12/12 12/12
		> 4,5 - 6				12/8	12/12
	2	2,5 3 3,5 4 4,5	3 /1,5 3,5/1,75 4 /2 4,5/2,25 5 /2,5	5 /2,5 5,5/2,75 6 /3 6,5/3,25 7 /3,5	6 /3 6,5/3,25 7 /3,5 7,5/3,75 8 /4	12/6 12/6 12/6 12/6 12/6	12/12 12/12 12/12 12/12 12/12
		> 4,5 - 6				12/6	12/12
B vierseitig/dreiseitig mit Auflast[2][3]	1	2,5 3 3,5 4 4,5	8 /4 8,5/4,25 9 /4,5 9,5/4,75 	12/6 12/6 12/6 12/6 12/6	12/8 12/8 12/8 12/8 12/8	12/10 12/10 12/10 12/10 12/10	12/12 12/12 12/12 12/12 12/12
		> 4,5 - 6				12/10	12/12
	2	2,5 3 3,5 4 4,5	5,5/2,75 6 /3 6,5/3,25 7 /3,5 7,5/3,75	8 /4 8,5/4,25 9 /4,5 9,5/4,75 10 /5	12/6 12/6 12/6 12/6 12/6	12/8 12/8 12/8 12/8 12/8	12/12 12/12 12/12 12/12 12/12
		> 4,5 - 6				12/8	12/12
C dreiseitig, ohne Auflast (oberer Rand frei, Stoß und Lagerfugen sind zu vermörteln)[5]	1	2 2,25 2,5 3 3,5 4 4,5	7 7,5 8 9 10 10 10	8 9 10 10 12 12 12	8 9 10 10 12 12 12	12 12 12 12 12 12 12	12 12 12 12 12 12 12
		> 4,5 - 6				12	12
	2	2 2,25 2,5 3 3,5 4 4,5	3,5 3,5 4 4,5 5 6 7	5 5 6 7 8 9 10	6 6 7 8 9 10 10	8 9 10 12 12 12 12	8 9 10 12 12 12 12
		> 4,5 - 6				12	12

[1] Grundlage: Mauerwerk-Kalender 1986, S. 697 bis 734, sowie Gutachten von Prof. Kirtschig aus 5/1988, 1/1992, 1/1993 und 5/1998
[2] Unter Auflast wird hierbei verstanden, dass die Wände an der Deckenunterkante voll vermörtelt sind und die darüber liegenden Decken infolge Kriechens und Schwindens sich auf die nicht tragenden Wände zum Teil absetzen können. Ganz allgemein gilt, dass das Verfugen zwischen dem oberen Wandende und der Decke im Allgemeinen eher zu empfehlen ist, als das Dazwischenlegen von stark nachgiebigem Material. Dies gilt insbesondere dann, wenn davon ausgegangen werden kann, dass nach dem Verfugen in die Trennwände keine Lasten mehr aus Verformung infolge Eigengewichts der darüber liegenden Bauteile eingetragen werden. Das Vermörteln der Anschlussfuge zwischen nicht tragender Wand und Stahlbetondecken soll daher möglichst spät erfolgen. Siehe hierzu auch das entsprechende Merkblatt der DGfM.
[3] Wände sind auch alle zulässig für Bauweise ohne Stoßfugenvermörtelung.
[4] KS-Bauplatte P7; Stoßfugen sind zu vermörteln.
[5] Die obere Halterung kann durch einen Ringbalken hergestellt werden. In diesem Fall gelten die Werte der Halterung A.

Anschlüsse

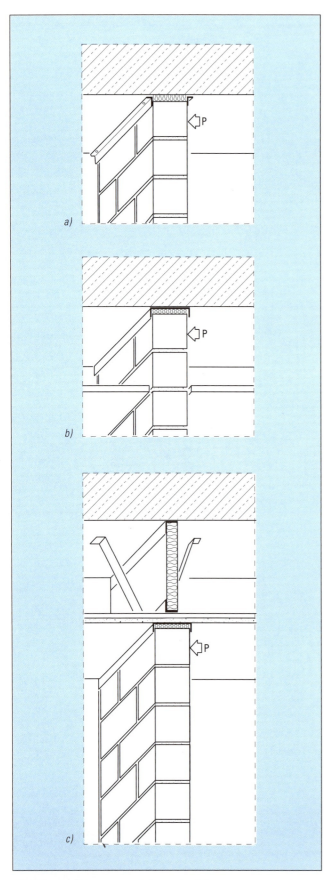

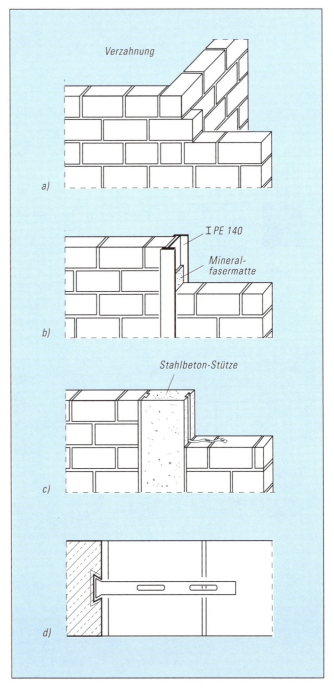

nachzuweisen. Sofern es sich um bewährte Anschlüsse handelt, ist ein Nachweis in der Regel jedoch nicht erforderlich (Bilder 5/8 und 5/9).

Starre Anschlüsse

Starre Anschlüsse werden durch Verzahnung, durch Ausfüllen mit Mörtel oder durch gleichwertige Maßnahmen wie Anker, Dübel oder einbindende Stahleinlagen hergestellt. Sie können ausgeführt werden, wenn keine oder nur geringe Zwängungskräfte aus den angrenzenden Bauteilen auf die Wand zu erwarten sind. Starre seitliche Anschlüsse bleiben

Bild 5/8: Anschlüsse von nichttragenden KS-Innenwänden an Decken
a) Anschluß mit Metallwinkel
b) Anschluß mit Metall-U-Profil
c) Anschluß an abgehängte schalldämmende Decke

Bild 5/9: Lotrecht-Aussteifung nichttragender KS-Wände
a) durch Verzahnung
b) durch I-Profil
c) und d) durch Betonstützen

im Regelfall auf den Wohnungsbau mit Wandlängen ≤ 5,0 m und geringen Deckenspannweiten beschränkt. Das Vermörteln der Anschlußfuge zwischen dem oberen Wandende und der Betondecke soll möglichst spät erfolgen.

Gleitende Anschlüsse

Gleitende Anschlüsse sind insbesondere dann anzuwenden, wenn mit unplanmäßigen Krafteinleitungen in die nichttragenden Innenwände durch Verformung der angrenzenden Bauteile zu rechnen ist und diese zu erhöhten Spannungen führen können. Gleitende Anschlüsse werden durch Anordnung von Profilen oder Nuten, eventuell in Verbindung mit einer Gleitfolie, hergestellt. Die Anschlußfugen sollten zur Verbesserung des Schall- und Brandschutzes mit Mineralwolle ausgefüllt werden.

Die Profiltiefe ist so zu wählen, daß auch bei einer Verformung der angrenzenden Bauteile die seitliche Halterung sichergestellt bleibt.

5.4.5 Beschränkung der Deckendurchbiegung

Der Nachweis der Beschränkung der Durchbiegung kann durch die Begrenzung der Biegeschlankheit geführt werden.

Die *Schlankheit* von biegebeanspruchten Bauteilen, die mit ausreichender Überhöhung der Schalung hergestellt sind, darf nicht größer sein als $l_i / h ≤ 35$.

Bei Bauteilen, die nichttragende Innenwände zu tragen haben, muß die Schlankheit deutlich niedriger sein:

$$l_i / h ≤ 150 / l_i \text{ bzw. } h ≥ \frac{l_i^2}{150}$$

Es bedeuten

l_i Ersatzstützweite in m:
$l_i = \alpha \cdot l$

h Statische Höhe des biegebeanspruchten Bauteils in m

α Beiwert, abhängig vom statischen System

Vergleiche hierzu auch DIN 1045, Abschnitt 17.7.2.

5.4.6 Lastannahmen für Decken

Für den statischen Nachweis der Decken darf der Einfluß der Last der nichttragenden Innenwände nach DIN 1055 durch einen Zuschlag zur Verkehrslast berücksichtigt werden, wenn das Wandflächengewicht nicht mehr als 1,5 kN/m² beträgt. Wandflächengewichte von nichttragenden KS-Innenwänden enthält Tafel 5/8, Werte für den Zuschlag zur Verkehrslast Tafel 5/9.

Werden für Decken Verkehrslasten ≥ 5,0 kN/m² angenommen, ist ein Zuschlag für nichttragende Innenwände nicht erforderlich, wenn das Wandflächengewicht ≤ 1,5 kN/m² beträgt.

Lasten aus nichttragenden Innenwänden mit Wandflächengewichten > 1,5 kN/m² sind als Linienlasten oder aber als statisch gleichwertige Ersatzlasten zu berücksichtigen. Ein genauer statischer Nachweis der Decke ist auch erforderlich bei Decken ohne ausreichende Querverteilung der Lasten, wenn die Wandflächengewichte > 1,0 kN/m² sind.

5.4.7 Schadensfreie Ausführung

Zur schadensfreien Ausführung der nichttragenden Innenwände sind folgende Konstruktions- und Ausführungshinweise zu beachten:

Tafel 5/8: Wandflächengewichte von KS-Innenwänden nach DIN 1055

Kalk-sandstein	Wandflächengewichte [kN/m²] für die Wanddicken d [cm] (ohne Putz)				
ϱ [kg/dm³]	5,2	7,1	11,5	17,5	24
KS L 1,0	–	–	–	2,10	2,88
KS L 1,2	–	–	1,61	2,45	3,36
KS L 1,4	–	–	1,73	2,63	3,60
KS L / KS 1,6	–	–	1,96	2,98	4,08
KS 1,8	0,90	1,28	2,07	3,15	4,32
KS 2,0	1,04	1,42	2,30	3,50	4,80

Tafel 5/9: Ersatzlasten für leichte Trennwände als Zuschlag zur Verkehrslast (Trennwandzuschlag) nach DIN 1055 Teil 3

Wandlast einschließlich Putz [kN/m² Wandfläche]	Trennwandzuschlag [kN/m² Deckenfläche]	Bemerkung
≤ 1,00	≥ 0,75	allgemein zulässig
≤ 1,50	≥ 1,25	nur zulässig bei Decken mit ausreichender Querverteilung

- Begrenzung der Deckendurchbiegung durch Einhalten einer Grenzschlankheit von $l_i / h ≤ 150 / l_i$.
- Verringerung der Deckendurchbiegung aus Kriechen und Schwinden durch Beachtung der Ausschalfristen und sorgfältiger Nachbehandlung des Betons nach DIN 1045. Bei kurzen Ausschalfristen sind wirksame Notstützen zu setzen.
- Nichttragende Innenwände möglichst spät, d. h. nach Fertigstellung des Rohbaus, aufmauern und verputzen. Um feuchtebedingte Verformungen gering zu halten, sollten auf der Baustelle die Materialien – Steine, Bauplatten – trocken gelagert bzw. vor starker Durchfeuchtung geschützt werden.
- Durchbiegungen der unteren Decke können bei nichttragenden Innenwänden zu einer Lastabtragung als Gewölbe oder Biegeträger führen. Die Aufnahme des Horizontalschubs an den seitlichen Wandanschlüssen muß gewährleistet sein.
- Bei großen Deckenstützweiten $l_i > 7$ m können weitere Maßnahmen, zum Beispiel eine Bewehrung der Wand zur erhöhten Rißsicherheit, erforderlich werden.
- Schlitze für Elektroinstallationen sind mit dafür geeigneten Geräten zu sägen oder zu fräsen, damit das Gefüge des Mauerwerks nicht zerstört wird. Nach Verlegen der Elektroinstallation lassen sich diese Schlitze problemlos mit Putz oder Spachtelputz schließen. Beim Anlegen der Schlitze ist DIN 1053 Teil 1 zu beachten.

5.5 Verformung und Rißsicherheit

Das folgende Kap. 5.5 wurde von Dr.-Ing. P. Schubert, Institut für Bauforschung RWTH, Aachen, verfaßt. Weiterführende Veröffentlichungen des Autors hierzu sind dem Mauerwerk-Kalender 1996, Seiten 621–651, zu entnehmen (siehe auch [5/2]).

Verformung und Rißsicherheit, Formänderungen

Architekt und Tragwerksplaner sind gehalten, auf ausreichende Rißsicherheit von Bauteilen und Bauwerken zu achten. Risse lassen sich in vielen Fällen vermeiden, wenn das unterschiedliche Verformungsverhalten von verschiedenem Mauerwerk und die daraus möglicherweise entstehende Rißgefahr bereits in der Planungsphase beurteilt und berücksichtigt werden. Zur Beurteilung der Rißsicherheit stehen heute geeignete Näherungsverfahren zur Verfügung. Sie lassen sich für bestimmte Fälle ohne besondere Schwierigkeiten anwenden. Gegebenenfalls empfiehlt sich eine spezielle Fachbeurteilung.

5.5.1 Das Entstehen von Spannungen und Rissen

Formänderungen, die sich ohne Behinderung einstellen können, rufen keine Spannung hervor. Ein homogener, reibungsfrei gelagerter Körper, der einer gleichmäßigen Dehnung unterworfen ist, kann sich völlig spannungsfrei verformen. In der Praxis wird sich ein Bauteil in der Regel nicht behinderungsfrei verformen können, weil es mit Nachbarbauteilen verbunden ist. Verformen sich die beiden miteinander verbundenen Bauteile unterschiedlich, so entstehen Spannungen. Wenn die Verformungen durch äußere Kräfte (Zwang) behindert werden, wird die dadurch verursachte Spannung als äußere bzw. Zwangspannung bezeichnet. Spannungen in einem Bauteil können jedoch auch ohne Einwirkung äußerer Kräfte entstehen, z.B. wenn sich das Bauteil unterschiedlich erwärmt oder wenn es ungleichmäßig austrocknet – außen stärker als im Kern. Die dadurch entstehenden Spannungen werden dann als Eigenspannung bezeichnet. Beim Mauerwerk tritt dieser Fall z.B. ein, wenn Steine mit hoher Einbaufeuchte vermauert werden und anschließend austrocknen. Durch die ungleiche Austrocknung über den Querschnitt entstehen Eigenspannungen, und zwar Zugspannungen in den äußeren, stärker austrocknenden Bereichen und Druckspannungen im Kernbereich.

Die Größe der entstehenden Spannung wird im wesentlichen beeinflußt durch die Größe der Formänderungen, den Behinderungs-, Einspannungsgrad bzw. die Steifigkeitsverhältnisse der miteinander verbundenen Bauteile, den Elastizitäts- oder Schubmodul und den Spannungsabbau infolge Relaxation. Relaxation ist der zeitabhängige Spannungsabbau bei konstanter Dehnung. Beispielsweise wird in einem Bauteil eine Ausgangsspannung durch konstante Temperaturdehnung hervorgerufen. Diese Ausgangsspannung verringert sich infolge Relaxation (innerer Spannungsabbau) nach einer gewissen Zeit auf eine wesentlich geringere Endspannung. Kritisch und besonders rißgefährlich sind Zugspannungen oder Scher-, Schubspannungen, weil die Zugfestigkeit und die Schubbeanspruchbarkeit von Mauerwerk vergleichsweise gering sind. Ein wesentlicher Spannungsabbau durch Relaxation ist vor allem bei langsam ablaufenden Formänderungsvorgängen (Schwinden, langzeitige Temperaturänderung, Kriechen) zu erwarten.

Risse entstehen dann, wenn die Spannung die entsprechende Festigkeit überschreitet bzw. die vorhandene Dehnung größer als die Bruchdehnung wird.

5.5.2 Formänderungen

5.5.2.1 Allgemeines

Eine Übersicht über die Formänderungen, die bei Mauerwerk auftreten können, gibt Bild 5/10.

Rechenwerte, d. h. im allgemeinen zutreffende Formänderungswerte, sowie Angaben zum Bereich möglicher Kleinst- oder Größtwerte finden sich in einem ständigen Beitrag im Mauerwerk-Kalender [5/2]. Die Formänderungswerte für Schwinden, Quellen und Kriechen sind Endwerte. Auch DIN 1053 Teil 1 enthält Formänderungswerte, allerdings nicht so detailliert und aktualisiert wie der Mauerwerk-Kalender.

5.5.2.2 Feuchtedehnung

Als Schwinden und Quellen werden Volumen- bzw. Längenänderungen bzw. Dehnungen von Mauerwerk und Mauerwerkbaustoffen infolge Feuchtigkeitsabgabe bzw. -aufnahme bezeichnet. Dabei wird vom erhärteten Zustand (Mauersteine) bzw. einer gewissen Anfangserhärtung (Mauermörtel) ausgegangen. Schwinden und Quellen sind physikalische Vorgänge und teilweise umkehrbar. Das Schwinden von Kalksandstein ist nahezu vollständig reversibel. Das Schwinden ist wesentlich bedeutungsvoller als das Quellen, weil es im allgemeinen mit rißgefährlichen Zugspannungen verbunden ist. Schwinden und Quellen treten bei allen Mauersteinen – bei Mauerziegeln nur im geringen Maße – sowie bei Mauermörteln auf.

Bei Mauerziegeln kann eine Volumenvergrößerung infolge molekularer Wasserverbindung eintreten, die als chemisches Quellen bezeichnet wird. Es hängt vor allem von der Rohstoffzusammensetzung und von den Brennbedingungen ab. Es tritt deshalb nicht bei allen Mauerziegeln auf.

Der zeitliche Verlauf des Schwindens wird beeinflußt durch die Mauerwerkart, den Anfangsfeuchtegehalt der Mauersteine, das Schwindklima (relative Luftfeuchte (RF), Luftbewegung) und die Bauteilgröße. Das Schwinden beschleunigt sich mit abnehmender RF und mit zunehmender Luftbewegung. Es verläuft bei Mauerwerk aus Leichtbeton- und Porenbetonsteinen langsamer als bei Kalksandsteinmauerwerk. Durch schnelles oberflächennahes Austrocknen im Stein und im Fugenbereich kann es im Extremfall zu Anrissen zwischen Mauerstein und Fugenmörtel (Aufreißen der Fuge – Bild 5/11) kommen.

Das Schwinden ist bei annähernd konstantem Schwindklima nach etwa 3 Jahren weitgehend beendet (Bild 5/12). Anhaltskurven zum Schwindverlauf sind in [5/3] angegeben.

Die Tafel 5/10 enthält *Endschwindwerte* $\varepsilon_{s\infty}$ für verschiedenes Mauerwerk als Rechenwerte sowie zusätzlich Mittelwerte, Wertebereiche und – soweit möglich – 10- und 90-%-Quantile. Diese bedeuten, daß mit 90%iger Aussagesicherheit nur 10 bzw. 90% aller denkbaren Endschwindwerte

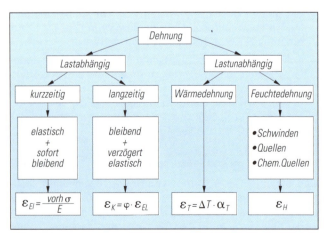

Bild 5/10: Formänderungen von Mauerwerk

unter bzw. über dem Quantilwert liegen. Mit den Quantilwerten können somit statistisch abgesicherte Grenzwertbetrachtungen angestellt werden.

Die Endschwindwerte gelten für Mauerwerk mit Normalmörtel, in grober Näherung auch für Mauerwerk mit Leicht- oder Dünnbettmörtel.

Der beim Wertebereich für Mauerziegel angegebene Quelldehnungswert entspricht dem in der Regel möglichen chemischen Quellen.

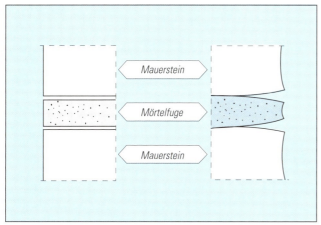

Bild 5/11: Rißbildung durch Randschwinden von Stein und Mörtel

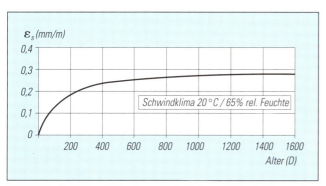

Bild 5/12: Zeitlicher Verlauf von Schwind- und Kriechdehnung bei Mauerwerk, konstantes Lagerungsklima; Beispiel Schwindverlauf

Tafel 5/10: Feuchtedehnung von Mauerwerk
rechnerische Endwerte in mm/m
Schwinden $\varepsilon_{s\infty}$, Vorzeichen: Minus
chemisches Quellen, Quellen $\varepsilon_{cq\infty} \cdot \varepsilon_{q\infty}$, Vorzeichen: Plus

Mauersteine		Rechen-	Wertbereich	Mittel-	Quantilen	
Steinsorte	DIN	wert		wert	10%	90%
(Mz), HLz	105	0	−0,2 bis +0,4	−	−	−
KS, KS L	106	−0,2	−0,01 bis −0,29[1]	−0,16	−	−0,42
			−0,13 bis −0,42[2]	−0,26	−0,07	−0,46
Hbl V, Vbl	18151 18152	−0,4	−0,23 bis −0,57	−0,41	−0,24	−0,58
(Hbn)	18153	−0,2	−0,1 bis −0,3	−	−	−
G	4165	−0,2	+0,2 bis −0,4	−	−	−

[1]) herstellfeuchte Steine
[2]) wasservorgelagerte Steine
( ) wenige Versuchswerte

5.5.2.3 Wärmedehnung

Maßänderungen durch Wärmeeinwirkung bzw. Temperaturänderung werden als Wärmedehnung bezeichnet. Die Wärmedehnung ε_T ergibt sich aus der jeweiligen Temperaturänderung ΔT in K und dem stoffspezifischen Wärmedehnungskoeffizienten α_T in 10^{-6}/K:

$$\varepsilon_T = \Delta T \cdot \alpha_T. \quad (5.1)$$

Der Koeffizient α_T muß versuchsmäßig bestimmt werden und kann näherungsweise im Temperaturbereich von $-20\,°C$ bis $+80\,°C$ als konstant angenommen werden.

Rechenwerte und Wertebereiche für den Wärmedehnungskoeffizienten α_T sind in der Tafel 5/11 angegeben. Die zur Berechnung der Wärmedehnung erforderliche Temperaturdifferenz ΔT muß für den jeweiligen Anwendungs- bzw. Betrachtungsfall festgelegt werden. Als Bezugstemperatur wird zumeist die geschätzte Herstelltemperatur des Bauteils bzw. der Bauteile gewählt.

Tafel 5/11: Wärmedehnungskoeffizient α_T

Mauersteine		α_T	
Steinsorte	DIN	Rechenwert	Wertebereich
		[10^{-6}/K]	
Mz, HLz	105	6	5 bis 7
KS, KS L	106	8	7 bis 9
Hbl V, Vbl	18151 18152	10	8 bis 12
Hbn	18153	10	8 bis 12
G	4165	8	7 bis 9

5.5.2.4 Elastische Dehnung

Die bei kurzzeitiger Lasteinwirkung auftretende Dehnung wird beim Mauerwerk, wie auch bei Beton, mit elastischer Dehnung ε_{el} bezeichnet. Dies trifft bei Mauerwerk nur näherungsweise zu, da die Dehnung bei der ersten Belastung ermittelt wird und somit auch bleibende Dehnungsanteile enthält, also etwas größer als die rein elastische Dehnung ist.

5.5.2.5 Kriechen

Die Formänderung durch langzeitige Lasteinwirkung wird als Kriechen bezeichnet. Im allgemeinen wird unter Kriechen die Formänderung – Verkürzung – in Lastrichtung verstanden. Die Kriechzahl φ ist der Verhältniswert von Kriechdehnung $\varepsilon_{k,t}$ zur elastischen Dehnung ε_{el}. Die Kriechzahl ist im Gebrauchsspannungsbereich näherungsweise konstant und damit spannungsunabhängig. Das Kriechen ist überwiegend irreversibel.

Wesentliche Einflüsse auf den zeitlichen Verlauf des Kriechens sind die Mauerwerksart, der Anfangsfeuchtegehalt der Mauersteine, der Mörtel- bzw. Steinanteil, das Belastungsalter und ggf. die Höhe der Kriechspannung, wenn diese über der Gebrauchsspannung liegt. Die Einflüsse auf den zeitlichen Verlauf des Kriechens können bislang nicht ausreichend quantifiziert werden. Bei näherungsweise konstanten Klimabedingungen und konstanter Belastung ist das Kriechen nach etwa 3 Jahren weitgehend beendet (Bild 5/12).

Endkriechzahlen φ_∞ von Mauerwerk enthält die Tafel 5/12. In der Tafel sind analog zur Endschwinddehnung Rechenwerte, Mittelwerte, Wertebereich und Quantilwerte ange-

Tafel 5/12: Kriechdehnung von Mauerwerk; rechnerische Endwerte der Kriechzahl φ_∞

Mauersteine		Rechenwert	Wertebereich	Mittelwert	Quantilen	
Steinsorte	DIN				10%	90%
(Mz), HLz	105	1,0	0,2 bis 1,6	0,8	0,2	1,3
KS, (KS L)	106	1,5	0,8 bis 2,0	1,2	0,6	1,8
Hbl	18151	2,0	0,8 bis 2,8	1,9	0,9	2,8
V, Vbl	18152		1,8 bis 3,2	2,5	–	–
(Hbn)	18153	1,0	–	–	–	–
G2	4165	1,5	(2,5 bis 5,5)	(4,0)	–	–
G4, G6			0,3 bis 2,1	1,1	–	–
( ) wenige Versuchswerte						

geben. Die Endkriechzahlen gelten für Mauerwerk mit Normalmörtel. In grober Näherung können sie, vor allem, wenn der Mörtelanteil im Mauerwerk nicht hoch ist, auch für Mauerwerk mit Leicht- und Dünnbettmörtel angenommen werden.

5.5.3 Verformungsfälle, Rißsicherheit

Aufgrund des derzeitigen Kenntnisstandes über das Verformungsverhalten von Mauerwerk und die aus den behinderten Formänderungen entstehenden Spannungen lassen sich verschiedene Fälle von Bauteilkombinationen hinsichtlich ihrer Rißsicherheit beurteilen. Es muß jedoch besonders darauf hingewiesen werden, daß die verfügbaren und nachfolgend beschriebenen quantitativen Beurteilungsverfahren nur näherungsweise zutreffende Aussagen liefern können. Dies ist schon allein dadurch begründet, daß die bauseitigen Bedingungen nicht bzw. nicht genau bekannt und erfaßbar sind. Das betrifft zum Beispiel die Eigenschaften des Mörtels im Mauerwerk, den Einfluß der Witterungsbedingungen auf Festigkeits- und Formänderungseigenschaften sowie den Einspannungsgrad bzw. die Größe der Formänderungsbehinderung durch die Verbindung mit benachbarten Bauteilen. Die Betrachtung der Rißsicherheit mit den verfügbaren Rechenverfahren führt jedoch zweifelsfrei zu realistischeren und sichereren Ergebnissen als eine rein gefühlsmäßige Betrachtung. Empfehlenswert ist vor Anwendung der Rechenverfahren eine gründliche qualitative Vorabbeurteilung des Gesamtbauwerks hinsichtlich möglicher Problemfälle. Dies bedarf entsprechender Kenntnisse und Erfahrungen. Nach dieser Vorabbeurteilung sollen wahrscheinliche Problemfälle hinsichtlich der Rißsicherheit mit den angegebenen Rechenverfahren beurteilt werden, soweit diese auf den jeweiligen Fall anwendbar sind.

5.5.3.1 Miteinander verbundene Außen- und Innenwände

Verformungsfall, Rißgefahr

Zwischen miteinander verbundenen Innen- und Außenwänden können Verformungsunterschiede durch unterschiedliche Belastung und/oder unterschiedliche Formänderungseigenschaften des jeweiligen Mauerwerks entstehen. Eine unabhängige und unbehinderte Verformung von Außen- und Innenwand ist im Regelfall, vor allem dann, wenn aussteifende Querwände und die auszusteifende Wand im Verband hergestellt werden, nicht möglich. Die Formänderungsunterschiede zwischen Außen- und Innenwand führen deshalb zu Spannungen, in der Regel zu Zug- bzw. Schubspannungen. Diese entstehen in derjenigen Wand, die sich gegenüber der

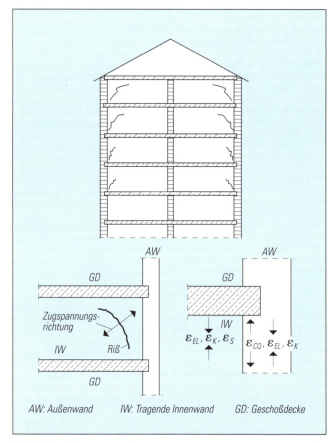

Bild 5/13: Risse durch Formänderungsunterschiede in vertikaler Richtung; Verformungsfall V1: Innenwand verkürzt sich gegenüber Außenwand
Keine Rißgefahr:
a) ohne Berechnung (Anhaltswert): $\Delta\varepsilon_0 \leq 0,4$ mm/m (aus Schwinden und chemischem Quellen)
b) mit Berechnung: zul $\Delta\varepsilon \leq 0,2$ mm/m

angebundenen Wand verkürzen will (Bilder 5/13 und 5/14). Die relative Verkürzung kann durch Belastungsunterschiede (Kriechverformungen), vor allem aber durch Schwinden bzw. Quellen/chemisches Quellen verursacht werden. Die Größe der entstehenden Spannungen bzw. die Rißgefahr hängen im wesentlichen ab von der Größe des Verformungsunterschiedes zwischen Innen- und Außenwand und der Art der Verbindung der beiden Wände, d. h. vom Behinderungsgrad sowie den Steifigkeitsverhältnissen.

Grundsätzlich sind zwei verschiedene Verformungsfälle (V) zu unterscheiden:

V1: Die Innenwand verkürzt sich stärker als die Außenwand.

Dies ist der Fall bei stark schwindenden und kriechenden Innenwänden sowie Außenwänden, die wenig schwinden ggf. sogar quellen (Mauerziegel), wenig kriechen und sich infolge Temperaturerhöhung ausdehnen. Wird der Verformungsunterschied zwischen Innen- und Außenwand zu groß, so entstehen Risse in der Innenwand, die von der Außenwand schräg ansteigend nach innen verlaufen (Bild 5/13).

Problematische, rißgefährdete Mauerwerk-Kombinationen können sein: Außenwände in Leichtziegelmauerwerk, Innenwände in Kalksandstein- bzw. Leichtbetonsteinmauerwerk (Leichtbetonvollsteine).

Rechnerische Beurteilung

Die rechnerische Beurteilung der Rißsicherheit erfolgte bislang meist nach dem in [5/4] angegebenen Verfahren („$\Delta\varepsilon$-Verfahren"). Das stark vereinfachte Berechnungsverfahren betrachtet die Verformungen der gedanklich voneinander getrennten Innen- und Außenwand.

Der für das oberste, am stärksten rißgefährdete Geschoß ermittelte Verformungsunterschied wird unter Berücksichtigung des Spannungsabbaus durch Relaxation mit einem zulässigen Grenzwert verglichen. Wird dieser eingehalten, so ist mit sehr hoher Wahrscheinlichkeit eine ausreichende Rißsicherheit vorhanden. Wesentlicher Nachteil des Verfahrens ist, daß die Steifigkeitsverhältnisse von Innen- und Außenwand unberücksichtigt bleiben.

In der letzten Zeit wurden unter Anwendung der Finite-Elemente-Methode Rechenverfahren entwickelt, die diesen Nachteil nicht mehr aufweisen [5/5, 5/6]. In der Handhabung am einfachsten und universellsten ist das in [5/5] beschriebene Verfahren. Bei diesem wird die Querwand (Innenwand) über alle Geschosse als isotrope Scheibe betrachtet. Der Einfluß der Stahlbetondecken wird vernachlässigt und es wird linear elastisches Materialverhalten vorausgesetzt (Zustand I, ungerissenes Mauerwerk).

Erwartungsgemäß ergibt sich auch in [5/5] als für die Rißgefahr wesentliche Formänderung die Feuchtedehnung (Schwinden, chemisches Quellen). Der Einfluß von unterschiedlichen Kriechdehnungen in Innen- und Außenwänden kann nach [5/5] vernachlässigt werden. Temperaturbedingte Verformungen sind vor allem dann zu berücksichtigen, wenn sich die Temperatur in der Außenwand (Innenwand) wesentlich ändern kann (Bezugsort etwa halbe Wanddicke). Dies ist der Fall bei innen gedämmten Außenwänden mit geringer Wärmedämmung. Bedeutungsvoll sind besonders die kurzzeitigen temperaturbedingten Verformungen, weil dann die Relaxation kaum wirksam werden kann.

Es erscheint durchaus akzeptabel, Risse geringer Breite bis zu etwa 0,2 mm/m zuzulassen. Dann gelten allerdings nicht mehr die Voraussetzungen des Rechenverfahrens: Zustand I und linear elastisches Verhalten. Die sich daraus ergebenden Auswirkungen lassen sich derzeit noch nicht ausreichend genau quantifizieren. Zu beachten ist auch, daß die Werte für den E-Modul (Tafel 5/13) und φ_∞ sehr stark streuen können (Streubereich etwa ± 50%).

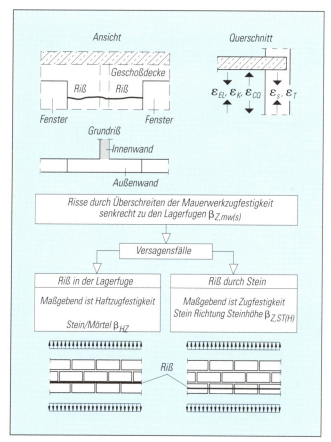

Bild 5/14: Risse durch Formänderungsunterschiede in vertikaler Richtung; Verformungsfall V2: Außenwand verkürzt sich gegenüber Innenwand
Keine Rißgefahr:
a) ohne Berechnung (Anhaltswert): $\Delta\varepsilon_0 \leq 0{,}2$ mm/m (aus Schwinden und chemischem Quellen)
b) mit Berechnung: zul $\Delta\varepsilon \leq 0{,}1$ mm/m

V2: Die Außenwand verkürzt sich gegenüber der Innenwand.

Dies ist der Fall, wenn die Innenwand nur wenig schwindet, ggf. sogar quillt (Mauerziegel) und wenig kriecht, die Außenwand dagegen sehr stark schwindet, wenig kriecht (geringe Belastung, kleine Kriechzahl) und sich durch Abkühlung zusätzlich verkürzt (Bild 5/14).

Durch das starke Schwinden bzw. Verkürzen der Außenwand kommt es zu einer Lastumlagerung auf die Innenwand. Die Außenwand „hängt" sich an der Innenwand auf. Wird die Haftzugfestigkeit zwischen Stein und Mörtel in der Lagerfuge bzw. in Einzelfällen auch die Zugfestigkeit der Mauersteine überschritten, so entstehen annähernd horizontal verlaufende Risse. Diese werden im allgemeinen im Anbindungsbereich zur Innenwand relativ fein verteilt, in größerem Abstand davon als wenigere größere Risse auftreten. Die Risse finden sich natürlich vorzugsweise in vorgegebenen Schwachstellen, vor allem im Bereich von Öffnungen. Das Entstehen der Risse kann zusätzlich gefördert werden durch Deckendurchbiegung und andere exzentrische Lasteinwirkungen.

Problematische, rißgefährdete Mauerwerk-Kombinationen können sein: Außenwände in Leichtbetonsteinmauerwerk, Innenwände in Ziegelmauerwerk.

Tafel 5/13: Verhältniswerte $k_1 = E_I / E_A$

Innenwand	Außenwand										
KS, KS L, KS-PE	HLz – LM 36			GP – DB				LB (Vbl, Hbl) – LM 36			
β_{Nst}	Mörtel	6	8	12	2	4	6	8	2	4	6	8
12	IIa	1,2	1,1	1,0	2,8	1,8	1,2	1,0	1,7	1,1	1,0	0,9
	III	1,3	1,2	1,1	3,2	2,0	1,4	1,1	1,9	1,2	1,1	1,0
	DB	1,5	1,3	1,2	3,6	2,2	1,6	1,2	2,1	1,4	1,2	1,1
20	IIa	1,5	1,4	1,2	3,7	2,3	1,6	1,3	2,2	1,4	1,3	1,1
	III	1,9	1,7	1,5	4,6	2,9	2,0	1,6	2,7	1,8	1,6	1,4
	IIIa	2,3	2,1	1,9	5,8	3,6	2,5	2,0	3,4	2,2	2,0	1,7
	DB	2,3	2,1	1,9	5,6	3,5	2,4	1,9	3,3	2,1	1,9	1,7
28	IIa	1,8	1,7	1,5	4,5	2,8	1,9	1,5	2,6	1,7	1,5	1,4
	III	2,3	2,1	1,9	5,8	3,6	2,5	2,0	3,4	2,2	2,0	1,7
	IIIa	2,8	2,5	2,3	6,8	4,2	2,9	2,3	4,0	2,6	2,3	2,0
	DB	2,7	2,4	2,2	6,5	4,0	2,8	2,2	3,9	2,5	2,2	2,0

Verformungsfälle, Rißsicherheit

Für die praktische Anwendung wird folgende Verfahrensweise empfohlen:

- Verformungsfall V1

Grobe Abschätzung der Rißsicherheit ohne Berechnung

Im allgemeinen ergibt sich keine Rißgefahr, wenn der Unterschied der Verformungen von Innen- und Außenwand $\Delta\varepsilon_0$ aus Schwinden und chemischem Quellen (Werte aus Tafel 5/10) nicht größer als 0,4 mm/m ist und Temperaturunterschiede vernachlässigbar sind.

Rechnerischer Nachweis der Rißsicherheit

Der Nachweis erfolgt durch:

Beurteilung der Rißsicherheit im Stadium Zustand I:

① Ermittlung von $\Delta\varepsilon_0$ für Schwinden und Temperaturdehnung (Tafel 5/10 [5/2])

② Bestimmung des Steifigkeitsverhältniswertes

$$k = k_1 \cdot k_2 \cdot k_3 \quad (5.2)$$

mit

$$k_1 = E_I/E_A \quad (5.3)$$

(E-Modul Mauerwerk Innen- und Außenwand),

$$k_2 = A_I/A_A = (d_I \cdot l_I)/(d_A \cdot l_a), \quad (5.4)$$

Wandquerschnittsflächen A_I, A_A bzw. Wanddicken d und Wandlängen l),

$$k_3 = (1 + 0,8 \cdot \varphi_{\infty,A})/(1 + 0,8 \cdot \varphi_{\infty,I}) \quad (5.5)$$

(Einfluß der Relaxation, Endkriechzahlen $\varphi_{\infty,A}$, $\varphi_{\infty,I}$ von Außen- und Innenwand).

Die k_1- und k_3-Werte wurden für verschiedene Kombinationen von KS-Mauerwerk mit anderem Mauerwerk unter Bezug auf eigene Auswertungen [5/2] ermittelt. Sie sind in den Tafeln 5/13 und 5/14 zusammengestellt.

③ Ermittlung des Abminderungsbeiwertes α (Tafel 5/15)

④ Errechnung des maßgebenden Wertes vorh $\Delta\varepsilon$ (bei der Feuchtedehnung – Schwinden, chemisches Quellen – wird Relaxation berücksichtigt:

$$1/(1 + 0,8 \cdot \varphi_{\infty,I}) \quad (5.6)$$

⑤ Vergleich: vorh $\Delta\varepsilon$ mit zul $\Delta\varepsilon$ = 0,2 mm/m

Tafel 5/14: Verhältniswert $k_3 = (1 + 0,8 \cdot \varphi_{\infty,A})/(1 + 0,8 \cdot \varphi_{\infty,I})$

Kennwerte	Innenwand KS-Mauerwerk	Außenwand		
		HLz – LM 36	GP – DB	LB (Vbl, Hbl) – LM 36
φ_∞ (Rechenwert)	1,5	1,0	1,5	2,0
φ_∞ (Wertebereich)	0,8 bis 2,0	0,2 bis 1,6	0,3 bis 5,5	0,8 bis 3,2
k_3 (Bezug Rechenwerte φ_∞)	–	0,8	1,0	1,2

Tafel 5/15: Abminderungsfaktor α in Abhängigkeit vom Steifigkeitsverhältniswert k

α	k
0,45	4,0
0,50	3,0
0,55	2,0
0,70	1,0
0,80	0,5
Zwischenwerte dürfen geradlinig interpoliert werden.	

Der in diesem Kapitel auftretende Faktor k für das Steifigkeitsverhältnis ist **nicht** mit dem Abminderungsfaktor k aus der DIN 1053 zu verwechseln.

Rechenbeispiel

Gegeben:
Innenwand
Baustoffe   KS 12, MG IIa
Abmessungen l_I = 4,0 m
d_I = 11,5 cm

Außenwand
Baustoffe   HLz 6, LM 36
Abmessungen l_A = 1,0 m (Pfeiler)
d_A = 36,5 cm

Gesucht:
Nachweis der Rißsicherheit
a) Ermittlung der Feuchte- und Wärmedehnungen
b) Bestimmung des Steifigkeitsverhältniswertes
c) Ermittlung des Abminderungsbeiwertes α
d) Berechnung des vorhandenen maßgebenden Dehnungsunterschiedes vorh $\Delta\varepsilon$
e) Nachweis

Berechnungsgang:
a) Ermittlung der Feuchte- und Wärmedehnungen

– Feuchtedehnung:
Innenwand $\varepsilon_{s\infty} = -0,2$ mm/m
Außenwand $\varepsilon_{cq} = +0,2$ mm/m
(chemisches Quellen)

$\rightarrow \Delta\varepsilon_{0,f} = 0,4$ mm/m

– Wärmedehnung:
Innenwand $\Delta T = 0$
Außenwand $\Delta T = +10$ K

$\rightarrow \Delta\varepsilon_{0,T} = 10 \cdot 6 \cdot 10^{-3} = 0,06$ mm/m

b) Bestimmung des Steifigkeitsverhältniswertes

Steifigkeitsverhältniswert k

$k_1 = E_I/E_A = 1,2$ (Tafel 5/13)

$k_2 = \dfrac{d_I \cdot l_I}{d_A \cdot l_A} = \dfrac{0,115 \cdot 4,0}{0,365 \cdot 1,0} = 1,26$

$k_3 = \dfrac{1 + 0,8 \cdot \varphi_{\infty,A}}{1 + 0,8 \cdot \varphi_{\infty,I}} = 0,8$ (Tafel 5/14, letzte Zeile)

$k = 1,2 \cdot 1,26 \cdot 0,8 = 1,21$

c) Ermittlung des Abminderungsbeiwertes α

$\alpha = 0,67$ (aus Tafel 5/15 für k = 1,21 interpoliert)

d) Berechnung des vorhandenen maßgebenden Dehnungsunterschiedes vorh $\Delta\varepsilon$

– vorhandener Dehnungsunterschied aus Schwinden und chemischem Quellen vorh $\Delta\varepsilon_s$; wegen der langsam ablaufenden Formänderungen wird Relaxation berücksichtigt

vorh $\Delta\varepsilon_s = (\Delta\varepsilon_{0,f} \cdot \alpha)/(1 + 0,8 \cdot \varphi_{\infty,I}) =$
$(0,4 \cdot 0,67)/(1 + 0,8 \cdot 1,5)$ mit $\varphi_{\infty,I}$ aus Tafel 5/14
vorh $\Delta\varepsilon_s = 0,12$ mm/m

- vorhandener Dehnungsunterschied aus Temperaturänderung vorh $\Delta\varepsilon_T$; da auch schnelle Temperaturänderungen möglich sind, wird keine Relaxation berücksichtigt

  vorh $\Delta\varepsilon_T = \Delta\varepsilon_T \cdot a = 0{,}06 \cdot 0{,}67 = 0{,}04$ mm/m

- der gesamte vorhandene Dehnungsunterschied vorh $\Delta\varepsilon_{ges}$ ergibt sich damit zu

  $\Delta\varepsilon_{ges} = 0{,}12 + 0{,}04 = 0{,}16$ mm/m

e) Nachweis

Der Nachweis erfolgt durch Vergleich des vorhandenen Dehnungsunterschiedes vorh $\Delta\varepsilon_{ges}$ mit dem zulässigen Dehnungsunterschied zul $\Delta\varepsilon$:

vorh $\Delta\varepsilon_{ges} = 0{,}16$ mm/m $<$ zul $\Delta\varepsilon = 0{,}2$ mm/m

Danach ist nicht mit Rissen zu rechnen.

- Verformungsfall V2

Grobe Abschätzung der Rißsicherheit ohne Berechnung

Im allgemeinen ergibt sich danach keine Rißgefahr, wenn $\Delta\varepsilon_o$ aus Schwinden und chemischem Quellen nicht größer als 0,2 mm/m ist und Temperaturunterschiede vernachlässigbar gering sind.

Rechnerischer Nachweis der Rißsicherheit

Analoges Vorgehen wie im Verformungsfall V1; bei Schritt ④ ist $\varphi_{\infty,A}$ einzusetzen und bei Schritt ⑤ ist zul $\Delta\varepsilon = 0{,}1$ mm/m zu wählen.

Maßnahmen zur Erhöhung der Rißsicherheit

- Wahl von Mauerwerk-Kombinationen mit ausreichend geringem Formänderungsunterschied $\Delta\varepsilon_0$.
- Es sollten gleiche Setzungen des Baugrundes unter dem Baukörper angestrebt werden. Dies kann erreicht werden, indem die Fundamentflächen unter dem Gesichtspunkt des Setzungsverhaltens und nicht für eine konstante Bodenpressung festgelegt werden; ggf. ist ein Baugrundsachverständiger einzuschalten.
- Um das Kriechen gering zu halten, kann man in besonderen Fällen für das Innenmauerwerk auch Steine mit höheren Festigkeiten verwenden als für die Aufnahme der Druckspannungen erforderlich. Bei Kalksandsteinen der Festigkeitsklasse 20 ist infolge des höheren E-Moduls die Kriechverformung geringer als bei Kalksandsteinen der Festigkeitsklasse 12.
- Rißbreitenbeschränkende, rißverteilende Bewehrung im obersten Geschoß im außenwandnahen Bereich der Innenwand [5/7].
- Stumpfstoßtechnik; durch die in vertikaler Richtung relativ weiche Verankerung wird eine unbehindertere Verformung von Innen- und Außenwand erreicht. Dies kann durch Papplagen zwischen Unterseite Geschoßdecke und Innenwand noch weiter begünstigt werden (Bild 5/15). Allerdings wird durch solche Maßnahmen auch der Einfluß des Steifigkeitsverhältnisses verringert, das zuvor beschriebene Rechenverfahren läßt sich deshalb nicht ohne weiteres anwenden. Eine quantitativ zutreffende und versuchsmäßig abgesicherte Bewertung dieser unterschiedlichen Einflüsse in ihrer Auswirkung auf die Rißsicherheit ist derzeit noch nicht möglich.

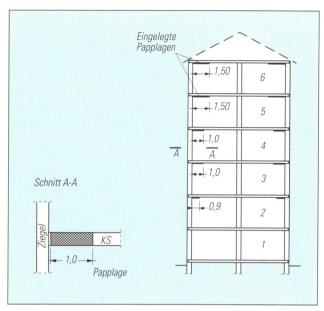

Bild 5/15: Stumpfstoßtechnik; eingelegte Trennschichten in der Innenwand

Die Stumpfstoßtechnik ist aber zweifellos empfehlenswert, um die Rißgefahr zu verringern. Näherungsweise kann davon ausgegangen werden, daß Verformungsunterschiede $\Delta\varepsilon_0$ zwischen Innen- und Außenwand (aus Schwinden, chemischem Quellen und Wärmedehnung) bis zu 0,4 mm/m ohne schädliche Risse im Mauerwerk aufgenommen werden können.

5.5.3.2 Zweischalige Außenwände mit Verblendschale

Verformungsfall, Rißgefahr

Bei zweischaligen Außenwänden mit Luftschicht ohne und mit Wärmedämmung sowie mit Kerndämmung treten in der Regel sehr unterschiedliche Verformungen der beiden Schalen auf.

Die Innenschale verformt sich im wesentlichen durch Kriechen und Schwinden; nennenswerte temperaturbedingte Verformungen sind wegen der weitgehend konstanten Raumtemperatur nicht zu erwarten. Die Außenschale (Verblendschale) ist unmittelbar den klimatischen Einflüssen, das heißt Temperatur- und Feuchteänderungen, ausgesetzt.

Die Verblendschale sollte sich deshalb weitgehend unbehindert von der Innenschale bewegen können. Die aus Standsicherheitsgründen notwendige Verankerung zwischen den beiden Schalen ist in Richtung Wandhöhe und -länge so weich, daß sie nicht zu wesentlichen Verformungsbehinderungen führt.

Die Verformungen der Verblendschale werden jedoch durch die notwendige Auflagerung und ggf. auch durch das seitliche Anbinden an Nachbarbauteile (weiterführende Verblendschalen oder z. B. Stützen) behindert. Durch diese Verformungsbehinderungen entstehen Zugspannungen (Bild 5/16) in der Verblendschale, die ab einer bestimmten Wandlänge bzw. einem gewissen Verhältniswert Wandlänge/Wandhöhe im mittleren Bereich der Wandlänge nahezu horizontal verlaufen. Die Höhe dieser Zugspannungen hängt ab von der Größe der Formänderungen (Schwinden, Wärmedehnung), dem Zug-E-Modul und der Zugfestigkeit des Mau-

Verformungsfälle, Rißsicherheit

erwerks parallel zu den Lagerfugen, dem Behinderungsgrad (im Auflagerbereich, im Bereich der Wandränder) sowie dem Spannungsabbau durch Relaxation.

Durch ein einfaches Berechnungsverfahren, das theoretisch und versuchsmäßig ausreichend begründet ist, können die rißfreie Wandlänge bzw. der Dehnungsfugenabstand von Verblendschalen mit guter Genauigkeit berechnet werden. Die Rechenergebnisse stimmen mit den Praxiserfahrungen zufriedenstellend überein.

Unabhängig davon ist jedoch unbedingt dafür zu sorgen, daß sich die Verblendschalen auch in vertikaler Richtung zwängungsfrei verformen können. Dazu sind entsprechende horizontale Dehnungsfugen anzuordnen, die bei mehrgeschossigen Bauten unterhalb der notwendigen Abfangkonstruktion für die Verblendschale vorzusehen sind (Bild 5/17).

Das dargestellte Berechnungsverfahren für die Rißsicherheit bzw. für die rißfreie Wandlänge kann auch für leichte Trennwände und Ausfachungen angewendet werden.

Rechnerische Beurteilung

Die rißfreie Wandlänge l_r bzw. der Dehnungsfugenabstand kann wie folgt errechnet werden [5/8]:

$$l_r \leq -\ln\left(1 - \frac{\beta_{Z,mw}}{E_{Z,mw} \cdot \text{ges } \varepsilon \cdot R}\right) \frac{h_{mw}}{0{,}23} \qquad (5.7a)$$

> Stumpfstoßtechnik erhöht die Rißsicherheit. Es kann davon ausgegangen werden, daß Verformungsunterschiede $\Delta\varepsilon_o$ zwischen Innen- und Außenwand bis zu 0,4 mm/m ohne schädliche Risse im Mauerwerk aufgenommen werden können.
>
> Der Verformungsunterschied aus Schwinden, chemischem Quellen und Temperatur wird aus den Tafelwerten näherungsweise bestimmt.

Es bedeuten

$\beta_{Z,mw}$ Mauerwerkzugfestigkeit (Richtung Wandlänge)

$E_{Z,mw}$ Zug-Elastizitätsmodul (Richtung Wandlänge)

ges ε Gesamte Verformungen (Dehnungen) infolge Schwinden ε_s und Temperaturänderung ε_T

R Behinderungsgrad (am Wandfuß; vollständige Behinderung bei R = 1,0)

h_{mw} Wandhöhe

Die Gleichung gilt bis zu einem Verhältniswert $l_r/h_{mw} \leq 5$. Über diesem Verhältniswert wirkt sich eine zunehmende Wandlänge unter sonst gleichen Bedingungen nicht mehr spannungserhöhend aus.

Geht man, wie in [5/8], von einer Zugspannung max $\sigma_z \approx 0{,}7 \cdot$ max σ_z (β_z) aus – was für die Beurteilung der Gebrauchsfähigkeit zulässig erscheint – so ergibt sich der Verhältniswert $\beta_{Z,mw}/E_{Z,mw}$ für Kalksandsteinmauerwerk in sehr grober Näherung zu rd. 1/23 000 (Tafel 5/16). Wird dieser in die Gleichung eingesetzt, so erhält man:

$$l_r \leq -\ln\left(1 - \frac{1}{23\,000 \cdot \text{ges } \varepsilon \cdot R}\right) \frac{h_{mw}}{0{,}23} \text{ bzw.} \qquad (5.7b)$$

$$l_r \leq -\ln(1-\alpha) \frac{h_{mw}}{0{,}23} \qquad (5.7c)$$

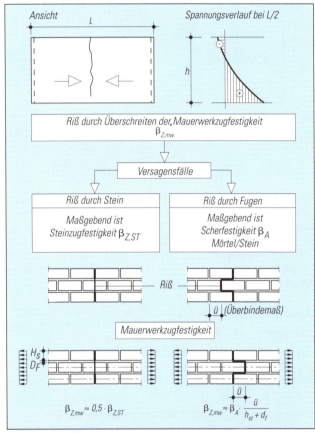

Bild 5/16: Verformungsfall H, Wand unten aufgelagert

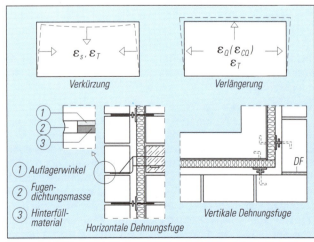

Bild 5/17: Mauerwerk; Formänderungen in horizontaler Richtung

Tafel 5/16: Gerundete Verhältniswerte $\beta_{Z,mw}/E_{Z,mw}$ für Mauerwerk aus Normalmörtel nach [5/8]

Mauerstein	$\beta_{Z,mw}/E_{Z,mw}$
Kalksandsteine	1/23000
Mauerziegel	1/14000
Leichtbetonsteine	1/15000
Porenbetonsteine	1/22000

Ist α in der Gleichung ≥ 1, so ist in der betrachteten Wand nicht mit Rissen zu rechnen. Bei α-Werten < 1 ergibt sich die rißfreie Wandlänge aus der Gleichung. Wie ersichtlich, nimmt die rißfreie Wandlänge zu, wenn die Gesamtdehnung infolge Schwinden und Temperaturabnahme sowie der Behinderungsgrad kleiner werden und sich die Wandhöhe vergrößert.

Bei üblicher Wandlagerung der Verblendschale im Fußpunktbereich auf einer Papplage kann der Behinderungsgrad R in etwa zu 0,6 angenommen werden. Er läßt sich verringern durch Anordnung von Zwischenschichten mit geringer Gleitreibung (z. B. 2 Papplagen mit geringem Reibungsbeiwert auf ebener Auflagerfläche).

Die rißfreie Wandlänge bzw. der Dehnungsfugenabstand können auch unter Bezug auf Gl. (5.7) in Form eines Diagrammes dargestellt werden (Bild 5/18). Aus dem Diagramm läßt sich in einfacher Weise mit der vorhandenen Gesamtdehnung und dem angenommenen Behinderungsgrad die rißfreie Wandlänge für eine Standardwandhöhe von 1 m entnehmen. Diese muß dann mit der tatsächlichen Wandhöhe multipliziert werden, um die rißfreie Wandlänge zu erhalten.

Im allgemeinen wird ein Dehnungsfugenabstand bei Verblendschalen aus KS-Mauerwerk von 6 bis 8 m empfohlen [5/9], wobei der untere Wert für Mauerwerk mit größeren Temperaturunterschieden angesetzt werden sollte.

Maßnahmen zur Erhöhung der Rißsicherheit

Möglichkeiten zur Erhöhung der Rißsicherheit bzw. zur Vergrößerung des Dehnungsfugenabstandes sind:

- Möglichst geringe Schwinddehnung der Mauersteine nach dem Einbau. Das Schwinden der Steine nach dem Vermauern kann z. B. auch dadurch verringert werden, daß der Feuchtegehalt der Steine beim Herstellen des Mauerwerkes möglichst niedrig ist. Die Steine sollen deshalb auch während der Lagerung gegen Feuchteaufnahme (Niederschlag) geschützt werden.

  Stark wasseraufsaugende Mauersteine sind ggf. vor dem Vermauern vorzunässen. Das Vornässen soll nur kurzzeitig und oberflächig unmittelbar vor dem Vermörteln erfolgen.

- Vollfugiges, hohlraumfreies Vermörteln: Dadurch werden der Haftverbund zwischen Stein und Mörtel und die Haftscherfestigkeit verbessert. Um dies zu erreichen, soll der Mörtel gut verarbeitbar sein („sämig", kein zu schnelles Ansteifen) und auch wenig schwinden. Gleichzeitig soll eine möglichst hohe Verformbarkeit im Fugenbereich angestrebt werden. Dies läßt sich am ehesten durch Verwendung von Mörteln der Gruppen II und IIa nach DIN 1053 Teil 1 gewährleisten. Mörtel der Gruppen III und IIIa lassen sich in der Regel schlechter verarbeiten und ergeben auf Grund ihrer hohen Festigkeiten einen steifen und spröden Mauermörtel in der Fuge (Fugenmörtel). Sie sind deshalb nach DIN 1053 Teil 1 zum Vermauern der Außenschale bei zweischaligem Mauerwerk nicht zulässig. Als Verfugmörtel zum nachträglichen Verfugen dürfen sie verwendet werden.

- Große Überbindelängen: Von Bedeutung für die Zugbeanspruchbarkeit und damit auch für die Rißsicherheit der Verblendschale ist der Mauerwerksverband. Eine halbsteinige Überbindung ist stets zu empfehlen, weil sie die größtmögliche scherkraftübertragende Fläche zwischen Stein und Lagerfugenmörtel ergibt. Kürzere Überbindungslängen sind meist rißempfindlicher.

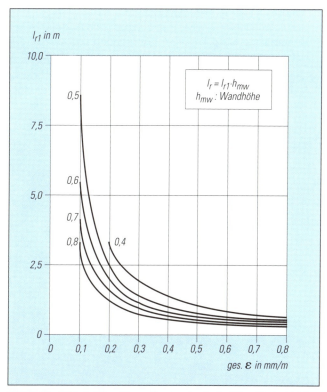

Bild 5/18: Rißfreie Wandlänge für eine 1 m hohe Wand l_{r1} in Abhängigkeit von der Gesamtdehnung ges ε und dem Behinderungsgrad R

- Geringe Verformungsbehinderung am Wandfuß, ausreichende Verformungsmöglichkeiten am Wandkopf und den seitlichen Bauteilrändern; die Verformungsbehinderung am Wandfuß kann durch Anordnung von Trennschichten mit geringem Reibungsbeiwert verringert werden.

- Herstellen der Verblendschalen bei günstiger Außentemperatur: Soweit möglich, sollen die Verblendschalen bei niedriger Außentemperatur hergestellt werden. Dadurch werden die jahreszeitlich bedingte Abkühlung unter die Herstelltemperatur und damit die zugspannungserzeugenden Temperaturverformungen klein gehalten. Gleichzeitig verringert sich im allgemeinen auch die Gefahr einer zu schnellen und zu starken Austrocknung. Durch diese kann ein zu hohes Anfangsschwinden im äußeren Mörtel-Stein-Bereich hervorgerufen werden, was den Haftverbund zwischen Mörtel und Stein und damit auch die Zugbeanspruchbarkeit des Mauerwerkes beeinträchtigt.

- Schutz vor ungünstigen Witterungseinflüssen: Nach dem Herstellen sollen die Verblendschalen zumindest bis zum Alter von 1 Woche vor Regen (Schlagregen), zu schnellem und zu starkem Austrocknen ausreichend geschützt werden. Dies kann zum Beispiel durch Abdecken mit Folien erfolgen. Frühzeitiges starkes Durchfeuchten der Mauerwerkswände vergrößert das spätere Schwinden bei Austrocknung.

- Bewehrung der Lagerfugen: Durch eine in den Lagerfugen angeordnete konstruktive Bewehrung (zum Beispiel Bewehrungselemente) können schädliche, größere Risse vermieden und dadurch längere Wände ohne Dehnungsfugen ausgeführt werden (Bild 5/19). Die Bewehrung wirkt rißverteilend bzw. rißbreitenbeschränkend.

Die ohne Dehnungsfugen ausführbare Wandlänge hängt im wesentlichen von der Zugfestigkeit und Geometrie der Mauerwerkswand sowie von Anordnung und Gehalt der Bewehrung ab. Untersuchungen dazu laufen zur Zeit.

- Anordnung von Bewehrung in den Lagerfugen in besonders rißgefährdeten Bereichen, zum Beispiel Brüstungsbereiche (Bild 5/20).

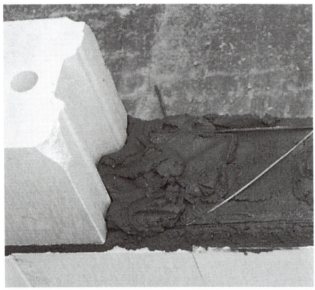

Bild 5/19: Lagerfugenbewehrung zur konstruktiven Rissesicherung

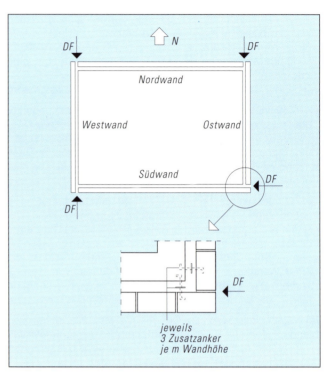

Bild 5/21: Dehnungsfugen (DF) an Gebäudeecken

- Großer Verhältniswert Wandhöhe zu Wandlänge: Soweit möglich, sollten lange Wände mit geringer Wandhöhe vermieden werden, weil in diesem Fall die größten Zugspannungen auftreten.
- Anordnung von Dehnungsfugen: Die notwendigen Abstände für Dehnungsfugen ergeben sich aus der Berechnung der rißfreien Wandlänge bzw. den empfohlenen Wandlängen. Dehnungsfugen sollten gegebenenfalls auch in besonders rißgefährdeten Bereichen, zum Beispiel im Bereich von Öffnungen angeordnet werden.

Durch den Einbau von geschoßhohen Fenster- und Türelementen, die konsequent durch senkrechte Anschluß-

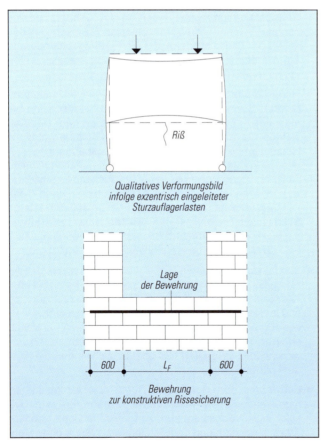

Bild 5/20: Brüstungsbereiche; Verformungen, Rißvermeidung (aus [5/10])

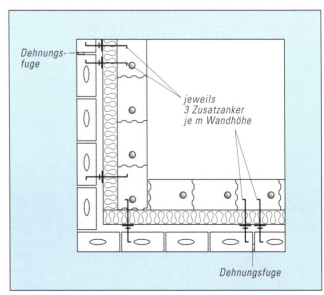

Bild 5/22: Anordnung von Dehnungsfugen (DF) beiderseits der Außenwandecke

fugen von der Außenschale getrennt sind, lassen sich konstruktive Mehrarbeiten vermeiden.

Die vertikalen Dehnungsfugen sollten in der Regel an den Gebäudeecken angebracht werden (Bild 5/21). Ist dies aus ästhetischen Gründen unerwünscht (Eckverband als wesentliches Stilelement im Mauerwerksbau), so können auch statt einer Dehnungsfuge in der Außenecke zwei Dehnungsfugen im Abstand von jeweils etwa maximal 2 m von der Ecke angeordnet werden (Bild 5/22). Natürlich sind dann nach DIN 1053 Teil 1, Abschnitt 8.4.3.1 e, zusätzliche Anker an beiden Rändern der Dehnungsfugen anzuordnen. Durch diese Anordnung der Dehnungsfugen entfällt möglicherweise eine sonst erforderliche Dehnungsfuge im dazwischenliegenden Wandbereich.

5.5.3.3 Leichte Trennwände

Verformungsfall, Rißgefahr

Die Durchbiegung von Geschoßdecken kann in leichten Trennwänden Schub- und Zugspannungen hervorrufen. Dabei kann die Durchbiegung der oberen Decke zu einer zusätzlichen Belastung der Trennwand führen, wenn deren oberer Wandrand nicht ausreichend von der Decke getrennt ist. Bedingt durch die Zugspannungen können horizontale Risse zwischen Wand und Decke im unteren Auflagerbereich (Abreißen der Wand von der Decke) sowie vertikale und schräg verlaufende Risse in der Mauerwerkswand auftreten (Bild 5/23).

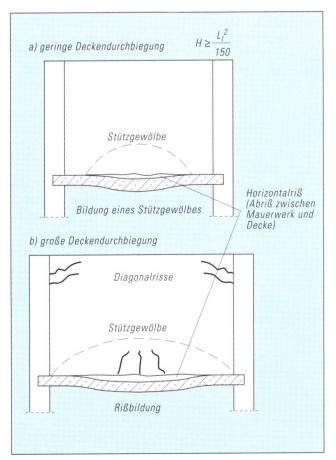

Bild 5/23: Risse in Trennwänden infolge Durchbiegung der Geschoßdecke

Rechnerische Beurteilung

Die rechnerische Abschätzung der Biegezugbeanspruchung der Mauerwerkswand ohne und mit zusätzlicher Auflast aus der oberen Decke ist möglich [5/7]. Da in der Regel die Beanspruchbarkeit des Mauerwerkes für diesen Fall nicht bzw. nicht ausreichend bekannt ist, läßt sich die Rißsicherheit quantitativ meist nicht beurteilen.

Maßnahmen zur Erhöhung der Rißsicherheit

Folgende rißsicherheitserhöhende Maßnahmen werden empfohlen:

- Spätes Errichten der leichten Trennwand, damit ein möglichst hoher Anteil der Deckendurchbiegung bereits aufgetreten ist und somit nicht rißerzeugend wirkt.

- Trennung der Mauerwerkswand im Auflagerbereich von der unteren Geschoßdecke durch Anordung von geeigneten Trennschichten, zum Beispiel Folie: Dadurch wird erreicht, daß der horizontale Abriß zwischen Wand und Decke an einer unsichtbaren Stelle fixiert wird.

- Ausreichende Verformungsmöglichkeit der Wand im oberen Wandbereich: Dazu sind zwischen oberer Geschoßdecke und oberem Wandrand ausreichend verformungsfähige Zwischenschichten in genügender Dicke anzuordnen. Vor allem bei Wandlängen über etwa 5 m.

- Bewehrung der Lagerfugen: Durch eine sinnvoll über die Wandhöhe gestaffelte Bewehrung – im unteren, zugbeanspruchten Wandbereich geringerer vertikaler Abstand der Bewehrung – läßt sich eine ausreichende Rißverteilung mit genügend kleinen Rißbreiten erreichen [5/7].

5.5.3.4 Gebäudetrennfugen

Sie sollen eine Bewegungs-(Dehnungs-)Möglichkeit von Bauwerkteilen, die sich durch Schwinden und Temperaturänderung verformen, in horizontaler Richtung gewährleisten. Die Fugenabstände sind im Bauwerk so zu wählen, daß in den einzelnen Bauteilen keine Schäden durch Zwängungsspannungen entstehen können.

Die Gebäudetrennfugen sind konsequent durch Baukörper und Wandbekleidungen bis zur Oberkante des Fundamentes zu führen.

Für KS-Bauwerke werden nach Praxiserfahrung der KS-Industrie nachfolgende maximale Fugenabstände empfohlen:

- Außenmauerwerk
  ohne zusätzliche Dämmung   25 bis 30 m

- Außenmauerwerk
  mit ≥ 6 cm zusätzlicher Außendämmung   50 bis 55 m

- Außenmauerwerk
  mit 6 cm zusätzlicher Innendämmung   15 bis 20 m

- Brüstungen, Attikagesimse und umlaufende
  Balkonplatten aus Stahlbeton   4 bis 6 m

5.5.3.5 Verformungen der Dachdecke

Unterschiedliche Verformungen zwischen den tragenden Wänden und der Dachdecke rufen Zwängungen hervor, die oft zu Rissen in den Wänden, selten aber zu Schäden in der Decke selbst führen. Diese Verformungsunterschiede entstehen durch unterschiedliche Temperaturen und unterschiedliches Schwinden von Dachdecke und der darunterliegenden Decke sowie zwischen Dachdecke und Mauerwerkswänden.

Nach DIN 18 530 und [5/11] kann rechnerisch abgeschätzt werden, in welchen Fällen (Dachabmessungen, Baustoffeigenschaften, Formänderungen) Rißgefahr besteht. Ist mit Rissen zu rechnen, so sind Dehnungsfugen anzuordnen, oder die Dachdecke ist möglichst reibungsfrei auf den Wänden zu lagern, damit nur geringe Schubkräfte auf diese übertragen werden. Eine solche Funktion kann eine Gleitfuge übernehmen, bei der zwei Bauteile durch eine Gleitschicht voneinander getrennt sind, die gegenseitige Verschiebung ohne große Reibung ermöglicht.

Bei Flachdachkonstruktionen mit Gleitfugen kann die Stahlbetondecke nicht die Funktion der oberen Wandhalterung übernehmen, weil zwischen der Decke und den Wänden durch die Anordnung einer Gleitschicht (Bild 5/24) bewußt auf eine Schubübertragung verzichtet wird. Aus diesem Grunde sind die oberen Wandenden unterhalb der Gleitfuge durch Ringbalken zu halten. Ringbalken können auch als bewehrtes Mauerwerk bemessen werden. Dafür ist DIN 1053 Teil 3 zu beachten.

Diese Wandkopfhalterungen nehmen die noch verbleibenden Reibungskräfte aus der Dachdecke und die Wandlasten, die auf die Außenwände des Gebäudes wirken, auf. Sie sind statisch nachzuweisen.

Im Fall einer starren Verbindung zwischen Wänden und Dachdecke (Kalt- oder Warmdach) können unterschiedliche Temperatur- und Feuchtedehnungen der Baustoffe rißgefährliche Spannungen in der Wand hervorrufen.

Zur Beurteilung, ob Wände Verformungen ohne Schaden aufnehmen können, sind vor allem die Bewegungen der Dachdecke in Richtung der Wandebene von Bedeutung. Bewegungen senkrecht zur Wandebene führen in den Wänden selten zu Schäden, weil Mauerwerkswände in vertikaler Richtung nur eine geringe Biegesteifigkeit besitzen.

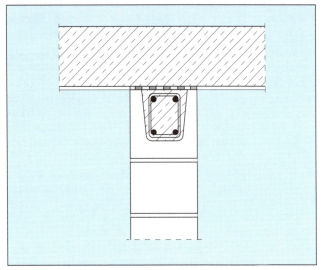

Bild 5/24: Ausbildung einer Gleitschicht

Nach DIN 18 530 darf die Dachdecke auf Mauerwerk bei mehrgeschossigen Gebäuden mit einer maßgeblichen Verschiebelänge l ≤ 6 m ohne Nachweis unverschieblich gelagert werden (Bild 5/25).

Bei mehrgeschossigen Gebäuden mit l > 6 m und bei eingeschossigen Gebäuden muß, falls keine verschiebliche Lagerung vorgesehen ist, ein Nachweis der Unschädlichkeit der Verformung geführt werden.

Bei dieser Untersuchung sind die zu erwartenden unbehinderten Verformungen mit den ohne Schaden aufnehmbaren Verformungen zu vergleichen. Maßgebend sind die Dehnungsdifferenz δ_ε zwischen Wand und Decke in mm/m und der Verschiebewinkel γ der Wand im Bogenmaß, der am Wandende durch unterschiedliche Längenänderung der Dachdecke und der darunterliegenden Geschoßdecke hervorgerufen wird (Bild 5/26). DIN 18 530 begrenzt die zulässigen Werte für δ_ε und γ. Bei fester Auflagerung der Dachdecke dürfen folgende Werte nicht überschritten werden:

Dehnungsdifferenz δ_ε:

−0,4 mm/m Verkürzung bzw.
+0,2 mm/m Verlängerung
Verschiebewinkel $\gamma = \Delta l/h$:

$$-\frac{1}{2500} \text{ bis } +\frac{1}{2500}$$

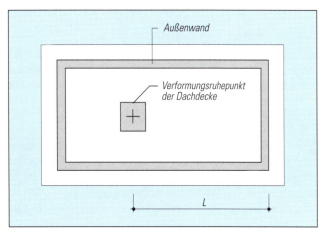

Bild 5/25: Maßgebliche Verschiebelänge

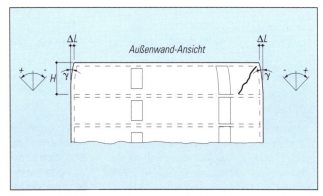

Bild 5/26: Verformung bei unterschiedlicher Temperatur von Dachdecke und Unterkonstruktion (Ansicht Außenwand)

Die Thematik wird ausführlich mit Rechenbeispielen in [5/11] behandelt.

5.6 Rationelles kosten- und flächensparendes Bauen

Im Wohnungsbau ist die Kostenoptimierung ein wichtiger Aspekt. Einsparpotentiale lassen sich nutzen, wenn bei der Planung von Bauvorhaben bereits bewährte, aber weithin wenig beachtete Rationalisierungsmöglichkeiten stärker ausgeschöpft werden. Schlanke Wände, Steine hoher Druckfestigkeit und Rohdichte sind Voraussetzungen für wirtschaftliche Wandkonstruktionen bei vielfältigsten Bau-

Rationelles Bauen, Grundwerte σ_0

Tafel 5/17: Grundwerte σ_0 der zulässigen Druckspannung für Mauerwerk mit Normal-, Dünnbett- und Leichtmörtel gemäß DIN 1053-1, Tabellen 4a und 4b [MN/m²].

Steinfestig-keitsklasse	Normalmörtel					Leichtmörtel		Dünnbettmörtel			
	MG I	MG II	MG IIa	MG III	MG IIIa	LM 21	LM 36	Plansteine		KS XL	
	Voll-, Loch- und Hohlblocksteine							Voll-/ Block-steine	Loch-/ Hohl-block-steine	ohne Nut	mit Nut
6	0,5	0,9	1,0	1,2	–	0,7	0,9	1,5	1,2	–	–
8	0,6	1,0	1,2	1,4	–	0,8	1,0	2,0	1,4	–	–
12	0,8	1,2	1,6	1,8	1,9	0,9	1,1	2,2[1]	1,8	3,0[2]	2,2[2]
20	1,0	1,6	1,9	2,4	3,0	0,9	1,1	3,2[1]	2,4	4,0[2]	3,4[2]
28	–	1,8	2,3	3,0	3,5	0,9	1,1	3,7[1]	–	4,0[2]	3,7[2]
36	–	–	–	3,5	4,0	–	–	–	–	–	–
48	–	–	–	4,0	4,5	–	–	–	–	–	–
60	–	–	–	4,5	5,0	–	–	–	–	–	–

[1] Gilt auch für KS XL (Vollsteine) mit Löchern.
[2] Höchste Ausnutzung gemäß entsprechenden bauaufsichtlichen Zulassungen für Mauerwerk aus KS XL.

aufgaben. Daher liegen schlanke, hochbelastbare KS-Wände mit klarer Funktionstrennung von Schall- und Wärmeschutz im Trend.

Ein wichtiger Aspekt zum Einsparpotential bietet sich bei der Optimierung des Tragwerks. Nach DIN 1053 gilt:

Die Mindestwanddicke bei tragenden Innen- und Außenwänden sowie bei der Tragschale zweischaliger Außenwände beträgt 11,5 cm. Bei einschaligen Außenwänden mit Wärmedämm-Verbundsystem sind aus schalltechnischen und bauphysikalischen Gründen 17,5 cm vorzuziehen. 11,5 cm schlanke Raumtrennwände können tragend bemessen werden. Dadurch lassen sich folgende Vorteile erzielen:

- Niedrigere Baukosten durch Tragwerksoptimierung, d. h. geringere Deckendicken und -stützweiten, weniger Bewehrungsgehalt
- Wohnflächengewinn durch geringe Wanddicken (5–7%)
- Sehr gute Gebäudeaussteifung
- Verformungswilliger und daher weniger rißanfällig als dickes, statisch gering beanspruchtes Mauerwerk
- Keine weitere Behandlung nötig, wenn als Sichtmauerwerk ausgeführt
- Günstige Steinformate für die Verarbeitung, z. B. KS-R Blocksteine
- Einfach mit gängigem Handwerkszeug, z. B. im Dünnbettmörtel, zu vermauern
- Wärme- und Feuchtigkeitsschwankungen werden durch KS gedämpft (natürlicher Thermostat)
- Sicherer Brandschutz, F 90
- Durch die hohe Steinrohdichte günstige Schalldämmung bis 47 dB

Durch Einsatz von Dünnlagenputz (d = ca. 5 mm) läßt sich im Vergleich zu 15 mm „Normalputz" je nach Raumgröße nochmals ein Wohnflächengewinn von ca. 2–3% erzielen.

Rationelles und kostengünstiges Bauen ist jedoch nur erreichbar, wenn auch die bauphysikalischen Anforderungen erfüllt werden: Zweischalige Haustrennwände mit d = 2 × 11,5 cm erreichen bereits ein bewertetes Schalldämm-Maß bis zu 67 dB. Zweischalige Haustrennwände mit d = 2 × 15 cm sind Brandwände nach DIN 4102 Teil 4 (Ausgabe März 1994). Eine einschalige 15 cm KS-Wand, beidseitig verputzt, hat bei einer Steinrohdichteklasse von 1,8 ein Schalldämm-Maß von $R'_W = 47$ dB.

Weitere Rationalisierungsmaßnahmen lassen sich z. B. erreichen durch:

- Verwendung großformatiger KS-R-Block- und -Plansteine (Schichthöhe 25 cm), KS XL (Schichthöhe 50–62,5 cm) sowie KS-Bauplatten für nichttragende Innenwände (Schichthöhe 25 cm)
- Mauern mit Versetzgeräten, bis 1 m² mit zwei Hüben
- Paß- und maßgerechte Anlieferung von Plansteinen als kompletter Bausatz
- Mauerwerk ohne Stoßfugenvermörtelung, im Dünnbettmörtel und mit Stumpfstoßtechnik
- Hohe Maßgenauigkeit der KS-Steine, so kann bei Plansteinmauerwerk Dünnlagenputz (d = ca. 5 mm) anstelle eines dicken Innenputzes erforderlich werden.

5.7 Grundwerte der zulässigen Druckspannungen

Bei den Grundwerten σ_0 der zulässigen Druckspannungen für Mauerwerk wird unterschieden zwischen Mauerwerk mit Normalmörtel, Dünnbettmörtel und Leichtmörtel. Grundwerte für die zulässigen Druckspannungen enthält die Tafel 5/17.

Beispiel: Rationelles Bauen

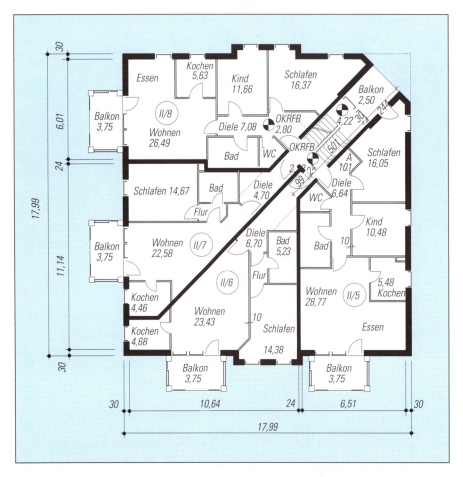

Beispiel in Wiesbaden „Am Haingraben", Situation vor und nach der Optimierung [5/12].

Drastische Einsparungen beim Stahlverbrauch durch Tragwerksoptimierung. Tragende Wände sind dunkel angelegt.

Vorher: Geschoßdecke 22 cm dick, 27 kg/m² Bewehrungsstahl/Deckenfläche

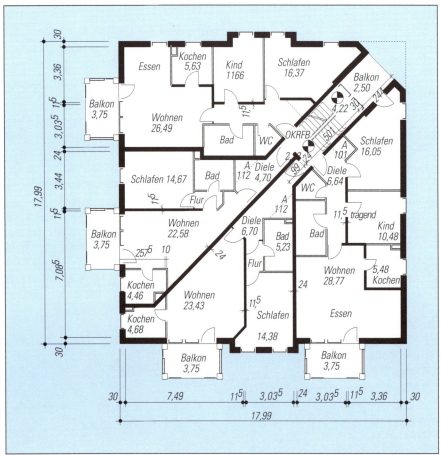

Nachher: Geschoßdecke 16 cm dick, 7,1 kg/m² Bewehrungsstahl/Deckenfläche, einschließlich Fensterstürze und deckengleicher Wechsel

Anhang

6 Grundlagen und Beispiele zum genaueren Berechnungsverfahren

6.1	**Allgemeines**	135
6.1.1	Überblick	135
6.1.2	Erläuterung der theoretischen Grundlagen	135
6.1.2.1	Vorbemerkungen	135
6.1.2.2	Druckfestigkeit des Mauerwerkes	135
6.1.2.3	Zug- und Biegezugfestigkeit des Mauerwerkes	135
6.1.2.4	Schubfestigkeit des Mauerwerkes	137
6.1.2.5	Spannungs-Dehnungs-Verlauf	139
6.1.2.6	Sicherheitsbeiwert	140
6.2	**Nachweis des Wand-Decken-Knotens**	140
6.2.1	Berechnungsgrundlagen	140
6.2.1.1	Vorbetrachtung	140
6.2.1.2	Voraussetzungen	141
6.2.1.3	Knotenmomente im Gesamtsystem	141
6.2.1.4	Knotenmomente im Teilsystem	141
6.2.2	Nachweise	145
6.2.2.1	Allgemeines	145
6.2.2.2	Auflagerkräfte	145
6.2.2.3	Deckeneinspannmomente	148
6.2.2.4	Ausmitten	148
6.2.2.5	Wandmomente	151
6.2.3	Berechnungsablauf	152
6.2.3.1	Allgemeines	152
6.2.3.2	Nachweis für den ungerissenen Querschnitt	152
6.2.3.3	Nachweis für den teilweise gerissenen Querschnitt	153
6.2.3.4	Kriterium für den maßgebenden Spannungsnachweis	153
6.2.4	Berechnungshilfen	155
6.2.4.1	Vorbetrachtung	155
6.2.4.2	Tafeln zur Ermittlung der zulässigen Normalkraft	158
6.2.4.3	Literaturhinweise	158
6.2.5	Anwendung	158
6.2.5.1	Beispiel ①: Außenwandknoten A der Dachdecke	158
6.2.5.2	Beispiel ②: Innenwandknoten E der Dachdecke	160
6.2.5.3	Beispiel ③: Außenwandknoten C einer Zwischendecke	160
6.2.5.4	Beispiel ④: Innenwandknoten D einer Zwischendecke	162
6.2.5.5	Erläuterung der Ergebnisse	163
6.3	**Knicksicherheitsnachweis**	163
6.3.1	Berechnungsgrundlagen	163
6.3.1.1	Vorbetrachtung	163
6.3.1.2	Voraussetzungen	164
6.3.1.3	Stabilitätstheorie	164
6.3.1.4	Wandverformungen nach Theorie II. Ordnung	164
6.3.1.5	Verfahren zur Ermittlung der Traglast für gerissene und ungerissene Querschnitte	166
6.3.2	Nachweise nach der Norm	167
6.3.2.1	Näherungsverfahren zur Ermittlung der Wandverformungen	167
6.3.2.2	Halterung der Wände	167
6.3.2.3	Knicklängen	168
6.3.2.4	Grenzbreiten	170
6.3.2.5	Zusatznachweis bei schlanken Wänden	170
6.3.3	Berechnungsablauf	171
6.3.3.1	Allgemeines	171
6.3.3.2	Nachweis für den ungerissenen Querschnitt	171
6.3.3.3	Nachweis für den teilweise gerissenen Querschnitt	173
6.3.3.4	Kriterium für den maßgebenden Spannungsnachweis	173
6.3.3.5	Normalkraftnachweis über Traglasten	173
6.3.4	Berechnungshilfen	173
6.3.4.1	Vorbetrachtung	173
6.3.4.2	Tafeln zur Ermittlung der zulässigen Normalkraft	173
6.3.4.3	Tafel zur Ermittlung der Tragkraft für gerissene und ungerissene Querschnitte	183
6.3.4.4	Literaturhinweise	183
6.3.5	Anwendung	183
6.3.5.1	Beispiel ①: Knicklänge einer schlanken Wand	183
6.3.5.2	Beispiel ②: Planmäßig mittig belastete Wand	184
6.3.5.3	Beispiel ③: Schlanke Wand geringer Breite (b < 2,0 m)	186
6.3.5.4	Beispiel ④: Ausmittig belastete Wand bei hoher Auflast	187
6.3.5.5	Erläuterung der Ergebnisse	188
6.4	**Schubnachweis**	188
6.4.1	Berechnungsgrundlagen	188
6.4.1.1	Vorbetrachtung	188
6.4.1.2	Voraussetzungen	188
6.4.2	Nachweise nach der Norm	188
6.4.2.1	Grenzwerte für die Schubspannungen	188
6.4.2.2	Rechenwerte	189
6.4.3	Berechnungsablauf	189
6.4.4	Berechnungshilfen	190
6.4.4.1	Tafeln für den Schubnachweis bei Scheibenbeanspruchung	190
6.4.4.2	Literaturhinweise	191
6.4.5	Anwendung	191
6.5	**Bauwerksaussteifung**	192
6.5.1	Vorbetrachtung	192
6.5.2	Stabilität des Gesamtbauwerks	192
6.5.3	Aussteifungswand	195
6.5.3.1	Aufteilung der Horizontallasten	195
6.5.3.2	Nachweis des Wandquerschnitts	195
6.5.3.3	Kriterium zur Beurteilung der Bauwerksaussteifung	198
6.5.3.4	Entfallen des Windnachweises	200
6.5.3.5	Nachweisstellen	201
6.5.3.6	Hinweis für Spannungsnachweise	202
6.5.3.7	Überlagerung der Beanspruchung aus lotrechter und waagerechter Lastabtragung	202
6.5.4	Forderungen der Norm	202
6.5.4.1	Mitwirkende Breite bei zusammengesetzten Querschnitten	202
6.5.4.2	Klaffende Fuge und Kippsicherheit	202
6.5.4.3	Randdehnungen bei Scheibenbeanspruchung und klaffender Fuge	202
6.5.5	Anwendung	202
6.5.5.1	Beispiel ①: Aussteifungswand mit Rechteckquerschnitt	203

6.5.5.2	Beispiel ②: Beurteilung der Bauwerksaussteifung nach dem Kriterium 204	6.6.8.4	Beispiel ⑧: Kelleraußenwand ohne Auflast, d = 30 cm, Nachweis als lotrechtes Gewölbe 238
6.5.5.3	Erläuterung der Ergebnisse 207	6.6.8.5	Beispiel ⑨: Kelleraußenwand, d = 30 cm, mit heruntergeführter Verblendschale .. 240
6.6	**Kelleraußenwand** 207	6.6.8.6	Erläuterung der Ergebnisse 242
6.6.1	Berechnungsgrundlagen 207		
6.6.1.1	Vorbetrachtung 207	**6.7**	**Lasteinleitung** 243
6.6.1.2	Voraussetzungen 207	6.7.1	Vorbetrachtung 243
6.6.1.3	Belastung 207	6.7.2	Nachweis nach der Norm 243
6.6.1.4	Ermittlung der Schnittgrößen 208	6.7.2.1	Belastung rechtwinklig zur Lagerfuge .. 243
6.6.1.5	Nachweis der einachsig gespannten Kelleraußenwand 210	6.7.2.2	Belastung rechtwinklig zur Wandebene . 244
6.6.1.6	Genäherte Ermittlung der erforderlichen Wandnormalkraft 210	6.7.3	Anwendung 244
6.6.1.7	Zweiachsig gespannte Kelleraußenwand 212	**6.8**	**Nachweis tragender Bauglieder, Beispiele** 245
6.6.2	Nachweis nach der Norm (Grenzlastnachweis) 213	6.8.1	Vorbemerkungen 245
6.6.2.1	Einachsig gespannte Kelleraußenwand . 213	6.8.2	Mehrfamilienhaus 245
6.6.2.2	Zweiachsig gespannte Kelleraußenwand 213	6.8.2.1	Beschreibung 245
6.6.3	Nachweis nach den ermittelten Schnittgrößen 216	6.8.2.2	Belastung 245
6.6.3.1	Einachsig gespannte Kelleraußenwand . 216	6.8.2.3	Stabilität des Gesamtbauwerks 247
6.6.3.2	Zweiachsig gespannte Kelleraußenwand 216	6.8.2.4	Windnachweis 247
6.6.4	Berechnungsablauf 216	6.8.2.5	Standsicherheitsnachweise 248
6.6.4.1	Einachsig gespannte Kelleraußenwand . 216	6.8.2.6	Erläuterung der Ergebnisse 269
6.6.4.2	Zweiachsig gespannte Kelleraußenwand 218	6.8.3	Einfamilienreihenhaus 269
6.6.5	Berechnungshilfen für einachsig gespannte Kelleraußenwände 218	6.8.3.1	Beschreibung 269
6.6.5.1	Vorbetrachtung 218	6.8.3.2	Belastung 270
6.6.5.2	Tafeln zur Ermittlung der erforderlichen Wandnormalkraft 218	6.8.3.3	Berechnung der Knotenmomente der Haustrennwand 271
6.6.5.3	Tafel zur Ermittlung der zulässigen Erdanschüttung 218	6.8.3.4	Standsicherheitsnachweise 274
6.6.5.4	Literaturhinweise 218	6.8.3.5	Hinweise zur Stabilität des Gesamtbauwerks und zum Windnachweis 276
6.6.6	Anwendung 218	6.8.3.6	Erläuterung der Ergebnisse 277
6.6.6.1	Beispiel ①: Kelleraußenwand, d = 24 cm, Grenzlastnachweis nach der Norm 218	6.8.4	Berechnung des Wand-Decken-Knotens bei unterschiedlichen Wand- und Deckendicken 277
6.6.6.2	Beispiel ②: Kelleraußenwand, d = 24 cm, Nachweis nach den ermittelten Schnittgrößen 219	6.8.4.1	Beschreibung 277
6.6.6.3	Beispiel ③: Kelleraußenwand, d = 30 cm, Hohe Verkehrslast im Einflußbereich des Erddrucks 221	6.8.4.2	Belastung 277
		6.8.4.3	Berechnung der Knotenmomente 278
6.6.6.4	Beispiel ④: Kelleraußenwand, d = 36,5 cm, Geringe Auflast am Wandkopf 223	6.8.4.4	Nachweis 280
6.6.6.5	Erläuterung der Ergebnisse 225	6.8.4.5	Erläuterung der Ergebnisse 281
6.6.7	Kelleraußenwand mit geringer Auflast bei voller Erdanschüttung 226	6.8.5	Mehrfamilienhaus mit Mauerwerk in Stumpfstoßtechnik 281
6.6.7.1	Vorbemerkung 226	6.8.5.1	Beschreibung 281
6.6.7.2	Einachsige, lotrechte Lastabtragung des Erddruckes 226	6.8.5.2	Belastung 281
6.6.7.3	Zweiachsige Lastabtragung des Erddruckes nach der Norm 228	6.8.5.3	Stabilität des Gesamtbauwerks 281
		6.8.5.4	Windnachweis 282
6.6.7.4	Besondere Konstruktionen und Nachweise 228	6.8.5.5	Standsicherheitsnachweise 283
6.6.8	Anwendung 231	6.8.5.6	Erläuterung der Ergebnisse 290
6.6.8.1	Beispiel ⑤: Kelleraußenwände beim Einfamilienhaus 231		
6.6.8.2	Beispiel ⑥: Kelleraußenwand ohne Auflast, d = 30 cm, Nachweis als waagerechtes Gewölbe 231	Literatur 291	
		Baunormen 293	
		Bezeichnungen 294	
6.6.8.3	Beispiel ⑦: Terrassenseitige Kelleraußenwand eines Einfamilienhauses, d = 30 cm 236	Stichwortverzeichnis 297	
		DIN 1053–1 301	
		DIN 1053–2 333	

6 Grundlagen und Beispiele zum genaueren Berechnungsverfahren

6.1 Allgemeines

6.1.1 Überblick

Die grundlegenden Nachweise nach DIN 1053 Teil 1, Abschnitt 7

- Wand-Decken-Knoten
- Knicksicherheit
- Schub

werden in den anschließenden Kapiteln 6.2 bis 6.4 behandelt. Jedem Nachweis ist ein eigenes Kapitel gewidmet.

6.1.2 Erläuterung der theoretischen Grundlagen

6.1.2.1 Vorbemerkungen

Den Berechnungsverfahren nach Abschnitt 7 liegen die Bruchtheorien für Mauerwerk nach [6/1, 6/2, 6/3 und 6/4] zugrunde, die – unterschieden nach den einzelnen Beanspruchungsarten

- Druck
- Zug
- Schub

– nachfolgend erläutert werden.

6.1.2.2 Druckfestigkeit des Mauerwerkes

Der Bruchmechanismus von gedrücktem Mauerwerk wird an einem Element aus drei Steinen mit dazwischenliegenden Mörtelschichten beschrieben (Bild 6/1). Bei Druckbelastung kommt es zur Stauchung der Steine und des Mörtels mit zugehöriger Querdehnung. Der im allgemeinen weichere Mörtel will zwischen den Steinen herausquellen; daran wird er aber durch die Reibung an den Steinen gehindert. Diese Reibungskräfte erzeugen Querzugspannungen im Stein [6/5]. Bei Laststeigerung erhöhen sich diese Zugspannungen bis zur Zugfestigkeit des Steins. Der Bruch des Mauerwerkes unter lotrechter Belastung wird also im wesentlichen durch die Zugfestigkeit der Steine bestimmt. Darüber hinaus gibt es noch weitere Einflußgrößen auf das Bruchverhalten, wie das Verhältnis von Querdehnung zur Längsdehnung (Querdehnzahl ν) des Mörtels, das Verhältnis der Zugfestigkeit zur Druckfestigkeit der Steine, die Fugendicke sowie Format, Lochart und Lochanteil der Steine.

Aus dem Grundwert σ_0 der zulässigen Druckspannung für Mauerwerk mit Normalmörtel, Dünnbett- und Leichtmörtel sowie Mauerwerk nach Eignungsprüfung entsprechend DIN 1053 Teil 1, Tabellen 4a, b und c wird der für die statische Berechnung maßgebende und auf die Schlankheit Null bezogene Rechenwert der Druckfestigkeit β_R ermittelt:

$$\beta_R = 2{,}67 \cdot \sigma_0 \qquad (6.1)$$

Der Faktor 2,67 berücksichtigt sowohl den globalen Sicherheitsbeiwert $\gamma = 2{,}0$ (Kap. 6.1.2.6) als auch die Tatsache, daß der Grundwert der zulässigen Druckspannung σ_0 den Knickeinfluß bei der Schlankheit $h_K/d = 10$ enthält, während der Rechenwert β_R die Druckfestigkeit ohne Knickeinfluß angibt [6/6]. Zur Berücksichtigung des Abfalles der Spannung σ_0 bei der Schlankheit 10 bezogen auf die Spannung bei der Schlankheit 0 mit dem Abminderungsfaktor 0,75 ergibt sich aus der Beziehung

$$\sigma_0 = \frac{\beta_R}{2{,}0} \cdot 0{,}75 = \frac{\beta_R}{2{,}67}$$

unmittelbar die Gl. (6.1).

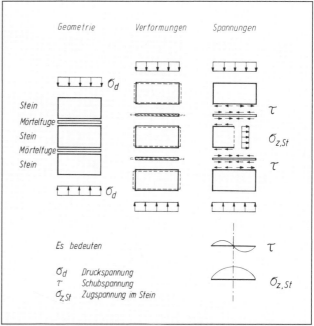

Bild 6/1: Bruchmechanismus von auf Druck beanspruchtem Mauerwerk nach [6/4]

6.1.2.3 Zug- und Biegezugfestigkeit des Mauerwerkes

Zugfestigkeit parallel zur Lagerfuge

Zugbeanspruchungen parallel zur Lagerfuge entstehen bei Mauerwerk, das in Wandlängsrichtung auf Zug (z. B. bei Silos, Halterung durch aussteifende Querwände, bei Horizontalbelastung rechtwinklig zur Wandebene) belastet wird.

Voraussetzung zur Aufnahme von Zugspannungen parallel zur Lagerfuge ist die Herstellung des Mauerwerkes im Verband und eine ausreichende Zugfestigkeit der Steine. Die Zugfestigkeit der Wand wird überschritten, wenn entweder die Lagerfuge oder der Stein versagt. Der ungünstigere Fall bestimmt die Zugtragfähigkeit des Mauerwerkes.

An einem Mauerwerk-Element, das durch Druckspannungen σ_d rechtwinklig und Zugspannungen σ_z parallel zur Lagerfuge belastet wird (Bild 6/2a), werden durch Gleichgewichtsbetrachtungen für beide Fälle die aufnehmbaren Zugspannungen ermittelt. Die Zugspannungen σ_z werden so lange erhöht, bis im Bruchzustand die Zugfestigkeit β_z des Mauerwerkes erreicht wird (Bild 6/2b). Es wird vorausgesetzt, daß sich die Stoßfugen nicht an der Aufnahme von Zugspannungen beteiligen (siehe Kräftefluß in Bild 6/2a).

- Versagen der Lagerfuge

Im Schnitt 1-1 ergibt sich aus dem Gleichgewicht der waagerechten Kräfte (Bild 6/2c)

$$2 \cdot \tau_R \cdot \ddot{u} = \beta_z \cdot 2 \cdot h_{St} \qquad (6.2a)$$

Es bedeuten

τ_R Rechnerischer Grenzwert der Schubspannung im Bruchzustand

$\ddot{u}/h_{St}$ Überbindemaß/Steinhöhe

β_z Zugfestigkeit des Mauerwerkes

Für die Zugfestigkeit des Mauerwerkes erhält man aus Gl. (6.2a)

$$\beta_z = \frac{\tau_R \cdot \ddot{u}}{h_{St}} \qquad (6.2b)$$

Zug- und Biegezugfestigkeit

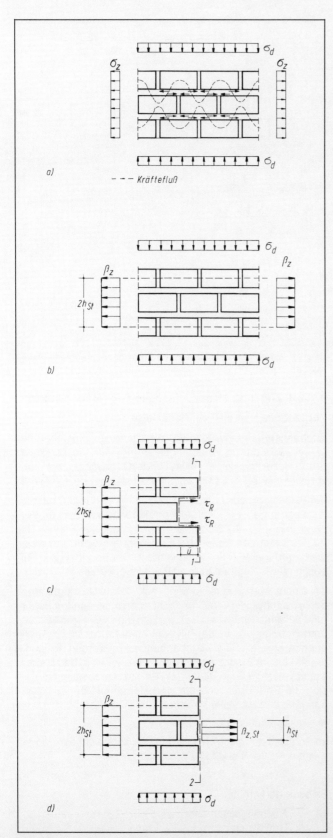

Bild 6/2: Zugbeanspruchung von Mauerwerk parallel zur Lagerfuge nach [6/3]
a) Wandelement im Gebrauchszustand
b) Wandelement im rechnerischen Bruchzustand
c) Versagen der Lagerfuge
d) Versagen des Steins

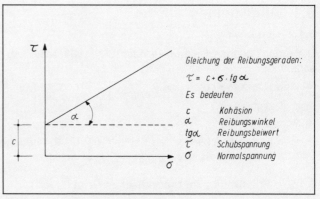

Bild 6/3: Coulomb'sches Reibungsgesetz

Nach dem Coulomb'schen Reibungsgesetz (Bild 6/3) besteht zwischen der Schubspannung τ und der Normalspannung σ folgender Zusammenhang:

$$\tau = c + \sigma \cdot \mathrm{tg}\,\alpha \tag{6.3a}$$

In DIN 1053 Teil 1 wird die Kohäsion c als Haftscherfestigkeit bezeichnet; maßgebend ist der Rechenwert der abgeminderten Haftscherfestigkeit β_{RHS}. Mit den in DIN 1053 Teil 1, Abschnitt 7.9.4, verwendeten Bezeichnungen gilt danach für den rechnerischen Grenzwert der Schubspannung τ_R:

$$\tau_R = \beta_{RHS} + \mu \cdot \sigma_d \tag{6.3b}$$

Mit diesem Reibungsgesetz folgt aus Gl. (6.2b):

$$\beta_z = (\beta_{RHS} + \mu \cdot \sigma_d) \cdot \frac{\ddot{u}}{h_{St}} \tag{6.2c}$$

Bei Berücksichtigung des Sicherheitsbeiwertes γ ergibt sich aus Gl. (6.2c) als zulässige Zugspannung parallel zur Lagerfuge

$$\mathrm{zul}\,\sigma_z = \frac{1}{\gamma} \cdot (\beta_{RHS} + \mu \cdot \sigma_d) \cdot \frac{\ddot{u}}{h_{St}} \tag{6.4}$$

Es bedeuten (DIN 1053 Teil 1, Abschnitt 7.9.4)

zul σ_z Zulässige Zugspannung parallel zur Lagerfuge

σ_d Druckspannung rechtwinklig zur Lagerfuge

β_{RHS} Rechenwert der abgeminderten Haftscherfestigkeit

μ Reibungsbeiwert

γ Sicherheitsbeiwert (Kap. 6.1.2.6)

Die Haftscherfestigkeit darf nur in den Bereichen angesetzt werden, in denen die Fuge nicht klafft.

● Versagen des Steines

Im Schnitt 2-2 ergibt sich aus dem Gleichgewicht der waagerechten Kräfte (Bild 6/2d)

$$\beta_z \cdot 2 \cdot h_{St} = \beta_{z,St} \cdot h_{St} \tag{6.5a}$$

Es bedeutet

$\beta_{z,St}$ Zugfestigkeit des Steines

Aus Gl. (6.5a) ergibt sich

$$\beta_z = \frac{\beta_{z,St}}{2} \tag{6.5b}$$

Für die Zugfestigkeit des Steines $\beta_{z,St}$ wird der nach DIN 1053 Teil 1, Abschnitt 7.9.4, maßgebende Rechenwert der Steinzugfestigkeit β_{RZ} eingeführt ($\beta_{z,St} = \beta_{RZ}$).

Unter Berücksichtigung des Sicherheitsbeiwertes γ ergibt sich damit aus Gl. (6.5b) als zulässige Zugspannung parallel zur Lagerfuge

$$\text{zul } \sigma_z = \frac{\beta_{RZ}}{2 \cdot \gamma} \qquad (6.6)$$

Als zulässige Zugspannung gilt der kleinere der sich aus den Gleichungen (6.4) und (6.6) ergebenden Werte. Beide Gleichungen entsprechen den in DIN 1053 Teil 1, Abschnitt 7.9.4, angegebenen Gleichungen (14) und (15); als Höchstwert darf 0,3 MN/m² nicht überschritten werden.

Zugfestigkeit rechtwinklig zur Lagerfuge

Wegen der stark streuenden Haftfestigkeit zwischen Mörtel und Stein darf beim Standsicherheitsnachweis für tragende Wände rechtwinklig zur Lagerfuge keine Zugfestigkeit des Mauerwerkes angesetzt werden.

6.1.2.4 Schubfestigkeit des Mauerwerkes

Bei der Schubbeanspruchung ist zwischen Scheibenschub und Plattenschub zu unterscheiden. Scheibenschub liegt bei Angriff der Horizontallasten in Richtung der Wand vor (Windscheibe), Plattenschub bei Angriff rechtwinklig zur Wand (Erddruck auf Kelleraußenwand, Wind auf Ausfachungswand).

Zur Untersuchung des Schubversagens wird Scheibenschub vorausgesetzt und aus einer Mauerwerkswand (Bild 6/4a), die durch lotrechte und waagerechte Lasten in Richtung der Wand beansprucht wird, ein Wandelement herausgeschnitten (Bild 6/4b). Das betrachtete Wandelement wird an den Rändern durch Schubspannungen und in lotrechter Richtung durch Normalspannungen beansprucht.

Die Normalspannungen σ verlaufen meist über die Wandlänge linear veränderlich. Für die Betrachtung des Wandelementes wird jedoch vereinfachend ein konstanter Verlauf angenommen.

Es wurden Schubbruchtheorien [6/1, 6/7] entwickelt, bei denen über die Beteiligung der Stoßfugen an der Schubkraftübertragung unterschiedliche Annahmen getroffen werden.

Der Schubbruchtheorie nach [6/1] liegt die Annahme zugrunde, daß in den Stoßfugen keine Schubkräfte übertragen werden. Daher gehen die lotrechten Schubspannungen als τ_{St} durch den zwischen den Stoßfugen liegenden Stein, der deshalb die Schubspannungen aus 2 Schichten aufnehmen muß. Ein aus dem Wandelement herausgetrennter Einzelstein wird außer durch die Normalspannung noch durch ein waagerechtes Kräftepaar aus den Schubspannungen τ in der oberen und unteren Lagerfuge beansprucht.

Das Gleichgewicht der Momente am Einzelstein erfordert ein dem Moment aus den Schubkräften entgegengesetzt gerichtetes Kräftepaar. Dieses wird durch eine Umverteilung der vorhandenen Normalspannungen an der Ober- und Unterseite des Steins gebildet. Aus diesem Grund verlaufen die am Stein angreifenden Normalspannungen nicht konstant, sondern abgetreppt (Bild 6/4c).

Nach der genannten Schubbruchtheorie kann das Gleichgewicht am Einzelstein daher nur bei entsprechender Auflast sichergestellt werden. Bei fehlender Auflast ($\sigma = 0$) müssen also in den Stoßfugen Schubspannungen übertragen werden, wenn vorausgesetzt wird, daß rechtwinklig zur Lagerfuge keine Zugspannungen aufgenommen werden können.

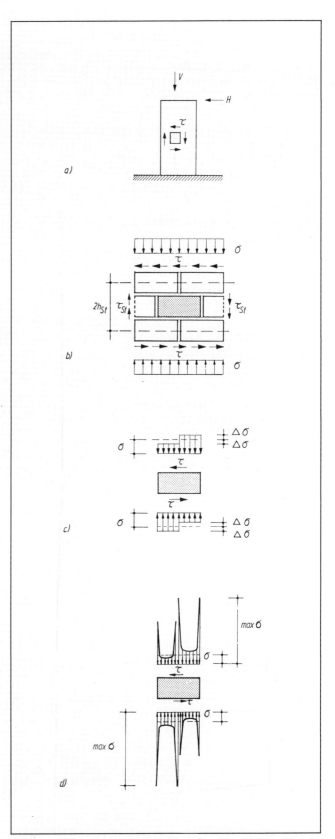

Bild 6/4: Gleichgewicht am Element und am Einzelstein bei Schubbeanspruchung nach [6/1] und [6/7] (Scheibenschub)

a) Windscheibe mit Wandelement
b) Gleichgewicht am Wandelement
c) Gleichgewicht am Einzelstein nach Näherung [6/1]
d) Gleichgewicht am Einzelstein nach genauer Berechnung [6/7]

Schubfestigkeit

Theoretische Untersuchungen über die Mitwirkung der Stoßfugen an der Übertragung von Schubkräften [6/7] haben auch gezeigt, daß die Schubtragfähigkeit um einen von der Normalspannung unabhängigen Kohäsionsanteil erhöht wird. Daher ist im Rechenwert der abgeminderten Haftscherfestigkeit β_{RHS} nach DIN 1053 Teil 1, Abschnitt 7.9.5, die Schubübertragung in der Stoßfuge enthalten.

Nach [6/7] ergibt sich der in Bild 6/4d gezeigte Verlauf der Normalspannungen in der Lagerfuge. Diese rechnerisch ermittelten Normalspannungen liegen zum Teil über den Spannungen nach [6/1]. Es zeigt sich aber, daß der in [6/1] angenommene, abgetreppte Spannungsverlauf eine gute Näherung darstellt.

Schubversuche haben die beiden Bruchtheorien gut bestätigt.

Ein durch Normal- und Schubkräfte in Scheibenebene beanspruchtes Mauerwerk versagt je nach Größe der Druckspannungen rechtwinklig zur Lagerfuge im wesentlichen auf drei verschiedene Arten [6/1, 6/7]:

- Bei geringer Druckspannung versagt das Mauerwerk in der Lagerfuge infolge Reibung (Fall 1)
- Bei Erhöhung der Druckspannungen kann es vor Versagen der Lagerfuge zu einem Reißen der Steine infolge schräger Hauptzugspannungen im Stein kommen (Fall 2)
- Bei sehr hohen Druckspannungen versagt Mauerwerk infolge schräger Hauptdruckspannungen (Fall 3)

Die Schubfestigkeit von Mauerwerk hängt daher von den in der Lagerfuge aufnehmbaren Reibungskräften, der Zugfestigkeit der Steine und der Druckfestigkeit des Mauerwerkes ab. Für die drei erwähnten Versagensfälle werden die Bruchkriterien hergeleitet.

Fall 1:

Wenn bei geringen Druckspannungen die Reibung nicht überwunden werden soll, muß nach dem Coulomb'schen Reibungsgesetz eingehalten sein:

$$\tau < \tau_R = \beta_{RHS} + \overline{\mu} \cdot \sigma \quad (6.7)$$

Es bedeuten

τ Vorhandene Schubspannung im Gebrauchszustand

σ Zugehörige Normalspannung in der Lagerfuge im Gebrauchszustand

τ_R Rechnerischer Grenzwert der Schubspannung im Bruchzustand

β_{RHS} Rechenwert der abgeminderten Haftscherfestigkeit. Nach DIN 1053 Teil 1, Abschnitt 7.9.5, gilt $\beta_{RHS} = 2 \cdot \sigma_{oHS}$ mit σ_{oHS} nach Tabelle 5 (Tafel 2/13)

$\overline{\mu}$ Rechenwert des abgeminderten Reibungsbeiwertes

Gl. (6.7) entspricht der für die Zugfestigkeit des Mauerwerkes parallel zur Lagerfuge hergeleiteten Gl. (6.3b). Für die Schubbetrachtung gilt jedoch ein abgeminderter Reibungsbeiwert $\overline{\mu}$ (DIN 1053 Teil 1, Abschnitt 7.9.5). Anstelle der konstanten Druckspannung σ_d rechtwinklig zur Lagerfuge in Gl. (6.3b) wird hier die zur vorhandenen Schubspannung τ gehörige Normalspannung σ in der Lagerfuge eingeführt. Die Normalspannung σ hat beim Schubnachweis über die Wandlänge im allgemeinen einen geradlinigen, veränderlichen Verlauf.

Beim Reibungsversagen ist die geringere Normalspannung maßgebend ($\sigma - \Delta\sigma$ nach Bild 6/4c). Es darf aber trotzdem mit dem Mittelwert σ gerechnet werden, wenn gleichzeitig die Haftscherfestigkeit und die Reibung durch abgeminderte Werte berücksichtigt werden.

Unter Berücksichtigung des Sicherheitsbeiwertes γ gilt für den Gebrauchszustand

$$\gamma \cdot \tau \leq \tau_R = \beta_{RHS} + \overline{\mu} \cdot \sigma \quad (6.8a)$$

Gl. (6.8a) entspricht Gl. (16a) in DIN 1053 Teil 1, Abschnitt 7.9.5.

Fall 2:

Der nach Bild 6/4c durch Schub- und Normalspannungen beanspruchte Stein erhält nach einer Untersuchung als homogene Scheibe in seinem Mittelpunkt folgende Spannungen [6/1]:

$$\left.\begin{array}{l}\sigma_{ySt} = \sigma \\ \sigma_{xSt} = 0 \\ \tau_{St} = 2{,}3 \cdot \tau\end{array}\right\} \quad (6.9)$$

Für die schrägen Hauptzugspannungen im Stein gilt nach der Technischen Biegelehre

$$\sigma_{1St} = \frac{\sigma}{2} + \sqrt{\left(\frac{\sigma}{2}\right)^2 + (2{,}3 \cdot \tau)^2} \quad (6.10)$$

In Gl. (6.10) ist σ als Druckspannung mit negativem Vorzeichen einzusetzen.

Der Stein bricht, wenn die schräge Hauptzugspannung σ_{1St} die Zugfestigkeit des Steins $\beta_{z,St}$ übersteigt:

$$\sigma_{1St} = \beta_{z,St} \quad (6.11)$$

Das Einsetzen der Gl. (6.10) in die Bruchbedingung (6.11) ergibt, wenn die Schubspannung τ den rechnerischen Grenzwert τ_R erreicht und für σ das negative Vorzeichen berücksichtigt wird:

$$\tau_R = \frac{\beta_{z,St}}{2{,}3} \cdot \sqrt{1 + \frac{\sigma}{\beta_{z,St}}} \quad (6.12)$$

Für den Gebrauchszustand erhält man unter Berücksichtigung des Sicherheitsbeiwertes γ und des Rechenwertes der Steinzugfestigkeit β_{RZ} ($\beta_{z,St} = \beta_{RZ}$)

$$\gamma \cdot \tau \leq \tau_R = 0{,}45 \cdot \beta_{RZ} \cdot \sqrt{1 + \frac{\sigma}{\beta_{RZ}}} \quad (6.13)$$

Gl. (6.13) entspricht Gl. (16b) in DIN 1053 Teil 1, Abschnitt 7.9.5.

Fall 3:

Beim Versagen des Mauerwerkes auf Druck erreicht die maximale Normalspannung $\sigma + \Delta\sigma$ (Bild 6/4c) den Rechenwert der Druckfestigkeit des Mauerwerkes β_R (Gl. 6.14c).

Das Gleichgewicht am Einzelstein gegen Verdrehen im Sinne der eingeführten Näherung [6/1] nach Bild 6/5 ergibt

$$\tau \cdot l_{St} \cdot h_{St} = 2 \cdot \Delta\sigma \cdot \frac{l_{St}}{2} \cdot \frac{l_{St}}{2} \quad (6.14a)$$

Es bedeutet

l_{St}, h_{St} Steinlänge, Steinhöhe

Aus Gl. (6.14a) erhält man

$$\Delta\sigma = \tau \cdot 2 \cdot \frac{h_{St}}{l_{St}} \quad (6.14b)$$

Für den rechnerischen Bruchzustand gilt

$$\sigma + \Delta\sigma = \beta_R \quad (6.14c)$$

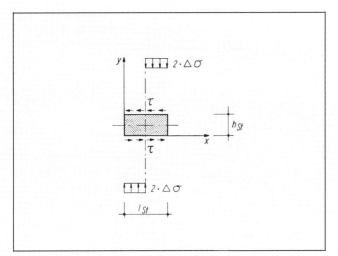

Bild 6/5: Lastbild des Einzelsteins aus Bild 6/4c

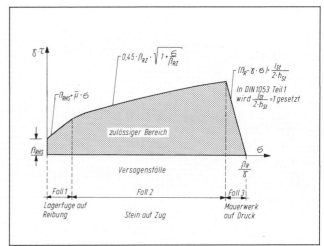

Bild 6/6: Bereich der Schubtragfähigkeit bei Scheibenschub

Das Einsetzen von Gl. (6.14b) in die Bruchbedingung (6.14c) ergibt

$$\sigma + \tau \cdot 2 \cdot \frac{h_{St}}{l_{St}} = \beta_R \qquad (6.15)$$

Im Gebrauchszustand muß unter Berücksichtigung des Sicherheitsbeiwertes γ eingehalten sein:

$$\gamma \cdot \left(\sigma + \tau \cdot 2 \cdot \frac{h_{St}}{l_{St}}\right) \leq \beta_R \qquad (6.16)$$

Das Auflösen nach $\gamma \cdot \tau$ ergibt die Bedingung

$$\gamma \cdot \tau \leq \tau_R = (\beta_R - \gamma \cdot \sigma) \cdot \frac{l_{St}}{2 \cdot h_{St}} \qquad (6.17a)$$

Für die drei Versagensfälle können die bei Scheibenschub maßgebenden Bruchbedingungen der Gln. (6.8a), (6.13) und (6.17a) in einem τ-σ-Diagramm angegeben werden, wie es auch in Bild 6 der DIN 1053 Teil 1 verwendet wird (Bild 6/6). Die drei Bruchbedingungen bilden einen Linienzug, der den zulässigen Bereich einhüllt (Hüllkurve). In Kapitel 6.4 werden diese drei Bruchbedingungen wieder aufgegriffen.

Bei Plattenschub ist unter der Voraussetzung, daß Einsteinmauerwerk (d. h. keine Längsfuge im Mauerwerk) vorliegt, beim Schubnachweis nur der Versagensfall 1 (Reibung in der Lagerfuge) maßgebend. Ein Versagen infolge Überschreiten der Steinzugfestigkeit nach Fall 2 trifft bei Plattenschub nicht zu. Für den Schubnachweis ist daher nur die Gl. (6.8a) zu erfüllen. Beim rechnerischen Grenzwert der Schubspannung ist im Fall 1 „Versagen der Lagerfuge" zu beachten, daß nicht der abgeminderte, sondern der normale Reibungsbeiwert μ angenommen werden darf. Anstelle der Gl. (6.8a) gilt

$$\gamma \cdot \tau \leq \tau_R = \beta_{RHS} + \mu \cdot \sigma \qquad (6.8b)$$

6.1.2.5 Spannungs-Dehnungs-Verlauf

Der Zusammenhang zwischen Spannung und zugehöriger Dehnung wird aus Druckversuchen gewonnen.

Ein Mauerwerkskörper wird im Versuch einer Druckspannung ausgesetzt, die in Abhängigkeit von der Zeit langsam gesteigert wird. Der Versuch dauert ca. 15 bis 30 Minuten. Während der Versuchsdauer wird sowohl die aufgebrachte Spannung σ als auch die Dehnung ε gemessen. Aus den so gewonnenen Wertepaaren ergibt sich bei Mauerwerk der in Bild 6/7 dargestellte grundsätzliche Verlauf.

Der Elastizitätsmodul E ist als Steigung der σ-ε-Kurve definiert. Da bei nichtlinearem σ-ε-Verlauf die rechnerischen Nachweise sehr aufwendig werden, wird für Mauerwerk ein vereinfachter, linearisierter σ-ε-Verlauf zugrunde gelegt. DIN 1053 Teil 1 gibt für den Elastizitätsmodul, abhängig vom Nachweis, unterschiedliche Werte bzw. Ansätze an (Tafel 6/1):

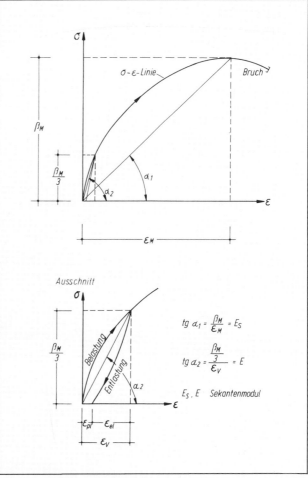

Bild 6/7: Qualitativer Zusammenhang zwischen Spannung und Dehnung bei Mauerwerk

Elastizitätsmodul, Sicherheitsbeiwert, Knotenmomente

Tafel 6/1: Elastizitätsmoduln für Mauerwerk nach DIN 1053 Teil 1

Nachweis der Knicksicherheit (DIN 1053 Teil 1, Abschnitt 7.9.2)	Ideeller Sekantenmodul	$E_i = 1100 \cdot \sigma_0$
Berechnung der Knicklänge (DIN 1053 Teil 1, Abschnitt 7.7.2)	Sekantenmodul aus der Gesamtdehnung bei etwa 1/3 der Mauerwerksdruckfestigkeit	E nach Tabelle 2
Berechnung der Formänderung im Gebrauchszustand (DIN 1053 Teil 1, Abschnitt 7.6)		
Berechnung des Wand-Decken-Knotens (DIN 1053 Teil 1, Abschnitt 7.2.2)	Elastizitätsmodul	$E = 3000 \cdot \sigma_0$
Berechnung der Randdehnung ε_R (DIN 1053 Teil 1, Abschnitt 7.9.1)		

a) Beim Knicksicherheitsnachweis wird ein ideeller Sekantenmodul E_i angenommen (DIN 1053 Teil 1, Abschnitt 7.9.2):

$$E_i = 1100 \cdot \sigma_0 \quad (6.18a)$$

Ein Elastizitätsmodul, der die Steigung der Tangente im Koordinatenursprung beschreibt, läge auf der unsicheren Seite, da sich Mauerwerk in Wirklichkeit mit zunehmender Belastung immer mehr verformt.

b) Bei der Ermittlung der Knicklängen darf mit einem Elastizitätsmodul gemäß DIN 1053 Teil 1, Tabelle 2, gerechnet werden. Auch dieser Elastizitätsmodul ist ein Sekantenmodul und von den Steinarten abhängig.

c) Für Verformungsberechnungen darf ebenfalls der in DIN 1053 Teil 1, Abschnitt 7.6 (Tabelle 2) festgelegte Wert verwendet werden.

d) Für die Berechnung der Knotenmomente darf vereinfachend der Elastizitätsmodul für Mauerwerk zu

$$E = 3000 \cdot \sigma_0 \quad (6.18b)$$

angenommen werden.

Die angegebenen Beziehungen führen beispielsweise für drei angenommene Stein-/Mörtelkombinationen zu den in Tafel 6/2 genannten Elastizitätsmoduln.

6.1.2.6 Sicherheitsbeiwert

In DIN 1053 Teil 1 gilt ein Sicherheitsbeiwert, der das Verhältnis der rechnerischen Bruchlast zur Gebrauchslast angibt.

Tafel 6/2: Vergleich der Elastizitätsmoduln von Kalksandstein-Mauerwerk

Stein-/Mörtel-kombination	$E_i = 1100 \cdot \sigma_0$ [MN/m²]	E (Tabelle 2) [MN/m²]	$E = 3000 \cdot \sigma_0$ [MN/m²]
KS 12/IIa	1760	4800	4800
KS 48/III	4400	12000	12000
KSP 28/DM	4070	11100	11100

Bei Annahme einer linearen Spannungsverteilung entspricht der Sicherheitsbeiwert auch dem Verhältnis des Rechenwertes der Druckfestigkeit β_R zu der im Gebrauchszustand auftretenden Spannung σ.

Es gilt also:

$$\gamma = \frac{\text{rechnerische Bruchlast}}{\text{Gebrauchslast}} \quad (6.19a)$$

bzw. $\quad \gamma = \dfrac{\beta_R}{\sigma} \quad (6.19b)$

Es werden zwei Sicherheitsbeiwerte unterschieden:

Für Wände oder kurze Wände (Pfeiler), die aus ungetrennten oder getrennten Steinen mit einem Lochanteil < 35% bestehen und keine Schlitze oder Aussparungen enthalten

$$\gamma_W = 2{,}0$$

Für alle anderen kurzen Wände (Pfeiler) gilt

$$\gamma_P = 2{,}5$$

Als „Pfeiler" oder „kurze Wand" gelten hierbei Wände mit Querschnittsflächen < 1000 cm².

Gemauerte Querschnitte, deren Flächen kleiner als 400 cm² sind, sind nach DIN 1053 Teil 1, Abschnitt 7.9.1, als tragende Teile nicht zulässig (Kap. 6.8.5).

Der für Wände und zum Teil auch für kurze Wände (Pfeiler) festgelegte Sicherheitsbeiwert $\gamma_W = 2{,}0$ entspricht der früher im Mauerwerksbau üblichen 3fachen Sicherheit, da er den Fraktilwert (Faktor 0,80) und die Langzeitfestigkeit (Faktor 0,85) berücksichtigt. Daher gilt

$$\gamma_W = 3{,}0 \cdot 0{,}80 \cdot 0{,}85 \cong 2{,}0.$$

Das über Jahrzehnte bewährte Sicherheitsniveau ist damit eingehalten [6/6].

6.2 Nachweis des Wand-Decken-Knotens

6.2.1 Berechnungsgrundlagen

6.2.1.1 Vorbetrachtung

Beim Nachweis des Wand-Decken-Knotens wird der Einfluß der Deckenverformung auf die Bemessung der Wand berücksichtigt. Die in einem Bauwerk zusammenwirkenden Decken und Wände stellen ein Rahmentragwerk dar. Die auf Mauerwerkswänden lagernde Stahlbetondecke kann sich – insbesondere bei darüber stehenden Wänden – am Auflager nicht frei verdrehen. Die Decke ist zwischen den Wänden elastisch eingespannt. Die Auswirkung dieser Einspannung auf die Bemessung der Decke ist gering und kann deshalb in der Regel vernachlässigt werden. Für die Wand jedoch ergeben sich infolge der Einspannmomente Lastausmitten, die bei der Bemessung berücksichtigt werden müssen.

Zur Bemessung der Wand werden daher die Schnittkräfte an einem Wand-Decken-Knoten ermittelt, der aus der Decke mit den oben und unten anschließenden Wänden gebildet wird und als Teil eines größeren Rahmensystems betrachtet werden kann (Bild 6/8).

Nach DIN 1053 Teil 1, Abschnitt 7.2.4, ist nachzuweisen, daß im Gebrauchszustand die rechnerische planmäßige Ausmitte der resultierenden Last aus Decken und darüber befindlichen Geschossen den Wert d/3 nicht überschreitet; es ist also

$$e \leq \frac{d}{3} \quad (6.20)$$

einzuhalten. Falls besondere Maßnahmen ergriffen werden, darf der Wert d/3 auch überschritten werden (Kap. 6.2.2.4).

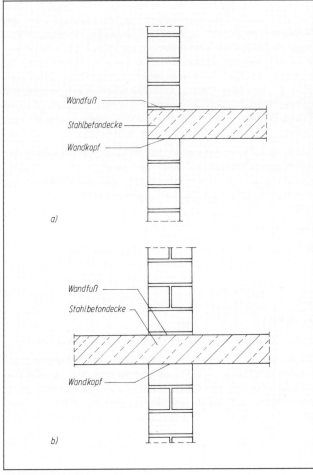

Bild 6/8: Wand-Decken-Knoten
a) Außenwand
b) Innenwand

6.2.1.2 Voraussetzungen

Beim Nachweis des Wand-Decken-Knotens darf vereinfacht zugrunde gelegt werden:

- Elastisches Materialverhalten
- Ungerissene Decken- und Wandquerschnitte zur Ermittlung der Biegesteifigkeiten (Zustand I)

6.2.1.3 Knotenmomente im Gesamtsystem

Für die genaue Bestimmung der in den Wand-Decken-Knoten auftretenden Biegemomente (Knotenmomente) müßte bei mehrgeschossigen Gebäuden der Berechnung ein statisches System zugrunde gelegt werden, welches alle in einem Gebäudequerschnitt vorkommenden Decken und Wände durch ein Rahmensystem erfaßt (Bild 6/9). Es liegt dann ein vielfach statisch unbestimmtes Rahmensystem vor, das zum Beispiel mit dem Momentenausgleichsverfahren nach Cross, Kani oder mit Hilfe von EDV-Programmen berechnet werden kann.

Da insbesondere die wirklichen Biegesteifigkeiten der Decken und Wände wegen des Aufreißens der Querschnitte nicht bekannt sind, täuschen Ergebnisse einer Rahmenberechnung oft eine größere Genauigkeit vor als tatsächlich vorhanden. Es ist daher meistens nicht sinnvoll und für baupraktische Fälle auch nicht notwendig, eine solch aufwendige Berechnung durchzuführen.

6.2.1.4 Knotenmomente im Teilsystem

Allgemeines

Nach DIN 1053 Teil 1, Abschnitt 7.2.2, darf die Berechnung des Wand-Decken-Knotens an einem Ersatzsystem unter Abschätzung der Momentennullpunkte der Wandstiele erfolgen.

Der Ermittlung der Knotenmomente wird daher nach [6/8] näherungsweise ein einfaches Teilsystem zugrunde gelegt;

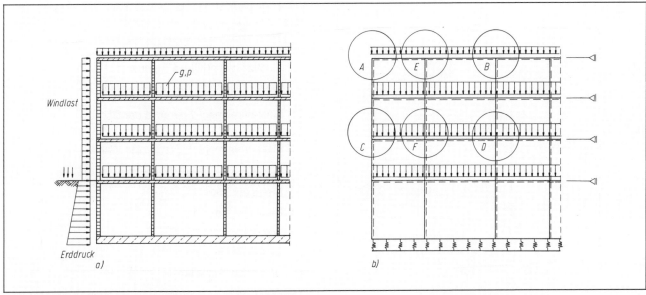

Bild 6/9: Gesamtsystem eines Gebäudes
a) Gebäudequerschnitt mit äußeren Lasten
b) Seitlich unverschieblicher Rahmen als statisches System mit Deckenlasten (Teilsystem mit den Knoten A bis D siehe Bilder 6/11 bis 6/14, Teilsystem mit den Knoten E und F siehe Bild 6/15).

Knotenmomente Zwischendecke

dieses wird aus dem Gesamtsystem herausgeschnitten und enthält die an dem zu untersuchenden Knoten angrenzenden Decken und Wände. Die Decken reichen hierbei bis zum Nachbarknoten, die Wandabschnitte bis zum Momentennullpunkt. Für die Decken wird an den Nachbarknoten volle Einspannung angenommen.

Bei einer Beanspruchung der Wand durch beispielsweise gleich große und im gleichen Sinne drehende Biegemomente am Wandkopf und Wandfuß liegt der Momentennullpunkt in halber Geschoßhöhe (halber Wandhöhe). In den meisten Fällen weichen die tatsächlich vorliegenden Verhältnisse nicht wesentlich davon ab. Unter der Voraussetzung annähernd gleicher Geschoßhöhe und gleicher Wanddicken wird daher beim Zwischendeckenknoten der Momentennullpunkt in halber Geschoßhöhe angesetzt, beim Dachdeckenknoten im unteren Drittelspunkt der Geschoßhöhe (Bild 6/10).

Im folgenden werden die unter Berücksichtigung der o. g. Annahme im Regelfall vorkommenden Teilsysteme behandelt. Für die Außenwandknoten A und C sowie die Innenwandknoten B und D (Bilder 6/11 und 6/13) erfolgt die Herleitung der Wandmomente für die Zwischen- und die Dachdecke (Bilder 6/12 und 6/14).

In besonderen Fällen, z. B. bei geringer Wandlast (Außenwand in den oberen Geschossen), kann es sinnvoll sein, am benachbarten Außenwandknoten gelenkige Deckenauflagerung im Teilsystem anzunehmen; dies führt dann zu größeren Deckeneinspannmomenten im betrachteten Knoten und zu größeren Ausmitten der Deckenauflagerkraft. Insbesondere ist dies beim Wand-Decken-Knoten der 1. Innenwand zu beachten. Für die Untersuchung dieses Knotens (Knoten E und F, Bild 6/9) ist dann an der Außenwand gelenkige Deckenauflagerung anzunehmen (Bild 6/15).

Der Anwender muß daher abwägen, welches Teilsystem der statischen Berechnung sinnvollerweise zugrunde gelegt werden kann. Zur Festlegung kann es zweckmäßig sein, unterschiedliche Teilsysteme zu untersuchen.

Zwischendecke

- Für den Außenwandknoten C einer Zwischendecke (Bild 6/11a) ergibt sich das Volleinspannmoment der Decke zu:

$$M_{voll} = - q_1 \cdot \frac{l_1^2}{12} \qquad (6.21)$$

Es bedeutet

q_1 Gleichmäßig verteilte Deckenlast, siehe Gl. (6.27)

Dieses Volleinspannmoment wird im Knoten auf die angrenzenden Wände und die Decke gemäß ihren Biegesteifigkeiten verteilt (Bild 6/12). Aufgrund einer statisch unbestimmten Berechnung, z. B. nach dem Momentenausgleichsverfahren von Cross, ergibt sich das Deckeneinspannmoment zu

$$M_Z = M_{voll} \cdot \frac{2}{2 + k_1} \qquad (6.22)$$

mit $k_1 = \frac{2}{3} \cdot \frac{E_B \cdot I_B}{E \cdot I_M} \cdot \frac{h}{l_1}$

Es bedeuten

k_1 Steifigkeitsbeiwert

> Dieser Beiwert ist nicht zu verwechseln mit dem Abminderungsfaktor k_1 des vereinfachten Berechnungsverfahrens.

E_B Elastizitätsmodul des Betons

E Elastizitätsmodul des Mauerwerkes: $E = 3000 \cdot \sigma_o$

I_B Flächenmoment 2. Grades der Decke: $I_B = b_B \cdot \frac{d_B^3}{12}$

I_M Flächenmoment 2. Grades der Wand: $I_M = b \cdot \frac{d^3}{12}$

b_B Wirksame Breite der Decke

b Breite der Wand

d_B Deckendicke

d Wanddicke

h Geschoßhöhe

l_1, l_2 Deckenspannweiten

In den meisten Fällen sind die wirksame Breite der Decke und die Breite der Wand gleich groß, d. h. es gilt $b_B/b = 1$. Bei Anordnung von Wandöffnungen oder Deckendurchbrüchen in Wandnähe können die Breiten von Decke und Wand unterschiedlich sein.

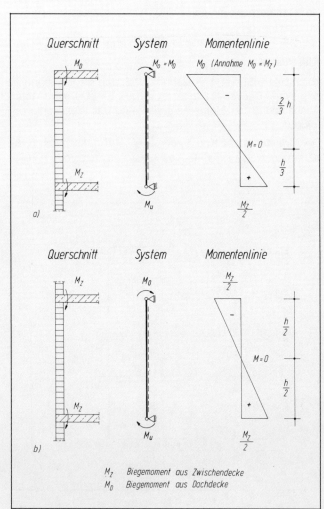

M_Z Biegemoment aus Zwischendecke
M_D Biegemoment aus Dachdecke

Bild 6/10: Zur Festlegung von Momentennullpunkten in Außenwänden bei

a) Dachdeckenknoten b) Zwischendeckenknoten

- Für den Innenwandknoten D einer Zwischendecke (Bild 6/11d) ergibt sich das Volleinspannmoment beider Deckenfelder (Differenzmoment) zu:

$$M_{voll} = -\frac{1}{12} \cdot (q_1 \cdot l_1^2 - q_2 \cdot l_2^2) \qquad (6.23\,a)$$

Die Verteilung dieses Volleinspannmomentes erfolgt analog zum Außenwandknoten und ergibt ein Deckeneinspannmoment von

$$M_Z = M_{voll} \cdot \frac{2}{2 + k_1 \cdot \left(1 + \dfrac{l_1}{l_2}\right)} \qquad (6.24\,a)$$

Dachdecke

Für die Wand-Decken-Knoten einer Dachdecke (Bild 6/13) ergeben sich nach einer ähnlichen rechnerischen Untersuchung (Bild 6/14) wie für die Zwischendecke die Deckeneinspannmomente M_D wie folgt:

- Außenwandknoten A

$$M_D = M_{voll} \cdot \frac{2}{2 + \dfrac{8}{3} \cdot k_1} \qquad (6.25)$$

- Innenwandknoten B

$$M_D = M_{voll} \cdot \frac{2}{2 + \dfrac{8}{3} \cdot k_1 \cdot \left(1 + \dfrac{l_1}{l_2}\right)} \qquad (6.26\,a)$$

Erste Innenwand

Ist die Decke am Außenwandknoten eingespannt, gelten Gln. (6.22) und (6.24). Falls keine Einspannung vorliegt, ist eine gelenkige Lagerung der Decke an der Außenwand anzunehmen (siehe unter Allgemeines). Für entsprechende Teilsysteme sind die zum Nachweis benötigten Wandmomente in Bild 6/15 angegeben. Die Knoten E' und F' (z. B. beide Nachbarknoten Außenwand) sind als Sonderfall der Knoten E und F anzusehen.

Für die Innenwandknoten E und F (Bild 6/9) beträgt das Volleinspannmoment beider Deckenfelder (Differenzmoment)

$$M_{voll} = -\left(\frac{1}{8} \cdot q_1 \cdot l_1^2 - \frac{1}{12} \cdot q_2 \cdot l_2^2\right) \qquad (6.23\,b)$$

Die Deckeneinspannmomente ergeben sich nach Crossausgleich zu:

- Innenwandknoten F, Zwischendecke

$$M_Z = M_{voll} \cdot \frac{2}{2 + k_1 \cdot \left(\dfrac{3}{4} + \dfrac{l_1}{l_2}\right)} \qquad (6.24\,b)$$

- Innenwandknoten E, Dachdecke

$$M_D = M_{voll} \cdot \frac{1}{1 + k_1 \cdot \left(1 + \dfrac{4}{3} \cdot \dfrac{l_1}{l_2}\right)} \qquad (6.26\,b)$$

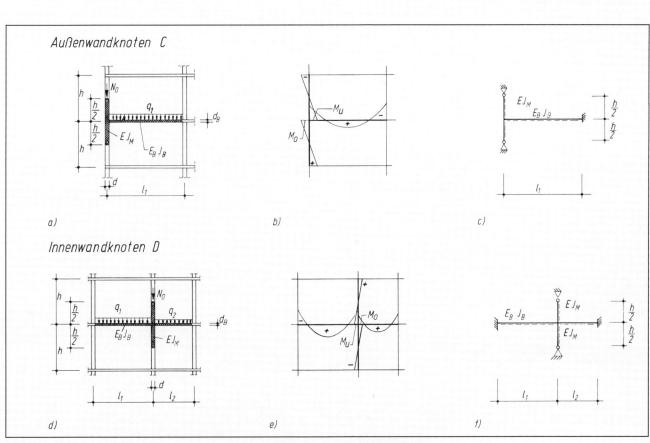

Bild 6/11: Teilsystem zur Ermittlung der Deckeneinspannmomente einer Zwischendecke

Außenwandknoten a) Schnitt und Belastung
b) Momentenlinien
c) Teilsystem

Innenwandknoten d) Schnitt und Belastung
e) Momentenlinien
f) Teilsystem

Knoten Zwischendecke

	Außenwandknoten C	Innenwandknoten D
Statisches System:	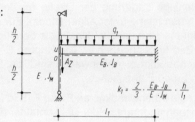	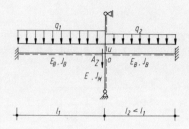
Momentenverlauf: $\Sigma M = 0$ am Knoten	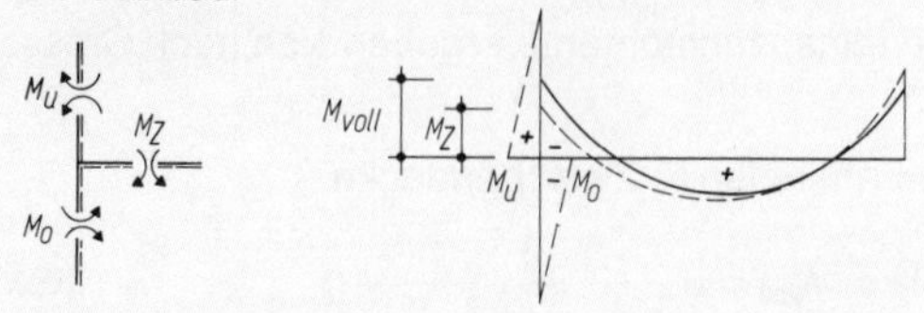 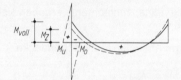	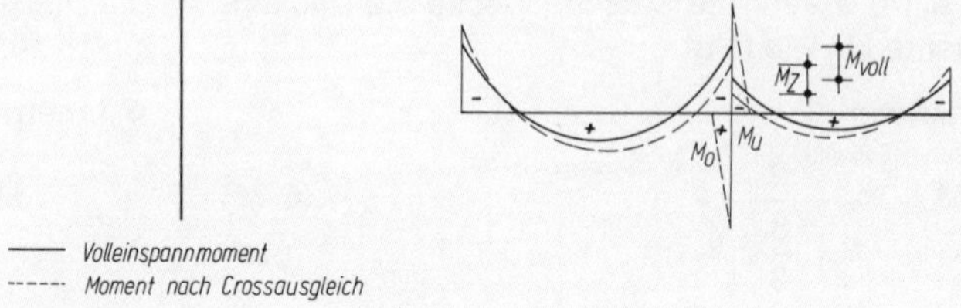

— Volleinspannmoment
---- Moment nach Crossausgleich

Schnittgrößen:

	Außenwandknoten C		Innenwandknoten D	
Volleinspannmoment	$M_{voll} = -q_1 \cdot \dfrac{l_1^2}{12}$	(6.21)	$M_{voll} = -\dfrac{1}{12} \cdot (q_1 \cdot l_1^2 - q_2 \cdot l_2^2)$	(6.23a)
Deckeneinspannmoment nach Crossausgleich	$M_Z = M_{voll} \cdot \dfrac{2}{2+k_1}$	(6.22)	$M_Z = M_{voll} \cdot \dfrac{2}{2 + k_1 \cdot \left(1 + \dfrac{l_1}{l_2}\right)}$	(6.24a)
Abminderungsfaktor nach DIN 1053 Teil 1, Abschnitt 7.2.2	$\dfrac{2}{3}$		$\dfrac{2}{3}$	
Abgemindertes Deckeneinspannmoment	Nach Gl. (6.28) $M'_Z = \dfrac{2}{3} \cdot M_Z = M_{voll} \cdot \dfrac{\tfrac{4}{3}}{2+k_1}$		Nach Gl. (6.28) $M'_Z = \dfrac{2}{3} \cdot M_Z = M_{voll} \cdot \dfrac{\tfrac{4}{3}}{2 + k_1 \cdot \left(1 + \dfrac{l_1}{l_2}\right)}$	
Wandmomente	$M_o = -M_u = \dfrac{M'_Z}{2}$ Bei Erfordernis Windmomente berücksichtigen (DIN 1053 Teil 1, Abschnitt 7.3)	(6.37a)	$M_o = -M_u = -\dfrac{M'_Z}{2}$	(6.37a)
Deckenauflagerkraft näherungsweise	$A_Z = q_1 \cdot \dfrac{l_1}{2}$	(6.30a)	Bei $l_2/l_1 \geq 0{,}7$ (keine Durchlaufwirkung): $A_Z = \dfrac{1}{2} \cdot (q_1 \cdot l_1 + q_2 \cdot l_2)$	(6.30b)
Ausmitte der Deckenauflagerkraft	$e_Z = \dfrac{M'_Z}{A_Z}$	(6.31a)	$e_Z = \dfrac{2}{9} \cdot l_1 \cdot \dfrac{1 - \dfrac{q_2}{q_1} \cdot \left(\dfrac{l_2}{l_1}\right)^2}{1 + \dfrac{q_2}{q_1} \cdot \dfrac{l_2}{l_1}} \cdot \dfrac{1}{2 + k_1 \cdot \left(1 + \dfrac{l_1}{l_2}\right)}$	(6.33)
Ohne Berücksichtigung von Windmomenten	$e_Z = \dfrac{2 \cdot l_1}{9} \cdot \dfrac{1}{2+k_1}$	(6.32)	Bei $l_2/l_1 < 0{,}7$ und 1. Innenwand (Knoten F): A_Z aus Durchlaufwirkung nach DIN 1053 Teil 1, Abschnitt 7.2.1 (Kap. 6.2.2.4): $e_Z = \dfrac{M'_Z}{A_Z}$	(6.31a)

Bild 6/12: Berechnung des statisch unbestimmten Teilsystems der Zwischendecke (Knoten C und D)

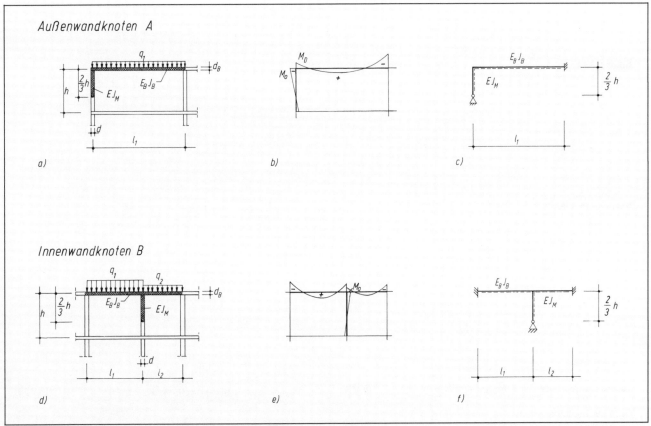

Bild 6/13: Teilsystem zur Ermittlung der Deckeneinspannmomente einer Dachdecke

Außenwandknoten   a) Schnitt und Belastung   Innenwandknoten   d) Schnitt und Belastung
                            b) Momentenlinien   e) Momentenlinien
                              c) Teilsystem   f) Teilsystem

Für die Innenwandknoten E' und F' gelten gemäß Bild 6/15 entsprechende Gleichungen.

6.2.2 Nachweise

6.2.2.1 Allgemeines

Wegen des Zwängungscharakters der Deckeneinspannmomente, die für das Gleichgewicht der Wände nicht erforderlich sind, sowie der in Wirklichkeit vorhandenen völligeren Spannungsverteilung können für den Nachweis der Wände die Deckeneinspannmomente abgemindert werden. Nach DIN 1053 Teil 1, Abschnitt 7.2.2, dürfen sie mit 2/3 ihres Wertes angesetzt werden.

Das Einspannmoment im Zwischendeckenknoten wird nach DIN 1053 Teil 1, Abschnitt 7.2.3, zu gleichen Teilen dem Wandkopf und Wandfuß, das Einspannmoment im Dachdeckenknoten voll dem Wandkopf zugewiesen.

Für den Elastizitätsmodul des Mauerwerkes gilt $E = 3000 \cdot \sigma_0$.

Der Grundwert σ_0 der zulässigen Druckspannungen für Mauerwerk ist in DIN 1053 Teil 1, Tabellen 4a bis 4c, angegeben (Tafeln 2/9 und 2/10).

In früheren Beiträgen zur Ermittlung des Deckeneinspannmomentes von Außenwänden [6/8] war empfohlen worden, das Volleinspannmoment zusätzlich um 25% abzumindern (Abminderungsfaktor 0,75). Damit sollten die bei Außenwänden wegen des Aufreißens der Wandquerschnitte – insbesondere in den oberen Geschossen – in Wirklichkeit geringeren Biegesteifigkeiten berücksichtigt werden. Bei Innenwänden bleiben im Regelfall die Wandquerschnitte wegen der größeren Normalkräfte und der kleineren Deckeneinspannmomente überdrückt. Im neuesten Beitrag zu diesem Thema wird auf diese zusätzliche Abminderung jedoch verzichtet [6/28], da durch die Erhöhung der zulässigen Kantenpressung um 33% beim genaueren Berechnungsverfahren die vorhandenen Reserven bereits berücksichtigt sind.

Nach DIN 1053 Teil 1, Abschnitt 7.2.2, darf die halbe Verkehrslast als ständige Last angesetzt werden. Die andere Hälfte der Verkehrslast ist als Wechsellast aufzubringen. Der Berechnung werden daher als Deckenbelastungen zugrunde gelegt:

$$\left.\begin{array}{l} q_1 = g + p \\ q_2 = g + \dfrac{p}{2} \end{array}\right\} \qquad (6.27)$$

6.2.2.2 Auflagerkräfte

Die Schnittgrößen sind für die maßgebenden Lastfälle zu berechnen. Für die Überlagerung mit Biegemomenten infolge Wind kann auch die minimale Last minN, in der nur ständige Lasten (Eigengewicht) zu erfassen sind, maßgebend sein.

Knoten Dachdecke

Außenwandknoten A

Statisches System:

Momentenverlauf:

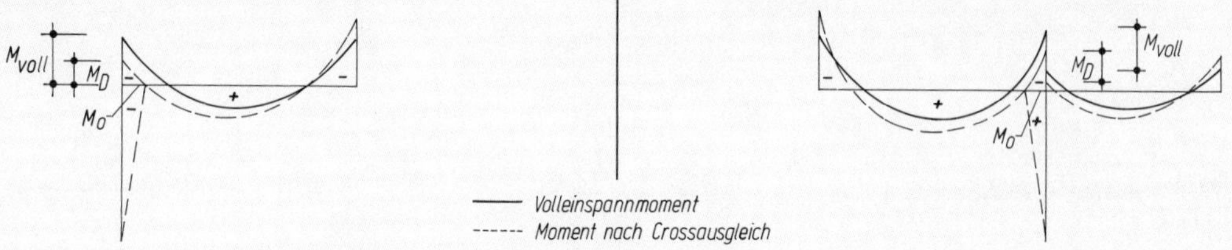

$k_1 = \frac{2}{3} \cdot \frac{E_B \cdot J_B}{E \cdot J_M} \cdot \frac{h}{l_1}$

—— Volleinspannmoment
---- Moment nach Crossausgleich

Schnittgrößen:

Volleinspannmoment

$M_{voll} = -q_1 \cdot \frac{l_1^2}{12}$ (6.21)

Deckeneinspannmoment nach Crossausgleich

$M_D = M_{voll} \cdot \dfrac{2}{2 + \frac{8}{3} \cdot k_1}$ (6.25)

Abminderungsfaktor nach DIN 1053 Teil 1, Abschnitt 7.2.2

$\frac{2}{3}$

Abgemindertes Deckeneinspannmoment

Nach Gl. (6.29)

$M_D' = \frac{2}{3} \cdot M_D = M_{voll} \cdot \dfrac{\frac{4}{3}}{2 + \frac{8}{3} \cdot k_1}$

Wandmomente

$M_o = M_D'; \; M_u = 0$ (6.37b)
Bei Erfordernis Windmomente berücksichtigen
(DIN 1053 Teil 1, Abschnitt 7.3)

Deckenauflagerkraft näherungsweise

$A_D = q_1 \cdot \frac{l_1}{2}$ (6.30a)

Ausmitte der Deckenauflagerkraft

$e_D = \dfrac{M_D'}{A_D}$ (6.31b)

Ohne Berücksichtigung von Windmomenten

$e_D = \dfrac{2 \cdot l_1}{9} \cdot \dfrac{1}{2 + \frac{8}{3} \cdot k_1}$ (6.34)

Innenwandknoten B

Statisches System: ($l_2 < l_1$)

Momentenverlauf:

$M_{voll} = -\dfrac{1}{12} \cdot (q_1 \cdot l_1^2 - q_2 \cdot l_2^2)$ (6.23a)

$M_D = M_{voll} \cdot \dfrac{2}{2 + \frac{8}{3} \cdot k_1 \cdot \left(1 + \frac{l_1}{l_2}\right)}$ (6.26a)

$\frac{2}{3}$

Nach Gl. (6.29)

$M_D' = \frac{2}{3} \cdot M_D = M_{voll} \cdot \dfrac{\frac{4}{3}}{2 + \frac{8}{3} \cdot k_1 \cdot \left(1 + \frac{l_1}{l_2}\right)}$

$M_o = -M_D'; \; M_u = 0$ (6.37b)

Bei $l_2/l_1 \geq 0{,}7$ (keine Durchlaufwirkung):

$A_D = \dfrac{1}{2} \cdot (q_1 \cdot l_1 + q_2 \cdot l_2)$ (6.30b)

$e_D = \dfrac{2}{9} \cdot l_1 \cdot \dfrac{1 - \dfrac{q_2}{q_1} \cdot \left(\dfrac{l_2}{l_1}\right)^2}{1 + \dfrac{q_2}{q_1} \cdot \dfrac{l_2}{l_1}} \cdot \dfrac{1}{2 + \dfrac{8}{3} \cdot k_1 \cdot \left(1 + \dfrac{l_1}{l_2}\right)}$ (6.35)

Bei $l_2/l_1 < 0{,}7$ und 1. Innenwand (Knoten E):
A_D aus Durchlaufwirkung nach DIN 1053 Teil 1, Abschnitt 7.2.1 (Kap. 6.2.2.4):

$e_D = \dfrac{M_D'}{A_D}$ (6.31b)

Bild 6/14: Berechnung des statisch unbestimmten Teilsystems der Dachdecke (Knoten A und B)

Knoten 1. Innenwand

Zwischendecke

Innenwandknoten F   *Innenwandknoten F'*

Statisches System:

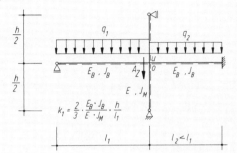 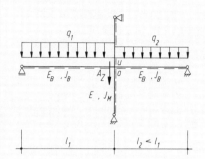

Schnittgrößen:

Volleinspannmoment $M_{voll} = -\left(\frac{1}{8} \cdot q_1 \cdot l_1^2 - \frac{1}{12} \cdot q_2 \cdot l_2^2\right)$ (6.23b) $M_{voll} = -\frac{1}{8} \cdot \left(q_1 \cdot l_1^2 - q_2 \cdot l_2^2\right)$ (6.23c)

Deckeneinspannmoment
nach Crossausgleich $M_Z = M_{voll} \cdot \dfrac{2}{2 + k_1 \cdot \left(\frac{3}{4} + \frac{l_1}{l_2}\right)}$ (6.24b) $M_Z = M_{voll} \cdot \dfrac{2}{2 + \frac{3}{4} \cdot k_1 \cdot \left(1 + \frac{l_1}{l_2}\right)}$ (6.24c)

Abgemindertes
Deckeneinspannmoment
(DIN 1053 Teil 1, $M_Z' = \frac{2}{3} \cdot M_Z$ (6.28) $M_Z' = \frac{2}{3} \cdot M_Z$ (6.28)
Abschnitt 7.2.2)

Wandmomente $M_o = -M_u = -\dfrac{M_Z'}{2}$ (6.37a) $M_o = -M_u = -\dfrac{M_Z'}{2}$ (6.37a)

Dachdecke

Innenwandknoten E   *Innenwandknoten E'*

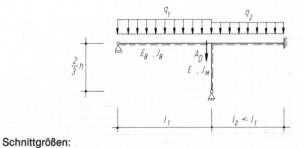 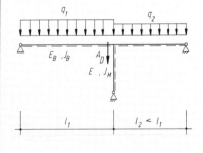

Schnittgrößen:

Volleinspannmoment $M_{voll} = -\left(\frac{1}{8} \cdot q_1 \cdot l_1^2 - \frac{1}{12} \cdot q_2 \cdot l_2^2\right)$ (6.23b) $M_{voll} = -\frac{1}{8} \cdot \left(q_1 \cdot l_1^2 - q_2 \cdot l_2^2\right)$ (6.23c)

Deckeneinspannmoment
nach Crossausgleich $M_D = M_{voll} \cdot \dfrac{1}{1 + k_1 \cdot \left(1 + \frac{4}{3} \cdot \frac{l_1}{l_2}\right)}$ (6.26b) $M_D = M_{voll} \cdot \dfrac{1}{1 + k_1 \cdot \left(1 + \frac{l_1}{l_2}\right)}$ (6.26c)

Abgemindertes
Deckeneinspannmoment
(DIN 1053 Teil 1, $M_D' = \frac{2}{3} \cdot M_D$ (6.29) $M_D' = \frac{2}{3} \cdot M_D$ (6.29)
Abschnitt 7.2.2)

Wandmomente $M_o = -M_D'$ (6.37b) $M_o = -M_D'$ (6.37b)

Bild 6/15: Decken- und Wandmomente von Teilsystemen zur Berechnung des 1. Innenwandknotens bei Zwischen- und Dachdecke (Knoten E und F bzw. E' und F')

Im allgemeinen dürfen die Auflagerkräfte einachsig gespannter Decken und Balken ohne Berücksichtigung einer Durchlaufwirkung ermittelt werden. Die Decken und Balken werden also über den Innenwänden als gestoßen und frei drehbar gelagert angenommen. Gemäß DIN 1053 Teil 1, Abschnitt 7.2.1, ist die Durchlaufwirkung jedoch bei der ersten Innenstütze stets, bei den übrigen Innenstützen dann zu berücksichtigen, wenn das Verhältnis benachbarter Stützweiten kleiner als 0,7 ist (Bild 6/16).

Die parallel zu dieser Haupttragrichtung verlaufenden Wände werden ebenfalls belastet. Für den Nachweis dieser Wände sind daher Lasten aus einem parallelen Deckenstreifen angemessener Breite zu berücksichtigen (Kap. 2.3.2.1).

Bei zweiachsig gespannten Decken können die Auflagerkräfte aus Einflußflächen in Anlehnung an DIN 1045, Abschnitt 20.1.5, angenähert bestimmt werden. Es wird hierbei eine Aufteilung der Decken in Dreiecks- und Trapezflächen vorgenommen.

6.2.2.3 Deckeneinspannmomente

Am Teilsystem

Unter Berücksichtigung des Abminderungsfaktors nach DIN 1053 Teil 1, Abschnitt 7.2.2, von 2/3 dürfen der Bemessung folgende abgeminderte Deckeneinspannmomente zugrunde gelegt werden:

a) Zwischendecke

- Außenwandknoten

$$M_Z' = \frac{2}{3} \cdot M_Z$$

- Innenwandknoten (6.28)

$$M_Z' = \frac{2}{3} \cdot M_Z$$

b) Dachdecke

- Außenwandknoten

$$M_D' = \frac{2}{3} \cdot M_D$$

- Innenwandknoten (6.29)

$$M_D' = \frac{2}{3} \cdot M_D$$

Bei zweiachsig gespannten Deckenplatten

Zur Ermittlung der Ausmitte von Deckenauflagerkräften darf bei zweiachsig gespannten Deckenplatten nach DIN 1053 Teil 1, Abschnitt 7.2.3, in den Gln. (6.21) oder (6.23) und (6.30a) oder (6.30b) 2/3 der kürzeren Stützweite eingesetzt werden (Bild 6/17).

Der Ansatz einer kürzeren Deckenstützweite bei zweiachsig gespannten Decken ist deshalb zulässig, weil bei solchen Decken gegenüber einachsig gespannten bei gleicher Belastung günstigere statische Verhältnisse vorliegen:

- Kleinere Auflagerdrehwinkel und daher auch kleinere Deckeneinspannmomente
- Größere Biegesteifigkeit der Decke

Mit zunehmender Differenz der Deckenspannweiten verliert die günstige Wirkung der zweiachsigen Lastabtragung an Bedeutung. Der erwähnte Faktor 2/3 darf daher nur bis zu einem Verhältnis der Deckenspannweiten von 1:2 angewendet werden.

Wenn das Verhältnis der Deckenspannweiten 1:2 unterschreitet, darf keine zweiachsige Lastabtragung mehr angesetzt werden; die Decke trägt dann die Lasten überwiegend nur noch einachsig in Richtung der kürzeren Spannweite ab.

6.2.2.4 Ausmitten

Allgemeines

Aus dem Deckeneinspannmoment wird mit Hilfe der Deckenauflagerkraft deren Ausmitte errechnet. Zur Bemessung

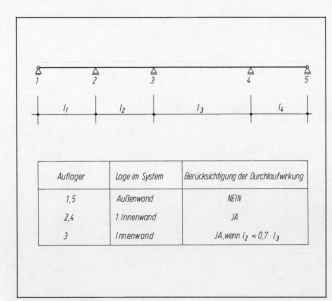

Bild 6/16: Ermittlung der Deckenauflagerkräfte nach DIN 1053 Teil 1, Abschnitt 7.2.1

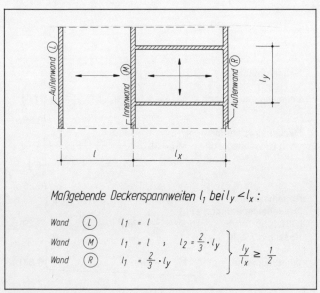

Bild 6/17: Zur Ermittlung der maßgebenden Deckenspannweiten bei zweiachsig gespannten Decken

von Wandkopf und Wandfuß des Wand-Decken-Knotens werden jedoch die Ausmitten der Wandnormalkraft an diesen Stellen benötigt. Diese Ausmitten werden nach Division des Anschnittsmomentes am Wandende durch die dort vorhandene Wandnormalkraft erhalten. Hierbei bleibt das Vorzeichen des Momentes unberücksichtigt.

Die Ausmitten der Deckenauflagerkraft ergeben sich im folgenden aus einer Betrachtung am Teilsystem und gemäß einer vereinfachten Ermittlung nach DIN 1053 Teil 1, Abschnitt 7.2.3.

Am Teilsystem

Es werden die zur Ermittlung der Ausmitten der Deckenauflagerkraft sowie der Wandnormalkraft am Wandfuß und Wandkopf erforderlichen Gleichungen angegeben.

a) Ausmitte der Deckenauflagerkraft

Als Deckenauflagerkraft darf angenommen werden

- Außenwand

$$A_Z = A_D = q_1 \cdot \frac{l_1}{2} \qquad (6.30\,\text{a})$$

- Innenwand

Bei $l_2/l_1 \geq 0{,}7$ (keine Durchlaufwirkung)

$$A_Z = A_D = \frac{1}{2} \cdot (q_1 \cdot l_1 + q_2 \cdot l_2) \qquad (6.30\,\text{b})$$

Bei $l_2/l_1 < 0{,}7$ und 1. Innenwand

A_Z unter Berücksichtigung der Durchlaufwirkung oder bei zweiachsig gespannten Decken über Einflußflächen.

Der Index Z gilt für die Zwischendecke, der Index D für die Dachdecke. In den angegebenen Gleichungen für den Außenwandknoten sind keine Windmomente berücksichtigt.

Mit den abgeminderten Deckeneinspannmomenten nach den Gln. (6.28) und (6.29) sowie den Auflagerkräften ergibt sich für die Ausmitte der Deckenauflagerkraft bei den verschiedenen Wand-Decken-Knoten (Bild 6/9):

Zwischendecke

Es gilt allgemein

$$e_Z = \frac{M_Z'}{A_Z} \qquad (6.31\,\text{a})$$

- Außenwandknoten C:

Mit Gl. (6.30a):

$$e_Z = \frac{2 \cdot l_1}{9} \cdot \frac{1}{2 + k_1} \qquad (6.32)$$

- Innenwandknoten D:

Bei $l_2/l_1 \geq 0{,}7$ (keine Durchlaufwirkung)

Mit der Auflagerkraft nach Gl. (6.30b):

$$e_Z = \frac{2}{9} \cdot l_1 \cdot \frac{1 - \frac{q_2}{q_1} \cdot \left(\frac{l_2}{l_1}\right)^2}{1 + \frac{q_2}{q_1} \cdot \frac{l_2}{l_1}} \cdot \frac{1}{2 + k_1 \cdot \left(1 + \frac{l_1}{l_2}\right)} \qquad (6.33)$$

Unter der Annahme, daß die Deckenlasten q_1 und q_2 gleich groß sind, vereinfacht sich Gl. (6.33) zu

$$e_Z = \frac{2}{9} \cdot (l_1 - l_2) \cdot \frac{1}{2 + k_1 \cdot \left(1 + \frac{l_1}{l_2}\right)} \qquad (6.36\,\text{a})$$

- Innenwandknoten F bzw. F' (1. Innenwand)

$$e_Z = \frac{M_Z'}{A_Z} \qquad (6.31\,\text{a})$$

Dachdecke

Es gilt allgemein

$$e_D = \frac{M_D'}{A_D} \qquad (6.31\,\text{b})$$

- Außenwandknoten A:

Mit Gl. (6.30a):

$$e_D = \frac{2 \cdot l_1}{9} \cdot \frac{1}{2 + \frac{8}{3} \cdot k_1} \qquad (6.34)$$

- Innenwandknoten B:

Bei $l_2/l_1 \geq 0{,}7$ (keine Durchlaufwirkung)

Mit der Auflagerkraft nach Gl. (6.30b):

$$e_D = \frac{2}{9} \cdot l_1 \cdot \frac{1 - \frac{q_2}{q_1} \cdot \left(\frac{l_2}{l_1}\right)^2}{1 + \frac{q_2}{q_1} \cdot \frac{l_2}{l_1}} \cdot \frac{1}{2 + \frac{8}{3} \cdot k_1 \cdot \left(1 + \frac{l_1}{l_2}\right)} \qquad (6.35)$$

Für $q_1 = q_2$ erhält man aus Gl. (6.35):

$$e_D = \frac{2}{9} \cdot (l_1 - l_2) \cdot \frac{1}{2 + \frac{8}{3} \cdot k_1 \cdot \left(1 + \frac{l_1}{l_2}\right)} \qquad (6.36\,\text{b})$$

- Innenwandknoten E bzw. E' (1. Innenwand)

$$e_D = \frac{M_D'}{A_D} \qquad (6.31\,\text{b})$$

Für die Innenwandknoten E und F bzw. E' und F' können zur Bestimmung der Ausmitte der Deckenauflagerkraft e_Z und e_D ähnliche Gleichungen wie (6.33) und (6.35) hergeleitet werden, wenn die Durchlaufwirkung bei A_Z und A_D durch einen entsprechenden Faktor in Gl. (6.30b) erfaßt wird. Beispiele zum Innenwandknoten E siehe Kap. 6.2.5.2 (Beispiel ②) und zum Knoten F siehe Kap. 6.8.2.5 (Wand Pos W 11).

b) Ausmitten der Wandnormalkraft am Wandfuß und Wandkopf

Nach der in DIN 1053 Teil 1, Abschnitt 7.2.3, angegebenen Aufteilung der Einspannmomente ergeben sich für den Wandkopf und den Wandfuß

Zwischendecke

- Innenwandknoten

$$M_o = -M_u = -\frac{M_Z'}{2}$$

- Außenwandknoten

$$M_o = -M_u = \frac{M_Z'}{2}$$

$$(6.37\,\text{a})$$

Ausmitten

Bei Außenwänden sind den Wandmomenten M_o und M_u gegebenenfalls bei Ansatz von Windlasten Biegemomente infolge Wind zu überlagern (Kap. 6.2.2.5).

Mit Gl. (6.37a) erhält man für die Ausmitten e_u am Wandfuß und e_o am Wandkopf (Bild 6/22):

$$e_u = \frac{M_u}{N_o} \leq \frac{d}{3} \qquad (6.38\,a)$$

$$e_o = \frac{M_o}{N_u} \leq \frac{d}{3} \qquad (6.39\,a)$$

Allgemein betragen für den Außenwandknoten C (ohne Windmomente) sowie für die Innenwandknoten D und F die Ausmitten bei Beachtung der Gln. (6.37a) und (6.31a):

$$e_u = \frac{M'_Z}{2 \cdot N_o} = \frac{A_Z}{2 \cdot N_o} \cdot e_Z \leq \frac{d}{3} \qquad (6.38\,b)$$

$$e_o = \frac{M'_Z}{2 \cdot N_u} = \frac{A_Z}{2 \cdot (N_o + A_Z)} \cdot e_Z \leq \frac{d}{3} \qquad (6.39\,b)$$

Dachdecke

- Außenwandknoten

$M_o = M'_D$; $M_u = 0$

- Innenwandknoten $\qquad\qquad\qquad\qquad (6.37\,b)$

$M_o = -M'_D$; $M_u = 0$

Für Dachdecken gilt unter Berücksichtigung von $N_o = 0$ und $M'_D = A_D \cdot e_D$ aus Gl. (6.31b):

$$e_o = \frac{M'_D}{A_D} = e_D \qquad (6.40)$$

Die Deckenauflagerkraft greift im allgemeinen ausmittig an, die Normalkraft N_o infolge Lasten aus darüber befindlichen Geschossen darf mittig angesetzt werden (DIN 1053 Teil 1, Abschnitt 7.2.3).

c) Vereinfachte Ermittlung nach DIN 1053 Teil 1 (5%-Regel)

Ausmitte der Deckenauflagerkraft

Für Decken, deren Nutzlast nicht größer als 5 kN/m² ist, erlaubt DIN 1053 Teil 1, Abschnitt 7.2.3, eine vereinfachte Berechnung der Knotenmomente. Die Ausmitte der Deckenauflagerkraft darf bei Außenwandknoten zu 5% der angrenzenden Deckenstützweite, bei Innenwandknoten zu 5% der Differenz der beiden angrenzenden Deckenstützweiten angesetzt werden (Bild 6/18).

Ein Vergleich der nach dieser „5%-Regel" ermittelten Ausmitten mit den Ergebnissen von Berechnungen am Teilsystem (Kap. 6.2.2.3) zeigt, daß für übliche Abmessungen und Belastungen im Wohnungsbau beide Näherungsverfahren ähnliche Ergebnisse liefern. Die nach der einfachen 5%-Regel ermittelte Ausmitte der Deckenauflagerkraft liegt meist auf der sicheren Seite.

Nach DIN 1053 Teil 1, Abschnitt 7.2.3, dürfen näherungsweise folgende Ausmitten der Deckenauflagerkraft angenommen werden (Bild 6/18):

Zwischendecke

- Außenwandknoten

$$e_Z = 0,05 \cdot l_1 \qquad (6.41\,a)$$

- Innenwandknoten

$$e_Z = 0,05 \cdot (l_1 - l_2) \qquad (6.41\,b)$$

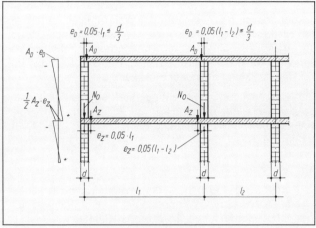

Bild 6/18: Vereinfachende Annahmen zur Berechnung von Knoten- und Wandmomenten (DIN 1053 Teil 1, Bild 4)

Dachdecke

- Außenwandknoten

$$e_D = 0,05 \cdot l_1 \qquad (6.42\,a)$$

- Innenwandknoten

$$e_D = 0,05 \cdot (l_1 - l_2) \qquad (6.42\,b)$$

Ausmitten der Wandnormalkraft am Wandfuß und Wandkopf

Für die Ausmitten der Wandnormalkraft am Wandfuß und Wandkopf gelten die aus der Betrachtung am Teilsystem bereits bekannten Gleichungen (6.38b), (6.39b) und (6.40). In diese Gleichungen für e_u und e_o werden die betreffenden Ausmitten der Deckenauflagerkraft e_Z oder e_D eingesetzt.

d) Ausmitten bei geringer Auflast

Ergibt sich am Wandkopf oder Wandfuß eine Ausmitte der Wandnormalkraft, die 1/3 der Wanddicke d überschreitet, so darf diese Ausmitte für den rechnerischen Nachweis nach DIN 1053 Teil 1, Abschnitt 7.2.4, zu d/3 angenommen werden. Hierbei ist jedoch mit Klaffungen der Auflagerfuge über die Wandmitte hinaus zu rechnen. Zur Verhinderung von Bauschäden müssen in solchen Fällen konstruktive Maßnahmen zur Zentrierung der Deckenauflagerkraft getroffen werden (Bild 6/19). Dieser Fall tritt häufig beim Endauflager einer Dachdecke auf.

Bei besonderer Ausbildung der Lagerkonstruktion darf nach Ansicht der Verfasser die Art der Lasteinleitung beim Ansatz der Ausmitte der Deckenauflagerkraft berücksichtigt werden. Damit können sich bei der Dachdecke Ausmitten $< d/3$ ergeben. Bei einer Gelenkausbildung zwischen Dachdecke und Wand ist jedoch der Einfluß auf die Ermittlung der Knicklänge der Wand zu beachten (Kap. 6.3.2.3).

e) Ausmitten bei auskragenden Decken

Auskragende Decken (Balkone, Loggien) bewirken eine Zentrierung von Deckenauflagerkräften, die beim statischen Nachweis berücksichtigt werden darf. Eine Außenwand, die durch auskragende Decken belastet wird, entspricht statisch einer Innenwand. Für die Ermittlung der Ausmitte der Deckenauflagerkraft ist in diesem Fall, wie bei der Innenwand, das Differenzmoment zwischen beiden Deckenanschnitten maßgebend. Mit der Kraglänge l_2 ergibt sich:

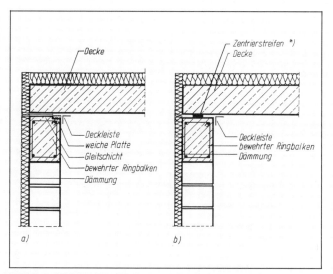
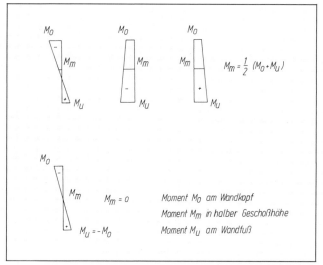

Bild 6/19: Konstruktive Maßnahmen zur Zentrierung der Deckenauflagerkraft am Beispiel der Außenwand einer Dachdecke

a) mit eingelegter weicher Platte an der Wandinnenseite

b) mit Zentrierstreifen zwischen Wand und Decke, *) z. B. Cigular®-Dachdeckenlager von Calenberg Ingenieure, Salzhemmendorf oder SPEBA® Streifenlager M von Spezial Baustofftechnik, Sinzheim

$$M_{voll} = - \left(\frac{1}{12} \cdot q_1 \cdot l_1^2 - \frac{1}{2} \cdot q_2 \cdot l_2^2 \right) \qquad (6.23\,d)$$

6.2.2.5 Wandmomente

Der Verlauf der Biegemomente einer Wand infolge lotrechter Lasten ergibt sich aus den anteiligen Momenten M_o und M_u der Knotenberechnung am Wandkopf und Wandfuß. Aus dem Momentenverlauf kann auch der für den Knicksicherheitsnachweis maßgebende Wert in halber Geschoßhöhe einfach bestimmt werden (Bild 6/20).

Bild 6/20: Ermittlung des Wandmomentes M_m in halber Geschoßhöhe

Bei Außenwänden treten auch bei waagerechter Belastung rechtwinklig zur Wand, z. B. infolge Wind oder Erddruck, Biegemomente in der Wand auf (Kap. 6.6 und 6.8). Diese Biegemomente müssen denen aus der Deckeneinspannung infolge der lotrechten Eigengewichts- und Verkehrslasten überlagert werden. Dabei ist die Begrenzung der klaffenden Fuge bis zur halben Wanddicke zu beachten. Nach DIN 1053 Teil 1, Abschnitt 7.2.5, dürfen die Biegemomente infolge waagerechter Belastung innerhalb der Grenzfälle für gelenkige Lagerung und Volleinspannung umgelagert werden (Bild 6/21).

Die Windlasten rechtwinklig zur Wandebene (Plattenbeanspruchung der Wand) dürfen nach DIN 1053 Teil 1, Abschnitt 7.3, bei der Bemessung bis zu einer Höhe von 20 m über Gelände unberücksichtigt bleiben, wenn die Wanddicke

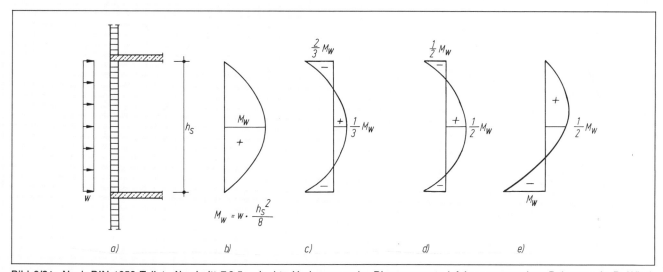

Bild 6/21: Nach DIN 1053 Teil 1, Abschnitt 7.2.5, erlaubte Umlagerung der Biegemomente infolge waagerechter Belastung (z. B. Wind, Erddruck)

a) Schnitt und Belastung

b) Grenzfall der freien Lagerung

c) Grenzfall der Volleinspannung

d) Mittel zwischen freier Lagerung und Volleinspannung

e) Gelenkige Lagerung am Wandkopf und Volleinspannung am Wandfuß (z. B. Dachgeschoß)

Berechnungsablauf, Nachweise

d ≥ 24 cm und die lichte Wandhöhe $h_s \leq 3,0$ m beträgt. Bei Wanddicken d < 24 cm ist dieser Windnachweis also stets zu führen.

Zum Nachweis der räumlichen Steifigkeit nach DIN 1053 Teil 1, Abschnitt 7.4, siehe Kap. 6.5.

6.2.3 Berechnungsablauf

6.2.3.1 Allgemeines

Der Nachweis der Wandquerschnitte am Wand-Decken-Knoten erfolgt am Wandfuß für die Schnittgrößen N_o und M_u sowie am Wandkopf für die Schnittgrößen $(N_o + A_Z)$ und M_o (Bild 6/22).

Aus diesen Schnittgrößen werden die Ausmitten e_u am Wandfuß und e_o am Wandkopf nach den Gln. (6.38b), (6.39b) oder Gl. (6.40) ermittelt.

Der Nachweis des Wand-Decken-Knotens kann auf zwei Arten geführt werden:

a) Spannungsnachweis

Nach DIN 1053 Teil 1, Abschnitt 7.9.1, darf im Bruchzustand bei exzentrischer Beanspruchung die Kantenpressung (Randspannung) den Wert $1,33 \cdot \beta_R$, die mittlere Spannung den Wert β_R nicht überschreiten. Damit ergeben sich unter Berücksichtigung des Sicherheitsbeiwertes γ die folgenden Bemessungsgleichungen:

$$\sigma_R \leq 1,33 \cdot \frac{\beta_R}{\gamma} \qquad (6.43\,\text{a})$$

und

$$\sigma_m \leq \frac{\beta_R}{\gamma} \qquad (6.43\,\text{b})$$

Es bedeuten

σ_R Randspannung (Kantenpressung) im Gebrauchszustand

σ_m Mittlere Spannung im Gebrauchszustand

β_R Rechenwert der Druckfestigkeit des Mauerwerkes

γ Globaler Sicherheitsbeiwert (entweder γ_W oder γ_P, Kap. 6.1.2.6)

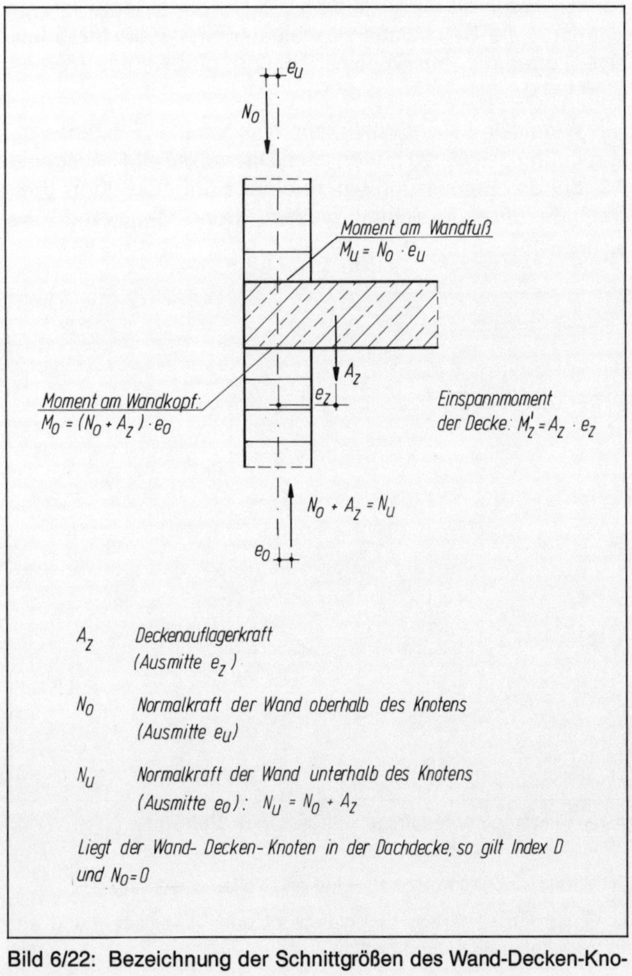

b) Normalkraftnachweis

Vergleich der vorhandenen mit der zulässigen Normalkraft der Wand:

$$N \leq N_{zul} \qquad (6.44)$$

Der Normalkraftnachweis in der angegebenen Form nach Gl. (6.44) ist zwar in DIN 1053 Teil 1 nicht beschrieben, er ist jedoch für die Praxis sehr zweckmäßig. Daher sind in Kap. 6.2.4 Kurventafeln enthalten, mit denen der Normalkraftnachweis geführt werden kann.

Bild 6/23 faßt den Berechnungsablauf zusammen. Aus Gründen der Übersichtlichkeit sind in den nachfolgenden Erläuterungen die Indizes o und u für den Wandkopf und den Wandfuß weggelassen. Die Gleichungen gelten für beide Schnitte der Wand.

Je nach Größe der planmäßigen Ausmitte e wird ein ungerissener oder teilweise gerissener Querschnitt vorliegen.

6.2.3.2 Nachweis für den ungerissenen Querschnitt

Für den *ungerissenen Querschnitt* ($0 \leq e \leq \frac{d}{6}$) beträgt die größte Randspannung

$$\sigma_R = \frac{N}{b \cdot d} \cdot (1 + m) \qquad (6.45\,\text{a})$$

Die zulässige Normalkraft der Wand ergibt sich, wenn die Randspannung σ_R den Grenzwert $1,33 \cdot \beta_R/\gamma$ erreicht:

$$\sigma_{R,zul} = 1,33 \cdot \frac{\beta_R}{\gamma} = \frac{N_{zul}}{b \cdot d} \cdot (1 + m)$$

Daraus erhält man

$$N_{zul} = 1,33 \cdot \frac{\beta_R}{\gamma} \cdot b \cdot d \cdot \frac{1}{1+m} \qquad (6.46\,\text{a})$$

Die mittlere Spannung beträgt

$$\sigma_m = \frac{N}{b \cdot d} \qquad (6.47\,\text{a})$$

Erreicht die mittlere Spannung σ_m den Grenzwert β_R/γ, dann gilt

$$\sigma_{m,zul} = \frac{\beta_R}{\gamma} = \frac{N_{zul}}{b \cdot d}$$

Daraus erhält man die zugehörige Normalkraft

$$N_{zul} = \frac{\beta_R}{\gamma} \cdot b \cdot d \qquad (6.48\,\text{a})$$

Bild 6/22: Bezeichnung der Schnittgrößen des Wand-Decken-Knotens

A_Z Deckenauflagerkraft (Ausmitte e_Z)

N_O Normalkraft der Wand oberhalb des Knotens (Ausmitte e_U)

N_U Normalkraft der Wand unterhalb des Knotens (Ausmitte e_O): $N_U = N_O + A_Z$

Liegt der Wand-Decken-Knoten in der Dachdecke, so gilt Index D und $N_O = 0$

6.2.3.3 Nachweis für den teilweise gerissenen Querschnitt

Für den *teilweise gerissenen Querschnitt* ($\frac{d}{6} < e \leq \frac{d}{3}$) beträgt die Randspannung

$$\sigma_R = \frac{N}{b \cdot d} \cdot \frac{4}{3-m} \quad (6.45\,b)$$

Die zulässige Normalkraft der Wand ergibt sich für

$$\sigma_{R,zul} = 1{,}33 \cdot \frac{\beta_R}{\gamma} = \frac{N_{zul}}{b \cdot d} \cdot \frac{4}{3-m}$$

zu

$$N_{zul} = 1{,}33 \cdot \frac{\beta_R}{\gamma} \cdot b \cdot d \cdot \frac{3-m}{4} \quad (6.46\,b)$$

Es bedeutet

m Bezogene Ausmitte: $m = 6 \cdot e/d$

Wenn die Normalspannung auf den überdrückten Querschnittsteil mit $c = d/2 - e$ bezogen wird, kann für die Randspannung auch folgende Gleichung verwendet werden (Bild 6/23):

$$\sigma_R = \frac{2 \cdot N}{3 \cdot c \cdot b} \quad (6.45\,c)$$

Die zulässige Normalkraft der Wand ergibt sich für

$$\sigma_{R,zul} = 1{,}33 \cdot \frac{\beta_R}{\gamma} = \frac{2 \cdot N_{zul}}{3 \cdot c \cdot b}$$

zu

$$N_{zul} = 1{,}33 \cdot \frac{\beta_R}{\gamma} \cdot \frac{3}{2} \cdot c \cdot b \quad (6.46\,c)$$

Die Gln. (6.46 b) und (6.46 c) führen zu den gleichen Ergebnissen.

Die mittlere Spannung beträgt

$$\sigma_m = \frac{1}{2} \cdot \sigma_R \quad (6.47\,b)$$

Durch Einsetzen der Gln. (6.45 b) oder (6.45 c) erhält man

$$\sigma_m = \frac{N}{b \cdot d} \cdot \frac{2}{3-m} \quad (6.47\,c)$$

oder

$$\sigma_m = \frac{N}{3 \cdot c \cdot b} \quad (6.47\,d)$$

Die zulässige Normalkraft der Wand ergibt sich für

$$\sigma_{m,zul} = \frac{\beta_R}{\gamma} = \frac{N_{zul}}{b \cdot d} \cdot \frac{2}{3-m}$$

oder

$$\sigma_{m,zul} = \frac{N_{zul}}{3 \cdot c \cdot b}$$

zu

$$N_{zul} = \frac{\beta_R}{\gamma} \cdot b \cdot d \cdot \frac{3-m}{2} \quad (6.48\,b)$$

oder

$$N_{zul} = \frac{\beta_R}{\gamma} \cdot 3 \cdot c \cdot b \quad (6.48\,c)$$

Die Gln. (6.48 b) und (6.48 c) führen zu den gleichen Ergebnissen.

6.2.3.4 Kriterium für den maßgebenden Spannungsnachweis

In den Kap. 6.2.3.1 bis 6.2.3.3 sind die im genaueren Berechnungsverfahren geforderten Spannungsnachweise beschrieben und die hierzu maßgebenden Nachweisgleichungen zusammengestellt. Nach DIN 1053 Teil 1, Abschnitt 7.9.1, sind demnach immer zwei Spannungsnachweise zu führen (Gl. (6.43 a) und Gl. (6.43 b)).

Zur Verringerung des Rechenaufwandes wird ein Kriterium hergeleitet, wann die Randspannung σ_R und wann die mittlere Spannung σ_m für den Nachweis eines Wandquerschnittes maßgebend ist.

	Ausmitte der Wandnormalkraft	Maßgebender Spannungsnachweis	Maßgebende zulässige Normalkraft
ungerissener Querschnitt	$0 \leq e \leq \dfrac{d}{18}$	Gln. (6.43 b) und (6.47 a): $\sigma_m = \dfrac{N}{b \cdot d} \leq \dfrac{\beta_R}{\gamma}$	Gl. (6.48 a): $N_{zul} = \dfrac{\beta_R}{\gamma} \cdot b \cdot d$
ungerissener Querschnitt	$\dfrac{d}{18} < e \leq \dfrac{d}{6}$	Gln. (6.43 a) und (6.45 a): $\sigma_R = \dfrac{N}{b \cdot d} \cdot (1+m) \leq 1{,}33 \cdot \dfrac{\beta_R}{\gamma}$	Gl. (6.46 a): $N_{zul} = 1{,}33 \cdot \dfrac{\beta_R}{\gamma} \cdot \dfrac{b \cdot d}{1+m}$
teilweise gerissener Querschnitt	$\dfrac{d}{6} < e \leq \dfrac{d}{3}$	Gln. (6.43 a) und (6.45 b) oder (6.43 a) und (6.45 c): $\sigma_R = \dfrac{N}{b \cdot d} \cdot \dfrac{4}{3-m} \leq 1{,}33 \cdot \dfrac{\beta_R}{\gamma}$ oder: $\sigma_R = \dfrac{2 \cdot N}{3 \cdot c \cdot b} \leq 1{,}33 \cdot \dfrac{\beta_R}{\gamma}$	Gl. (6.46 b) oder (6.46 c): $N_{zul} = 1{,}33 \cdot \dfrac{\beta_R}{\gamma} \cdot b \cdot d \cdot \dfrac{3-m}{4}$ oder: $N_{zul} = 1{,}33 \cdot \dfrac{\beta_R}{\gamma} \cdot \dfrac{3}{2} \cdot c \cdot b$

Bild 6/23: Für den Nachweis des Wand-Decken-Knotens maßgebende Gleichungen

Gegeben:	Abmessungen	Geschoßhöhe h	Deckenspannweiten l_1, l_2
		Breite der Wand b	wirksame Breite der Decke b_B
		Wanddicke d	Deckendicke d_B

Gegeben:
- Abmessungen: Geschoßhöhe h, Deckenspannweiten l_1, l_2; Breite der Wand b, wirksame Breite der Decke b_B; Wanddicke d, Deckendicke d_B
- Baustoffe: Betongüte der Decken, Elastizitätsmodul E_B; Stein-/Mörtelkombination; Elastizitätsmodul des Mauerwerkes $E = 3000 \cdot \sigma_0$
- Belastung: Deckenlast q_1, q_2; Deckenauflagerkraft A_Z; Normalkraft der Wand am Wandfuß N_0

Gesucht: Wandkopf und Wandfuß
- Größte Randspannung σ_R bzw. mittlere Spannung σ_m im Querschnitt
- oder zulässige Normalkraft der Wand N_{zul}

Berechnungsgang:

Vorwerte — Flächenmomente 2. Grades $I_B = b_B \cdot \dfrac{d_B^3}{12}$; $I_M = b \cdot \dfrac{d^3}{12}$

Steifigkeitsbeiwert $k_1 = \dfrac{2}{3} \cdot \dfrac{E_B \cdot I_B}{E \cdot I_M} \cdot \dfrac{h}{l_1}$

Ausmitten — Ausmitte der Deckenauflagerkraft für die Zwischendecke

$$e_Z = M_Z'/A_Z \tag{6.31a}$$

M_Z': Abgemindertes Deckeneinspannmoment (Bilder 6/12, 6/15). Bei Außenwand evtl. Windmoment überlagern

A_Z: Bei Innenwand $l_2/l_1 < 0{,}7$ und 1. Innenwand Durchlaufwirkung berücksichtigen.

Sonderfälle Knoten C und D:

Außenwandknoten C (ohne Windmoment)
$$e_Z = \dfrac{2 \cdot l_1}{9} \cdot \dfrac{1}{2 + k_1} \tag{6.32}$$

Innenwandknoten D ($l_2/l_1 \geq 0{,}7$, keine Durchlaufwirkung)

$$e_Z = \dfrac{2}{9} \cdot l_1 \cdot \dfrac{1 - \dfrac{q_2}{q_1} \cdot \left(\dfrac{l_2}{l_1}\right)^2}{1 + \dfrac{q_2}{q_1} \cdot \dfrac{l_2}{l_1}} \cdot \dfrac{1}{2 + k_1 \cdot \left(1 + \dfrac{l_1}{l_2}\right)} \tag{6.33}$$

Ausmitte der Wandnormalkraft

Wandfuß $\quad e_u = \dfrac{A_Z}{2 \cdot N_0} \cdot e_Z \leq \dfrac{d}{3}$ (6.38b)

Wandkopf $\quad e_o = \dfrac{A_Z}{2 \cdot (N_0 + A_Z)} \cdot e_Z \leq \dfrac{d}{3}$ (6.39b)

Ausmitte der Wandnormalkraft für die Dachdecke

Wandkopf $e_o = e_D$ (6.40)

e_D nach Gl. (6.34) oder (6.35)

Ansetzen beim Nachweis

am Wandfuß: $e = e_u$, $N = N_0$
am Wandkopf: $e = e_o$, $N = N_0 + A_Z$ $\qquad$ Bezogene Ausmitte $m = \dfrac{6 \cdot e}{d}$

Spannungen — Ungerissener Querschnitt $\quad 0 \leq e \leq \dfrac{d}{6}$ $\qquad$ Teilweise gerissener Querschnitt $\quad \dfrac{d}{6} < e \leq \dfrac{d}{3}$

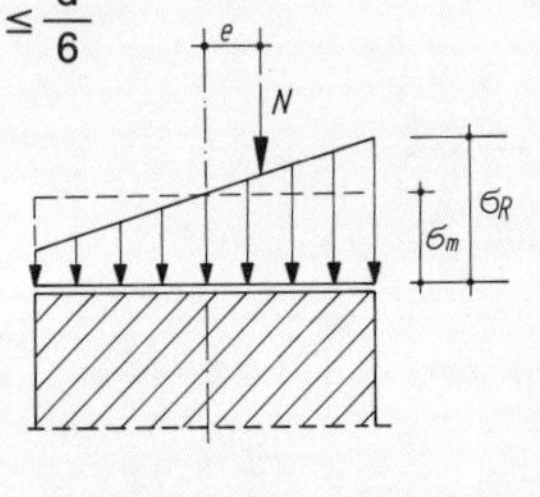

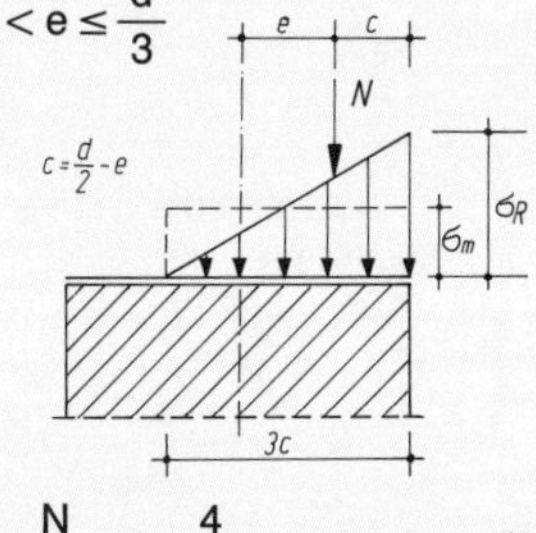

für $e > \dfrac{d}{18}$: $\sigma_R = \dfrac{N}{b \cdot d} \cdot (1 + m)$ (6.45a) $\qquad$ $\sigma_R = \dfrac{N}{b \cdot d} \cdot \dfrac{4}{3 - m}$ (6.45b)

$N_{zul} = 1{,}33 \cdot \dfrac{\beta_R}{\gamma} \cdot b \cdot d \cdot \dfrac{1}{1 + m}$ (6.46a)

oder:

$\sigma_R = \dfrac{2 \cdot N}{3 \cdot c \cdot b}$ mit $c = d/2 - e$ (6.45c)

für $e \leq \dfrac{d}{18}$: $\sigma_m = \dfrac{N}{b \cdot d}$ (6.47a) $\qquad$ $N_{zul} = 1{,}33 \cdot \dfrac{\beta_R}{\gamma} \cdot b \cdot d \cdot \dfrac{3 - m}{4}$ (6.46b)

$N_{zul} = \dfrac{\beta_R}{\gamma} \cdot b \cdot d$ (6.48a)

oder:

$N_{zul} = 1{,}33 \cdot \dfrac{\beta_R}{\gamma} \cdot \dfrac{3}{2} \cdot c \cdot b$ (6.46c)

Nachweis
- Spannungsnachweis $\quad \sigma_R \leq 1{,}33 \cdot \dfrac{\beta_R}{\gamma}$ (6.43a)

$\sigma_m \leq \dfrac{\beta_R}{\gamma}$ (6.43b)

- Normalkraftnachweis $\quad N \leq N_{zul}$ (6.44)

Bild 6/24: Ablauf des Nachweises des Wand-Decken-Knotens nach Kap. 6.2.2.4

a) Ungerissener Querschnitt

Wird der Wandquerschnitt durch eine mittig angreifende Normalkraft belastet, ergibt sich die vorhandene mittlere Spannung zu

$$\sigma_m = \frac{N}{b \cdot d} \quad (6.47a)$$

Bei Erreichen des nach DIN 1053 Teil 1 zulässigen Wertes

$$\sigma_m = \frac{\beta_R}{\gamma}$$

ist der Querschnitt durch die mittige Normalkraft ausgenutzt. Bis jedoch der zulässige Wert der Randspannung

$$\sigma_R = 1{,}33 \cdot \frac{\beta_R}{\gamma} \quad (6.43a)$$

erreicht wird, kann noch ein zusätzlicher Spannungsanteil

$$\Delta\sigma_R = 0{,}33 \cdot \frac{\beta_R}{\gamma} = \frac{N}{b \cdot d} \cdot m$$

aufgenommen werden. Dies entspricht einer bezogenen Ausmitte von m = 0,33 = 1/3 oder e = d/18.

Für die nach DIN 1053 Teil 1, Abschnitt 7.9.5, zu führenden Spannungsnachweise bedeutet dies, daß bis zu einer planmäßigen Ausmitte von e = d/18 der Nachweis der mittigen Normalkraft und für eine planmäßige Ausmitte von e > d/18 stets der Nachweis der Randspannung maßgebend ist. Es gilt für

$$e \leq \frac{d}{18} \left(m \leq \frac{1}{3} \right) : \sigma_m \leq \frac{\beta_R}{\gamma} \quad (6.43b)$$

$$e > \frac{d}{18} \left(m > \frac{1}{3} \right) : \sigma_R \leq 1{,}33 \cdot \frac{\beta_R}{\gamma} \quad (6.43a)$$

b) Teilweise gerissener Querschnitt

Für die mittlere Spannung σ_m gilt:

$$\sigma_m = \frac{1}{2} \cdot \sigma_R \quad (6.47b)$$

Das bedeutet, daß im teilweise gerissenen Querschnitt immer der Nachweis der Randspannung σ_R maßgebend ist. Es gilt für

$$\frac{d}{6} < e \leq \frac{d}{3} : \sigma_R \leq 1{,}33 \cdot \frac{\beta_R}{\gamma} \quad (6.43a)$$

Der Spannungsnachweis ist im wesentlichen von der planmäßigen Ausmitte e abhängig. Der Nachweis der mittleren Spannung σ_m nach Gl. (6.43b) wird nur bei geringen Ausmitten (e ≤ d/18) maßgebend. In allen anderen Fällen (e > d/18) reicht es aus, nur den Nachweis der Randspannung σ_R nach Gl. (6.43a) zu führen.

Dieses Ergebnis ist in den Bildern 6/23 und 6/24 sowie in den Berechnungshilfen (Kap. 6.2.4, Tafeln 6/3 bis 6/9) bereits berücksichtigt.

6.2.4 Berechnungshilfen

6.2.4.1 Vorbetrachtung

Als Berechnungshilfen werden die Tafeln 6/3 bis 6/9 zur Bestimmung der zulässigen Normalkraft N_{zul} in Abhängigkeit

Tafeln 6/3 bis 6/9: Berechnungshilfen, Zulässige Normalkraft N_{zul} der Wand in Abhängigkeit von der planmäßigen Ausmitte e ≤ d/3 (Wanddicken d = 11,5 bis 36,5 cm)

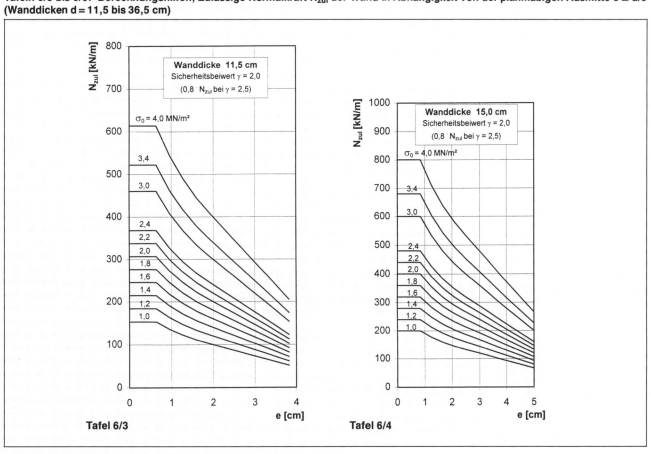

Tafel 6/3

Tafel 6/4

Berechnungshilfen

Tafeln 6/3 bis 6/9: Berechnungshilfen, Zulässige Normalkraft N_{zul} der Wand in Abhängigkeit von der planmäßigen Ausmitte $e \leq d/3$ (Wanddicken $d = 11{,}5$ bis $36{,}5$ cm)

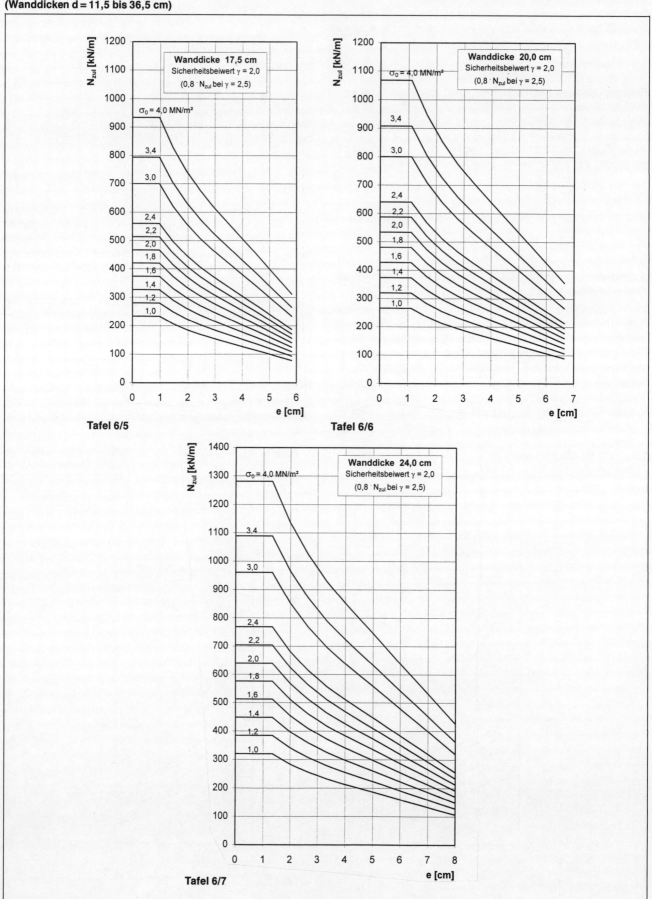

Tafel 6/5

Tafel 6/6

Tafel 6/7

Tafeln 6/3 bis 6/9: Berechnungshilfen, Zulässige Normalkraft N_{zul} der Wand in Abhängigkeit von der planmäßigen Ausmitte $e \leq d/3$ (Wanddicken $d = 11{,}5$ bis $36{,}5$ cm)

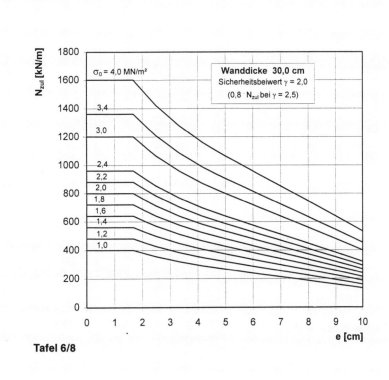

Tafel 6/8

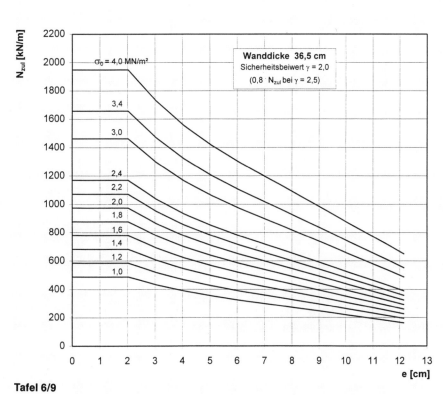

Tafel 6/9

Berechnungshilfen, Beispiel ①

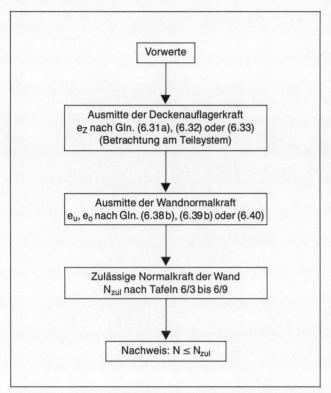

Bild 6/25: Berechnungsgang für den Nachweis des Wand-Decken-Knotens von Zwischendecken bei Verwendung der Tafeln 6/3 bis 6/9

von der planmäßigen Ausmitte e angegeben. Die Tafeln gelten für die Wanddicken 11,5; 15; 17,5; 20; 24; 30 und 36,5 cm.

6.2.4.2 Tafeln zur Ermittlung der zulässigen Normalkraft

Zur Darstellung der zulässigen Normalkraft bei ungerissenem Querschnitt werden die Gln. (6.46a) und (6.48a) und bei teilweise gerissenem Querschnitt die Gln. (6.46b) bzw. (6.46c) ausgewertet. Die zulässige Normalkraft ist in Abhängigkeit ihrer Ausmitte e in den Tafeln 6/3 bis 6/9 für die Wanddicken d = 11,5 bis 36,5 cm angegeben. Die Tafeln können sowohl für den Wandfuß als auch für den Wandkopf verwendet werden, wobei für e entweder e_u oder e_o der Zwischendecke nach den Gln. (6.38b), (6.39b) oder e_o der Dachdecke nach Gl. (6.40) einzusetzen ist.

Die Tafeln 6/3 bis 6/9 gelten allgemein für die Ermittlung der zulässigen Normalkraft der Wand in Abhängigkeit der Ausmitten.

In den Tafeln 6/3 bis 6/9 ist der Sicherheitsbeiwert $\gamma_W = 2,0$ eingearbeitet. Für Pfeiler und kurze Wände mit $\gamma_P = 2,5$ können die gleichen Tafeln verwendet werden, wenn der höhere Sicherheitsbeiwert durch den in den Tafeln angegebenen Umrechnungsfaktor von 2,0/2,5 = 0,8 berücksichtigt wird.

In Bild 6/25 wird das grundsätzliche Vorgehen beim Nachweis des Wand-Decken-Knotens unter Verwendung der Berechnungshilfen gezeigt (siehe auch Kap. 6.2.5, Anwendungsbeispiele ③ und ④).

6.2.4.3 Literaturhinweise

Bemessungstabellen für Mauerwerk nach DIN 1053 – 1 sind zu finden unter [6/9].

6.2.5 Anwendung

An Beispielen wird die Anwendung der mitgeteilten Gleichungen für den Nachweis des Wand-Decken-Knotens gezeigt. In Bild 6/26 ist das zugrunde gelegte Bauwerk mit den erforderlichen Angaben dargestellt. Die Beispiele sind einfach gehalten. Die bei den Außenwandknoten in der statischen Berechnung noch anzusetzende Windbelastung wird daher nicht berücksichtigt; entsprechende Nachweise siehe Kap. 6.8.

Die Bemessung mit Hilfe der Tafeln ist in den Beispielen ③ und ④ angegeben. Der Nachweis der Wand-Decken-Knoten wird auf der Grundlage des Spannungs- und des Normalkraftnachweises geführt.

6.2.5.1 Beispiel ①: Außenwandknoten A der Dachdecke

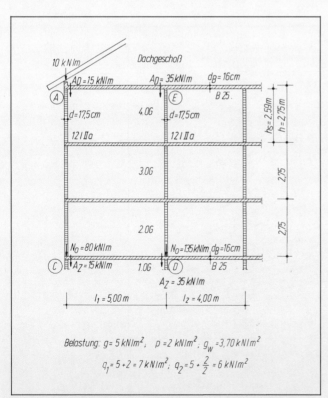

Bild 6/26: Ausgangswerte für die Beispiele ① bis ④ zum Nachweis der Wand-Decken-Knoten.

Teilschnitt des Gebäudes mit Abmessungen, Belastungen und Baustoffen. Wegen Einspannung am Nachbarknoten C wird nicht Innenwandknoten F, sondern D zugrunde gelegt.

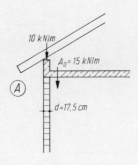

Gegeben:

Abmessungen
h = 2,75 m; h_s = 2,59 m
d = 17,5 cm; d_B = 16 cm
l_1 = 5,00 m; b = b_B = 1,00 m

Baustoffe

Decken: Beton B 25
mit E_B = 30 000 MN/m² (DIN 1045, Tabelle 11)
Wand: Mauerwerk
Steinfestigkeitsklasse 12, Mörtelgruppe II a
mit β_R = 2,67 · σ_0 = 2,67 · 1,6 = 4,27 MN/m²

Belastung
Auflagerkräfte siehe Bild 6/26

Gesucht:
Nachweis des Wand-Decken-Knotens

Berechnungsgang:

Vorwerte

- E-Modul des Mauerwerkes: E = 3000 · σ_0
  (DIN 1053 Teil 1, Abschnitt 7.2.2)
  E = 3000 · 1,6 = 4800 MN/m²

- Flächenmomente 2. Grades

$$I_B = \frac{0,16^3}{12} = 3,413 \cdot 10^{-4} \text{ m}^4/\text{m}$$

$$I_M = \frac{0,175^3}{12} = 4,466 \cdot 10^{-4} \text{ m}^4/\text{m}$$

- Steifigkeitsbeiwert

$$k_1 = \frac{2}{3} \cdot \frac{30\,000 \cdot 3,413 \cdot 10^{-4}}{4800 \cdot 4,466 \cdot 10^{-4}} \cdot \frac{2,75}{5,00} = 1,751$$

Ausmitten

- Ausmitte der Deckenauflagerkraft
  Zwei Möglichkeiten der Ermittlung:

a) **Betrachtung am Teilsystem**

Nach Gl. (6.34):

$$e_D = \frac{2 \cdot 5,0}{9} \cdot \frac{1}{2 + \frac{8}{3} \cdot 1,751} = 0,167 \text{ m}$$

$$> \frac{0,175}{3} = 0,058 \text{ m}$$

b) **Vereinfachte Ermittlung nach DIN 1053 Teil 1, Abschnitt 7.2.3 (5%-Regel), siehe Bild 6/18**

Nach Gl. (6.42a):

e_D = 0,05 · 5,00 = 0,25 m > $\frac{0,175}{3}$ = 0,058 m

- Ausmitte am Wandkopf
  Nach Gl. (6.40): $e_0 = e_D$
  Nach DIN 1053 Teil 1, Abschnitt 7.2.4, darf

$$e_0 = \frac{d}{3} = \frac{0,175}{3} = 0,058 \text{ m}$$

angenommen werden.

Es sind konstruktive Maßnahmen zur Zentrierung der Deckenauflagerkraft erforderlich (Bild 6/19).

- Bezogene Ausmitte

$$m = \frac{6 \cdot 0,175}{3 \cdot 0,175} = 2,000$$

Es liegt ein teilweise gerissener Querschnitt vor.

Nachweis

Der Nachweis kann als Spannungsnachweis nach den Gln. (6.43a) und (6.43b) oder als Normalkraftnachweis nach Gl. (6.44) geführt werden. In der Praxis reicht ein Nachweis aus.

Da ein teilweise gerissener Querschnitt vorliegt, wird für Beispiel ① nach Kap. 6.2.3.4 nur der Nachweis der Randspannung, Gl. (6.43a) und Gln. (6.45b oder c) bzw. die Ermittlung der zulässigen Normalkraft nach den Gln. (6.46b oder c) maßgebend, siehe hierzu Bilder 6/23 und 6/24.

- Spannungsnachweis

Nach Gl. (6.45b):

$$\sigma_R = \frac{(15+10)}{1,00 \cdot 0,175} \cdot \frac{4}{3 - 2,000} = 571 \text{ kN/m}^2$$

oder

Nach Gl. (6.45c):

$$c = \frac{0,175}{2} - 0,0583 = 0,0292 \text{ m}$$

$$\sigma_R = \frac{2 \cdot (15+10)}{3 \cdot 0,0292 \cdot 1,00} = 571 \text{ kN/m}^2$$

Nach Gl. (6.43a):

$$\sigma_R = 0,571 \text{ MN/m}^2 < 1,33 \cdot \frac{\beta_R}{\gamma} = 1,33 \cdot \frac{4,27}{2,0} = 2,84 \text{ MN/m}^2$$

- Normalkraftnachweis

Nach Gl. (6.46b):

$$N_{zul} = 1,33 \cdot \frac{4,27}{2,0} \cdot 10^3 \cdot 0,175 \cdot \frac{3 - 2,000}{4} = 124 \text{ kN/m}$$

oder

Nach Gl. (6.46c)

$$N_{zul} = 1,33 \cdot \frac{4,27}{2,0} \cdot 10^3 \cdot \frac{3}{2} \cdot 0,0292 \cdot 1,00 = 124 \text{ kN/m}$$

Nach Gl. (6.44):

N = 15 + 10 = 25 kN/m < N_{zul} = 124 kN/m

Der Nachweis des Außenwandknotens der Dachdecke ist nur bei Zentrierung der Deckenauflagerkraft durch konstruktive Maßnahmen möglich.

Da die Bemessung für $e_0 = e_D = d/3$ durchgeführt wird, ist die Frage der Ermittlung der Ausmitte e_D – aus einer Berechnung am Teilsystem oder einer vereinfachten Ermittlung (5%-Regel) – ohne Bedeutung.

Mit $\sigma_R < 1,33 \cdot \beta_R/\gamma$ bzw. N < N_{zul} ist die Standsicherheit des Wand-Decken-Knotens nachgewiesen. Zum vollständigen Nachweis der Wand wären noch der untere Wand-Decken-Knoten, die Knicksicherheit, der Schub und die Aufnahme der Windlasten rechtwinklig zur Wand nachzuweisen.

6.2.5.2 Beispiel ②: Innenwandknoten E der Dachdecke

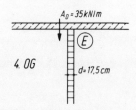

Gegeben:

Abmessungen, Baustoffe, Belastung
wie im Beispiel ① und Bild 6/26; $l_2 = 4{,}00$ m

Gesucht:

Nachweis des Wand-Decken-Knotens

Berechnungsgang:
Vorwerte
siehe Beispiel ①

a) Betrachtung am Teilsystem

Am Nachbarknoten A kann keine Einspannung angenommen werden. Daher ist für das Teilsystem nicht Knoten B, sondern Knoten E (1. Innenwand) zugrunde zu legen (Bild 6/15).

Schnittgrößen

- Volleinspannmoment nach Gl. (6.23b):

$$M_{voll} = -\left(\frac{1}{8} \cdot 7 \cdot 5{,}00^2 - \frac{1}{12} \cdot 6 \cdot 4{,}00^2\right)$$
$$= -13{,}875 \text{ kNm/m}$$

- Deckeneinspannmoment nach Gl. (6.26b):

$$M_D = -13{,}875 \cdot \frac{1}{1 + 1{,}751 \cdot \left(1 + \frac{4}{3} \cdot \frac{5{,}00}{4{,}00}\right)}$$
$$= -2{,}447 \text{ kNm/m}$$

- Abgemindertes Deckeneinspannmoment nach Gl. (6.29):
  (DIN 1053 Teil 1, Abschnitt 7.2.2)

$$M'_D = \frac{2}{3} \cdot (-2{,}447) = -1{,}631 \text{ kNm/m}$$

- Wandmoment am Wandkopf nach Gl. (6.37b):

$$M_o = -(-1{,}631) = 1{,}631 \text{ kNm/m}$$

Ausmitten

Ausmitte am Wandkopf nach Gl. (6.40):

$$e_o = \frac{1{,}631}{35} = 0{,}047 \text{ m} > \frac{0{,}175}{6} = 0{,}029 \text{ m}$$
$$< \frac{0{,}175}{3} = 0{,}058 \text{ m}$$

Nachweis als teilweise gerissener Querschnitt

- Bezogene Ausmitte

$$m = \frac{6 \cdot 0{,}047}{0{,}175} = 1{,}611$$

Nachweis

Es wird, wie auch in den folgenden Beispielen ③ und ④, der Normalkraftnachweis nach Gl. (6.44) geführt.

Da ein teilweise gerissener Querschnitt vorliegt, wird nach Kap. 6.2.3.4 die Ermittlung der zulässigen Normalkraft nach den Gln. (6.46b oder c) maßgebend, siehe Bilder 6/23 und 6/24.

Nach Gl. (6.46b):

$$N_{zul} = 1{,}33 \cdot \frac{4{,}27}{2{,}0} \cdot 10^3 \cdot 0{,}175 \cdot \frac{3 - 1{,}611}{4} = 173 \text{ kN/m}$$

Nach Gl. (6.44):

$$N = A_D = 35 \text{ kN/m} < N_{zul} = 173 \text{ kN/m}$$

b) Vereinfachte Ermittlung nach DIN 1053 Teil 1, Abschnitt 7.2.3 (5%-Regel), siehe Bild 6/18

Ausmitten

- Ausmitte der Deckenauflagerkraft

Nach Gl. (6.42b):

$$e_D = 0{,}05 \cdot (5{,}00 - 4{,}00) = 0{,}050 \text{ m}$$

- Ausmitte am Wandkopf

Nach Gl. (6.40):

$$e_o = e_D = 0{,}050 \text{ m} > \frac{0{,}175}{6} = 0{,}029 \text{ m}$$
$$< \frac{0{,}175}{3} = 0{,}058 \text{ m}$$

Nachweis als teilweise gerissener Querschnitt

- Bezogene Ausmitte

$$m = \frac{6 \cdot 0{,}050}{0{,}175} = 1{,}714$$

Nachweis

Normalkraftnachweis

Nach Gl. (6.46b):

$$N_{zul} = 1{,}33 \cdot \frac{4{,}27}{2{,}0} \cdot 10^3 \cdot 0{,}175 \cdot \frac{3 - 1{,}714}{4} = 160 \text{ kN/m}$$

Nach Gl. (6.44):

$$N = A_D = 35 \text{ kN/m} < N_{zul} = 160 \text{ kN/m}$$

Die Ausmitte e_D der Deckenauflagerkraft wurde am Teilsystem und vereinfacht nach DIN 1053 Teil 1, Abschnitt 7.2.3, berechnet. Beim Nachweis nach der 5%-Regel ergibt sich eine etwas geringere zulässige Normalkraft. In beiden Fällen konnte die Standsicherheit des Wand-Decken-Knotens nachgewiesen werden.

6.2.5.3 Beispiel ③: Außenwandknoten C einer Zwischendecke

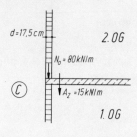

Gegeben:
Abmessungen, Baustoffe wie im Beispiel ①,
Belastung siehe Bild 6/26

Gesucht:
Nachweis des Wand-Decken-Knotens

Berechnungsgang:
Vorwerte
siehe Beispiel ①

a) Betrachtung am Teilsystem

Ausmitte der Deckenauflagerkraft

Nach Gl. (6.32):

$$e_Z = \frac{2 \cdot 5{,}0}{9} \cdot \frac{1}{2 + 1{,}751} = 0{,}296 \text{ m}$$

Nachweisstellen

- Wandfuß im 2. OG

Ausmitte nach Gl. (6.38b):

$$e_u = \frac{15}{2 \cdot 80} \cdot 0{,}296 = 0{,}028 \text{ m} < \frac{0{,}175}{6} = 0{,}029 \text{ m}$$
$$> \frac{0{,}175}{18} = 0{,}010 \text{ m}$$

Nachweis als ungerissener Querschnitt

Bezogene Ausmitte

$$m = \frac{6 \cdot 0{,}028}{0{,}175} = 0{,}960$$

Normalkraftnachweis

Da ein ungerissener Querschnitt vorliegt und die Ausmitte der Wandnormalkraft $e = e_u = 0{,}028$ m $> d/18 = 0{,}010$ m ist, wird nach Kap. 6.2.3.4 die Ermittlung der zulässigen Normalkraft nach Gl. (6.46a) maßgebend, siehe Bilder 6/23 und 6/24.

Nach Gl. (6.46a):

$$N_{zul} = 1{,}33 \cdot \frac{4{,}27}{2{,}0} \cdot 10^3 \cdot 0{,}175 \cdot \frac{1}{1 + 0{,}960} = 254 \text{ kN/m}$$

Nach Gl. (6.44):

$$N = N_o = 80 \text{ kN/m} < N_{zul} = 254 \text{ kN/m}$$

- Wandkopf im 1. OG

Ausmitte nach Gl. (6.39b):

$$e_o = \frac{15}{2 \cdot (80 + 15)} \cdot 0{,}296 = 0{,}023 \text{ m} < \frac{0{,}175}{6} = 0{,}029 \text{ m}$$
$$> \frac{0{,}175}{18} = 0{,}010 \text{ m}$$

Nachweis als ungerissener Querschnitt

Bezogene Ausmitte

$$m = \frac{6 \cdot 0{,}023}{0{,}175} = 0{,}789$$

Normalkraftnachweis

Ungerissener Querschnitt, Ausmitte der Wandnormalkraft
$e = e_o = 0{,}023$ m $> d/18 = 0{,}010$ m.

Nach Gl. (6.46a):

$$N_{zul} = 1{,}33 \cdot \frac{4{,}27}{2{,}0} \cdot 10^3 \cdot 0{,}175 \cdot \frac{1}{1 + 0{,}789} = 278 \text{ kN/m}$$

Nach Gl. (6.44):

$$N = N_o + A_Z = 95 \text{ kN/m} < N_{zul} = 278 \text{ kN/m}$$

b) Vereinfachte Ermittlung nach DIN 1053 Teil 1, Abschnitt 7.2.3 (5%-Regel), siehe Bild 6/18

Ausmitte der Deckenauflagerkraft

Nach Gl. (6.41a):

$$e_Z = 0{,}05 \cdot 5{,}00 = 0{,}25 \text{ m}$$

Nachweisstellen

- Wandfuß im 2. OG

Ausmitte nach Gl. (6.38b):

$$e_u = \frac{15}{2 \cdot 80} \cdot 0{,}25 = 0{,}023 \text{ m} < \frac{0{,}175}{6} = 0{,}029 \text{ m}$$
$$> \frac{0{,}175}{18} = 0{,}010 \text{ m}$$

Nachweis als ungerissener Querschnitt

Bezogene Ausmitte

$$m = \frac{6 \cdot 0{,}023}{0{,}175} = 0{,}789$$

Normalkraftnachweis

Ungerissener Querschnitt, Ausmitte der Wandnormalkraft
$e = e_u = 0{,}023$ m $> d/18 = 0{,}010$ m.

Nach Gl. (6.46a):

$$N_{zul} = 1{,}33 \cdot \frac{4{,}27}{2{,}0} \cdot 10^3 \cdot 0{,}175 \cdot \frac{1}{1 + 0{,}789} = 278 \text{ kN/m}$$

Nach Gl. (6.44):

$$N = N_o = 80 \text{ kN/m} < N_{zul} = 278 \text{ kN/m}$$

- Wandkopf im 1. OG

Ausmitte nach Gl. (6.39b):

$$e_o = \frac{15}{2 \cdot (80 + 15)} \cdot 0{,}25 = 0{,}020 \text{ m} < \frac{0{,}175}{6} = 0{,}029 \text{ m}$$
$$> \frac{0{,}175}{18} = 0{,}010 \text{ m}$$

Nachweis als ungerissener Querschnitt

Bezogene Ausmitte

$$m = \frac{6 \cdot 0{,}020}{0{,}175} = 0{,}686$$

Normalkraftnachweis

Ungerissener Querschnitt, Ausmitte der Wandnormalkraft
$e = e_o = 0{,}020$ m $> d/18 = 0{,}010$ m.

Beispiel ③, Beispiel ④

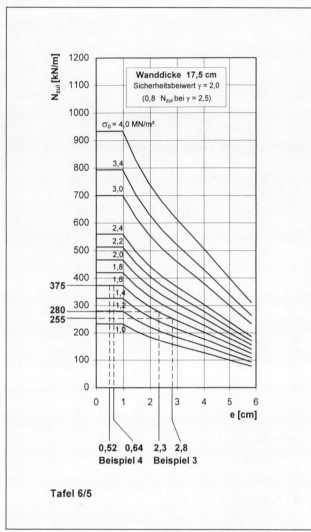

Bild 6/27: Auswertung der Tafel 6/5 für die Beispiele ③ und ④

Nach Gl. (6.46a):

$$N_{zul} = 1{,}33 \cdot \frac{4{,}27}{2{,}0} \cdot 10^3 \cdot 0{,}175 \cdot \frac{1}{1+0{,}686} = 295 \text{ kN/m}$$

Nach Gl. (6.44):

$$N = N_o + A_Z = 95 \text{ kN/m} < N_{zul} = 295 \text{ kN/m}$$

Mit $N < N_{zul}$ konnte die Standsicherheit des Wand-Decken-Knotens nachgewiesen werden. Die zulässigen Normalkräfte beider Nachweise stimmen nahezu überein.

c) Bemessung mit Hilfe der Tafeln

Mit Tafel 6/5 (Bild 6/27) kann anstelle eines rechnerischen Nachweises die zulässige Normalkraft der Wand in Abhängigkeit ihrer Ausmitte ermittelt werden (siehe Kap. 6.2.4.2).

Mit den zuvor unter a) ermittelten Ausmitten wird die zulässige Normalkraft der Wand abgelesen:

$e = e_u = 0{,}028 \text{ m} = 2{,}8 \text{ cm} : N_{zul} = 255 \text{ kN/m} > 80 \text{ kN/m}$
$e = e_o = 0{,}023 \text{ m} = 2{,}3 \text{ cm} : N_{zul} = 280 \text{ kN/m} > 95 \text{ kN/m}$

Die aus den Tafeln abgelesenen Ergebnisse (zulässige Normalkraft N_{zul}) weichen kaum von den in a) rechnerisch ermittelten Werten ab.

6.2.5.4 Beispiel ④: Innenwandknoten D einer Zwischendecke

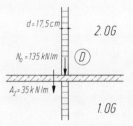

Gegeben:

Abmessungen, Baustoffe, Belastung wie in den Beispielen ① und ②, Bild 6/26

Gesucht:

Nachweis des Wand-Decken-Knotens

Berechnungsgang:

Vorwerte
siehe Beispiel ①

a) Betrachtung am Teilsystem

Am Nachbarknoten C kann die Decke als eingespannt angenommen werden (Beispiel ③). Daher ist für das Teilsystem nicht Innenwandknoten F, sondern Knoten D zugrunde zu legen.

Ausmitte der Deckenauflagerkraft

Nach Gl. (6.33):

Mit $\frac{l_1}{l_2} = 1{,}25$ $\left(\text{bzw. } \frac{l_2}{l_1} = 0{,}80\right)$ und $\frac{q_2}{q_1} = \frac{6}{7}$

$$e_z = \frac{2}{9} \cdot 5{,}00 \cdot \frac{1 - \frac{6}{7} \cdot 0{,}80^2}{1 + \frac{6}{7} \cdot 0{,}80} \cdot \frac{1}{2 + 1{,}751 \cdot (1 + 1{,}25)} = 0{,}050 \text{ m}$$

Nachweisstellen

• Wandfuß im 2. OG

Ausmitte nach Gl. (6.38b):

$$e_u = \frac{35}{2 \cdot 135} \cdot 0{,}050 = 0{,}0065 \text{ m} < \frac{0{,}175}{6} = 0{,}029 \text{ m}$$
$$< \frac{0{,}175}{18} = 0{,}010 \text{ m}$$

Nachweis als ungerissener Querschnitt

Normalkraftnachweis

Ungerissener Querschnitt, Ausmitte der Wandnormalkraft
$e = e_u = 0{,}0065 \text{ m} < d/18 = 0{,}010 \text{ m}$.

Nach Gl. (6.48a):

$$N_{zul} = \frac{4{,}27}{2{,}0} \cdot 10^3 \cdot 0{,}175 = 374 \text{ kN/m}$$

Nach Gl. (6.44):

$$N = N_o = 135 \text{ kN/m} < 374 \text{ kN/m}$$

- Wandkopf im 1. OG

  Ausmitte nach Gl. (6.39b):

  $e_o = \dfrac{35}{2 \cdot (135 + 35)} \cdot 0{,}050 = 0{,}0052\,\text{m} < \dfrac{0{,}175}{6} = 0{,}029\,\text{m}$

  $< \dfrac{0{,}175}{18} = 0{,}010\,\text{m}$

  Nachweis als ungerissener Querschnitt

  Normalkraftnachweis

  Ungerissener Querschnitt, Ausmitte der Wandnormalkraft

  $e = e_o = 0{,}0052\,\text{m} < d/18 = 0{,}010\,\text{m}$.

  Nach Gl. (6.48a):

  $N_{zul} = \dfrac{4{,}27}{2{,}0} \cdot 10^3 \cdot 0{,}175 = 374\,\text{kN/m}$

  Nach Gl. (6.44):

  $N = N_o + A_Z = 170\,\text{kN/m} < 374\,\text{kN/m}$

b) Vereinfachte Ermittlung nach DIN 1053 Teil 1, Abschnitt 7.2.3 (5%-Regel), siehe Bild 6/18

Ausmitte der Deckenauflagerkraft

Nach Gl. (6.41b):

$e_Z = 0{,}05 \cdot (5{,}00 - 4{,}00) = 0{,}050\,\text{m}$

Nachweisstellen

- Wandfuß im 2. OG

  Ausmitte nach Gl. (6.38b):

  $e_u = \dfrac{35}{2 \cdot 135} \cdot 0{,}050 = 0{,}0065\,\text{m} < \dfrac{0{,}175}{6} = 0{,}029\,\text{m}$

  $< \dfrac{0{,}175}{18} = 0{,}010\,\text{m}$

  Nachweis als ungerissener Querschnitt

  Normalkraftnachweis

  Ungerissener Querschnitt, Ausmitte der Wandnormalkraft

  $e = e_u = 0{,}0065\,\text{m} < d/18 = 0{,}010\,\text{m}$

  Nach Gl. (6.48a):

  $N_{zul} = \dfrac{4{,}27}{2{,}0} \cdot 10^3 \cdot 0{,}175 = 374\,\text{kN/m}$

  Nach Gl. (6.44):

  $N = N_o = 135\,\text{kN/m} < N_{zul} = 374\,\text{kN/m}$

- Wandkopf im 1. OG

  Ausmitte nach Gl. (6.39b):

  $e_o = \dfrac{35}{2 \cdot (135 + 35)} \cdot 0{,}050 = 0{,}0051\,\text{m} < \dfrac{0{,}175}{6} = 0{,}029\,\text{m}$

  $< \dfrac{0{,}175}{18} = 0{,}010\,\text{m}$

  Nachweis als ungerissener Querschnitt

  Normalkraftnachweis

  Ungerissener Querschnitt, Ausmitte der Wandnormalkraft

  $e = e_o = 0{,}0051\,\text{m} < d/18 = 0{,}010\,\text{m}$

  Nach Gl. (6.48a):

  $N_{zul} = \dfrac{4{,}27}{2{,}0} \cdot 10^3 \cdot 0{,}175 = 374\,\text{kN/m}$

  Nach Gl. (6.44):

  $N = N_o + A_Z = 170\,\text{kN/m} < N_{zul} = 374\,\text{kN/m}$

Die Bemessung ergibt gegenüber dem Nachweis a) keinen Unterschied.

Mit $N < N_{zul}$ konnte die Standsicherheit des Wand-Decken-Knotens nachgewiesen werden.

c) Bemessung mit Hilfe der Tafeln

Mit Tafel 6/5 (Bild 6/27) kann anstelle eines rechnerischen Nachweises die zulässige Normalkraft der Wand in Abhängigkeit ihrer Ausmitte ermittelt werden (siehe Kap. 6.2.4.2).

Mit den zuvor unter a) ermittelten Ausmitten wird die zulässige Normalkraft der Wand abgelesen:

$e = e_u = 0{,}0065\,\text{m} = 0{,}65\,\text{cm}$: $N_{zul} = 375\,\text{kN/m} > 135\,\text{kN/m}$

$e = e_o = 0{,}0052\,\text{m} = 0{,}52\,\text{cm}$: $N_{zul} = 375\,\text{kN/m} > 170\,\text{kN/m}$

Bei diesem Beispiel ergeben sich aus Tafel 6/5 (Bild 6/27) praktisch die gleichen zulässigen Normalkräfte wie bei der rechnerischen Ermittlung nach a) und b).

6.2.5.5 Erläuterung der Ergebnisse

Beim Außenwandknoten der Dachdecke wird im Regelfall der Nachweis mit Ansatz einer Ausmitte $e_D = d/3$ geführt werden müssen, bei gleichzeitiger Erfordernis einer Zentrierung der Deckenauflagerkraft. Genauere Nachweise am Teilrahmen bringen hier keine Vorteile; dies gilt bei üblichen Deckenspannweiten auch für Innenwandknoten einer Dachdecke. Die Anwendung der genaueren Gleichungen zur Ermittlung der Ausmitte der Deckenauflagerkraft für die Dachdecke ist deshalb nur bei $e_D < d/3$ sinnvoll.

Die Näherung nach der 5%-Regel wird in vielen Fällen ausreichend sein.

Nur bei hochbelasteten Innenwänden wird wegen der meist vorhandenen geringen planmäßigen Ausmitte $e < d/18$ in der Regel der Nachweis der mittigen Druckspannung σ_m, in allen anderen Fällen wegen $e > d/18$ der Nachweis der Randspannung σ_R maßgebend sein.

6.3 Knicksicherheitsnachweis

6.3.1 Berechnungsgrundlagen

6.3.1.1 Vorbetrachtung

Nach DIN 1053 Teil 1, Abschnitt 7.9.2, wird der Knicksicherheitsnachweis als Spannungsnachweis geführt, und zwar in Form des ΔM-Verfahrens. Das im Wandquerschnitt planmäßig vorhandene Biegemoment $M = N \cdot e$ aus lotrechten und waagerechten Lasten wird durch das Zusatzmoment $\Delta M = N \cdot f$ erhöht, wobei f die gesamte Wandverformung ist (Kap. 6.3.1.4). Bei der Ermittlung der auftretenden Randspannungen im Wandquerschnitt ist daher ein vergrößertes Biegemoment

$$M + \Delta M = N \cdot (e + f) \qquad (6.50)$$

zu berücksichtigen. Da die Wandverformung mit zunehmender Schlankheit anwächst, wird der die Tragfähigkeit vermindernde Einfluß größerer Schlankheiten über das Zusatzmoment ΔM erfaßt. Dieses Verfahren ähnelt dem Vorgehen beim Stahlbeton in DIN 1045.

Nach DIN 1053 Teil 1, Abschnitt 7.9.1, ist nachzuweisen, daß der Querschnitt im Gebrauchszustand infolge der planmäßigen Ausmitte e rechnerisch höchstens bis zum Schwerpunkt des Gesamtquerschnittes aufreißt; beim Rechteckquerschnitt ist also

$$e \leq \frac{d}{3} \qquad (6.20)$$

einzuhalten.

6.3.1.2 Voraussetzungen

Beim Knicksicherheitsnachweis nach DIN 1053 Teil 1, Abschnitt 7.9.2, werden auch im Bruchzustand vorausgesetzt:

- Lineare Spannungsverteilung und Ebenbleiben der Querschnitte
- Keine Mitwirkung des Mauerwerkes auf Zug rechtwinklig zur Lagerfuge

Es wird angenommen, daß die Wand nicht ideal eben ist und neben der planmäßigen auch noch ungewollte Ausmitten (Exzentrizitäten) aufweist. Die Wände werden deshalb rechnerisch stets durch ausmittige (exzentrische) Normalkräfte belastet. Nach DIN 1053 Teil 1, Abschnitt 7.9.2, ist daher der reine Knicksicherheitsnachweis nicht mehr ausreichend für die Beurteilung der Wandtragfähigkeit.

Der Knicksicherheitsnachweis wird als Spannungsnachweis für eine ausmittig beanspruchte Wand in halber Geschoßhöhe geführt. Hierbei wird der Einfluß der Verformungen auf die Schnittgrößen berücksichtigt. Die unter γ-fachen Gebrauchslasten auftretenden Randspannungen des Wandquerschnittes dürfen im Bruchzustand bei exzentrischer Beanspruchung den Wert $1,33 \cdot \beta_R$, die mittlere Spannung den Wert β_R nicht überschreiten (DIN 1053 Teil 1, Abschnitt 7.9.1).

6.3.1.3 Stabilitätstheorie

Bevor der Knicksicherheitsnachweis nach DIN 1053 Teil 1, Abschnitt 7.9.2, behandelt wird, folgen zunächst allgemeine Erläuterungen zur Stabilitätstheorie.

Nach der klassischen Stabilitätstheorie werden bei mittiger (zentrischer) Belastung „Verzweigungslasten" oder „Eulerlasten" als Knicklasten ermittelt. Hierbei werden idealisierte Verhältnisse vorausgesetzt:

- Elastisches Materialverhalten, d. h. Gültigkeit des Hooke'schen Gesetzes
- Ebenbleiben der Querschnitte (Hypothese von Bernoulli)
- Geradlinige Stabachse

Diese theoretischen Knicklasten als obere Grenze der Tragfähigkeit liegen jedoch den Vorschriften im Stahl-, Stahlbeton- und Holzbau sowie auch im Mauerwerksbau nicht mehr zugrunde.

Reines Knicken ist lediglich als theoretischer Sonderfall anzusehen. Auch beim sogenannten „mittig belasteten Stab" ist die Stabachse oder die Mittelebene der Wand stets planmäßig oder infolge von Bauungenauigkeiten ungewollt verformt, so daß dann kein reiner, mittiger Druck auftritt. Eine planmäßig mittige Last wird aus diesem Grund auch eine Momentenbeanspruchung hervorrufen. Daher müssen beim Knicksicherheitsnachweis stets die zu erwartenden Verformungen berücksichtigt werden.

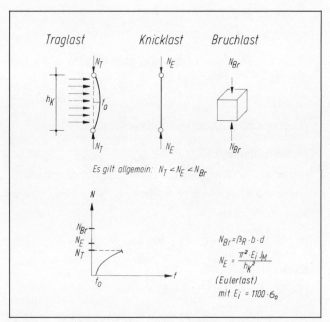

Bild 6/28: Erläuterung von Traglast, Knicklast und Bruchlast nach [6/10]

In den Vorschriften – so auch für den Mauerwerksbau – werden die Stabilitätsfälle als Spannungsnachweis unter Berücksichtigung der Verformungen (Theorie II. Ordnung, Kap. 6.3.1.4) gelöst. Bei Laststeigerung nehmen die Wandverformungen und damit auch die Spannungen zu, bis das Mauerwerk versagt; die beim Bruch erreichte Last wird als Traglast bezeichnet. Das Bemessungsverfahren nach DIN 1053 Teil 1, Abschnitt 7.9.2, ist danach ein „Traglastverfahren".

In Abhängigkeit von der Ausmitte der Normalkraft können die Traglasten unter Berücksichtigung der Bruchfestigkeit des Baustoffes errechnet werden. Im allgemeinen wird bei der Ermittlung von Traglasten neben Systemverformungen auch plastisches Materialverhalten (wie z. B. im Stahl- und Stahlbetonbau) berücksichtigt. Im Mauerwerksbau wird jedoch statt des plastischen nur elastisches Materialverhalten zugrunde gelegt. Der Unterschied von Traglast, Knicklast und Bruchlast ist beispielhaft in Bild 6/28 dargestellt [6/10].

6.3.1.4 Wandverformungen nach Theorie II. Ordnung

Vorbetrachtung

Die Wandverformungen werden durch die Schlankheit der Wand, die Ausmitte der Normalkraft, das rechnerische Aufreißen der Querschnitte, Bauungenauigkeiten und das Kriechen beeinflußt. Die beim Knicksicherheitsnachweis zusätzlich zur planmäßigen Ausmitte e der γ-fachen Normalkraft N zu berücksichtigenden Verformungsanteile sind im Bild 6/29 angegeben.

Bei einer Betrachtung nach Theorie I. Ordnung werden die Schnittgrößen am unverformten, nach Theorie II. Ordnung am verformten System bestimmt.

Beim Knicksicherheitsnachweis nach DIN 1053 Teil 1, Abschnitt 7.9.2, wird also die Wandverformung f_2 nach Theorie II. Ordnung benötigt. Sie wird an dem durch Bauungenauigkeiten und durch ausmittig eingeleitete Lasten vorverform-

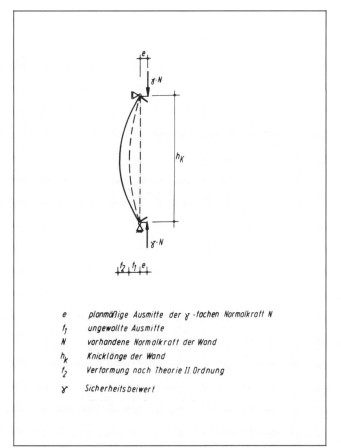

Bild 6/29: Wandverformungen für den Knicksicherheitsnachweis nach genauem Verfahren [6/8]

ten System ermittelt. Die γ-fache Normalkraft N findet hierbei außer einer planmäßigen Ausmitte e noch die ungewollte Ausmitte f_1 vor. Die Momentenbeanspruchung $\gamma \cdot N \cdot (e + f_1)$ bewirkt einen Verformungszuwachs, nämlich den Verformungsanteil nach Theorie II. Ordnung f_2. Eine genaue Berechnung der Verformung nach Theorie II. Ordnung ist bei Aufreißen der Querschnitte für die Praxis sehr kompliziert, da von über die Wandhöhe veränderlichen Querschnittswerten (Fläche, Flächenmoment 2. Grades) ausgegangen werden muß. Zwar existieren geschlossene Lösungen der Verformung nach Theorie II. Ordnung für Wände mit ungerissenen Querschnitten sowie für Wände, deren Querschnitte über die gesamte Wandhöhe gerissen sind. Für Wände, deren Querschnitte nur in einem Teilbereich der Wandhöhe gerissen sind, können die Verformungen dagegen nur noch näherungsweise angegeben werden [6/8].

In Anlehnung an DIN 1045 werden Bauungenauigkeiten, z. B. Lotabweichungen, durch den Ansatz einer sinusförmig über die Geschoßhöhe angenommenen ungewollten Ausmitte erfaßt. Der Größtwert in halber Geschoßhöhe ist mit

$$f_1 = \frac{h_K}{300} \quad (6.51)$$

festgelegt. Hierbei ist h_K die Knicklänge der Wand.

Wand mit ungerissenem Querschnitt

Für einen ungerissenen Querschnitt beim Nachweis nach Theorie II. Ordnung (bzw. im Bruchzustand) gilt

$$0 \leq e + f \leq \frac{d}{6}$$

Es werden die Wandverformungen nach einem genauen Verfahren und nach einem Näherungsverfahren angegeben.

a) Genaues Verfahren

In [6/8, Abschnitt 5.3.1] wird die Verformung f_2 nach Theorie II. Ordnung einer Wand mit ungerissenen Querschnitten aufgrund einer mathematisch exakten Berechnung hergeleitet:

$$f_2 = e \cdot \left[\frac{1}{\cos\left(\frac{\pi}{2} \cdot \sqrt{\frac{\gamma \cdot N}{N_E}}\right)} - 1 \right] + f_1 \cdot \frac{1}{\frac{N_E}{\gamma \cdot N} - 1} \quad (6.52)$$

Das erste Glied der Gl. (6.52) enthält die Verformung nach Theorie I. Ordnung infolge ausmittig angreifender γ-facher Normalkraft N sowie den sich daraus ergebenden Verformungsanteil nach Theorie II. Ordnung; das zweite Glied stellt den Verformungsanteil nach Theorie II. Ordnung infolge der ungewollten Ausmitte f_1 dar.

Nach Addition der ungewollten Ausmitte f_1 ergibt sich aus Gl. (6.52) für die Wandverformung $f_1 + f_2$ (Bild 6/29)

$$f_1 + f_2 = e \cdot \left[\frac{1}{\cos\left(\frac{\pi}{2} \cdot \sqrt{\frac{1}{v}}\right)} - 1 \right] + f_1 \cdot \frac{v}{v-1} \quad (6.53)$$

mit $\quad v = \dfrac{N_E}{\gamma \cdot N} \quad (6.53\,a)$

$$N_E = \pi^2 \cdot \frac{E_i \cdot I_M}{h_K^2} \quad (6.53\,b)$$

Es bedeuten

N_E Knicklast (Eulerlast)

N Vorhandene Normalkraft der Wand

E_i Ideeller Sekantenmodul nach DIN 1053 Teil 1, Abschnitt 7.9.2: $E_i = 1100 \cdot \sigma_0$

σ_0 Grundwert der zulässigen Druckspannung nach DIN 1053 Teil 1, Tabellen 4a, b oder c (Tafeln 2/9 und 2/10)

I_M Flächenmoment 2. Grades der Wand: $I_M = b \cdot \dfrac{d^3}{12}$

γ Sicherheitsbeiwert (Kap. 6.1.2.6)

In Gl. (6.53) beschreibt v eine ideelle Sicherheit, die das Verhältnis der Eulerlast zur γ-fachen Normalkraft der Wand angibt (Gl. (6.53a)).

Addiert man zur Gl. (6.53) die planmäßige Ausmitte e, so erhält man:

$$e + f_1 + f_2 = \frac{e}{\cos\left(\frac{\pi}{2} \cdot \sqrt{\frac{1}{v}}\right)} + f_1 \cdot \frac{v}{v-1} \quad (6.54)$$

b) Näherung nach DIN 1053 Teil 1

Im genaueren Berechnungsverfahren ist die Anwendung einer Näherungsgleichung erlaubt, die auf der sicheren Seite liegt. Zur Herleitung der in DIN 1053 Teil 1, Abschnitt 7.9.2, angegebenen Gl. (11) wird die Wandverformung in halber Geschoßhöhe (ohne Kriecheinfluß; siehe hierzu Kap. 6.3.2.1) angenommen zu

$$f_1 + f_2 = \bar{\lambda} \cdot h_K \cdot \frac{1+m}{2400} \quad (6.55)$$

Es bedeuten

m   Bezogene Ausmitte: $m = \dfrac{6 \cdot e}{d}$

$\bar{\lambda}$ Schlankheit: $\bar{\lambda} = \dfrac{h_K}{d}$

h_K Knicklänge der Wand (Kap. 6.3.2.3)

d   Wanddicke

In Gl. (6.55) sind alle Verformungsanteile im Bruchzustand aus planmäßiger und ungewollter Ausmitte unter Berücksichtigung der Theorie II. Ordnung enthalten.

Wand mit teilweise gerissenem Querschnitt

Unter einer Wand mit teilweise gerissenem Querschnitt wird eine Wand verstanden, deren Querschnitte entweder über die gesamte Wandhöhe oder nur über Teilbereiche der Wandhöhe gerissen sind.

Für einen teilweise gerissenen Querschnitt beim Nachweis nach Theorie II. Ordnung (bzw. im Bruchzustand) gilt

$$\frac{d}{6} < e + f$$

Für die gesamte Ausmitte $e + f$ ist in DIN 1053 Teil 1 kein oberer Grenzwert festgelegt. Die Begrenzung des Aufreißens der Wandquerschnitte wird automatisch über den Nachweis auf Druck geregelt (Kap. 6.3.3.3). Im Gebrauchszustand ist $e \leq d/3$ einzuhalten (Bild 6/37).

Für die Wandverformungen wird wie zuvor beim ungerissenen Wandquerschnitt nach einem genauen und einem Näherungsverfahren unterschieden.

a) Genaues Verfahren

In diesem Fall ist die mathematisch exakte Ermittlung der Verformungen nach Theorie II. Ordnung sehr schwierig und aufwendig. Hinweise zur genauen Ermittlung der Verformungen nach Theorie II. Ordnung enthält [6/8, Abschnitte 5.3.2 und 5.3.3].

b) Näherung nach DIN 1053 Teil 1

Die im genaueren Berechnungsverfahren erlaubte Näherung gilt sowohl für ungerissene als auch für teilweise gerissene Querschnitte.

Gl. (6.55), welche dem genauen Verfahren zugrunde liegt, stellt eine auf der sicheren Seite liegende Näherungslösung des Verfahrens nach Mann [6/8] dar.

Gesamtverformung nach den einzelnen Verfahren

Infolge Kriechen des Mauerwerkes wird die Verformung $f_1 + f_2$ noch vergrößert; dies darf pauschal erfaßt werden. Die Kriechverformung f_φ wird durch Berücksichtigung von ungünstig wirkenden Einflüssen abgeschätzt:

$$f_\varphi = \frac{\varphi_\infty}{4} \cdot (f_1 + f_2) \tag{6.56}$$

Hierin bedeutet φ_∞ die Endkriechzahl nach DIN 1053 Teil 1, Tabelle 2 (Tafel 2/3).

Mit Gl. (6.56) ergibt sich als gesamte Wandverformung

$$f = f_1 + f_2 + f_\varphi \tag{6.57}$$

Unter Berücksichtigung der Gl. (6.57) kann die gesamte Wandverformung, unterschieden nach den einzelnen Querschnittszuständen, nach den beiden Verfahren ermittelt werden:

a) Genaues Verfahren

Einsetzen der Gln. (6.53) und (6.56) in die Gl. (6.57) ergibt

$$f = \left\{ e \cdot \left[\frac{1}{\cos\left(\dfrac{\pi}{2} \cdot \sqrt{\dfrac{1}{v}}\right)} - 1 \right] + f_1 \cdot \frac{v}{v-1} \right\} \cdot \left(1 + \frac{\varphi_\infty}{4}\right) \tag{6.58a}$$

Diese Gleichung gilt nur für ungerissene Querschnitte.

b) Näherung nach DIN 1053 Teil 1

Einsetzen der Gln. (6.55) und (6.56) in die Gl. (6.57) ergibt

$$f = \bar{\lambda} \cdot h_K \cdot \frac{1 + m}{2400} \cdot \left(1 + \frac{\varphi_\infty}{4}\right) \tag{6.58b}$$

Diese Gleichung gilt für ungerissene und gerissene Querschnitte.

6.3.1.5 Verfahren zur Ermittlung der Traglast für gerissene und ungerissene Querschnitte

In [6/8, Abschnitt 5.3.2] ist die geschlossene Lösung für eine Wand, die über die gesamte Höhe gerissene Quer-

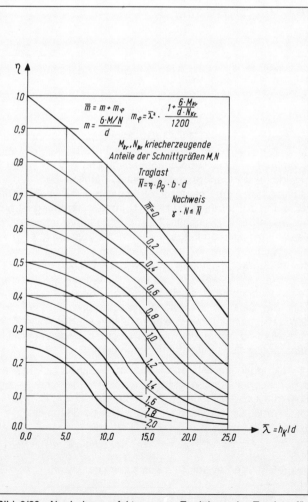

Bild 6/30: Abminderungsfaktor η zur Ermittlung der Traglast für gerissene und ungerissene Querschnitte aufgrund des genauen Verfahrens [6/8, Bild 11]

schnitte hat, hergeleitet. Als Ergebnis ist der Abminderungsfaktor η zur Ermittlung der Traglast in [6/8, Bild 11] angegeben (Bild 6/30). Dieses Bild erfaßt auch ungerissene Querschnitte und Wände, die nur in Teilbereichen der Wandhöhe gerissene Querschnitte aufweisen.

Die Berücksichtigung des Kriecheinflusses erfolgt nach [6/8] näherungsweise durch Vergrößerung der bezogenen Ausmitte m um den Kriechanteil

$$m_\varphi = \frac{6 \cdot f_\varphi}{d}$$

Nach Gl. (6.58b) kann die Kriechverformung angesetzt werden zu

$$f_\varphi = \bar{\lambda} \cdot h_K \cdot \frac{1 + m_{kr}}{2400} \cdot \frac{\varphi_\infty}{4} \qquad (6.58c)$$

Unter Beachtung, daß in m_{kr} nur die kriecherzeugenden Anteile der Schnittgrößen M und N eingehen, sowie Annahme der Endkriechzahl $\varphi_\infty = 4/3$, erhält man die bezogene Kriechausmitte

$$m_\varphi = \bar{\lambda}^2 \cdot \frac{1 + m_{kr}}{1200} \qquad (6.59)$$

Es bedeuten

$$m_{kr} = \frac{6 \cdot M_{kr}}{d \cdot N_{kr}}$$

M_{kr} Kriecherzeugender Anteil des Biegemomentes M
N_{kr} Kriecherzeugender Anteil der Normalkraft N, näherungsweise 80% der Gebrauchslast (Vollast)

Auf den Ansatz der bezogenen Kriechausmitte wird in [6/8] näher eingegangen.

Bei der Bemessung ist von der gesamten bezogenen Ausmitte $\bar{m} = m + m_\varphi$ auszugehen (Bild 6/30). Die Bemessung wird im Bruchzustand durchgeführt; die γ-fache Normalkraft darf die Traglast $\bar{N}$ nicht überschreiten.

Nach [6/11] sollten die Ergebnisse des genauen Verfahrens nur angewendet werden, wenn gleichzeitig erhöhte Ausmitten nach dem neuen Sicherheitskonzept auf der Grundlage von Teilsicherheitsbeiwerten berücksichtigt sind. Auf dem neuen Sicherheitskonzept bauen alle Eurocodes auf. Die Auswirkung von Teilsicherheitsbeiwerten auf die Bemessung nach Eurocode 6 wird in [6/12] gezeigt.

6.3.2 Nachweise nach der Norm

6.3.2.1 Näherungsverfahren zur Ermittlung der Wandverformungen

Wie in DIN 1045 darf nach DIN 1053 Teil 1, Abschnitt 7.9.2, für die Ermittlung der Wandverformungen bei ungerissenen und gerissenen Querschnitten eine einfache Näherungsgleichung verwendet werden, die auf Gl. (6.58b) aufbaut.

Durch Einsetzen eines mittleren Wertes der Endkriechzahl von $\varphi_\infty = 4/3$ in Gl. (6.58b) erhält man die einfache Formel

$$f = \bar{\lambda} \cdot h_K \cdot \frac{1 + m}{1800} \qquad (6.60)$$

In Gl. (6.60) sind die Verformungsanteile aus planmäßiger und ungewollter Ausmitte unter Berücksichtigung der Theorie II. Ordnung im Bruchzustand und in angenäherter Form auch aus Kriechen enthalten.

Diese Gleichung berücksichtigt daher alle Verformungsanteile und ist identisch mit Gl. (11) in DIN 1053 Teil 1.

6.3.2.2 Halterung der Wände

Je nach Anzahl der rechtwinklig zur Wandebene unverschieblich gehaltenen Ränder werden zwei-, drei- und vierseitig gehaltene sowie freistehende Wände unterschieden. Als unverschiebliche Halterung können Deckenscheiben, die selbst waagerecht gehalten sind, sowie aussteifende Querwände oder andere ausreichend steife Bauteile angesehen werden. Im Regelfall ist von der zweiseitig gehaltenen Wand auszugehen, die am Wandkopf und Wandfuß seitlich durch Deckenscheiben gehalten ist. Wegen der Nachweismöglichkeiten nach dem genaueren Berechnungsverfahren kommt den aussteifenden Wänden nicht mehr die Bedeutung zu, die sie nach den älteren Ausgaben der DIN 1053 Teil 1, z.B. Ausgabe November 1974, hatten. Nur bei schlanken Wänden kann die Tragfähigkeit durch zusätzliche Querwände gesteigert werden (drei- oder vierseitig gehaltene Wand).

Aussteifende Wände müssen mindestens eine Länge von 1/5 der lichten Geschoßhöhe haben (Bild 6/31a, b). Wenn in den aussteifenden Wänden Öffnungen sind, so muß der im

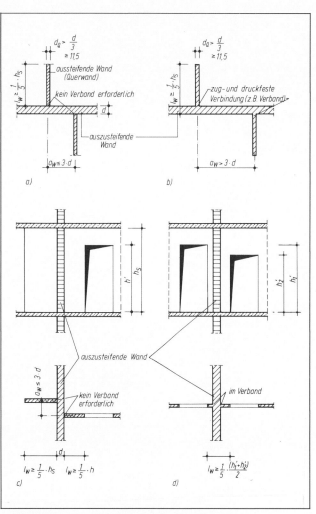

Bild 6/31: Bedingungen für aussteifende Wände
a) Beidseitig angeordnete Querwand
b) Einseitig angeordnete Querwand
c) Querwand mit einer Öffnung
d) Querwand mit zwei Öffnungen

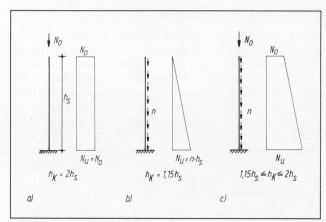

Bild 6/32: Knicklängen für freistehende Wände bei unterschiedlicher Belastung
a) Last am Wandkopf
b) Lotrechte Linienlast
c) Last am Wandkopf und lotrechte Linienlast

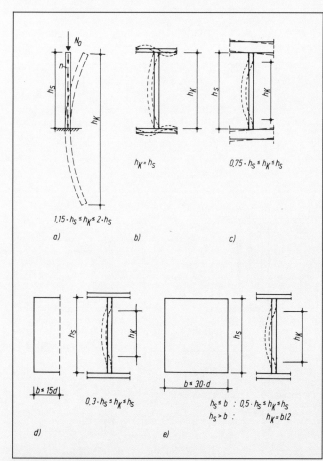

Bild 6/33: Knicklängen für tragende Wände
a) Freistehende Wand
b) Zweiseitig (oben und unten) gehaltene Wand mit biegeweichen Decken
c) Zweiseitig (oben und unten) gehaltene Wand mit biegesteifen Decken
d) Dreiseitig gehaltene Wand
e) Vierseitig gehaltene Wand

Bereich der auszusteifenden Wand verbleibende Wandteil mindestens 1/5 der Öffnungshöhe lang sein (Bild 6/31 c, d). Die Mindestdicke von aussteifenden Wänden beträgt 1/3 der Dicke der auszusteifenden Wand, mindestens aber 11,5 cm.

Einseitig angeordnete Querwände können nur dann zur Aussteifung herangezogen werden, wenn ein Abreißen der Wände infolge sehr unterschiedlicher Verformung verhindert wird. Deshalb müssen nach DIN 1053 Teil 1, Abschnitt 7.7.1, auszusteifende Wand und Querwand aus Baustoffen mit annähernd gleichem Verformungsverhalten bestehen und gleichzeitig im Verband hochgeführt werden. Andernfalls ist die zug- und druckfeste Verbindung durch Ersatzmaßnahmen zu sichern, z. B. durch Edelstahl-Flachanker (Kap. 2.3.8).

Bei beidseitig angeordneten Querwänden, deren Wandebenen nicht oder höchstens bis zur dreifachen Dicke der auszusteifenden Wand gegeneinander versetzt sind, darf auf das gleichzeitige Hochführen der Wände im Verband verzichtet werden (Bild 6/31 a). Die anderen Bestimmungen bleiben dagegen unberührt.

6.3.2.3 Knicklängen

a) Freistehende Wände

Zur Berechnung der Wandverformungen muß die Knicklänge h_K der betreffenden Wand bekannt sein. Sie wird in Abhängigkeit von der lichten Geschoßhöhe h_s angegeben. Für freistehende, am Wandfuß voll eingespannte Wände gilt nach DIN 1053 Teil 1, Abschnitt 7.7.2, Gl. (7):

$$h_K = 2 \cdot h_s \cdot \sqrt{\frac{1 + 2 \cdot N_o/N_u}{3}} \qquad (6.61)$$

Es bedeuten

N_o Normalkraft am Wandkopf

N_u Normalkraft am Wandfuß

Die Knicklänge h_K ist für freistehende Wände stets größer als die Wandhöhe h_s. Für den Grenzfall $N_o = 0$ (z. B. Gartenmauer) ergibt sich aus Gl. (6.61) $h_K = 1,15 \cdot h_s$.

Für den Fall, daß die freistehende Wand nur am Wandkopf durch N_o belastet und das Wandeigengewicht vernachlässigt wird ($N_o = N_u$), gilt $h_K = 2 \cdot h_s$ (Bilder 6/32 und 6/33 a).

b) Zweiseitig gehaltene Wände

Die Knicklänge zweiseitig gehaltener Wände ist im allgemeinen gleich der lichten Geschoßhöhe anzusetzen (Bild 6/33 b). Durch Einspannung der Wand am Kopf bzw. Fuß kann die Knicklänge verringert werden (Bild 6/33 c). Dies ist jedoch nur bei flächiger Auflagerung der Decken und Einhaltung der in DIN 1053 Teil 1, Tabelle 7, geforderten Auflagertiefen möglich. Wenn in halber Geschoßhöhe der Querschnitt planmäßig nicht aufreißt ($e \leq d/6$), gilt für die Knicklänge

$$h_K = \beta \cdot h_s \qquad (6.62)$$

Falls der Wert β nicht durch Rahmenberechnung nach Theorie II. Ordnung bestimmt wird, darf er nach DIN 1053 Teil 1, Gl. (8 b), wie folgt angenommen werden:

$$\beta = 1 - 0,15 \cdot \frac{E_B \cdot I_B}{E \cdot I_M} \cdot h_s \cdot \left(\frac{1}{l_1} + \frac{1}{l_2}\right) \geq 0,75 \qquad (6.63\text{a})$$

Es bedeuten

E E-Modul der Mauerwerkswand nach DIN 1053 Teil 1, Tabelle 2 (Tafel 2/3)

Tafel 6/10: Reduzierung der Knicklänge zweiseitig gehaltener Wände mit flächig aufgelagerten Massivdecken (DIN 1053 Teil 1, Tabelle 7)

Wanddicke d [cm]	Erforderliche Auflagertiefe a der Decke auf der Wand
< 24	d
≥ 24 ≤ 30	$\geq \frac{3}{4} d$
> 30	$\geq \frac{2}{3} d$
Planmäßige Ausmitte e[1]) der Last in halber Geschoßhöhe (für alle Wanddicken)	Reduzierte Knicklänge h_K[2])
$\leq \frac{d}{6}$	βh_s
$\frac{d}{3}$	$1{,}00\, h_s$

[1]) Das heißt Ausmitte ohne Berücksichtigung von f_1 und f_2 nach Abschnitt 7.9.2, jedoch gegebenenfalls auch infolge Wind.
[2]) Zwischenwerte dürfen geradlinig eingeschaltet werden.

E_B E-Modul der Stahlbetondecke nach DIN 1045, Tabelle 11

I_M, I_B Flächenmoment 2. Grades der Mauerwerkswand bzw. der Stahlbetondecke

l_1, l_2 Angrenzende Deckenstützweiten

h_s Lichte Geschoßhöhe (Wandhöhe)

Bei Außenwänden ist in Gl. (6.63a) $1/l_2 = 0$ zu setzen; damit erhält man

$$\beta = 1 - 0{,}15 \cdot \frac{E_B \cdot I_B}{E \cdot I_M} \cdot \frac{h_s}{l_1} \geq 0{,}75 \qquad (6.63\,b)$$

Bei Wanddicken $d \leq 17{,}5$ cm darf $\beta = 0{,}75$ gesetzt werden, wenn die Auflagertiefe der Decke sich über die gesamte Wanddicke erstreckt und der Querschnitt in halber Geschoßhöhe nicht aufgerissen ist ($e \leq d/6$).

Bei einem Aufreißen des Wandquerschnitts in halber Geschoßhöhe bis zur Querschnittsmitte ($e = d/3$) ist nach DIN 1053 Teil 1, Tabelle 7 (Tafel 6/10), $\beta = 1$ zu setzen.

Dies gilt auch, wenn die rechnerische Ausmitte der Last am Knotenanschnitt mehr als $d/3$ beträgt. Bei Zwischenwerten der Ausmitte ($d/6 < e < d/3$) darf β zwischen dem nach Gl. (6.63a) oder (6.63b) ermittelten Wert und 1,0 interpoliert werden, bei Wanddicken $d \leq 17{,}5$ cm zwischen $\beta = 0{,}75$ und 1,0.

Für Außenwände im Dachgeschoß, bei denen am Wandkopf konstruktive Maßnahmen zur Zentrierung der Deckenauflagerkraft erforderlich werden (Kap. 6.2.2.4, Bild 6/19), kann eine Einspannwirkung durch die Dachdecke bei der Ermittlung der Knicklänge nicht berücksichtigt werden.

Bei KS-Mauerwerk sind die Massivdecken über die gesamte Wanddicke meist flächig aufgelagert. Diese Regelausführung gilt nicht nur für Innenwände, sondern auch für Außenwände, da wegen der außen hochgeführten Wärmedämmung die Massivdecke bis zur Wandaußenseite vorgezogen werden kann. Daher ist bei KS-Wänden, sofern sie nicht in halber Geschoßhöhe bis zur Querschnittsmitte aufgerissen sind, die Knicklänge kleiner als die lichte Geschoßhöhe, also

$$h_K < h_s.$$

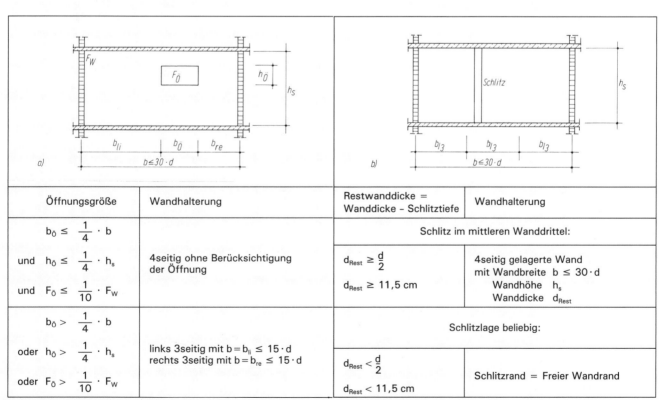

Öffnungsgröße	Wandhalterung	Restwanddicke = Wanddicke - Schlitztiefe	Wandhalterung
$b_\ddot{o} \leq \frac{1}{4} \cdot b$ und $h_\ddot{o} \leq \frac{1}{4} \cdot h_s$ und $F_\ddot{o} \leq \frac{1}{10} \cdot F_W$	4seitig ohne Berücksichtigung der Öffnung	\multicolumn{2}{l}{Schlitz im mittleren Wanddrittel:}	
		$d_{Rest} \geq \frac{d}{2}$ $d_{Rest} \geq 11{,}5$ cm	4seitig gelagerte Wand mit Wandbreite $b \leq 30 \cdot d$ Wandhöhe h_s Wanddicke d_{Rest}
$b_\ddot{o} > \frac{1}{4} \cdot b$ oder $h_\ddot{o} > \frac{1}{4} \cdot h_s$ oder $F_\ddot{o} > \frac{1}{10} \cdot F_W$	links 3seitig mit $b = b_{li} \leq 15 \cdot d$ rechts 3seitig mit $b = b_{re} \leq 15 \cdot d$	Schlitzlage beliebig: $d_{Rest} < \frac{d}{2}$ $d_{Rest} < 11{,}5$ cm	Schlitzrand = Freier Wandrand

Bild 6/34: Einfluß von Öffnungen und lotrechten Schlitzen auf die Ermittlung der Knicklängen am Beispiel einer vierseitig gehaltenen Wand
a) Öffnungen
b) Lotrechte Schlitze

Für dreiseitig und vierseitig gehaltene Wände sind in DIN 1053 Teil 1, Abschnitt 7.7.2, Formeln zur Ermittlung der maßgebenden Knicklänge angegeben, die gegenüber DIN 1053 Teil 2, Ausgabe Juli 1984, geringfügig geändert wurden. Somit ergeben sich jetzt – auch gegenüber dem vereinfachten Verfahren – günstigere Knicklängen.

c) Dreiseitig gehaltene Wände mit einem vertikalen Rand (Bild 6/33 d):

$$h_K = \frac{1}{1 + \left(\frac{\beta \cdot h_s}{3b}\right)^2} \cdot \beta \cdot h_s \geq 0{,}3 \cdot h_s \tag{6.64}$$

d) Vierseitig gehaltene Wände (Bild 6/33 e):

für $h_s \leq b$:
$$h_K = \frac{1}{1 + \left(\frac{\beta \cdot h_s}{b}\right)^2} \cdot \beta \cdot h_s \tag{6.65a}$$

$h_s > b$: $h_K = b/2$ \hfill (6.65 b)

Es bedeuten

b   Abstand des freien Randes von der Mitte der aussteifenden Wand bzw. Mittenabstand der aussteifenden Wände

β Abminderungsbeiwert, der sich bei Annahme einer zweiseitig gehaltenen Wand ergibt

Bei Anwendung der Gln. (6.64) bis (6.65 b) ist der Einfluß von Wandöffnungen und vertikalen Schlitzen zu beachten (Bild 6/34, DIN 1053 Teil 1, Abschnitte 7.7.2 und 7.7.3). Hinweise zur Abminderung der Tragfähigkeit bei waagerechten Schlitzen gibt [6/13]. Danach kann die Tragfähigkeit der Wand im Verhältnis von geschwächtem zu ungeschwächtem Querschnitt abgemindert werden (siehe auch [6/14]).

Bei sehr hohen Wänden mit Wandhöhen größer $2 \cdot b$ wird eine Horizontalbelastung überwiegend waagerecht abgetragen. Dies ist zum Beispiel bei Treppenhauswänden und Silos der Fall.

6.3.2.4 Grenzbreiten

Die günstige Wirkung aussteifender Querwände bei drei- und vierseitig gehaltenen schlanken Wänden geht verloren, wenn die aussteifenden Wände bestimmte Abstände überschreiten. Diese Abstände werden auch Grenzbreiten genannt. In DIN 1053 Teil 1, Abschnitt 7.7.2, sind hierfür die folgenden Werte festgelegt (Bild 6/35):

Dreiseitig gehaltene Wände:

$b \leq 15 \cdot d$ \hfill (6.66 a)

Vierseitig gehaltene Wände:

$b \leq 30 \cdot d$ \hfill (6.66 b)

6.3.2.5 Zusatznachweis bei schlanken Wänden

Mehrseitig oder breite zweiseitig gehaltene Wände sind in der Lage, ungewollte Horizontallasten ohne besonderen Nachweis aufzunehmen und weiterzuleiten. Sie besitzen aufgrund ihrer Abmessungen meistens ausreichende Reserven für solche Belastungen. Schlanke Wände geringer Breite verfügen dagegen nicht über derartige Traglastreserven. Daher verlangt DIN 1053 Teil 1, Abschnitt 7.9.2, bei zweiseitig gehaltenen Wänden mit Schlankheiten $\bar{\lambda} > 12$ und Wandbreiten $b < 2{,}0$ m den Nachweis der Aufnahme einer horizontalen Einzellast $H = 0{,}5$ kN in halber Wandhöhe. Die Sicherheit γ muß hierbei mindestens 1,5 betragen. Die Einzellast darf über die vorhandene Wandbreite gleichmäßig verteilt angenommen werden.

Dieser Nachweis darf nach DIN 1053 Teil 1, Gl. (12), entfallen, wenn die Schlankheit auf

$$\bar{\lambda} \leq 20 - 1000 \cdot \frac{H}{\beta_R \cdot A} \tag{6.67}$$

begrenzt wird.

Es bedeuten

$\bar{\lambda}$ Schlankheit: $\bar{\lambda} = h_K/d$

A   Wandquerschnitt

β_R Rechenwert der Druckfestigkeit des Mauerwerkes nach DIN 1053 Teil 1, Gl. (10)

H   Horizontale Einzellast: $H = 0{,}5$ kN

In DIN 1053 Teil 1, Abschnitt 7.9.2, beträgt die zulässige Schlankheit $\bar{\lambda} = 25$.

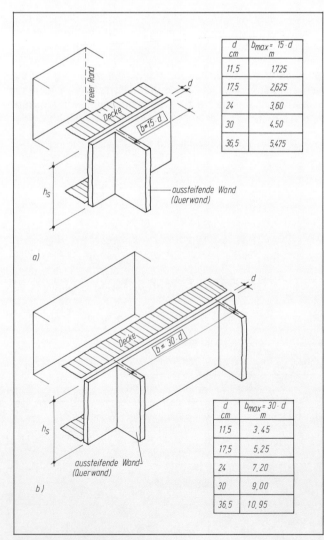

Bild 6/35: Grenzbreiten von Wänden
a) Dreiseitig gehaltene Wand
b) Vierseitig gehaltene Wand

	Gesamte Ausmitte der Wandnormalkraft	Maßgebender Spannungsnachweis	Maßgebende zulässige Normalkraft
ungerissener Querschnitt	$0 \leq e+f \leq \dfrac{d}{18}$	Gln. (6.43b) und (6.47a): $\sigma_m = \dfrac{N}{b \cdot d} \leq \dfrac{\beta_R}{\gamma}$	Gl. (6.48a): $N_{zul} = \dfrac{\beta_R}{\gamma} \cdot b \cdot d$
ungerissener Querschnitt	$\dfrac{d}{18} < e+f \leq \dfrac{d}{6}$	Gln. (6.43a) und (6.68a): $\sigma_R = \dfrac{N}{b \cdot d} \cdot (1+m_g) \leq 1{,}33 \cdot \dfrac{\beta_R}{\gamma}$	Gl. (6.69a): $N_{zul} = 1{,}33 \cdot \dfrac{\beta_R}{\gamma} \cdot \dfrac{b \cdot d}{1+m_g}$
teilweise gerissener Querschnitt	$\dfrac{d}{6} < e+f$	Gln. (6.43a) und (6.68b) oder Gln. (6.43a) und (6.68c): $\sigma_R = \dfrac{N}{b \cdot d} \cdot \dfrac{4}{3-m_g} \leq 1{,}33 \cdot \dfrac{\beta_R}{\gamma}$ oder $\sigma_R = \dfrac{2 \cdot N}{3 \cdot c_g \cdot b} \leq 1{,}33 \cdot \dfrac{\beta_R}{\gamma}$	Gln. (6.69b) oder (6.69c): $N_{zul} = 1{,}33 \cdot \dfrac{\beta_R}{\gamma} \cdot b \cdot d \cdot \dfrac{3-m_g}{4}$ oder $N_{zul} = 1{,}33 \cdot \dfrac{\beta_R}{\gamma} \cdot \dfrac{3}{2} \cdot c_g \cdot b$

Bild 6/36: Für den Knicksicherheitsnachweis maßgebende Gleichungen

Die Schlankheit nach Gl. (6.67) wird nach [6/8] als „kritische Schlankheit" bezeichnet. Sie gibt den Grenzwert derjenigen Schlankheit an, bei dem bei gleichzeitiger Wirkung von zulässiger Normalkraft und horizontaler Einzellast die Sicherheit auf 1,5 sinkt.

Durch eine Stabilitätsbetrachtung [6/8] kann darüber hinaus derjenige Wert von $\bar{\lambda}$ ermittelt werden, bei dem schon eine kleine Horizontallast H, gleichzeitig mit der zulässigen Normalkraft aufgebracht, die Sicherheit unter 1,5 sinken läßt. Dies ist rechnerisch für H = 0 bei $\bar{\lambda}$ = 28,3 der Fall; dieser Wert wird als „Grenzschlankheit" bezeichnet. Um einen Abstand zur Grenzschlankheit einzuhalten, ist in DIN 1053 Teil 1 vorgeschrieben, daß die Schlankheit den Wert $\bar{\lambda} = 25$ nicht überschreiten darf.

6.3.3 Berechnungsablauf

6.3.3.1 Allgemeines

Für den Knicksicherheitsnachweis, der als Spannungsnachweis in halber Geschoßhöhe geführt wird, muß außer der planmäßigen Ausmitte e noch die gesamte Wandverformung f ermittelt werden (Kap. 6.3.1.4). Die gesamte Wandverformung darf dabei näherungsweise nach Gl. (6.60) errechnet werden. Die Knicklänge h_K wird nach Kap. 6.3.2.3 ermittelt.

Der Knicksicherheitsnachweis kann wie der Nachweis des Wand-Decken-Knotens auf zwei Arten geführt werden. Es gelten somit die entsprechenden Gleichungen für den Nachweis des Wand-Decken-Knotens (Kap. 6.2.3), wenn statt der planmäßigen Ausmitte e die gesamte Ausmitte e+f in den Gleichungen eingesetzt wird.

a) Spannungsnachweis

Es gelten die Gln. (6.43a) und (6.43b):

$$\sigma_R \leq 1{,}33 \cdot \frac{\beta_R}{\gamma} \tag{6.43a}$$

und

$$\sigma_m \leq \frac{\beta_R}{\gamma} \tag{6.43b}$$

b) Normalkraftnachweis über N_{zul}

Es gilt Gl. (6.44):

$$N \leq N_{zul} \tag{6.44}$$

In Kap. 6.3.4 sind Kurventafeln (Tafeln 6/12 bis 6/46) enthalten, mit denen der Normalkraftnachweis geführt werden kann.

Bild 6/37 faßt den Berechnungsablauf zusammen. Je nach Betrag der um die Wandverformung f vergrößerten planmäßigen Ausmitte e (gesamte Ausmitte e+f nach Theorie II. Ordnung) wird ein ungerissener oder teilweise gerissener Querschnitt vorliegen.

Nachfolgend sind alle maßgebenden Bemessungsgleichungen angegeben.

6.3.3.2 Nachweis für den ungerissenen Querschnitt

Für den *ungerissenen Querschnitt* ($0 \leq e+f \leq \dfrac{d}{6}$) gilt:
(Randspannung maßgebend)

$$\sigma_R = \frac{N}{b \cdot d}(1+m_g) \tag{6.68a}$$

$$N_{zul} = 1{,}33 \cdot \frac{\beta_R}{\gamma} \cdot b \cdot d \cdot \frac{1}{1+m_g} \tag{6.69a}$$

Es bedeutet

m_g Gesamte bezogene Ausmitte: $m_g = \dfrac{6 \cdot (e+f)}{d}$

(Mittlere Spannung maßgebend)

$$\sigma_m = \frac{N}{b \cdot d} \tag{6.47a}$$

$$N_{zul} = \frac{\beta_R}{\gamma} \cdot b \cdot d \tag{6.48a}$$

Berechnungsablauf

Gegeben:	Abmessungen	Geschoßhöhe	h	Baustoffe	Betongüte der Decken
		lichte Geschoßhöhe	h_s		Stein-/Mörtelkombination
		Wanddicke	d		
		Wandlänge	b	Belastung	Biegemoment M
		Deckendicke	d_B		Normalkraft N

Gesucht: Für Nachweis in halber Geschoßhöhe
- Größte Randspannung σ_R bzw. mittlere Spannung σ_m im Querschnitt
- oder zulässige Normalkraft der Wand N_{zul}

Berechnungsgang: Vorwerte

Planmäßige Ausmitte (Gebrauchszustand) $e = \dfrac{M}{N} \leq \dfrac{d}{3}$

Bezogene Ausmitte $m = \dfrac{6 \cdot e}{d}$

Knicklänge (Kap. 6.3.2.3) für zweiseitig gehaltene Wand mit β nach Gl. (6.63) $h_K = \beta \cdot h_s$ (6.62)

Knicklänge für drei- und vierseitig gehaltene Wand nach den Gln. (6.64), (6.65a) und (6.65b)

Schlankheit $\bar{\lambda} = \dfrac{h_K}{d}$

Wandverformung   (Kap. 6.3.1.4) nach Theorie II. Ordnung

a) Genau nach [6/8] (ungerissener Querschnitt)

$$f = \left\{ e \cdot \left[\dfrac{1}{\cos\left(\dfrac{\pi}{2} \cdot \sqrt{\dfrac{1}{v}}\right)} - 1 \right] + f_1 \cdot \dfrac{v}{v-1} \right\} \cdot \left(1 + \dfrac{\varphi_\infty}{4}\right)$$ (6.58a)

mit

$v = \dfrac{N_E}{\gamma \cdot N}$ (6.53a)   und $N_E = \dfrac{\pi^2 \cdot E_i \cdot I}{h_K^2}$ (6.53b)

$\varphi_\infty = \dfrac{4}{3}$ (Endkriechzahl)

b) Näherung nach DIN 1053 Teil 1, Abschnitt 7.9.2 (ungerissener oder teilweise gerissener Querschnitt, Bruchzustand) $f = \bar{\lambda} \cdot h_K \cdot \dfrac{1+m}{1800}$ (6.60)

Spannungen

Ungerissener Querschnitt $0 \leq e + f \leq \dfrac{d}{6}$

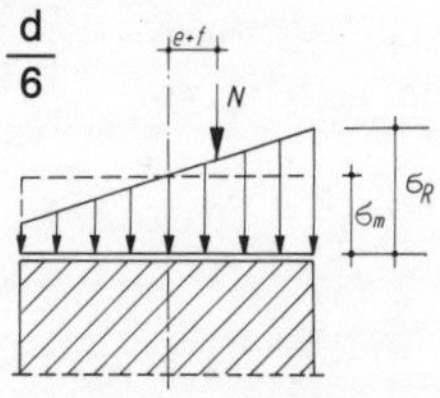

Teilweise gerissener Querschnitt $\dfrac{d}{6} < e + f$

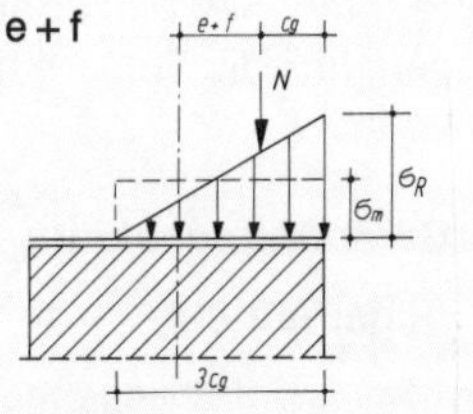

für $e + f > \dfrac{d}{18}$: $\sigma_R = \dfrac{N}{b \cdot d} \cdot (1 + m_g)$ (6.68a)

$N_{zul} = 1{,}33 \cdot \dfrac{\beta_R}{\gamma} \cdot b \cdot d \cdot \dfrac{1}{1 + m_g}$ (6.69a)

$\sigma_R = \dfrac{N}{b \cdot d} \cdot \dfrac{4}{3 - m_g}$ (6.68b)

oder:

$\sigma_R = \dfrac{2 \cdot N}{3 \cdot c_g \cdot b}$ (6.68c)

für $e + f \leq \dfrac{d}{18}$: $\sigma_m = \dfrac{N}{b \cdot d}$ (6.47a)

$N_{zul} = 1{,}33 \cdot \dfrac{\beta_R}{\gamma} \cdot b \cdot d \cdot \dfrac{3 - m_g}{4}$ (6.69b)

$N_{zul} = \dfrac{\beta_R}{\gamma} \cdot b \cdot d$ (6.48a)

mit $m_g = \dfrac{6 \cdot (e+f)}{d}$

oder:

$N_{zul} = 1{,}33 \cdot \dfrac{\beta_R}{\gamma} \cdot \dfrac{3}{2} \cdot c_g \cdot b$ (6.69c)

mit $c_g = \dfrac{d}{2} - (e + f)$

- Spannungsnachweis $\sigma_R \leq 1{,}33 \cdot \dfrac{\beta_R}{\gamma}$ (6.43a)

$\sigma_m \leq \dfrac{\beta_R}{\gamma}$ (6.43b)

- Normalkraftnachweis $N \leq N_{zul}$ (6.44)

Bild 6/37: Ablauf des Knicksicherheitsnachweises über die Ermittlung der gesamten Wandverformung f nach Theorie II. Ordnung (Nachweis über Traglasten nach [6/8], siehe Bild 6/30, Kap. 6.3.1.5)

6.3.3.3 Nachweis für den teilweise gerissenen Querschnitt

Für den *teilweise gerissenen Querschnitt* ($\frac{d}{6} < e + f$) gilt:

(Randspannung maßgebend)

$$\sigma_R = \frac{N}{b \cdot d} \cdot \frac{4}{3 - m_g} \qquad (6.68\,b)$$

$$N_{zul} = 1{,}33 \cdot \frac{\beta_R}{\gamma} \cdot b \cdot d \cdot \frac{3 - m_g}{4} \qquad (6.69\,b)$$

oder

$$\sigma_R = \frac{2 \cdot N}{3 \cdot c_g \cdot b} \qquad (6.68\,c)$$

$$N_{zul} = 1{,}33 \cdot \frac{\beta_R}{\gamma} \cdot \frac{3}{2} \cdot c_g \cdot b \qquad (6.69\,c)$$

mit $c_g = \frac{d}{2} - (e + f)$

(Mittlere Spannung maßgebend)

$$\sigma_m = \frac{1}{2} \cdot \sigma_R \qquad (6.47\,b)$$

bzw.

$$\sigma_m = \frac{N}{b \cdot d} \cdot \frac{2}{3 - m_g} \qquad (6.70\,a)$$

$$N_{zul} = \frac{\beta_R}{\gamma} \cdot b \cdot d \cdot \frac{3 - m_g}{2} \qquad (6.71\,a)$$

oder

$$\sigma_m = \frac{1}{2} \cdot \sigma_R \qquad (6.47\,b)$$

bzw.

$$\sigma_m = \frac{N}{3 \cdot c_g \cdot b} \qquad (6.70\,b)$$

$$N_{zul} = \frac{\beta_R}{\gamma} \cdot 3 \cdot c_g \cdot b \qquad (6.71\,b)$$

In DIN 1053 Teil 1, Abschnitt 7.9.1, ist das Aufreißen des Querschnittes nur im Gebrauchszustand begrenzt, d. h. die planmäßige Ausmitte e (ohne zusätzliche Ausmitte f_1 und f_2) darf beim Rechteckquerschnitt den Wert d/3 nicht überschreiten. Beim Knicksicherheitsnachweis unter Ansatz der gesamten Ausmitte e und f ist kein oberer Grenzwert mehr angegeben. Rechnerisch darf der Querschnitt bei diesem Nachweis also auch über die Wandmitte hinaus aufreißen. Die Begrenzung des Aufreißens wird automatisch über den Nachweis auf Druck geregelt.

Der theoretische Grenzwert für die gesamte Ausmitte e + f beträgt d/2. In diesem Grenzfall steht bei vorausgesetzter geradliniger Spannungsverteilung die Normalkraft am Querschnittsrand. Die Randspannung ergibt sich zu $\sigma_R = \infty$, die zulässige Normalkraft zu $N_{zul} = 0$.

Da die Spannungen in der Druckzone beim Mauerwerk jedoch nicht geradlinig verlaufen, sondern parabel- bzw. rechteckförmig (Spannungsblock), ist beim Erreichen der Ausmitte e = d/3 der Querschnitt in Wirklichkeit schon weiter als bis zur Wandmitte aufgerissen. Unter Berücksichtigung dieser Gegebenheiten ist im EC 6 Teil 1.1 auch keine Begrenzung des Aufreißens (Klaffung) gefordert, sondern es darf bei einer rechnerischen Ausmitte von e > 0,4 · d ein besonderer Druckspannungsnachweis geführt werden.

Das rechnerische Aufreißen der Wandquerschnitte ist eine Folge des der Bemessung von Mauerwerk zugrunde gelegten Rechenmodells. Die sich rein rechnerisch ergebenden Risse sind unschädlich und dürfen nicht mit durchgehenden Rissen im Mauerwerk infolge Reißens der Steine oder infolge Überwindens der Haftscherfestigkeit des Mörtels gleichgestellt werden. Die zuletzt genannten Risse können die Gebrauchsfähigkeit der Wand beeinträchtigen und auch eine Gefahr für die Standsicherheit werden. Solche Risse stellen einen Mangel dar, sie lassen sich aber bei Einhalten der Bemessungsvorschriften und der konstruktiven Regeln im Mauerwerksbau vermeiden.

6.3.3.4 Kriterium für den maßgebenden Spannungsnachweis

In Kap. 6.2.3.4 wurde bereits hergeleitet, daß beim ungerissenen Querschnitt bei planmäßigen Ausmitten e ≤ d/18 der Nachweis der mittleren Spannung σ_m maßgebend wird, bei Ausmitten e > d/18 der Nachweis der Randspannung σ_R. Beim teilweise gerissenen Querschnitt ist stets der Nachweis der Randspannung maßgebend.

Diese Kriterien gelten auch beim Knicksicherheitsnachweis, wenn anstelle der planmäßigen Ausmitte e die gesamte Ausmitte e + f gesetzt wird.

6.3.3.5 Normalkraftnachweis über Traglasten

Vergleich der γ-fachen Normalkraft mit der Traglast der Wand $\bar{N}$ nach [6/8], (siehe Bild 6/30):

$$\gamma \cdot N \leq \bar{N}$$

Es sind zwei Nachweise zu führen:

max N mit globalem Sicherheitsbeiwert
$\gamma = 2{,}0$
min N mit Teilsicherheitsbeiwerten
$\gamma = 1{,}0 \div 1{,}4$

Einzelheiten sind in Kap. 6.3.1.5 mitgeteilt.

6.3.4 Berechnungshilfen

6.3.4.1 Vorbetrachtung

Als Berechnungshilfen werden die Tafeln 6/12 bis 6/46 zur Bestimmung der zulässigen Normalkraft N_{zul} in Abhängigkeit von der Knicklänge h_K angegeben. Die Tafeln gelten für die Wanddicken 11,5; 15; 17,5; 20; 24; 30 und 36,5 cm.

Tafel 6/11 enthält ein Verzeichnis der Tafeln für den Knicksicherheitsnachweis.

In Bild 6/38 wird die Vorgehensweise bei Verwendung der Tafeln gezeigt.

6.3.4.2 Tafeln zur Ermittlung der zulässigen Normalkraft

● Näherungsverfahren nach DIN 1053 Teil 1, Abschnitt 7.9.2

Zur Darstellung der zulässigen Normalkraft werden bei ungerissenem Querschnitt die Gln. (6.69a) und (6.48a) und bei

Berechnungshilfen

Tafel 6/11: Verzeichnis der Tafeln für den Knicksicherheitsnachweis

Zulässige Wandlasten N_{zul} unter Berücksichtigung der Näherung nach DIN 1053 Teil 1, Gl. (11)					
	m = 0	m = 0,5	m = 1	m = 1,5	m = 2
d [cm]	Tafel für N_{zul}				
11,5	6/12	6/13	6/14	6/15	6/16
15,0	6/17	6/18	6/19	6/20	6/21
17,5	6/22	6/23	6/24	6/25	6/26
20,0	6/27	6/28	6/29	6/30	6/31
24,0	6/32	6/33	6/34	6/35	6/36
30,0	6/37	6/38	6/39	6/40	6/41
36,5	6/42	6/43	6/44	6/45	6/46

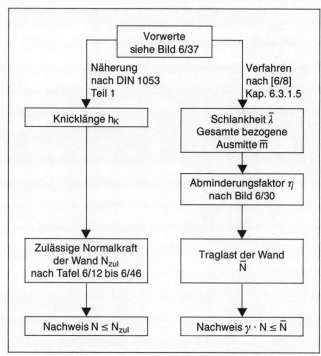

teilweise gerissenem Querschnitt die Gln. (6.69b) bzw. (6.69c) benutzt. Die gesamte Wandverformung f wird hier nach Gl. (6.60) eingesetzt. Die zulässige Normalkraft wird in Abhängigkeit von der Knicklänge h_K für die gebräuchlichsten Grundwerte σ_0 der zulässigen Druckspannung angegeben. Für die Wanddicken d = 11,5 cm bis 36,5 cm sind hierbei die bezogenen Ausmitten m = 0; 0,5; 1; 1,5 und 2 in den Tafeln

Bild 6/38: Berechnungsgang für den Knicksicherheitsnachweis bei Verwendung der Tafeln 6/12 bis 6/46 und Bild 6/30

Tafeln 6/12 bis 6/46: Berechnungshilfen, Zulässige Normalkraft N_{zul} der Wand in Abhängigkeit von der Knicklänge h_K

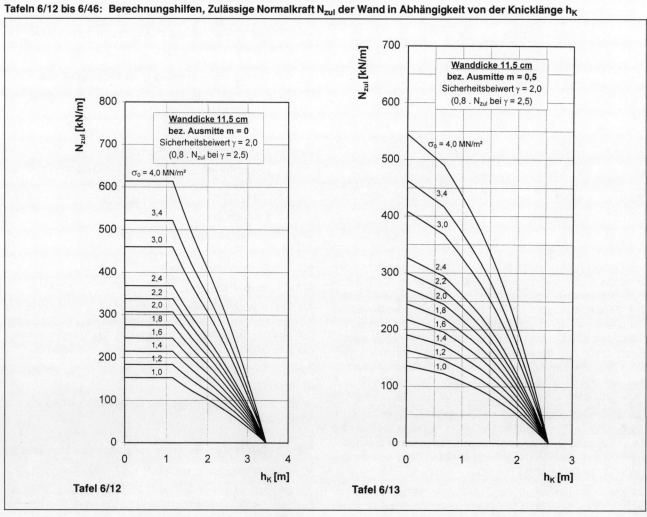

Berechnungshilfen

Tafeln 6/12 bis 6/46: Berechnungshilfen, Zulässige Normalkraft N_{zul} der Wand in Abhängigkeit von der Knicklänge h_K

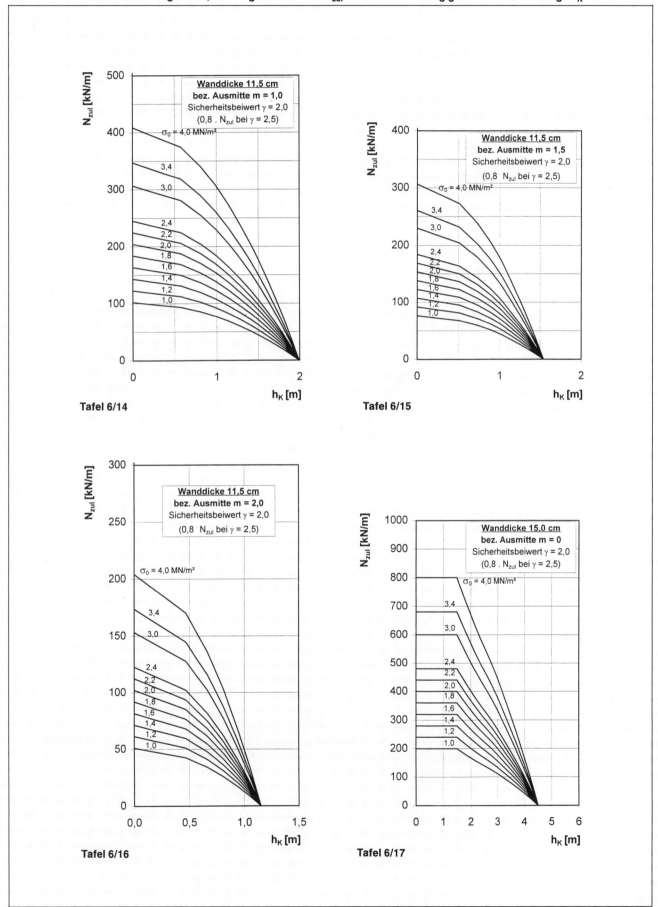

Tafel 6/14

Tafel 6/15

Tafel 6/16

Tafel 6/17

Berechnungshilfen

Tafeln 6/12 bis 6/46: Berechnungshilfen, Zulässige Normalkraft N_{zul} der Wand in Abhängigkeit von der Knicklänge h_K

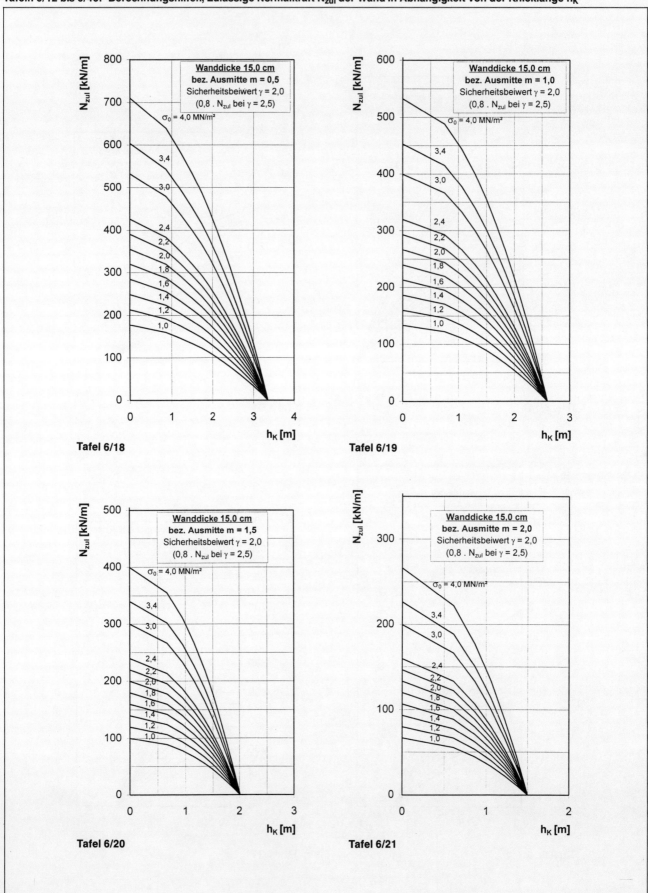

Tafel 6/18

Tafel 6/19

Tafel 6/20

Tafel 6/21

Berechnungshilfen

Tafeln 6/12 bis 6/46: Berechnungshilfen, Zulässige Normalkraft N_{zul} der Wand in Abhängigkeit von der Knicklänge h_K

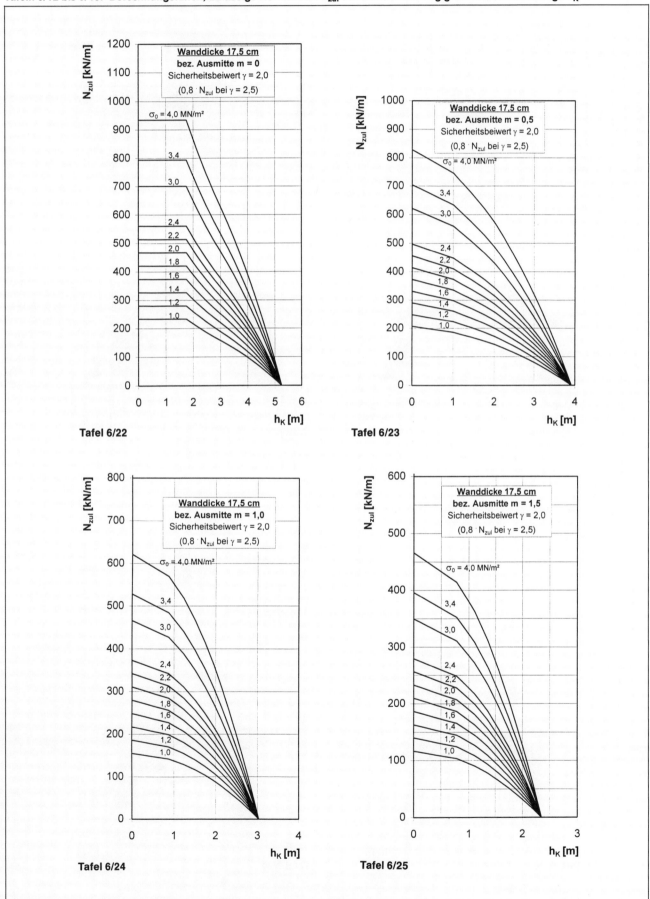

Tafel 6/22 — Wanddicke 17,5 cm, bez. Ausmitte m = 0, Sicherheitsbeiwert γ = 2,0 (0,8 · N_{zul} bei γ = 2,5)

Tafel 6/23 — Wanddicke 17,5 cm, bez. Ausmitte m = 0,5, Sicherheitsbeiwert γ = 2,0 (0,8 · N_{zul} bei γ = 2,5)

Tafel 6/24 — Wanddicke 17,5 cm, bez. Ausmitte m = 1,0, Sicherheitsbeiwert γ = 2,0 (0,8 · N_{zul} bei γ = 2,5)

Tafel 6/25 — Wanddicke 17,5 cm, bez. Ausmitte m = 1,5, Sicherheitsbeiwert γ = 2,0 (0,8 · N_{zul} bei γ = 2,5)

Berechnungshilfen

Tafeln 6/12 bis 6/46: Berechnungshilfen, Zulässige Normalkraft N_{zul} der Wand in Abhängigkeit von der Knicklänge h_K

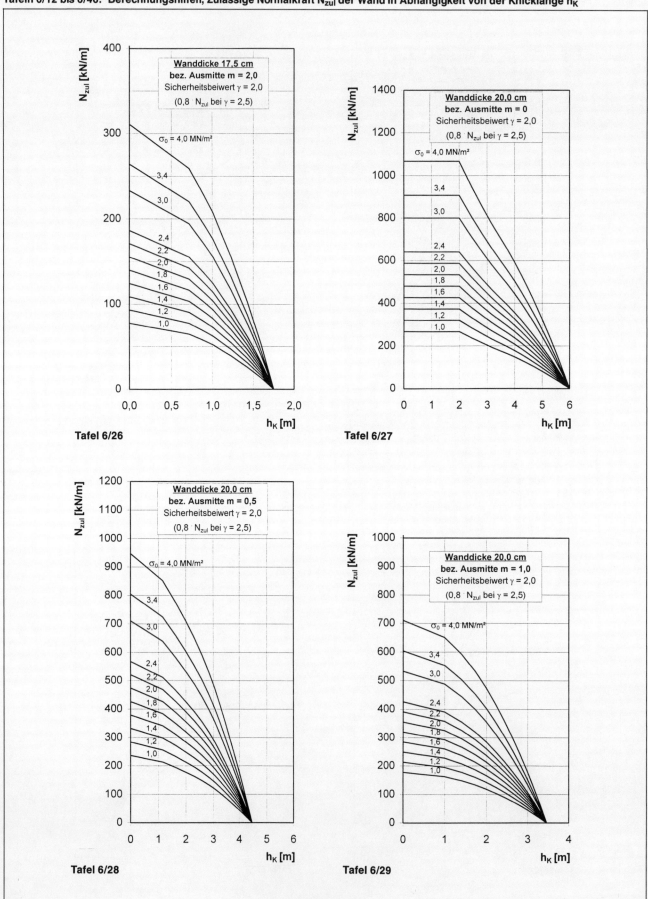

Tafeln 6/12 bis 6/46: Berechnungshilfen, Zulässige Normalkraft N_{zul} der Wand in Abhängigkeit von der Knicklänge h_K

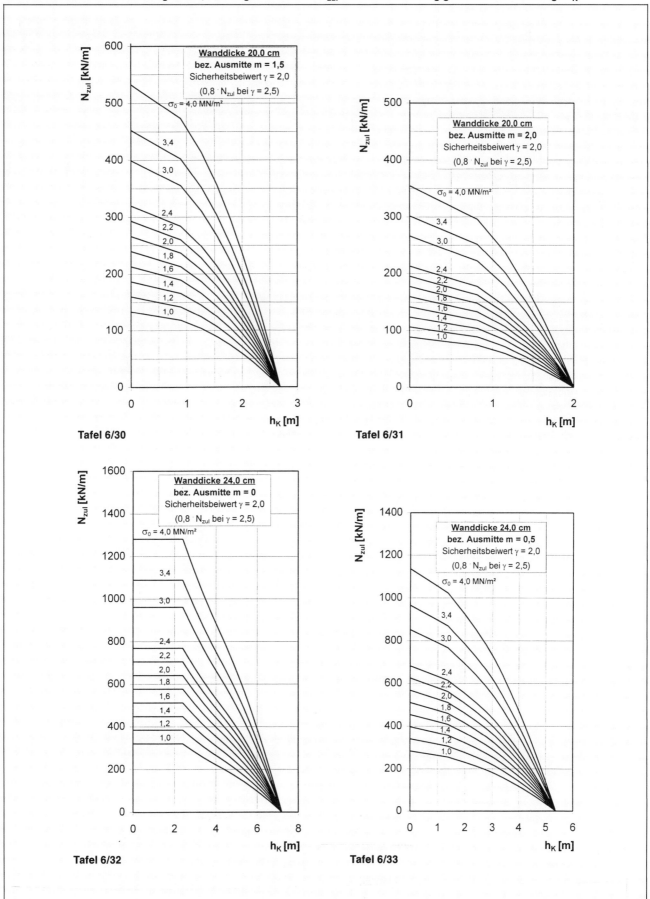

Tafel 6/30

Tafel 6/31

Tafel 6/32

Tafel 6/33

Tafeln 6/12 bis 6/46: Berechnungshilfen, Zulässige Normalkraft N_{zul} der Wand in Abhängigkeit von der Knicklänge h_K

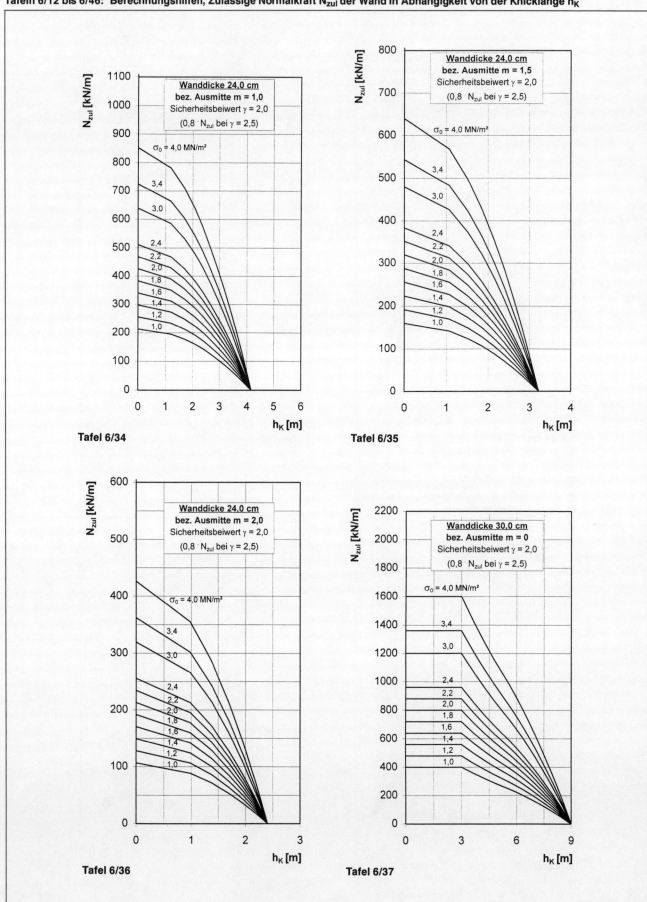

Tafel 6/34

Tafel 6/35

Tafel 6/36

Tafel 6/37

Tafeln 6/12 bis 6/46: Berechnungshilfen, Zulässige Normalkraft N_{zul} der Wand in Abhängigkeit von der Knicklänge h_K

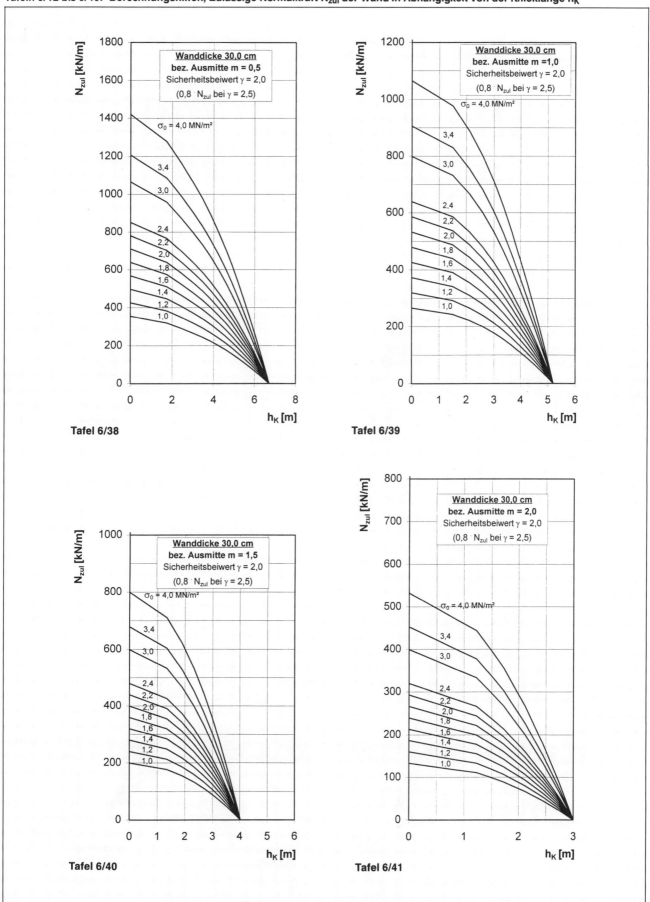

Tafel 6/38

Tafel 6/39

Tafel 6/40

Tafel 6/41

Berechnungshilfen

Tafeln 6/12 bis 6/46: Berechnungshilfen, Zulässige Normalkraft N_{zul} der Wand in Abhängigkeit von der Knicklänge h_K

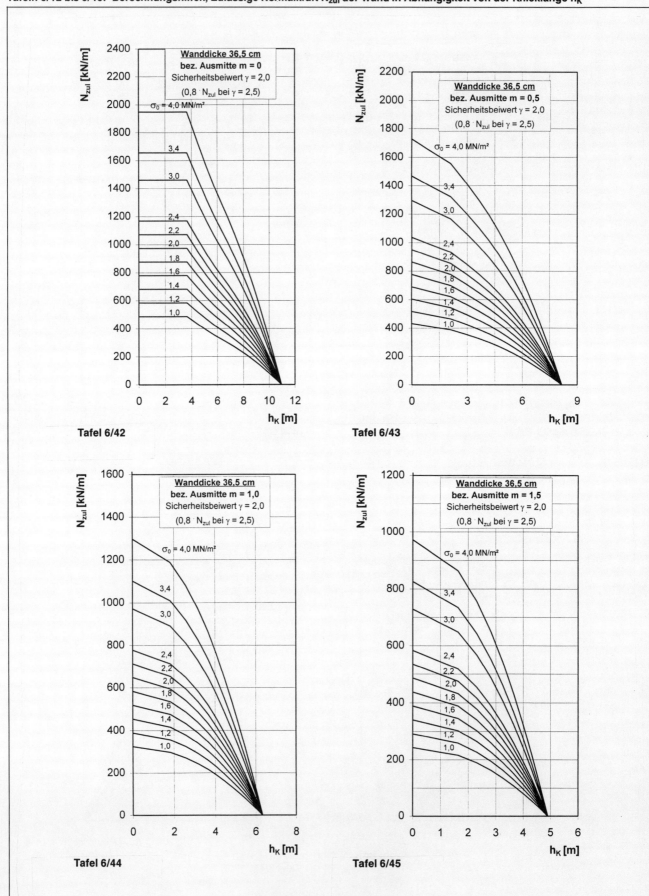

Tafel 6/42

Tafel 6/43

Tafel 6/44

Tafel 6/45

Tafeln 6/12 bis 6/46: Berechnungshilfen, Zulässige Normalkraft N_{zul} der Wand in Abhängigkeit von der Knicklänge h_K

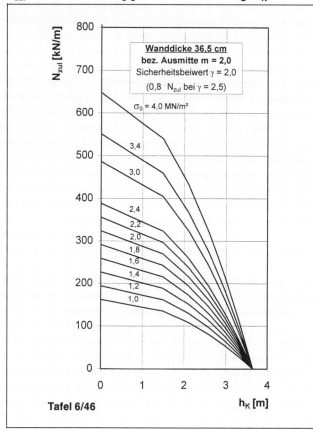

Tafel 6/46

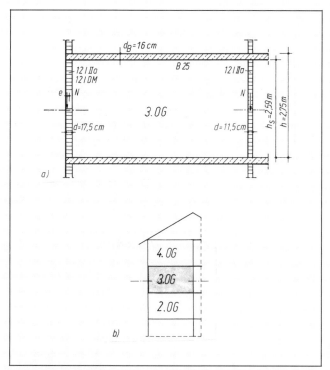

Bild 6/39: Ausgangswerte für die Beispiele ① bis ④ zum Knicksicherheitsnachweis

a) Teilschnitt des Gebäudes mit Abmessungen und Baustoffen
b) Systemschnitt des Gebäudes

6/12 bis 6/46 berücksichtigt. Jede dieser Tafeln gilt für eine bestimmte Wanddicke d und einen Wert m.

In den Tafeln ist der Sicherheitsbeiwert $\gamma_W = 2,0$ eingearbeitet. Für Pfeiler und kurze Wände mit $\gamma_P = 2,5$ können die gleichen Tafeln verwendet werden, wenn der höhere Sicherheitsbeiwert durch den in den Tafeln angegebenen Umrechnungsfaktor von $2,0/2,5 = 0,8$ berücksichtigt wird.

6.3.4.3 Tafel zur Ermittlung der Traglast für gerissene und ungerissene Querschnitte

● Verfahren nach Mann [6/8]
Bild 6/30 enthält alle erforderlichen Angaben zur Ermittlung der Traglast für gerissene und ungerissene Querschnitte aufgrund des genauen Verfahrens nach Mann [6/8].

6.3.4.4 Literaturhinweise

Bemessungstabellen für Mauerwerk nach DIN 1053 – 1 sind zu finden unter [6/9].

6.3.5 Anwendung

Die Anwendung der mitgeteilten Gleichungen für den Knicksicherheitsnachweis wird an Beispielen gezeigt. Im Beispiel ① erfolgt die Ermittlung der Knicklänge für verschiedene Halterungen der Wand. Die Beispiele ② und ③ behandeln eine 11,5 cm dicke Wand, die planmäßig mittig belastet ist bzw. für die der Zusatznachweis für schlanke Wände geringer Breite erforderlich wird. Im Beispiel ④ wird eine 17,5 cm dicke, ausmittig belastete Wand bei hoher Auflast nachgewiesen. Bei den folgenden Beispielen wurde vorausgesetzt, daß die sich rechnerisch ergebende planmäßige Ausmitte der Last am Wandkopf und Wandfuß im Gebrauchszustand $e \leq d/3$ ist.

In Bild 6/39 ist der zugrunde gelegte Bauwerksteil mit den erforderlichen Angaben dargestellt. Die Bemessung mit Hilfe der Tafeln wird im Beispiel ② gezeigt.

6.3.5.1 Beispiel ①: Knicklänge einer schlanken Wand

In diesem Beispiel werden nur Knicklängen ermittelt, so daß Angaben über Baustoffe und Belastung nicht benötigt werden.

Gegeben:

Abmessungen
$h_s = 2,59$ m, $d = 11,5$ cm

Abstand der aussteifenden Querwände:
a) 5,00 m
b) 1,25 m (Abstand vom freien Rand)
c) 3,00 m und 2,50 m

Gesucht:
Knicklänge h_K der Wand in Abhängigkeit von der Halterung

Berechnungsgang:

a) Querwandabstand 5,00 m

Wegen $b = 5,00$ m $> 30 \cdot d = 30 \cdot 0,115 = 3,45$ m liegt eine zweiseitig gehaltene Wand vor.

- Querschnitt in halber Geschoßhöhe bis zur Wandmitte als teilweise gerissen ($e = d/3$) angenommen.

  Nach Gl. (6.62): $h_K = \beta \cdot h_s$ mit $\beta = 1,00$
  $h_K = 1,00 \cdot 2,59 = 2,59$ m

- Querschnitt in halber Geschoßhöhe als ungerissen ($e = d/6$) angenommen.

  Mit $\beta = 0,75$: $h_K = 0,75 \cdot 2,59 = 1,94$ m

- Querschnitt in halber Geschoßhöhe als teilweise gerissen ($d/6 < e = 2,5$ cm $< d/3$) angenommen.

  Nach DIN 1053 Teil 1, Tabelle 7 (Tafel 6/10), darf für Werte von $d/6 < e < d/3$ der β-Wert zwischen 0,75 und 1,00 geradlinig interpoliert werden:

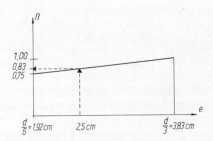

$\bar{\beta} = 0,75 + (1,00 - 0,75) \cdot \dfrac{2,50 - 1,92}{3,83 - 1,92} = 0,83$

Mit $\beta = 0,83$: $h_K = 0,83 \cdot 2,59 = 2,15$ m

b) Querwandabstand vom freien Rand 1,25 m

Wegen $b = 1,25$ m $< 15 \cdot d = 15 \cdot 0,115 = 1,73$ m und freiem vertikalen Rand liegt eine dreiseitig gehaltene Wand vor.

Nach Gl. (6.64):

Für den Nachweis werden die unter a) für eine zweiseitig gehaltene Wand ermittelten Abminderungsbeiwerte β in Gl. (6.64) angesetzt.

- $\beta = 1,00$ (bei Annahme zweiseitiger Halterung)

$$h_K = \dfrac{1}{1 + \left(\dfrac{1,00 \cdot 2,59}{3 \cdot 1,25}\right)^2} \cdot 1,00 \cdot 2,59 = 0,68 \cdot 2,59$$

$= 1,75$ m $> 0,3 \cdot 2,59 = 0,78$ m

- $\beta = 0,75$ (bei Annahme zweiseitiger Halterung)

$$h_K = \dfrac{1}{1 + \left(\dfrac{0,75 \cdot 2,59}{3 \cdot 1,25}\right)^2} \cdot 0,75 \cdot 2,59 = 0,59 \cdot 2,59$$

$= 1,53$ m $> 0,78$ m

- $\beta = 0,83$ (bei Annahme zweiseitiger Halterung)

$$h_K = \dfrac{1}{1 + \left(\dfrac{0,83 \cdot 2,59}{3 \cdot 1,25}\right)^2} \cdot 0,83 \cdot 2,59 = 0,63 \cdot 2,59$$

$= 1,63$ m $> 0,78$ m

c) Querwandabstand 3,00 m und 2,50 m

Wegen $b = 3,00$ m $< 30 \cdot d = 3,45$ m liegt eine vierseitig gehaltene Wand vor.

- Bei $h_s = 2,59$ m $< b = 3,00$ m

Nach Gl. (6.65a):

Für den Nachweis werden die unter a) für eine zweiseitig gehaltene Wand ermittelten Abminderungsbeiwerte β in Gl. (6.65a) angesetzt.

$\beta = 1,00$ (bei Annahme zweiseitiger Halterung)

$$h_K = \dfrac{1}{1 + \left(\dfrac{1,00 \cdot 2,59}{3,00}\right)^2} \cdot 1,00 \cdot 2,59 = 0,57 \cdot 2,59$$

$h_K = 1,48$ m

$\beta = 0,75$ (bei Annahme zweiseitiger Halterung)

$$h_K = \dfrac{1}{1 + \left(\dfrac{0,75 \cdot 2,59}{3,00}\right)^2} \cdot 0,75 \cdot 2,59 = 0,53 \cdot 2,59$$

$h_K = 1,37$ m

$\beta = 0,83$ (bei Annahme zweiseitiger Halterung)

$$h_K = \dfrac{1}{1 + \left(\dfrac{0,83 \cdot 2,59}{3,00}\right)^2} \cdot 0,83 \cdot 2,59 = 0,55 \cdot 2,59$$

$h_K = 1,43$ m

- Bei $h_s = 2,59$ m $> b = 2,50$ m nach Gl. (6.65b):

$h_K = \dfrac{2,50}{2} = 1,25$ m

Nachfolgend sind die Ergebnisse zu Beispiel ① zusammengestellt.

Halterung	Knicklängen h_K [m]		
der Wand	$e = d/6$	$d/6 < e < d/3$	$e = d/3$
2-seitig	1,94	2,15	2,59
3-seitig	1,53	1,63	1,75
4-seitig ($h_s < b$)	1,37	1,43	1,48
4-seitig ($h_s > b$)	1,25		

6.3.5.2 Beispiel ②: Planmäßig mittig belastete Wand

Gegeben:

Abmessungen
h = 2,75 m; h_s = 2,59 m; d = 11,5 cm

Baustoffe

Wand: Mauerwerk
Steinfestigkeitsklasse 12, Mörtelgruppe II a
mit β_R = 2,67 · σ_0 = 2,67 · 1,6 = 4,27 MN/m²

Belastung
In halber Geschoßhöhe:
M_m = 0; N_m = 100 kN/m

Gesucht:
Knicksicherheitsnachweis

Berechnungsgang:

Der Knicksicherheitsnachweis nach DIN 1053 Teil 1, Abschnitt 7.9.2, wird auf der Grundlage der zulässigen Normalkraft der Wand N_{zul} in halber Geschoßhöhe geführt (Normalkraftnachweis), siehe Kap. 6.3.3.1.

Die Bemessung mit Hilfe der Tafeln ist im Abschnitt b) angegeben.

Vorwerte

- Planmäßige Ausmitte

  Wegen planmäßig mittiger Belastung:

  $e = 0 < \dfrac{d}{3}$

  m = 0

- Knicklänge der Wand:

  Für Wanddicken d ≤ 17,5 cm ist β = 0,75 (DIN 1053 Teil 1, Abschnitt 7.7.2).

  Wegen e < d/6 = 0,115/6 = 0,019 m beträgt die Knicklänge nach Gl. (6.62):

  h_K = 0,75 · 2,59 = 1,94 m

- Schlankheit $\bar{\lambda} = \dfrac{1,94}{0,115} = 16,87 < 25$

Nachweis

a) Näherung nach DIN 1053 Teil 1, Abschnitt 7.9.2

Wandverformung nach Gl. (6.60):

$f = 16,87 \cdot 1,94 \cdot \dfrac{1+0}{1800} = 0,018$ m

Wegen e + f = 0 + 0,018 = 0,018 m

$< \dfrac{d}{6} = \dfrac{0,115}{6} = 0,019$ m

$> \dfrac{0,115}{18} = 0,006$ m

liegt ein ungerissener Querschnitt vor.

Normalkraftnachweis

Da ein ungerissener Querschnitt vorliegt und die gesamte Ausmitte e + f = 0,018 m > d/18 = 0,006 m ist, wird nach

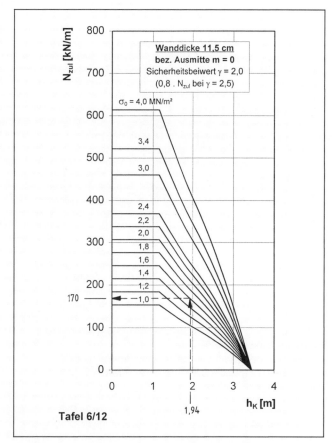

Bild 6/40: Auswertung der Tafel 6/12 für Beispiel ②

Kap. 6.3.3.4 die Ermittlung der zulässigen Normalkraft nach Gl. (6.69a) maßgebend, siehe Bilder 6/36 und 6/37.

Nach Gl. (6.69a):

$m_g = \dfrac{6 \cdot 0,018}{0,115} = 0,939$

$N_{zul} = 1,33 \cdot \dfrac{4,27}{2,0} \cdot 10^3 \cdot 0,115 \cdot \dfrac{1}{1+0,939} = 168,4$ kN/m

Nach Gl. (6.44):

N = N_m = 100 kN/m < N_{zul} = 168,4 kN/m

Mit N < N_{zul} konnte die Knicksicherheit der planmäßig mittig belasteten Wand nachgewiesen werden.

b) Bemessung mit Hilfe der Tafeln

Mit Tafel 6/12, (Bild 6/40), kann anstelle eines rechnerischen Nachweises die zulässige Normalkraft der Wand in Abhängigkeit ihrer Knicklänge ermittelt werden (siehe Kap. 6.3.4.2).

Mit der zuvor ermittelten Knicklänge (siehe Vorwerte) wird die zulässige Normalkraft der Wand abgelesen:

h_K = 1,94 m : N_{zul} = 170 kN/m > 100 kN/m

Das aus der Tafel abgelesene Ergebnis (zulässige Normalkraft N_{zul}) weicht kaum von dem in a) rechnerisch ermittelten Wert ab.

6.3.5.3 Beispiel ③: Schlanke Wand geringer Breite (b < 2,0 m)

Gegeben:

Abmessungen
h = 2,75 m; h_s = 2,59 m; b = 1,00 m; d = 11,5 cm

Baustoffe
wie im Beispiel ②

Belastung
In halber Geschoßhöhe:
mittige Normalkraft N_m = 100 kN (wie im Beispiel ②)
Biegemoment infolge Deckenauflagerkraft
ΔM_m = 0

Gesucht:
Knicksicherheitsnachweis

Berechnungsgang:

Der Knicksicherheitsnachweis wird zunächst für die mittige (e = 0, m = 0) Normalkraft N_m unter Einhaltung der 2fachen Sicherheit geführt.

Bei schlanken, zweiseitig gehaltenen Wänden mit geringer Wandbreite verlangt DIN 1053 Teil 1, Abschnitt 7.9.2, den zusätzlichen Nachweis der Aufnahme einer ungewollten horizontalen Einzellast von 0,5 kN in halber Wandhöhe bei 1,5facher Sicherheit.

Zur besseren Erläuterung des Zusatznachweises werden zwei Fälle betrachtet, nach denen der zusätzliche Nachweis entweder entfallen darf oder geführt werden muß.

Das Kriterium hierfür ist die Schlankheit der Wand.

● **Fall 1:**

Die Knicklänge der Wand wird durch die Einspannwirkung der Decken reduziert:

h_K = 1,94 m (siehe Beispiel ②)

Mittige Normalkraft

Die Aufnahme der mittigen Normalkraft wurde im Beispiel ② nachgewiesen.

Zusätzlicher Nachweis

Schlankheit $\bar{\lambda} = \dfrac{1,94}{0,115} = 16,87 > 12$
< 25

Nach Gl. (6.67) wird überprüft:

$\bar{\lambda} = 16,87 < 20 - 1000 \cdot \dfrac{0,5 \cdot 10^{-3}}{1,0 \cdot 0,115 \cdot 4,27} = 20 - 1,02 = 18,98$

$\bar{\lambda} = 16,87 < 18,98$

Der zusätzliche Nachweis der schlanken Wand geringer Breite unter horizontaler Einzellast kann entfallen.

● **Fall 2:**

Infolge angenommener elastischer Einspannung wird eine größere Knicklänge der Wand zugrunde gelegt:

$h_K = 0,5 \cdot (0,75 + 1,0) \cdot 2,59 = 2,27$ m

Schlankheit $\bar{\lambda} = \dfrac{2,27}{0,115} = 19,74 > 18,98$
< 25

Die Bedingung für den Verzicht auf einen genaueren Nachweis nach Gl. (6.67) ist in diesem Fall gemäß DIN 1053 Teil 1, Abschnitt 7.9.2, nicht erfüllt; daher ist der Zusatznachweis erforderlich.

Das Biegemoment infolge ungewollter Horizontallast wird in halber Geschoßhöhe angenommen (Umlagerung, Kap. 6.2.2.5) zu

$M_m = \dfrac{2}{3} \cdot H \cdot \dfrac{h}{4} = \dfrac{2}{3} \cdot 0,5 \cdot \dfrac{2,75}{4} = 0,229$ kNm

Planmäßige Ausmitte

$e = \dfrac{0,229}{100} = 0,002$ m $< \dfrac{0,115}{6} = 0,019$ m

(e < d/3 im Gebrauchszustand ist eingehalten)

Bezogene Ausmitte

$m = \dfrac{6 \cdot 0,002}{0,115} = 0,104$

Nachweise

Der Nachweis der mittigen Normalkraft sowie der Zusatznachweis der Horizontalkraft in halber Geschoßhöhe erfolgt nach DIN 1053 Teil 1, Abschnitt 7.9.2.

Mittige Normalkraft

Näherung nach DIN 1053 Teil 1, Abschnitt 7.9.2

Wandverformung nach Gl. (6.60):

$f = 19,74 \cdot 2,27 \cdot \dfrac{1+0}{1800} = 0,025$ m

Wegen e + f = 0 + 0,025 = 0,025 m

$> \dfrac{0,115}{6} = 0,019$ m

liegt ein teilweise gerissener Querschnitt vor.

Normalkraftnachweis

Da ein teilweise gerissener Querschnitt vorliegt, wird nach Kap. 6.3.3.4 die Ermittlung der zulässigen Normalkraft nach den Gln. (6.69b oder c) maßgebend, siehe Bilder 6/36 und 6/37.

Nach Gl. (6.69b):

$m_g = \dfrac{6 \cdot 0,025}{0,115} = 1,304$

$N_{zul} = 1,33 \cdot \dfrac{4,27}{2,0} \cdot 1,00 \cdot 0,115 \cdot \dfrac{(3-1,304)}{4} \cdot 10^3 = 138,5$ kN

Nach Gl. (6.44):

$N = N_m = 100$ kN $< N_{zul} = 138,5$ kN

Die zulässige Normalkraft ist eingehalten.

Zusätzlicher Nachweis

Näherung nach DIN 1053 Teil 1, Abschnitt 7.9.2

Wandverformung nach Gl. (6.60):

$$f = 19{,}74 \cdot 2{,}27 \cdot \frac{1+0{,}104}{1800} = 0{,}028 \text{ m}$$

Wegen e + f = 0,002 + 0,028 = 0,030 m

$$> \frac{0{,}115}{6} = 0{,}019 \text{ m}$$

liegt ein teilweise gerissener Querschnitt vor.

Normalkraftnachweis mit abgemindertem Sicherheitsbeiwert $\gamma = 1{,}5$.

Nach Gl. (6.69b):

$$m_g = \frac{6 \cdot 0{,}030}{0{,}115} = 1{,}565$$

$$N_{zul} = 1{,}33 \cdot \frac{4{,}27}{1{,}5} \cdot 1{,}00 \cdot 0{,}115 \cdot \frac{(3-1{,}565)}{4} \cdot 10^3$$

$$= 156{,}2 \text{ kN}$$

Nach Gl. (6.44):

$N = N_m = 100 \text{ kN} < N_{zul} = 156{,}2 \text{ kN}$

Die zulässige Normalkraft ist eingehalten.

Die Knicksicherheit konnte sowohl für mittige Normalkraft als auch bei zusätzlichem Ansatz der ungewollten horizontalen Einzellast (Zusatznachweis nach DIN 1053 Teil 1, Abschnitt 7.9.2) nachgewiesen werden.

6.3.5.4 Beispiel ④: Ausmittig belastete Wand bei hoher Auflast

Gegeben

Abmessungen
h = 2,75 m; h_s = 2,59 m; d = 17,5 cm

Baustoffe
Wand: Mauerwerk
Steinfestigkeitsklasse 12/Dünnbettmörtel
mit $\beta_R = 2{,}67 \cdot \sigma_0 = 2{,}67 \cdot 2{,}2 = 5{,}87$ MN/m²

Belastung
In halber Geschoßhöhe

$N_m = N_{g,m} + N_{p,m} = 160 + 40 = 200$ kN/m
$M_m = M_{g,m} + M_{w,m} = 2 + 2 = 4$ kNm/m

Gesucht:
Knicksicherheitsnachweis

Berechnungsgang:

Der Knicksicherheitsnachweis wird in halber Geschoßhöhe als Normalkraftnachweis geführt. Es werden die beiden Lastfälle maxN und minN mit Überlagerung der entsprechenden Biegemomente nach der Näherung der DIN 1053 Teil 1, Abschnitt 7.9.2, untersucht.

Näherung nach DIN 1053 Teil 1, Abschnitt 7.9.2

a) Lastfall maxN/maxM
$N_m = 200$ kN/m, $M_m = 4$ kNm/m

Vorwerte

- Planmäßige Ausmitte

$$e = \frac{4}{200} = 0{,}020 \text{ m} < \frac{0{,}175}{6} = 0{,}029 \text{ m}$$

(e < d/3 im Gebrauchszustand ist eingehalten)

- Bezogene Ausmitte

$$m = \frac{6 \cdot 0{,}020}{0{,}175} = 0{,}686$$

- Knicklänge der Wand

Für Wanddicken d ≤ 17,5 cm und e ≤ d/6 ist $\beta = 0{,}75$ (DIN 1053 Teil 1, Abschnitt 7.7.2).

Nach Gl. (6.62):

$h_K = 0{,}75 \cdot 2{,}59 = 1{,}94$ m

- Schlankheit $\bar{\lambda} = \dfrac{1{,}94}{0{,}175} = 11{,}09 < 25$

Nachweis

Wandverformung nach Gl. (6.60):

$$f = 11{,}09 \cdot 1{,}94 \cdot \frac{1+0{,}686}{1800} = 0{,}020 \text{ m}$$

Wegen e + f = 0,020 + 0,020 = 0,040 m

$$> \frac{0{,}175}{6} = 0{,}029 \text{ m}$$

liegt ein teilweise gerissener Querschnitt vor.

Normalkraftnachweis

Da ein teilweise gerissener Querschnitt vorliegt, wird nach Kap. 6.3.3.4 die Ermittlung der zulässigen Normalkraft nach den Gln. (6.69b oder c) maßgebend, siehe Bilder 6/36 und 6/37.

Nach Gl. (6.69b):

$$m_g = \frac{6 \cdot 0{,}040}{0{,}175} = 1{,}371$$

$$N_{zul} = 1{,}33 \cdot \frac{5{,}87}{2{,}0} \cdot 10^3 \cdot 0{,}175 \cdot \frac{(3-1{,}371)}{4} = 278 \text{ kN/m}$$

Nach Gl. (6.44):

$N = N_m = 200$ kN/m $< N_{zul} = 278$ kN/m

Die zulässige Normalkraft ist eingehalten.

b) Lastfall minN/maxM

$N = N_{g,m} = 160$ kN/m

$M_m = 4$ kNm/m

Beispiel ④, Ergebnisse, Schubnachweis

Vorwerte

- Planmäßige Ausmitte

$$e = \frac{4}{160} = 0{,}025 \text{ m} < \frac{0{,}175}{6} = 0{,}029 \text{ m}$$

(e < d/3 im Gebrauchszustand ist eingehalten)

- Bezogene Ausmitte

$$m = \frac{6 \cdot 0{,}025}{0{,}175} = 0{,}857$$

- Knicklänge der Wand

Für Wanddicken d ≤ 17,5 cm und e ≤ d/6 ist $\beta = 0{,}75$ (DIN 1053 Teil 1, Abschnitt 7.7.2).

Nach Gl. (6.62):

$h_K = 0{,}75 \cdot 2{,}59 = 1{,}94$ m

- Schlankheit $\bar{\lambda} = \dfrac{1{,}94}{0{,}175} = 11{,}09 < 25$

Nachweis

Wandverformung nach Gl. (6.60):

$$f = 11{,}09 \cdot 1{,}94 \cdot \frac{1 + 0{,}857}{1800} = 0{,}022 \text{ m}$$

Wegen e + f = 0,025 + 0,022 = 0,047 m

$$> \frac{0{,}175}{6} = 0{,}029 \text{ m}$$

liegt ein teilweise gerissener Querschnitt vor.

Normalkraftnachweis

Nach Gl. (6.69b):

$$m_g = \frac{6 \cdot 0{,}047}{0{,}175} = 1{,}611$$

$$N_{zul} = 1{,}33 \cdot \frac{5{,}87}{2{,}0} \cdot 10^3 \cdot 0{,}175 \cdot \frac{(3-1{,}611)}{4} = 237 \text{ kN/m}$$

$N = N_{g,m} = 160$ kN/m $< N_{zul} = 237$ kN/m

Die Knicksicherheit kann mit der gewählten Stein-/Mörtelkombination 12/DM für beide Lastfälle nachgewiesen werden.

6.3.5.5 Erläuterung der Ergebnisse

Im Beispiel ① wurde der Einfluß der Halterung auf die Knicklänge der Wand untersucht. Die Knicklänge nimmt bei mehr als zweiseitiger Halterung deutlich ab.

Beispiel ② zeigt den nach DIN 1053 Teil 1, Abschnitt 7.9.2, erforderlichen Knicksicherheitsnachweis für eine planmäßig mittig belastete Wand (Querschnitt ist ungerissen) sowie die Anwendung der Bemessungstafeln. Der sich rechnerisch ergebende Wert stimmt nahezu mit dem aus der Tafel abgelesenen Wert überein.

Im Beispiel ③ wird der bei schlanken Wänden geringer Breite nach DIN 1053 Teil 1, Abschnitt 7.9.2, geforderte Zusatznachweis behandelt.

Im Beispiel ④ werden die entsprechenden Nachweise nach DIN 1053 Teil 1 für eine hochbelastete 17,5 cm dicke Wand mit Mauerwerk aus Steinen der Festigkeitsklasse 12 und Dünnbettmörtel gezeigt. Die Wand kann problemlos als teilweise gerissener Querschnitt nachgewiesen werden.

6.4 Schubnachweis

6.4.1 Berechnungsgrundlagen

6.4.1.1 Vorbetrachtung

Die theoretischen Grundlagen für den Schubnachweis sind bereits in Kapitel 6.1.2.4 erläutert.

Wie im vereinfachten Berechnungsverfahren gibt es auch im genaueren Verfahren keinen reinen Schubnachweis mehr; die aufnehmbaren Schubspannungen werden in Verbindung mit den gleichzeitig im Querschnitt vorhandenen Normalspannungen nachgewiesen.

Die Schubtragfähigkeit des Mauerwerkes ist von der Reibung in der Lagerfuge, der Haftscherfestigkeit, der Zugfestigkeit der Steine und der Druckfestigkeit des Mauerwerkes abhängig. Bei sehr geringen Normalspannungen hängt die Schubtragfähigkeit überwiegend von der Haftscherfestigkeit ab; ihr Wert ist für Mauerwerk gering. Eine nennenswerte Steigerung der Schubtragfähigkeit erfolgt erst bei Zunahme der Normalspannungen rechtwinklig zur Lagerfuge. Sobald die γ-fachen Normalspannungen die Größe der Bruchspannung erreicht haben, ist die Schubtragfähigkeit des Mauerwerkes erschöpft.

6.4.1.2 Voraussetzungen

Nach DIN 1053 Teil 1, Abschnitt 7.9.5, dürfen die Schubspannungen nach der Technischen Biegelehre bzw. nach der Scheibentheorie für homogenes Material ermittelt werden. Bei Querschnitten mit klaffenden Fugen dürfen nur die überdrückten Bereiche in Rechnung gestellt werden. Je nach Art der Beanspruchung ist zwischen Scheiben- und Plattenschub zu unterscheiden (siehe Kap. 6.1.2.4).

6.4.2 Nachweise nach der Norm

6.4.2.1 Grenzwerte für die Schubspannungen

Die Ermittlung der vorhandenen Schubspannung für beliebige Querschnitte erfolgt nach folgender Gleichung:

$$\tau = \frac{Q \cdot S_M}{I_M \cdot d} \qquad (6.72\text{a})$$

Es bedeuten

Q   Querkraft

S_M Flächenmoment 1. Grades des Wandquerschnitts

I_M Flächenmoment 2. Grades des Wandquerschnitts

d   Wanddicke

Die Querschnittswerte S_M und I_M beziehen sich auf die Schwerachse des Querschnitts rechtwinklig zur Lastrichtung. Beim Nachweis von Mauerwerk darf Gl. (6.72a) nur auf den überdrückten Querschnittsteil angewendet werden.

Bei Rechteckquerschnitten vereinfacht sich Gl. (6.72a) in Abhängigkeit von der Beanspruchungsart zu:

Scheibenschub

$$\tau = \frac{c \cdot Q}{A} \qquad (6.72\text{b})$$

Plattenschub

$$\tau = \frac{1{,}5 \cdot Q}{A} \qquad (6.72\text{c})$$

Es bedeuten

A   Überdrückte Querschnittsfläche

c   Faktor zur Berücksichtigung der Verteilung von τ über den Querschnitt

  $c = 1{,}5$ für $H/L \geq 2$

  $c = 1{,}0$ für $H/L \leq 1$

  Dazwischen darf interpoliert werden.

H   Gesamte Wandhöhe

L   Wandlänge

In Bild 6/44 sind die vorhandenen Schubspannungen infolge Scheibenbeanspruchung für ungerissene und teilweise gerissene Rechteckquerschnitte sowie für zusammengesetzte Querschnitte dargestellt.

Bei Scheibenbeanspruchung kann der Bereich der Schubtragfähigkeit in Abhängigkeit von der gleichzeitig vorhandenen Normalspannung in Form einer Hüllkurve angegeben werden. Diese besteht aus drei Abschnitten, je nachdem, ob Mörtel, Stein oder Mauerwerk für das Schubversagen maßgebend sind. Der Verlauf der Hüllkurve ist in allgemeiner Form in Bild 6/6 gezeigt. Für die drei Versagensfälle werden die in Kap. 6.1.2.4 hergeleiteten Bruchbedingungen wiederholt. Für das in Scheibenebene beanspruchte Mauerwerk gilt:

Fall 1: Versagen der Lagerfuge infolge Reibung

$$\gamma \cdot \tau \leq \tau_R = \beta_{RHS} + \bar{\mu} \cdot \sigma \qquad (6.8\,\text{a})$$

Fall 2: Versagen der Steine infolge schräger Hauptzugspannungen

$$\gamma \cdot \tau \leq \tau_R = 0{,}45 \cdot \beta_{RZ} \cdot \sqrt{1 + \frac{\sigma}{\beta_{RZ}}} \qquad (6.13)$$

Fall 3: Versagen des Mauerwerkes infolge schräger Hauptdruckspannungen

$$\gamma \cdot \tau \leq \tau_R = (\beta_R - \gamma \cdot \sigma) \cdot \frac{l_{St}}{2 \cdot h_{St}} \qquad (6.17\,\text{a})$$

Setzt man in Übereinstimmung mit DIN 1053 Teil 1, Abschnitt 7.9.5, $l_{St}/2 \cdot h_{St} = 1$, so ergibt sich aus Gl. (6.17a)

$$\gamma \cdot \tau \leq \tau_R = \beta_R - \gamma \cdot \sigma \qquad (6.17\,\text{b})$$

Der Schubspannungsnachweis erhält damit die gleiche Form wie der Normalspannungsnachweis, da allgemein für alle drei Fälle geschrieben werden kann:

$$\tau \leq \frac{\tau_R}{\gamma}$$

Aus den drei Bruchbedingungen Gln. (6.8a), (6.13), (6.17a) bzw. (6.17b) können nach Division durch den Sicherheitsbeiwert γ Grenzwerte $\bar{\tau} = \tau_R/\gamma$ für die im Gebrauchszustand auftretenden Schubspannungen hergeleitet werden (Bild 6/6):

Fall 1: $\bar{\tau} = \dfrac{1}{\gamma} \cdot (\beta_{RHS} + \bar{\mu} \cdot \sigma)$ \qquad (6.73\,a)

Fall 2: $\bar{\tau} = \dfrac{1}{\gamma} \cdot \left(0{,}45 \cdot \beta_{RZ} \cdot \sqrt{1 + \dfrac{\sigma}{\beta_{RZ}}}\right)$ \qquad (6.73\,b)

Fall 3: $\bar{\tau} = \dfrac{1}{\gamma} \cdot (\beta_R - \gamma \cdot \sigma)$ \qquad (6.73\,c)

Diese drei Gleichungen entsprechen den in DIN 1053 Teil 1, Abschnitt 7.9.5, Bild 6, angegebenen Gleichungen bei Scheibenbeanspruchung.

Bei Plattenschub ist unter der Voraussetzung, daß Einsteinmauerwerk vorliegt, für den Schubnachweis nur der Versagensfall 1 (Reibung in der Lagerfuge) maßgebend. Ein Versagen infolge Überschreiten der Steinzugfestigkeit nach Fall 2 (schräge Hauptzugspannungen) trifft bei Plattenschub nicht zu. Abweichend von Gl. (6.8a) darf anstelle des abgeminderten mit dem normalen Reibungsbeiwert gerechnet werden. Es gilt:

Fall 1: Versagen der Lagerfuge infolge Reibung

$$\gamma \cdot \tau \leq \tau_R = \beta_{RHS} + \mu \cdot \sigma \qquad (6.8\,\text{b})$$

Als Grenzwert $\bar{\tau}$ ist anzusetzen

Fall 1: $\bar{\tau} = \dfrac{1}{\gamma} \cdot (\beta_{RHS} + \mu \cdot \sigma)$ \qquad (6.73\,d)

Es bedeuten (siehe auch Kap. 6.1.2.3, 6.1.2.4 und DIN 1053 Teil 1, Abschnitt 7.9.5)

τ Vorhandene Schubspannung im Gebrauchszustand

σ Zugehörige Normalspannung in der Lagerfuge im Gebrauchszustand

τ_R Rechnerischer Grenzwert der Schubspannung im Bruchzustand

γ Sicherheitsbeiwert (Kap. 6.1.2.6)

μ Reibungsbeiwert

$\bar{\mu}$ Rechenwert des abgeminderten Reibungsbeiwertes

β_R Rechenwert der Druckfestigkeit des Mauerwerkes

β_{RHS} Rechenwert der abgeminderten Haftscherfestigkeit (Tafel 6/47)

β_{RZ} Rechenwert der Steinzugfestigkeit

l_{St}, h_{St} Steinlänge, Steinhöhe

6.4.2.2 Rechenwerte

Die Rechenwerte der abgeminderten Haftscherfestigkeit β_{RHS} und der Steinzugfestigkeit β_{RZ} sind nach DIN 1053 Teil 1, Abschnitt 7.9.5, anzunehmen. Die für den Schubnachweis von KS-Mauerwerk erforderlichen Rechenwerte sind in Tafel 6/47 zusammengestellt.

Für den Reibungsbeiwert gilt für alle Mörtelgruppen $\mu = 0{,}6$ und für den abgeminderten Reibungsbeiwert $\bar{\mu} = 0{,}4$.

6.4.3 Berechnungsablauf

Für den Schubnachweis an der zu untersuchenden Stelle des Querschnitts müssen die Schubspannung τ und die gleichzeitig dort vorhandene Normalspannung σ aus Gebrauchslasten bekannt sein. Die über die Wanddicke rechnerisch sich ergebenden Normalspannungen sind im allgemeinen nicht gleichmäßig über die Wanddicke verteilt. Für den Schubnachweis erscheint es jedoch vertretbar, wenn der Mittelwert der über die Wanddicke auftretenden Normalspannungen zugrunde gelegt wird. Bei Scheibenschub sind die Grenzwerte der Schubspannung $\bar{\tau}$ aus den Gln. (6.73a) bis (6.73c) in Abhängigkeit von σ zu ermitteln. Maßgebend ist der kleinste Wert, der gleichzeitig anzeigt, welcher Versagensfall vorliegt. Die Auswertung der o. g. drei Gleichungen entfällt, wenn die im folgenden Kapitel erläuterten Tafeln benutzt werden. Bei Plattenschub ist der Grenzwert der Schubspannung $\bar{\tau}$ aus Gl. (6.73d) in Abhängigkeit von σ zu ermitteln.

Aus den Tafeln ist ersichtlich, daß bis zur Steinfestigkeitsklasse 12 nur Fall 2, und erst bei größeren Druckspannungen

Tafel 6/47: Rechenwerte für den Schubnachweis von KS-Mauerwerk

Rechenwerte der Druckfestigkeit des Mauerwerkes β_R [MN/m²]: $\beta_R = 2{,}67 \cdot \sigma_0$ mit σ_0 nach Tafel 2/9

Stein-festig-keits-klasse	Normalmörtel					Leichtmörtel		Dünnbettmörtel	
	MG I	MG II	MG IIa	MG III	MG IIIa	LM 21	LM 36	Plansteine	
	Voll-, Loch- und Hohlblocksteine							Vollsteine	Loch-/Hohlblocksteine
6	1,34	2,40	2,67	3,20	–	1,87	2,40	4,01	3,20
8	1,60	2,67	3,20	3,74	–	2,14	2,67	5,34	3,74
12	2,14	3,20	4,27	4,81	5,07	2,40	2,94	5,87/ 8,01[1]	4,81
20	2,67	4,27	5,07	6,41	8,01	2,40	2,94	8,54/10,68[1]	6,41
28	–	4,81	6,14	8,01	9,35	2,40	2,94	9,88/10,68[1]	–
36	–	–	–	9,35	10,68	–	–	–	–
48	–	–	–	10,68	12,02	–	–	–	–
60	–	–	–	12,02	13,35	–	–	–	–

[1]) Höchste Ausnutzung für Mauerwerk aus Kalksand-Planelementen (Zulassung Nr. Z-17.1-332 [6/15])

Rechenwerte der Steinzugfestigkeit β_{RZ} [MN/m²]: $\beta_{RZ} = \alpha \cdot \beta_{Nst}$

Steinart		Nennwert der Steindruckfestigkeit β_{Nst} [MN/m²]							
		6	8	12	20	28	36	48	60
Vollstein, Blockstein	$\alpha = 0{,}04$	0,24	0,32	0,48	0,80	1,12	1,44	1,92	2,40
Vollstein mit Grifföffnung, Lochstein	$\alpha = 0{,}033$	0,20	0,27	0,40	0,67	0,93	1,20	1,60	2,00
Hohlblockstein	$\alpha = 0{,}025$	0,15	0,20	0,30	0,50	0,70	0,90	1,20	1,50

Rechenwerte der abgeminderten Haftscherfestigkeit β_{RHS}, des Reibungsbeiwertes μ und des abgeminderten Reibungsbeiwertes $\bar{\mu}$

Mörtelgruppe/-art	NM I	NM II	NM IIa, LM 21, LM 36	NM III, DM	NM IIIa
β_{RHS}[1])	0,02	0,08	0,18	0,22	0,26
$\mu / \bar{\mu}$	0,6/0,4				

[1]) Für Mauerwerk mit unvermörtelten Stoßfugen sind die Rechenwerte zu halbieren. Als vermörtelt in diesem Sinn gilt eine Stoßfuge, bei der etwa die halbe Wanddicke oder mehr vermörtelt ist (DIN 1053 Teil 1, Tabelle 5).

Fall 3, Versagen des Mauerwerkes auf Druck, beim Schubnachweis zugrunde zu legen ist. Fall 1, Versagen der Lagerfuge auf Reibung, wird für geringe Steinfestigkeitsklassen nicht maßgebend. Erst ab Steinfestigkeitsklasse 20 kann Fall 1 den Grenzwert der Schubspannung beeinflussen.

Der Berechnungsablauf ist in Bild 6/41 angegeben.

6.4.4 Berechnungshilfen

6.4.4.1 Tafeln für den Schubnachweis bei Scheibenbeanspruchung

Für Vollsteine ohne Grifföffnungen, Vollsteine mit Grifföffnungen, Lochsteine und Hohlblocksteine in Verbindung mit den in der Praxis gebräuchlichsten Mörtelarten bzw. -gruppen sind die Grenzwerte $\bar{\tau}$ für die Schubspannungen in Abhängigkeit von den zugehörigen Normalspannungen σ und dem Sicherheitsbeiwert $\gamma = 2{,}0$ in den Tafeln 6/49 bis 6/54 als Hüllkurven dargestellt. Für Mauerwerk ohne Stoßfugenvermörtelung gelten die Tafeln 6/49 bis 6/51, für Mauerwerk mit Stoßfugenvermörtelung die Tafeln 6/52 bis 6/54; eine Übersicht der Tafeln enthält Tafel 6/48.

Die Hüllkurven gelten für die gebräuchlichsten Stein-/Mörtelkombinationen unter Berücksichtigung der Grundwerte σ_0 der zulässigen Druckspannung. Die Bedingungen des Schubnachweises sind erfüllt, wenn der Schnittpunkt des Wertepaares der vorhandenen Spannungen τ und σ unterhalb der zutreffenden Hüllkurve liegt.

Tafel 6/48: Verzeichnis der Tafeln für den Schubnachweis

Steinart	Mörtelart/-gruppe	Tafel
Vollstein, Blockstein	NM I, II, IIa, III, IIIa; DM; LM 21,36	6/49, 6/52
Vollstein mit Grifföffnungen, Lochstein	NM I, II, IIa, III, IIIa; DM; LM 21,36	6/50, 6/53
Hohlblockstein	NM I, II, IIa, III, IIIa; DM; LM 21,36	6/51, 6/54

Gegeben: Spannungen
 Normalspannung σ
 Schubspannung τ nach Gln. (6.72a), (6.72b) oder (6.72c)
 Baustoffe
 Steinart
 Steinfestigkeitsklasse
 Mörtelgruppe, Mörtelart

Gesucht: Schubnachweis

Berechnungsgang:

Vorwerte

Nach Tafel 6/47

- Nennwert der Steindruckfestigkeit β_{Nst}
- Rechenwert der Steinzugfestigkeit β_{RZ}
- Rechenwert der abgeminderten Haftscherfestigkeit β_{RHS}
- Reibungsbeiwert μ
- Abgeminderter Reibungsbeiwert $\bar{\mu}$

Grenzwerte $\bar{\tau}$ für die Schubspannungen bei Scheibenschub

Fall 1: $\bar{\tau} = \frac{1}{\gamma} \cdot (\beta_{RHS} + \bar{\mu} \cdot \sigma)$ (6.73a)

Fall 2: $\bar{\tau} = \frac{1}{\gamma} \cdot \left(0{,}45 \cdot \beta_{RZ} \cdot \sqrt{1 + \frac{\sigma}{\beta_{RZ}}}\right)$ (6.73b)

Fall 3: $\bar{\tau} = \frac{1}{\gamma} \cdot (\beta_R - \gamma \cdot \sigma)$ (6.73c)

bei Plattenschub

Fall 1: $\bar{\tau} = \frac{1}{\gamma} \cdot (\beta_{RHS} + \mu \cdot \sigma)$ (6.73d)

Schubnachweis

Der kleinste Grenzwert $\bar{\tau}$ nach den Gln. (6.73a), (6.73b), (6.73c) oder (6.73d) muß größer sein als die vorhandene Schubspannung τ

Bild 6/41: Ablauf des Schubnachweises

6.4.4.2 Literaturhinweise

In [6/9] sind Grenzwerte der Schubspannungen für verschiedene Steinfestigkeitsklassen und Mörtelgruppen unter Berücksichtigung der Grundwerte σ_0 der zulässigen Druckspannungen angegeben. Die Berechnungshilfen entsprechen den in Kap. 6.4.4.1 genannten Tafeln 6/49 bis 6/54 und gelten für Mauerwerk aus Hohlblocksteinen, Lochsteinen und Vollsteinen mit Grifföffnungen und Vollsteinen ohne Grifföffnungen oder Löcher bei vermörtelten oder unvermörtelten Stoßfugen.

6.4.5 Anwendung

Der Schubnachweis wird an einem Beispiel mit Scheibenschub gezeigt.

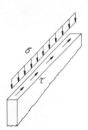

Gegeben:

Spannungen

Normalspannung $\sigma = 0{,}65$ MN/m²
Schubspannung $\tau = 0{,}12$ MN/m²

Baustoffe

Mauerwerk aus Vollsteinen mit Grifföffnungen
Steinfestigkeitsklasse 12, Mörtelgruppe IIa
mit $\beta_R = 2{,}67 \cdot \sigma_0 = 2{,}67 \cdot 1{,}6 = 4{,}27$ MN/m²

Gesucht:

Schubnachweis infolge Scheibenbeanspruchung

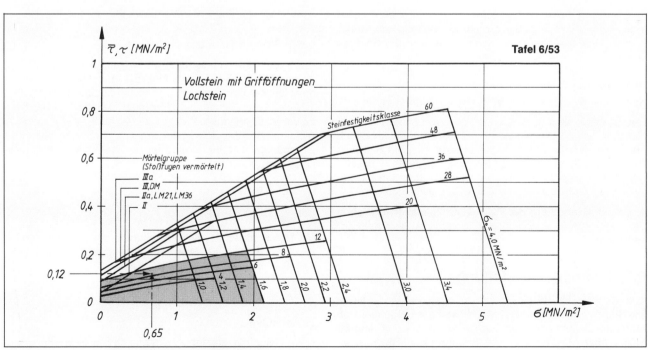

Bild 6/42: Auswertung der Tafel 6/53 für das Beispiel

Berechnungsgang:

a) Nachweis mit Hilfe von Gleichungen

- Vorwerte nach Tafel 6/47

  Nennwert der Steindruckfestigkeit (Steinfestigkeitsklasse)
  $\beta_{Nst} = 12$ MN/m²

  Rechenwert der Steinzugfestigkeit
  $\beta_{RZ} = 0{,}40$ MN/m²

  Rechenwert der abgeminderten Haftscherfestigkeit
  $\beta_{RHS} = 0{,}18$ MN/m² (Stoßfuge vermörtelt)
  $\beta_{RHS} = 0{,}09$ MN/m² (Stoßfuge unvermörtelt)

  Rechenwert des abgeminderten Reibungsbeiwertes
  $\bar{\mu} = 0{,}4$

- Grenzwerte $\bar{\tau}$ für die Schubspannungen (Bild 6/41)

  Nach Gl. (6.73a), Fall 1:

  a) Stoßfuge vermörtelt

  $$\bar{\tau} = \frac{1}{2{,}0} \cdot (0{,}18 + 0{,}4 \cdot 0{,}65) = 0{,}22 \text{ MN/m}^2$$

  b) Stoßfuge unvermörtelt

  $$\bar{\tau} = \frac{1}{2{,}0} \cdot (0{,}09 + 0{,}4 \cdot 0{,}65) = 0{,}18 \text{ MN/m}^2$$

  Nach Gl. (6.73b), Fall 2:

  $$\bar{\tau} = \frac{1}{2{,}0} \cdot \left(0{,}45 \cdot 0{,}40 \cdot \sqrt{1 + \frac{0{,}65}{0{,}40}}\right) = 0{,}15 \text{ MN/m}^2$$

  Nach Gl. (6.73c), Fall 3:

  $$\bar{\tau} = \frac{1}{2{,}0} \cdot (4{,}27 - 2 \cdot 0{,}65) = 1{,}49 \text{ MN/m}^2$$

- Schubnachweis

  Kleinster Grenzwert nach Fall 2

  $\bar{\tau} = 0{,}15$ MN/m² $> \tau = 0{,}12$ MN/m²

Für das gewählte Beispiel ist unabhängig von der Stoßfugenvermörtelung beim Schubnachweis Versagen der Steine infolge schräger Hauptzugspannungen maßgebend, da der kleinste Grenzwert der Schubspannungen im Fall 2 ermittelt wurde.

b) Nachweis mit Hilfe der Tafeln

Nach Tafel 6/53 (Bild 6/42) (Vollstein mit Grifföffnungen):

Der Schnittpunkt des Wertepaares der vorhandenen Spannungen $\sigma = 0{,}65$ MN/m² und $\tau = 0{,}12$ MN/m² liegt unterhalb der Kurve für die Steinfestigkeitsklasse 12 (Bild 6/42). In diesem Bild ist der zulässige Bereich, der durch die Steinfestigkeitsklasse 12, die Mörtelgruppe IIa und den Grundwert $\sigma_0 = 1{,}6$ MN/m² festgelegt wird, kenntlich gemacht.

Auch bei Anwendung der Tafel 6/50 für Mauerwerk ohne Stoßfugenvermörtelung liegt der Schnittpunkt unterhalb der Hüllkurve.

6.5 Bauwerksaussteifung

6.5.1 Vorbetrachtung

Die Standsicherheit gemauerter Bauwerke und Bauteile muß durch aussteifende Wände und Decken oder durch andere Maßnahmen (z. B. Rahmen) gewährleistet sein. Hierzu müssen sowohl die Stabilität des Gesamtbauwerks als auch die Standsicherheit der einzelnen Wände nachgewiesen werden. Die Wände werden hierbei in ihrer Ebene als Scheibe beansprucht.

Das Gebäude muß in beiden Richtungen durch eine ausreichende Anzahl von Wänden ausgesteift sein, um Windlasten, Horizontallasten aus Lotabweichung des Gebäudes und zusätzlich Erddruck auf Kellerwände aufnehmen zu können. Zur Einleitung der Horizontallasten in die aussteifenden Wände sind ausreichend steife Decken erforderlich. Da Geschoßdecken des Wohnungsbaus heute hauptsächlich in Ortbeton oder mit Betonfertigteilen hergestellt werden, die durch Ringbalken, Ringanker und Fugenbewehrung zu einer Scheibe zusammengefaßt sind, ist diese Voraussetzung im Regelfall erfüllt. Bei entsprechender Ausbildung können auch Holzbalkendecken als aussteifende Scheiben angesehen werden [6/16], [6/17]. Hierbei muß jedoch beachtet werden, daß die Wände in Höhe der Decken seitlich gehalten sind und die Scheibenwirkung der Holzbalkendecke durch die Wände nicht unterbrochen wird. Der Anschluß der Holzbalkendecke an die Mauerwerkswand muß die auftretenden Kräfte aufnehmen können.

Bei Gebäuden mit Geschoßdecken, die in ihrer Ebene keine Horizontallasten übertragen können, muß vorausgesetzt werden, daß in beiden Richtungen eine ausreichende Anzahl von gleichmäßig im Gebäudegrundriß verteilten Wänden vorhanden ist, und die Ringbalken in der Lage sind, die Horizontallasten auf die aussteifenden Wände weiterzuleiten.

Ist nicht von vornherein erkennbar, ob das Bauwerk ausreichend ausgesteift ist, so ist nach DIN 1053 Teil 1, Abschnitt 6.4, ein rechnerischer Nachweis der Standsicherheit des Gesamtbauwerks erforderlich. Zur Erleichterung der Entscheidung, ob ein solcher Nachweis entfallen kann, sind in Kap. 6.5.3.3 entsprechende Kriterien angegeben.

Die Windlasten sind nach DIN 1055 Teil 4 anzusetzen. Die Steifigkeit eines Bauwerks ist im allgemeinen in Richtung der Hauptachsen des Grundrisses zu untersuchen. Bei rechteckigen Grundrissen dürfen die Windlasten getrennt in beiden Richtungen rechtwinklig zu den Außenwänden angesetzt werden; dies trifft bei Mauerwerksbauten in der Regel zu.

6.5.2 Stabilität des Gesamtbauwerks

Die Stabilität des Gesamtbauwerks (räumliche Aussteifung) ist nach DIN 1053 Teil 1, Abschnitt 6.4, zu untersuchen. Außer den Horizontallasten aus Wind sind horizontale Zusatzlasten, z. B. aus Lotabweichung und Erdbeben nach DIN 4149 Teil 1 zu berücksichtigen.

Als rechnerische Schrägstellung des Bauwerks aus nicht planmäßiger Lotabweichung ist der im Bogenmaß gemessene Winkel

$$\varphi = \pm \frac{1}{100 \cdot \sqrt{h_G}} \qquad (6.74a)$$

anzusetzen (DIN 1053 Teil 1, Abschnitt 6.4, Gl. (1)).

Mit dem Winkel φ der Schrägstellung ergibt sich aus den lotrechten Lasten eine über die Gebäudehöhe gleichmäßig verteilte horizontale Ersatzlast

$$w_L = \frac{N}{h_G} \cdot \varphi = \frac{N}{100 \cdot h_G \cdot \sqrt{h_G}} \qquad (6.74b)$$

Es bedeuten

N   Summe aller lotrechten Lasten des Gebäudes (Bauwerkslast)

Tafeln 6/49 bis 6/54: Grenzwert $\bar{\tau}$ der vorhandenen Schubspannungen τ in Abhängigkeit von der vorhandenen Wandnormalspannung σ bei Scheibenbeanspruchung

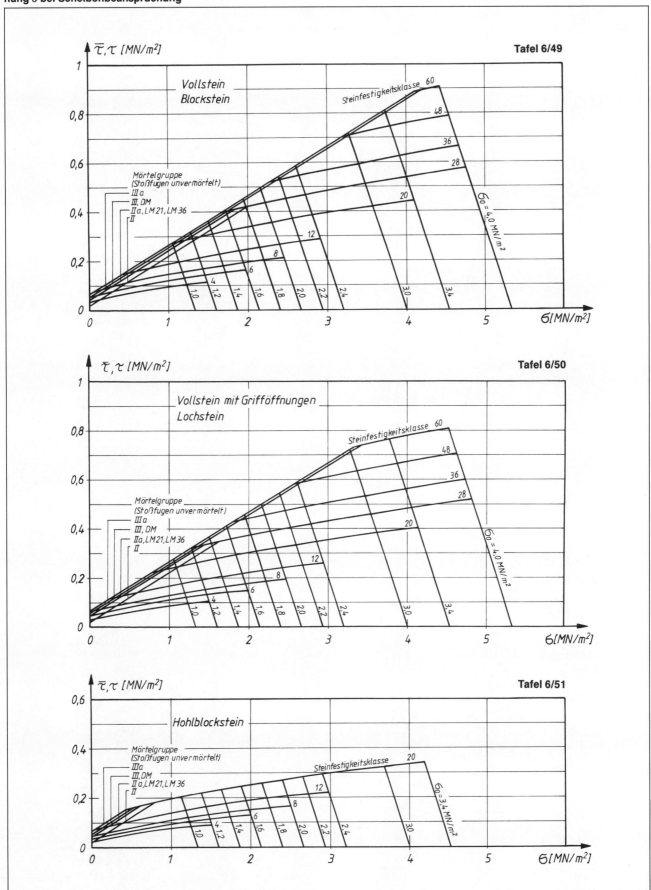

Berechnungshilfen

Tafeln 6/49 bis 6/54: Grenzwert $\bar{\tau}$ der vorhandenen Schubspannungen τ in Abhängigkeit von der vorhandenen Wandnormalspannung σ bei Scheibenbeanspruchung

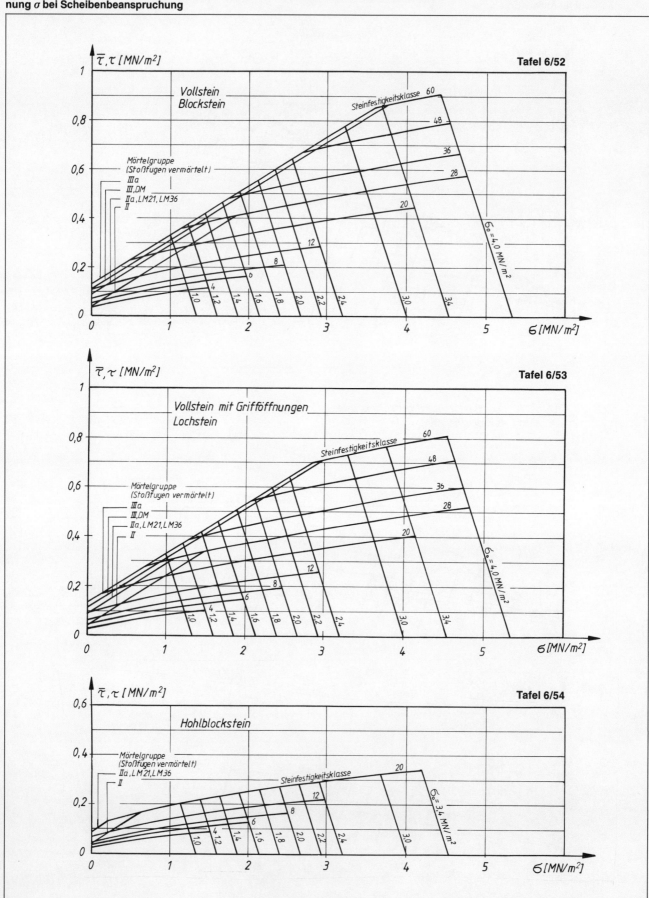

h_G Gebäudehöhe über OK Fundament

In den Gln. (6.74a) und (6.74b) ist h_G in [m] einzusetzen.

Die Horizontallast infolge Schrägstellung ist zusätzlich zu den Windlasten anzusetzen.

Nach DIN 1053 Teil 1, Abschnitt 6.4, müssen darüber hinaus bei großer Nachgiebigkeit der aussteifenden Bauteile die Formänderungen bei der Ermittlung der Schnittgrößen berücksichtigt werden [6/18, Kap. 2.2.3]. Dieser Nachweis darf entfallen, wenn die lotrechten aussteifenden Bauteile die folgende Bedingung erfüllen:

$$h_G \cdot \sqrt{\frac{N}{E \cdot I}} \leq 0{,}6 \qquad \text{für } n \geq 4 \qquad (6.75)$$
$$\leq 0{,}2 + 0{,}1 \cdot n \quad \text{für } 1 \leq n < 4$$

Es bedeuten

h_G Gebäudehöhe über OK Fundament [m]

N   Summe aller lotrechten Lasten des Gebäudes [MN]

E·I   Summe der Biegesteifigkeiten aller lotrechten aussteifenden Bauteile im Zustand I nach der Elastizitätstheorie in der untersuchten Richtung [MNm²], bei Mauerwerk:

I = Flächenmoment 2. Grades ($\triangleq I_M$); E = Elastizitätsmodul E nach DIN 1053 Teil 1, Tabelle 2

n   Anzahl der Geschosse

Gl. (6.75) entspricht Gl. (2) in DIN 1053 Teil 1, Abschnitt 6.4.

6.5.3 Aussteifungswand

6.5.3.1 Aufteilung der Horizontallasten

Aussteifungswände müssen neben den lotrechten Eigengewichts- und Verkehrslasten auch noch Horizontallasten abtragen.

Alle auf das Bauwerk wirkenden Horizontallasten und die daraus resultierenden Biegemomente sind auf die einzelnen Wände im Verhältnis ihrer Biegesteifigkeiten bezogen auf die Gesamtbiegesteifigkeit aller Wände aufzuteilen. Die auf eine beliebige Wand i anzusetzenden Biegemomente und Querkräfte betragen [6/18, Kap. 2.3.3.2.1]:

$$M_i = \frac{E_i I_i}{\sum_{i=1}^{n} E_i I_i} \cdot M_G \qquad (6.76a)$$

und

$$Q_i = \frac{E_i I_i}{\sum_{i=1}^{n} E_i I_i} \cdot Q_G \qquad (6.77a)$$

Bestehen alle Wände aus gleichen Baustoffen, haben also den gleichen E-Modul, so vereinfachen sich die Gln. (6.76a) und (6.77a)

$$M_i = \frac{I_i}{\sum_{i=1}^{n} I_i} \cdot M_G \qquad (6.76b)$$

und

$$Q_i = \frac{I_i}{\sum_{i=1}^{n} I_i} \cdot Q_G \qquad (6.77b)$$

Es bedeuten

M_G Gesamtmoment des Gebäudes infolge der Horizontallasten für eine Richtung (x- oder y-Richtung)

Q_G Gesamte Horizontallast (Querkraft) des Gebäudes in einer Richtung (x- oder y-Richtung)

M_i, Q_i Biegemoment, Querkraft der i-ten Wand

I_i Flächenmoment 2. Grades der i-ten Wand

n   Gesamtanzahl der in einer Richtung für den Nachweis herangezogenen aussteifenden Wände des Gebäudes

E_i Elastizitätsmodul der i-ten Wand nach DIN 1053 Teil 1, Tabelle 2 (entspricht E)

$\sum_{i=1}^{n} E_i I_i$ Summe der Biegesteifigkeiten aller für eine Richtung herangezogenen Wände

$\sum_{i=1}^{n} I_i$ Summe der Flächenmomente 2. Grades aller für eine Richtung herangezogenen Wände

Bei Bauwerken mit einer ausreichenden Anzahl von aussteifenden Wänden ist nach DIN 1053 Teil 1, Abschnitt 6.4, eine Umlagerung der Horizontallasten erlaubt. Hierbei dürfen bis zu 15% des ermittelten horizontalen Lastanteils einer Wand auf andere Wände umverteilt werden.

Die Gln. (6.76) und (6.77) gelten nur bei symmetrischem Grundriß und Lastangriff. Bei unsymmetrischem Grundriß oder Lastangriff außerhalb der Symmetrieachse eines symmetrischen Grundrisses müssen die Horizontallasten auf den Schubmittelpunkt des Gesamtsystems bezogen werden [6/18, Kap. 2.3.4.2.2].

6.5.3.2 Nachweis des Wandquerschnitts

Allgemeines

Die zur Aussteifung herangezogenen Wände werden durch lotrechte und waagerechte Lasten beansprucht. Die lotrechten Lasten greifen im allgemeinen ausmittig an und erzeugen über den Querschnitt veränderliche Normalspannungen, die bei stabförmigen Bauteilen als linear verteilt angenommen werden dürfen. Diesen Spannungen müssen die Normalspannungen aus Horizontallasten überlagert werden. Bei den Wandquerschnitten können rechteckige und zusammengesetzte Querschnitte unterschieden werden. Spannungsverteilungen für beide Querschnittsarten sind beispielhaft im Bild 6/43 dargestellt.

Die im folgenden mitgeteilten Spannungen gelten für bestimmte Querschnittsformen einer Wand i. In den Gleichungen ist der Index i für die Querschnittswerte und für die auf die einzelne Wand entfallenden Schnittkräfte einfachheitshalber weggelassen.

Rechteckquerschnitt

a) Normalspannungen

Die Normalspannungen bei ungerissenem und teilweise gerissenem Querschnitt betragen (Bild 6/44a und b):

- Ungerissener Querschnitt ($0 \leq e \leq \frac{b}{6}$)

$$\sigma_{I,II} = \frac{N}{d \cdot b} \cdot (1 \pm m) \qquad (6.78)$$

- Teilweise gerissener Querschnitt ($\frac{b}{6} < e \leq \frac{b}{3}$)

$$\sigma_R = \frac{4 \cdot N}{3 \cdot d \cdot (b - 2 \cdot e)} = \frac{2 \cdot N}{3 \cdot c \cdot d} \qquad (6.79a)$$

bzw.

$$\sigma_R = \frac{N}{b \cdot d} \cdot \frac{4}{3 - m} \qquad (6.79b)$$

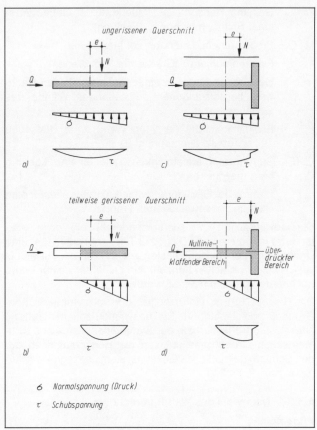

Bild 6/43: Spannungsverlauf
a) Rechteckquerschnitt, ungerissen
b) Rechteckquerschnitt, teilweise gerissen
c) Zusammengesetzter Querschnitt, ungerissen
d) Zusammengesetzter Querschnitt, teilweise gerissen

Die Klaffung k darf im Gebrauchszustand höchstens bis zur Wandmitte reichen:

$$k = \frac{b - 3c}{b} \leq 0{,}5 \qquad (6.80)$$

Es bedeuten

σ_I, σ_{II} Normalspannungen am Querschnittsrand (Randspannungen)

σ_R Randspannung am gedrückten Rand bei teilweise gerissenem Querschnitt

b, d Wandlänge, Wanddicke

c Abstand des gedrückten Randes von der Wirkungslinie der Normalkraft: $c = b/2 - e$

e Planmäßige Ausmitte der Normalkraft in Längsrichtung der Wand: $e = M/N$

m Bezogene Ausmitte: $m = 6 \cdot e/b$

M, N Biegemoment, Normalkraft

b) Schubspannungen

Bei Rechteckquerschnitten wird die maximale Schubspannung in der Mitte des überdrückten Wandquerschnitts nach Gl. (6.72b) ermittelt (siehe Kap. 6.4.2.1). Es gilt:

$$\tau = (1{,}0 \div 1{,}5) \cdot \frac{Q}{A} \qquad (6.81)$$

Es bedeuten

τ Größtwert der Schubspannung in der Mitte des überdrückten Wandquerschnitts

Q Querkraft

A Fläche des überdrückten Wandquerschnitts

- Ungerissener Querschnitt $A = b \cdot d$
- Teilweise gerissener Querschnitt $A = 3c \cdot d = A'$

In Gl. (6.81) wird im folgenden mit dem Faktor 1,5 gerechnet.

Zusammengesetzter Querschnitt

Als zusammengesetzter Querschnitt wird beispielhaft der im Mauerwerksbau häufig vorkommende einfachsymmetrische T-Querschnitt behandelt. Die Spannungen infolge ausmittiger Normalkraft N und Querkraft Q werden nach folgenden Gleichungen ermittelt:

a) Normalspannungen

Die Normalspannungen bei ungerissenem und teilweise gerissenem Querschnitt betragen (Bild 6/44c und d):

- Ungerissener Querschnitt

Die größte Normalspannung σ_I beträgt

$$\sigma_I = \frac{N}{A} + \frac{M}{W_D} \qquad (6.82)$$

Die kleinste Normalspannung σ_{II} beträgt

$$\sigma_{II} = \frac{N}{A} - \frac{M}{W_Z} \qquad (6.83)$$

Der Querschnitt ist dann überdrückt, wenn die kleinste Normalspannung σ_{II} eine Druckspannung oder gleich Null ist.

Es bedeuten

A Fläche des Wandquerschnitts

W_D Widerstandsmoment, bezogen auf den durch das Moment gedrückten Rand: $W_D = I_x/b_2$

W_Z Widerstandsmoment, bezogen auf den durch das Moment gezogenen Rand: $W_Z = I_x/b_1$

b_1 Abstand des durch das Moment gezogenen Randes von der Schwerachse $x - x$

b_2 Abstand des durch das Moment gedrückten Randes von der Schwerachse $x - x$

I_x Flächenmoment 2. Grades des Gesamtquerschnitts um die Schwerachse $x - x$

- Teilweise gerissener Querschnitt

Zur Ermittlung des Abstandes der Nullinie zum gedrückten Rand und der Randspannung siehe [6/18, Kap. 3.3.1.1.3]. Unter Berücksichtigung der Bedingung, daß die Schwerachse des Spannungskörpers mit der Wirkungslinie der Normalkraft N zusammenfällt, erhält man die Randspannung σ_R am gedrückten Rand (Bild 6/44d)

$$\sigma_R = \frac{N}{A'} + \frac{M}{I'_x} \cdot b'_2 \qquad (6.84)$$

Es bedeuten

A' Fläche des überdrückten Wandquerschnitts

I'_x Flächenmoment 2. Grades des überdrückten Wandquerschnitts um die Schwerachse $x' - x'$

Aussteifungswand

ungerissener Querschnitt

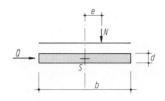

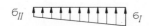

$0 \leq e \leq \dfrac{b}{6}$; $m = \dfrac{6 \cdot e}{b}$

$\sigma_{I,II} = \dfrac{N}{d \cdot b} (1 \pm m)$ (6.78)

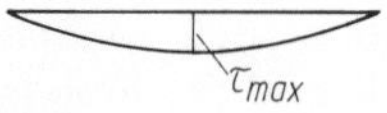

$\tau = (1{,}0 \div 1{,}5) \dfrac{Q}{A}$ mit $A = b \cdot d$ (6.81)

a)

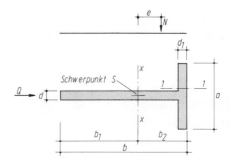

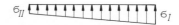

$\sigma_I = \dfrac{N}{A} + \dfrac{M}{W_D}$ (6.82)

$\sigma_{II} = \dfrac{N}{A} - \dfrac{M}{W_Z}$ (6.83)

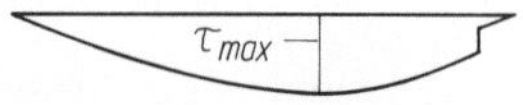

$\tau = \dfrac{Q \cdot S_M}{I_M \cdot d}$ (6.72a)

c)

teilweise gerissener Querschnitt

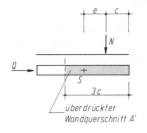

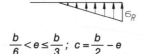

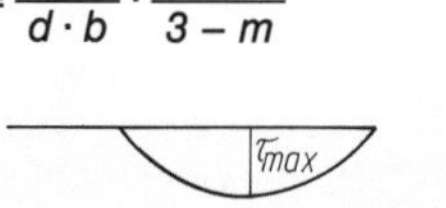

$\dfrac{b}{6} < e \leq \dfrac{b}{3}$; $c = \dfrac{b}{2} - e$

$\sigma_R = \dfrac{2 \cdot N}{3 \cdot c \cdot b}$ (6.79a)

bzw.

$\sigma_R = \dfrac{N}{d \cdot b} \cdot \dfrac{4}{3 - m}$ (6.79b)

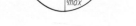

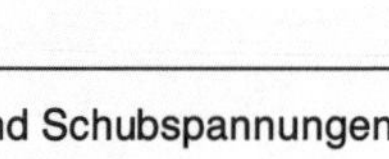

$\tau (1{,}0 \div 1{,}5) \dfrac{Q}{A'}$ mit $A' = 3 \cdot c \cdot d$ (6.81)

b)

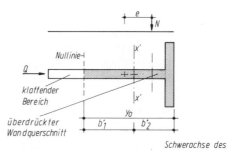

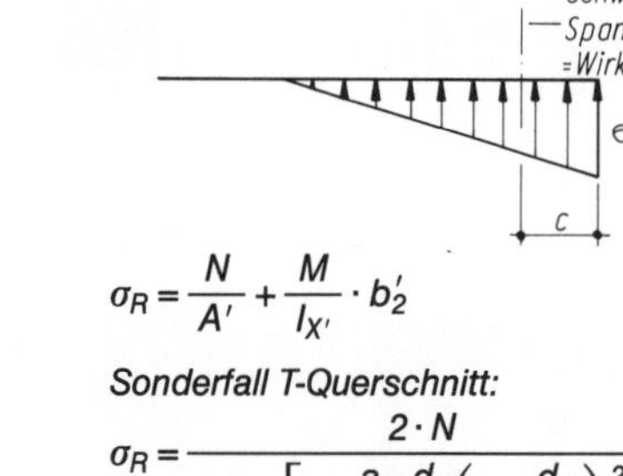

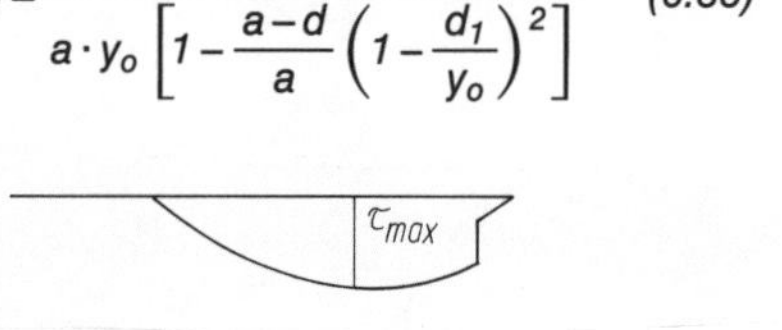

$\sigma_R = \dfrac{N}{A'} + \dfrac{M}{I_{x'}} \cdot b'_2$ (6.84)

Sonderfall T-Querschnitt:

$\sigma_R = \dfrac{2 \cdot N}{a \cdot y_0 \left[1 - \dfrac{a-d}{a} \left(1 - \dfrac{d_1}{y_0} \right)^2 \right]}$ (6.85)

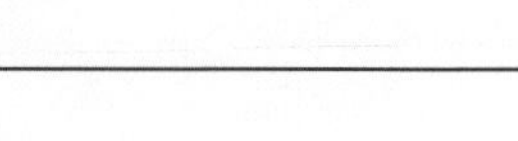

$\tau = \dfrac{Q \cdot S_M}{I_M \cdot d}$ (6.72a)

d)

Bild 6/44: Normal- und Schubspannungen
a) Rechteckquerschnitt, ungerissen
b) Rechteckquerschnitt, teilweise gerissen
c) Zusammengesetzter Querschnitt, ungerissen
d) Zusammengesetzter Querschnitt, teilweise gerissen

b_2' Abstand des gedrückten Randes von der Schwerachse $x'-x'$

Für beliebige Querschnitte wird die Nullinie durch Iteration gefunden. Für den Sonderfall des T-Querschnitts, dessen Flansch gedrückt wird, beträgt die Randspannung:

$$\sigma_R = \frac{2 \cdot N}{a \cdot y_o \cdot \left[1 - \frac{a-d}{a} \cdot \left(1 - \frac{d_1}{y_o}\right)^2\right]} \quad (6.85)$$

Es bedeuten (Bild 6/44c und d)

y_o Abstand der Nullinie zum gedrückten Rand

a Flanschbreite

d, d_1 Wanddicke des Stegs, Wanddicke des Flansches

b) Schubspannungen

Für die Ermittlung der Schubspannungen gilt die allgemeine Gl. (6.72a). Bei zusammengesetzten Querschnitten ist der Schubnachweis zusätzlich am Anschnitt der Teilquerschnitte zu führen.

Die Schubspannung am Anschnitt eines Teilquerschnitts – beispielsweise im Schnitt 1 – 1 des T-Querschnitts in Bild 6/44c – beträgt

$$\tau_1 = \frac{Q \cdot S_1}{I_x \cdot d_1} \quad (6.86)$$

Es bedeuten

Q Querkraft

S_1 Flächenmoment 1. Grades der am zu untersuchenden Schnitt 1–1 abgetrennten Teilfläche um die Schwerachse $x-x$ (Fläche × Hebelarm)

I_x Flächenmoment 2. Grades des Gesamtquerschnitts um die Schwerachse $x-x$; das Flächenmoment 2. Grades I_x entspricht I_M in Gl. (6.72a)

d_1 Wanddicke an der zu untersuchenden Stelle

Die Gleichungen (6.72a) und (6.86) zur Ermittlung von Schubspannungen bei zusammengesetzten Querschnitten gelten für ungerissene Querschnitte. Bei teilweise gerissenen Querschnitten müssen die statischen Momente und die Flächenmomente 2. Grades auf die Schwerachse $x'-x'$ des überdrückten Querschnittsbereiches bezogen werden (Bild 6/44d).

Zur Ermittlung des Flächenmomentes 1. Grades S des an einer beliebigen Stelle abgeschnittenen Teiles eines Wandquerschnitts siehe [6/18, Kap. 3.3.1.1.3].

6.5.3.3 Kriterium zur Beurteilung der Bauwerksaussteifung

Allgemeines

Ist ein Gebäude durch eine ausreichende Anzahl von regelmäßig im Grundriß angeordneten Wänden in beiden Richtungen ausgesteift und sind die Wandquerschnitte infolge lotrechter Lasten überdrückt, so kann der Nachweis der Bauwerksaussteifung entfallen, wenn bestimmte Kriterien eingehalten sind.

Wände, die zur Bauwerksaussteifung herangezogen werden, müssen möglichst große lotrechte Lasten abtragen, damit die Zugspannungen infolge der Windmomente überdrückt bleiben. Die im folgenden hergeleiteten Kriterien gelten daher nur für solche Aussteifungswände.

Für die Aufnahme von Normalspannungen aus Horizontallasten müssen in den Wandquerschnitten jedoch noch aus-

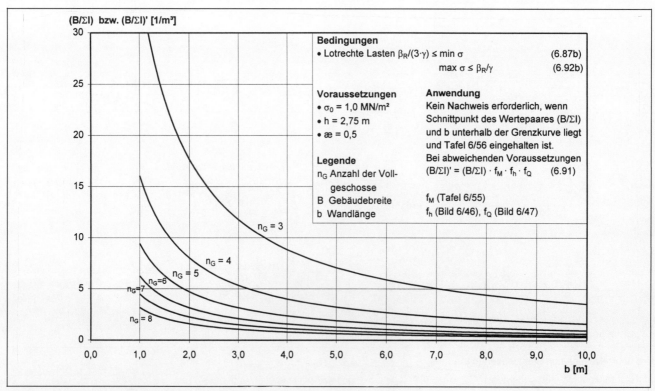

Bild 6/45: Kriterium zur Beurteilung der Bauwerksaussteifung bei Gebäuden bis zu 8 Vollgeschossen, Auswertung der Gl. (6.90b)

Kriterium Bauwerksaussteifung

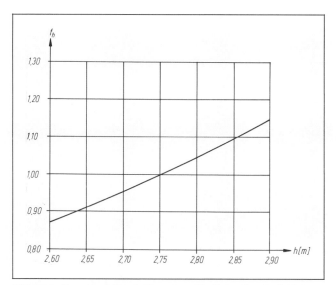

Bild 6/46: Korrekturfaktor f_h für unterschiedliche Geschoßhöhen

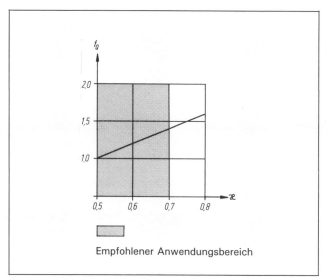

Bild 6/47: Korrekturfaktor f_Q für unsymmetrische Querschnitte

Tafel 6/55: Korrekturfaktor f_m für unterschiedliche Stein-/Mörtelkombinationen

Grundwerte σ_0 der zul. Druckspannung	0,9	1,0	1,2	1,4	1,6	1,8	2,4	3,0	3,5	4,0	4,5	5,0
Korrekturfaktor $f_M = \dfrac{1,0}{\sigma_0}$	1,11	1,00	0,83	0,71	0,63	0,56	0,42	0,33	0,29	0,25	0,22	0,20

Tafel 6/56: Begrenzung des Abstandes der Aussteifungswände für das Kriterium zur Beurteilung der Bauwerksaussteifung

Grundwerte σ_0 der zul. Druckspannung	Abstand der Aussteifungswände
$\leq 1,0$	$\leq b$
$> 1,0$	$\leq 1,5\,b$

b = Wandlänge

reichende Reserven vorhanden sein. Erfahrungsgemäß sind bei Gebäuden bis zu 8 Vollgeschossen und üblichen Grundrissen die Wände durch lotrechte Lasten etwa mit 1/4 bis 3/4 der zulässigen Druckspannungen ausgenutzt. Zur Herleitung des Kriteriums wird daher davon ausgegangen, daß die Druckspannungen infolge lotrechter Lasten größer als $1/4 \cdot (1,33 \cdot \beta_R/\gamma)$ und kleiner als $3/4 \cdot (1,33 \cdot \beta_R/\gamma)$ bleiben. Aus dieser Bedingung ergibt sich, daß immer der Nachweis der Randspannungen maßgebend ist.

Die Normalspannungen aus Horizontallasten dürfen also in der am ungünstigsten beanspruchten Wand den Wert

$$\Delta \sigma = \frac{1}{4} \cdot \left(1,33 \cdot \frac{\beta_R}{\gamma}\right) = \frac{1}{3} \cdot \frac{\beta_R}{\gamma} \qquad (6.87a)$$

nicht überschreiten. Diese Annahme wird von den Verfassern bei Gebäuden bis zu etwa 8 Vollgeschossen als sinnvoll angesehen und daher dem Kriterium zugrunde gelegt (Bild 6/45). Gleichzeitig muß aber auch eine minimale Normalspannung von

$$\min \sigma \geq \frac{1}{4} \cdot \left(1,33 \cdot \frac{\beta_R}{\gamma}\right) = \frac{1}{3} \cdot \frac{\beta_R}{\gamma} \qquad (6.87b)$$

im Wandquerschnitt vorhanden sein.

Bei üblichen Gebäudegrundrissen ist wegen der vorausgesetzten Druckbeanspruchung der Aussteifungswände bei Stein-/Mörtelkombinationen mit geringen Grundwerten σ_0 der zulässigen Druckspannung die Anzahl der möglichen Vollgeschosse n_G begrenzt. Erst bei Grundwerten $\sigma_0 \geq 1,9$ MN/m² werden 8 Vollgeschosse ausführbar. Für Grundwerte $\sigma_0 = 0,8$ MN/m² wird der Anwendungsbereich auf $n_G \leq 3$, für $\sigma_0 = 1,0$ MN/m² auf $n_G \leq 4$ und für $\sigma_0 = 1,6$ MN/m² auf $n_G \leq 6$ begrenzt sein.

Das Kriterium gilt für den bezüglich der Windbeanspruchung ungünstigsten Gebäudequerschnitt. Dieser liegt im Regelfall im Erdgeschoß, in Höhe des Erdgeschoßfußbodens, da im Kellergeschoß meist mehr und dickere Wände vorhanden sind.

Bei Anwendung des Kriteriums zur Beurteilung der Bauwerksaussteifung muß außerdem gewährleistet sein, daß die Grenzwerte der Schubspannungen $\bar{\tau}$ nicht überschritten werden. Im Regelfall wird diese Bedingung dann eingehalten sein, wenn auch die Gln. (6.87a) und (6.87b) erfüllt sind, der Wandquerschnitt also nicht aufreißt. Bei der Begrenzung des lotrechten Spannungsanteiles aus Horizontallasten wird auch das Anwachsen der Schubspannungen begrenzt; sie bleiben im Regelfall im zulässigen Bereich.

> Es werden vermörtelte Stoßfugen vorausgesetzt. Bei Ausführung des Mauerwerkes ohne Stoßfugenvermörtelung sind bei 3- und 4-geschossigen Gebäuden mindestens Steinfestigkeitsklasse 8 und Mörtelgruppe IIa zu verwenden, oder es muß ein genauer Nachweis geführt werden.

Eigene Untersuchungen haben gezeigt, daß aufgrund der eingeführten Kriterien gemäß Gln. (6.87a) und (6.87b) bei den üblicherweise im Wohnungsbau vorliegenden Aussteifungsverhältnissen die Querkräfte aus Wind ohne Überschreitung der zulässigen Grenzwerte der Schubspannungen aufgenommen werden können. Bei sehr unregelmäßigen Grundrissen und stark unterschiedlichen Wandquerschnitten (Flächenmomente 2. Grades, $\varkappa > 0{,}7$; Bild 6/47), insbesondere in Verbindung mit niedrigen Grundwerten σ_o der zulässigen Druckspannungen ($\sigma_o = 0{,}8 \div 1{,}0$ MN/m²) können jedoch die zulässigen Grenzwerte der Schubspannungen überschritten werden, wenn unter Berücksichtigung der Windlasten die Querschnitte bereichsweise aufreißen. In solchen Fällen sind Überlegungen zur Schubtragfähigkeit anzustellen. Diese Überlegungen (genauer Windnachweis) sind jedoch entbehrlich, wenn die Abstände der Aussteifungswände nach Tafel 6/56 eingehalten sind.

Bei der Herleitung des Kriteriums zur Beurteilung der Bauwerksaussteifung wird deshalb auf die Einhaltung von Schubspannungen nicht mehr eingegangen.

Da der Rechenwert der Steinzugfestigkeit β_{RZ} bei Hohlblocksteinen deutlich gegenüber den Voll- und Blocksteinen sowie den Vollsteinen mit Grifföffnungen und Lochsteinen abfällt (Tafel 6/47), gilt das Kriterium nach Bild 6/45 näherungsweise nur dann für Hohlblocksteine, wenn man die Anwendung auf 6-geschossige Bauten beschränkt und von der ermittelten möglichen Anzahl der Vollgeschosse ein Geschoß abzieht.

Im folgenden wird das Kriterium zur Beurteilung der Bauwerksaussteifung hergeleitet.

Herleitung des Kriteriums

Die größte Normalspannung aus Horizontallasten entsteht in dem Wandquerschnitt mit dem größten Schwerpunktsabstand vom Querschnittsrand $(\varkappa \cdot b)_{max}$. Für diese Wand muß eingehalten sein:

$$\Delta\sigma \geq \frac{M_i}{I_i} \cdot (\varkappa \cdot b)_{max} \qquad (6.88)$$

Nach Einsetzen der Gl. (6.76b), die den gleichen Baustoff (E-Modul) für alle Wände voraussetzt und Einführen der Gebäudebreite B, erhält man aus Gl. (6.88) als Kriterium zur Beurteilung der Bauwerksaussteifung

$$\Delta\sigma = \frac{1}{3} \cdot \frac{\beta_R}{\gamma} \geq \frac{B}{\sum_{i=1}^{n} I_i} \cdot \frac{M_G}{B} \cdot (\varkappa \cdot b)_{max} \qquad (6.89)$$

Dieses Kriterium gilt für beide Windrichtungen.

Es bedeuten (siehe auch Kap. 6.5.3.1)

B   Gebäudebreite rechtwinklig zur untersuchten Windrichtung (x- oder y-Richtung)

b   Wandlänge in Windrichtung des Wandquerschnitts mit dem größten Schwerpunktsabstand vom Querschnittsrand

M_G Gesamtmoment des Gebäudes infolge der Horizontallasten für eine Richtung (x- oder y-Richtung)

n   Gesamtanzahl der in einer Richtung für den Nachweis herangezogenen aussteifenden Wände des Gebäudes

$\varkappa$ Querschnittswert, der das Verhältnis des größten Schwerpunktsabstandes vom untersuchten Querschnittsrand zur Wandlänge b angibt;

für doppelsymmetrische Querschnitte ist $\varkappa = 0{,}50$

Für die Auswertung des Kriteriums wird Gl. (6.89) umgeschrieben:

$$\frac{1}{3} \cdot \frac{2{,}67 \cdot \sigma_o}{\gamma} \cdot \frac{B}{M_G} \cdot \frac{1}{(\varkappa \cdot b)_{max}} \geq \frac{B}{\sum_{i=1}^{n} I_i} \qquad (6.90a)$$

Im Grenzfall, wenn $\Delta\sigma$ nach Gl. (6.87a) gerade erreicht wird, gilt

$$0{,}89 \cdot \frac{\sigma_o}{\gamma} \cdot \frac{B}{M_G} \cdot \frac{1}{(\varkappa \cdot b)_{max}} = \frac{B}{\sum_{i=1}^{n} I_i} \qquad (6.90b)$$

Für diesen Grenzfall kann das Kriterium zur Beurteilung der Bauwerksaussteifung in Form von Grenzkurven zeichnerisch dargestellt werden.

In einem Diagramm sind die Werte $B/\sum_{i=1}^{n} I_i$ oder in vereinfachter Schreibweise $B/\sum I$ in Abhängigkeit von b aufgetragen, wobei folgende Baustoffwerte und Abmessungen für häufig vorkommende Verhältnisse eingearbeitet sind (Bild 6/45):

- Grundwert der zulässigen Druckspannung $\sigma_o = 1{,}0$ MN/m²
- Geschoßhöhe h = 2,75 m
- Doppelsymmetrischer Wandquerschnitt, d. h. $\varkappa = 0{,}5$

Das auf die Gebäudebreite B bezogene Gesamtmoment M_G wurde hierfür unter Ansatz der Windlasten nach DIN 1055 Teil 4 sowie der Horizontallasten infolge Schrägstellung des Gebäudes ermittelt. Vereinfachend wurde für das Moment aus Lotabweichung 10% des Windmomentes angesetzt. Es ergibt sich so für Gebäude mit unterschiedlichen Geschoßzahlen n_G jeweils eine Grenzkurve.

Andere Grundwerte σ_o der zulässigen Druckspannungen, Geschoßhöhen und Wandquerschnitte können berücksichtigt werden, indem der rechnerisch ermittelte Wert $B/\sum I$ mit entsprechenden Korrekturfaktoren multipliziert wird.

Diese Faktoren sind:

- f_M Für die Grundwerte $\sigma_o = 0{,}9$ MN/m² bis 5,0 MN/m² nach Tafel 6/55
- f_h Für die Geschoßhöhen h = 2,60 m bis 2,90 m nach Bild 6/46
- f_Q Für unsymmetrische Querschnitte nach Bild 6/47

Als Bauwerksparameter kann damit in allgemeiner Form angegeben werden:

$$\frac{B}{\sum_{i=1}^{n} I_i} \cdot f_M \cdot f_h \cdot f_Q = \left(\frac{B}{\sum I}\right)' \qquad (6.91)$$

Dieser Bauwerksparameter kann als Kriterium zur Beurteilung der Bauwerksaussteifung verwendet werden.

6.5.3.4 Entfallen des Windnachweises

Auf den Windnachweis und den Nachweis der Bauwerksaussteifung kann also verzichtet werden, wenn bei Gebäuden bis zu 8 Vollgeschossen die Aussteifungswände im Grundriß regelmäßig angeordnet sind (Tafel 6/56) und die Wandquerschnitte infolge lotrechter Lasten nur Druckspannungen aufweisen. Im einzelnen müssen dann folgende Kriterien eingehalten sein:

- Der Schnittpunkt des Wertepaares $B/\sum I$ nach Gl. (6.90b) oder $(B/\sum I)'$ nach Gl. (6.91) und b liegt unterhalb der zutreffenden Grenzkurve nach Bild 6/45

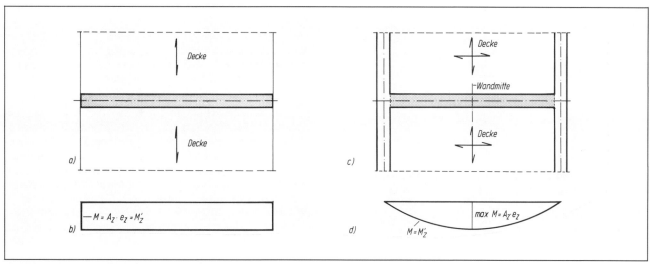

Bild 6/48: Momente infolge ausmittiger Deckenauflagerkraft
a) Einachsig gespannte Decken, Grundriß
b) Einachsig gespannte Decken, Momentenverlauf
c) Zweiachsig gespannte Decken, Grundriß
d) Zweiachsig gespannte Decken, Momentenverlauf

- Die größte Druckspannung max σ infolge lotrechter Lasten überschreitet nicht den Wert

$$\frac{3}{4} \cdot \left(1{,}33 \cdot \frac{\beta_R}{\gamma}\right) = \frac{\beta_R}{\gamma} \qquad (6.92\,\text{b})$$

- Die kleinste Druckspannung min σ infolge lotrechter Lasten beträgt mindestens

$$\frac{1}{4} \cdot \left(1{,}33 \cdot \frac{\beta_R}{\gamma}\right) = \frac{1}{3} \cdot \frac{\beta_R}{\gamma} \qquad (6.87\,\text{b})$$

6.5.3.5 Nachweisstellen

Die Nachweise der Wand-Decken-Knoten und der Knicksicherheit werden als Spannungsnachweis an den Stellen mit der ungünstigsten Beanspruchung der Wand geführt. Der Spannungsnachweis erfolgt im Regelfall für einachsige Biegung.

Der Verlauf der Momente infolge ausmittiger Deckenauflagerung ist für eine Innenwand bei ein- und zweiachsig gespannten Decken in Bild 6/48 dargestellt. Bei Überlagerung der Beanspruchung aus lotrechten und waagerechten Lasten können die maßgebenden Nachweisstellen in Abhängigkeit von der Deckenspannrichtung angegeben werden:

- Bei einachsig gespannten Decken

Für die Nachweise des Wand-Decken-Knotens und der Knicksicherheit ist der Wandabschnitt mit der größten Normalspannung zugrunde zu legen. Wegen des konstanten Verlaufs der Momente infolge ausmittiger Deckenauflagerung (Bild 6.48b) wird die Nachweisstelle von der Scheibenbeanspruchung der Wand bestimmt.

- Bei zweiachsig gespannten Decken

Werden die Wände durch zweiachsig gespannte Decken belastet, so kann das Moment infolge ausmittiger Deckenauflagerung an der Stelle rechtwinklig aufeinanderstoßender Wände zu Null gesetzt werden. Zwischen der Wandecke und der Wandmitte darf näherungsweise ein parabel- oder sinusförmiger Momentenverlauf angenommen werden (Bild 6/48d). Daher braucht der Nachweis des Wand-Decken-Knotens nur

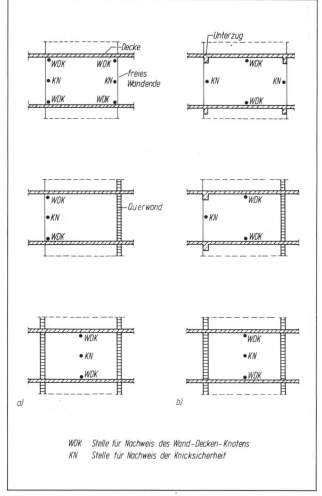

Bild 6/49: Nachweisstellen einer Aussteifungswand in Abhängigkeit von der Halterung der Wandenden und von der Deckenspannrichtung

a) Bei einachsig gespannten Decken
b) Bei zweiachsig gespannten Decken

für den mittleren Wandabschnitt mit dem größten Moment aus der Deckenauflagerung geführt zu werden.

Für den Knicksicherheitsnachweis können der mittlere Wandabschnitt oder das freie Wandende maßgebend sein.

In Bild 6/49 sind für eine Aussteifungswand mit Rechteckquerschnitt die Nachweisstellen bei unterschiedlicher Ausbildung der Wandenden (freies Wandende oder Querwand) angegeben.

6.5.3.6 Hinweis für Spannungsnachweise

Beim Nachweis des Wand-Decken-Knotens und der Knicksicherheit liegt am freien Rand einer Aussteifungswand meistens zweiachsige Biegung (Doppelbiegung) vor. Gegenüber DIN 1053 Teil 2, Ausgabe Juli 1984, braucht die Überlagerung von Scheiben- und Plattenbeanspruchung der Wand im Eckpunkt eines freien Wandendes nicht mehr untersucht zu werden. Es gilt auch für diesen Punkt Gl. (6.43a), d. h.

$$\sigma_E = \sigma_R \leq 1{,}33 \cdot \frac{\beta_R}{\gamma} \qquad (6.92\,\text{a})$$

Bei einer innen liegenden Aussteifungswand mit gleichen Spannweiten der benachbarten Deckenfelder können die Momente aus ausmittig eingeleiteten Deckenauflagerkräften als gleich angenommen werden, wenn auf den Ansatz der Wechsellast p/2 verzichtet wird. Das Deckeneinspannmoment wird in diesem Fall wegen der mittigen Beanspruchung der Wand zu Null. Beim Nachweis des Wand-Decken-Knotens wird die Aussteifungswand dann nur auf einachsige Biegung in Scheibenebene beansprucht.

6.5.3.7 Überlagerung der Beanspruchung aus lotrechter und waagerechter Lastabtragung

Windnachweis ist nicht erforderlich

Die Kriterien nach Kap. 6.5.3.4 sind erfüllt.

Die Nachweise der Wand-Decken-Knoten und der Knicksicherheit brauchen nur unter Berücksichtigung der Normalspannungen infolge lotrechter Lasten geführt zu werden.

Falls aufgrund des Kriteriums zur Beurteilung der Bauwerksaussteifung (Bild 6/45) der Windnachweis entfallen kann, muß beim Spannungsnachweis beachtet werden, daß ein Spannungsanteil von $\Delta\sigma = 1/4 \cdot (1{,}33 \cdot \beta_R/\gamma) = 1/3 \cdot \beta_R/\gamma$ für die Windlastaufnahme schon ausgenutzt ist. Für die Nachweise des Wand-Decken-Knotens und der Knicksicherheit gilt daher

$$\max \sigma \leq \frac{3}{4} \cdot \left(1{,}33 \cdot \frac{\beta_R}{\gamma}\right) = \frac{\beta_R}{\gamma} \qquad (6.92\,\text{b})$$

Windnachweis ist erforderlich

Die Kriterien nach Kap. 6.5.3.4 sind nicht erfüllt.

Die Nachweise der Wand-Decken-Knoten und der Knicksicherheit können erst nach Ermittlung der Normalspannungen aus lotrechten und waagerechten Lasten geführt werden.

Es ist zu beachten, daß außer den Nachweisen des Wand-Decken-Knotens und der Knicksicherheit noch der Schubnachweis geführt werden muß.

6.5.4 Forderungen der Norm
6.5.4.1 Mitwirkende Breite bei zusammengesetzten Querschnitten

Beim Nachweis der Aufnahme von Horizontallasten dürfen unter bestimmten Voraussetzungen zusammengesetzte Wandquerschnitte angesetzt werden. Nach DIN 1053 Teil 1, Abschnitt 6.8, gelten nur solche Querschnitte als zusammengesetzt, deren Teile aus Steinen gleicher Art, Höhe und Festigkeitsklasse bestehen, die gleichzeitig im Verband mit gleichem Mörtel gemauert werden und bei denen ein Abreißen von Querschnittsteilen infolge stark unterschiedlicher Verformung nicht zu erwarten ist.

Querschnittsschwächungen durch Schlitze sind zu berücksichtigen; Brüstungs- und Sturzmauerwerk dürfen nicht für die mitwirkende Breite herangezogen werden. Die mitwirkende Breite von zusammengesetzten Querschnitten darf bei Einhaltung der genannten Voraussetzungen nach der Elastizitätstheorie ermittelt werden. Falls kein genauer Nachweis geführt wird, darf die mitwirkende Breite beidseitig zu je 1/4 der über dem betrachteten Schnitt liegenden Höhe des zusammengesetzten Querschnittes, jedoch nicht mehr als die vorhandene Querschnittsbreite, angenommen werden (Bild 6/50).

6.5.4.2 Klaffende Fuge und Kippsicherheit

Im Gebrauchszustand dürfen nach DIN 1053 Teil 1, Abschnitt 7.9.1, klaffende Fugen infolge der planmäßigen Ausmitte e rechnerisch höchstens bis zum Schwerpunkt des Gesamtquerschnitts entstehen. Bei Querschnitten, die vom Rechteck abweichen, ist bei klaffender Fuge außerdem ein Nachweis der Kippsicherheit erforderlich. Hierbei ist eine mindestens 1,5fache Kippsicherheit nachzuweisen. Für den T-Querschnitt nach Bild 6/44d muß daher eingehalten sein:

$$M_K \leq \frac{N \cdot c}{1{,}5} \qquad (6.93)$$

6.5.4.3 Randdehnungen bei Scheibenbeanspruchung und klaffender Fuge

Bei Querschnitten mit Scheibenbeanspruchung und klaffender Fuge darf die rechnerische Randdehnung aus der Scheibenbeanspruchung auf der Seite der Klaffung unter Gebrauchslast (Zugseite) den Wert $\varepsilon_R = 10^{-4}$ nicht überschreiten (DIN 1053 Teil 1, Abschnitt 7.9.1). Die rechnerische Randdehnung auf der Zugseite beträgt (Bild 6/51)

$$\varepsilon_R = \frac{\sigma_R}{E} \cdot \left(\frac{b}{3c} - 1\right) \qquad (6.94)$$

Es bedeuten

σ_R Randspannung nach Gln. (6.79), (6.84) oder (6.85)

E   Elastizitätsmodul des Mauerwerkes nach DIN 1053 Teil 1, Abschnitt 6.9.1

b   Länge der Windscheibe

e   Planmäßige Ausmitte im Gebrauchszustand ($b/6 < e \leq b/3$)

3c   Überdrückte Länge der Windscheibe

ε_R Rechnerische Randdehnung auf der Seite der Klaffung

ε_D Rechnerische Randstauchung im maßgebenden Gebrauchs-Lastfall

6.5.5 Anwendung

Die Anwendung der mitgeteilten Gleichungen für den Spannungsnachweis einer Aussteifungswand und für die Beurteilung der Bauwerksaussteifung nach dem in Bild 6/45 dargestellten Kriterium wird an jeweils einem Beispiel gezeigt.

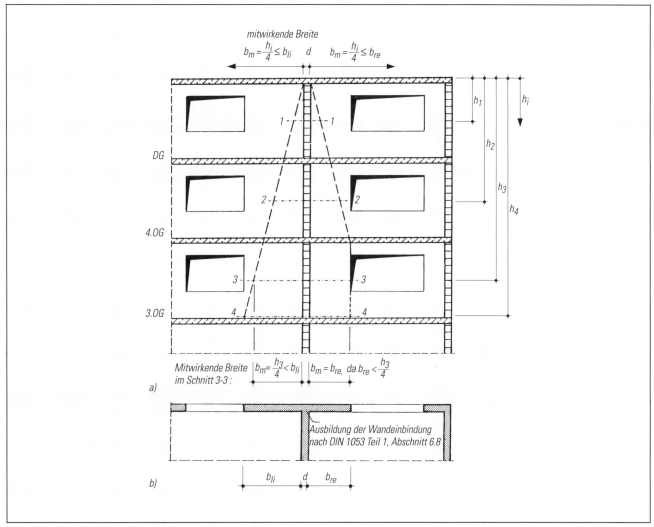

Bild 6/50: Beispiel zur Ermittlung der mitwirkenden Breite von zusammengesetzten Querschnitten nach DIN 1053 Teil 1, Abschnitt 6.8
a) Längsschnitt mit Angabe der mitwirkenden Breite b) Grundriß

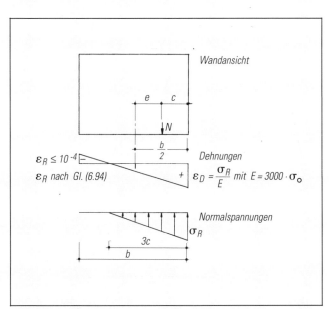

Bild 6/51: Zulässige rechnerische Randdehnung bei Scheibenbeanspruchung und klaffender Fuge

6.5.5.1 Beispiel ①: Aussteifungswand mit Rechteckquerschnitt

Dargestellt in Bild 6/44 a.

Gegeben:

Abmessungen
$b = 3{,}50$ m
$d = 24$ cm

Anzahl der Vollgeschosse $n_g = 5$ mit $h = 2{,}80$ m

Baustoffe
Mauerwerk aus Vollsteinen mit Grifföffnungen ohne Stoßfugenvermörtelung
Steinfestigkeitsklasse 12, Mörtelgruppe II a
mit $\beta_R = 2{,}67 \cdot \sigma_o = 2{,}67 \cdot 1{,}6 = 4{,}27$ MN/m²

Belastung
$N = 390$ kN, $M = 300$ kNm
$Q = 47$ kN

Beispiel ①, Beispiel ②

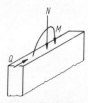

Gesucht:

Spannungsnachweis des Wandquerschnitts

a) Normalspannungsnachweis
b) Schubnachweis infolge Scheibenbeanspruchung
c) Nachweis der Randdehnung

Die zur Bemessung der Wand noch erforderlichen Nachweise des Wand-Decken-Knotens und der Knicksicherheit werden in Kap. 6.8 behandelt.

Berechnungsgang:

a) Normalspannungsnachweis

• Vorwerte

Planmäßige Ausmitte der Normalkraft

$$e = \frac{M}{N} = \frac{300}{390} = 0{,}77 \text{ m} > \frac{b}{6} = \frac{3{,}50}{6} = 0{,}58 \text{ m}$$

$$< \frac{b}{3} = \frac{3{,}50}{3} = 1{,}17 \text{ m}$$

Es liegt ein teilweise gerissener Querschnitt vor.

Überdrückte Wandlänge 3c (Bild 6/44b), mit

$$c = \frac{3{,}50}{2} - 0{,}77 = 0{,}98 \text{ m}$$

• Spannungsnachweis

Da ein teilweise gerissener Querschnitt vorliegt und $e > b/18$ ist, wird nach Kap. 6.5.3.2 der Nachweis der Randspannung maßgebend.

Randspannung

Nach Gl. (6.79a)

$$\sigma_R = \frac{2 \cdot 390}{3 \cdot 0{,}98 \cdot 0{,}24} = 1105 \text{ kN/m}^2$$

$$\sigma_R = 1{,}10 \text{ MN/m}^2 < 1{,}33 \cdot \frac{4{,}27}{2{,}0} = 2{,}84 \text{ MN/m}^2$$

b) Schubnachweis infolge Scheibenbeanspruchung

• Vorwerte nach Tafel 6/47

Nennwert der Steindruckfestigkeit
$\beta_{Nst} = 12$ MN/m²
Rechenwert der Steinzugfestigkeit
$\beta_{RZ} = 0{,}40$ MN/m²
Rechenwert der abgeminderten Haftscherfestigkeit (unter Annahme unvermörtelter Stoßfugen)
$\beta_{RHS} = 0{,}09$ MN/m²
Rechenwert des abgeminderten Reibungsbeiwertes
$\bar{\mu} = 0{,}4$

• Normalspannung in der Mitte des überdrückten Wandquerschnitts nach Gl. (6.47b):

$$\sigma = \frac{1}{2} \cdot \sigma_R = \frac{1}{2} \cdot 1{,}10 = 0{,}55 \text{ MN/m}^2$$

• Vorhandene Schubspannung nach Gl. (6.81) in der Mitte des überdrückten Wandquerschnitts:

Die Aussteifungswand geht über 5 Geschosse durch.
Wegen H/b = 5 · 2,80/3,50 = 4,0 > 2 gilt $\tau = 1{,}5 \cdot \frac{Q}{A}$.

$$\tau = 1{,}5 \cdot \frac{47}{3 \cdot 0{,}98 \cdot 0{,}24} = 99{,}9 \text{ kN/m}^2 = 0{,}10 \text{ MN/m}^2$$

• Grenzwerte $\bar{\tau}$ für die Schubspannungen (Bild 6/41)

Nach Gl. (6.73a), Fall 1:

$$\bar{\tau} = \frac{1}{2{,}0} \cdot (0{,}09 + 0{,}4 \cdot 0{,}55) = 0{,}16 \text{ MN/m}^2$$

Nach Gl. (6.73b), Fall 2:

$$\bar{\tau} = \frac{1}{2{,}0} \cdot \left(0{,}45 \cdot 0{,}40 \cdot \sqrt{1 + \frac{0{,}55}{0{,}40}}\right) = 0{,}14 \text{ MN/m}^2$$

Nach Gl. (6.73c), Fall 3:

$$\bar{\tau} = \frac{1}{2{,}0} \cdot (4{,}27 - 2 \cdot 0{,}55) = 1{,}59 \text{ MN/m}^2$$

• Nachweis

Kleinster Grenzwert nach Fall 2

$$\bar{\tau} = 0{,}14 \text{ MN/m}^2 > \tau = 0{,}10 \text{ MN/m}^2$$

Beim Schubnachweis ist Versagen der Steine infolge schräger Hauptzugspannungen maßgebend, da der kleinste Grenzwert der Schubspannungen im Fall 2 ermittelt wurde.

c) Nachweis der Randdehnung bei Scheibenbeanspruchung und klaffender Fuge

• Vorwerte

Größte Druckspannung unter Gebrauchslast

$\sigma_R = 1{,}10$ MN/m²

Die größte Druckspannung entspricht der unter a) ermittelten Randspannung σ_R. In DIN 1053 Teil 1, Bild 3, wird diese Randspannung als Kantenpressung σ_D bezeichnet.

Elastizitätsmodul $E = 3000 \cdot \sigma_o = 3000 \cdot 1{,}6 = 4800$ MN/m²
(DIN 1053 Teil 1, Abschnitt 7.9.1 bzw. 6.6)

• Nachweis

Rechnerische Randdehnung auf der Zugseite nach Gl. (6.94):

$$\varepsilon_R = \frac{1{,}10}{4800} \cdot \left(\frac{3{,}50}{3 \cdot 0{,}98} - 1\right) = 0{,}44 \cdot 10^{-4} < 10^{-4}$$

Die Einhaltung des Grenzwertes der Randdehnung bei Scheibenbeanspruchung und klaffender Fuge ist damit nachgewiesen.

6.5.5.2 Beispiel ②: Beurteilung der Bauwerksaussteifung nach dem Kriterium

Es wird ein 6geschossiges Wohngebäude mit Flachdach behandelt.

Bei diesem Beispiel wird kein vollständiger statischer Nachweis geführt (hierzu siehe Kap. 6.8); es soll lediglich die Anwendung der Bilder 6/45 bis 6/47 und der Tafel 6/55 gezeigt werden (Bild 6/52).

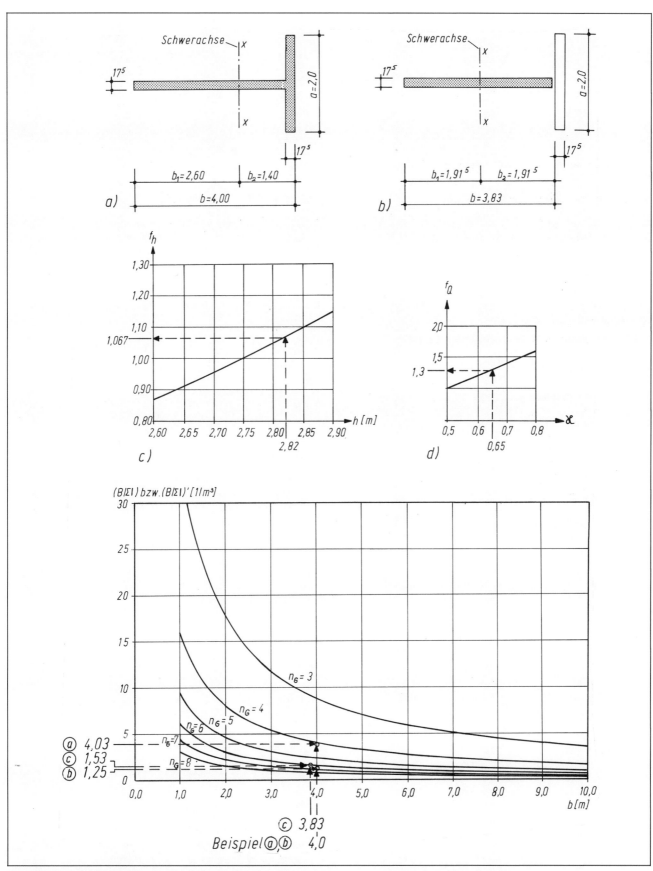

Bild 6/52: Beispiel zur Beurteilung der Bauwerksaussteifung
a) Querschnitt der Aussteifungswand (zusammengesetzter Querschnitt)
b) Querschnitt der Aussteifungswand (Rechteckquerschnitt)
c) Korrekturfaktor f_h nach Bild 6/46
d) Korrekturfaktor f_Q nach Bild 6/47
e) Kriterium nach Bild 6/45

Beispiel ②

Gegeben:

Abmessungen
Anzahl der Vollgeschosse $n_G = 6$
Gebäudebreite $B = 18{,}0$ m
Summe der Flächenmomente 2. Grades aller zur Aussteifung herangezogenen Wände
$$\sum_{i=1}^{n} I_i = \sum I = 6{,}2 \text{ m}^4$$

Geschoßhöhe $h = 2{,}82$ m

Aussteifungswand als zusammengesetzter T-Querschnitt (Bild 6/52a):

$a = 2{,}00$ m; $b = 4{,}00$ m; $d = d_1 = 17{,}5$ cm

bzw.

Aussteifungswand als Recheckquerschnitt (Bild 6/52b):

$a = 2{,}00$ m; $b = 3{,}83$ m; $d = d_1 = 17{,}5$ cm

Der untersuchte Querschnitt soll der Wandquerschnitt innerhalb des Gebäudegrundrisses mit dem größten Schwerpunktabstand vom Querschnittsrand sein. Es sind folgende Querschnittswerte $\varkappa$ anzusetzen:

Zusammengesetzter T-Querschnitt (Bild 6/52a)

Querschnittswert $\varkappa = \dfrac{b_1}{b} = \dfrac{2{,}60}{4{,}00} = 0{,}65$

Rechteckquerschnitt (Bild 6/52b)

Querschnittswert $\varkappa = \dfrac{b_1}{b} = \dfrac{b_2}{b} = \dfrac{1{,}915}{3{,}83} = 0{,}50$

Baustoffe
Mauerwerk mit 3 Ausführungsvarianten

a) Steinfestigkeitsklasse 8, Mörtelgruppe II
mit $\beta_R = 2{,}67 \cdot 1{,}0 = 2{,}67$ MN/m²

b) Steinfestigkeitsklasse 20, Dünnbettmörtel (DM)
mit $\beta_R = 2{,}67 \cdot 3{,}2 = 8{,}54$ MN/m²

c) Steinfestigkeitsklasse 20, Mörtelgruppe III
mit $\beta_R = 2{,}67 \cdot 2{,}4 = 6{,}41$ MN/m²
Ausführung des Querschnittes in Stumpfstoßtechnik

Gesucht:

Feststellung, ob der Windnachweis entfallen kann

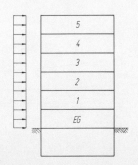

Berechnungsgang:

a) Steinfestigkeitsklasse 8, Mörtelgruppe II

- Korrekturfaktoren

  $f_M = 1{,}00$ für $\sigma_o = 1{,}0$ MN/m² (Tafel 6/55)

  $f_h = 1{,}067$ für Geschoßhöhe $h = 2{,}82$ m (Bild 6/46)
  $f_Q = 1{,}30$ für $\varkappa = 0{,}65$ (Bild 6/47)

  Das Ablesen der Korrekturfaktoren f_h und f_Q ist in Bild 6/52c und 6/52d gezeigt.

- Bauwerksparameter nach Gl. (6.91)

  $$\left(\dfrac{B}{\sum I}\right)' = \dfrac{B}{\sum I} \cdot f_M \cdot f_h \cdot f_Q$$
  $$= \dfrac{18{,}0}{6{,}2} \cdot 1{,}0 \cdot 1{,}067 \cdot 1{,}30 = 4{,}03 \text{ m}^{-3}$$

- Überprüfung nach Bild 6/45

  Der Schnittpunkt von $b = 4{,}00$ m und $(B/\sum I)' = 4{,}03$ m⁻³ liegt oberhalb der für $n_G = 6$ geltenden Grenzkurve (Bild 6/52e), so daß ein genauer Windnachweis geführt werden muß.

b) Steinfestigkeitsklasse 20, Dünnbettmörtel (DM)

- Korrekturfaktoren

  $f_M = 0{,}31$ für $\sigma_o = 3{,}2$ MN/m² (Tafel 6/55)
  f_h und f_Q wie bei a)

- Bauwerksparameter nach Gl. (6.91)

  $$\left(\dfrac{B}{\sum I}\right)' = \dfrac{18{,}0}{6{,}2} \cdot 0{,}31 \cdot 1{,}067 \cdot 1{,}30 = 1{,}25 \text{ m}^{-3}$$

- Überprüfung nach Bild 6/45

  Der Schnittpunkt von $b = 4{,}00$ m und $(B/\sum I)' = 1{,}25$ m⁻³ liegt unterhalb der für $n_G = 6$ geltenden Grenzkurve (Bild 6/52e); ein genauer Windnachweis darf also entfallen.

c) Steinfestigkeitsklasse 20, Mörtelgruppe III

Durch den Stumpfstoß wird als Querschnitt nur noch eine gerade Wand mit der Länge $b = 3{,}83$ m angesetzt.

Flächenmoment 2. Grades:

$I = 0{,}81$ m⁴ (statt $1{,}74$ m⁴)
$\sum I = 5{,}27$ m⁴

- Korrekturfaktoren

  $f_M = 0{,}42$ für $\sigma_o = 2{,}4$ MN/m² (Tafel 6/55)
  f_h wie bei a)
  $f_Q = 1{,}00$ für $\varkappa = 0{,}50$ (Bild 6/47)

- Bauwerksparameter nach Gl. (6.91)

  $$\left(\dfrac{B}{\sum I}\right)' = \dfrac{18{,}0}{5{,}27} \cdot 0{,}42 \cdot 1{,}067 \cdot 1{,}00 = 1{,}53 \text{ m}^{-3}$$

- Überprüfung nach Bild 6/45

  Der Schnittpunkt von $b = 3{,}83$ m und $(B/\sum I)' = 1{,}53$ m⁻³ liegt unterhalb der für $n_G = 6$ geltenden Grenzkurve. Ein genauer Windnachweis darf entfallen.

  Das Mauerwerk darf in diesem Beispiel auch ohne Stoßfugenvermörtelung ausgeführt werden, da die für diese Ausführung mindestens erforderlichen Baustoffgüten eingehalten sind (Kap. 6.5.3.3).

6.5.5.3 Erläuterung der Ergebnisse

Im Beispiel ① wurden die Normal- und Schubspannungen für den Rechteckquerschnitt einer Aussteifungswand ermittelt. Beim Schubnachweis war Versagen der Steine infolge schräger Hauptzugspannungen (Fall 2) maßgebend. Die Randdehnungen bei Scheibenbeanspruchung und klaffender Fuge wurden nachgewiesen.

Im Beispiel ② wurde mit Hilfe des Kriteriums zur Beurteilung der Bauwerksaussteifung für ein 6geschossiges Gebäude geprüft, ob ein genauer Windnachweis entfallen kann. Unter Beibehaltung der Bauwerksabmessungen wurde in den Beispielen ②a und ②b für die Wände jeweils Mauerwerk mit den Stein-/Mörtelkombinationen 8/II und 20/DM zugrunde gelegt. Die Aussteifungswände wurden als zusammengesetzter Querschnitt angesetzt. Es ergab sich, daß bei Annahme von Steinfestigkeitsklasse 8 und Mörtelgruppe II ein Windnachweis geführt werden muß, bei Annahme von Steinfestigkeitsklasse 20 und Dünnbettmörtel dieser jedoch entfallen kann.

Im Beispiel ②c wurde für die Wände Mauerwerk mit der Stein-/Mörtelkombination 20/III angenommen. Hierbei wurde jedoch eine Ausführung des Mauerwerkes in Stumpfstoßtechnik zugrunde gelegt. Es ergab sich, daß kein genauer Windnachweis geführt werden muß und das Mauerwerk sogar ohne Stoßfugenvermörtelung ausgeführt werden darf.

Weitere Nachweise werden ausführlich im Kapitel 6.8 behandelt.

6.6 Kelleraußenwand

6.6.1 Berechnungsgrundlagen

6.6.1.1 Vorbetrachtung

Kelleraußenwände werden sowohl durch lotrechte Lasten in Wandebene als auch durch waagerechte Lasten infolge Erddruck rechtwinklig zur Wandebene belastet. Durch die Erddruckbelastung entstehen in der Wand Biegemomente, welche die Bemessung entscheidend beeinflussen. Bei zweiseitiger Halterung am Wandkopf und Wandfuß wird die Erddruckbelastung nur in lotrechter Richtung einachsig abgetragen. Die einachsig gespannte Kelleraußenwand kann nur dann Biegemomente aufnehmen, wenn die rechnerischen Zugspannungen durch Normalkräfte überdrückt werden. In der Wand stellt sich ein Druckbogen ein, die waagerechte Erddruckbelastung wird über Gewölbewirkung abgetragen. Die Aufnahme des Gewölbeschubs wird durch die Auflast am Wandkopf sichergestellt.

Wenn die Kelleraußenwand darüber hinaus durch Querwände, Pfeilervorlagen oder Stahlbetonstützen in geringem Abstand seitlich gehalten wird (drei- oder vierseitige Halterung), ist es möglich, zweiachsige Lastabtragung rechnerisch zu berücksichtigen. Durch die Normalkraftbeanspruchung wird in beiden Fällen die Biegetragfähigkeit der Wand erhöht. Mögliche Lastabtragungssysteme für Kelleraußenwände sind in Tafel 6/57 dargestellt.

6.6.1.2 Voraussetzungen

Für Kelleraußenwände wird wie bei den Nachweisen des Wand-Decken-Knotens (Kap. 6.2), des Knickens (Kap. 6.3) und des Schubs (Kap. 6.4) angenommen, daß rechtwinklig zur Lagerfuge keine Zugspannungen übertragen werden können.

Tafel 6/57: Lastabtragungssysteme für Kelleraußenwände

Statisches System	Erforderliche Auflast am Wandkopf	Bemerkungen
1)	hoch	Einachsige, lotrechte Lastabtragung
2)	mittel	Zweiachsige Lastabtragung
3)	keine	Lotrechte Lastabtragung über Gewölbewirkung, Biegeträger und Zugglieder
4)	keine	Horizontale Lastabtragung über Gewölbewirkung; Gewölbeschub an Endstützen beachten; reduzierte Druckfestigkeit von Loch- und Hohlblocksteinen in Richtung Steinlänge bzw. -breite beachten. Stoßfugenvermörtelung erforderlich.

Für Kelleraußenwände mit Feuchtesperrschichten aus Bitumenpappe oder aus Dichtungsschlämme muß die anzusetzende Haftscherfestigkeit des Mörtels gegenüber DIN 1053 Teil 1, Tabelle 5, nicht abgemindert werden. Dies gilt jedoch nicht für Sperrschichten aus PVC-Folie [6/19].

Für die Bemessung werden nicht überdrückte Querschnittsbereiche als klaffend angenommen, so daß dort weder Reibungs- noch Kohäsionskräfte angesetzt werden dürfen. Da in der Wand Biegezugspannungen parallel zur Lagerfuge aufgenommen werden können, ist eine Lastabtragung auch in waagerechter Richtung möglich (zweiachsig gespannte Platte). Die statische Berechnung der Kelleraußenwand als zweiachsig gespannte Platte lohnt sich jedoch nur, wenn der Abstand der seitlichen Halterungen (z. B. Querwände) kleiner als die doppelte lichte Kellergeschoßhöhe ist [6/20] und großformatige Steine verwendet werden.

6.6.1.3 Belastung

Im allgemeinen darf bei Kelleraußenwänden der aktive Erddruck nach DIN 1055 Teil 2 angesetzt werden. In Sonderfällen, z. B. bei Verdichtung des Verfüllmaterials über die mitteldichte Lagerung hinaus, ist mit einem höheren als dem aktiven Erddruck zu rechnen (DIN 1055 Teil 2, Erläuterungen). Wenn gemauerte Kelleraußenwände wie üblich eine Abdichtung gegen nichtdrückendes Wasser erhalten, darf der anzusetzende Erddruck nicht durch Berücksichtigung eines Wandreibungswinkels verringert werden.

Der zur Ermittlung des Erddrucks benötigte Erddruckbeiwert K_a ist vom inneren Reibungswinkel und der Kohäsion des Bodens abhängig. In vielen Fällen kann der Erddruckbeiwert zu $K_a = 1/3$ angenommen werden. Exakt gilt dieser Wert für ein Verfüllmaterial mit einem inneren Reibungswinkel von $\varphi = 30°$ (Sand, locker gelagert) und einem Wandreibungswinkel von $\delta = 0°$ (glatte Wandaußenfläche). Auf dem Erdreich ist eine Verkehrslast p anzusetzen, die in Abhängigkeit von der Nutzung nach DIN 1055 Teil 3 festgelegt wird.

Schnittgrößen

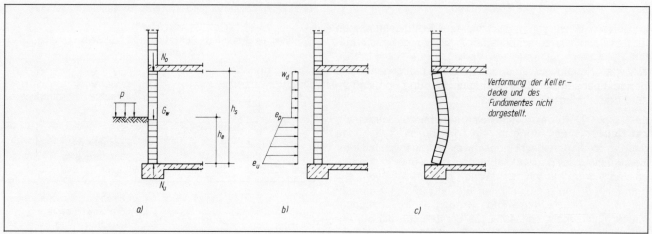

Bild 6/53: Belastung und Verformung einer Kelleraußenwand   a) Schnitt   b) Schnitt mit Belastung   c) Verformung

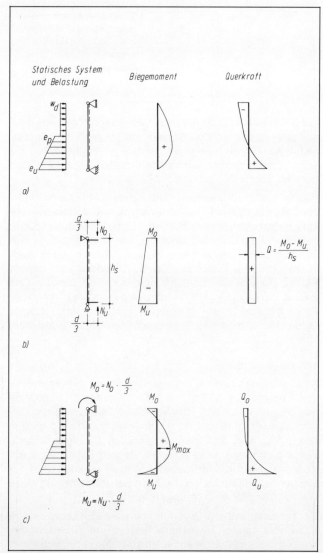

Bild 6/54: Statisches System und Belastung, Biegemoment und Querkraft einer einachsig gespannten Kelleraußenwand
a) Bei waagerechter Belastung
b) Bei Momentenbelastung am Wandkopf und Wandfuß
c) Überlagerung

Die horizontale Lastordinate aus Verkehrslast und Erddruck beträgt in Höhe der Geländeoberkante

$$e_p = K_a \cdot p \qquad (6.95)$$

und am Wandfuß

$$e_u = K_a \cdot p + K_a \cdot \varrho_e \cdot h_e \qquad (6.96)$$

Es bedeuten

K_a Erddruckbeiwert der Anschüttung (DIN 1055 Teil 2)

ϱ_e Rohdichte der Anschüttung (DIN 1055 Teil 2); Bezeichnung gemäß DIN 1053 Teil 1, Abschnitt 8.1.2.3

h_e Höhe der Anschüttung

Oberhalb des Erdreiches ist bei genauem Nachweis der Kelleraußenwand die Windbelastung nach DIN 1055 Teil 4 zu berücksichtigen, sofern die Wanddicke d < 24 cm beträgt.

6.6.1.4 Ermittlung der Schnittgrößen

Im folgenden wird die einachsig gespannte Kelleraußenwand wegen ihrer größeren Bedeutung ausführlich behandelt.

Hinweise zur zweiachsig gespannten Kelleraußenwand finden sich im Kap. 6.6.1.7.

Die Belastung aus Erddruck (Bild 6/53) bewirkt eine nach innen gerichtete Durchbiegung der Kelleraußenwand. Am Wandkopf und Wandfuß kann sich die Wand wegen der Einspannwirkung von Kellerdecke und Fundament nicht frei verdrehen (Bild 6/53 c). Der Größtwert des Einspannmomentes wird durch die Forderung, daß die Querschnitte nur über die halbe Wanddicke (bis zur Wandmitte) aufreißen dürfen, bestimmt. Daher dürfen als Biegemomente berücksichtigt werden

- Wandkopf

$$M_o = -N_o \cdot \frac{d}{3} \qquad (6.97a)$$

- Wandfuß

$$M_u = -N_u \cdot \frac{d}{3} \qquad (6.97b)$$

Es bedeuten

M_o Biegemoment am Wandkopf

M_u Biegemoment am Wandfuß

N_o Normalkraft aus ständigen Lasten am Wandkopf

N_u Normalkraft aus ständigen Lasten am Wandfuß:
$N_u = N_o + G_W$

G_W Eigengewicht der Kelleraußenwand

Zur Ermittlung der Schnittgrößen der Kelleraußenwand werden am statischen System des Einfeldträgers zusätzlich zu den waagerechten Lasten aus Erd- und gegebenenfalls Winddruck (Bild 6/54a) die günstig wirkenden Biegemomente an den Wandenden nach den Gln. (6.97a) und (6.97b) als äußere Belastung aufgebracht (Bild 6/54b).

In den Bildern 6/54a und 6/54b ist der Biegemomenten- und Querkraftverlauf, der sich aus einer statischen Berechnung ergibt, dargestellt. Die für die Bemessung maßgebende Überlagerung der Schnittgrößen zeigt Bild 6/54c.

Damit kann der Nachweis der einachsig gespannten Kelleraußenwand geführt werden.

Bei Ausführung von zweischaligen Außenwänden in den aufgehenden Geschossen wird die Normalkraft am Wandkopf in vielen Fällen ausmittig in die Kelleraußenwand eingeleitet, da die Verblendschale mindestens bis Unterkante Kellerdecke geführt wird (Bild 6/55a und c). Bei einer Konstruktion nach Bild 6/55 wird die Wirkungslinie der Normalkraft zur Innenseite der Kelleraußenwand hin verschoben. Die Ausmitte wird zusätzlich durch das Einspannmoment der Kellerdecke vergrößert. Die beschriebene ausmittige Wandnormalkraft wirkt zwar der Klaffung an der Wandinnenseite infolge Erddruckbelastung entgegen; am Wandkopf kann die Ausmitte für den Wandquerschnitt jedoch zu groß werden. Zu ihrer Begrenzung auf den zulässigen Wert von d/3 werden daher häufig Zentrierungsmaßnahmen erforderlich sein (Bild 6/55d). Die

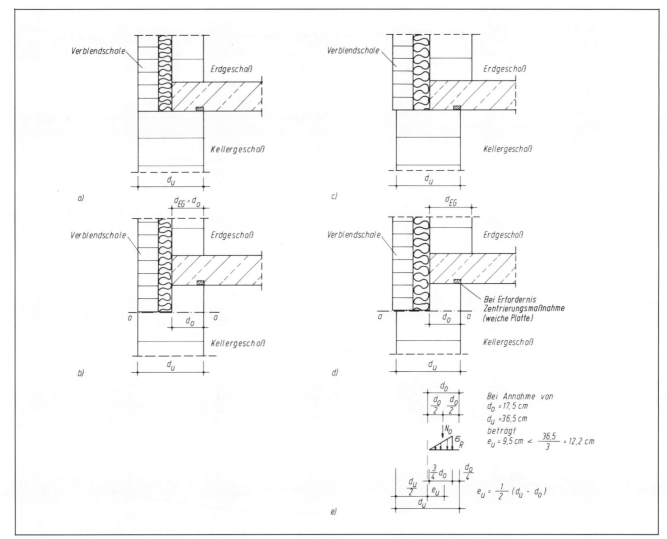

Bild 6/55: Ausbildung des Wandkopfes der Kelleraußenwand bei Ausführung einer Verblendschale im Erdgeschoß (zweischalige Außenwand)

a) Erdgeschoßwand bündig über Kelleraußenwand: Verblendschale bis Unterkante Kellerdecke

b) Erdgeschoß bündig über Kelleraußenwand: Bis in das Kellergeschoß herunter geführte Verblendschale

c) Wandversprung zwischen Erd- und Kellergeschoß: Verblendschale bis Unterkante Kellerdecke

d) Wandversprung zwischen Erd- und Kellergeschoß: Bis in das Kellergeschoß herunter geführte Verblendschale

e) Spannungsverteilung unter dem Auflager der Kellerdecke bei einer Zentrierungsmaßnahme an der Wand-Innenseite

Ausmitte kann aus einem angenommenen Spannungsverlauf, z. B. nach Bild 6/55e, ermittelt werden.

Im Erdgeschoß ausmittig wirkende Wandnormalkräfte (Bild 6/55c und d) können durch die Kellerdecke auf der Auflagerfläche der Kelleraußenwand zentriert werden. Die Aufnahme des Biegemomentes im Auflagerbereich der Kellerdecke muß dann nachgewiesen und die Kellerdecke entsprechend bewehrt werden.

Wird die Verblendschale bis in den Kellerbereich heruntergeführt (Bild 6/55b und d), so müssen für den dünneren, oberen Abschnitt der Kelleraußenwand (Schnitt a-a) klaffende Fuge, Randspannung und Schubspannung nachgewiesen werden (siehe Kap. 6.6.8.5 Beispiel ⑨).

6.6.1.5 Nachweis der einachsig gespannten Kelleraußenwand

Beim Nachweis der Kelleraußenwand müssen an jeder Stelle drei Bedingungen erfüllt sein:

- Der Querschnitt darf nur bis zur Wandmitte klaffen. Die planmäßige Ausmitte im Gebrauchszustand beträgt

$$e = \frac{M}{N} \leq \frac{d}{3} \tag{6.98}$$

- Für die größte Randspannung gilt

$$\sigma_R \leq 1{,}33 \cdot \frac{\beta_R}{\gamma} \tag{6.43a}$$

bzw. für $e \leq d/18$

$$\sigma_m \leq \frac{\beta_R}{\gamma} \tag{6.43b}$$

- Die mit dem Sicherheitsbeiwert γ multiplizierte Schubspannung muß die in DIN 1053 Teil 1, Abschnitt 7.9.5, angegebenen Grenzwerte einhalten. Bei der Kelleraußenwand liegt Plattenschub (Beanspruchung rechtwinklig zur Wandebene) vor. Es ist der Versagensfall 1 maßgebend (Kap. 6.4.2.1, Gl. 6.73d).

Die Bedingung nach Gl. (6.98) ist aufgrund der getroffenen Annahmen für den Wandkopf und den Wandfuß erfüllt. An der Stelle des größten Feldmomentes muß dieser Nachweis noch erbracht werden.

In [6/20] wird vorgeschlagen, eine ungewollte Ausmitte von $f_1 = 0{,}04 \cdot d$ zu berücksichtigen. Das Kriterium nach Gl. (6.98) lautet dann für die Stelle des größten Feldmomentes M_{max}

$$e = \frac{M_{max}}{N_m} + 0{,}04 \cdot d \leq \frac{d}{3} \tag{6.99}$$

Es bedeutet

N_m Normalkraft aus ständigen Lasten an der Stelle des größten Feldmomentes M_{max}

Die größte Randspannung nach Gl. (6.43a) kann an der Stelle des größten Feldmomentes oder am Wandfuß auftreten und ist an diesen Stellen nachzuweisen.

6.6.1.6 Genäherte Ermittlung der erforderlichen Wandnormalkraft

Mit dem Modell des Druckbogens und der Bedingung, daß die Querschnitte so überdrückt werden, daß sie höchstens bis zur Wandmitte klaffen, läßt sich die erforderliche Wandnormalkraft herleiten.

Der Normalkraftnachweis ersetzt den Nachweis der Klaffung und wird daher als genauer Nachweis an der für die Wand ungünstigsten Stelle des größten Feldmomentes M_{max} (Bild 6/54c) geführt. An dieser Stelle muß die erforderliche Wandnormalkraft ermittelt werden.

Im folgenden wird die erforderliche Wandnormalkraft näherungsweise an der Stelle des größten Biegemomentes max M_E aus Erddruckbelastung am statischen System des gelenkig gelagerten Einfeldbalkens bestimmt. Dabei wird die Belastung aus Wind vernachlässigt. Zur Vereinfachung wird die auf dem Erdreich seitlich der Kelleraußenwand angesetzte Verkehrslast p durch Vergrößerung der Anschütthöhe berücksichtigt

$$h_e' = h_e + \frac{p}{\varrho_e} \tag{6.100}$$

Die Ermittlung der Biegemomente infolge Erddruckbelastung am gelenkig gelagerten Einfeldbalken erfolgt in Abhängigkeit von der vergrößerten Anschütthöhe h_e' für die beiden Fälle (Bilder 6/56 und 6/57)

- $h_e' \geq h_s$: $\max M_E = \dfrac{(e_o + e_u)}{2 \cdot \eta} \cdot h_s^2$ (6.101a)

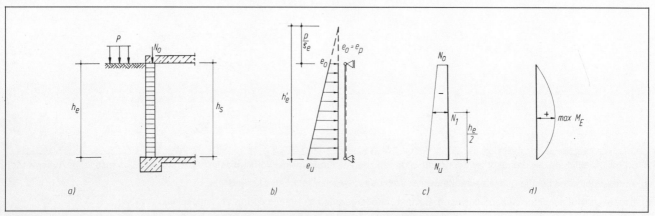

Bild 6/56: Durch Erddruck belastete Kelleraußenwand, Geländeoberkante in Höhe der Kellerdecke

a) Querschnitt
b) Statisches System (gelenkig gelagerter Einfeldbalken) mit Belastung
c) Normalkraft
d) Biegemoment aus Erddruck

Erforderliche Wandnormalkraft

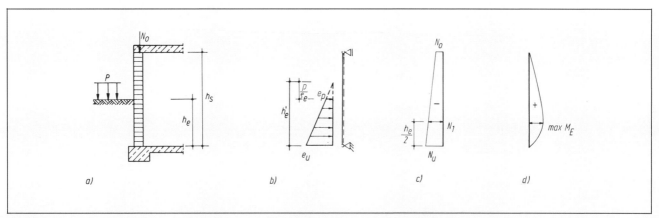

Bild 6/57: Durch Erddruck belastete Kelleraußenwand, Geländeoberkante unterhalb der Kellerdecke
a) Querschnitt
b) Statisches System (gelenkig gelagerter Einfeldbalken) mit Belastung
c) Normalkraft
d) Biegemoment aus Erddruck

- $h'_e < h_s$: $\max M_E = \dfrac{e_u \cdot (h'_e)^2}{6} \cdot$

$$\left(1 - \dfrac{h'_e}{h_s} + \dfrac{2}{3 \cdot \sqrt{3}} \cdot \dfrac{h'_e}{h_s} \cdot \sqrt{\dfrac{h'_e}{h_s}}\right) \quad (6.102\,a)$$

Das Biegemoment $\max M_E$ nach Gl. (6.101a) kann mit Hilfe des in Bild 6/58 ausgewerteten Momentenbeiwertes η leicht errechnet werden.

Es bedeuten

$\max M_E$ Größtes Biegemoment aus Erddruckbelastung am gelenkig gelagerten Einfeldbalken

e_o Lastordinate am Wandkopf

e_u Lastordinate am Wandfuß

η Von e_o/e_u abhängiger Momentenbeiwert (Bild 6/58); es darf näherungsweise $\eta = 8$ gesetzt werden

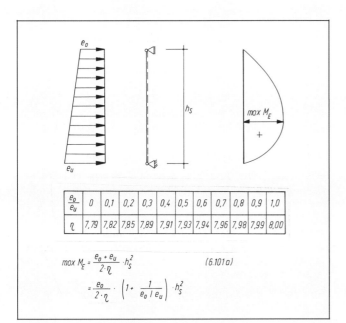

Bild 6/58: Momentenbeiwerte η bei trapezförmiger Erddruckbelastung am gelenkig gelagerten Einfeldbalken

h'_e Vergrößerte Anschütthöhe nach Gl. (6.100)

h_s Lichte Kellergeschoßhöhe

Für $h'_e \geq h_s$ (Bild 6/56) ergibt sich am Wandkopf die Lastordinate

$$e_o = K_a \cdot \varrho_e \cdot (h'_e - h_s) \quad (6.103)$$

Die Lastordinate am Wandfuß beträgt für $h'_e \geq h_s$ und $h'_e < h_s$

$$e_u = K_a \cdot \varrho_e \cdot h'_e \quad (6.104)$$

Setzt man in die für $\max M_E$ angegebenen Gln. (6.101a) und (6.102a) die entsprechenden Lastordinaten e_o und e_u nach den Gln. (6.103) und (6.104) ein, so ergeben sich bei

- $h'_e \geq h_s$: $\max M_E = \dfrac{K_a \cdot \varrho_e \cdot (2 \cdot h'_e - h_s)}{2 \cdot \eta} \cdot h_s^2 \quad (6.101\,b)$

- $h'_e < h_s$: $\max M_E = \dfrac{K_a \cdot \varrho_e \cdot h_s^3}{6} \cdot \left(\dfrac{h'_e}{h_s}\right)^3 \cdot$

$$\left[1 - \dfrac{h'_e}{h_s} \cdot \left(1 - 0{,}385 \cdot \sqrt{\dfrac{h'_e}{h_s}}\right)\right] \quad (6.102\,b)$$

Für den Wandquerschnitt in Höhe des größten Biegemomentes $\max M_E$ wird jetzt die Bedingung eingeführt, daß der Querschnitt höchstens bis zur Wandmitte aufreißen darf (Gl. 6.98):

$$\dfrac{M}{N_1} \leq \dfrac{d}{3} \quad (6.105)$$

Es bedeuten

M Biegemoment aus Erddruck und ausmittig wirkender Normalkraft

N_1 Wandnormalkraft aus ständiger Last an der Stelle des größten Biegemomentes $\max M_E$; sie darf näherungsweise in halber Höhe der Anschüttung ermittelt werden.

Zur Ermittlung des Biegemomentes M in Gl. (6.105) darf das durch die Ausmitte der Normalkraft entstehende Moment berücksichtigt werden (Bild 6/59):

$$M = \max M_E - N_1 \cdot \dfrac{d}{3} \quad (6.106)$$

Zur Erfassung von Bauungenauigkeiten wird – wie zuvor erläutert – die zulässige Ausmitte $d/3$ um $f_1 = 0{,}04 \cdot d$ vermindert [6/20]. Aus Gl. (6.106) erhält man damit

Erforderliche Wandnormalkraft, Zweiachsig gespannte Kelleraußenwand

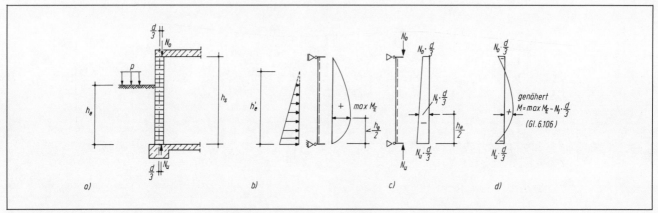

Bild 6/59: Zur genäherten Ermittlung der erforderlichen Wandnormalkraft min N
a) Querschnitt
b) Statisches System mit Erddruckbelastung und Biegemoment
c) Statisches System mit Normalkraftbelastung und Biegemoment
d) Überlagerung der Biegemomente

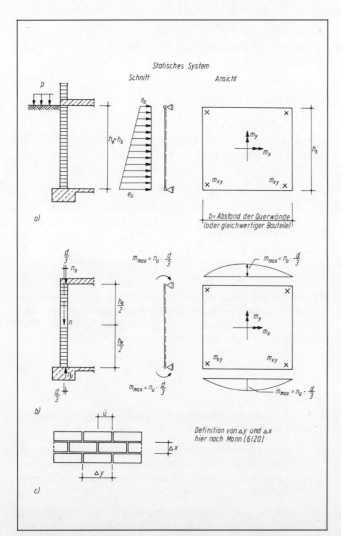

Bild 6/60: Zum Nachweis der zweiachsig gespannten Kelleraußenwand nach [6/20]
a) Querschnitt, statisches System mit Erddruckbelastung
b) Querschnitt, statisches System mit Normalkraftbelastung
c) Höhe und Länge der Steine als Fugenmaße im Mauerwerksverband

$$M = \max M_E - N_1 \cdot \left(\frac{d}{3} - f_1\right) \qquad (6.107)$$

Einsetzen in Gl. (6.105) ergibt

$$\frac{\max M_E - N_1 \cdot \left(\frac{d}{3} - f_1\right)}{N_1} \leq \frac{d}{3} \qquad (6.108)$$

Aus Gl. (6.108) folgt

$$N_1 \cdot \left(2 \cdot \frac{d}{3} - 0{,}04 \cdot d\right) \geq \max M_E \qquad (6.109)$$

Für die Wandnormalkraft aus ständiger Last N_1 ergibt sich aus Gl. (6.109) die Bedingung:

$$N_1 \geq \frac{\max M_E}{0{,}63 \cdot d} \qquad (6.110)$$

Im Rahmen dieser Untersuchung ist es – wie zuvor erwähnt – ausreichend, N_1 in halber Höhe der Anschüttung zu ermitteln. Die durch diese Näherung verursachte Ungenauigkeit wird nach Vergleichsrechnungen der Verfasser ausreichend mit einer Erhöhung von max M_E um 5% abgegolten.

Aus Gl. (6.110) wird

$$N_1 \geq 1{,}05 \cdot \frac{\max M_E}{0{,}63 \cdot d} = \frac{\max M_E}{0{,}60 \cdot d} \qquad (6.111)$$

Mit Gl. (6.111) steht nun eine einfache Gleichung zur Ermittlung der erforderlichen Wandnormalkraft zur Verfügung.

6.6.1.7 Zweiachsig gespannte Kelleraußenwand

Kelleraußenwände werden in der Regel neben der seitlichen Halterung am Wandkopf (Kellerdecke) und am Wandfuß (Gründung) auch noch durch die das Kellergeschoß unterteilenden Querwände gestützt. Beträgt der Abstand der Querwände höchstens das 1- bis 2fache der lichten Kellergeschoßhöhe, so wird sich ein Teil der Erddruckbelastung in waagerechter Richtung abtragen. Die Kelleraußenwand wirkt dann als zweiachsig gespannte Platte.

Die in der Platte auftretenden Schnittgrößen werden im folgenden mit kleinen Buchstaben bezeichnet.

Zusätzlich zu den bei einachsiger Lastabtragung vorhandenen Biegemomenten m_x treten infolge der waagerechten

Lastabtragung auch Biegemomente m_y sowie in den Plattenecken Drillmomente m_{xy} auf (Bild 6/60a). Wie bei einachsig gespannten Kelleraußenwänden wird die Verdrehung der Wand am oberen und am unteren Rand durch Teileinspannung behindert. Dadurch werden die in Plattenmitte vorhandenen Biegemomente m_x im Vergleich zur gelenkigen Lagerung kleiner. Der Verlauf der Randmomente infolge Teileinspannung am oberen und unteren Rand der Kelleraußenwand kann nach [6/20] sinusförmig angenommen werden (Bild 6/60b). Der größte Wert des Einspannmomentes tritt in der Mitte der beiden waagerechten Plattenränder auf, wobei die Querschnitte bis zur Wandmitte als klaffend angenommen werden dürfen.

Für die Wanddicken $d = 30$ cm und 36,5 cm sowie die lichten Kellergeschoßhöhen $h_s = 2{,}30$ m und 2,60 m sind in [6/20, Bild 8] Biegemomente angegeben. Dabei ist die günstige Wirkung des Randmomentes (Bild 6/60b) berücksichtigt. Der Nachweis, daß die Biege- und Drillmomente vom Mauerwerk aufgenommen werden, wird mit den in [6/20] hergeleiteten Bruchkriterien geführt. In Bild 6/63 sind diese Bruchkriterien zusammengefaßt.

Voraussetzung für die Anwendung der in [6/20] angegebenen Bruchkriterien ist das Vorliegen von „Einsteinmauerwerk". Es dürfen also in der Wand parallel zur Wandebene keine Fugen vorhanden sein (je Steinschicht eine Steinreihe).

6.6.2 Nachweis nach der Norm (Grenzlastnachweis)

6.6.2.1 Einachsig gespannte Kelleraußenwand

Auf den genauen Nachweis des Erddrucks kann nach DIN 1053 Teil 1, Abschnitt 8.1.2.3, verzichtet werden, wenn die folgenden Bedingungen eingehalten sind:

- Lichte Höhe der Kelleraußenwand (lichte Kellergeschoßhöhe) $h_s \leq 2{,}60$ m
- Wanddicke $d \geq 24$ cm
- Die Kellerdecke wirkt als Scheibe und kann die aus dem Erddruck entstehenden Kräfte aufnehmen
- Im Einflußbereich des Erddrucks auf die Kellerwände darf die Verkehrslast auf der Geländeoberfläche nicht mehr als 5 kN/m² betragen, die Geländeoberfläche nicht ansteigen und die Anschütthöhe h_e nicht größer als die Wandhöhe h_s sein
- Die Wandlängskraft N_1 (vorhandene Normalkraft der Wand) aus ständiger Last in halber Höhe der Anschüttung muß innerhalb folgender Grenzen liegen (DIN 1053 Teil 1, Gl. (17)):

$$\max N \geq N_1 \geq \min N \quad (6.112)$$

Es bedeuten

max N Größtwert der Wandnormalkraft

$$\max N = \frac{d \cdot \beta_R}{3 \cdot \gamma} \quad (6.113a)$$

min N Mindestwert der Wandnormalkraft

$$\min N = \frac{\varrho_e \cdot h_s \cdot h_e^2}{20 \cdot d} \quad (6.113b)$$

Anstelle des Grenzlastnachweises der Wandnormalkraft N_1 in halber Höhe der Anschüttung kann auch ein Grenzlastnachweis für die Auflast N_0 der Kelleraußenwand unterhalb der Kellerdecke geführt werden. Die Auflast N_0 muß innerhalb folgender Grenzen liegen (DIN 1053 Teil 1, Gl. (18)):

$$\max N_0 \geq N_0 \geq \min N_0 \quad (6.114)$$

mit

$$\max N_0 = 0{,}45 \cdot d \cdot \sigma_0 \quad (6.115)$$

und min N_0 nach DIN 1053 Teil 1, Tabelle 8.

Es bedeuten

d Wanddicke

σ_0 Grundwert der zulässigen Druckspannung für Mauerwerk mit Normalmörtel nach DIN 1053 Teil 1, Tab. 4a, für Mauerwerk mit Dünnbett- oder Leichtmörtel nach DIN 1053 Teil 1, Tab. 4b und für Mauerwerk nach Eignungsprüfung nach DIN 1053 Teil 1, Tabelle 4c (Kap. 2.4.3, Tafeln 2/9 und 2/10).

Für den Nachweis der oberen Grenzwerte max N_0 bzw. max N müssen nach Meinung der Verfasser N_0 bzw. N_1 aus dem Lastfall Vollast, für den unteren Grenzwert min N_0 bzw. min N aus dem Lastfall Eigengewicht bestimmt werden. Der obere Grenzwert max N_0 bzw. max N entspricht der Traglast der Kelleraußenwand ohne Knickgefahr, während der untere Grenzwert min N_0 bzw. min N die mindestens erforderliche Auflast bezeichnet, damit sich innerhalb der Wand ein lotrechter Bogen (Druckgewölbe) einstellen kann.

6.6.2.2 Zweiachsig gespannte Kelleraußenwand

Ist die durch Erddruck belastete Kelleraußenwand durch Querwände oder durch gleichwertige (statisch nachzuweisende) Bauteile so im Abstand b gehalten, daß eine zweiachsige Lastabtragung in der Wand wirksam wird, darf der untere Grenzwert für N_1 bzw. N_0 wie folgt abgemindert werden

$$b \leq h_s: \quad N_1 \geq 0{,}5 \cdot \min N \quad (6.116a)$$
$$ \quad N_0 \geq 0{,}5 \cdot \min N_0 \quad (6.116b)$$
$$b \geq 2 \cdot h_s: \quad N_1 \geq \min N \quad (6.117a)$$
$$ \quad N_0 \geq \min N_0 \quad (6.117b)$$

Zwischenwerte dürfen geradlinig interpoliert werden (Bild 6/61).

Dieser Regelung liegt die Annahme zugrunde, daß bei einer quadratischen Platte (b = h_s) die Erddruckbelastung je zur Hälfte waagerecht und lotrecht abgetragen wird. Daher ist in lotrechter Richtung nur die Hälfte von min N bzw. min N_0 erforderlich.

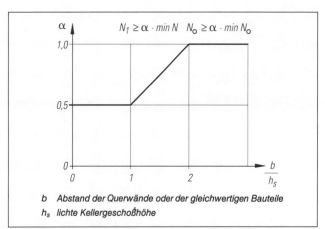

b Abstand der Querwände oder der gleichwertigen Bauteile
h_s lichte Kellergeschoßhöhe

Bild 6/61: Abminderung des Mindestwertes der Wandlängskraft N_1 bzw. der Auflast N_0 bei zweiachsig gespannten Kelleraußenwänden

Berechnungsablauf

Gegeben:

Abmessungen	Lichte Kellergeschoßhöhe h_s
	Höhe der Anschüttung h_e
	Wanddicke d
Baustoffe	Steinfestigkeitsklasse, Mörtelart, Mörtelgruppe
Belastung	auf dem Erdreich wirkende Verkehrslast p
	Rohdichte der Anschüttung ϱ_e
	Erddruckbeiwert K_a
	Normalkraft in halber Höhe der Anschüttung N_1
	bzw. an der Stelle des größten Feldmomentes N_m
	oder Auflast bezogen auf Unterkante Kellerdecke N_o

Grenzlastnachweis nach DIN 1053 Teil 1, Abschnitt 8.1.2.3	Nachweis nach den ermittelten Schnittgrößen (Kap. 6.6.1.4 und 6.6.1.5)	Nachweis nach den ermittelten Schnittgrößen (Kap. 6.6.1.4 bis 6.6.1.6)

Gesucht:

Nachweis in halber Höhe der Anschüttung
- Normalkraft aus ständigen Lasten liegt innerhalb der ermittelten Grenzwerte

Nachweise in den unten angegebenen Querschnitten
- Klaffende Fuge
- Randspannungen
- Schubspannungen

- Klaffende Fuge Nachweis in halber Höhe der Anschüttung (Kap. 6.6.1.6)

Berechnungsgang:

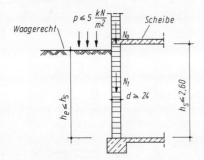
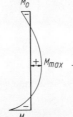
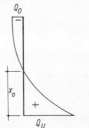

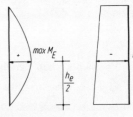

Bedingungen für den Grenzlastnachweis nach DIN 1053 Teil 1, Abschnitt 8.1.2.3

Größtwert der Wandnormalkraft

$$\max N = \frac{d \cdot \beta_R}{3 \cdot \gamma} \quad (6.113a)$$

Mindestwert der Wandnormalkraft

$$\min N = \frac{\varrho_e \cdot h_s \cdot h_e^2}{20 \cdot d} \quad (6.113b)$$

Nachweis
N_1 muß innerhalb der Grenzwerte
$$\max N \geq N_1 \geq \min N \quad (6.112)$$
liegen
oder
Auflast N_o muß innerhalb der Grenzwerte
$$\max N_o \geq N_o \geq \min N_o \quad (6.114)$$
liegen mit
$$\max N_o = 0{,}45 \cdot d \cdot \sigma_o \quad (6.115)$$
$\min N_o$ nach DIN 1053 Teil 1, Tabelle 8

Klaffende Fuge
(Stelle des größten Feldmomentes)

Ausmitte $e = \dfrac{M_{max}}{N_m} + 0{,}04 \cdot d \quad (6.99)$

Randspannungen
(Stelle des größten Feldmomentes, Wandfuß) mit $N = N_m$ bzw. $N = N_u$

Querschnitt ungerissen $\sigma_R = \dfrac{N}{b \cdot d} \cdot (1+m)$ (6.45a)

$$\sigma_m = \frac{N}{b \cdot d} \quad (6.47a)$$

Querschnitt teilweise gerissen $\sigma_R = \dfrac{N}{b \cdot d} \cdot \dfrac{4}{3-m}$ (6.45b)

Schubspannungen
(Wandkopf, Wandfuß bei Klaffung bis d/2 nach Gl. (6.72c))

$$\tau = 1{,}5 \cdot \frac{Q}{1/2 \cdot d \cdot b} = 3 \cdot \frac{Q}{d \cdot b} \quad (6.72d)$$

Nachweis
- Klaffende Fuge
$$e \leq \frac{d}{3}$$

Genäherte Ermittlung der erforderlichen Wandnormalkraft

$$N_1 \geq \frac{\max M_E}{0{,}60 \cdot d} \quad (6.111)$$

Die anderen Nachweise sind nach Kap. 6.6.1.4 zu führen.

- Randspannungen $\sigma_R \leq 1{,}33 \cdot \dfrac{\beta_R}{\gamma}$

  bzw. für $e \leq d/18$: $\sigma_m = \dfrac{\beta_R}{\gamma}$

- Schubspannungen $\tau \leq \bar{\tau}$

  (Grenzwert für die Schubspannungen, Kap. 6.4.2.1, Gl. (6.73d))

Bild 6/62: Ablauf des Nachweises für die einachsig gespannte Kelleraußenwand

Berechnungsablauf

Gegeben:

Abmessungen	Lichte Kellergeschoßhöhe	h_s
	Abstand der Querwände (oder gleichwertiger Bauteile)	b
	Höhe der Anschüttung	h_e
	Wanddicke	d
Baustoffe	Steinfestigkeitsklasse, Mörtelart, Mörtelgruppe	
Belastung	auf dem Erdreich wirkende Verkehrslast	p
	Rohdichte der Anschüttung	ϱ_e
	Erddruckbeiwert	K_a
	Normalkraft der Wand	n

Gesucht:

Nachweis auf Einhaltung der Bruchkriterien

Berechnungsgang:

Schnittgrößen Bestimmung der Biegemomente m_x, m_y
Bestimmung des Drillmomentes m_{xy}
Bei Einhaltung der Parameter
- Lichte Höhe der Wand $h_s \leq 2{,}30$ m, $2{,}60$ m
- Wanddicke $d = 30$ cm, $36{,}5$ cm
- $K_a = \dfrac{1}{3}$, $\varrho_e = 20$ kN/m³
- Berechnungsgewicht der Kelleraußenwand 14 kN/m³

werden die Schnittgrößen m_x, m_y, m_{xy} aus [6/20, Bild 8] abgelesen

Bruchkriterien

Maßgebliche Schnittgrößen	Bruchkriterien	Art des Versagens
Biegemoment m_x	$\dfrac{m_x}{n} \leq \dfrac{d}{3}$	Kippen des Querschnitts
Biegemoment m_x Normalkraft n	$\sigma_m \leq \dfrac{\beta_R}{\gamma}$; $\sigma_R \leq 1{,}33 \cdot \dfrac{\beta_R}{\gamma}$	Überschreiten der mittleren Spannung bzw. der größten Randspannung
Biegemoment m_y	$m_y \cdot \dfrac{12}{d^2} \leq \dfrac{\beta_{RZ}}{\gamma}$	Versagen der Steine auf Zug
	$\dfrac{20 \cdot \Delta x \cdot m_y}{\Delta y^2} \leq \dfrac{1}{\gamma}(\beta_{RHS} \cdot d + n \cdot \mu)$	Schubversagen der überdrückten Lagerfuge
	$\dfrac{24 \cdot \Delta x \cdot m_y}{\Delta y^2} \leq \dfrac{1}{\gamma}(\beta_{RHS} \cdot x + n \cdot \mu)$	Schubversagen der klaffenden Lagerfuge
Drillmoment m_{xy}	$\dfrac{7{,}4 \cdot m_{xy}}{d \cdot \Delta x} \leq \dfrac{\beta_{RZ}}{\gamma}$	Überschreiten der Hauptzugspannung im Stein
	$\dfrac{m_{xy}}{n} \cdot \dfrac{2 \cdot \Delta x}{\Delta y} \leq \dfrac{d}{3}$	Kippen des Querschnitts
	$\dfrac{3 \cdot m_{xy}}{d} \leq \dfrac{1}{\gamma}\left(\beta_{RHS} \cdot \dfrac{d}{2} + n \cdot \mu\right)$	Schubversagen der Lagerfuge

Es Bedeuten:
β_R Rechenwert der Druckfestigkeit des Mauerwerks
β_{RZ} Rechenwert der Steinzugfestigkeit
β_{RHS} Rechenwert der abgeminderten Haftscherfestigkeit
μ Reibungsbeiwert
$\Delta x, \Delta y$ Steinhöhe, Steinlänge (Fugenmaße nach [6/20])
γ Sicherheitsbeiwert

Bild 6/63: Ablauf des Nachweises für die zweiachsig gespannte Kelleraußenwand nach [6/20]

Bei einem Seitenverhältnis $b/h_s > 2$ ist von einachsiger Lastabtragung in lotrechter Richtung auszugehen; daher gilt $N_1 \geq \min N$ bzw. $N_o \geq \min N_o$.

6.6.3 Nachweis nach den ermittelten Schnittgrößen

6.6.3.1 Einachsig gespannte Kelleraußenwand

Mit den nach Kap. 6.6.1.4 errechneten Schnittgrößen ist für die Stelle des größten Biegemomentes der Nachweis zu erbringen, daß der Wandquerschnitt unter planmäßiger Ausmitte höchstens bis zur Hälfte klafft. An dieser Stelle sowie am Wandfuß muß der Spannungsnachweis geführt werden.

Der Nachweis der Klaffung an der Stelle des größten Biegemomentes darf durch den Nachweis der erforderlichen Wandnormalkraft aufgrund einer genäherten Ermittlung nach Kap. 6.6.1.6 ersetzt werden.

Die Aufnahme der Beanspruchung aus Querkraft (Schubnachweis rechtwinklig zur Wandebene) wird gemäß den im Kap. 6.4 angegebenen Regeln für den Wandkopf und Wandfuß der Kelleraußenwand nachgewiesen.

6.6.3.2 Zweiachsig gespannte Kelleraußenwand

Sind die Biege- und Drillmomente einer zweiachsig gespannten Kelleraußenwand beispielsweise nach [6/20] ermittelt, so wird durch Einhaltung der in Bild 6/63 zusammengestellten Bruchkriterien die Aufnahme dieser Schnittgrößen nachgewiesen. Hierzu müssen die Mörtelgruppe, die Zug- und Druckfestigkeit der Steine und deren Abmessungen bekannt sein. Die so nachgewiesenen Wände müssen als Einsteinmauerwerk hergestellt werden. Das in der statischen Berechnung zugrunde gelegte Überbindemaß muß eingehalten werden; es muß bei Anwendung der in Bild 6/63 angegebenen Bruchkriterien der halben Steinlänge entsprechen.

Der beschriebene Nachweis ist aufwendig und lohnt sich nur in besonderen Fällen.

6.6.4 Berechnungsablauf

6.6.4.1 Einachsig gespannte Kelleraußenwand

Bei einachsig gespannten Kelleraußenwänden kann entweder ein Grenzlastnachweis oder ein Nachweis mit den ermittelten Schnittgrößen geführt werden. Der Grenzlastnachweis ist der vereinfachte Nachweis nach DIN 1053 Teil 1, bei dem nachgewiesen wird, daß die vorhandenen Wandnormalkräfte N_1 bzw. N_o innerhalb der Grenzen nach Gln. (6.112) bzw. (6.114) liegen. Sind auch die übrigen im Kap. 6.6.2.1 genannten Bedingungen eingehalten, so gilt der Nachweis auf Erddruck als erbracht.

Beim Nachweis nach den ermittelten Schnittgrößen (Kap. 6.6.1.4) werden Klaffung, Rand- und Schubspannungen an den jeweils ungünstigsten Stellen nachgewiesen. Anstatt des Nachweises der Klaffung für die Stelle des größten Feldmomentes darf ein Normalkraftnachweis mit Hilfe der

Tafeln 6/58 bis 6/63: Grenzwerte min N und max N der Wandnormalkraft N_1 in Abhängigkeit von der Anschütthöhe h_e

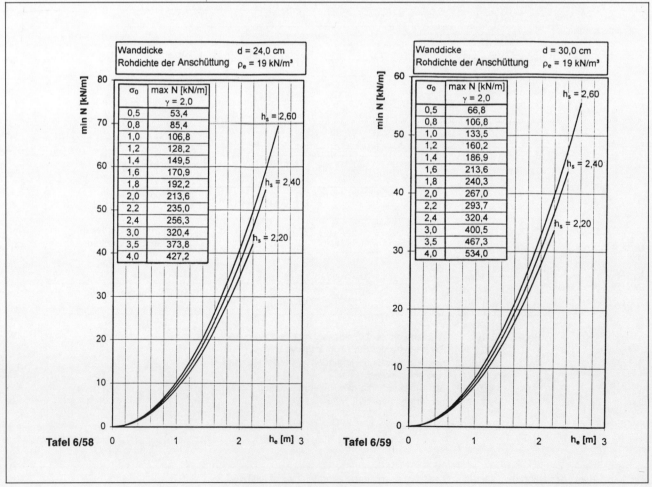

Tafeln 6/58 bis 6/63: Grenzwerte min N und max N der Wandnormalkraft N_1 in Abhängigkeit von der Anschütthöhe h_e

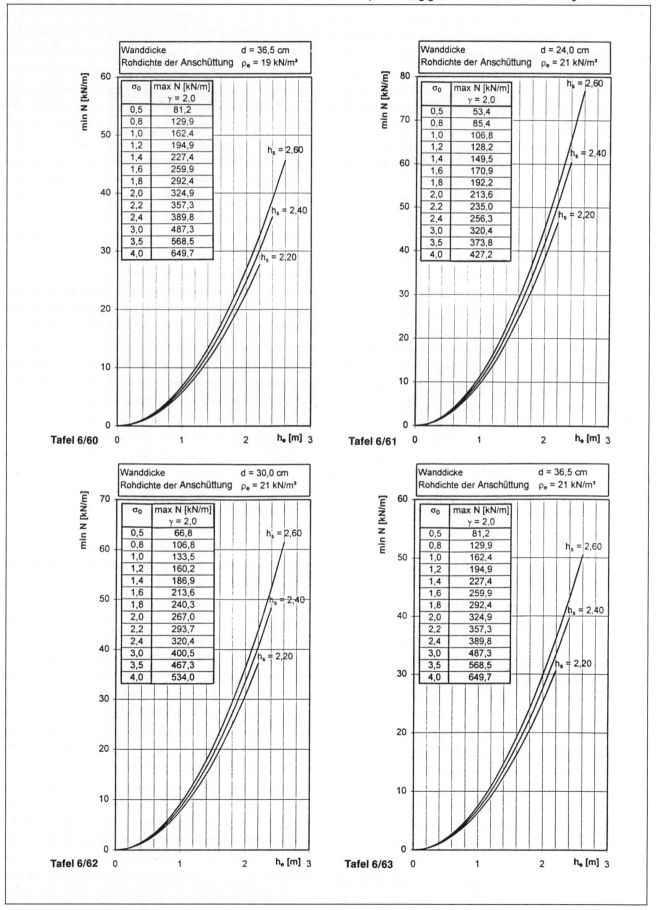

genähert ermittelten, erforderlichen Wandnormalkraft (Kap. 6.6.1.6) geführt werden.

Der Ablauf der Bemessung ist im Bild 6/62 dargestellt. Bei hochbelasteten Kelleraußenwänden kann ein Knicksicherheitsnachweis erforderlich sein (Kap. 6.3).

6.6.4.2 Zweiachsig gespannte Kelleraußenwand

Bei zweiachsig gespannten Kelleraußenwänden kann der Nachweis entweder über Schnittgrößen oder über Grenzlasten geführt werden. Für den Nachweis mit den nach [6/20] ermittelten Schnittgrößen ist der Berechnungsablauf im bereits erwähnten Bild 6/63 angegeben. Beim Grenzlastnachweis gelten die Gln. (6.116a) und (6.117b).

6.6.5 Berechnungshilfen für einachsig gespannte Kelleraußenwände

6.6.5.1 Vorbetrachtung

Die Berechnungshilfen gelten für die Wanddicken 24, 30 und 36,5 cm.

6.6.5.2 Tafeln zur Ermittlung der erforderlichen Wandnormalkraft

Als Berechnungshilfe sind die in DIN 1053 Teil 1, Abschnitt 8.1.2.3 (Kap. 6.6.2.1), angegebenen Gleichungen für die Grenzwerte der erforderlichen Wandnormalkraft aus ständiger Last ausgewertet. Sie sind in den Tafeln 6/58 bis 6/63 angegeben. Die Rohdichte der Anschüttung ϱ_e wurde in den Tafeln 6/58 bis 6/60 mit 19 kN/m³ und in den Tafeln 6/61 bis 6/63 mit 21 kN/m³ angesetzt. Die Tafeln 6/58 bis 6/63 gelten für die ausgewertete erforderliche Wandnormalkraft nach den Gln. (6.113a) und (6.113b). Sie können auch – auf der sicheren Seite liegend – für die Bestimmung der erforderlichen Auflast N_o verwendet werden.

6.6.5.3 Tafel zur Ermittlung der zulässigen Erdanschüttung

Zum schnellen Nachweis der einachsig gespannten Kelleraußenwand wurden auf der Grundlage der Schnittgrößenermittlung nach Kap. 6.6.1.4 die Bemessungsgleichungen so ausgewertet, daß in einer Tafel zulässige Anschütthöhen für unterschiedliche Wandhöhen, Auflasten und Wanddicken angegeben werden können (Tafel 6/64). Die zulässigen Anschütthöhen wurden dabei so ermittelt, daß an der Stelle des größten Biegemomentes der Wandquerschnitt bis zur Wandmitte klafft. Die ungewollte Ausmitte von $f_1 = 0{,}04 \cdot d$ ist berücksichtigt.

Neben den Normalspannungen an der Stelle des größten Feldmomentes ist die Einhaltung der Normal- und Schubspannungen am Wandkopf und Wandfuß sichergestellt. Weiterhin sind in Tafel 6/64 folgende Voraussetzungen eingearbeitet:

- Steinfestigkeitsklasse ≥ 12
- Steine der Rohdichteklasse 1,6 ($\gamma_M = 17$ kN/m³)
- Dünnbettmörtel ($\beta_{RHS} \geq 0{,}11$ MN/m²)
- Stoßfugen vermörtelt oder unvermörtelt
- Rohdichte der Anschüttung
  erdfeucht $\varrho_e = 19$ kN/m³
  unter Auftrieb $\varrho'_e = 11$ kN/m³
- Erddruckbeiwert $K_a = 1/3$
- Verkehrslast im Einflußbereich des Erddrucks $p = 5{,}0$ kN/m²
- kein anstehendes Grundwasser

Bei Verwendung von Normalmörtel MG IIa ($\beta_{RHS} \geq 0{,}09$ MN/m²) verringern sich die zulässigen Erdanschüttungen gegenüber Wänden aus KS-Plansteinen mit Dünnbettmörtel in Einzelfällen um 5 bis 10 cm. Bei anstehendem Grundwasser ($h_w \leq 0{,}50$ m) sind die zulässigen Erdanschütthöhen um 5 cm geringer.

6.6.5.4 Literaturhinweise

Für ein- und zweiachsig gespannte Kelleraußenwände stehen die Berechnungshilfen in [6/20] und [6/21] zur Verfügung.

6.6.6 Anwendung

An vier Beispielen wird die Anwendung der mitgeteilten Gleichungen für den Nachweis von Kelleraußenwänden nach Bild 6/62 gezeigt. Die Bemessung mit Hilfe der Tafeln ist im Beispiel ① durchgeführt.

Um den Umfang der Beispiele zu begrenzen, werden angenommene Normalkräfte zugrunde gelegt; es ist deshalb auch kein Knicksicherheitsnachweis geführt.

6.6.6.1 Beispiel ①: Kelleraußenwand, d = 24 cm, Grenzlastnachweis nach der Norm

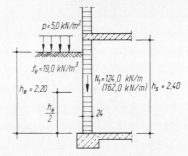

Gegeben:

Abmessungen
Lichte Kellergeschoßhöhe $h_s = 2{,}40$ m
Höhe der Anschüttung $h_e = 2{,}20$ m
Wanddicke $d = 24$ cm

Baustoffe
Mauerwerk
Steinfestigkeitsklasse 12, Mörtelgruppe IIa
mit $\beta_R = 2{,}67 \cdot \sigma_o = 2{,}67 \cdot 1{,}6 = 4{,}27$ MN/m²

Belastung
Auf dem Erdreich wirkende Verkehrslast
(DIN 1055 Teil 3) $p = 5{,}0$ kN/m²

Tafel 6/64: Zulässige Erdanschüttung für Kelleraußenwände

Lichte Kellergeschoßhöhe h_s [m]	Wanddicke d [cm]	Zulässige Erdanschüttung über dem Wandfuß h_e [m]						
		Lotrechte Wandbelastung (ständige Lasten) am Wandkopf N_o [kN/m]						
		5	10	15	20	30	40	50
2,60	36,5	1,55	1,80	2,00	2,20	2,60	2,60	2,60
	30	1,35	1,55	1,75	1,95	2,30	2,60	2,60
	24	1,15	1,35	1,55	1,70	2,00	2,25	2,55
2,40	36,5	1,55	1,80	2,05	2,30	2,40	2,40	2,40
	30	1,35	1,55	1,80	2,00	2,35	2,40	2,40
	24	1,15	1,35	1,55	1,70	2,05	2,40	2,40
2,20	36,5	1,55	1,85	2,10	2,20	2,20	2,20	2,20
	30	1,35	1,60	1,85	2,05	2,20	2,20	2,20
	24	1,15	1,35	1,60	1,75	2,15	2,20	2,20

Rohdichte der Anschüttung $\varrho_e = 19$ kN/m³
(DIN 1055 Teil 2, wenn keine genaueren Werte vorliegen)

Winkel der inneren Reibung $\varphi = 30°$

Wandreibungswinkel zwischen
Hinterfüllung und Wand $\delta = 0°$

Erddruckbeiwert $K_a = 1/3$

Normalkraft in halber Höhe der Anschüttung:

Lastfall Eigengewicht $N_1 = 124{,}0$ kN/m

Lastfall Vollast $N_1 = 162{,}0$ kN/m

Gesucht:

Tragfähigkeitsnachweis der Kelleraußenwand mit Hilfe der Grenzwerte der Wandnormalkraft min N und max N in halber Höhe der Anschüttung

Berechnungsgang:

a) Grenzlastnachweis nach DIN 1053 Teil 1, Gl. (17)

Die Bedingungen für den Nachweis nach DIN 1053 Teil 1, Abschnitt 8.1.2.3, sind eingehalten, so daß sich unter Berücksichtigung des Sicherheitsbeiwertes für Wände $\gamma = 2{,}0$ der zulässige Größtwert der Wandnormalkraft nach Gl. (6.113a) ergibt:

$$\max N = \frac{0{,}24 \cdot 4{,}27 \cdot 10^3}{3 \cdot 2{,}0} = 170{,}8 \text{ kN/m}$$

Mindestwert der Wandnormalkraft min N nach Gl. (6.113b):

$$\min N = \frac{19{,}0 \cdot 2{,}40 \cdot 2{,}20^2}{20 \cdot 0{,}24} = 46{,}0 \text{ kN/m}$$

Nachweis nach Gl. (6.112):

LF Vollast

170,8 kN/m > N_1 = 162,0 kN/m

LF Eigengewicht

N_1 = 124,0 kN/m > 46,0 kN/m

b) Nachweis mit Hilfe der Tafeln

Der Mindestwert der Wandnormalkraft min N ist in den Tafeln 6/58 bis 6/63 als Kurve aufgetragen, der Größtwert der Wandnormalkraft max N ist in den Tafeln in Tabellen angegeben.

Für die Steinfestigkeitsklasse 12, Mörtelgruppe II a und den Grundwert der zulässigen Druckspannung $\sigma_0 = 1{,}6$ MN/m² liefert die in Tafel 6/58 (Bild 6/64) angegebene Tabelle

max N = 170,8 kN/m

Der Mindestwert für die vorhandene Normalkraft der Wand aus ständigen Lasten in halber Höhe der Anschüttung ergibt sich aus Tafel 6/58 mit $h_e = 2{,}20$ m und $h_s = 2{,}40$ m zu min N = 46,0 kN/m

Nachweis nach Gl. (6.112):

LF Vollast

170,8 kN/m > N_1 = 162,0 kN/m

LF Eigengewicht

N_1 = 124,0 kN/m > 46,0 kN/m

Die Tragfähigkeit der Kelleraußenwand ist damit nachgewiesen.

Ist die Normalkraft aus ständigen Lasten in halber Höhe der Anschüttung kleiner als der Mindestwert min N oder ist die Normalkraft aus dem Lastfall Vollast größer als der obere Grenzwert max N, so ist ein Nachweis nach der Norm nicht mehr möglich. Es muß dann geprüft werden, ob der genauere Nachweis nach den ermittelten Schnittgrößen zum Ziel führt. Dies wird im Beispiel ② gezeigt.

6.6.6.2 Beispiel ②: Kelleraußenwand, d = 24 cm, Nachweis nach den ermittelten Schnittgrößen

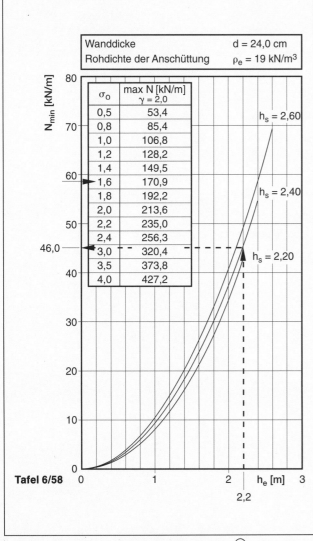

Bild 6/64: Auswertung der Tafel 6/58 für Beispiel ①

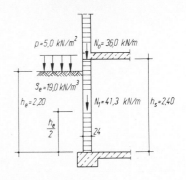

Beispiel ②

Gegeben:

Abmessungen wie in Beispiel ①
Baustoffe

Mauerwerk
Steinfestigkeitsklasse 12, Mörtelgruppe II a
mit $\beta_R = 2,67 \cdot 1,6 = 4,27$ MN/m²

Belastung

Auf dem Erdreich wirkende Verkehrslast p
Rohdichte der Anschüttung
Erddruckbeiwert } wie in Beispiel ①

Normalkraft am Wandkopf:
Angenommen $N_o = 36,0$ kN/m

Gesucht:
Nachweis der Kelleraußenwand

Berechnungsgang:
Der Nachweis erfolgt nach den ermittelten Schnittgrößen und zum Vergleich mit der genähert ermittelten erforderlichen Wandnormalkraft.

a) Schnittgrößen

- Normalkräfte aus lotrechten Lasten

  Eigengewicht der Wand mit
  $g_w = 4,08$ kN/m² (Tafel 5/1):
  $G_w = 4,08 \cdot 2,40 = 9,8$ kN/m

  Normalkraft am Wandfuß
  $N_u = 36,0 + 9,8 = 45,8$ kN/m

  Normalkraft in halber Höhe der Anschüttung
  $N_1 = 45,8 - 1,10 \cdot 4,08 = 41,3$ kN/m

Dieser Wert ist kleiner als der in Beispiel ① errechnete Mindestwert der Wandnormalkraft min N = 46,0 kN/m

- Schnittgrößen infolge Erddruck

  Einspannmoment am Wandkopf nach Gl. (6.97a):

$M_o = -36,0 \cdot \dfrac{0,24}{3} = -2,880$ kNm/m

Am Wandfuß nach Gl. (6.97b):

$M_u = -45,8 \cdot \dfrac{0,24}{3} = -3,664$ kNm/m

Die Lastordinaten aus Erddruck betragen nach den Gln. (6.95) und (6.96):

$e_p = \dfrac{1}{3} \cdot 5,0 = 1,67$ kN/m²

$e_u = \dfrac{1}{3} \cdot 5,0 + \dfrac{1}{3} \cdot 19,0 \cdot 2,20 = 15,60$ kN/m²

Im Bild 6/65a sind die Belastungen, im Bild 6/65b und c die sich daraus ergebenden Schnittgrößen dargestellt.

b) Nachweis nach den ermittelten Schnittgrößen nach Kap. 6.6.1.4

Klaffende Fuge

Größtes Feldmoment $M_{max} = 2,564$ kNm/m
an der Stelle $x_o = 1,06$ m

Zugehörige Normalkraft
mit $g_w = 4,08$ kN/m² (Tafel 5/1):

$N_m = 45,8 - 1,06 \cdot 4,08 = 41,5$ kN/m

Nach Gl. (6.99):

$e = \dfrac{2,564}{41,5} + 0,04 \cdot 0,24 = 0,071$ m $> \dfrac{0,24}{6} = 0,040$ m

$< \dfrac{0,24}{3} = 0,080$ m

Es liegt ein teilweise gerissener Querschnitt vor.

Randspannungen

- Stelle des größten Feldmoments

  Mit der bezogenen Ausmitte

  $m = \dfrac{6 \cdot 0,071}{0,24} = 1,775$

  ergibt sich nach Gl. (6.45b):

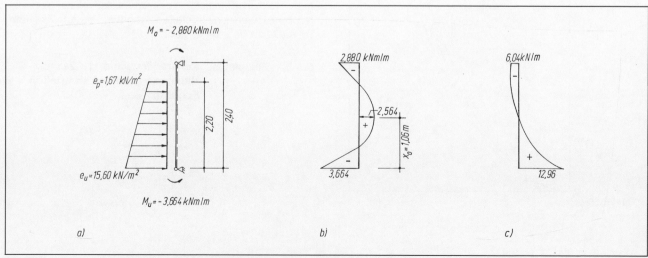

Bild 6/65: Belastung und Schnittgrößen zum Beispiel ②   a) Belastung   b) Biegemoment   c) Querkraft

$$\sigma_R = \frac{41{,}5}{0{,}24 \cdot 1{,}00} \cdot \frac{4}{3-1{,}775} = 564{,}6 \text{ kN/m}^2$$

$$\sigma_R = 0{,}565 \text{ MN/m}^2 < 1{,}33 \cdot \frac{\beta_R}{\gamma} = 1{,}33 \cdot \frac{4{,}27}{2{,}0} = 2{,}84 \text{ MN/m}^2$$

- **Wandfuß**

Da am Wandfuß e = d/3 für die Normalkraft angesetzt wurde, beträgt mit der bezogenen Ausmitte m = 2,000 die Randspannung nach Gl. (6.45b):

$$\sigma_R = \frac{45{,}8}{0{,}24 \cdot 1{,}00} \cdot \frac{4}{3-2{,}000} = 763{,}3 \text{ kN/m}^2$$

$$\sigma_R = 0{,}763 \text{ MN/m}^2 < 1{,}33 \cdot \frac{\beta_R}{\gamma} = 1{,}33 \cdot \frac{4{,}27}{2{,}0} = 2{,}84 \text{ MN/m}^2$$

Schubspannungen

- **Wandkopf**

Randspannung (e = d/3, m = 2,000)

$$\sigma_R = \frac{36{,}0}{0{,}24 \cdot 1{,}00} \cdot \frac{4}{3-2{,}000} = 600{,}0 \text{ kN/m}^2$$

$\sigma_R = 0{,}600$ MN/m²

Normalspannung in der Mitte des überdrückten Bereiches

$$\sigma = \frac{1}{2} \cdot \sigma_R = \frac{1}{2} \cdot 0{,}600 = 0{,}300 \text{ MN/m}^2$$

Querkraft aus Bild 6/65c: $Q_o = 6{,}04$ kN/m

Schubspannung nach Gl. (6.72d), Bild 6/62:

$$\tau = 3 \cdot \frac{6{,}04}{0{,}24 \cdot 1{,}00} = 75{,}5 \text{ kN/m}^2$$

$\tau = 0{,}076$ MN/m²

Für das Schubversagen ist Fall 1 maßgebend.

Mit $\beta_{RHS} = 0{,}18$ MN/m², $\gamma = 2{,}0$, $\mu = 0{,}6$ und $\sigma = 0{,}300$ MN/m² ergibt sich der Grenzwert der Schubspannung $\bar{\tau}$ nach Gl. (6.73d):

$$\bar{\tau} = \frac{1}{2{,}0} \cdot (0{,}18 + 0{,}6 \cdot 0{,}300)$$

$\bar{\tau} = 0{,}180$ MN/m² > $\tau = 0{,}076$ MN/m²

- **Wandfuß**

Normalspannung in der Mitte des überdrückten Bereiches mit $\sigma_R = 0{,}763$ MN/m²

$$\sigma = \frac{1}{2} \cdot \sigma_R = \frac{1}{2} \cdot 0{,}763 = 0{,}382 \text{ MN/m}^2$$

Querkraft nach Bild 6/65c: $Q_u = 12{,}96$ kN/m

Schubspannung nach Gl. (6.72d), Bild 6/62:

$$\tau = 3 \cdot \frac{12{,}96}{0{,}24 \cdot 1{,}00} = 162{,}0 \text{ kN/m}^2$$

$\tau = 0{,}162$ MN/m²

Mit $\beta_{RHS} = 0{,}18$ MN/m², $\gamma = 2{,}0$, $\mu = 0{,}6$ und $\sigma = 0{,}382$ MN/m² ergibt sich der Grenzwert der Schubspannung $\bar{\tau}$ nach Gl. (6.73d):

$$\bar{\tau} = \frac{1}{2{,}0} \cdot (0{,}18 + 0{,}6 \cdot 0{,}382)$$

$\bar{\tau} = 0{,}205$ MN/m² > $\tau = 0{,}162$ MN/m²

Damit wurde nachgewiesen, daß der Querschnitt an der Stelle des größten Feldmomentes nicht mehr als bis zur Wandmitte aufreißt sowie die zulässigen Rand- und Schubspannungen eingehalten sind.

c) Genäherte Ermittlung der erforderlichen Wandnormalkraft nach Kap. 6.6.1.6

Zum Vergleich wird auch die genäherte Ermittlung der erforderlichen Wandnormalkraft durchgeführt.

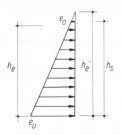

Vergrößerte Anschütthöhe nach Gl. (6.100):

$$h_e' = 2{,}20 + \frac{5{,}0}{19{,}0} = 2{,}46 \text{ m} > h_s = 2{,}40 \text{ m}$$

Nach Gl. (6.103):

$$e_o = \frac{1}{3} \cdot 19{,}0 \cdot (2{,}46 - 2{,}40) = 0{,}38 \text{ kN/m}^2$$

Mit $e_o/e_u = 0{,}38/15{,}60 = 0{,}02 \approx 0$ folgt aus Bild 6/58 für den Momentenbeiwert:

$\eta = 7{,}79$

Das größte Biegemoment am gelenkig gelagerten Einfeldträger ergibt sich nach Gl. (6.101a):

$$\max M_E = \frac{0{,}38 + 15{,}60}{2 \cdot 7{,}79} \cdot 2{,}40^2 = 5{,}908 \text{ kNm/m}$$

Die erforderliche Wandnormalkraft beträgt nach Gl. (6.111):

$$\min N = \frac{5{,}908}{0{,}60 \cdot 0{,}24} = 41{,}0 \text{ kN/m}$$

$N_1 = 41{,}3$ kN/m > 41,0 kN/m

Die vorhandene Normalkraft in halber Höhe der Anschüttung ist damit größer als die erforderliche Wandnormalkraft.

Damit konnte vergleichsweise nachgewiesen werden, daß der ungünstigste Wandquerschnitt nicht weiter als bis zur Wandmitte aufreißt.

6.6.6.3 Beispiel ③: Kelleraußenwand, d = 30 cm, Hohe Verkehrslast im Einflußbereich des Erddrucks

Im Beispiel ③ wird angenommen, daß im Einflußbereich des Erddrucks eine Feuerwehrzufahrt liegt (SLW 30). Es muß

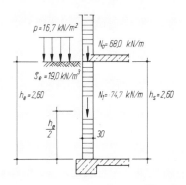

Beispiel ③

nach DIN 1072 eine Ersatzflächenlast p = 16,7 kN/m² angesetzt werden. Damit ist die Voraussetzung für das Entfallen eines Erddrucknachweises nach DIN 1053 Teil 1, Abschnitt 8.1.2.3, welche die vorhandene Verkehrslast auf p = 5,0 kN/m² begrenzt, nicht mehr eingehalten.

Gegeben:

Abmessungen
Lichte Kellergeschoßhöhe h_s = 2,60 m
Höhe der Anschüttung h_e = 2,60 m
Wanddicke d = 30 cm

Baustoffe
Mauerwerk Steinfestigkeitsklasse 20, Mörtelgruppe III
mit $\beta_R = 2{,}67 \cdot \sigma_0 = 2{,}67 \cdot 2{,}4 = 6{,}41$ MN/m²

Belastung
Auf dem Erdreich wirkende Verkehrslast p = 16,7 kN/m²
(Ersatzflächenlast für SLW 30 nach DIN 1072)

Rohdichte der Anschüttung ϱ_e = 19 kN/m³
(DIN 1055 Teil 2)
Winkel der inneren Reibung φ = 30°
Wandreibungswinkel δ = 0°
Erddruckbeiwert K_a = 1/3

Normalkraft am Wandkopf:
Angenommen N_o = 68,0 kN/m

Gesucht:

Nachweis der Kelleraußenwand

Berechnungsgang:

Der Nachweis erfolgt nach den ermittelten Schnittgrößen und zum Vergleich mit der genähert ermittelten erforderlichen Wandnormalkraft.

a) Schnittgrößen

- Normalkräfte aus lotrechten Lasten

Eigengewicht der Wand mit
g_w = 5,10 kN/m² (Tafel 5/1):
G_w = 5,10 · 2,60 = 13,3 kN/m

Normalkraft am Wandfuß
N_u = 68,0 + 13,3 = 81,3 kN/m

Normalkraft in halber Höhe der Anschüttung
N_1 = 81,3 − 1,30 · 5,10 = 74,7 kN/m

- Schnittgrößen infolge Erddruck

Einspannmoment am Wandkopf nach Gl. (6.97a):

$$M_o = -68{,}0 \cdot \frac{0{,}30}{3} = -6{,}800 \text{ kNm/m}$$

Am Wandfuß nach Gl. (6.97b):

$$M_u = -81{,}3 \cdot \frac{0{,}30}{3} = -8{,}130 \text{ kNm/m}$$

Die Lastordinaten aus Erddruck betragen nach den Gln. (6.95) und (6.96):

$$e_o = e_p = \frac{1}{3} \cdot 16{,}70 = 5{,}57 \text{ kN/m}^2$$

$$e_u = 5{,}57 + \frac{1}{3} \cdot 19{,}0 \cdot 2{,}60 = 22{,}04 \text{ kN/m}^2$$

Im Bild 6/66a sind die Belastungen, im Bild 6/66b und c die sich daraus ergebenden Schnittgrößen dargestellt.

b) Nachweis nach den ermittelten Schnittgrößen nach Kap. 6.6.1.4

Klaffende Fuge

Größtes Feldmoment M_{max} = 4,260 kNm/m
an der Stelle x_o = 1,21 m

Zugehörige Normalkraft
mit g_w = 5,10 kN/m² (Tafel 5/1):

N_m = 81,3 − 1,21 · 5,10 = 75,1 kN/m

Nach Gl. (6.99):

$$e = \frac{4{,}260}{75{,}1} + 0{,}04 \cdot 0{,}30 = 0{,}069 \text{ m} > \frac{0{,}30}{6} = 0{,}050 \text{ m}$$

$$< \frac{0{,}30}{3} = 0{,}100 \text{ m}$$

Es liegt ein teilweise gerissener Querschnitt vor.

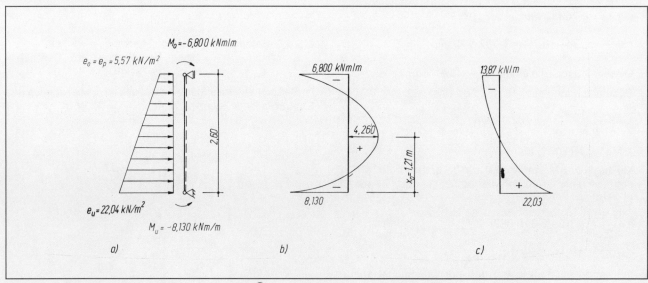

Bild 6/66: Belastung und Schnittgrößen zum Beispiel ③   a) Belastung   b) Biegemoment   c) Querkraft

Randspannungen

- Stelle des größten Feldmoments

Mit der bezogenen Ausmitte

$$m = \frac{6 \cdot 0{,}069}{0{,}30} = 1{,}380$$

ergibt sich nach Gl. (6.45b):

$$\sigma_R = \frac{75{,}1}{0{,}30 \cdot 1{,}00} \cdot \frac{4}{3 - 1{,}380} = 618{,}1 \text{ kN/m}^2$$

$$\sigma_R = 0{,}618 \text{ MN/m}^2 < 1{,}33 \cdot \frac{\beta_R}{\gamma} = 1{,}33 \cdot \frac{6{,}41}{2{,}0} = 4{,}26 \text{ MN/m}^2$$

- Wandfuß

Da am Wandfuß e = d/3 für die Normalkraft angesetzt wurde, beträgt mit der bezogenen Ausmitte m = 2,000 die Randspannung nach Gl. (6.45b):

$$\sigma_R = \frac{81{,}3}{0{,}30 \cdot 1{,}00} \cdot \frac{4}{3 - 2{,}000} = 1084{,}0 \text{ kN/m}^2$$

$$\sigma_R = 1{,}084 \text{ MN/m}^2 < 1{,}33 \cdot \frac{\beta_R}{\gamma} = 1{,}33 \cdot \frac{6{,}41}{2{,}0} = 4{,}26 \text{ MN/m}^2$$

Schubspannungen

- Wandkopf

Randspannung (e = d/3, m = 2,000)

$$\sigma_R = \frac{68{,}0}{0{,}30 \cdot 1{,}00} \cdot \frac{4}{3 - 2{,}000} = 906{,}7 \text{ kN/m}^2$$

$$\sigma_R = 0{,}907 \text{ MN/m}^2$$

Normalspannung in der Mitte des überdrückten Bereiches

$$\sigma = \frac{1}{2} \cdot \sigma_R = \frac{1}{2} \cdot 0{,}907 = 0{,}454 \text{ MN/m}^2$$

Querkraft aus Bild 6/66c: $Q_o = 13{,}87$ kN/m

Schubspannung nach Gl. (6.72d), Bild 6/62:

$$\tau = 3 \cdot \frac{13{,}87}{0{,}30 \cdot 1{,}00} = 138{,}7 \text{ kN/m}^2$$

$$\tau = 0{,}139 \text{ MN/m}^2$$

Für das Schubversagen ist Fall 1 maßgebend.

Mit $\beta_{RHS} = 0{,}22$ MN/m², $\gamma = 2{,}0$, $\mu = 0{,}6$ und $\sigma = 0{,}454$ MN/m² ergibt sich der Grenzwert der Schubspannung $\bar{\tau}$ nach Gl. (6.73d):

$$\bar{\tau} = \frac{1}{2{,}0} \cdot (0{,}22 + 0{,}6 \cdot 0{,}454)$$

$$\bar{\tau} = 0{,}246 \text{ MN/m}^2 > \tau = 0{,}139 \text{ MN/m}^2$$

- Wandfuß

Normalspannung in der Mitte des überdrückten Bereiches mit $\sigma_R = 1{,}084$ MN/m²

$$\sigma = \frac{1}{2} \cdot \sigma_R = \frac{1}{2} \cdot 1{,}084 = 0{,}542 \text{ MN/m}^2$$

Querkraft aus Bild 6/66c: $Q_u = 22{,}03$ kN/m

Schubspannung nach Gl. (6.72d), Bild 6/62:

$$\tau = 3 \cdot \frac{22{,}03}{0{,}30 \cdot 1{,}00} = 220{,}3 \text{ kN/m}^2$$

$$\tau = 0{,}220 \text{ MN/m}^2$$

Mit $\beta_{RHS} = 0{,}22$ MN/m², $\gamma = 2{,}0$, $\mu = 0{,}6$ und $\sigma = 0{,}542$ MN/m² ergibt sich der Grenzwert der Schubspannung $\bar{\tau}$ nach Gl. (6.73d):

$$\bar{\tau} = \frac{1}{2{,}0} \cdot (0{,}22 + 0{,}6 \cdot 0{,}542)$$

$$\bar{\tau} = 0{,}273 \text{ MN/m}^2 > \tau = 0{,}220 \text{ MN/m}^2$$

Damit wurde nachgewiesen, daß der Querschnitt an der Stelle des größten Feldmoments nicht mehr als bis zur Wandmitte aufreißt sowie die zulässigen Rand- und Schubspannungen eingehalten sind.

c) Genäherte Ermittlung der erforderlichen Wandnormalkraft nach Kap. 6.6.1.6

Zum Vergleich wird auch die genäherte Ermittlung der erforderlichen Wandnormalkraft durchgeführt.

Lastordinaten aus Erddruck (Bild 6/66a):

$e_o = 5{,}57$ kN/m²

$e_u = 22{,}04$ kN/m²

Mit $e_o/e_u = 5{,}57/22{,}04 = 0{,}25$ folgt aus Bild 6/58 für den Momentenbeiwert:

$\eta = 7{,}87$

Das größte Biegemoment am gelenkig gelagerten Einfeldträger ergibt sich nach Gl. (6.101a):

$$\max M_E = \frac{5{,}57 + 22{,}04}{2 \cdot 7{,}87} \cdot 2{,}60^2 = 11{,}858 \text{ kNm/m}$$

Die erforderliche Wandnormalkraft beträgt nach Gl. (6.111):

$$\min N = \frac{11{,}858}{0{,}60 \cdot 0{,}30} = 65{,}9 \text{ kN/m}$$

$$N_1 = 74{,}7 \text{ kN/m} > 65{,}9 \text{ kN/m}$$

Die vorhandene Normalkraft in halber Höhe der Anschüttung ist damit größer als die erforderliche Wandnormalkraft.

Damit konnte vergleichsweise nachgewiesen werden, daß der ungünstigste Wandquerschnitt nicht weiter als bis zur Wandmitte aufreißt.

In diesem Beispiel könnte der Nachweis auch mit Steinfestigkeitsklasse 12, Mörtelgruppe IIa geführt werden.

6.6.6.4 Beispiel ④: Kelleraußenwand, d = 36,5 cm, Geringe Auflast am Wandkopf

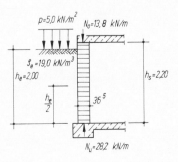

Gegeben:

Abmessungen
Lichte Kellergeschoßhöhe $h_s = 2{,}20$ m
Höhe der Anschüttung $h_e = 2{,}00$ m
Wanddicke $d = 36{,}5$ cm

Beispiel ④

Baustoffe
Steinfestigkeitsklasse 12, Mörtelgruppe IIa
mit $\beta_R = 2,67 \cdot 1,6 = 4,27$ MN/m²

Belastung
Auf dem Erdreich wirkende
Verkehrslast $\quad p = 5,0$ kN/m²
Rohdichte der Anschüttung $\varrho_e = 19$ kN/m³
Winkel der inneren Reibung $\varphi = 30°$
Wandreibungswinkel $\quad \delta = 0°$
Erddruckbeiwert $\quad K_a = 1/3$

Normalkraft am Wandkopf:
Angenommen $N_o = 13,8$ kN/m

Diese Last entspricht z. B. der Auflagerkraft einer Stahlbetondecke bei einem Deckeneigengewicht g = 5,50 kN/m² und einer Einflußbreite von 2,50 m.

Gesucht:

Nachweis der Kelleraußenwand

Berechnungsgang:

Der Nachweis erfolgt nach den ermittelten Schnittgrößen und nach Tafel 6/64.

a) Schnittgrößen

- Normalkräfte aus lotrechten Lasten

  Eigengewicht der Wand mit
  $g_w = 6,57$ kN/m² (Tafel 5/1):
  $G_w = 6,57 \cdot 2,20 = 14,4$ kN/m

  Normalkraft am Wandfuß
  $N_u = 13,8 + 14,4 = 28,2$ kN/m

- Schnittgrößen infolge Erddruck

  Einspannmoment am Wandkopf nach Gl. (6.97a):

  $M_o = -13,8 \cdot \dfrac{0,365}{3} = -1,679$ kNm/m

  Am Wandfuß nach Gl. (6.97b):

  $M_u = -28,2 \cdot \dfrac{0,365}{3} = -3,431$ kNm/m

Die Lastordinaten aus Erddruck betragen nach den Gln. (6.95) und (6.96):

$e_p = \dfrac{1}{3} \cdot 5,0 = 1,67$ kN/m²

$e_u = 1,67 + 2,0 \cdot 19 \cdot \dfrac{1}{3} = 14,34$ kN/m²

Im Bild 6/67a sind die Belastungen, im Bild 6/67b und c die sich daraus ergebenden Schnittgrößen dargestellt.

b) Nachweis nach den ermittelten Schnittgrößen nach Kap. 6.6.1.4

Klaffende Fuge

Größtes Feldmoment $\quad M_{max} = 1,908$ kNm/m
an der Stelle $\quad x_o = 1,03$ m

Zugehörige Normalkraft
mit $g_w = 6,57$ kN/m² (Tafel 5/1):

$N_m = 28,2 - 1,03 \cdot 6,57 = 21,4$ kN/m

Nach Gl. (6.99):

$e = \dfrac{1,908}{21,4} + 0,04 \cdot 0,365 = 0,104$ m $> \dfrac{0,365}{6} = 0,061$ m

$\qquad\qquad\qquad\qquad\qquad < \dfrac{0,365}{3} = 0,122$ m

Es liegt ein teilweise gerissener Querschnitt vor.

Randspannungen

- Stelle des größten Feldmoments

  Mit der bezogenen Ausmitte

  $m = \dfrac{6 \cdot 0,104}{0,365} = 1,710$

  ergibt sich nach Gl. (6.45b):

  $\sigma_R = \dfrac{21,4}{0,365 \cdot 1,00} \cdot \dfrac{4}{3 - 1,710} = 181,8$ kN/m²

  $\sigma_R = 0,182$ MN/m² $< 1,33 \cdot \dfrac{\beta_R}{\gamma} = 1,33 \cdot \dfrac{4,27}{2,0} = 2,84$ MN/m²

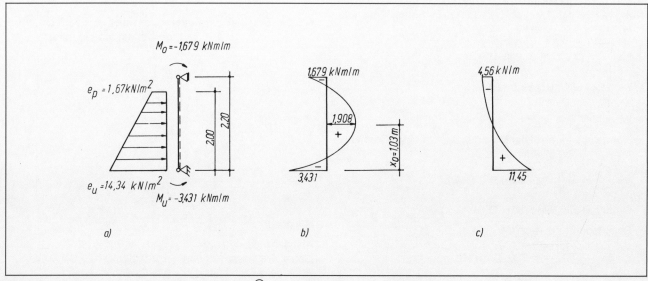

Bild 6/67: Belastung und Schnittgrößen zum Beispiel ④   a) Belastung   b) Biegemoment   c) Querkraft

- **Wandfuß**

Da am Wandfuß e = d/3 für die Normalkraft angesetzt wurde, beträgt mit der bezogenen Ausmitte m = 2,000 die Randspannung nach Gl. (6.45b):

$$\sigma_R = \frac{28,2}{0,365 \cdot 1,00} \cdot \frac{4}{3-2,000} = 309,0 \text{ kN/m}^2$$

$$\sigma_R = 0,309 \text{ MN/m}^2 < 1,33 \cdot \frac{\beta_R}{\gamma} = 1,33 \cdot \frac{4,27}{2,0} = 2,84 \text{ MN/m}^2$$

Schubspannungen

- **Wandkopf**

Randspannung (e = d/3, m = 2,000)

$$\sigma_R = \frac{13,8}{0,365 \cdot 1,00} \cdot \frac{4}{3-2,000} = 151,2 \text{ kN/m}^2$$

$$\sigma_R = 0,151 \text{ MN/m}^2$$

Normalspannung in der Mitte des überdrückten Bereiches

$$\sigma = \frac{1}{2} \cdot \sigma_R = \frac{1}{2} \cdot 0,151 = 0,076 \text{ MN/m}^2$$

Querkraft aus Bild 6/67c: Q_o = 4,56 kN/m

Schubspannung nach Gl. (6.72d), Bild 6/62:

$$\tau = 3 \cdot \frac{4,56}{0,365 \cdot 1,00} = 37,5 \text{ kN/m}^2$$

$$\tau = 0,038 \text{ MN/m}^2$$

Für das Schubversagen ist Fall 1 maßgebend.

Mit β_{RHS} = 0,18 MN/m², γ = 2,0, μ = 0,6 und σ = 0,151 MN/m² ergibt sich der Grenzwert der Schubspannung $\bar{\tau}$ nach Gl. (6.73d):

$$\bar{\tau} = \frac{1}{2,0} \cdot (0,18 + 0,6 \cdot 0,151)$$

$$\bar{\tau} = 0,135 \text{ MN/m}^2 > \tau = 0,038 \text{ MN/m}^2$$

- **Wandfuß**

Normalspannung in der Mitte des überdrückten Bereiches mit σ_R = 0,309 MN/m²

$$\sigma = \frac{1}{2} \cdot \sigma_R = \frac{1}{2} \cdot 0,309 = 0,154 \text{ MN/m}^2$$

Querkraft aus Bild 6/67c: Q_u = 11,45 kN/m

Schubspannung nach Gl. (6.72d), Bild 6/62:

$$\tau = 3 \cdot \frac{11,45}{0,365 \cdot 1,00} = 94,1 \text{ kN/m}^2$$

$$\tau = 0,094 \text{ MN/m}^2$$

Mit β_{RHS} = 0,18 MN/m², γ = 2,0, μ = 0,6 und σ = 0,154 MN/m² ergibt sich der Grenzwert der Schubspannung $\bar{\tau}$ nach Gl. (6.73d):

$$\bar{\tau} = \frac{1}{2,0} \cdot (0,18 + 0,6 \cdot 0,154)$$

$$\bar{\tau} = 0,136 \text{ MN/m}^2 > \tau = 0,094 \text{ MN/m}^2$$

Damit wurde nachgewiesen, daß der Querschnitt an der Stelle des größten Feldmoments nicht mehr als bis zur Wandmitte aufreißt sowie die zulässigen Rand- und Schubspannungen eingehalten sind.

c) **Nachweis mit Hilfe der Tafel 6/64**

Für die Ausgangswerte
h_s = 2,20 m
d = 36,5 cm
N_o = 15,0 kN/m

wird als zulässige Erdanschüttung abgelesen
h_e = 2,05 m.

Nach Interpolation zwischen den für N_o = 10,0 und 15,0 kN/m zulässigen Anschütthöhen ergibt sich für N_o = 13,8 kN/m

$$h_e = 1,80 + (2,05 - 1,80) \cdot \frac{13,8 - 10,0}{15,0 - 10,0}$$

$$= 1,99 \text{ m} \approx 2,00 \text{ m}$$

(entspricht der vorhandenen Anschütthöhe).

Hierbei wurde vernachlässigt, daß in Tafel 6/64 das Berechnungsgewicht der Wand mit 15 kN/m³, im Beispiel ④ mit 18 kN/m³ angenommen wurde. Diese Abweichung ist für das Beispiel jedoch unbedeutend.

6.6.6.5 Erläuterung der Ergebnisse

Im Beispiel ① wird eine 24 cm dicke Kelleraußenwand bei einer Anschütthöhe von 2,20 m nachgewiesen. Der Nachweis gelingt schon mit der in DIN 1053 Teil 1, Gl. (17), angegebenen Näherung.

Beispiel ② liegen die gleichen Abmessungen und sonstigen Vorgaben wie Beispiel ① zugrunde, mit Ausnahme der Normalkraft. Die Normalkraft am Wandkopf wurde so angenommen, daß sie für die Nachweisstelle (halbe Höhe der Anschüttung) kleiner ist als der im Beispiel ① errechnete Mindestwert. Die Wand mußte also nach dem genaueren, im Kap. 6.6.3.1 angegebenen Verfahren nach den ermittelten Schnittgrößen nachgewiesen werden. Zum Vergleich wurde eine genäherte Ermittlung der erforderlichen Wandnormalkraft nach Kap. 6.6.1.6 durchgeführt. Die Ergebnisse beider Nachweise stimmen gut überein.

Im Beispiel ③ wurde im Einflußbereich des Erddrucks eine hohe Verkehrslast p = 16,7 kN/m² angenommen, so daß die Bedingungen für das Entfallen des Erddrucknachweises nach DIN 1053 Teil 1 nicht eingehalten sind. Durch genaue Ermittlung der Schnittgrößen und Einhaltung der im Kap. 6.6.1.6 angegebenen Bedingungen läßt sich die Kelleraußenwand mit der Wanddicke d = 30 cm bei voller Anschüttung nachweisen.

Der bei Einfamilienhäusern häufig vorkommende Fall einer Kelleraußenwand mit geringer Auflast (z. B. im Terrassenbereich) liegt Beispiel ④ zugrunde. Es wurde angenommen, daß die Kelleraußenwand nur aus der Kellerdecke ständig vorhandene Auflasten erhält.

Bei allen Beispielen, in denen der genaue Nachweis nach den ermittelten Schnittgrößen geführt wurde, mußte am Wandkopf und Wandfuß die Einhaltung der zulässigen Schubspannungen untersucht werden.

Zusammenfassend läßt sich feststellen, daß nach DIN 1053 Teil 1 die in der Praxis am häufigsten vorkommenden Kelleraußenwände vereinfacht nachgewiesen werden können. Sind die in DIN 1053 Teil 1, Abschnitt 8.1.2.3, genannten Bedingungen nicht erfüllt, können mit dem in den Kapiteln 6.6.1.4 und 6.6.1.5 hergeleiteten Verfahren nach den ermittelten Schnitt-

Geringe Auflast

Tafel 6/65: Lotrecht gespannte Kelleraußenwand bei voller Erdanschüttung: Erforderliche Auflasten am Wandkopf (min N_o) bzw. Wandnormalkräfte in halber Kellergeschoßhöhe (min N)

Rechenwert der Eigenlasten γ_M [kN/m³]	Lichte Kellergeschoßhöhe = Höhe der Anschüttung $h_e = h_s$ [m]	erforderliche Auflast am Wandkopf (erforderliche Wandnormalkraft in halber Kellergeschoßhöhe) [kN/m]		
		Wanddicke d		
		24 cm	30 cm	36,5 cm
17	2,20	30,5 (35,0)	22,4 (28,0)	16,1 (22,9)
	2,40	40,0 (44,9)	30,1 (36,2)	22,2 (29,7)
	2,60	50,9 (56,2)	39,2 (45,8)	29,6 (37,7)
20	2,20	29,6 (34,9)	21,3 (27,9)	14,8 (22,8)
	2,40	38,9 (44,7)	28,9 (36,1)	20,8 (29,6)
	2,60	49,8 (56,0)	37,8 (45,6)	28,0 (37,5)

Bis auf den Rechenwert der Eigenlast von 20 kN/m³ gelten damit die gleichen Voraussetzungen.

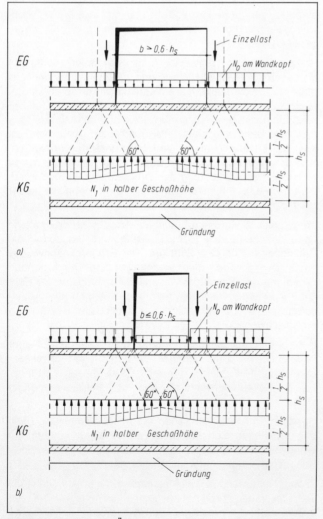

Bild 6/68: Einfluß von Öffnungen im Erdgeschoß beim Nachweis lotrecht gespannter Kelleraußenwände
a) Öffnungsbreite $b > 0,6 \cdot h_s$ b) Öffnungsbreite $b \leq 0,6 \cdot h_s$

größen sogar höhere Anschütthöhen als nach DIN 1053 Teil 1 nachgewiesen werden (vgl. auch Tafel 6/64).

In Kap. 6.6.8 folgen vier weitere Beispiele von Kelleraußenwänden, die für geringe Auflasten und bei voller Anschüttung des Erdreiches nachgewiesen werden.

6.6.7 Kelleraußenwand mit geringer Auflast bei voller Erdanschüttung

6.6.7.1 Vorbemerkung

Bei geringer Auflast und voller Anschüttung des Erdreiches wird ein Nachweis der Kelleraußenwand als einachsig gespannte Mauerwerkswand in vielen Fällen nicht mehr möglich sein. Dieser Fall kommt besonders bei Einfamilienhäusern vor, da bei niedrigen Auflasten gleichzeitig die Wanddicken möglichst gering bleiben sollen. Aus wirtschaftlichen Gründen wird man also nach Möglichkeiten suchen, um gemauerte, schlanke (z. B. 24 cm oder 30 cm dicke) Kelleraußenwände ausführen zu können.

Zunächst werden die zuvor erläuterten Nachweise nach den ermittelten Schnittgrößen und nach DIN 1053 Teil 1, Abschnitt 8.1.2.3, für den Fall der vollen Erdanschüttung in Form von Tabellen aufbereitet.

6.6.7.2 Einachsige, lotrechte Lastabtragung des Erddruckes

Die einachsige, lotrechte Abtragung des Erddruckes ist nur bei entsprechenden Auflasten möglich. Die Wandquerschnitte müssen dabei durch Auflasten so überdrückt sein, daß an keiner Stelle der Wandhöhe der Querschnitt weiter als bis zur Wandmitte aufreißt (e = d/3). Mit Hilfe des in Kap. 6.6.1.6 angegebenen Berechnungsverfahrens wurden für die lichten Kellergeschoßhöhen 2,20 m, 2,40 m und 2,60 m bei voller Erdanschüttung die erforderlichen Auflasten am Wandkopf sowie die erforderlichen Wandnormalkräfte in halber Geschoßhöhe errechnet. Sie wurden in Tafel 6/65 für bestimmte Rechenwerte der Eigenlasten angegeben.

Bei den in dieser Tafel angegebenen Auflasten ist neben den Normalspannungen an der Stelle des größten Feldmomentes auch die Einhaltung der Normal- und Schubspannungen am Wandkopf und Wandfuß sichergestellt. Zur Einhaltung der zulässigen Schubspannung sind am Wandfuß in einigen Fällen nur geringere als die maximal zulässigen Ausmitten möglich (e < d/3). Die in Tafel 6/65 angegebene erforderliche Wandnormalkraft in halber Geschoßhöhe ist nicht gleichzusetzen mit der erforderlichen Normalkraft an der Stelle des größten Feldmomentes. Diese ist etwas größer, da das maximale Feldmoment unterhalb der halben Geschoßhöhe liegt. Weiterhin sind in Tafel 6/65 folgende Voraussetzungen eingearbeitet:

- Steinfestigkeitsklasse ≥ 12
- Dünnbettmörtel ($\beta_{RHS} \geq 0,11$ MN/m²)
- Stoßfugen vermörtelt oder unvermörtelt
- Höhe der Anschüttung = lichte Kellergeschoßhöhe
- Rohdichte der Anschüttung
  erdfeucht $\rho_e = 19$ kN/m³
  unter Auftrieb $\rho_e' = 11$ kN/m³
- Erddruckbeiwert $K_a = 1/3$
- Verkehrslast im Einflußbereich des Erddrucks   p = 5,0 kN/m²
- kein anstehendes Grundwasser

Bis auf den Rechenwert der Eigenlast von 20 kN/m² gelten damit die gleichen Voraussetzungen wie in Tafel 6/64. Die Kelleraußenwand wird durch Vergleich der vorhandenen mit der erforderlichen Normalkraft nachgewiesen.

Tafel 6/66: Kelleraußenwand bei voller Erdanschüttung: Erforderliche Auflasten am Wandkopf bzw. Wandnormalkräfte in halber Kellergeschoßhöhe für den Nachweis nach DIN 1053 Teil 1, Abschnitt 8.1.2.3

Rechenwert der Eigenlasten [kN/m³]	Lichte Kellergeschoßhöhe = Höhe der Anschüttung $h_s = h_e$ [m]	Erforderliche Auflast am Wandkopf [kN/m] (Erforderliche Wandnormalkraft in halber Kellergeschoßhöhe)					
		a) Zweiachsig gespannt Seitenverhältnis $b : h_s = 1 : 1$			b) Einachsig gespannt Seitenverhältnis $b : h_s = 2 : 1$		
		Wanddicke d					
		24 cm	30 cm	36,5 cm	24 cm	30 cm	36,5 cm
17	2,20	16,6 (21,1)	11,3 (16,9)	7,1 (13,9)	37,7 (42,2)	28,1 (33,7)	20,9 (27,7)
17	2,40	22,4 (27,3)	15,8 (21,9)	10,6 (18,0)	49,8 (54,7)	37,7 (43,8)	28,6 (36,0)
17	2,60	29,5 (34,8)	21,3 (27,9)	14,8 (22,9)	64,3 (69,6)	49,1 (55,7)	37,6 (45,7)
20	2,20	15,8 (21,1)	10,3 (16,9)	5,9 (13,9)	36,9 (42,2)	27,1 (33,7)	19,7 (27,7)
20	2,40	21,5 (27,3)	14,7 (21,9)	9,2 (18,0)	49,0 (54,7)	36,6 (43,8)	27,2 (36,0)
20	2,60	28,6 (34,8)	20,1 (27,9)	13,4 (22,9)	63,4 (69,6)	47,9 (55,7)	36,3 (45,7)

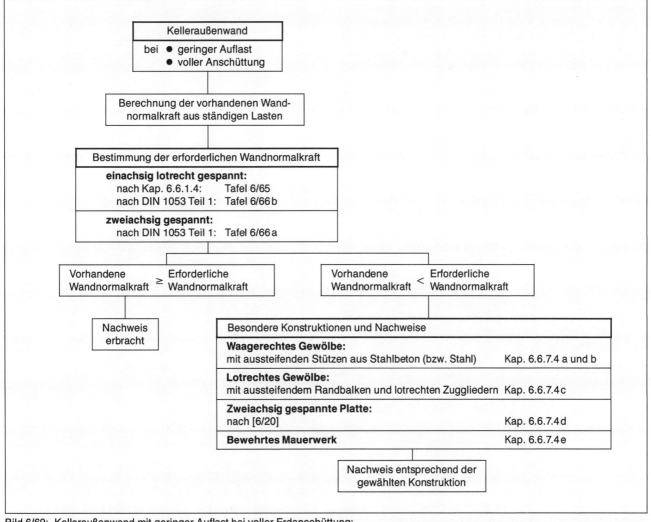

Bild 6/69: Kelleraußenwand mit geringer Auflast bei voller Erdanschüttung: Nachweismöglichkeiten und Übersicht über besondere Konstruktionen

Unterhalb von Wandöffnungen im Erdgeschoß fehlen bei großer Öffnungsbreite für den Nachweis die erforderlichen Normalkräfte in der Kelleraußenwand (Bild 6/68a). Einzellasten am Öffnungsrand dürfen jedoch unterhalb der Öffnung unter einem Winkel von 60° verteilt angenommen werden. In halber Kellergeschoßhöhe ($h_s/2$, entspricht der halben Kellerwandhöhe) kann dann unter Öffnungen bei Berücksichtigung der Lastverteilung eine vorhandene Normalkraft ermittelt werden. Bei Öffnungsbreiten $b < 0{,}6 \cdot h_s$ (Bild 6/68b), überschneiden sich die Lastausbreitungen. Ist die so bestimmte Wandnormalkraft größer als der nach Tafel 6/65 erforderliche Wert, so ist die Wand bei Annahme einer lotrechten Abtragung des Erddruckes nachgewiesen.

6.6.7.3 Zweiachsige Lastabtragung des Erddruckes nach der Norm

Ist die zu untersuchende Kelleraußenwand durch Querwände oder gleichwertige Bauteile so ausgesteift, daß der Abstand der Querwände $b < 2 \cdot h_s$ ist, kann der Nachweis der zweiachsigen Abtragung in einfacher Weise nach DIN 1053 Teil 1, Abschnitt 8.1.2.3, erfolgen. Hierbei muß der Nachweis erbracht werden, daß die vorhandene Normalkraft zwischen einem erforderlichen Mindestwert und einem Größtwert der Wandnormalkraft liegt (Kap. 6.6.2).

In Tafel 6/66a wurde Gl. (6.113b) für den erforderlichen Mindestwert der Wandnormalkraft ausgewertet. Die dort angegebenen Wandnormalkräfte gelten für das Seitenverhältnis $b:h_s = 1:1$. Die Werte in Tafel 6/66b gelten für das Seitenverhältnis $b:h_s = 2:1$. Für beide Fälle wurde wie in Tafel 6/65 die Anschütthöhe gleich der lichten Kellergeschoßhöhe angenommen. Zwischen den Werten der Tafeln 6/66a und 6/66b darf entsprechend dem vorliegenden Seitenverhältnis geradlinig interpoliert werden. Die Voraussetzungen für die Anwendung der Tafel 6/66 sind im Kap. 6.6.2.1 genannt.

Da bei einem Seitenverhältnis $b:h_s = 2:1$ der Grenzfall der einachsigen Lastabtragung vorliegt, müßten sich die erforderlichen Wandnormalkräfte nach den Tafeln 6/65 und 6/66b entsprechen. Die bei der Auswertung der Tafel 6/66b nach DIN 1053 Teil 1, Abschnitt 8.1.2.3, eingeführten Näherungen führen jedoch zu größeren erforderlichen Wandnormalkräften, als sie sich nach der genaueren Ermittlung in Tafel 6/65 ergeben.

Falls die vorhandenen Wandnormalkräfte nicht die in den Tafeln 6/65 und 6/66 angegebenen erforderlichen Werte erreichen, sind besondere Konstruktionen und Nachweise erforderlich. Durch Anordnung aussteifender Bauglieder (z. B. Stahlbetonstützen) gelingt auch in Abschnitten mit geringer Auflast der Nachweis gemauerter Kelleraußenwände. Im folgenden werden Lösungsmöglichkeiten für diese Wandbereiche aufgezeigt.

Bild 6/69 enthält eine Übersicht über Nachweismöglichkeiten und besondere Konstruktionen.

6.6.7.4 Besondere Konstruktionen und Nachweise

a) Waagerechte Lastabtragung als Gewölbe mit aussteifenden Stützen

Ist die Auflast am Wandkopf der Kelleraußenwand so gering, daß die Erddruckbelastung nicht mehr in lotrechter Richtung abgetragen werden kann, so muß die Abtragung in waagerechter Richtung erfolgen. Im Mauerwerk wird eine waagerechte Gewölbewirkung angenommen. Zur Aufnahme des Gewölbeschubes sind in der Wand aussteifende Stützen als

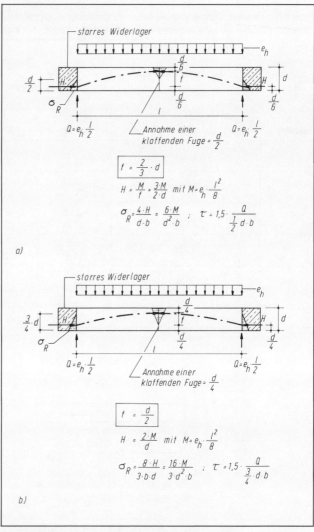

Bild 6/70: Zum Nachweis der Kelleraußenwand als waagerechtes Gewölbe

a) Gleichungen für einen Gewölbestich $f = 2/3 \cdot d$
b) Gleichungen für einen Gewölbestich $f = 1/2 \cdot d$

waagerecht unverschiebliche Auflager erforderlich. Die zum Nachweis des Mauerwerks und zur Ermittlung des Gewölbeschubes erforderlichen Gleichungen sind in [6/18, Kap. 3.4] hergeleitet; sie sind im Bild 6/70 zusammengestellt.

Durch die Gewölbewirkung wird das Mauerwerk auf Druck parallel zu den Lagerfugen beansprucht. Für Vollsteine können nach Ansicht der Verfasser die in DIN 1053 Teil 1, Tabellen 4a–4c, angegebenen Grundwerte σ_o der zulässigen Druckspannungen auch für Beanspruchungen parallel zur Lagerfuge angesetzt werden.

Demgegenüber sollten die Druckfestigkeiten bei Verwendung von Hohlblocksteinen nur zu 1/3 der o. g. Werte angesetzt werden [6/22]. In jedem Fall ist die vollständige Vermörtelung der Stoßfugen über die gesamte Wanddicke sicherzustellen.

Für den Nachweis der Schubbeanspruchung am Auflager des Gewölbes ist der Grenzwert $\bar{\tau}$ nach Gl. 6.73d zu ermitteln. Stützen im mittleren Wandabschnitt werden infolge der Erddruckbelastung auf einachsige Biegung beansprucht, da die an den Stützen angreifenden Gewölbeschübe sich gegenseitig aufheben. Stützen im Randbereich der Wand

Aussteifende Stützen, Besondere Konstruktionen

(Eckstützen, Randstützen) erhalten zweiachsige, bei Anschluß einer Querwand jedoch nur einachsige Biegung, sofern die Querwand die Erddruckbelastung in ihrer Längsrichtung aufnimmt. Die Stützen sind von ihrer statischen Funktion her lotrecht stehende Biegeträger, da sie im wesentlichen Biegemomente aufnehmen müssen.

Die Biegesteifigkeit der aussteifenden Stützen muß größer als die der dazwischenliegenden Mauerwerkswand sein. Sie müssen daher in Stahlbeton oder auch in Baustahl hergestellt werden. Wegen ihrer größeren Biegesteifigkeit werden im Regelfall Stahlbetonstützen ausgeführt. Eck- und Randstützen sollten wegen der hohen Beanspruchung und der erforderlichen großen Biegesteifigkeit immer in Stahlbeton ausgeführt werden.

Die aussteifenden Stützen geben erhebliche waagerechte Auflagerkräfte (Querkräfte) an die Gründung und die Kellerdecke ab. Die Übertragung der Querkräfte kann mit Hilfe einer Aussparung in den Fundamenten oder durch die Anordnung von Dübeln (z. B. aus Rundstahl) erfolgen. In Bild 6/71 ist der Anschluß für eine Stahlbetonstütze im Prinzip dargestellt. Der Anschluß einer Stahlstütze kann mit Hilfe von einbetonierten Bolzen und angeschweißter Fußplatte erfolgen. Für die Stütze muß ein Schubnachweis geführt werden; insbesondere ist die Einleitung der Auflagerkräfte am Stützenfuß zu untersuchen.

Die Weiterleitung der waagerechten Auflagerkräfte in der Kellerdecke und der Gründung ist stets nachzuweisen.

Bei Ausführung von aussteifenden Stahlstützen sind der Korrosionsschutz (Bild 6/72) und die Durchbiegung zu beachten. Es sind deshalb feuerverzinkte Stahlprofile zu verwenden, die zum Erdreich hin eine Überdeckung von mindestens 4 cm Mörtel der Mörtelgruppe III erhalten müssen. Die Durchbiegung sollte 1/1000 der lichten Kellergeschoßhöhe nicht überschreiten.

Die waagerechte Lastabtragung über Gewölbewirkung in Verbindung mit aussteifenden Stützen kommt insbesondere für 24 cm und 30 cm dicke Kelleraußenwände in Frage.

Die Wirkung der aussteifenden Stützen können auch rechtwinklig zur Kelleraußenwand angeordnete Querwände aus Mauerwerk übernehmen. Die Querwände tragen die Erddruckbelastung über Gewölbewirkung in lotrechter Richtung ab. Für diese Konstruktion bedingt der Schubnachweis am Wandfuß bei 2,75 m Wandabstand etwa 1,5 m lange, 24 cm dicke Querwände. Die Aufnahme des von unten auf die Kellerdecke wirkenden Gewölbeschubes muß nachgewiesen werden.

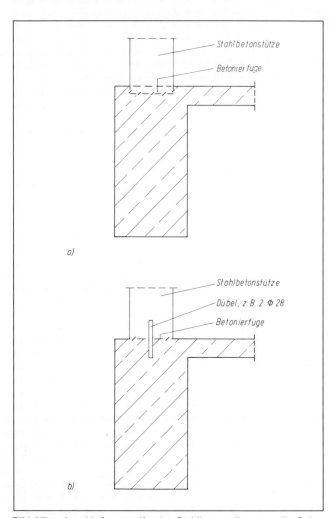

Bild 6/71: Anschluß aussteifender Stahlbetonstützen an die Gründung
a) Fundamentaussparung
b) Verwendung von Dübeln

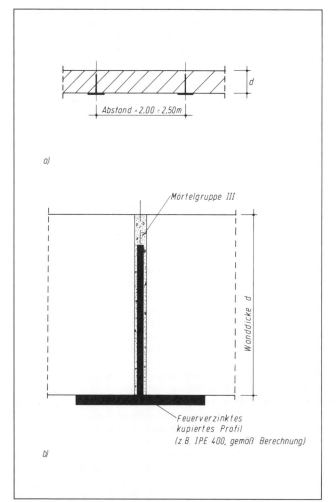

Bild 6/72: Aussteifende Stahlstützen
a) Grundriß
b) Detail Grundriß

Besondere Konstruktionen

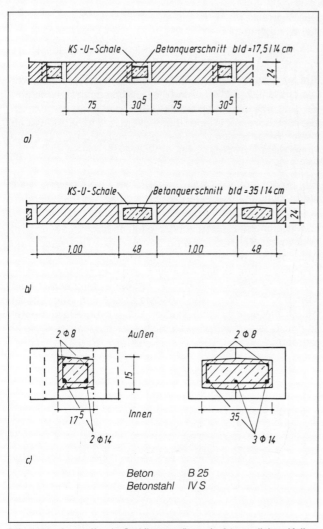

Bild 6/73: Aussteifende Stahlbetonstützen in 24 cm dicken Kelleraußenwänden unter Verwendung von KS-U-Schalen
a) Versetzte U-Schalen übereinander
b) Gegeneinander gestellte U-Schalen
c) Querschnitt der Stützen mit Bewehrung

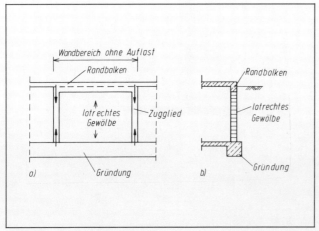

Bild 6/74: Zum Nachweis der Kelleraußenwand als lotrechtes Gewölbe
a) Ansicht   b) Schnitt

b) Aussteifende Stahlbetonstützen unter Verwendung von KS-U-Schalen

In 24 cm dicken Kelleraußenwänden bietet sich die Verwendung von KS-U-Schalen zur Herstellung von Aussteifungsstützen an. Die KS-U-Schalen werden hierbei als Schalungssteine so in die Wand eingebaut, daß für die Stützen ein lotrechter Kanal frei bleibt, der nach Einbringen eines Bewehrungskorbes betoniert werden kann (Bild 6/73). Wegen des kleinen verbleibenden Stahlbetonquerschnittes ist die Biegetragfähigkeit dieser Stützen gering. Ihr Abstand muß daher deutlich kleiner sein als der von Stützen, die in der vollen Wanddicke betoniert werden.

Die Wandabschnitte zwischen den Aussteifungsstützen tragen die Erddruckbelastung als waagerechtes Gewölbe ab. Auf die vollständige Vermörtelung der Stoßfugen an den Schalungssteinen ist besonders zu achten.

Je nach Anordnung der KS-U-Schalen ergeben sich für den Betonquerschnitt und damit für den Stützenabstand unterschiedliche Werte (Bild 6/73).

Die in Bild 6/73c angegebene Bewehrung gilt für

- Lichte Kellergeschoßhöhe $h_s = 2{,}20$ m
- Höhe der Anschüttung $h_e \leq 2{,}20$ m
- Rohdichte der Anschüttung $\varrho_e = 19$ kN/m³
- Erddruckbeiwert $K_a = 1/3$

c) Lotrechte Lastabtragung als Gewölbe mit aussteifendem Randbalken und lotrechten Zuggliedern

Analog zu dem unter Pkt. a) beschriebenen Nachweisverfahren kann die Belastung aus Erddruck auch in lotrechter Richtung durch Gewölbewirkung abgetragen werden. Am Wandkopf muß dann der Gewölbeschub wegen der fehlenden Auflast durch einen biegesteifen Stahlbetonbalken aufgenommen werden.

Wie beim Nachweis waagerechter Gewölbe (Bild 6/70) können auch hier für die Größe des Stiches verschiedene Werte zugrunde gelegt werden. Die Größe des Stiches bestimmt die Größe des Gewölbeschubes und damit die Belastung von Randbalken und Gründung.

Die Auflagerkräfte des Randbalkens sind durch lotrechte Stahlbetonzugglieder in die Gründung zu leiten (Bild 6/74). Für den Nachweis des Gewölbes können die in Bild 6/70 angegebenen Gleichungen sinngemäß angewendet werden.

Die Abmessungen des Randbalkens müssen so groß gewählt werden, daß die Biegesteifigkeit des Randbalkens die Annahme lotrecht unverschieblicher Gewölbeauflager rechtfertigt.

Falls die Kelleraußenwand die Belastung aus Erddruck über Gewölbewirkung in lotrechter Richtung abtragen kann, ist eine Vermörtelung der Stoßfugen nicht erforderlich.

d) Nachweis als zweiachsig gespannte Wand

Bei Verwendung des Steinformates 20 DF (Dicke der Kelleraußenwand 30 cm) können die in [6/20, Bild 9] angegebenen Werte direkt zum Nachweis der Kelleraußenwand verwendet werden.

e) Bewehrtes Mauerwerk

Eine weitere Möglichkeit, Erddruckbelastungen abzutragen, bietet bewehrtes Mauerwerk ([6/18, Kap. 6.5] und [6/23]).

6.6.8 Anwendung

Die folgenden vier Beispiele behandeln Kelleraußenwände, die nur geringe oder keine Auflasten haben. Auf die zuvor besprochenen Nachweismöglichkeiten wird eingegangen.

6.6.8.1 Beispiel ⑤: Kelleraußenwände beim Einfamilienhaus

In diesem Beispiel werden die zu führenden Nachweise in Abhängigkeit von den Auflasten besprochen.

Gegeben:

Abmessungen und Belastungen	siehe Bild 6/75
Lichte Kellergeschoßhöhe	$h_s = 2,20$ m
Wanddicke	$d = 30$ cm
Rechenwert der Eigenlasten	$g_w = 14$ kN/m³

Baustoffe
Angaben zu Baustoffen werden in diesem Beispiel nicht benötigt.

Gesucht:

Nachweise für die unterschiedlich belasteten Abschnitte der Kelleraußenwände

Berechnungsgang:

Die Ergebnisse der Lastermittlung enthält Bild 6/75a.

Lastabtragung, Nachweis

a) Querwände

Auflast $N_o = 28,8$ kN/m $> 22,9$ kN/m (Tafel 6/65)
Einachsige, lotrechte Abtragung des Erddruckes (Kap. 6.6.7.2, Tafel 6/65)

b) Längswände

- Terrassen- und Hauseingangsbereich

  Auflast $N_o = 5,5$ kN/m bzw. 2,0 kN/m

  Waagerechte Abtragung des Erddruckes über Gewölbewirkung (Kap. 6.6.7.4) in Verbindung mit aussteifenden Stahlbetonstützen.

- Restliche Wandabschnitte

  Auflast $N_o = 18,5$ kN/m $> 12,0$ kN/m bei $b : h_s = 1 : 1$ (Tafel 6/66a)

  Zweiachsige Lastabtragung des Erddruckes durch Aufteilung der Kelleraußenwand in einzelne zweiachsig gespannte Platten in Verbindung mit aussteifenden Stahlbetonstützen und Querwänden (Kap. 6.6.7.3, Tafel 6/66).

Die unterschiedlichen Wandabschnitte mit den jeweils zu führenden Nachweisen sind in Bild 6/75b angegeben.

6.6.8.2 Beispiel ⑥: Kelleraußenwand ohne Auflast, d = 30 cm, Nachweis als waagerechtes Gewölbe

Die in der Kelleraußenwand für diesen Nachweis erforderlichen Stützen sind in Bild 6/76 dargestellt.

Gegeben:

Abmessungen	
Lichte Kellergeschoßhöhe	$h_s = 2,40$ m
Höhe der Anschüttung	$h_e = 2,40$ m
Wanddicke	$d = 30$ cm
Stahlbetonstützen	$b/d = 20/30$ cm
als Randstützen	$b/d = 30/30$ cm
lichter Stützenabstand	$e = 2,51$ m

Baustoffe
Mauerwerk
Steinfestigkeitsklasse 12, Mörtelgruppe II
mit $\beta_R = 2,67 \cdot \sigma_o = 2,67 \cdot 1,2 = 3,20$ MN/m²
Stahlbeton B 25/BSt IV S
mit $\beta_R = 17,5$ MN/m² und $\beta_s = 500$ MN/m²
(DIN 1045, Tabellen 12 und 6)

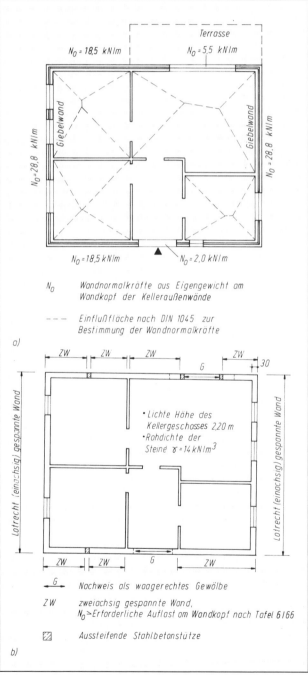

Bild 6/75: Grundrisse des Einfamilienhauses zum Beispiel ⑤

a) Erdgeschoßgrundriß mit Auflasten für die Kelleraußenwände

b) Kellergeschoßgrundriß mit Angabe der Nachweismöglichkeiten für die Kelleraußenwände

Beispiel ⑥

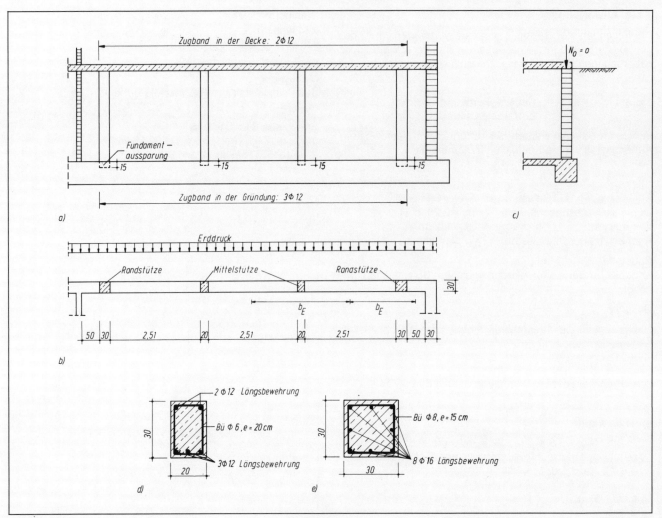

Bild 6/76: Darstellungen zum Beispiel ⑥
a) Ansicht
b) Grundriß
c) Schnitt
d) Querschnitt der Mittelstütze mit Bewehrung
e) Querschnitt der Randstütze mit Bewehrung

Belastung
Auf dem Erdreich
wirkende Verkehrslast $p = 5{,}0$ kN/m²
Rohdichte der Anschüttung $\varrho_e = 19$ kN/m³
Winkel der inneren Reibung $\varphi = 30°$
Wandreibungswinkel $\delta = 0°$
Erddruckbeiwert $K_a = 1/3$
Normalkraft am Wandkopf
Angenommen $N_o = 0$

Gesucht:
a) Nachweis der Wand als waagerechtes Gewölbe
b) Nachweis der auf einachsige Biegung beanspruchten Mittelstützen
c) Nachweis der auf zweiachsige Biegung beanspruchten Randstützen
d) Nachweis der Zusatzbeanspruchung von Kellerdecke und Gründung

Berechnungsgang:

a) Nachweis der Wand als waagerechtes Gewölbe

Der Nachweis der Gewölbewirkung erfolgt nach den in Bild 6/70 angegebenen Gleichungen.

Lastermittlung
Waagerechte Lasten:

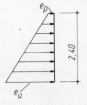

Die Lastordinaten aus Erddruck betragen

- Wandkopf
Nach Gl. (6.95):

$$e_p = \frac{1}{3} \cdot 5{,}0 = 1{,}67 \text{ kN/m}^2$$

- Wandfuß
Nach Gl. (6.96):

$$e_u = \frac{1}{3} \cdot 5{,}0 + \frac{1}{3} \cdot 19{,}0 \cdot 2{,}40 = 16{,}87 \text{ kN/m}^2$$

Ermittlung des Gewölbeschubes

Für die Ermittlung des Gewölbeschubes wird ein Stich von

$f = \dfrac{d}{2} = \dfrac{0{,}30}{2} = 0{,}15$ m angenommen.

- Wandkopf

  $M = 1{,}67 \cdot \dfrac{2{,}51^2}{8} = 1{,}315$ kNm/m

  Gewölbeschub

  $H_o = \dfrac{M}{f} = \dfrac{1{,}315}{0{,}15} = 8{,}77$ kN/m

- Wandfuß

  $M = 16{,}87 \cdot \dfrac{2{,}51^2}{8} = 13{,}285$ kNm/m

  Gewölbeschub

  $H_u = \dfrac{13{,}285}{0{,}15} = 88{,}57$ kN/m

Nachweis

Der Nachweis wird mit Hilfe der Normal- und Schubspannungen geführt.

Normalspannungen

Nachweis der Druckspannungen im Gewölbe am Wandfuß. Es wird der am ungünstigsten beanspruchte Wandfuß nachgewiesen. Ermittlung der Randspannung nach Bild 6/70b

$\sigma_R = \dfrac{8 \cdot H_u}{3 \cdot b \cdot d} = \dfrac{8 \cdot 88{,}57}{3 \cdot 1{,}00 \cdot 0{,}30} = 787{,}3$ kN/m²

$\sigma_R = 0{,}787$ MN/m² $< 1{,}33 \cdot \dfrac{\beta_R}{\gamma} = 1{,}33 \cdot \dfrac{3{,}20}{2{,}0} = 2{,}13$ MN/m²

Ausführung der Wand mit Hohlblocksteinen

Bei Begrenzung des Rechenwertes der Druckfestigkeit auf ein Drittel (Kap. 6.6.7.4) des für Beanspruchung rechtwinklig zu den Lagerfugen geltenden Wertes kann die vorhandene Randspannung σ_R vom Mauerwerk mit der gewählten Stein-/Mörtelkombination 12/II nicht aufgenommen werden:

$\sigma_R = 0{,}787$ MN/m² $> 1{,}33 \cdot \dfrac{\beta_R}{3 \cdot \gamma} = 1{,}33 \cdot \dfrac{3{,}20}{3 \cdot 2{,}0} = 0{,}71$ MN/m²

Bei Verwendung von Hohlblocksteinen muß daher z. B. die Mörtelgruppe auf IIa erhöht werden

$\sigma_R = 0{,}787$ MN/m² $< \dfrac{1{,}33 \cdot 2{,}67 \cdot 1{,}6}{3 \cdot 2{,}0} = 0{,}95$ MN/m²

Schubspannungen

Vorwerte nach Tafel 6/47

Rechenwert der abgeminderten Haftscherfestigkeit
$\beta_{RHS} = 0{,}08$ MN/m²
Reibungsbeiwert $\mu = 0{,}6$

Spannungen

- Normalspannung in der Mitte des überdrückten Wandquerschnittes

  $\sigma = \dfrac{1}{2} \cdot \sigma_R = \dfrac{1}{2} \cdot 0{,}787 = 0{,}394$ MN/m²

- Schubspannung

  Querkraft aus Gewölbewirkung am Wandfuß

  Mit der Lastordinate aus Erddruck $e_u = 16{,}87$ kN/m² errechnet sich die Querkraft zu

  $Q_u = 16{,}87 \cdot 2{,}51 \cdot \dfrac{1}{2} = 21{,}17$ kN/m

  Vorhandene Schubspannung in der Mitte des überdrückten Wandquerschnittes

  Nach Gl. (6.72c) bzw. Bild 6/70:

  $\tau = 1{,}5 \cdot \dfrac{21{,}17}{1{,}0 \cdot 0{,}30 \cdot 3/4} = 141{,}1$ kN/m²

  $\tau = 0{,}141$ MN/m²

- Grenzwert $\bar{\tau}$ für die Schubspannungen

  Nach Gl. (6.73d), Fall 1:

  $\bar{\tau} = \dfrac{1}{2{,}0} \cdot (0{,}08 + 0{,}6 \cdot 0{,}394) = 0{,}158$ MN/m²

Schubnachweis

$\bar{\tau} = 0{,}158$ MN/m² $> \tau = 0{,}141$ MN/m²

b) Nachweis der auf einachsige Biegung beanspruchten Mittelstützen

Die Einflußbreite der Mittelstützen ergibt sich zu (Bild 6/74b)

$b_E = 2{,}51 + 0{,}20 = 2{,}71$ m

Lastermittlung

Waagerechte Lasten

Die Lastordinaten aus Erddruck betragen

- Wandkopf

  $\bar{e}_p = 2{,}71 \cdot e_p = 2{,}71 \cdot 1{,}67 = 4{,}53$ kN/m

- Wandfuß

  $\bar{e}_u = 2{,}71 \cdot e_u = 2{,}71 \cdot 16{,}87 = 45{,}72$ kN/m

Spannweite der Stahlbetonstütze

$h_{St} = 2{,}40 + 0{,}16/2 + 0{,}05 = 2{,}53$ m

Zur Vereinfachung der Berechnung wird die Belastung bis zu den Auflagerlinien angesetzt.

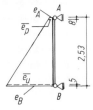

Lastordinaten

- Oberes Auflager A

  $e_A = 4{,}53 - 1/3 \cdot 19{,}0 \cdot 0{,}08 \cdot 2{,}71 = 3{,}16$ kN/m

- Unteres Auflager B

  $e_B = 45{,}72 + 1/3 \cdot 19{,}0 \cdot 0{,}05 \cdot 2{,}71 = 46{,}58$ kN/m

Schnittgrößen

- Auflagerkräfte

  $A = \dfrac{2{,}53}{6} \cdot (2 \cdot e_A + e_B)$

  $= \dfrac{2{,}53}{6} \cdot (2 \cdot 3{,}16 + 46{,}58) = 22{,}31$ kN

Beispiel ⑥

$$B = \frac{2,53}{6} \cdot (e_A + 2 \cdot e_B)$$
$$= \frac{2,53}{6} \cdot (3,16 + 2 \cdot 46,58) = 40,61 \text{ kN}$$

- Biegemoment

Für $e_A/e_B = 3,16/46,58 = 0,07 \approx 0,10$
wird nach Bild 6/58 der Momentenbeiwert zu $\eta = 7,82$ abgelesen.

Größtes Feldmoment (Bild 6/58):

$$\max M_E = \frac{3,16 + 46,58}{2 \cdot 7,82} \cdot 2,53^2 = 20,357 \text{ kNm}$$

Bemessung
- Biegung

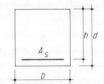

Querschnitt b/d/h = 20/30/26 cm
BSt IV S

$$k_h = \frac{26}{\sqrt{\dfrac{20,357}{0,20}}} = 2,58 \rightarrow k_s = 3,9$$

Mit $k_s = 3,9$ errechnet sich der erforderliche Querschnitt der Biegebewehrung zu

$$\text{erf } A_s = 3,9 \cdot \frac{20,357}{26} = 3,1 \text{ cm}^2$$

Gewählte Bewehrung
Gebäudeinnenseite 3⌀12 mit $A_s = 3,4$ cm² > 3,1 cm²
Gebäudeaußenseite 2⌀12 mit $A_s = 2,3$ cm²

- Schub

Maßgebende Querkraft am unteren Auflager

$$Q \approx 40,61 - 46,58 \cdot \left(0,05 + \frac{0,26}{2}\right) = 32,23 \text{ kN}$$

Grundwert der Schubspannung

$$\tau_0 = \frac{32,23}{0,20 \cdot 0,9 \cdot 0,26} = 688,7 \text{ kN/m}^2$$

$\tau_0 = 0,689$ MN/m² < $\tau_{012} = 0,75$ MN/m²
(DIN 1045, Abschnitt 17.5, Tab. 13)

Schubbereich 1: Es ist eine konstruktive Schubbewehrung erforderlich.

Mindestschubbewehrung für
$\tau = 0,4 \cdot \tau_0 = 0,4 \cdot 0,75 = 0,30$ MN/m²

Es werden Bügel angeordnet

Mit $\dfrac{\beta_s}{\gamma} = \dfrac{500}{1,75} = 286$ MN/m² = 28,6 kN/cm²

erhält man

$$\text{erf } a_{sBü} = \frac{0,30 \cdot 10^3 \cdot 0,20}{28,6} = 2,1 \text{ cm}^2/\text{m}$$

Gewählte Bewehrung
2schnittige Bügel ⌀ 6, e = 20 cm
mit $a_{sBü} = 2,8$ cm²/m > 2,1 cm²/m

Ausbildung des unteren Stützenauflagers

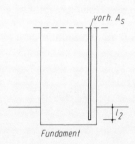

Fundament

Mit diesem Nachweis wird die erforderliche Verankerungslänge der Stützenbewehrung ermittelt (DIN 1045, Abschnitt 18.5).

Zugkraft am Endauflager

$F_{sR} = Q_R \cdot v/h$

Wird die Schubbewehrung nur aus Bügeln gebildet, so ist das Versatzmaß $v = 1,0 \cdot h$ und damit die Zugkraft am Endauflager

$F_{sR} = Q_R = 40,61$ kN

Mindestquerschnitt am Auflager

erf $A_s = 40,61/28,6 = 1,4$ cm²

Wird die gesamte Biegebewehrung verankert, so ergibt sich die Verankerungslänge hinter der Auflagervorderkante zu

$$l_2 = 2/3 \cdot l_1 = 2/3 \cdot \alpha_1 \cdot \frac{\text{erf } A_s}{\text{vorh } A_s} \cdot l_0$$

Mit $\dfrac{\text{erf } A_s}{\text{vorh } A_s} = \dfrac{1,4}{3,4} = 0,41$,

Verankerung mit geradem Stabende ($\alpha_1 = 1,0$) und dem Grundmaß der Verankerungslänge $l_0 = 48$ cm (für BSt IV S, ⌀12, Verbundbereich I) ergibt sich

$l_2 = 2/3 \cdot 1,0 \cdot 0,41 \cdot 48 = 13,1$ cm > $6 \cdot 1,2 = 7,2$ cm.

Gewählte Fundamentaussparung

Die Fläche der Aussparung ist gleich dem Stützenquerschnitt, ihre Tiefe wird zu 15 cm gewählt.

c) **Nachweis der auf zweiachsige Biegung beanspruchten Randstützen**

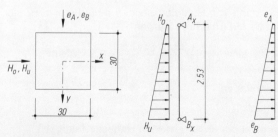

Lastermittlung

Waagerechte Lasten

- y-Richtung (Richtung des Erddruckes)

Die Einflußbreite beträgt (Bild 6/76 b)

$$b_E = \frac{2,51}{2} + 0,30 + \frac{0,50}{2} = 1,805 \text{ m}$$

Die für die Mittelstützen unter b) ermittelten Lasten werden im Verhältnis der Einflußbreiten 1,805/2,71 = 0,666 umgerechnet.

Lastordinaten

Oberes Auflager A

$e_A = 0,666 \cdot 3,16 = 2,10$ kN/m

Unteres Auflager B

$e_B = 0,666 \cdot 46,58 = 31,02$ kN/m

- x-Richtung (Gewölbeschub, Ermittlung in Kap. 6.6.7.4)

Wandkopf

$H_o = 8,77$ kN/m

Wandfuß

$H_u = 88,57$ kN/m

Die beiden Werte für den Gewölbeschub werden vereinfachend in Höhe der Auflager der Stahlbetonstützen angesetzt.

Schnittgrößen

- Auflagerkräfte

Aus Erddruckbelastung in y-Richtung

$A_y = \dfrac{2,53}{6} \cdot (2 \cdot 2,10 + 31,02) = 14,85$ kN

$B_y = \dfrac{2,53}{6} \cdot (2,10 + 2 \cdot 31,02) = 27,05$ kN

Aus Gewölbeschub in x-Richtung

$A_x = \dfrac{2,53}{6} \cdot (2 \cdot 8,77 + 88,57) = 44,74$ kN

$B_x = \dfrac{2,53}{6} \cdot (8,77 + 2 \cdot 88,57) = 78,39$ kN

- Biegemomente

In beiden Richtungen beträgt das Verhältnis der Lastordinate am Stützenkopf zur Lastordinate am Stützenfuß etwa 0,10. Nach Bild 6/58 kann deshalb in beiden Fällen der Momentenbeiwert zu $\eta = 7,82$ angenommen werden.

$M_x = \dfrac{2,10 + 31,02}{2 \cdot 7,82} \cdot 2,53^2 = 13,55$ kNm

$M_y = \dfrac{8,77 + 88,57}{2 \cdot 7,82} \cdot 2,53^2 = 39,84$ kNm

Bemessung

- Biegung

Querschnitt b/d/h = 30/30/26 cm
BSt IV S

Bezogene Momente (mit $\beta_R = 17500$ kN/m²)

$m_x = \dfrac{13,55}{0,30^2 \cdot 0,30 \cdot 17500} = 0,029$

$m_y = \dfrac{39,84}{0,30^2 \cdot 0,30 \cdot 17500} = 0,084$

Bemessung auf Doppelbiegung mit den Tafeln 1.20a und 1.20b im Heft 220 des Deutschen Ausschusses für Stahlbeton [6/24].

Für $m_1 = 0,084$, $m_2 = 0,029$ und $n = 0$ wird abgelesen:
tot $\omega_o = 0,41$

Die gesamte Biegebewehrung beträgt

tot $A_s = 0,41 \cdot \dfrac{30 \cdot 30}{28,6} = 12,9$ cm²

Gewählte Bewehrung

$8 \varnothing 16$ mit $A_s = 16,1$ cm² > 12,9 cm²

- Schub

y-Richtung
Maßgebende Querkraft am unteren Auflager

$Q \approx 27,05 - 31,02 \cdot \left(0,05 + \dfrac{0,26}{2}\right) = 21,47$ kN

Grundwert der Schubspannung

$\tau_0 = \dfrac{21,47}{0,30 \cdot 0,9 \cdot 0,26} = 305,8$ kN/m²

$\tau_0 = 0,306$ MN/m² < $\tau_{012} = 0,75$ MN/m²
(DIN 1045, Abschnitt 17.5, Tab. 13)

Die y-Richtung ist für den Schub nicht maßgebend.

x-Richtung

Maßgebende Querkraft am unteren Auflager

$Q = 78,39 - \dfrac{0,26}{2} \cdot 88,57 = 66,88$ kN

Grundwert der Schubspannung

$\tau_0 = \dfrac{66,88}{0,30 \cdot 0,9 \cdot 0,26} = 952,7$ kN/m²

$\tau_0 = 0,953$ MN/m² > 0,75 MN/m²
         < 1,80 MN/m²

(Schubbereich 2 nach DIN 1045, Abschnitt 17.5, Tab. 13)

Verminderte Schubdeckung für

$\tau = \dfrac{0,953^2}{1,80} = 0,505$ MN/m² > $0,4 \cdot 0,953 = 0,381$ MN/m²

erf $a_{sBü} = \dfrac{0,505 \cdot 10^3 \cdot 0,30}{28,6} = 5,3$ cm²/m

Gewählte Bewehrung
2schnittige Bügel $\varnothing 8$, e = 15 cm
mit $a_{sBü} = 6,7$ cm²/m > 5,3 cm²/m

Ausbildung des unteren Stützenauflagers

Zugkraft am Endauflager

$F_{sR} = Q_R \cdot v/h$

Das Versatzmaß bei Schubbewehrung aus Bügeln beträgt $v = 1,0 \cdot h$ und damit die Zugkraft am Endauflager in

x-Richtung: $F_{sR,x} = 27,05$ kN
y-Richtung: $F_{sR,y} = 78,39$ kN
$F_{sR} = \sqrt{27,05^2 + 78,39^2} = 82,93$ kN

Mindestquerschnitt am Auflager

$A_s = 82,93/28,6 = 2,9$ cm²

Zur Abdeckung dieser erforderlichen Bewehrung können herangezogen werden

$5 \varnothing 16$ mit $A_s = 10,0$ cm²

Mit $\dfrac{\text{erf } A_s}{\text{vorh } A_s} = \dfrac{2,9}{10,0} = 0,29$,

$l_0 = 63$ cm und $\alpha_1 = 1,0$ ergibt sich die Verankerungslänge

$l_2 = 2/3 \cdot 1,0 \cdot 0,29 \cdot 63 = 12,2 > 6 \cdot 1,6 = 9,6$ cm.

Beispiel ⑥, Beispiel ⑦

Gewählte Fundamentaussparung

Die Fläche der Aussparung ist gleich dem Stützenquerschnitt, ihre Tiefe wird zu 15 cm gewählt.

Nachweis der Druckspannung im Beton

Nimmt man eine dreieckförmige Spannungsverteilung an, so ergibt sich der Größtwert der Spannung im Beton für $B_x = 78{,}39$ kN zu

$$\sigma_B = 2 \cdot \frac{78{,}39 \cdot 10^{-3}}{0{,}30 \cdot 0{,}15} = 3{,}484 \text{ MN/m}^2$$

$$< \frac{\beta_R}{2{,}1} = \frac{17{,}5}{2{,}1} = 8{,}33 \text{ MN/m}^2$$

d) Nachweis der Zusatzbeanspruchung von Kellerdecke und Gründung

Die waagerechten Auflagerkräfte der beiden äußeren Stahlbetonstützen infolge der Beanspruchung durch Gewölbeschub müssen durch Bewehrung in der Kellerdecke und in der Gründung aufgenommen werden. Die Bewehrung muß die beiden äußeren Stützen verbinden.

- Kellerdecke

Stützenauflager aus Gewölbeschub

$A_x = 44{,}74$ kN
erf $A_s = 44{,}74/28{,}6 = 1{,}6$ cm²

- Gründung

Stützenauflager aus Gewölbeschub

$B_x = 78{,}39$ kN
erf $A_s = 78{,}39/28{,}6 = 2{,}7$ cm²

Gewählte Bewehrung

Kellerdecke 2 ⌀ 12 mit $A_s = 2{,}3$ cm² $> 1{,}6$ cm²
Gründung 3 ⌀ 12 mit $A_s = 3{,}4$ cm² $> 2{,}7$ cm²

6.6.8.3 Beispiel ⑦: Terrassenseitige Kelleraußenwand eines Einfamilienhauses, d = 30 cm

Gegeben:

Abmessungen	siehe Bild 6/77
Lichte Kellergeschoßhöhe	$h_s = 2{,}20$ m
Höhe der Anschüttung	$h_e = 2{,}20$ m
Wanddicke	$d = 30$ cm
Stahlbetonstütze	$b/d = 20/30$ cm

Baustoffe
Mauerwerk
Steinfestigkeitsklasse 12, Mörtelgruppe II a
mit $\beta_R = 2{,}67 \cdot 1{,}6 = 4{,}27$ MN/m²

Stahlbeton B 25/BSt IV S
mit $\beta_R = 17{,}5$ MN/m² und $\beta_s = 500$ MN/m²
(DIN 1045, Tabellen 12 und 6)

Belastung
Auf dem Erdreich
wirkende Verkehrslast $p = 5{,}0$ kN/m²
Rohdichte der Anschüttung $\varrho_e = 19$ kN/m³
Erddruckbeiwert $K_a = 1/3$

Normalkraft der Pfeiler beiderseits der Öffnung am Wandfuß im Erdgeschoß

Angenommen $N_o = 86{,}5$ kN

Belastung der Kellerdecke (d = 16 cm):
Stahlbeton $0{,}16 \cdot 25 = 4{,}00$ kN/m²
Fußbodenaufbau $= 1{,}00$ kN/m²
$g = 5{,}00$ kN/m²

Gesucht:

a) Nachweis der Wand als zweiachsig gespannte Platte nach der Norm
b) Nachweis der auf Biegung beanspruchten Stahlbetonstütze

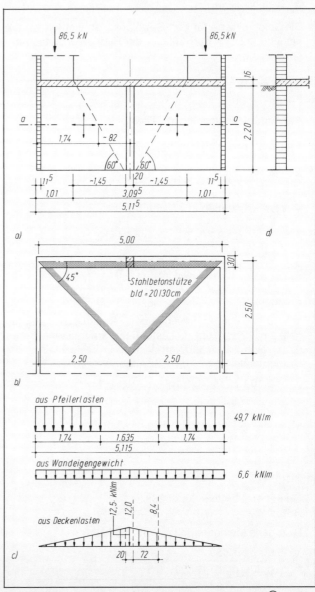

Bild 6/77: Darstellungen und Belastungen zum Beispiel ⑦
a) Ansicht
b) Grundriß mit Einflußfläche der Kellerdecke
c) Wandnormalkräfte aus Pfeilerlasten, Deckenlasten und Wandeigengewicht
d) Schnitt

Berechnungsgang:

a) Nachweis der Wand als zweiachsig gespannte Platte nach der Norm

Durch Anordnung einer Stahlbetonstütze unter der Erdgeschoßöffnung wird die Kelleraußenwand in zwei etwa quadratische Platten aufgeteilt, die an allen 4 Rändern seitlich gehalten sind.

Lastermittlung

Die Lastermittlung erfolgt für den Schnitt a-a in halber Kellergeschoßhöhe (halbe Wandhöhe, Bild 6/77a).

Normalkraft aus lotrechten Lasten

- Einflußbereich der Pfeiler

  Es kann davon ausgegangen werden, daß die Pfeilerlasten sich unter einem Winkel von 60° in der Kelleraußenwand verteilen. In halber Wandhöhe haben sich die Pfeilerlasten daher auf eine Wandbreite von $1{,}01 + 1/3 \cdot 2{,}20 = 1{,}74$ m verteilt (Bild 6/77a).

  Pfeilerlasten: $\dfrac{86{,}5}{1{,}74} = 49{,}7$ kN/m

  Eigengewicht der Kelleraußenwand mit
  $g_w = 6{,}00$ kN/m² (Tafel 5/1):

  $6{,}00 \cdot \dfrac{2{,}20}{2}$ = 6,6 kN/m

  Anteil aus Kellerdecke

  Ergebnis der Lastermittlung in Bild 6/77c:

  Lastordinaten in Mittelachse Stütze

  $5{,}00 \cdot 2{,}50 = 12{,}50$ kN/m

  Im Einflußbereich der Pfeiler $\quad 8{,}4/2 =\quad$ 4,2 kN/m

  $\qquad\qquad\qquad\qquad\qquad\qquad\quad N_1 =$ 60,5 kN/m

- Mittlerer Wandbereich
  (außerhalb des Einflußbereiches der Pfeiler)

  Pfeilerlasten $\qquad\qquad\qquad\qquad\qquad\qquad$ 0,0 kN/m

  Eigengewicht der Kelleraußenwand $\qquad$ 6,6 kN/m
  Anteil aus Kellerdecke (Bild 6/77c)
  $N_o = 1/2 \cdot (12{,}0 + 8{,}4)$ $\qquad\qquad\qquad$ = 10,2 kN/m
  $\qquad\qquad\qquad\qquad\qquad\qquad\quad N_1 =$ 16,8 kN/m

Erforderliche Normalkraft

- In halber Geschoßhöhe

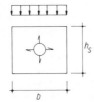

  Wandbreite

  $b = 1/2 \cdot 5{,}115 - 1/2 \cdot (0{,}20 + 0{,}115) = 2{,}40$ m

  Wandhöhe

  $h_s = 2{,}20$ m

  Damit ergibt sich das Seitenverhältnis zu

  $b : h_s = 2{,}40 : 2{,}20 = 1{,}09$

  Erforderliche Normalkräfte nach Tafel 6/66 für die Seitenverhältnisse

  $b : h_s = 1 : 1 \quad$ min N = 16,9 kN/m
  $b : h_s = 2 : 1 \quad$ min N = 33,7 kN/m

  Für $b : h_s = 1{,}09$ darf geradlinig interpoliert werden:
  $\qquad$ min N $= 1{,}09 \cdot 16{,}9 = 18{,}4$ kN/m

- Wandkopf

  Die erforderliche Auflast am Wandkopf erhält man nach Abzug des halben Wandgewichtes

  min N $= 18{,}4 - 1{,}10 \cdot 6{,}00 = 11{,}8$ kN/m

Nachweis

Der Nachweis wird für die gesamte Wandbreite geführt, jeweils unter Ansatz der geringen Normalkraft im mittleren Wandbereich, der hohen Normalkraft im Einflußbereich der Pfeiler und einer mittleren Normalkraft. Der Nachweis erfolgt durch Vergleich der vorhandenen mit der erforderlichen Normalkraft.

Mittlerer Wandbereich
(außerhalb des Einflußbereiches der Pfeiler)

- In halber Geschoßhöhe
  vorhanden $\quad N_1 \quad = 16{,}8$ kN/m
  erforderlich $\;$ min N $= 18{,}4$ kN/m $> 16{,}8$ kN/m

- Wandkopf
  vorhanden $\quad N_o \quad = 10{,}2$ kN/m
  erforderlich $\;$ min N $= 11{,}8$ kN/m $> 10{,}2$ kN/m

Diese Gegenüberstellung zeigt, daß die vorhandenen Wandnormalkräfte am Wandkopf und in halber Geschoßhöhe nicht die erforderlichen Werte erreichen. Im überwiegenden Bereich der Wand, insbesondere in Wandmitte, sind durch die Aufteilung der Pfeilerlasten jedoch wesentlich größere Wandnormalkräfte vorhanden:

Einflußbereich der Pfeiler

- In halber Geschoßhöhe
  vorhanden $\quad N_1 \quad = 60{,}5$ kN/m
  erforderlich $\;$ min N $= 18{,}4$ kN/m $< 60{,}5$ kN/m

Mittelwert der Wandnormalkraft $N_{1,m}$

Wegen der unterschiedlich großen Normalkräfte innerhalb der Wand erfaßt der Nachweis mit einer mittleren Wandnormalkraft die Verhältnisse am besten.

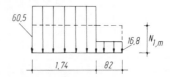

- In halber Geschoßhöhe

  Bei Ansatz der im Mittel in halber Wandhöhe vorhandenen Normalkraft ergibt der Vergleich

  $N_{1,m} = (60{,}5 \cdot 1{,}74 + 16{,}8 \cdot 0{,}82) / (1{,}74 + 0{,}82) = 46{,}5$ kN/m

  Erforderliche Wandnormalkraft

  min N $= 18{,}4$ kN/m $< 46{,}5$ kN/m

Damit konnten die erforderlichen Wandnormalkräfte (Auflasten) nachgewiesen werden.

Größtwert der Wandnormalkraft
Nach Gl. (6.113a):

$$\max N = \dfrac{0{,}30 \cdot 4{,}27}{3 \cdot 2{,}0} \cdot 10^3 = 213{,}5 \text{ kN/m}$$

Beispiel ⑦, Beispiel ⑧

Nachweis nach Gl. (6.112):

max N = 213,5 kN/m > $N_{1,m}$ = 46,5 kN/m

b) Nachweis der auf Biegung beanspruchten Stahlbetonstütze

Lastermittlung

Einflußbreite b_E = 2,50 m

Die Lastordinaten aus Erddruck betragen

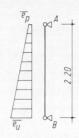

- Wandkopf

Nach Gl. (6.95):

e_p = 1/3 · 5,0 = 1,67 kN/m²

$\bar{e}_p$ = 2,50 · 1,67 = 4,18 kN/m

- Wandfuß

Nach Gl. (6.96):

e_u = 1/3 · 5,0 + 1/3 · 19,0 · 2,20 = 15,60 kN/m²

$\bar{e}_u$ = 2,50 · 15,60 = 39,00 kN/m

Spannweite der Stahlbetonstütze

h_{St} = 2,20 + 0,16/2 + 0,05 = 2,33 m

Schnittgrößen und Bemessung

Die Lastordinaten am Wandkopf und Wandfuß sowie die Stützweite sind geringfügig kleiner als die entsprechenden Werte bei der Mittelstütze im Beispiel ⑥. Die zu führenden Nachweise sowie die Bewehrung und Ausbildung der Stütze können daher dem Beispiel ⑥ entnommen werden.

Durch Anordnung einer Stahlbetonstütze in Wandmitte wird der unter der Erdgeschoßöffnung liegende, gering beanspruchte Kellerwandbereich so ausgesteift, daß die benachbarten Wandbereiche als zweiachsig gespannte Platten nachgewiesen werden können.

6.6.8.4 Beispiel ⑧: Kelleraußenwand ohne Auflast, d = 30 cm, Nachweis als lotrechtes Gewölbe

Gegeben:

Abmessungen siehe Bild 6/78

Lichte Kellergeschoßhöhe h_s = 2,40 m
Höhe der Anschüttung h_e = 2,40 m
Wanddicke d = 30 cm

Stahlbetonbauteile:
Waagerechter Balken b_0/d_0 = 30/30 cm
Lotrechte Zugglieder b/d = 20/20 cm; Abstand 2,50 cm

Baustoffe
Mauerwerk
Steinfestigkeitsklasse 12, Mörtelgruppe II a
mit β_R = 2,67 · 1,6 = 4,27 MN/m²

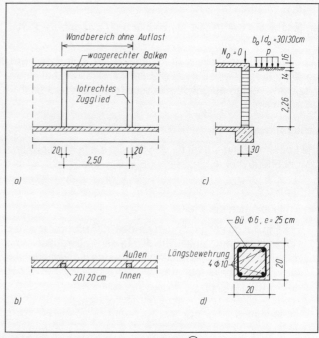

Bild 6/78: Darstellungen zum Beispiel ⑧

a) Ansicht
b) Grundriß
c) Schnitt
d) Querschnitt der Stahlbetonzugglieder mit Bewehrung

Stahlbeton B 25/BSt IV S
mit β_R = 17,5 MN/m² und β_s = 500 MN/m²
(DIN 1045, Tabellen 12 und 6)

Belastung wie Beispiel ⑥

Gesucht:

a) Nachweis der Wand als lotrechtes Gewölbe
b) Nachweis des waagerechten Stahlbetonbalkens
c) Nachweis der lotrechten Stahlbetonzugglieder

Berechnungsgang:

a) Nachweis der Wand als lotrechtes Gewölbe

Lastermittlung

Waagerechte Lasten:

Die Lastordinaten aus Erddruck betragen nach Gl. (6.96):

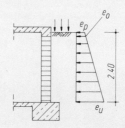

- Wandkopf

e_o = 1/3 · 5,0 + 1/3 · 19 · 0,14 = 2,55 kN/m²

- Wandfuß

e_u = 1/3 · 5,0 + 1/3 · 19 · 2,40 = 16,87 kN/m²

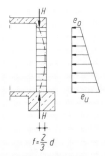

Ermittlung des Gewölbeschubes

Für die Ermittlung des Gewölbeschubes wird ein Stich von
$f = 2/3 \cdot d = 2/3 \cdot 0{,}30 = 0{,}20$ m angenommen.

Spannweite des lotrechten Gewölbes
$l = 2{,}40 - 0{,}14 = 2{,}26$ m

Biegemoment

Für $e_o/e_u = 2{,}55/16{,}87 = 0{,}15$
beträgt nach Bild 6/58 der Momentenbeiwert $\eta = 7{,}835$

Größtes Feldmoment

$$\max M_E = \frac{2{,}55 + 16{,}87}{2 \cdot 7{,}835} \cdot 2{,}26^2 = 6{,}330 \text{ kNm/m}$$

Gewölbeschub

$$H = \frac{6{,}330}{0{,}20} = 31{,}65 \text{ kN/m}$$

Nachweis

Es werden die Normal- und Schubspannungen nachgewiesen.

Normalspannungen

Nachweis der Normalspannungen am Wandfuß.

Ermittlung der Randspannung aus Gewölbewirkung nach Bild 6/70 a

$$\Delta \sigma_R = \frac{4 \cdot H}{d \cdot b} = \frac{4 \cdot 31{,}65}{0{,}30 \cdot 1{,}00} = 422{,}0 \text{ kN/m}^2$$

Aus Eigengewicht der Wand ($g_w = 5{,}40$ kN/m², Tafel 5/1)

$\sigma_g = 5{,}40 \cdot 2{,}26 = 12{,}2$ kN/m²

Überlagerung:

$\sigma_R = 422{,}0 + 12{,}2 = 434{,}2$ kN/m²

$\sigma_R = 0{,}434$ MN/m² $< 1{,}33 \cdot \dfrac{\beta_R}{\gamma} = 1{,}33 \cdot \dfrac{4{,}27}{2{,}0} = 2{,}84$ MN/m²

Schubspannungen

Vorwerte nach Tafel 6/47

Rechenwert der abgeminderten Haftscherfestigkeit
$\beta_{RHS} = 0{,}18$ MN/m²

Reibungsbeiwert $\mu = 0{,}6$

Spannungen

- Normalspannung in der Mitte des überdrückten Wandquerschnitts

  $\sigma = 1/2 \cdot 0{,}434 = 0{,}217$ MN/m²

- Schubspannung

  Querkraft aus Gewölbewirkung am Wandfuß

  $$Q_u = (2 \cdot 16{,}87 + 2{,}55) \cdot \frac{2{,}26}{6} = 13{,}67 \text{ kN/m}$$

Vorhandene Schubspannung in der Mitte des überdrückten Wandquerschnittes
Nach Gl. (6.72c) bzw. Bild 6/70:

$$\tau = 1{,}5 \cdot \frac{13{,}67}{1{,}0 \cdot 0{,}30 \cdot 1/2} = 136{,}7 \text{ kN/m}^2$$

$\tau = 0{,}137$ MN/m²

- Grenzwert $\bar{\tau}$ für die Schubspannungen

  Nach Gl. (6.73d), Fall 1:

  $$\bar{\tau} = \frac{1}{2{,}0} \cdot (0{,}18 + 0{,}6 \cdot 0{,}217) = 0{,}155 \text{ MN/m}^2$$

Schubnachweis

$\bar{\tau} = 0{,}155$ MN/m² $> \tau = 0{,}137$ MN/m²

b) Nachweis des waagerechten Stahlbetonbalkens

Belastung

Als Belastung wird der von unten wirkende Gewölbeschub angesetzt: $H = 31{,}65$ kN/m

Das Eigengewicht des Balkens wird vernachlässigt.
Spannweite $l = 2{,}50$ m

Schnittgrößen

- Auflagerkraft

  $A = 31{,}65 \cdot 2{,}50 \cdot 1/2 = 39{,}6$ kN

- Biegemoment

  $$M = 31{,}65 \cdot \frac{2{,}50^2}{8} = 24{,}727 \text{ kNm}$$

Bemessung

- Biegung

  Querschnitt $b_0/d_0/h = 30/30/26$ cm
  BSt IV S

  $$k_h = \frac{26}{\sqrt{\dfrac{24{,}727}{0{,}30}}} = 2{,}86 \rightarrow k_s = 3{,}9$$

  Mit $k_s = 3{,}9$ errechnet sich der erforderliche Querschnitt der Biegebewehrung zu

  $$\text{erf } A_s = 3{,}9 \cdot \frac{24{,}727}{26} = 3{,}7 \text{ cm}^2$$

  Gewählte Bewehrung
  oben 3 ⌀ 14 mit $A_s = 4{,}6$ cm² $> 3{,}7$ cm²
  unten 2 ⌀ 12 mit $A_s = 2{,}3$ cm²

- Schub

  Grundwert der Schubspannung

  $$\tau_0 = \frac{39{,}6}{0{,}30 \cdot 0{,}9 \cdot 0{,}26} = 564{,}1 \text{ kN/m}^2$$

  $\tau_0 = 0{,}564$ MN/m² $< \tau_{012} = 0{,}75$ MN/m²
  (DIN 1045, Abschnitt 17.5, Tab. 13)

  Schubbereich 1: Es ist eine konstruktive Schubbewehrung erforderlich.

  Mindestschubbewehrung für

  $\tau = 0{,}4 \cdot \tau_0 = 0{,}4 \cdot 0{,}75 = 0{,}30$ MN/m²

  Es werden Bügel angeordnet

  $$\text{erf } a_{sBü} = \frac{0{,}30 \cdot 10^3 \cdot 0{,}30}{28{,}6} = 3{,}2 \text{ cm}^2/\text{m}$$

Gewählte Bewehrung
2schnittige Bügel ⌀ 8, e = 20 cm
mit $a_{sBü} = 5{,}0$ cm²/m $> 3{,}2$ cm²/m

- Durchbiegung

$$f = \frac{5}{384} \cdot \frac{q \cdot l^4}{E\,I} = \frac{5}{384} \cdot \frac{31{,}65 \cdot 2{,}50^4 \cdot 12}{3{,}0 \cdot 10^7 \cdot 0{,}3^4} \cdot 10^2$$

$$= 0{,}08 \text{ cm} \triangleq \frac{l}{3125}$$

Die vertikale Durchbiegung ist sehr gering. Anstelle des in der Praxis üblichen Grenzwertes von l/300 sollten nach Meinung der Verfasser beim Nachweis von Aussteifungsriegeln die vertikalen Durchbiegungen den Wert l/1000 nicht überschreiten. Da auch dieser Grenzwert eingehalten ist, darf der Stahlbetonbalken als starres Auflager angesehen werden.

c) Nachweis der lotrechten Stahlbetonzugglieder

Auflagerkraft des waagerechten Stahlbetonbalkens
A = 39,6 kN

Die Auflagerkraft wird durch Bewehrung aufgenommen und in das Fundament eingeleitet.

erf $A_s = 39{,}6/28{,}6 = 1{,}4$ cm²

Gewählte Bewehrung
4 ⌀ 10 mit $A_s = 3{,}1$ cm² $> 1{,}4$ cm²
Bügel ⌀ 6, e = 25 cm

Bemessung der Gründung

Die Bewehrung der lotrechten Zugglieder ist in der Gründung zu verankern.

Bei der Bemessung der Gründung sind die für den Stahlbetonbalken ermittelten Schnittgrößen ebenfalls zu berücksichtigen.

6.6.8.5 Beispiel ⑨: Kelleraußenwand, d = 30 cm, mit heruntergeführter Verblendschale

Gegeben:

Abmessungen
Lichte Kellergeschoßhöhe $h_s = 2{,}60$ m
Höhe der Anschüttung $h_e = 2{,}60$ m
Wanddicke $d = 30$ cm

Baustoffe
Mauerwerk
Steinfestigkeitsklasse 20, Mörtelgruppe III
mit $\beta_R = 2{,}67 \cdot 2{,}4 = 6{,}41$ MN/m²

Belastung
Auf dem Erdreich wirkende Verkehrslast $p = 5{,}0$ kN/m²
Rohdichte der Anschüttung $\varrho_e = 19$ kN/m³
(DIN 1055 Teil 2)
Winkel der inneren Reibung $\varphi = 30°$
Wandreibungswinkel $\delta = 0°$
Erddruckbeiwert $K_a = 1/3$
Eigengewicht der Verblendschale $G_v = 18{,}0$ kN/m

Normalkraft am Wandkopf:
Angenommen $N_o = G_M + A_Z = 53{,}0 + 15{,}0 = 68{,}0$ kN/m

Gesucht:

Nachweis der Kelleraußenwand

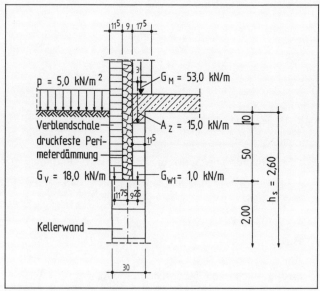

Bild 6/79: Schnitt durch die Kelleraußenwand zum Beispiel ⑨

Berechnungsgang:

Der Nachweis erfolgt nach den ermittelten Schnittgrößen. Es wird insbesondere der Übergang vom oberen Wandquerschnitt (d = 11,5 cm) zum unteren Querschnitt (d = 30 cm) untersucht.

a) Schnittgrößen

Normalkräfte aus lotrechten Lasten

Eigengewicht der Wand (d = 11,5 cm) mit
$g_{w1} = 1{,}96$ kN/m² (Tafel 5/1)
$G_{w1} = 1{,}96 \cdot 0{,}50 = 1{,}0$ kN/m

Eigengewicht der Wand (d = 30,0 cm) mit
$g_{w2} = 5{,}10$ kN/m² (Tafel 5/1)
$G_{w2} = 5{,}10 \cdot 2{,}00 = 10{,}2$ kN/m

Normalkraft am Wandfuß
$N_u = 68{,}0 + 18{,}0 + 1{,}0 + 10{,}2 = 97{,}2$ kN/m

- Schnittgrößen infolge Erddruck

Einspannmoment am
Wandkopf nach Gl. (6.97a)

$$M_o = -68{,}0 \cdot \frac{0{,}115}{3} = -2{,}607 \text{ kNm/m}$$

Wandfuß nach Gl. (6.97b)

$$M_u = -97{,}2 \cdot \frac{0{,}30}{3} = -9{,}720 \text{ kNm/m}$$

Die Lastordinaten aus Erddruck betragen nach den Gln. (6.95) und (6.96):

$$e_p = \frac{1}{3} \cdot 5{,}0 = 1{,}67 \text{ kN/m}^2$$

$$e_o = \frac{1}{3} \cdot 5{,}0 + \frac{1}{3} \cdot 19{,}0 \cdot 0{,}10 = 2{,}30 \text{ kN/m}^2$$

$$e_u = \frac{1}{3} \cdot 5{,}0 + \frac{1}{3} \cdot 19{,}0 \cdot 2{,}60 = 18{,}13 \text{ kN/m}^2$$

Im Bild 6/80 sind die Belastungen und die sich daraus ergebenden Schnittgrößen dargestellt. Die Schnittgrößen wurden mit Hilfe eines EDV-Programmes ermittelt.

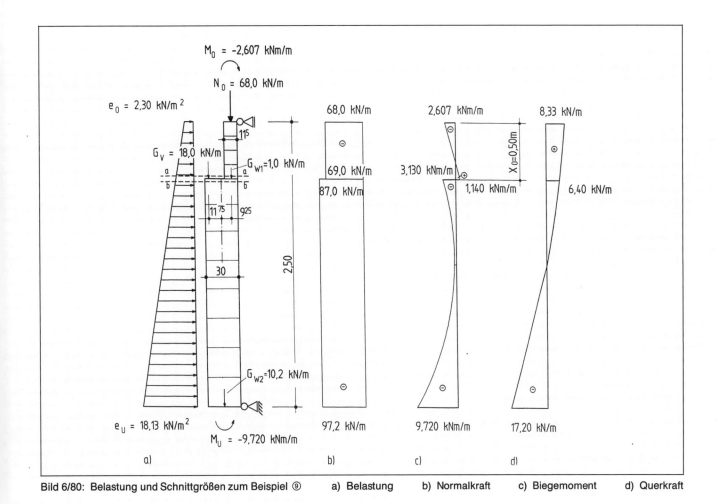

Bild 6/80: Belastung und Schnittgrößen zum Beispiel ⑨   a) Belastung   b) Normalkraft   c) Biegemoment   d) Querkraft

b) Nachweis nach den ermittelten Schnittgrößen nach Kap. 6.6.1.4

Da im vorliegenden Fall im Gegensatz zu den vorangegangenen Beispielen ① bis ⑧ kein ausgeprägtes größtes positives Feldmoment in Wandmitte vorliegt, werden die entsprechenden Nachweise in den Schnitten a-a und b-b geführt, da sich an diesen Stellen die maximalen Biegemomente im Feld ergeben. Auf der sicheren Seite liegend wird die größte ungewollte Ausmitte, die in Wandmitte anzusetzen ist, hier voll berücksichtigt.

Klaffende Fuge

- Schnitt a-a

Schnittmoment $M_a = 1{,}140$ kNm/m

Zugehörige Normalkraft
$N_a = N_o + G_{w1}$

$N_a = 68{,}0 + 1{,}0 = 69{,}0$ kN/m

Nach Gl. (6.99):

$$e = \frac{1{,}140}{69{,}0} + 0{,}04 \cdot 0{,}115 = 0{,}021 \text{ m} > \frac{0{,}115}{6} = 0{,}019 \text{ m}$$

$$< \frac{0{,}115}{3} = 0{,}038 \text{ m}$$

Es liegt ein teilweise gerissener Querschnitt vor.

- Schnitt b-b

Schnittmoment $M_b = 3{,}130$ kNm/m

Zugehörige Normalkraft
$N_b = N_o + G_{w1} + G_v$

$N_b = 68{,}0 + 1{,}0 + 18{,}0 = 87{,}0$ kN/m

Nach Gl. (6.99):

$$e = \frac{3{,}130}{87{,}0} + 0{,}04 \cdot 0{,}30 = 0{,}048 \text{ m} < \frac{0{,}30}{6} = 0{,}050 \text{ m}$$

$$> \frac{0{,}30}{18} = 0{,}017 \text{ m}$$

Es liegt ein ungerissener Querschnitt vor.

Randspannungen

- Schnitt a-a

Mit der bezogenen Ausmitte

$$m = \frac{6 \cdot 0{,}021}{0{,}115} = 1{,}096$$

ergibt sich nach Gl. (6.45b):

$$\sigma_R = \frac{69{,}0}{0{,}115 \cdot 1{,}00} \cdot \frac{4}{3 - 1{,}096} = 1260{,}5 \text{ kN/m}^2$$

$$\sigma_R = 1{,}261 \text{ MN/m}^2 < 1{,}33 \cdot \frac{\beta_R}{\gamma} = 1{,}33 \cdot \frac{6{,}41}{2{,}0} = 4{,}26 \text{ MN/m}^2$$

Beispiel ⑨, Ergebnisse

- Schnitt b-b

Mit der bezogenen Ausmitte

$$m = \frac{6 \cdot 0{,}048}{0{,}30} = 0{,}960$$

ergibt sich nach Gl. (6.45a):

$$\sigma_R = \frac{87{,}0}{0{,}30 \cdot 1{,}00} \cdot (1 + 0{,}960) = 568{,}4 \text{ kN/m}^2$$

$$\sigma_R = 0{,}568 \text{ MN/m}^2 < 1{,}33 \cdot \frac{\beta_R}{\gamma} = 1{,}33 \cdot \frac{6{,}41}{2{,}0} = 4{,}26 \text{ MN/m}^2$$

- Wandkopf

Da am Wandkopf e = d/3 für die Normalkraft angesetzt wurde, beträgt mit der bezogenen Ausmitte m = 2,000 die Randspannung nach Gl. (6.45b):

$$\sigma_R = \frac{68{,}0}{0{,}115 \cdot 1{,}00} \cdot \frac{4}{3 - 2{,}000} = 2365{,}2 \text{ kN/m}^2$$

$$\sigma_R = 2{,}365 \text{ MN/m}^2 < 1{,}33 \cdot \frac{\beta_R}{\gamma} = 1{,}33 \cdot \frac{6{,}41}{2{,}0} = 4{,}26 \text{ MN/m}^2$$

- Wandfuß

Da auch am Wandfuß e = d/3 für die Normalkraft angesetzt wurde, beträgt mit der bezogenen Ausmitte m = 2,000 die Randspannung nach Gl. (6.45b):

$$\sigma_R = \frac{97{,}2}{0{,}30 \cdot 1{,}00} \cdot \frac{4}{3 - 2{,}000} = 1296{,}0 \text{ kN/m}^2$$

$$\sigma_R = 1{,}296 \text{ MN/m}^2 < 1{,}33 \cdot \frac{\beta_R}{\gamma} = 1{,}33 \cdot \frac{6{,}41}{2{,}0} = 4{,}26 \text{ MN/m}^2$$

Schubspannungen

- Schnitt a-a

Normalspannung in der Mitte des überdrückten Bereiches mit $\sigma_R = 1{,}261$ MN/m²

$$\sigma = \frac{1}{2} \cdot \sigma_R = \frac{1}{2} \cdot 1{,}261 = 0{,}631 \text{ MN/m}^2$$

Querkraft nach Bild 6/80d: $Q_{a\text{-}a} = 6{,}40$ kN/m
Schubspannung nach Gl. (6.72d), Bild 6/62:

$$\tau = 3 \cdot \frac{6{,}40}{0{,}115 \cdot 1{,}00} = 167{,}0 \text{ kN/m}^2$$

$$\tau = 0{,}167 \text{ MN/m}^2$$

Für das Schubversagen ist Fall 1 maßgebend.

Mit $\beta_{RHS} = 0{,}22$ MN/m², $\gamma = 2{,}0$, $\mu = 0{,}6$ und $\sigma = 0{,}631$ MN/m² ergibt sich der Grenzwert der Schubspannung $\bar{\tau}$ nach Gl. (6.73d):

$$\bar{\tau} = \frac{1}{2{,}0} \cdot (0{,}22 + 0{,}6 \cdot 0{,}631)$$

$$\bar{\tau} = 0{,}299 \text{ MN/m}^2 > \tau = 0{,}167 \text{ MN/m}^2$$

- Schnitt b-b

Normalspannung in der Mitte des überdrückten Bereiches mit $\sigma_R = 0{,}568$ MN/m²

$$\sigma = \frac{1}{2} \cdot \sigma_R = \frac{1}{2} \cdot 0{,}568 = 0{,}284 \text{ MN/m}^2$$

Querkraft nach Bild 6/80d: $Q_{b\text{-}b} = 6{,}40$ kN/m
Schubspannung nach Gl. (6.72d), Bild 6/62:

$$\tau = 3 \cdot \frac{6{,}40}{0{,}30 \cdot 1{,}00} = 64{,}0 \text{ kN/m}^2$$

$$\tau = 0{,}064 \text{ MN/m}^2$$

Mit $\beta_{RHS} = 0{,}22$ MN/m², $\gamma = 2{,}0$, $\mu = 0{,}6$ und $\sigma = 0{,}284$ MN/m² ergibt sich der Grenzwert der Schubspannung $\bar{\tau}$ nach Gl. (6.73d):

$$\bar{\tau} = \frac{1}{2{,}0} \cdot (0{,}22 + 0{,}6 \cdot 0{,}284)$$

$$\bar{\tau} = 0{,}195 \text{ MN/m}^2 > \tau = 0{,}064 \text{ MN/m}^2$$

- Wandkopf

Normalspannung in der Mitte des überdrückten Bereiches mit $\sigma_R = 2{,}365$ MN/m²

$$\sigma = \frac{1}{2} \cdot \sigma_R = \frac{1}{2} \cdot 2{,}365 = 1{,}183 \text{ MN/m}^2$$

Querkraft nach Bild 6/80d: $Q_o = 8{,}33$ kN/m
Schubspannung nach Gl. (6.72d), Bild 6/62:

$$\tau = 3 \cdot \frac{8{,}33}{0{,}115 \cdot 1{,}00} = 217{,}3 \text{ kN/m}^2$$

$$\tau = 0{,}217 \text{ MN/m}^2$$

Mit $\beta_{RHS} = 0{,}22$ MN/m², $\gamma = 2{,}0$, $\mu = 0{,}6$ und $\sigma = 1{,}183$ MN/m² ergibt sich der Grenzwert der Schubspannung $\bar{\tau}$ nach Gl. (6.73d):

$$\bar{\tau} = \frac{1}{2{,}0} \cdot (0{,}22 + 0{,}6 \cdot 1{,}183)$$

$$\bar{\tau} = 0{,}465 \text{ MN/m}^2 > \tau = 0{,}217 \text{ MN/m}^2$$

- Wandfuß

Normalspannung in der Mitte des überdrückten Bereiches mit $\sigma_R = 1{,}296$ MN/m²

$$\sigma = \frac{1}{2} \cdot \sigma_R = \frac{1}{2} \cdot 1{,}296 = 0{,}648 \text{ MN/m}^2$$

Querkraft nach Bild 6/80d: $Q_u = 17{,}20$ kN/m
Schubspannung nach Gl. (6.72d), Bild 6/62:

$$\tau = 3 \cdot \frac{17{,}20}{0{,}30 \cdot 1{,}00} = 172{,}0 \text{ kN/m}^2$$

$$\tau = 0{,}172 \text{ MN/m}^2$$

Mit $\beta_{RHS} = 0{,}22$ MN/m², $\gamma = 2{,}0$, $\mu = 0{,}6$ und $\sigma = 0{,}648$ MN/m² ergibt sich der Grenzwert der Schubspannung $\bar{\tau}$ nach Gl. (6.73d):

$$\bar{\tau} = \frac{1}{2{,}0} \cdot (0{,}22 + 0{,}6 \cdot 0{,}648)$$

$$\bar{\tau} = 0{,}304 \text{ MN/m}^2 > 0{,}172 \text{ MN/m}^2$$

Bei der untersuchten Kelleraußenwand ist die Verblendschale bis in das Kellergeschoß heruntergeführt, so daß zum Lastabtrag am Wandkopf nur eine Wanddicke von d = 11,5 cm zur Verfügung steht. Es wurde nachgewiesen, daß der Querschnitt an der Stelle der größten Biegemomente im Feld nicht mehr als bis zur Wandmitte aufreißt sowie die zulässigen Rand- und Schubspannungen eingehalten sind.

6.6.8.6 Erläuterung der Ergebnisse

Kelleraußenwände, die nur geringe Auflasten haben und der vollen Anschüttung des Erdreiches ausgesetzt sind, kommen häufig bei Einfamilienhäusern vor. Im Beispiel ⑤ werden die verschiedenen Nachweismöglichkeiten für solche Wände in

Abhängigkeit von den Auflasten angegeben. Die Beispiele ⑥ und ⑧ behandeln die waagerechte und lotrechte Abtragung des Erddruckes über Gewölbewirkung. Die erforderlichen Stahlbetonstützen und -balken werden nachgewiesen. Der Nachweis des Mauerwerks als waagerechtes Gewölbe hat gezeigt, daß die Wand nicht mit den ursprünglich geplanten KS-Hohlblocksteinen in Verbindung mit Mörtelgruppe II ausgeführt werden kann. Zur Einhaltung der zulässigen Druckspannungen muß die Mörtelgruppe IIa gewählt werden (Beispiel ⑥).

Die in den Beispielen ⑥ und ⑧ angenommene Auflast $N_o = 0$ ist als Grenzfall anzusehen. In Wirklichkeit ist stets eine Auflast vorhanden, die im ungünstigsten Fall am Wandkopf aus der parallel gespannten Kellerdecke etwa $N_o = 5$ kN/m und in halber Kellergeschoßhöhe etwa $N_1 = 10$ kN/m beträgt. Bei den besprochenen Nachweisen der Kelleraußenwand unter Zugrundelegung der Gewölbewirkung spielen die erwähnten niedrigen Auflasten keine Rolle und wurden daher nicht angesetzt.

Im Beispiel ⑦ wird für die Kelleraußenwand eines Einfamilienhauses der Nachweis der zweiachsigen Lastabtragung erbracht. Dabei werden die erforderlichen Auflasten unter Benutzung der Tafel 6/66 nachgewiesen.

Die Beispiele zeigen, daß gemauerte Kelleraußenwände bei geringen Auflasten und voller Anschüttung in 30 cm Wanddicke nachgewiesen werden können, wenn besondere Maßnahmen ergriffen werden. Die Wanddicke von 24 cm läßt sich bei entsprechend großen Auflasten ohne zusätzliche konstruktive Maßnahmen ausführen (Beispiele ① und ②).

Im Beispiel ⑨ wird eine Kelleraußenwand nachgewiesen, deren Wandquerschnitt am Wandkopf durch eine bis in das Kellergeschoß heruntergeführte Verblendschale geschwächt ist. Das Beispiel zeigt, daß der Lastabtrag bei voller Erdanschüttung auch für den dünneren Querschnitt, d = 11,5 cm, nachgewiesen werden kann.

6.7 Lasteinleitung

6.7.1 Vorbetrachtung

Werden Wände oder Pfeiler aus Mauerwerk auf Druck beansprucht und wird nur ein Teil der Querschnittsfläche belastet, so liegt eine Teilflächenbelastung des Mauerwerks vor. Die Einleitung der Druckkräfte kann hierbei sowohl mittig als auch ausmittig erfolgen. Im Mauerwerksbau tritt eine Teilflächenbelastung beispielsweise bei der Einleitung von Einzellasten aus Stützen und Unterzügen in Wänden auf (Bild 6/81).

Eine Teilflächenbelastung verursacht im Bereich der Lasteinleitung infolge Querdehnungsbehinderung einen räumlichen Spannungszustand. Im Vergleich zum einachsigen Spannungszustand dürfen im Einleitungsbereich größere Spannungen aufgenommen werden [6/25]. Die hohen Spannungen sind auf den Einleitungsbereich von Teilflächenlasten beschränkt; mit zunehmender Entfernung von der Lasteinleitungsstelle nehmen diese Spannungen infolge der Lastausbreitung ab. Bei der Lastausbreitung entstehen im Mauerwerk Spaltzugkräfte, die vom Mauerwerksverband aufzunehmen sind.

Bei hohen Einzellasten kann ein Lastverteilungsbalken angeordnet werden. Die erforderlichen Nachweise können nach [6/18, Kap. 6] geführt werden.

6.7.2 Nachweis nach der Norm

6.7.2.1 Belastung rechtwinklig zur Lagerfuge

Bei Teilflächenbelastung dürfen in der Übertragungsfläche der Einzellast nach DIN 1053 Teil 1, Abschnitt 7.9.3, für mittige und ausmittige Belastung (bezogen auf die Wanddicke, Bild 6/82) erhöhte Spannungen angesetzt werden:

$$\sigma_1 = \frac{\beta_R}{\gamma} \cdot \left(1 + 0,1 \cdot \frac{a_1}{l_1}\right) \leq 1,5 \cdot \frac{\beta_R}{\gamma} \qquad (6.118)$$

Für Verhältnisse $a_1/l_1 > 5$ erhält man aus Gl. (6.118) als Teilflächenpressung $\sigma_1 > 1,5 \cdot \beta_R/\gamma$; in solchen Fällen darf aber nur mit $\sigma_1 = 1,5 \cdot \beta_R/\gamma$ gerechnet werden.

Es bedeuten (Bild 6/82)

σ_1 Teilflächenpressung

γ Sicherheitsbeiwert nach DIN 1053 Teil 1, Abschnitt 7.9.1 (Kap. 6.1.2.6)

β_R Rechenwert der Druckfestigkeit des Mauerwerkes nach DIN 1053 Teil 1, Gl. (10)

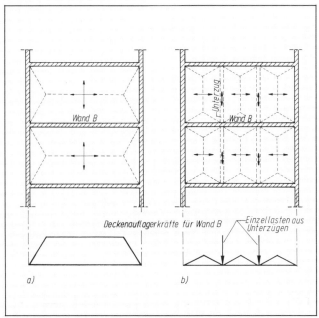

Bild 6/81: Einleitung von Auflagerkräften aus Stahlbetondecken in Mauerwerkswände

a) Flächige Belastung der Wände durch Decken

b) Teilflächenbelastung der Wände durch Unterzüge

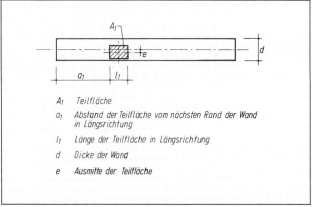

A_1 Teilfläche

a_1 Abstand der Teilfläche vom nächsten Rand der Wand in Längsrichtung

l_1 Länge der Teilfläche in Längsrichtung

d Dicke der Wand

e Ausmitte der Teilfläche

Bild 6/82: Erläuterung zur Teilflächenbelastung

Beispiel Lasteinleitung

Es müssen folgende Bedingungen eingehalten sein:
- Teilfläche $A_1 \leq 2 \cdot d^2$
- Ausmitte des Schwerpunktes der Teilfläche $e \leq \dfrac{d}{6}$

Ist die Aufnahme der Spaltzugkräfte gesichert, so darf die Druckverteilung unter der Einzellast innerhalb des Mauerwerks unter 60° angesetzt werden. Einzellasten auf einer Stahlbetondecke wirken bereits verteilt auf die Mauerwerkswand. Falls erforderlich, darf der höher beanspruchte Wandbereich in höherer Mauerwerksfestigkeit ausgeführt werden. Hierbei sind jedoch Einflüsse aus unterschiedlichem Verformungsverhalten nach DIN 1053 Teil 1, Abschnitt 7.5, zu berücksichtigen.

6.7.2.2 Belastung rechtwinklig zur Wandebene

Bei Teilflächenpressung rechtwinklig zur Wandebene (Bild 6/83) gelten nach DIN 1053 Teil 1, Abschnitt 7.9.3, die folgenden Bedingungen:

- $\sigma_1 \leq 0{,}5 \cdot \beta_R$
- Bei Einzellasten $F \geq 3$ kN ist zusätzlich die Schubspannung in den Lagerfugen der belasteten Einzelsteine nach DIN 1053 Teil 1, Abschnitt 7.9.5, nachzuweisen.
- Bei Loch- und Kammersteinen ist z. B. durch Unterlagsplatten sicherzustellen, daß die Druckkraft rechtwinklig zur Wandebene auf mindestens 2 Stege übertragen wird.

6.7.3 Anwendung

An einem Beispiel wird die Anwendung der Gl. (6.118) gezeigt (Bild 6/84).

Gegeben:

Abmessungen
Balken $b/d = 20/40$ cm
Wand $\quad d = 24$ cm

Baustoffe
Balken: Beton B 25
Wand: Mauerwerk
Steinfestigkeitsklasse 12, Mörtelgruppe II
mit $\beta_R = 2{,}67 \cdot \sigma_0 = 2{,}67 \cdot 1{,}2 = 3{,}20$ MN/m²

Belastung
Auflagerkraft des Balkens $A = 80$ kN

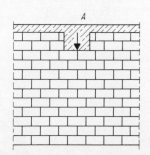

Gesucht:

Teilflächenpressung σ_1

Berechnungsgang:

Bedingungen nach DIN 1053 Teil 1, Abschnitt 7.9.3
- Teilfläche

  $A_1 = 20 \cdot 20 = 400$ cm² $< 2 \cdot 24^2 = 1152$ cm²

- Ausmitte, bezogen auf die Wanddicke:

  $e = \dfrac{1}{2} \cdot (24 - 20) = 2$ cm $< \dfrac{24}{6} = 4$ cm

Damit sind die beiden Bedingungen nach der Norm eingehalten.

Vorwerte für die Anwendung der Gl. (6.118)

- Abstand der Teilfläche vom nächsten Rand der Wand in Längsrichtung:

  $a_1 = 75$ cm

- Länge der Teilfläche in Längsrichtung:

  $l_1 = 20$ cm

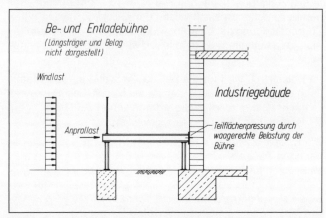

Bild 6/83: Beispiel für Teilflächenbelastung rechtwinklig zur Wandebene

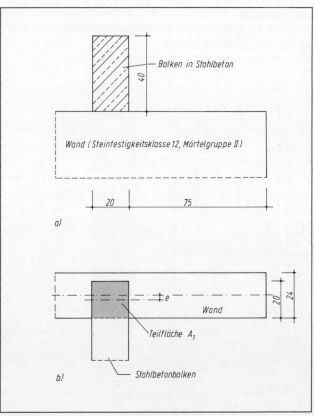

Bild 6/84: Beispiel zur Teilflächenbelastung
a) Ansicht b) Draufsicht

Spannungsnachweis

Mit Gl. (6.118) ergibt sich die zulässige Teilflächenpressung zu

$$\sigma_1 = \frac{3{,}20}{2{,}0} \cdot \left(1 + 0{,}1 \cdot \frac{75}{20}\right)$$
$$= 2{,}20 \text{ MN/m}^2 < 1{,}5 \cdot \frac{3{,}20}{2{,}0} = 2{,}40 \text{ MN/m}^2$$

In der Teilfläche ist folgende Spannung vorhanden:

$$\sigma = \frac{80}{0{,}2 \cdot 0{,}2} = 2000 \text{ kN/m}^2$$

$$\sigma = 2{,}00 \text{ MN/m}^2 < 2{,}20 \text{ MN/m}^2$$

Der höher belastete Wandbereich kann wie die Wand mit der Stein-/Mörtelkombination 12/II ausgeführt werden. Die Aufnahme der Spaltzugkräfte ist durch den Verband gesichert.

6.8 Nachweis tragender Bauglieder, Beispiele

6.8.1 Vorbemerkungen

Nachdem in den vorangegangenen Kapiteln 6.1.2 bis 6.7 die nach dem genaueren Verfahren erforderlichen Bemessungsnachweise beschrieben und der Umgang mit den Gleichungen an Hand kleiner Anwendungsbeispiele gezeigt wurde, folgt in Kap. 6.8 die zusammenhängende Untersuchung von Einzelbaugliedern und von Bauwerken. Hierbei werden für ausgewählte Bauteile sowie für das Gesamtbauwerk die wesentlichen Nachweise geführt. Auf dieser Grundlage lassen sich die für einen Mauerwerksbau zur Bemessung der Wände erforderlichen statischen Nachweise erstellen.

Für ein Mehrfamilienhaus (Kap. 6.8.2) werden nach einer Lastermittlung drei Wände behandelt und an den maßgebenden Stellen bemessen.

Am Beispiel eines Einfamilienreihenhauses (Kap. 6.8.3) wird gezeigt, daß auch für solche Gebäude nach DIN 1053 Teil 1, Abschnitt 7, wirtschaftliche Konstruktionen nachgewiesen werden können.

An einem häufig vorkommenden Sonderfall (Kap. 6.8.4) wird die Berechnung des Wand-Decken-Knotens nach dem genaueren Berechnungsverfahren gezeigt.

Abschließend werden für das bereits untersuchte Mehrfamilienhaus zwei weitere Wände nachgewiesen (Kap. 6.8.5). Die Innenwandanschlüsse werden dabei im Gegensatz zu Kap. 6.8.2 in Stumpfstoßtechnik ausgeführt.

Die Lastermittlung und die Bemessung erfolgen ausführlich und sind mit Zwischentexten versehen, damit der Gang der Nachweise einfach nachvollzogen werden kann. Vergleichsweise werden einige Konstruktionen auch mit genäherten Ansätzen nachgewiesen. In der Praxis wird daher die statische Berechnung eines Mauerwerksbaues nach dem genaueren Berechnungsverfahren von geringerem Umfang sein.

6.8.2 Mehrfamilienhaus

6.8.2.1 Beschreibung

Den Rechenbeispielen wird der im Bild 6/85 gezeigte Grundriß zugrunde gelegt. Das Gebäude besteht aus 6 Obergeschossen und einem Kellergeschoß. Die Geschoßhöhe h beträgt 2,85 m in den Obergeschossen und 2,60 m im Kellergeschoß. Die Stahlbetondecken sind 15 cm dick. Die Wanddicken betragen 11,5 cm, 17,5 cm und 24 cm. Die Außenwände erhalten zusätzlich eine Verblendschale.

Weitere Abmessungen sind bei den einzelnen Nachweisen und Positionen angegeben.

Als Baustoffe sind vorgesehen:

Decken: Beton B 25 mit $E_B = 30\,000$ MN/m² (DIN 1045, Tabelle 11)

Wände: Mauerwerk
Steinfestigkeitsklasse 12, Mörtelgruppe IIa
mit $\beta_R = 2{,}67 \cdot \sigma_0 = 2{,}67 \cdot 1{,}6 = 4{,}27$ MN/m²

Steinfestigkeitsklasse 20, Mörtelgruppe III
mit $\beta_R = 2{,}67 \cdot \sigma_0 = 2{,}67 \cdot 2{,}4 = 6{,}41$ MN/m²

Steinart: Vollstein mit Grifföffnungen bzw. Lochsteine

Es werden im einzelnen folgende Nachweise geführt:

- Stabilität des Gesamtbauwerks
- Windnachweis
- Standsicherheitsnachweise für die Wände Pos W 9, W 11 und W 1 (Bild 6/85)

Die Nachweise für die Stabilität des Gesamtbauwerks (räumliche Steifigkeit) und für den Wind werden getrennt in x- und y-Richtung geführt.

6.8.2.2 Belastung

Lotrechte Lasten

Dachdecke:

Stahlbeton 0,15 · 25		= 3,75 kN/m²
Belag + Isolierung		= 1,25 kN/m²
	g	= 5,00 kN/m²
Schnee	s	= 0,75 kN/m²
	q	= 5,75 kN/m²

Zwischendecken:

Ständige Last (wie Dachdecke)	g	= 5,00 kN/m²
Verkehrslast	p	= 1,50 kN/m²
Trennwandzuschlag		= 1,25 kN/m²
	q	= 7,75 kN/m²

Treppenhaus, Balkone:

Ständige Last (wie Dachdecke)	g	= 5,00 kN/m²
Verkehrslast	p	= 3,50 kN/m²
	q	= 8,50 kN/m²

Eigengewicht der Wände:

Außenwände (KS-12-1,8): d = 17,5 cm

Wandgewicht (Tafel 5/8)		= 3,15 kN/m²
Putz 0,01 · 18		= 0,18 kN/m²
Kerndämmung 12,0 cm		= 0,12 kN/m²
	g_{wa}	= 3,45 kN/m²

Innenwände (KS-12-1,6): d = 17,5 cm

Wandgewicht (Tafel 5/8)		= 2,98 kN/m²
Putz 2 · 0,01 · 18		= 0,36 kN/m²
	g_{wi}	= 3,34 kN/m²

Innenwände (KS-12-2,0): d = 24 cm

Wandgewicht (Tafel 5/8)		= 4,80 kN/m²
Putz 2 · 0,01 · 18		= 0,36 kN/m²
	g_{wi}	= 5,16 kN/m²

Verblendung (KS Vb-20-1,8): d = 11,5 cm

Wandgewicht (Tafel 5/8)	g_v	= 2,07 kN/m²

Mehrfamilienhaus, Belastung

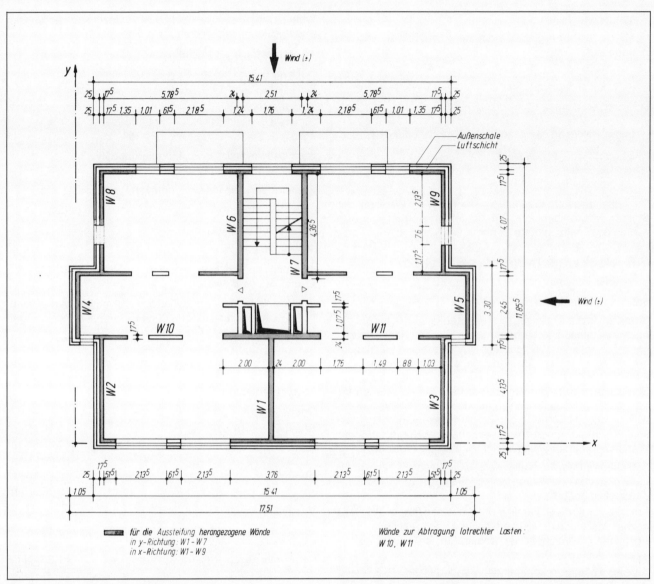

Bild 6/85: Grundriß Mehrfamilienhaus

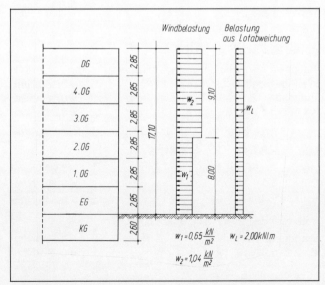

Bild 6/86: Systemschnitt und Horizontalbelastung des Mehrfamilienhauses

Tafel 6/67: Lastermittlung für Decken und Wände eines Geschosses beim Mehrfamilienhaus

	Fläche m²	Abzuziehende Flächen (Öffnungen) m²	maßgebende Fläche m²	Berechnungsgewicht kN/m²	Einzellasten kN
Dach	175,3	–	175,3	5,75	1008,0
Zwischengeschoß	158,6	–	158,6	7,75	1229,2
Treppenhaus	16,7	2,5	14,2	8,50	120,7
Balkone	12,4	–	12,4	8,50	105,4
Außenwand	151,3	26,0	125,3	3,45	432,3
Innenwand d = 17,5 cm	71,3	15,6	55,7	3,34	186,0
Innenwand d = 24 cm	54,0	–	54,0	5,16	278,6
Verblendung	166,1	26,0	140,1	2,07	290,0

Stabilität, Windnachweis

Waagerechte Lasten

Nach DIN 1055 Teil 4 beträgt die Windlast rechtwinklig auf die vom Wind getroffene Fläche

$w = c \cdot q$

Es bedeuten

c Formbeiwert nach DIN 1055 Teil 4, Abschnitt 6.3
   $c_p = 0{,}8$ (Winddruck)
   $c_p = 0{,}5$ (Windsog)

q Staudruck nach DIN 1055 Teil 4, Tabelle 1

Im Bild 6/86 ist die Verteilung der Windlasten über die Gebäudehöhe dargestellt:

$w_1 = (0{,}8 + 0{,}5) \cdot 0{,}5 = 0{,}65$ kN/m²
$w_2 = (0{,}8 + 0{,}5) \cdot 0{,}8 = 1{,}04$ kN/m²

Zur Aufteilung der Windlasten in Druck- und Soganteil siehe Außenwand Pos W 9 (Kap. 6.8.2.5).

Lotabweichung

Nach DIN 1053 Teil 1, Abschnitt 6.4, sind zusätzlich zu den Windlasten noch Horizontallasten infolge Schrägstellung des Gebäudes (Lotabweichung) zu berücksichtigen. Diese werden nach Gl. (6.74 b) ermittelt.

Vorwerte

● Gebäudehöhe über OK Fundament
  $h_G = 2{,}60 + 6 \cdot 2{,}85 = 19{,}7$ m

● Bauwerkslast

Die Bauwerkslast, die sich auf die Höhe OK Fundament bezieht, wird überschlägig ermittelt. Es wird zunächst die Bauwerkslast in Geländehöhe mit Hilfe der Tafel 6/67 errechnet.

Dachdecke:		1008 kN
Geschoßdecken:	5 · 1229,2 =	6146 kN
Treppenhaus:	5 · 120,7 =	603 kN
Balkone:	5 · 105,4 =	527 kN
Außenwände:	6 · 432,3 =	2594 kN
Innenwände:	6 · (186 + 278,6) =	2788 kN
Verblendung:	6 · 290 =	1740 kN
	N' =	15406 kN

Die lotrechten Lasten des Kellergeschosses werden näherungsweise denen eines Obergeschosses gleichgesetzt. Danach ergibt sich für die Bauwerkslast bei 7 Geschossen:

$N \approx 15406 \cdot \dfrac{7}{6} = 17974$ kN

Horizontale Ersatzlast infolge Schrägstellung nach Gl. (6.74 b):

$w_L = \dfrac{17974}{100 \cdot 19{,}7 \cdot \sqrt{19{,}7}} = 2{,}06$ kN/m $\approx 2{,}00$ kN/m

Es wird mit $w_L = 2{,}00$ kN/m weitergerechnet.

Die horizontale Ersatzlast bezieht sich auf die gesamte Gebäudebreite und ist zusätzlich zu den Windlasten in x- und in y-Richtung anzusetzen (Bild 6/86).

6.8.2.3 Stabilität des Gesamtbauwerks

Berechnungsgang

Vorwerte

● Elastizitätsmodul E = 3000 · 1,6 = 4800 MN/m²
  (DIN 1053 Teil 1, Abschnitt 6.6, Tabelle 2)

Tafel 6/68: Mehrfamilienhaus: Querschnittswerte der aussteifenden Wände

Wand Pos	A m²	I_{xi} m⁴	I_{yi} m⁴
W 1	2,668	9,101	2,304
W 2, W 3	2 × 1,099	2 × 2,700	2 × 0,083
W 4, W 5	2 × 1,138	2 × 1,241	2 × 0,517
W 6, W 7	2 × 1,571	2 × 3,969	2 × 0,348
W 8, W 9	2 × 0,606	nicht angesetzt	2 × 0,121
		$\sum I_{xi} = 24{,}921$	$\sum I_{yi} = 4{,}442$

● Summe aller lotrechten Lasten des Gebäudes (Bauwerkslast):

  N = 17974 kN = 17,974 MN

● Summe der Flächenmomente 2. Grades der für die Stabilitätsuntersuchung herangezogenen Wände (Tafel 6/68):

  $\sum I_{xi} = 24{,}921$ m⁴; $\sum I_{yi} = 4{,}442$ m⁴

Bedingung für die lotrechten aussteifenden Bauteile nach Gl. (6.75):

● In x-Richtung

  $19{,}7 \cdot \sqrt{\dfrac{17{,}974}{4800 \cdot 4{,}442}} = 0{,}57 < 0{,}6$

● In y-Richtung

  $19{,}7 \cdot \sqrt{\dfrac{17{,}974}{4800 \cdot 24{,}921}} = 0{,}24 < 0{,}6$

Die Formänderungen dürfen bei der Ermittlung der Schnittgrößen unberücksichtigt bleiben.

6.8.2.4 Windnachweis

Im Gebäudegrundriß sind die in y-Richtung verlaufenden Aussteifungswände regelmäßig angeordnet. Die Wände haben zusammengesetzte Querschnitte.

Aus Bild 6/85 ist erkennbar, daß das Mehrfamilienhaus in y-Richtung ausgesteift ist und ein genauer Windnachweis für diese Richtung offensichtlich nicht geführt zu werden braucht. Für die x-Richtung kann zunächst eine solche Aussage nicht getroffen werden.

Für beide Richtungen wird unter Verwendung des Bildes 6/45 mit Hilfe des Kriteriums zur Beurteilung der Bauwerksaussteifung nach Kap. 6.5.3.3 überprüft, ob ein Windnachweis erforderlich ist.

Für Wind in x-Richtung ist der Gebäudegrundriß unsymmetrisch, da die Horizontallast im wesentlichen von der im Grundriß ausmittig angeordneten Wand Pos W 1 aufgenommen wird. Das auf den Schubmittelpunkt des Gesamtsystems bezogene Torsionsmoment (Versatzmoment) kann nach Auflösung in ein Kräftepaar durch genügend biegesteife Wände in y-Richtung aufgenommen werden. Entsprechende Nachweise werden in diesem Beispiel nicht geführt, da sie in [6/18] bereits behandelt wurden.

In x-Richtung werden als Aussteifungswände die beiden Stege der Wand Pos W 1 sowie die Wände Pos W 2 bis W 9 berücksichtigt, in y-Richtung werden die Wände Pos W 1 bis W 7 angesetzt.

Windnachweis, Außenwand Pos W9

Windnachweis in x-Richtung

Berechnungsgang

Vorwerte

- Gebäudebreite B rechtwinklig zur Windrichtung:
  B = 11,86 m

- Summe der Flächenmomente 2. Grades der für die Aussteifung in Windrichtung herangezogenen Wände (Tafel 6/68):

  $\sum_{i=1}^{n} I_i = \sum I_{yi} = 4,442$ m^4

- Wandlänge und Querschnittswert $\varkappa$ des Wandquerschnitts mit dem größten Schwerpunktsabstand vom Rand:

  Für die Wand Pos W1 ist $b_{max} = b = 4,24$ m und $b_1 = 2,12$ m (Bild 6/90)

  Querschnittswert $\varkappa = \dfrac{2,12}{4,24} = 0,50$

- Korrekturfaktoren

  $f_M = 0,63$ für Stein-/Mörtelkombination 12/IIa, $\sigma_0 = 1,6$ MN/m^2 (Tafel 6/55)
  $f_h = 1,095$ für Geschoßhöhe h = 2,85 m (Bild 6/46)
  $f_Q = 1,0$ für $\varkappa = 0,50$ (Bild 6/47)

Bauwerksparameter nach Gl. (6.91):

$\left(\dfrac{B}{\sum I_y}\right)' = \dfrac{11,86}{4,442} \cdot 0,63 \cdot 1,095 \cdot 1,0 = 1,84$ m^{-3}

Überprüfung nach Bild 6/45:

Der Schnittpunkt von b = 4,24 m und $\left(\dfrac{B}{\sum I_y}\right)' = 1,84$ m^{-3} liegt oberhalb der Grenzkurve für 6 Geschosse; d. h. für das vorliegende Gebäude muß für die x-Richtung ein genauer Windnachweis geführt werden. Der Nachweis erfolgt beispielhaft für die hochbelastete Innenwand Pos W1 (Kap. 6.8.2.5, Aussteifungswand im Erdgeschoß; Mit Windnachweis).

Windnachweis in y-Richtung

Berechnungsgang

Vorwerte

- Gebäudebreite B rechtwinklig zur Windrichtung:
  B = 15,41 m + 2 · 1,05 = 17,51 m

- Summe der Flächenmomente 2. Grades der für die Aussteifung in Windrichtung herangezogenen Wände (Tafel 6/53):

  $\sum_{i=1}^{n} I_i = \sum I_{xi} = 24,921$ m^4

- Wandlänge und Querschnittswert $\varkappa$ des Wandquerschnitts mit dem größten Schwerpunktsabstand vom Rand:

  Für die Wand Pos W1 ist $b_{max} = b = 4,55$ m und $b_1 = 2,545$ m (Bild 6/90)

  Querschnittswert $\varkappa = \dfrac{b_1}{b} = \dfrac{2,545}{4,55} = 0,56$

- Korrekturfaktoren

  $f_Q = 1,12$ für Querschnittswert $\varkappa = 0,56$ (Bild 6/47)
  f_M und f_h wie für Windnachweis in x-Richtung

Bauwerksparameter nach Gl. (6.91):

$\left(\dfrac{B}{\sum I_x}\right)' = \dfrac{17,51}{24,921} \cdot 0,63 \cdot 1,095 \cdot 1,12 = 0,54$ m^{-3}

Überprüfung nach Bild 6/45:

Der Schnittpunkt von b = 4,55 m und $\left(\dfrac{B}{\sum I_x}\right)' = 0,54$ m^{-3} liegt unterhalb der Kurve für 6 Geschosse; d. h. für das Gebäude darf für die y-Richtung ein genauer Windnachweis entfallen, wenn gleichzeitig nach Gl. (6.92b) die größte Druckspannung infolge lotrechter Lasten max $\sigma \leq \dfrac{\beta_R}{\gamma}$ und die kleinste Druckspannung min $\sigma \geq \dfrac{1}{3} \cdot \dfrac{\beta_R}{\gamma}$ ist. Diese Bedingungen sind für die der Untersuchung zugrunde gelegte hochbelastete Innenwand Pos W1 erfüllt, wie später noch nachgewiesen werden wird (Kap. 6.8.2.5, Pos W1, Spannungsnachweis für den Gesamtquerschnitt).

6.8.2.5 Standsicherheitsnachweise

Allgemeines

Im folgenden werden im Grundriß des Mehrfamilienhauses (Bild 6/85) einige Wände mit unterschiedlicher Beanspruchung ausgewählt und für diese die Standsicherheitsnachweise geführt. Neben einer gering belasteten Außenwand im Dachgeschoß (Pos W9) werden zwei hochbelastete Innenwände im Erdgeschoß (Pos W1 und W11) nachgewiesen. Die Wand Pos W1 ist Aussteifungswand, die Wand Pos W11 trägt nur lotrechte Lasten ab.

Die Untersuchung der Bauwerksaussteifung nach Kap. 6.5.3.3 ergab, daß nur für die x-Richtung ein genauer Windnachweis geführt werden muß.

Bei den Spannungsnachweisen muß aber beachtet werden, daß bei allen Aussteifungswänden nach Gl. (6.92b) nur β_R/γ ausgenutzt werden darf. Diese Einschränkung gilt jedoch nicht für die Nachweise in den oberen Geschossen, da hier die lotrechten Spannungen infolge Wind nur gering sind. Wegen der geringen Querkräfte in den oberen Geschossen sind hier die Schubspannungen ohne Bedeutung für den Standsicherheitsnachweis. Daher braucht die Forderung nach der kleinsten vorhandenen Druckspannung min σ für das Dachgeschoß nicht erfüllt zu werden.

Grundsätzlich sind alle maßgebenden Lastfälle zu untersuchen; hierzu gehören die Überlagerung der maximalen bzw. minimalen lotrechten Lasten (Vollast bzw. Eigengewicht) mit den größten Biegemomenten (Lastfälle max N/max M und min N/max M).

Pos W9: Außenwand im Dachgeschoß

Gegeben:
Abmessungen d = 17,5 cm (siehe Kap. 6.8.2.1)

Steinfestigkeitsklasse 12, Mörtelgruppe IIa

Es wird ein Wandstreifen der Breite b = 1,0 m am Rand der Wandöffnung untersucht (Bild 6/87).

Gesucht:
Standsicherheitsnachweise

a) Lastermittlung
b) Nachweis der Wand-Decken-Knoten
c) Knicksicherheitsnachweis

Berechnungsgang:

a) Lastermittlung

Einflußbreite der Decke:
$b_B = 1,0 + 0,76/2 = 1,38$ m

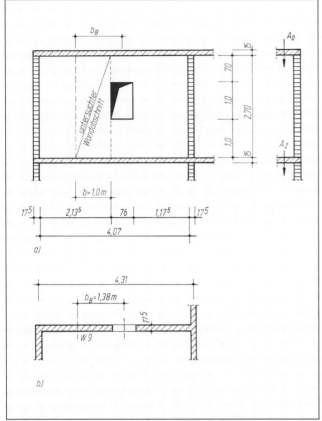

Bild 6/87: Außenwand Pos W 9 im Dachgeschoß (ohne Verblendung dargestellt)
a) Innenansicht
b) Grundriß

Lotrechte Lasten:
(unter Berücksichtigung von Kap. 6.8.2.2)

Die aus der statischen Berechnung mit der maßgebenden Deckenspannweite ermittelten lotrechten Lasten zur Bemessung der Wände werden am Wandkopf mit N_K und am Wandfuß mit N_F bezeichnet. Als maßgebende Deckenspannweite wird $l_1 = 2/3 \cdot 4,31 = 2,87$ m angenommen.

Es werden die maximalen (Vollast) und die minimalen Lasten (Eigengewicht) ermittelt und der ungünstigere Wert dem Nachweis zugrunde gelegt. Die Lasten aus Eigengewicht des Dachaufbaus werden mit 3,6 kN angenommen.

- Wandkopf

  $\max N_K = 0,5 \cdot 5,75 \cdot 2,87 \cdot 1,38 + 3,6 = 15,0$ kN
  $\min N_K = 0,5 \cdot 5,0 \cdot 2,87 \cdot 1,38 + 3,6 = 13,5$ kN

- In halber Geschoßhöhe

  $N_m = N_K +$ Eigengewicht Wand
  $\max N_m = 15,0 + 0,5 \cdot 3,45 \cdot 1,0 \cdot 2,7$
  $\qquad + 0,5 \cdot 3,45 \cdot 0,76 \cdot 0,7 = 20,6$ kN
  $\min N_m = 13,5 + 5,6 = 19,1$ kN

- Wandfuß

  $\max N_F = 20,6 + 0,5 \cdot 3,45 \cdot 1,0 \cdot 2,7 = 25,3$ kN
  $\min N_F = 19,1 + 4,7 = 23,8$ kN

Aus der Außenschale (Verblendung) werden keine Lasten angesetzt, da sie im 4. OG, 2. OG und EG abgefangen wird.

Waagerechte Lasten:

Nach DIN 1053 Teil 1, Abschnitt 7.3, ist bei Außenwänden mit Wanddicken d < 24 cm die Windbelastung rechtwinklig zur Wandebene stets nachzuweisen.

Winddruck $w_d = 0,8 \cdot 0,80 \cdot 1,25 = 0,80$ kN/m²
Windsog $w_s = 0,5 \cdot 0,80 \qquad = 0,40$ kN/m²

Diesem Windlastansatz liegt DIN 1055 Teil 4, Ausgabe August 1986, zugrunde. Erhöhte Soglasten am Gebäudeeck brauchen hier nicht angesetzt werden, da die Nachweisstellen außerhalb dieses Eckbereichs liegen. Beim rechnerischen Nachweis der erhöhten Soglasten im Eckbereich kann für die Wand Pos W 9 der tatsächlich vorhandene zusammengesetzte Querschnitt (L-Profil) zugrunde gelegt werden.

Mit einer Einflußbreite von 1,38 m ergeben sich für

Winddruck $q_{wd} = 0,80 \cdot 1,38 = 1,10$ kN/m
Windsog $q_{ws} = 0,40 \cdot 1,38 = 0,55$ kN/m

Nach DIN 1053 Teil 1, Abschnitt 7.2.5, dürfen Momente infolge Horizontallasten zwischen den Grenzfällen freie Lagerung und Volleinspannung umgelagert werden (Bild 6/21). Da die nachzuweisende Wand im Dachgeschoß liegt, wird oben gelenkige Lagerung und unten Volleinspannung angenommen (Bild 6/88).

Schnittgrößen infolge waagerechter Lasten:

Biegemomente am Wandfuß aus

Winddruck

$$M_{wd} = -1,10 \cdot \frac{2,70^2}{8} = -1,002 \text{ kNm}$$

Windsog

$$M_{ws} = 0,55 \cdot \frac{2,70^2}{8} = 0,501 \text{ kNm}$$

Obere Auflagerkraft (am Wandkopf) bei Winddruck:

$$H_{wd} = \frac{3}{8} \cdot 1,10 \cdot 2,70 = 1,11 \text{ kN}$$

Damit beträgt das für den Knicksicherheitsnachweis maßgebende Biegemoment in halber Geschoßhöhe

$$M_{wd,m} = 1,11 \cdot 1,35 - 1,10 \cdot \frac{1,35^2}{2} = 0,496 \text{ kNm}$$

Mit Hilfe der ermittelten Schnittkräfte (Normalkräfte, Biegemomente) am Wandkopf, am Wandfuß und in halber Geschoßhöhe können die Nachweise des Wand-Decken-Knotens und der Knicksicherheit geführt werden.

b) Nachweis der Wand-Decken-Knoten

Der Nachweis wird für einen 1,0 m breiten Wandstreifen an der Öffnung geführt (Bild 6/87).

Die Ausmitten werden nach Kap. 6.2.2.4 am Teilsystem errechnet. Es wird der Außenwandknoten A zugrunde gelegt (Bild 6/14).

Wanddicke d = 17,5 cm

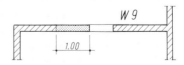

Vorwerte

- Elastizitätsmodul: E = 3000 · 1,6 = 4800 MN/m²
  (DIN 1053 Teil 1, Abschnitt 7.2.2)

Außenwand Pos W 9

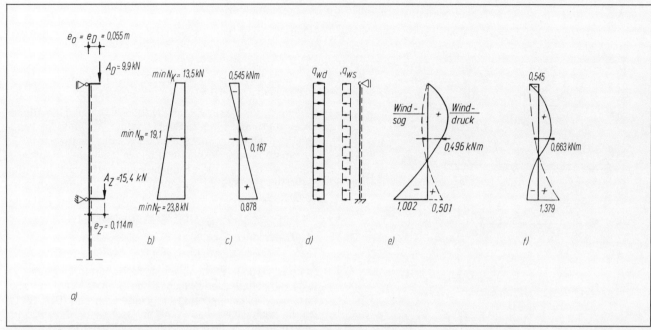

Bild 6/88: Überlagerung der Momente aus der Wand-Decken-Knoten-Berechnung und aus der Windbelastung rechtwinklig zur Wandebene bei der Außenwand Pos W9 im Dachgeschoß
a) Statisches System mit Deckenauflagerkräften und Lastausmitten an den Wand-Decken-Knoten
b) Verlauf der Normalkraft minN der Wand (aus Lastermittlung)
c) Momente infolge ausmittiger Deckenauflagerkräfte
d) Statisches System für die Abtragung der Windlasten
e) Momente infolge Windbelastung
f) Überlagerung der Momente

- Maßgebende Deckenspannweiten (zweiachsig gespannte Decken; Bild 6/17)

$$l_1 = \frac{2}{3} \cdot 4{,}31 = 2{,}87 \text{ m}; \quad l_2 = 0$$

- Flächenmomente 2. Grades

$$I_B = \frac{1}{12} \cdot 1{,}38 \cdot 0{,}15^3 = 3{,}881 \cdot 10^{-4} \text{ m}^4$$

$$I_M = \frac{1}{12} \cdot 1{,}0 \cdot 0{,}175^3 = 4{,}466 \cdot 10^{-4} \text{ m}^4$$

- Steifigkeitsbeiwert

$$k_1 = \frac{2}{3} \cdot \frac{30000 \cdot 3{,}881 \cdot 10^{-4}}{4800 \cdot 4{,}466 \cdot 10^{-4}} \cdot \frac{2{,}85}{2{,}87} = 3{,}596$$

- Deckenauflagerkraft der Dachdecke

Für die Dachdecke ergibt sich mit $g = q = 5{,}0$ kN/m² (ohne Ansatz einer Verkehrslast) nach Gl. (6.30a):
$A_D = 0{,}5 \cdot 5{,}0 \cdot 2{,}87 \cdot 1{,}38 = 9{,}9$ kN
min $N_K = 9{,}9 + 3{,}6 = 13{,}5$ kN

- Deckenauflagerkraft der Zwischendecke

Anzusetzende Deckenbelastung nach Gl. (6.27):
$q_1 = 5{,}0 + 2{,}75 = 7{,}75$ kN/m²

Nach Gl. (6.30a):
$A_Z = 0{,}5 \cdot 7{,}75 \cdot 2{,}87 \cdot 1{,}38 = 15{,}4$ kN

Nachweis

Die im folgenden untersuchten Nachweisstellen Wandkopf und Wandfuß beziehen sich auf verschiedene Wand-Decken-Knoten:

Am Wandkopf wird der Wand-Decken-Knoten der Dachdecke, am Wandfuß der obere Schnitt des darunterliegenden Wand-Decken-Knotens nachgewiesen.

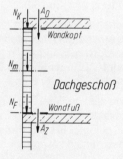

- Wandkopf

Ausmitte aus Betrachtung am Teilsystem nach Gl. (6.34):

$$e_D = \frac{2 \cdot 2{,}87}{9} \cdot \frac{1}{2 + \frac{8}{3} \cdot 3{,}596} = 0{,}055 \text{ m}$$

Ausmitte am Wandkopf nach Gl. (6.40):

$e_o = e_D = 0{,}055$ m

$$> \frac{d}{6} = \frac{0{,}175}{6} = 0{,}029 \text{ m}$$

$$< \frac{d}{3} = \frac{0{,}175}{3} = 0{,}058 \text{ m}$$

Der Querschnitt ist teilweise gerissen.

Bezogene Ausmitte

$$m = \frac{6 \cdot 0{,}055}{0{,}175} = 1{,}886$$

Es wird der Normalkraftnachweis nach Gl. (6.44) geführt.

Nach Gl. (6.46b):

$$N_{zul} = 1{,}33 \cdot \frac{4{,}27}{2{,}0} \cdot 10^3 \cdot 0{,}175 \cdot 1{,}0 \cdot \frac{3 - 1{,}886}{4} = 138{,}4 \text{ kN}$$

Nach Gl. (6.44):

$\max N_K = 15{,}0 \text{ kN} < 138{,}4 \text{ kN}$

- Wandfuß

Ausmitte aus Betrachtung am Teilsystem nach Gl. (6.32):

$$e_z = \frac{2 \cdot 2{,}87}{9} \cdot \frac{1}{2 + 3{,}596} = 0{,}114 \text{ m}$$

Knotenmoment aus Deckenauflagerkraft (abgemindertes Deckeneinspannmoment) nach Gl. (6.31a):

$M'_z = A_z \cdot e_z = 15{,}4 \cdot 0{,}114 = 1{,}756 \text{ kNm}$

Das Moment M'_z verteilt sich je zur Hälfte auf den Wandfuß der Wand im obersten Geschoß und den Wandkopf im Geschoß darunter.

Das Moment am Wandfuß aus der Deckenauflagerkraft wird mit den Biegemomenten infolge Windlast überlagert (Bild 6/88f). Es ergibt sich für die beiden Fälle:

Winddruck

$M_u = 0{,}5 \cdot 1{,}756 - 1{,}002 = -0{,}124 \text{ kNm}$

Windsog

$M_u = 0{,}5 \cdot 1{,}756 + 0{,}501 = 1{,}379 \text{ kNm}$

Mit der am Wandfuß ermittelten Normalkraft $\min N_F = 23{,}8$ kN erhält man als Ausmitte im ungünstigsten Fall

$$e_u = \frac{M_u}{\min N_F} = \frac{1{,}379}{23{,}8} = 0{,}058 \text{ m} > \frac{d}{6} = 0{,}029 \text{ m}$$

$$\triangleq \frac{d}{3} = 0{,}058 \text{ m}$$

Der Querschnitt ist teilweise gerissen.

Mit der bezogenen Ausmitte

$$m = \frac{6 \cdot 0{,}058}{0{,}175} = 1{,}989$$

erhält man nach Gl. (6.46b)

$$N_{zul} = 1{,}33 \cdot \frac{4{,}27}{2{,}0} \cdot 10^3 \cdot 0{,}175 \cdot 1{,}0 \cdot \frac{3 - 1{,}989}{4} = 125{,}6 \text{ kN}$$

Normalkraftnachweis nach Gl. (6.44):
$\min N_F = 23{,}8 \text{ kN} < 125{,}6 \text{ kN}$

c) Knicksicherheitsnachweis

Der Nachweis wird wie für die Wand-Decken-Knoten am freien Wandende geführt. Der Wandabschnitt wird als dreiseitig gehalten angenommen; der freie Rand entspricht dem Rand der Wandöffnung. Der Nachweis erfolgt in halber Geschoßhöhe.

Wanddicke d = 17,5 cm

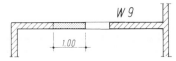

Vorwerte

- Elastizitätsmodul } werden für diesen Nachweis nicht benötigt
- Flächenmomente 2. Grades
- Planmäßige Ausmitte in Querrichtung der Wand

Biegemomente infolge ausmittiger Deckenauflagerkräfte (Bild 6/88c):

Wandkopf

$M_o = -9{,}9 \cdot 0{,}055 = -0{,}545 \text{ kNm}$

Wandfuß

$M_u = 0{,}5 \cdot 15{,}4 \cdot 0{,}114 = 0{,}878 \text{ kNm}$

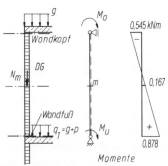

In halber Geschoßhöhe (Bild 6/88)

$M = 0{,}5 \cdot (-0{,}545 + 0{,}878) = 0{,}167 \text{ kNm}$

Windmoment in halber Geschoßhöhe

$M_{wd,m} = 0{,}496 \text{ kNm}$

Überlagerung

$M_m = 0{,}167 + 0{,}496 = 0{,}663 \text{ kNm}$

Damit beträgt die planmäßige Ausmitte in halber Geschoßhöhe bei Berücksichtigung der Normalkraft $\min N_m = 19{,}1$ kN

$$e = \frac{0{,}663}{19{,}1} = 0{,}035 \text{ m}$$

$$> \frac{d}{6} = \frac{0{,}175}{6} = 0{,}029 \text{ m}$$

$$< \frac{d}{3} = \frac{0{,}175}{3} = 0{,}058 \text{ m}$$

(e < d/3 im Gebrauchszustand ist eingehalten)

- Bezogene Ausmitte

$$m = \frac{6 \cdot 0{,}035}{0{,}175} = 1{,}200$$

- Knicklänge der Wand

Die Wand ist mit b = 2,135 m < 15 · d = 15 · 0,175 = 2,63 m dreiseitig gehalten (freier Rand an der Fensteröffnung) und kann auch so nachgewiesen werden. Für den folgenden Nachweis wird vereinfachend eine nur zweiseitig gehaltene Wand angenommen.

Wegen e ≤ d/3 am Wandkopf und Wandfuß und e > d/6 in halber Geschoßhöhe wird der Beiwert β zwischen den Grenzwerten 0,75 und 1,00 interpoliert (Kap. 6.3.2.3):

Außenwand Pos W 9, Innenwand Pos W 11

$$\beta = 0{,}75 + (1{,}00 - 0{,}75) \cdot \frac{0{,}035 - 0{,}029}{0{,}058 - 0{,}029} = 0{,}802$$

Knicklänge nach Gl. (6.62):

$h_K = 0{,}802 \cdot 2{,}70 = 2{,}17$ m

- Schlankheit

$\bar{\lambda} = 2{,}17/0{,}175 = 12{,}40 < 25$

Nachweis

Näherung nach DIN 1053 Teil 1, Abschnitt 7.9.2

Wandverformung nach Gl. (6.60):

$$f = 12{,}40 \cdot 2{,}17 \cdot \frac{1 + 1{,}200}{1800} = 0{,}033 \text{ m}$$

Wegen $e + f = 0{,}035 + 0{,}033 = 0{,}068$ m

$$> \frac{0{,}175}{6} = 0{,}029 \text{ m}$$

liegt ein teilweise gerissener Querschnitt vor. Der Wandquerschnitt ist im Bruchzustand rechnerisch für e + f weiter als bis zur Mitte aufgerissen.

Normalkraftnachweis

Gesamte bezogene Ausmitte

$$m_g = \frac{6 \cdot 0{,}068}{0{,}175} = 2{,}331$$

Zulässige Normalkraft nach Gl. (6.69 b):

$$N_{zul} = 1{,}33 \cdot \frac{4{,}27}{2{,}0} \cdot 10^3 \cdot 1{,}00 \cdot 0{,}175 \cdot \frac{3 - 2{,}331}{4} = 83{,}1 \text{ kN}$$

min $N_m = 19{,}1$ kN $< 83{,}1$ kN

Beim Knicksicherheitsnachweis wurde auf der oberen Decke (Dachdecke) nur Eigengewicht, auf der unteren Decke Vollast angenommen, da dieser Lastfall das größte Biegemoment in halber Geschoßhöhe liefert.

Damit ist die Außenwand Pos W9 im Dachgeschoß in der Stein-/Mörtelkombination 12/IIa und mit der gewählten Dicke nachgewiesen.

Pos W 11: Innenwand im Erdgeschoß

Gegeben:

Abmessungen d = 17,5 cm, b = 1,49 m
Weitere Angaben siehe Kap. 6.8.2.1 und Bild 6/89.
Die Wand W 11 ist keine Aussteifungswand, sie trägt nur lotrechte Lasten ab.

Gesucht:
Standsicherheitsnachweise

a) Lastermittlung
b) Nachweis der Wand-Decken-Knoten
c) Knicksicherheitsnachweis

Berechnungsgang:

a) Lastermittlung

Einflußbreite der Decke:

$b_B = 1{,}49 + 0{,}5 \cdot (1{,}76 + 0{,}88) = 2{,}81$ m

Einflußfläche für die lotrechten Lasten (Bild 6/89):

$F_{11} = 2{,}81 \cdot (0{,}5 \cdot 2{,}625 + 2{,}73) = 11{,}36$ m²

Lotrechte Lasten:
(unter Berücksichtigung von Kap. 6.8.2.2)

Es werden für die Innenwand nur die maßgebenden maximalen lotrechten Lasten (Vollast) ermittelt.

Dachdecke: $N_D = 5{,}75 \cdot 11{,}36 = 65{,}3$ kN
5 Zwischendecken: $N_Z = 5 \cdot 7{,}75 \cdot 11{,}36 = 440{,}2$ kN

Eine Abminderung der Verkehrslasten gemäß DIN 1055 Teil 3 wird in diesem Beispiel nicht berücksichtigt.

Eigengewicht der Wand ($g_{wi} = 3{,}34$ kN/m²)
Aus 5 Geschossen: $N_w = 5 \cdot 3{,}34 \cdot 1{,}49 \cdot 2{,}70 = 67{,}2$ kN

Türstürze in 5 Geschossen:
(Sturzhöhe bis UK Decke = 0,70 m)

$N_{St} = 5 \cdot 0{,}5 \cdot (1{,}76 + 0{,}88) \cdot 0{,}70 \cdot 3{,}34$ = 15,4 kN
_____
588,1 kN

Lotrechte Lasten im Erdgeschoß

- Wandkopf $N_K = 588{,}1$ kN
- In halber Geschoßhöhe

$N_m = 588{,}1 + 0{,}5 \cdot 3{,}34 \cdot 1{,}49 \cdot 2{,}70 +$
$\quad 0{,}5 \cdot 3{,}34 \cdot (1{,}76 + 0{,}88) \cdot 0{,}7$ = 597,9 kN

- Wandfuß

$N_F = 597{,}9 + 0{,}5 \cdot 3{,}34 \cdot 1{,}49 \cdot 2{,}70$ = 604,6 kN

Bei der Lastermittlung mit Hilfe der Einflußflächen ist die Durchlaufwirkung näherungsweise berücksichtigt.

Waagerechte Lasten:

Da Pos W 11 Innenwand ist und nicht zur Aussteifung herangezogen wird, brauchen keine waagerechten Lasten angesetzt zu werden. Bei den folgenden Spannungsnachweisen darf daher der Grenzwert von $1{,}33 \cdot \beta_R/\gamma$ voll ausgenutzt werden (Kap. 6.5.3.6 und 6.5.3.7).

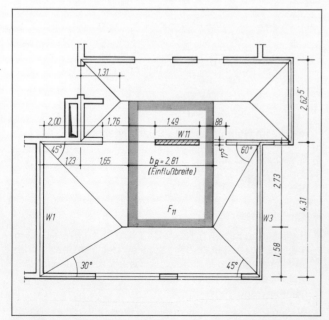

Bild 6/89: Querschnitt der Innenwand Pos W 11 im Erdgeschoß mit Einflußfläche für lotrechte Lasten

b) Nachweis der Wand-Decken-Knoten

Der Nachweis wird für den gesamten Wandabschnitt geführt, da über die gesamte Wandbreite für diesen Nachweis gleiche Verhältnisse vorliegen.

Da in der Außenwand im Bereich der Deckenauflagerung des untersuchten Teilsystems große Fensteröffnungen vorhanden sind, wird am Außenwandknoten keine Einspannung der Zwischendecke, sondern ein Gelenk angenommen. Es wird der Innenwandknoten F zugrunde gelegt (Bild 6/15).

Steinfestigkeitsklasse 12, Mörtelgruppe II a

Wanddicke d = 17,5 cm

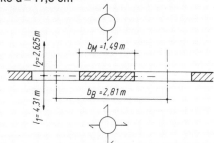

Vorwerte

- Elastizitätsmodul: $E = 3000 \cdot 1,6 = 4800$ MN/m²
  (DIN 1053 Teil 1, Abschnitt 7.2.2)
- Maßgebende Deckenspannweiten
  $l_1 = 4,31$ m, $l_2 = 2,625$ m
- Flächenmomente 2. Grades

$$I_B = \frac{1}{12} \cdot 2,81 \cdot 0,15^3 = 7,903 \cdot 10^{-4} \text{ m}^4$$

$$I_M = \frac{1}{12} \cdot 1,49 \cdot 0,175^3 = 6,655 \cdot 10^{-4} \text{ m}^4$$

- Steifigkeitsbeiwert

$$k_1 = \frac{2}{3} \cdot \frac{30000 \cdot 7,903 \cdot 10^{-4}}{4800 \cdot 6,655 \cdot 10^{-4}} \cdot \frac{2,85}{4,31} = 3,272$$

- Anzusetzende Deckenbelastung nach Gl. (6.27):

$q_1 = 5,0 + 2,75 = 7,75$ kN/m²

$q_2 = 5,0 + 0,5 \cdot 2,75 = 6,38$ kN/m²

Nachweis

Die im folgenden untersuchten Nachweisstellen Wandkopf und Wandfuß beziehen sich auf verschiedene Wand-Decken-Knoten:

Am Wandkopf wird der untere Schnitt des oberen, am Wandfuß der obere Schnitt des unteren Wand-Decken-Knotens im Erdgeschoß nachgewiesen.

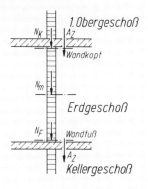

- Wandkopf

Ausmitte aus Betrachtung am Teilsystem

Innenwandknoten F

Schnittgrößen

Volleinspannmoment nach Gl. (6.23b):

$$M_{voll} = -\left(\frac{1}{8} \cdot 7,75 \cdot 4,31^2 - \frac{1}{12} \cdot 6,38 \cdot 2,625^2\right) \cdot 2,81 = -40,273 \text{ kNm}$$

Deckeneinspannmoment nach Gl. (6.24b):

$$M_Z = -40,273 \cdot \frac{2}{2 + 3,272 \cdot \left(\frac{3}{4} + \frac{4,31}{2,625}\right)} = -8,197 \text{ kNm}$$

Abgemindertes Deckeneinspannmoment nach Gl. (6.28) (DIN 1053 Teil 1, Abschnitt 7.2.2):

$$M_Z' = \frac{2}{3} \cdot (-8,197) = -5,465 \text{ kNm}$$

Wandmoment am Wandkopf nach Gl. (6.37a):

$$M_o = -\frac{(-5,465)}{2} = 2,733 \text{ kNm}$$

Ausmitte der Wandnormalkraft

$$e_o = \frac{M_o}{N_K} = \frac{2,733}{588,1} = 0,0047 \text{ m}$$

$$< \frac{d}{6} = \frac{0,175}{6} = 0,0292 \text{ m}$$

$$< \frac{d}{18} = \frac{0,175}{18} = 0,0097 \text{ m}$$

Nachweis als ungerissener Querschnitt

Normalkraftnachweis

Nach Gl. (6.48a):

$$N_{zul} = \frac{4,27}{2,0} \cdot 10^3 \cdot 0,175 \cdot 1,49 = 556,7 \text{ kN}$$

Nach Gl. (6.44):

$N_K = 588,1$ kN $> 556,7$ kN

Für die gewählte Stein-/Mörtelkombination 12/II a läßt sich der Nachweis des Wand-Decken-Knotens nicht führen. Für die Wand im Erdgeschoß wird daher die Stein-/Mörtelkombination 20/III neu gewählt (siehe auch Nachweis der Knicksicherheit).

Erneuter Nachweis mit Steinfestigkeitsklasse 20, Mörtelgruppe III

Diese Stein-/Mörtelkombination wird nicht nur im Erdgeschoß, sondern auch im Keller und 1. Obergeschoß angenommen.

Vorwerte

- Elastizitätsmodul: $E = 3000 \cdot 2,4 = 7200$ MN/m²
- Steifigkeitsbeiwert

$$k_1 = \frac{2}{3} \cdot \frac{30000 \cdot 7,903 \cdot 10^{-4}}{7200 \cdot 6,655 \cdot 10^{-4}} \cdot \frac{2,85}{4,31} = 2,181$$

Nachweis

- Wandkopf

Mit der geänderten Biegesteifigkeit der Wand erhält man:

Innenwand Pos W 11

Deckeneinspannmoment

$$M_Z = -40{,}273 \cdot \frac{2}{2 + 2{,}181 \cdot \left(\frac{3}{4} + \frac{4{,}31}{2{,}625}\right)} = -11{,}161 \text{ kNm}$$

Abgemindertes Deckeneinspannmoment

$$M'_Z = \frac{2}{3} \cdot (-11{,}161) = -7{,}441 \text{ kNm}$$

Moment am Wandkopf

$$M_o = -\frac{(-7{,}441)}{2} = 3{,}721 \text{ kNm}$$

Ausmitte der Wandnormalkraft

$$e_o = \frac{3{,}721}{588{,}1} = 0{,}0063 \text{ m}$$

$$< \frac{d}{6} = \frac{0{,}175}{6} = 0{,}0292 \text{ m}$$

$$< \frac{d}{18} = \frac{0{,}175}{18} = 0{,}0097 \text{ m}$$

Nachweis als ungerissener Querschnitt

Normalkraftnachweis

Nach Gl. (6.48a):

$$N_{zul} = \frac{6{,}41}{2{,}0} \cdot 10^3 \cdot 0{,}175 \cdot 1{,}49 = 835{,}7 \text{ kN}$$

Nach Gl. (6.44):

$N_K = 588{,}1 \text{ kN} < 835{,}7 \text{ kN}$

- Wandfuß

Vernachlässigt man die Abweichung der Kellergeschoßhöhe von der Normalgeschoßhöhe und nimmt man gleiche Grundrisse in den beiden Geschossen an, so sind die Momente am Wandkopf und am Wandfuß gleich groß ($M_o = M_u$).

Ausmitte der Wandnormalkraft

$$e_u = \frac{M_u}{N_F} = \frac{3{,}721}{604{,}6} = 0{,}0062 \text{ m}$$

$$< \frac{d}{6} = \frac{0{,}175}{6} = 0{,}0292 \text{ m}$$

$$< \frac{d}{18} = \frac{0{,}175}{18} = 0{,}0097 \text{ m}$$

Nachweis als ungerissener Querschnitt

Normalkraftnachweis

Nach Gl. (6.48a):

$$N_{zul} = \frac{6{,}41}{2{,}0} \cdot 10^3 \cdot 0{,}175 \cdot 1{,}49 = 835{,}7 \text{ kN}$$

Nach Gl. (6.44):

$N_F = 604{,}6 \text{ kN} < 835{,}7 \text{ kN}$

c) Knicksicherheitsnachweis

Der Nachweis wird für eine zweiseitig gehaltene Wand in halber Geschoßhöhe geführt.

Vorwerte

- Elastizitätsmodul } werden für diesen Nachweis nicht benötigt
- Flächenmomente 2. Grades
- Planmäßige Ausmitte in Querrichtung der Wand

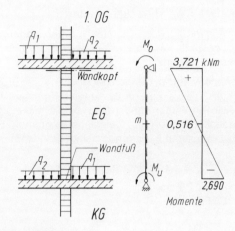

Wandmomente

Wandkopf

Beim Nachweis des Wand-Decken-Knotens ergab sich

$M_o = 3{,}721 \text{ kNm}$

Wandfuß

Mit Deckenbelastung $q_1 = 7{,}75 \text{ kN/m}^2$ auf dem Feld mit geringerer Stützweite erhält man (Innenwandknoten F):

$M_{voll} = -29{,}124 \text{ kNm}$
$M_Z = -8{,}069 \text{ kNm}$
$M'_Z = -5{,}379 \text{ kNm}$

$$M_u = -\frac{5{,}379}{2} = -2{,}690 \text{ kNm}$$

In halber Geschoßhöhe

$M_m = 0{,}5 \cdot (3{,}721 - 2{,}690) = 0{,}516 \text{ kNm}$

Planmäßige Ausmitte der Wandnormalkraft

$$e = \frac{0{,}516}{597{,}9} = 0{,}0009 \text{ m} = 0{,}09 \text{ cm} < \frac{17{,}5}{6} = 2{,}92 \text{ cm}$$

(e < d/3 im Gebrauchszustand ist eingehalten)

Bezogene Ausmitte

$$m = \frac{6 \cdot 0{,}09}{17{,}5} = 0{,}031$$

- Knicklänge der Wand

Da am Wandfuß und Wandkopf die planmäßige Ausmitte $e \leq d/3$ und in halber Geschoßhöhe $e \leq d/6$ ist, darf bei Wänden mit $d \leq 17{,}5$ cm nach DIN 1053 Teil 1, Abschnitt 7.7.2, für h_K nach Gl. (6.62) gesetzt werden:

$h_K = 0{,}75 \cdot 2{,}70 = 2{,}03 \text{ m}$

- Schlankheit

$\bar{\lambda} = 2{,}03/0{,}175 = 11{,}60 < 12$
$\phantom{\bar{\lambda} = 2{,}03/0{,}175 = 11{,}60} < 25$

Wegen $\bar{\lambda} = 11{,}60 < 12$
ist der zusätzliche Nachweis der Aufnahme einer ungewollten horizontalen Einzellast nach DIN 1053 Teil 1, Abschnitt 7.9.2, nicht erforderlich.

Nachweis

- Näherung nach DIN 1053 Teil 1, Abschnitt 7.9.2

Wandverformung nach Gl. (6.60):

$$f = 11{,}60 \cdot 2{,}03 \cdot \frac{1 + 0{,}031}{1800} = 0{,}0135 \text{ m}$$

$e + f = 0{,}0009 + 0{,}0135 = 0{,}0144$ m

$$< \frac{d}{6} = \frac{0{,}175}{6} = 0{,}029 \text{ m}$$

$$> \frac{d}{18} = \frac{0{,}175}{18} = 0{,}0097 \text{ m}$$

Nachweis als ungerissener Querschnitt

Normalkraftnachweis

Gesamte bezogene Ausmitte

$$m_g = \frac{6 \cdot 0{,}0144}{0{,}175} = 0{,}494$$

Nach Gl. (6.69a):

$$N_{zul} = 1{,}33 \cdot \frac{6{,}41}{2{,}0} \cdot 10^3 \cdot 0{,}175 \cdot 1{,}49 \cdot \frac{1}{1 + 0{,}494} = 744{,}0 \text{ kN}$$

$N_m = 597{,}9$ kN $< 744{,}0$ kN

Damit sind die erforderlichen Nachweise für die Innenwand Pos W11 im Erdgeschoß erbracht.

Aufgrund des Nachweises der Wand-Decken-Knoten mußte die ursprünglich gewählte Stein-/Mörtelkombination 12/IIa geändert werden. Die Innenwand konnte mit Steinfestigkeitsklasse 20 und Mörtelgruppe III nachgewiesen werden.

Pos W1: Aussteifungswand im Erdgeschoß

Ohne Windnachweis

Der Ansatz von anteiligen Windlasten auf den Gesamtquerschnitt ist gemäß Untersuchung der Bauwerksaussteifung nach Bild 6/45 (Kap. 6.8.2.4) nur für die x-Richtung erforderlich. Zum Vergleich erfolgt der Nachweis der Aussteifungswand zunächst ohne Berücksichtigung von Windlasten, dann nochmals unter Ansatz der Windlasten in x- und y-Richtung.

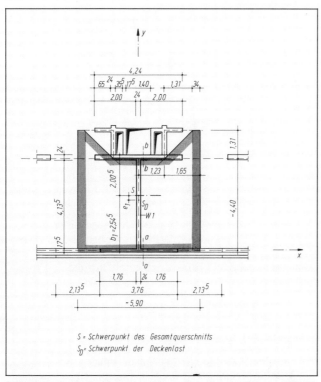

Bild 6/90: Querschnitt der Innenwand Pos W11 im Erdgeschoß mit Einflußfläche für lotrechte Lasten sowie Angabe der Massenschwerpunkte

Bei einzelnen Nachweisen von Wandteilen an der Außenseite des Gebäudes werden jedoch Windlasten rechtwinklig zur Außenwand grundsätzlich angesetzt.

Gegeben:

Abmessungen $d = 24$ cm; 17,5 cm
$b_1 = 2{,}545$ m

Querschnittswerte $A = 2{,}668$ m² (Tafel 6/68)
$I_{x1} = 9{,}101$ m⁴; $I_{y1} = 2{,}304$ m⁴

Mauerwerk: Steinfestigkeitsklasse 12, Mörtelgruppe IIa

Weitere Angaben siehe Kap. 6.8.2.1 und Bild 6/90.

Gesucht:
Standsicherheitsnachweise

a) Lastermittlung
b) Spannungsnachweis für den Gesamtquerschnitt
c) Nachweis der Wand-Decken-Knoten
d) Knicksicherheitsnachweis

Berechnungsgang:

a) Lastermittlung

Einflußfläche für die lotrechten Lasten (Bild 6/90)

$F_1 = 4{,}40 \cdot 5{,}90 + 2 \cdot 1{,}31 \cdot 0{,}5 \cdot (0{,}34 + 1{,}65) = 28{,}57$ m²

Lotrechte Lasten:
(unter Berücksichtigung von Kap. 6.8.2.2)

Eigengewicht

Dachdecke: $N_D = 5{,}00 \cdot 28{,}57$	$= 142{,}9$ kN
5 Zwischendecken: $N_Z = 5 \cdot 5{,}00 \cdot 28{,}57$	$= 714{,}3$ kN

Eigengewicht der Wand ($g_{wi} = 5{,}16$ kN/m²; $g_{wa} = 3{,}45$ kN/m²)

Aus 5 Geschossen:

$N_W = 5 \cdot (4{,}24 + 4{,}135) \cdot 2{,}70 \cdot 5{,}16$ $= 583{,}4$ kN
$\quad + 5 \cdot 3{,}76 \cdot 2{,}70 \cdot 3{,}45$ $= 175{,}1$ kN

Türstürze mit Sturzhöhe 0,70 m, im Bereich der Fenster Brüstungs- und Sturzhöhe 1,20 m
($g_{wi} = 3{,}34$ kN/m² für $d = 17{,}5$ cm)

Aus 5 Geschossen:

$N_{St} = 5 \cdot (2{,}135 \cdot 1{,}20 + 1{,}76 \cdot 0{,}70) \cdot 3{,}34$ $= 63{,}4$ kN

Verblendung ($g_V = 2{,}07$ kN/m²)

Aus 4 Geschossen:

$N_V \approx 4 \cdot 5{,}90 \cdot 2{,}85 \cdot 2{,}07$ $= \underline{139{,}2 \text{ kN}}$
$\phantom{N_V \approx 4 \cdot 5{,}90 \cdot 2{,}85 \cdot 2{,}07 = }1818{,}3$ kN

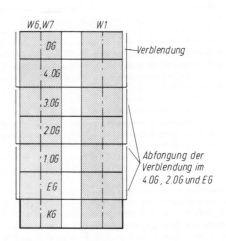

Aussteifungswand Pos W 1 ohne Windnachweis

Verkehrslasten

Dachdecke: $0{,}75 \cdot 28{,}57$	=	21,4 kN
5 Zwischendecken: $5 \cdot 2{,}75 \cdot 28{,}57$	=	392,8 kN
		414,2 kN

Eine Abminderung der Verkehrslasten gemäß DIN 1055 Teil 3 wird in diesem Beispiel nicht berücksichtigt.

Minimale lotrechte Lasten (Eigengewicht) im Erdgeschoß

- Wandkopf   min N_K = 1818,3 kN
- In halber Geschoßhöhe

$$\begin{aligned} \min N_m = \min N_K &= 1818{,}3 \text{ kN} \\ + 0{,}5 \cdot (4{,}24 + 4{,}135) \cdot 2{,}70 \cdot 5{,}16 &= 58{,}3 \text{ kN} \\ + 0{,}5 \cdot 3{,}76 \cdot 2{,}70 \cdot 3{,}45 &= 17{,}5 \text{ kN} \\ + (2{,}135 \cdot 1{,}20 + 1{,}76 \cdot 0{,}70) \cdot 3{,}34 &= 12{,}7 \text{ kN} \\ \min N_m &= 1906{,}8 \text{ kN} \end{aligned}$$

- Wandfuß

$\min N_F = \min N_m + 58{,}3 + 17{,}5$ = 1982,6 kN

Maximale lotrechte Lasten (Vollast) im Erdgeschoß

- Wandkopf

$\max N_K = 1818{,}3 + 414{,}2$ = 2232,5 kN

- In halber Geschoßhöhe

$\max N_m = 1906{,}8 + 414{,}2$ = 2321,0 kN

- Wandfuß

$\max N_F = 1982{,}6 + 414{,}2$ = 2396,8 kN

Waagerechte Lasten:

Die Überprüfung der Bauwerksaussteifung hat gezeigt, daß in y-Richtung auf den genauen Nachweis der Windlasten verzichtet werden darf. Dies gilt jedoch nur dann, wenn zusätzlich noch weitere Kriterien nach Kap. 6.5.3.4 eingehalten sind. Die Einhaltung dieser Kriterien wird im folgenden überprüft.

In x-Richtung ergab die Überprüfung, daß in jedem Fall ein genauer Windnachweis geführt werden muß. Der Nachweis erfolgt in Kap. 6.8.2.5 (Pos W 1, Mit Windnachweis).

b) Spannungsnachweis für den Gesamtquerschnitt

Vorwerte

Ausmitte der lotrechten Lasten

Wegen Symmetrie von Wandquerschnitt und Belastung zur y-Achse ist in x-Richtung keine planmäßige Ausmitte vorhanden ($\Delta M_y = 0$).

In y-Richtung weichen Flächen- und Lastschwerpunkt voneinander ab. Es ergibt sich der Abstand e_1 des Schwerpunktes S des Wandquerschnitts vom Schwerpunkt S_D der Einflußfläche der Deckenlast (Bild 6/90) rechnerisch zu $e_1 = 0{,}10$ m. Es wird angenommen, daß diese Lastexzentrizität – ebenso wie die der ausmittig eingeleiteten Lasten der Verblendung (Fassade) – durch die Geschoßdecken zentriert bzw. durch entsprechende Exzentrizitäten anderer Wände ausgeglichen wird. Es wird daher $\Delta M_x = 0$ angenommen.

Normalspannungen am Wandkopf

Die Normalspannung im Wandquerschnitt erhält man nach den Gln. (6.82) und (6.83) mit M = 0.

Lastfall Eigengewicht

$$\sigma = \frac{1818{,}3}{2{,}668} = 681{,}5 \text{ kN/m}^2$$

Lastfall Vollast

$$\sigma = \frac{2232{,}5}{2{,}668} = 836{,}8 \text{ kN/m}^2$$

Normalspannungen am Wandfuß

Lastfall Eigengewicht

$$\sigma = \frac{1982{,}6}{2{,}668} = 743{,}1 \text{ kN/m}^2$$

Lastfall Vollast

$$\sigma = \frac{2396{,}8}{2{,}668} = 898{,}4 \text{ kN/m}^2$$

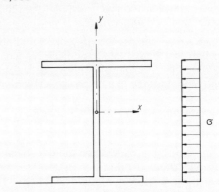

Nachweis auf Einhaltung der Gln. (6.92b) und (6.87b) am Wandfuß:

$$\max \sigma = 0{,}898 \text{ MN/m}^2 < \frac{4{,}27}{2{,}0} = 2{,}14 \text{ MN/m}^2$$

$$\min \sigma = 0{,}743 \text{ MN/m}^2 > \frac{1}{3} \cdot \frac{4{,}27}{2{,}0} = 0{,}71 \text{ MN/m}^2$$

Damit sind auch die weiteren Kriterien zur Beurteilung der Bauwerksaussteifung nach Kap. 6.5.3.4 für das Entfallen des Windnachweises in y-Richtung erfüllt.

c) Nachweis der Wand-Decken-Knoten

Der Nachweis wird im mittleren Stegbereich und am freien Wandende der Außenwand für jeweils 1,0 m breite Wandabschnitte geführt.

Für den Nachweis der Wand-Decken-Knoten werden die Normalkräfte im untersuchten Wandabschnitt benötigt. Diese werden aus den zuvor ermittelten Normalspannungen für den Gesamtquerschnitt in Höhe des Wandfußes und des Wandkopfes errechnet.

Es wird der Lastfall Vollast zugrunde gelegt.

Nachweis im mittleren Stegbereich

Die Ausmitten werden am Teilsystem (Innenwandknoten D, Bild 6/12) errechnet; die Decke wird an den Nachbarknoten als eingespannt vorausgesetzt.

Wanddicke d = 24 cm

Aussteifungswand Pos W 1 ohne Windnachweis

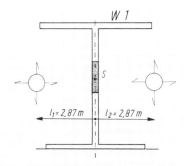

Vorwerte

- Elastizitätsmodul: E = 3000 · 1,6 = 4800 MN/m² (DIN 1053 Teil 1, Abschnitt 7.2.2)
- Maßgebende Deckenspannweiten (zweiachsig gespannte Decken, Bild 6/17)

$l_1 = l_2 = \frac{2}{3} \cdot 4,31 = 2,87$ m

- Flächenmomente 2. Grades

$I_B = 1/12 \cdot 0,15^3 = 2,813 \cdot 10^{-4}$ m⁴/m
$I_M = 1/12 \cdot 0,24^3 = 1,152 \cdot 10^{-3}$ m⁴/m

- Steifigkeitsbeiwert

$k_1 = \frac{2}{3} \cdot \frac{30000 \cdot 2,813 \cdot 10^{-4}}{4800 \cdot 1,152 \cdot 10^{-3}} \cdot \frac{2,85}{2,87} = 1,010$

- Deckenauflagerkraft der Zwischendecke
Anzusetzende Deckenbelastung nach Gl. (6.27) mit $q_1 = 7,75$ kN/m² und $q_2 = 6,38$ kN/m²

Nach Gl. (6.30 b):

$A_Z = 0,5 \cdot 2,87 \cdot (7,75 + 6,38) = 20,3$ kN/m

Nachweis

Die im folgenden untersuchten Nachweisstellen Wandkopf und Wandfuß beziehen sich auf verschiedene Wand-Decken-Knoten:

Am Wandkopf wird der untere Schnitt des oberen, am Wandfuß der obere Schnitt des unteren Wand-Decken-Knotens im Erdgeschoß nachgewiesen.

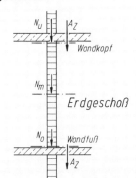

- Wandkopf

Mit $\sigma = 836,8$ kN/m² ergibt sich die Wandnormalkraft

$N_u = \sigma \cdot d = 836,8 \cdot 0,24 = 200,8$ kN/m

Ausmitte der Deckenauflagerkraft nach Gl. (6.33) mit $l_1/l_2 = 1,00$:

$e_Z = \frac{2}{9} \cdot 2,87 \cdot \frac{1 - \frac{6,38}{7,75} \cdot 1,00^2}{1 + \frac{6,38}{7,75} \cdot 1,00} \cdot \frac{1}{2 + 1,010 \cdot (1 + 1,00)} = 0,0154$ m

Ausmitte nach Gl. (6.39 b):

$e_o = \frac{20,3}{2 \cdot 200,8} \cdot 0,0154 = 0,0008$ m

$< \frac{d}{6} = \frac{0,24}{6} = 0,04$ m

$< \frac{d}{18} = \frac{0,24}{18} = 0,0133$ m

Nachweis als ungerissener Querschnitt

Normalkraftnachweis

Nach Gl. (6.48 a):

$N_{zul} = \frac{4,27}{2,0} \cdot 10^3 \cdot 0,24 \cdot 1,00 = 512,4$ kN/m

Nach Gl. (6.44):

$N_u = 200,8$ kN/m $< 512,4$ kN/m

- Wandfuß

Mit $\sigma = 898,4$ kN/m² ergibt sich die Wandnormalkraft

$N_o = \sigma \cdot d = 898,4 \cdot 0,24 = 215,6$ kN/m

Ausmitte nach Gl. (6.38 b) mit $e_Z = 0,0154$ m (wie am Wandkopf)

$e_u = \frac{20,3}{2 \cdot 215,6} \cdot 0,0154 = 0,0007$ m

Damit ergibt sich wie am Wandkopf

$N_{zul} = 512,4$ kN/m
$N_o = 215,6$ kN/m $< 512,4$ kN/m

Nachweis am freien Wandende der Außenwand

Es wird als Teilsystem der Außenwandknoten C (Bild 6/12) zugrunde gelegt.

Wanddicke d = 17,5 cm

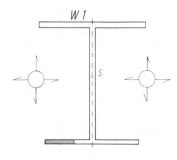

Vorwerte

- Elastizitätsmodul: E = 4800 MN/m²
- Maßgebende Deckenspannweiten

$l_1 = 4,31$ m; $l_2 = 0$

- Flächenmomente 2. Grades

$I_B = \frac{1}{12} \cdot 0,15^3 = 2,813 \cdot 10^{-4}$ m⁴/m

$I_M = \frac{1}{12} \cdot 0,175^3 = 4,466 \cdot 10^{-4}$ m⁴/m

- Steifigkeitsbeiwert

$k_1 = \frac{2}{3} \cdot \frac{30000 \cdot 2,813 \cdot 10^{-4}}{4800 \cdot 4,466 \cdot 10^{-4}} \cdot \frac{2,85}{4,31} = 1,735$

Aussteifungswand Pos W 1 ohne Windnachweis

- Deckenauflagerkraft

$A_Z = 0.5 \cdot 7.75 \cdot 4.31 = 16.7$ kN/m

Belastung, Schnittgrößen

Wandnormalkraft im Querschnittsteil am freien Wandende.

- Wandkopf

Mit $\sigma = 836.8$ kN/m² ergibt sich die Wandnormalkraft

$N_u = 836.8 \cdot 0.175 = 146.4$ kN/m

- Wandfuß

Mit $\sigma = 898.4$ kN/m² ergibt sich die Wandnormalkraft

$N_o = 898.4 \cdot 0.175 = 157.2$ kN/m

Biegemoment infolge waagerechter Lasten

Gemäß DIN 1053 Teil 1, Abschnitt 7.3, wird der Einfluß der Windlasten rechtwinklig zur Wandebene berücksichtigt. Windbelastung nach DIN 1055 Teil 4 für Höhen ≤ 8 m:

Winddruck $w_d = 0.8 \cdot 0.5 \cdot 1.25 = 0.50$ kN/m²
Windsog $w_s = 0.5 \cdot 0.5 = 0.25$ kN/m²

Mit einer Einflußbreite von $0.5 \cdot 2.135 + 1.00 = 2.068$ m ergeben sich für

Winddruck $q_{wd} = 0.50 \cdot 2.068 = 1.034$ kN/m
Windsog $q_{ws} = 0.25 \cdot 2.068 = 0.517$ kN/m

Zur Ermittlung der Biegemomente wird am Wandfuß und Wandkopf Volleinspannung der Wand angenommen.

Biegemomente am Wandfuß und Wandkopf (Bild 6/91 a bis d):

Winddruck

$M_{wd} = -1.034 \cdot \dfrac{2.70^2}{12} = -0.628$ kNm/m

Windsog

$M_{ws} = 0.517 \cdot \dfrac{2.70^2}{12} = 0.314$ kNm/m

In halber Geschoßhöhe für den Knicksicherheitsnachweis maßgebendes Biegemoment infolge

Winddruck

$M_{wd,m} = 1.034 \cdot \dfrac{2.70^2}{24} = 0.314$ kNm/m

Windsog

$M_{ws,m} = -0.517 \cdot \dfrac{2.70^2}{24} = -0.157$ kNm/m

Nachweis

- Wandkopf

Ausmitte der Deckenauflagerkraft aus Betrachtung am Teilsystem nach Gl. (6.32)

$e_Z = \dfrac{2 \cdot 4.31}{9} \cdot \dfrac{1}{2 + 1.735} = 0.256$ m

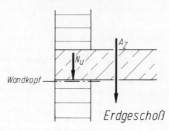

Knotenmoment aus Deckenauflagerkraft nach Gl. (6.31a):

$M'_Z = 16.7 \cdot 0.256 = 4.275$ kNm/m

Das Moment M'_Z wird je zur Hälfte auf den Wandkopf und den Wandfuß des Wand-Decken-Knotens aufgeteilt (Bild 6/91e). Diese Biegemomente werden mit den Momenten infolge Windbelastung überlagert. Es ergibt sich für die beiden Fälle (Bild 6/91f):

Winddruck

$M_o = 0.5 \cdot M'_Z + M_{wd} = -0.5 \cdot 4.275 - 0.628$
$M_o = -2.766$ kNm/m

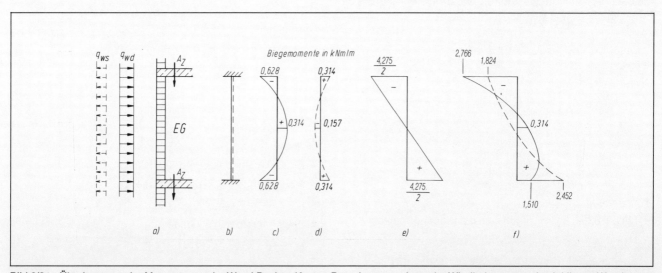

Bild 6/91: Überlagerung der Momente aus der Wand-Decken-Knoten-Berechnung und aus der Windbelastung rechtwinklig zur Wandebene am freien Wandende der Außenwand Pos W1 im Erdgeschoß

a) Querschnitt mit Windbelastung
b) Statisches System für die Abtragung der Windlasten
c) Momente infolge Winddruck
d) Momente infolge Windsog
e) Momente infolge ausmittiger Deckenauflagerkräfte
f) Überlagerung der Momente

Windsog

$M_o = 0.5 \cdot M'_z + M_{ws} = -0.5 \cdot 4.275 + 0.314$

$M_o = -1.824$ kNm/m

Ausmitte im ungünstigsten Fall mit $N_u = 146.4$ kN/m

$e_o = \dfrac{2.766}{146.4} = 0.0189$ m $< \dfrac{d}{6} = \dfrac{0.175}{6} = 0.0292$ m

$\phantom{e_o = \dfrac{2.766}{146.4} = 0.0189\ \text{m}} > \dfrac{d}{18} = \dfrac{0.175}{18} = 0.0097$ m

Nachweis als ungerissener Querschnitt

Bezogene Ausmitte

$m = \dfrac{6 \cdot 0.0189}{0.175} = 0.648$

Es wird ein Spannungsnachweis nach Gl. (6.43a) geführt.

Nach Gl. (6.45a), wenn für $\dfrac{N}{b \cdot d} = \sigma = 836.8$ kN/m² gesetzt wird

$\sigma_R = \sigma \cdot (1 + m) = 836.8 \cdot (1 + 0.648) = 1379.0$ kN/m²

$\sigma_R = 1.379$ MN/m² $< \dfrac{1.33 \cdot 4.27}{2.0} = 2.84$ MN/m²

- Wandfuß

Überlagerung der Biegemomente infolge ausmittiger Deckenauflagerkraft und Windlasten.

Winddruck

$M_u = 0.5 \cdot 4.275 - 0.628 = 1.510$ kNm/m

Windsog

$M_u = 0.5 \cdot 4.275 + 0.314 = 2.452$ kNm/m

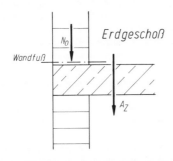

Ausmitte im ungünstigsten Fall mit $N_o = 157.2$ kN/m

$e_u = \dfrac{2.452}{157.2} = 0.0156$ m $< \dfrac{d}{6} = \dfrac{0.175}{6} = 0.0292$ m

$\phantom{e_u = \dfrac{2.452}{157.2} = 0.0156\ \text{m}} > \dfrac{d}{18} = \dfrac{0.175}{18} = 0.0097$ m

Nachweis als ungerissener Querschnitt

Bezogene Ausmitte

$m = \dfrac{6 \cdot 0.0156}{0.175} = 0.535$

Spannungsnachweis

Nach Gl. (6.45a), wenn für $\dfrac{N}{b \cdot d} = \sigma = 898.4$ kN/m² gesetzt wird

$\sigma_R = 898.4 \cdot (1 + 0.535) = 1379.0$ kN/m²

$\sigma_R = 1.379$ MN/m² $< \dfrac{1.33 \cdot 4.27}{2.0} = 2.84$ MN/m²

Damit ist der Nachweis der Standsicherheit des Wand-Decken-Knotens erbracht.

Zur Feststellung des Windlasteinflusses werden die gleichen Nachweise des Wand-Decken-Knotens am Wandkopf und Wandfuß geführt, jedoch ohne Ansatz der Windlasten auf die Außenwand.

- Wandkopf

Ausmitte nach Gl. (6.39b):

$e_o = \dfrac{16.7}{2 \cdot 146.4} \cdot 0.256 = 0.0146$ m

$\phantom{e_o = \dfrac{16.7}{2 \cdot 146.4} \cdot 0.256} < \dfrac{d}{6} = \dfrac{0.175}{6} = 0.0292$ m

$\phantom{e_o = \dfrac{16.7}{2 \cdot 146.4} \cdot 0.256} > \dfrac{d}{18} = \dfrac{0.175}{18} = 0.0097$ m

Nachweis als ungerissener Querschnitt

Bezogene Ausmitte

$m = \dfrac{6 \cdot 0.0146}{0.175} = 0.501$

Spannungsnachweis

Nach Gl. (6.45a):

$\sigma_R = 836.8 \cdot (1 + 0.501) = 1256.0$ kN/m²

$\sigma_R = 1.256$ MN/m² $< \dfrac{1.33 \cdot 4.27}{2.0} = 2.84$ MN/m²

- Wandfuß

Ausmitte nach Gl. (6.38b):

$e_u = \dfrac{16.7}{2 \cdot 157.2} \cdot 0.256 = 0.0136$ m

$\phantom{e_u = \dfrac{16.7}{2 \cdot 157.2} \cdot 0.256} < \dfrac{d}{6} = \dfrac{0.175}{6} = 0.0292$ m

$\phantom{e_u = \dfrac{16.7}{2 \cdot 157.2} \cdot 0.256} > \dfrac{d}{18} = \dfrac{0.175}{18} = 0.0097$ m

Nachweis als ungerissener Querschnitt

Bezogene Ausmitte

$m = \dfrac{6 \cdot 0.0136}{0.175} = 0.466$

Spannungsnachweis

Nach Gl. (6.45a):

$\sigma_R = 898.4 \cdot (1 + 0.466) = 1317.1$ kN/m²

$\sigma_R = 1.317$ MN/m² $< \dfrac{1.33 \cdot 4.27}{2.0} = 2.84$ MN/m²

Der Vergleich für die Außenwand im Erdgeschoß zeigt, daß sich die Windbelastung rechtwinklig zur Wand kaum auf die Normalspannungen auswirkt. Bei hohen Normalspannungen infolge lotrechter Lasten ist der Einfluß der Spannungen infolge Wind gering.

Nach Bild 6/48c,d könnte für die Nachweise des Wand-Decken-Knotens das maßgebende Moment abgemindert werden, da der Größtwert $M'_z = A_z \cdot e_z$ an der Nachweisstelle noch nicht erreicht ist. Auf diese Abminderung wird hier jedoch verzichtet.

Am Wandfuß erfolgt die Abfangung der Außenschale (Verblendung) durch Deckenkonsolen (z. B. System Schöck Isokorb Typ O Standard). Im Bereich dieser Konsolen ist die Decke als durchlaufende Platte zu bemessen, so daß hier wie

Aussteifungswand Pos W 1 ohne Windnachweis

bei auskragenden Decken ein für den Nachweis günstiges Moment berücksichtigt werden kann.

Eigengewicht der Verblendung (2 Geschosse):

$G_V = 2 \cdot 5{,}90 \cdot 2{,}85 \cdot 2{,}07/3{,}76 = 18{,}5$ kN/m

Maßgebendes Differenzmoment nach Gl. (6.23d):

$M_{voll} = -\left(\dfrac{1}{12} \cdot 7{,}75 \cdot 4{,}31^2 - 18{,}5 \cdot 0{,}245\right)$

$M_{voll} = -7{,}465$ kNm/m

Daraus ergibt sich nach Gl. (6.28):

$M'_Z = -7{,}465 \cdot \dfrac{4/3}{2+1{,}735} = -2{,}665$ kNm/m

$|M'_Z| = 2{,}665$ kNm/m $< 4{,}275$ kNm/m

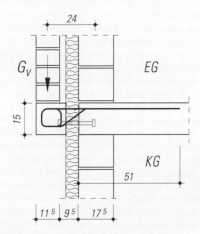

Das günstig wirkende Kragmoment infolge Abtragung der Außenschale sollte im allgemeinen bei den Nachweisen der Wand-Decken-Knoten und der Knicksicherheit berücksichtigt werden. Auf einen entsprechenden Ansatz wird hier jedoch verzichtet.

d) Knicksicherheitsnachweis

Der Nachweis wird wie für die Wand-Decken-Knoten im mittleren Stegbereich und am freien Wandende der Außenwand für jeweils 1,0 m breite Wandabschnitte in halber Geschoßhöhe geführt.

Nachweis im mittleren Stegbereich

Wanddicke d = 24 cm

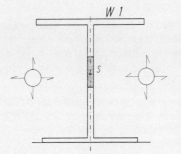

Vorwerte
- Elastizitätsmodul
- Flächenmomente 2. Grades
- Maßgebende Deckenspannweiten

Siehe Vorwerte für Nachweis der Wand-Decken-Knoten

- Planmäßige Ausmitte in Querrichtung der Wand

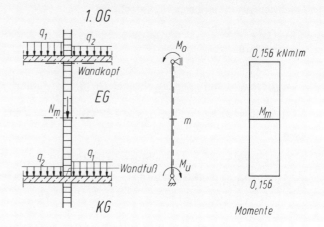

Infolge der Wechsellast p/2 auf den beiden Geschoßdecken und gleichen benachbarten Feldweiten entsteht ein über die Wandhöhe konstantes Biegemoment, welches beim Knicksicherheitsnachweis zu berücksichtigen ist.

Wandmomente

Wandkopf (aus Nachweis der Wand-Decken-Knoten)

$M_o = \dfrac{1}{2} \cdot A_Z \cdot e_Z = \dfrac{1}{2} \cdot 20{,}3 \cdot 0{,}0154 = 0{,}156$ kNm/m

Wandfuß

Infolge symmetrischen Systems und antimetrischer Belastung:

$M_u = 0{,}156$ kNm/m

In halber Geschoßhöhe

$M_m = 0{,}156$ kNm/m

Wandnormalkraft

$N_m = \dfrac{2321{,}0}{2{,}668} \cdot 0{,}24 = 208{,}8$ kN/m

Planmäßige Ausmitte

$e = \dfrac{0{,}156}{208{,}8} = 0{,}0007$ m $< \dfrac{d}{6} = \dfrac{0{,}24}{6} = 0{,}04$ m

(e < d/3 im Gebrauchszustand ist eingehalten)

Bezogene Ausmitte

$m = \dfrac{6 \cdot 0{,}0007}{0{,}24} = 0{,}018$

- Knicklänge der Wand

Die Wand ist mit b ≈ 4,40 m < 30 · d = 30 · 0,24 = 7,20 m vierseitig gehalten und kann auch so nachgewiesen werden. Für den folgenden Nachweis wird vereinfachend eine nur zweiseitig gehaltene Wand angenommen.

Aussteifungswand Pos W 1 ohne Windnachweis

Nach Gl. (6.63a):

$$\beta = 1 - 0{,}15 \cdot \frac{30000 \cdot 2{,}813 \cdot 10^{-4}}{4800 \cdot 1{,}152 \cdot 10^{-3}} \cdot 2{,}70 \cdot \left(\frac{1}{2{,}87} + \frac{1}{2{,}87}\right)$$

$\beta = 1 - 0{,}43 = 0{,}57 < 0{,}75$, daher ist anzusetzen $\beta = 0{,}75$

Wegen $e \leq d/6$ in halber Geschoßhöhe beträgt die Knicklänge nach Gl. (6.62):

$h_K = 0{,}75 \cdot 2{,}70 = 2{,}03$ m

- Schlankheit

$\bar{\lambda} = \dfrac{2{,}03}{0{,}24} = 8{,}46 < 25$

Nachweis

Näherung nach DIN 1053 Teil 1, Abschnitt 7.9.2

Wandverformung nach Gl. (6.60):

$f = 8{,}46 \cdot 2{,}03 \cdot \dfrac{1 + 0{,}018}{1800} = 0{,}0097$ m

$e + f = 0{,}0007 + 0{,}0097 = 0{,}0104$ m

$ < \dfrac{d}{6} = \dfrac{0{,}24}{6} = 0{,}0400$ m

$ < \dfrac{d}{18} = \dfrac{0{,}24}{18} = 0{,}0133$ m

Nachweis als ungerissener Querschnitt

Spannungsnachweis

Nach Gl. (6.47a):

$\sigma_m = \dfrac{2321{,}0}{2{,}668} = 869{,}9$ kN/m²

$\sigma_m = 0{,}870$ MN/m² $< \dfrac{4{,}27}{2{,}0} = 2{,}14$ MN/m²

Nachweis am freien Wandende der Außenwand

Wanddicke $d = 17{,}5$ cm

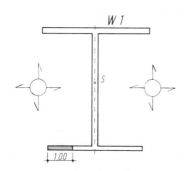

Vorwerte

- Elastizitätsmodul
- Flächenmomente 2. Grades
- Maßgebende Deckenspannweiten

Siehe Vorwerte für Nachweis der Wand-Decken-Knoten

- Planmäßige Ausmitte in Querrichtung der Wand

Infolge ausmittig eingeleiteter Deckenauflagerkraft entsteht in halber Geschoßhöhe ein Biegemoment.

Wandmomente

Wandkopf

$A_Z = 0{,}5 \cdot 6{,}38 \cdot 4{,}31 = 13{,}7$ kN/m

$M_o = -\dfrac{A_Z \cdot e_Z}{2} = -\dfrac{1}{2} \cdot 13{,}7 \cdot 0{,}256 = -1{,}754$ kNm/m

Wandfuß

$M_u = \dfrac{4{,}275}{2} = 2{,}138$ kNm/m

($M_Z' = 16{,}7 \cdot 0{,}256 = 4{,}275$ kNm/m, siehe Nachweis des Wand-Decken-Knotens, Wandkopf)

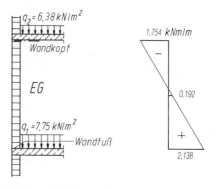

In halber Geschoßhöhe

$M = 0{,}5 \cdot (-1{,}754 + 2{,}138) = 0{,}192$ kNm/m

Infolge Windbelastung auf die Außenwand ergab sich (siehe Lastermittlung beim Nachweis der Wand-Decken-Knoten, Bild 6/91f)

$M_{wd,m} = 0{,}314$ kNm/m

Überlagerung

$M_m = 0{,}192 + 0{,}314 = 0{,}506$ kNm/m

Wandnormalkraft

$N_m = \dfrac{2321{,}0}{2{,}668} \cdot 0{,}175 = 152{,}2$ kN/m

Damit beträgt die planmäßige Ausmitte in halber Geschoßhöhe

$e = \dfrac{0{,}506}{152{,}2} = 0{,}0033$ m $< \dfrac{d}{6} = \dfrac{0{,}175}{6} = 0{,}0292$ m

($e < d/3$ im Gebrauchszustand ist eingehalten)

Bezogene Ausmitte

$m = \dfrac{6 \cdot 0{,}0033}{0{,}175} = 0{,}113$

- Knicklänge der Wand

Die Wand ist mit $b = 1{,}88$ m $< 15 \cdot d = 15 \cdot 0{,}175 = 2{,}63$ m dreiseitig gehalten (freier Rand an der Fensteröffnung) und kann auch so nachgewiesen werden. Für den folgenden Nachweis wird vereinfachend eine nur zweiseitig gehaltene Wand angenommen.

Wegen $e \leq d/3$ am Wandkopf und Wandfuß sowie $e \leq d/6$ in halber Geschoßhöhe darf für Wanddicken $d \leq 17{,}5$ cm die Knicklänge nach Gl. (6.62) mit $\beta = 0{,}75$ ermittelt werden (DIN 1053 Teil 1, Abschnitt 7.7.2):

$h_K = 0{,}75 \cdot 2{,}70 = 2{,}03$ m

- Schlankheit

$\bar{\lambda} = 2{,}03/0{,}175 = 11{,}60 < 25$

Nachweis

- Näherung nach DIN 1053 Teil 1, Abschnitt 7.9.2

Aussteifungswand Pos W 1 mit Windnachweis

Wandverformung nach Gl. (6.60):

$$f = 11{,}60 \cdot 2{,}03 \cdot \frac{1+0{,}113}{1800} = 0{,}0146 \text{ m}$$

$$e + f = 0{,}0033 + 0{,}0146 = 0{,}0179 \text{ m}$$

$$< \frac{d}{6} = \frac{0{,}175}{6} = 0{,}0292 \text{ m}$$

$$> \frac{d}{18} = \frac{0{,}175}{18} = 0{,}0097 \text{ m}$$

Spannungsnachweis

Gesamte bezogene Ausmitte

$$m_g = \frac{6 \cdot 0{,}0179}{0{,}175} = 0{,}614$$

Nach Gl. (6.68a), wenn für $N/b \cdot d = \sigma = 869{,}9$ kN/m² gesetzt wird

$$\sigma_R = 869{,}9 \cdot (1 + 0{,}614) = 1404{,}0 \text{ kN/m}^2$$

$$\sigma_R = 1{,}404 \text{ MN/m}^2 < \frac{1{,}33 \cdot 4{,}27}{2{,}0} = 2{,}84 \text{ MN/m}^2$$

Die Nachweise der Wand-Decken-Knoten und der Knicksicherheit wurden für den Lastfall Vollast geführt; der Lastfall Eigengewicht ist nicht maßgebend.

Für die Wand Pos W 1 sind damit alle erforderlichen Nachweise für das Erdgeschoß erbracht. Die Standsicherheit konnte nachgewiesen werden.

Da jedoch die Überprüfung der Bauwerksaussteifung gezeigt hat, daß für die x-Richtung ein genauer Windnachweis geführt werden muß, werden nachfolgend alle Spannungsnachweise unter Ansatz von Windlasten wiederholt.

Mit Windnachweis

Die Aussteifungswand Pos W 1 wird im Erdgeschoß mit Berücksichtigung von Windlasten nochmals nachgewiesen.

Gegeben:

Siehe Kap. 6.8.2.1 und Bild 6/90 sowie Beispiel „Ohne Windnachweis"

Gesucht:

Standsicherheitsnachweise
a) Lastermittlung
b) Spannungsnachweis für den Gesamtquerschnitt
c) Nachweis der Wand-Decken-Knoten
d) Knicksicherheitsnachweis

Berechnungsgang:

a) Lastermittlung

Lotrechte Lasten:
siehe Beispiel „Ohne Windnachweis"
Waagerechte Lasten:
Gesamte Horizontallast Q_G und Gesamtmoment M_G aus Wind und Lotabweichung
(siehe Beispiel „Ohne Windnachweis, Bild 6/86)

- In Höhe OK Decke über Erdgeschoß

  In x-Richtung

  $Q_G = 11{,}86 \cdot (1{,}04 \cdot 9{,}10 + 0{,}65 \cdot 5{,}15)$ = 151,9 kN
  $+ 2{,}00 \cdot 14{,}25$ = 28,5 kN
  180,4 kN

  $M_G = 11{,}86 \cdot (1{,}04 \cdot 9{,}10 \cdot 9{,}70 + 0{,}65 \cdot 5{,}15^2/2)$ = 1191,0 kNm
  $+ 2{,}00 \cdot 14{,}25^2/2$ = 203,1 kNm
  1394,1 kNm

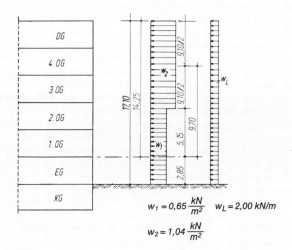

$w_1 = 0{,}65 \frac{kN}{m^2}$ $w_L = 2{,}00$ kN/m

$w_2 = 1{,}04 \frac{kN}{m^2}$

In y-Richtung

$Q_G = 17{,}51 \cdot (1{,}04 \cdot 9{,}10 + 0{,}65 \cdot 5{,}15)$ = 224,3 kN
$+ 2{,}00 \cdot 14{,}25$ = 28,5 kN
252,8 kN

$M_G = 17{,}51 \cdot (1{,}04 \cdot 9{,}10 \cdot 9{,}70 + 0{,}65 \cdot 5{,}15^2/2)$ = 1758,4 kNm
$+ 2{,}00 \cdot 14{,}25^2/2$ = 203,1 kNm
1961,5 kNm

- In halber Geschoßhöhe

  In x-Richtung

  $Q_G = 180{,}4 + (11{,}86 \cdot 0{,}65 + 2{,}00) \cdot 2{,}85/2$ = 194,2 kN
  $M_G = 1394{,}1 + 180{,}4 \cdot 2{,}85/2 +$
  $(11{,}86 \cdot 0{,}65 + 2{,}00) \cdot 2{,}85^2/2 \cdot 4$ = 1661,0 kNm

  In y-Richtung

  $Q_G = 252{,}8 + (17{,}51 \cdot 0{,}65 + 2{,}00) \cdot 2{,}85/2$ = 271,9 kN
  $M_G = 1961{,}5 + 252{,}8 \cdot 2{,}85/2 +$
  $(17{,}51 \cdot 0{,}65 + 2{,}00) \cdot 2{,}85^2/2 \cdot 4$ = 2335,3 kNm

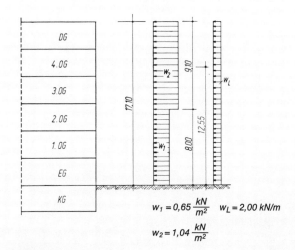

$w_1 = 0{,}65 \frac{kN}{m^2}$ $w_L = 2{,}00$ kN/m

$w_2 = 1{,}04 \frac{kN}{m^2}$

- In Höhe Erdgeschoßfußboden

  In x-Richtung

  $Q_G = 11{,}86 \cdot (1{,}04 \cdot 9{,}10 + 0{,}65 \cdot 8{,}0)$ = 173,9 kN
  $+ 2{,}00 \cdot 17{,}1$ = 34,2 kN
  208,1 kN

  $M_G = 11{,}86 \cdot (1{,}04 \cdot 9{,}10 \cdot 12{,}55$
  $+ 0{,}65 \cdot 8{,}0^2/2)$ = 1655,3 kNm
  $+ 2{,}00 \cdot 17{,}1^2/2$ = 292,4 kNm
  1947,7 kNm

Aussteifungswand Pos W 1 mit Windnachweis

Tafel 6/69: Schnittgrößen für die Wand Pos W1 des Mehrfamilienhauses im Erdgeschoß infolge Wind und Lotabweichung

Stelle	Wind in x-Richtung		Wind in y-Richtung	
	Q_{x1} kN	M_{y1} kNm	Q_{y1} kN	M_{x1} kNm
Decke über EG	93,6	723,1	92,3	716,3
In halber Geschoßhöhe	100,7	861,5	99,3	852,8
EG Fußboden	107,9	1010,2	106,3	999,3

In y-Richtung

$Q_G = 17,51 \cdot (1,04 \cdot 9,10 + 0,65 \cdot 8,0)$ = 256,8 kN
$+ 2,00 \cdot 17,1$ = 34,2 kN
                                                    291,0 kN

$M_G = 17,51 \cdot (1,04 \cdot 9,10 \cdot 12,55$
$+ 0,65 \cdot 8,0^2/2)$ = 2443,9 kNm
$+ 2,00 \cdot 17,1^2/2$ = 292,4 kNm
                                                    2736,3 kNm

Schnittgrößen infolge waagerechter Lasten

Für die Wand Pos W 1 anteilige Biegemomente und Querkräfte nach den Gln. (6.76b) und (6.77b) sowie Tafel 6/68: siehe Tafel 6/69.

Die Ermittlung erfolgt z. B. für die Höhe Erdgeschoßfußboden bei

Wind in x-Richtung

$Q_{x1} = 208,1 \cdot \dfrac{2,304}{4,442} = 107,9$ kN

$M_{y1} = 1947,7 \cdot \dfrac{2,304}{4,442} = 1010,2$ kNm

Wind in y-Richtung

$Q_{y1} = 291,0 \cdot \dfrac{9,101}{24,921} = 106,3$ kN

$M_{x1} = 2736,3 \cdot \dfrac{9,101}{24,921} = 999,3$ kNm

b) Spannungsnachweis für den Gesamtquerschnitt

Normalspannungen

Vorwerte

- Lotrechte Lasten
  siehe Beispiel „Ohne Windnachweis", Lastermittlung
- Momente aus Wind und Lotabweichung
  siehe Tafel 6/69
- Widerstandsmomente um die x-Achse

$W_I = \dfrac{9,101}{2,545} = 3,576$ m³

$W_{II} = \dfrac{9,101}{2,005} = 4,539$ m³

um die y-Achse

$W_{I\,li} = W_{I\,re} = \dfrac{2,304}{1,88} = 1,226$ m³

$W_{II\,li} = W_{II\,re} = \dfrac{2,304}{2,12} = 1,087$ m³

Nachweis

Die Randspannungen werden für die unterschiedlichen Windrichtungen sowie für die Lastfälle Eigengewicht und Vollast nach den Gln. (6.82) und (6.83) ermittelt. Hierbei werden ungerissene Querschnitte angenommen und diese Annahme später überprüft.

Tafel 6/70: Randspannungen am Wandkopf für die Wand Pos W 1

		Randspannungen kN/m²			
	Eigengewicht a) / Vollast b)	$\sigma_{I\,li}$	$\sigma_{I\,re}$	$\sigma_{II\,li}$	$\sigma_{II\,re}$
Wind in (-y)-Richtung ↓	a	881,8	881,8	523,7	523,7
	b	1037,1	1037,1	679,0	679,0
Wind in y-Richtung ↑	a	481,2	481,2	839,3	839,3
	b	636,5	636,5	994,6	994,6
Wind in (-x)-Richtung ←	a	1271,3	91,7	1346,7	16,3
	b	1426,6	247,0	1502,0	171,6
Wind in x-Richtung →	a	91,7	1271,3	16,3	1346,7
	b	247,0	1426,6	171,6	1502,0

- Wandkopf

Zusammenstellung Tafel 6/70.

Beispielsweise ergibt sich am Rand I für Wind in (-y)-Richtung und Vollast:

$\sigma_{I\,li} = \sigma_{I\,re} = \dfrac{2232,5}{2,668} + \dfrac{716,3}{3,576} = 836,8 + 200,3 = 1037,1$ kN/m²

Aus Tafel 6/70 ist zu ersehen, daß für Wind in x- und y-Richtung der Wandquerschnitt stets überdrückt bleibt. Treten bei einem Nachweis Zugspannungen auf, bedeutet dies, daß der Querschnitt rechnerisch auf eine bestimmte Länge aufreißt. Nach DIN 1053 Teil 1, Abschnitt 6.4 ist es jedoch erlaubt, 15% der Horizontalkräfte einer Wand auf andere Wände umzuverteilen. In der Regel bleibt der Querschnitt damit überdrückt.

Die zuvor getroffene Annahme von ungerissenen Querschnitten ist eingehalten.

- Wandfuß

Zusammenstellung Tafel 6/71.

Die Spannungen für Wind in x-Richtung werden am Wandfuß von vornherein unter der Annahme einer Umverteilung der Windlast um 15% auf andere Wände errechnet.

Für Wind in y-Richtung bleibt der Wandquerschnitt stets überdrückt, für Wind in x-Richtung reißt der Querschnitt unter Berücksichtigung der Eigengewichtslasten trotz einer Umverteilung der Windlasten rechnerisch noch auf eine Länge von etwa 13 cm auf. Dieses bei einer Wandlänge von 4,24 m geringfügige Aufreißen wird als unbedeutend angesehen.

Die zuvor getroffene Annahme von ungerissenen Querschnitten kann daher als eingehalten gelten.

Aussteifungswand Pos W 1 mit Windnachweis

Tafel 6/71: Randspannungen am Wandfuß für die Wand Pos W 1

		Randspannungen kN/m²			
	a) Eigengewicht b) Vollast	$\sigma_{I\,li}$	$\sigma_{I\,re}$	$\sigma_{II\,li}$	$\sigma_{II\,re}$
Wind in (-y)-Richtung ↓	a	1022,6	1022,6	522,9	522,9
	b	1177,9	1177,9	678,2	678,2
Wind in y-Richtung ↑	a	463,6	463,6	963,3	963,3
	b	618,9	618,9	1118,6	1118,6
Wind in (-x)-Richtung ← Umlagerung 15%	a	1443,5	42,7	1533,0	-46,8
	b	1598,8	198,0	1688,3	108,5
Wind in x-Richtung → Umlagerung 15%	a	42,7	1443,5	-46,8	1533,0
	b	198,0	1598,8	108,5	1688,3

Nachweis der größten Randspannung

$$\max \sigma = 1,688 \text{ MN/m}^2 < 1,33 \cdot \frac{4,27}{2,0} = 2,84 \text{ MN/m}^2$$

Nachweis der größten mittleren Spannung
(siehe Beispiel „Ohne Windnachweis", b) Spannungsnachweis Gesamtquerschnitt)

$$\max \sigma_m = 0,898 \text{ MN/m}^2 < \frac{4,27}{2,0} = 2,14 \text{ MN/m}^2$$

Schubspannungen

Vorwerte nach Tafel 6/47:

- Nennwert der Steindruckfestigkeit (Vollstein mit Grifföffnungen)
  $\beta_{Nst} = 12$ MN/m²
- Rechenwert der Steinzugfestigkeit
  $\beta_{RZ} = 0,40$ MN/m²
- Rechenwert der abgeminderten Haftscherfestigkeit
  $\beta_{RHS} = 0,18$ MN/m²
- Abgeminderter Reibungsbeiwert
  $\bar{\mu} = 0,4$

Nachweis

- Wandkopf

  Die Schubspannungen am Wandkopf sind geringer als die am Wandfuß und werden daher nicht nachgewiesen.

- Wandfuß

  Es werden beide Windrichtungen unter Berücksichtigung der kleinsten Normalspannungen untersucht.

1. Wind in y-Richtung

Die Schubspannungen werden im Schwerpunkt des Querschnitts und im Schnitt a-a (Bild 6/90) nachgewiesen.

Schubspannung im Schwerpunkt des Querschnitts

- Flächenmoment 1. Grades

  $S_M = 4,24 \cdot 0,24 \cdot 1,885 + 0,24 \cdot 1,765^2/2$
  $S_M = 2,292$ m³

- Schubspannung
  Nach Gl. (6.72a):

  $$\tau = \frac{Q_{y1} \cdot S_M}{I_{x1} \cdot d} = \frac{106,3 \cdot 2,292}{9,101 \cdot 0,24} = 111,5 \text{ kN/m}^2$$

  $\tau = 0,112$ MN/m²

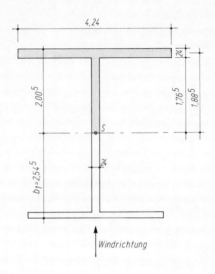

- Normalspannung im Schwerpunkt des Querschnitts

  $\sigma = 0,743$ MN/m² (siehe Beispiel „Ohne Windnachweis", b) Spannungsnachweis Gesamtquerschnitt)

- Grenzwerte $\bar{\tau}$ für die Schubspannungen

  Nach Gl. (6.73a), Fall 1:

  $$\bar{\tau} = \frac{1}{2,0} \cdot (0,18 + 0,4 \cdot 0,743) = 0,239 \text{ MN/m}^2$$

  Nach Gl. (6.73b), Fall 2:

  $$\bar{\tau} = \frac{1}{2,0} \cdot \left(0,45 \cdot 0,40 \cdot \sqrt{1 + \frac{0,743}{0,40}}\right) = 0,152 \text{ MN/m}^2$$

  Nach Gl. (6.73c), Fall 3:

  $$\bar{\tau} = \frac{1}{2,0} \cdot (4,27 - 2 \cdot 0,743) = 1,392 \text{ MN/m}^2$$

Schubnachweis

Kleinster Grenzwert nach Fall 2

$\bar{\tau} = 0,152$ MN/m² $> \tau = 0,112$ MN/m²

Beim Schubnachweis ist Versagen der Steine infolge schräger Hauptzugspannungen maßgebend, da bei der vorausgesetzten Steindruckfestigkeitsklasse 12 der Versagensfall 1 sich nicht auswirkt und wegen der verhältnismäßig geringen Normalspannung der Versagensfall 3 nicht auftreten kann (siehe auch Tafeln 6/49 bis 6/54). Bei den folgenden Nachweisen wird daher nur noch der für die vorliegenden Beispiele maßgebende Grenzwert $\bar{\tau}$ nach Gl. (6.73b) ermittelt und mit den vorhandenen Schubspannungen verglichen.

Schubspannung im Schnitt a-a
(Bild 6/90)

- Flächenmoment 1. Grades

  $S_M = 1,76 \cdot 0,175 \cdot 2,458 = 0,757$ m³

- Schubspannung

Nach Gl. (6.72a):

$$\tau = \frac{106,3 \cdot 0,757}{9,101 \cdot 0,175} = 50,5 \text{ kN/m}^2$$

$\tau = 0,051$ MN/m²

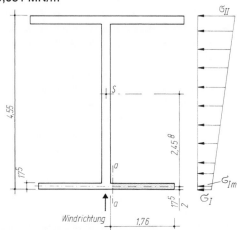

- Mittlere Normalspannung im Schnitt a-a (Mittelachse des Flansches).

Da hier beim Schubnachweis die kleinste Normalspannung maßgebend ist, wird diejenige Normalspannung ermittelt, bei der infolge Wind der Flansch mit Schnitt a-a auf Zug beansprucht wird (Wind in y-Richtung):

$\sigma_I = 463,6$ kN/m²; $\sigma_{II} = 963,3$ kN/m² (Tafel 6/71)

$$\sigma_{Im} = \sigma_I + (\sigma_{II} - \sigma_I) \cdot \frac{0,175}{2 \cdot 4,55}$$

$$\sigma_{Im} = 463,6 + (963,3 - 463,6) \cdot \frac{0,175}{2 \cdot 4,55} = 473,2 \text{ kN/m}^2$$

$\sigma_{Im} = 0,473$ MN/m²

- Kleinster Grenzwert $\bar{\tau}$

Nach Gl. (6.73b), Fall 2:

$$\bar{\tau} = \frac{1}{2,0} \cdot \left(0,45 \cdot 0,40 \cdot \sqrt{1 + \frac{0,473}{0,40}}\right)$$

$\bar{\tau} = 0,133$ MN/m²

Schubnachweis

$\bar{\tau} = 0,133$ MN/m² $> \tau = 0,051$ MN/m²

2. *Wind in x-Richtung*

Die Schubspannungen werden in den Schnitten a-a und b-b nachgewiesen (Bild 6/90).

Schubspannung im Schnitt a-a

- Flächenmoment 1. Grades

$$S_M = 0,175 \cdot 1,76 \cdot \left(\frac{1,76}{2} + 0,12\right) = 0,308 \text{ m}^3$$

- Schubspannung

Nach Gl. (6.72a) unter Berücksichtigung der Umlagerung von 15%:

$$\tau = 0,85 \cdot \frac{Q_{x1} \cdot S_M}{I_{y1} \cdot d} = 0,85 \cdot \frac{107,9 \cdot 0,308}{2,304 \cdot 0,175} = 70,1 \text{ kN/m}^2$$

$\tau = 0,070$ MN/m²

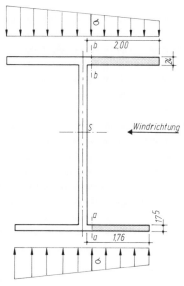

- Normalspannung im Schnitt a-a

$$\sigma = \frac{1982,6}{2,668} - 0,85 \cdot \frac{1010,2}{2,304} \cdot 0,12 = 743,1 - 44,7 = 698,4 \text{ kN/m}^2$$

$\sigma = 0,698$ MN/m²

- kleinster Grenzwert $\bar{\tau}$

Nach Gl. (6.73b), Fall 2:

$$\bar{\tau} = \frac{1}{2,0} \cdot \left(0,45 \cdot 0,40 \cdot \sqrt{1 + \frac{0,698}{0,40}}\right)$$

$\bar{\tau} = 0,149$ MN/m²

Schubnachweis

$\bar{\tau} = 0,149$ MN/m² $> \tau = 0,070$ MN/m²

Schubspannung im Schnitt b-b

- Flächenmoment 1. Grades

$$S_M = 0,24 \cdot 2,0 \cdot \left(\frac{2,0}{2} + 0,12\right) = 0,538 \text{ m}^3$$

- Schubspannung

Nach Gl. (6.72a) unter Berücksichtigung der Umlagerung von 15%:

$$\tau = 0,85 \cdot \frac{107,9 \cdot 0,538}{2,304 \cdot 0,24} = 89,2 \text{ kN/m}^2$$

$\tau = 0,089$ MN/m²

- Normalspannung im Schnitt b-b

$\sigma = 0,698$ MN/m² (wie Schnitt a-a)

- kleinster Grenzwert $\bar{\tau}$

$\bar{\tau} = 0,149$ MN/m² (wie Schnitt a-a)

Schubnachweis

$\bar{\tau} = 0,149$ MN/m² $> \tau = 0,089$ MN/m²

Die Schubnachweise zeigen, daß an keiner Stelle die Grenzwerte überschritten werden. Dies gilt auch bei Ausführung des Mauerwerks ohne Stoßfugenvermörtelung.

c) Nachweis der Wand-Decken-Knoten

Der Nachweis wird im mittleren Stegbereich und am freien Wandende der Außenwand für jeweils 1,0 m breite Wandabschnitte geführt.

Aussteifungswand Pos W 1 mit Windnachweis

Für den Nachweis der Wand-Decken-Knoten werden die Normalkräfte im untersuchten Wandabschnitt benötigt. Diese werden aus den zuvor ermittelten Normalspannungen für den Gesamtquerschnitt in Höhe des Wandfußes und des Wandkopfes errechnet.

Es wird der Lastfall Vollast mit der ungünstigsten Windrichtung zugrunde gelegt.

Nachweis im mittleren Stegbereich

Da im Schwerpunkt des Querschnitts Biegemomente keinen Einfluß auf die Spannungen haben, ergibt sich gegenüber dem im Beispiel „Ohne Windnachweis", c) Nachweis der Wand-Decken-Knoten, geführten Nachweis keine Änderung.

Nachweis am freien Wandende der Außenwand

Die Ausmitten werden am Teilsystem (Außenwandknoten C, Bild 6/12) errechnet.

Wanddicke d = 17,5 cm

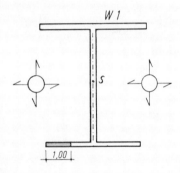

Vorwerte
- Elastizitätsmodul
- Maßgebende Deckenspannweiten
- Flächenmomente 2. Grades
- Steifigkeitsbeiwert und

- Deckenauflagerkraft

(siehe Beispiel „Ohne Windnachweis", c) Nachweis der Wand-Decken-Knoten)

1. Wind in x-Richtung

Belastung, Schnittgrößen

Maßgebend ist der Lastfall Vollast mit Wind in (-x)-Richtung (Tafeln 6/70 und 6/71). Dies wird durch Vergleich mit Beanspruchungen infolge Wind in y-Richtung bei den einzelnen Nachweisen überprüft.

Wandnormalkraft

Es wird die Normalkraft im Querschnittsteil am freien Wandende ermittelt.

Der Ermittlung der Normalkraft wird ein mittlerer Spannungswert im untersuchten Teil des Wandquerschnitts zugrunde gelegt (Bild 6/92a):

$$\sigma_{Am} = \frac{N}{A} + \frac{M_{y1}}{I_{y1}} \cdot x_{Am}$$

- Wandkopf

$$\sigma_{Am} = \frac{2232,5}{2,668} + \frac{723,1}{2,304} \cdot \left(0,88 + \frac{1,00}{2}\right)$$

$$\sigma_{Am} = 836,8 + 433,1 = 1269,9 \text{ kN/m}^2$$

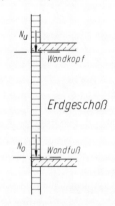

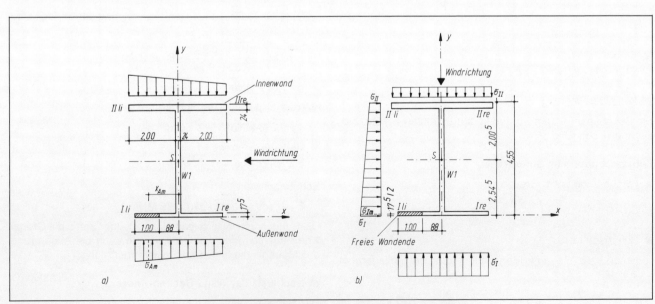

Bild 6/92: Spannungsverlauf im Querschnitt der Wand Pos W 1 infolge lotrechter Lasten und Wind
a) Wind in x-Richtung   b) Wind in y-Richtung

Zum Vergleich Spannung für Wind in (-y)-Richtung

max $\sigma = \sigma_I$ = 1037,1 kN/m² < 1269,9 kN/m²

Wandnormalkraft

N_u = 1269,9 · 0,175 = 222,2 kN/m

- Wandfuß

$$\sigma_{Am} = \frac{2396,8}{2,668} + 0,85 \cdot \frac{1010,2}{2,304} \cdot \left(0,88 + \frac{1,00}{2}\right)$$

σ_{Am} = 898,4 + 514,3 = 1412,7 kN/m²

Zum Vergleich Spannung für Wind in (-y)-Richtung:

max $\sigma = \sigma_I$ = 1177,9 kN/m² < 1412,7 kN/m²

Wandnormalkraft

N_o = 1412,7 · 0,175 = 247,2 kN/m

Nachweis

Da die lotrechten Spannungen unter der Voraussetzung eines Windangriffs in x-Richtung zugrunde gelegt wurden, bleiben Windlasten rechtwinklig zur Außenwand (in y-Richtung) unberücksichtigt.

- Wandkopf

Ausmitte der Deckenauflagerkraft aus Betrachtung am Teilsystem nach Gl. (6.32):

$$e_Z = \frac{2 \cdot 4,31}{9} \cdot \frac{1}{2 + 1,735} = 0,256 \text{ m}$$

Ausmitte nach Gl. (6.39 b):

$$e_o = \frac{16,7}{2 \cdot 222,2} \cdot 0,256 = 0,0096 \text{ m} < \frac{d}{6} = \frac{0,175}{6} = 0,0292 \text{ m}$$

$$< \frac{d}{18} = \frac{0,175}{18} = 0,0097 \text{ m}$$

Nachweis als ungerissener Querschnitt

Bezogene Ausmitte

$$m = \frac{6 \cdot 0,0096}{0,175} = 0,329$$

Spannungsnachweis

Für $\frac{N}{b \cdot d}$ wird die größte Randspannung im untersuchten Teilquerschnitt eingesetzt:

$\sigma_{I\,li}$ = 1426,6 kN/m² (Tafel 6/70)

Nach Gl. (6.45 a):

σ_R = 1426,6 · (1 + 0,329) = 1896,0 kN/m²

$= 1,896 \text{ MN/m}^2 < 1,33 \cdot \frac{4,27}{2,0} = 2,84 \text{ MN/m}^2$

- Wandfuß

Mit der Ausmitte der Deckenauflagerkraft e_Z = 0,256 m ergibt sich die Ausmitte der Wandnormalkraft nach Gl. (6.39 b):

$$e_u = \frac{16,7}{2 \cdot 247,2} \cdot 0,256 = 0,0086 \text{ m} < \frac{d}{6} = \frac{0,175}{6} = 0,0292 \text{ m}$$

$$< \frac{d}{18} = \frac{0,175}{18} = 0,0097 \text{ m}$$

Nachweis als ungerissener Querschnitt

Bezogene Ausmitte

$$m = \frac{6 \cdot 0,0086}{0,175} = 0,295$$

Spannungsnachweis

Für $\frac{N}{b \cdot d}$ wird die größte Randspannung im untersuchten Teilquerschnitt eingesetzt:

$\sigma_{I\,li}$ = 1598,8 kN/m² (Tafel 6/71)

Nach Gl. (6.45 a):

σ_R = 1598,8 · (1 + 0,295) = 2070,4 kN/m²

$= 2,070 \text{ MN/m}^2 < 1,33 \cdot \frac{4,27}{2,0} = 2,84 \text{ MN/m}^2$

2. *Wind in y-Richtung*

Belastung, Schnittgrößen

Maßgebend ist der Lastfall Vollast mit Wind in (-y)-Richtung (Tafeln 6/70 und 6/71).

Wandnormalkraft

Im untersuchten Lastfall tritt am betrachteten Außenwandteil Sog auf.

Mit den für diesen Lastfall maßgebenden Normalspannungen im untersuchten Querschnittsteil werden die Normalkräfte am Wandkopf und am Wandfuß berechnet. Den Biegemomenten infolge ausmittiger Deckenauflagerkraft werden die Momente aus der Windbelastung rechtwinklig zur Außenwand überlagert.

Auf die Mittelachse des Wandteiles bezogene Normalspannung

- Wandkopf

Mit σ_I = 1037,1 kN/m² und

σ_{II} = 679,0 kN/m² erhält man

$\sigma_{Im} = 1037,1 - (1037,1 - 679,0) \cdot \frac{0,175}{2 \cdot 4,55} = 1017,2 \text{ kN/m}^2$

Wandnormalkraft

N_u = 1017,2 · 0,175 = 178,0 kN/m

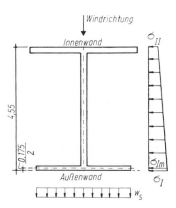

- Wandfuß

Mit σ_I = 1177,9 kN/m² und

σ_{II} = 678,2 kN/m² erhält man

$\sigma_{Im} = 1177,9 - (1177,9 - 678,2) \cdot \frac{0,175}{2 \cdot 4,55} = 1168,3 \text{ kN/m}^2$

Wandnormalkraft

N_u = 1168,3 · 0,175 = 204,5 kN/m

Aussteifungswand Pos W 1 mit Windnachweis

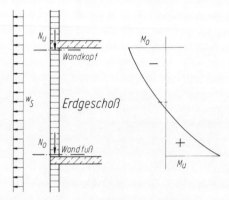

Biegemomente infolge waagerechter Lasten

Aus Windsog ergaben sich die Biegemomente am Wandkopf und Wandfuß (siehe Beispiel „Ohne Windnachweis", c) Nachweis der Wand-Decken-Knoten)

$M_{ws} = 0{,}314$ kNm/m

Mit dem Moment infolge ausmittiger Deckenauflagerkraft

$M_z' = 4{,}275$ kNm/m

ergeben sich die Biegemomente nach Überlagerung (Bild 6/91f):

- Wandkopf
  $M_o = -0{,}5 \cdot 4{,}275 + 0{,}314 = -1{,}824$ kNm/m
- Wandfuß
  $M_u = 0{,}5 \cdot 4{,}275 + 0{,}314 = 2{,}452$ kNm/m

Nachweis

Wegen $|M_u| > |M_o|$ wird der Nachweis nur am Wandfuß geführt.

- Wandfuß

  Ausmitte der Wandnormalkraft nach Gl. (6.39b):

  $e_u = \dfrac{2{,}452}{204{,}5} = 0{,}0120$ m $< \dfrac{d}{6} = \dfrac{0{,}175}{6} = 0{,}0292$ m

  $> \dfrac{d}{18} = \dfrac{0{,}175}{18} = 0{,}0097$ m

  Nachweis als ungerissener Querschnitt

  Bezogene Ausmitte

  $m = \dfrac{6 \cdot 0{,}0120}{0{,}175} = 0{,}411$

  Spannungsnachweis

  Für $\dfrac{N}{b \cdot d}$ wird $\sigma_{lm} = 1168{,}3$ kN/m² gesetzt.

  Nach Gl. (6.45a):

  $\sigma_R = 1168{,}3 \cdot (1 + 0{,}411) = 1648{,}5$ kN/m²

  $\sigma_R = 1{,}649$ MN/m² $< 1{,}33 \cdot \dfrac{4{,}27}{2{,}0} = 2{,}84$ MN/m²

d) Knicksicherheitsnachweis

Der Nachweis wird im mittleren Stegbereich und am freien Wandende der Außenwand für jeweils 1,0 m breite Wandabschnitte in halber Geschoßhöhe geführt.

Nachweis im mittleren Stegbereich

Da die Biegemomente infolge Windlasten hier keinen Einfluß auf die Spannungen haben, gilt der im Beispiel „Ohne Windnachweis", d) Knicksicherheitsnachweis, geführte Nachweis.

Nachweis am freien Wandende der Außenwand

Wanddicke $d = 17{,}5$ cm

Die Wand wird als zweiseitig gehalten angenommen.

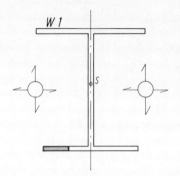

Vorwerte

(siehe hierzu Beispiel „Ohne Windnachweis", d) Knicksicherheitsnachweis)

- Planmäßige Ausmitte in Querrichtung der Wand

  Biegemomente infolge ausmittig eingeleiteter Deckenauflagerkraft:

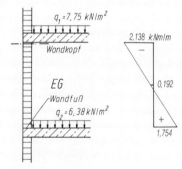

Wandmomente

Wandkopf: $M_o = -2{,}138$ kNm/m

Wandfuß: $M_u = 1{,}754$ kNm/m

In halber Geschoßhöhe

$M_m = 0{,}5 \cdot (-2{,}138 + 1{,}754) = -0{,}192$ kNm/m

Normalspannung am freien Rand

Mit $N_m = 2321{,}0$ kN und den Biegemomenten infolge Windbelastung (Tafel 6/69) ergeben sich die folgenden Randspannungen (siehe auch Bild 6/92).

Es wird ein mittlerer Spannungswert im untersuchten Teil des Wandquerschnittes zugrunde gelegt.

Der Nachweis wird nur für den bei diesem Beispiel maßgebenden Lastfall Vollast mit Wind in (-x)-Richtung ge-

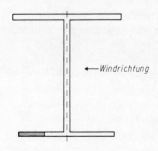

führt. Für andere Windrichtungen kann der Nachweis analog erfolgen.

$$\sigma_{Am} = \frac{N_m}{A} + \frac{M_{y1}}{I_{y1}} \cdot x_{Am}$$

$$\sigma_{Am} = \frac{2321,0}{2,668} + \frac{861,5}{2,304} \cdot \left(0,88 + \frac{1,00}{2}\right)$$

$\sigma_{Am} = 869,9 + 516,0 = 1385,9$ kN/m²

Wandnormalkraft

$N_m = \sigma_{Am} \cdot d = 1385,9 \cdot 0,175 = 242,5$ kN/m

Planmäßige Ausmitte

$$e = \frac{0,192}{242,5} = 0,0008 \text{ m} < \frac{0,175}{6} = 0,0292 \text{ m}$$

(e < d/3 im Gebrauchszustand ist eingehalten)

- Bezogene Ausmitte

$$m = \frac{6 \cdot 0,0008}{0,175} = 0,027$$

- Knicklänge der Wand

$h_K = 2,03$ m

- Schlankheit

$$\bar{\lambda} = \frac{2,03}{0,175} = 11,60 < 25$$

Nachweis

Näherung nach DIN 1053 Teil 1, Abschnitt 7.9.2

Wandverformung nach Gl. (6.60):

$$f = 11,60 \cdot 2,03 \cdot \frac{1 + 0,027}{1800} = 0,0134 \text{ m}$$

$$e + f = 0,0008 + 0,0134 = 0,0142 \text{ m} < \frac{0,175}{6} = 0,0292 \text{ m}$$

$$> \frac{0,175}{18} = 0,0097 \text{ m}$$

Spannungsnachweis

Gesamte bezogene Ausmitte

$$m_g = \frac{6 \cdot 0,0142}{0,175} = 0,487$$

Nach Gl. (6.68a):

Für N/b · d wird die Randspannung $\sigma_{I\,li}$ eingesetzt:

$$\sigma_{I\,li} = \frac{N_m}{A} + \frac{M_{y1}}{W_{I\,li}}$$

$$\sigma_{I\,li} = \frac{2321,0}{2,668} + \frac{861,5}{1,226}$$

$\sigma_{I\,li} = 869,9 + 702,7 = 1572,6$ kN/m²

$\sigma_R = 1572,6 \cdot (1 + 0,487) = 2338,5$ kN/m²

$\sigma_R = 2,339$ MN/m² $< 1,33 \cdot \dfrac{4,27}{2,0} = 2,84$ MN/m²

Da sich bei den Spannungsnachweisen keine klaffenden Fugen ergaben, brauchen die Nachweise des Kippens und der Randdehnung bei Scheibenbeanspruchung nicht geführt zu werden.

Die Nachweise der Wand Pos W1 im Erdgeschoß haben gezeigt, daß auch unter Berücksichtigung der waagerechten Lasten an allen Stellen die zulässigen Spannungen eingehalten werden.

6.8.2.6 Erläuterung der Ergebnisse

Für das ausgewählte 6geschossige Mehrfamilienhaus wurde zunächst die Bauwerksaussteifung untersucht. Der Nachweis der Stabilität des Gesamtbauwerks hat ergeben, daß die Formänderungen bei der Ermittlung der Schnittgrößen unberücksichtigt bleiben können. Die Untersuchung der Bauwerksaussteifung mit Hilfe der in Kap. 6.5 hergeleiteten Kriterien hat gezeigt, daß ein genauer Windnachweis nur für die x-Richtung erforderlich ist. Dies bedeutet, daß die Aussteifungswände in y-Richtung nur für lotrechte Lasten nachgewiesen zu werden brauchen. Hierbei muß jedoch beachtet werden, daß die nach DIN 1053 Teil 1 zulässige Druckspannung des Mauerwerkes nicht voll ausgenutzt werden darf. Für die x-Richtung muß ein genauer Windnachweis erfolgen, in dem alle zur Aussteifung herangezogenen Wände Pos W1–W9 für die entsprechenden anteiligen Windlasten nachgewiesen werden. Beispielhaft wurde die Wand Pos W1 ausgewählt. Weitere Beispiele enthält z. B. [6/18].

Die erforderlichen Nachweise der Wand-Decken-Knoten und der Knicksicherheit wurden für drei unterschiedlich beanspruchte Wände in jeweils einem Geschoß geführt. Bei den Nachweisen wurde – je nach Zweckmäßigkeit – entweder der Spannungs- oder der Normalkraftnachweis geführt. Bei den Nachweisen der Wand-Decken-Knoten und der Knicksicherheit wurden bei gleichzeitigem Auftreten von ausmittigen Deckenauflagerkräften und Windlasten rechtwinklig zur Außenwand an den zu untersuchenden Stellen die Biegemomente überlagert. Mit der im jeweiligen Schnitt vorhandenen Normalkraft wurde deren Ausmitte errechnet. Die Wandnormalkraft wurde beim Nachweis von Querschnittsteilen aus der Normalspannungsverteilung ermittelt.

Bei den Nachweisen war für die Wand Pos W9 im Dachgeschoß der Lastfall Eigengewicht + Wind, für die Wände Pos W11 und W1 im Erdgeschoß der Lastfall Vollast + Wind maßgebend.

Bei der kurzen Wand Pos W11 mußte im Erdgeschoß wegen der hohen Belastung die zunächst gewählte Stein-/Mörtelkombination 12/IIa erhöht werden. Die Wand konnte mit Steinfestigkeitsklasse 20, Mörtelgruppe III, nachgewiesen werden.

Für den zusammengesetzten Querschnitt der Wand Pos W1, der wegen seiner großen Biegesteifigkeit in x-Richtung etwa 52% und in y-Richtung etwa 37% aller Horizontallasten abträgt, wurden vergleichsweise alle Nachweise auch mit Ansatz der Windlasten geführt, obwohl dies nach den Kriterien für die Bauwerksaussteifung nur für die x-Richtung erforderlich gewesen wäre.

Bei den Wandnachweisen von Wohngebäuden darf nach Ansicht der Verfasser auf den Ansatz feldweise veränderlicher Verkehrslasten verzichtet werden, da bei diesen Gebäuden im allgemeinen der Anteil der Wechsellast p/2 bezogen auf die ständige Last g + p/2 gering ist. Für die Ermittlung der zur Bemessung maßgebenden Normalkräfte N ist jedoch die volle Verkehrslast anzusetzen.

In der Praxis müssen gegebenenfalls bei statischen Berechnungen die maßgebenden Wände auch noch in den anderen Geschossen nachgewiesen werden. Hierbei erweist sich die Anwendung von Tabellen als übersichtlich und sinnvoll.

6.8.3 Einfamilienreihenhaus

6.8.3.1 Beschreibung

Als Beispiel wird das auf den Bildern 6/93 und 6/94 dargestellte Reihenhaus gewählt. Neben Erd- und Obergeschoß

Belastung

ist ein ausbaufähiges Dachgeschoß vorgesehen. Das Haus ist voll unterkellert.

Die Geschoßhöhe h beträgt 2,78 m in den Obergeschossen und 2,50 m im Kellergeschoß. Die Haustrennwände sind 11,5 cm, die Eingangs- und Rückwand 17,5 cm dick. Die Deckendicke beträgt in den Obergeschossen 20 cm, im Kellergeschoß 18 cm.

Die Stahlbetondecken in den Obergeschossen sind einachsig gespannt und lagern auf den Haustrennwänden.

Als Baustoffe sind vorgesehen:

Decken: Beton B 25 mit $E_B = 30000$ MN/m²
(DIN 1045, Tabelle 11)

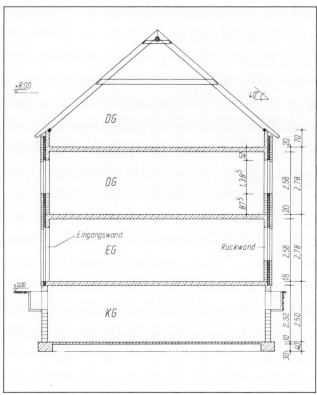

Bild 6/94: Einfamilienreihenhaus, Schnitt A-A (ohne Darstellung der Innenwände)

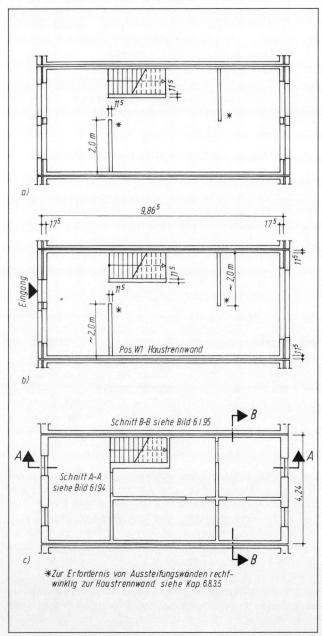

Bild 6/93: Einfamilienreihenhaus
a) Grundriß Obergeschoß
b) Grundriß Erdgeschoß
c) Grundriß Kellergeschoß

Wände:

Obergeschoß: Mauerwerk
Steinfestigkeitsklasse 12, Mörtelgruppe IIa
mit $\beta_R = 2{,}67 \cdot \sigma_o = 2{,}67 \cdot 1{,}6 = 4{,}27$ MN/m²

Erdgeschoß: Mauerwerk
Steinfestigkeitsklasse 20, Mörtelgruppe III
Mit $\beta_R = 2{,}67 \cdot \sigma_o = 2{,}67 \cdot 2{,}4 = 6{,}41$ MN/m²

Es werden im einzelnen folgende Untersuchungen durchgeführt:

- Knotenmomente der Haustrennwand auf drei verschiedene Arten
- Standsicherheitsnachweis für die Haustrennwand
- Stabilität des Gesamtbauwerks (Hinweise)

6.8.3.2 Belastung

Lotrechte Lasten

Dachlasten:

Das vorliegende Reihenhaus erhält ein hölzernes Sparrendach, welches seine Lasten auf die Eingangs- und Rückwand abgibt. Da für diese Wände im Rahmen des Beispiels keine Nachweise geführt werden, wird auf die Ermittlung der Dachlasten verzichtet.

Zwischendecken:

Stahlbeton 0,20 · 25	= 5,00 kN/m²
Fußbodenaufbau	= 1,20 kN/m²
	g = 6,20 kN/m²
Verkehrslast	p = 1,50 kN/m²
Trennwandzuschlag	= 1,25 kN/m²
	q = 8,95 kN/m²

Eigengewicht der Wände:

Haustrennwand (KS-12-2,0): d = 11,5 cm	
Wandgewicht (Tafel 5/8)	= 2,30 kN/m²
Putz 0,01 · 18	= 0,18 kN/m²
	g_{wi} = 2,48 kN/m²

Die Belastung der Kellerdecke sowie das Eigengewicht der Außenwände werden im Rahmen dieses Beispiels nicht benötigt.

Waagerechte Lasten

Es werden in diesem Beispiel keine Windlasten angesetzt. Zum Ansatz von Windlasten auf Haustrennwände bei Reihenhäusern siehe Kap. 6.8.3.5.

Lotabweichung

Im Rahmen dieses Beispiels wird die Stabilität des Gesamtbauwerks nicht untersucht. Deswegen wird die aus Lotabweichung hervorgerufene Belastung nicht ermittelt. Der Weg für eine solche Berechnung kann Kap. 6.8.2.2 entnommen werden.

6.8.3.3 Berechnung der Knotenmomente der Haustrennwand

Allgemeines

Im folgenden werden für die Haustrennwand im Bereich des Schnittes B-B (Bild 6/93) im Erd- und Obergeschoß die Knotenmomente ermittelt. Zum Vergleich werden Untersuchungen am Gesamtrahmen, am Teilsystem und eine vereinfachte Berechnung nach DIN 1053 Teil 1, Abschnitt 7.2.3, durchgeführt.

Vorwerte und Lastermittlung

Die Berechnungen erfolgen für einen 1,0 m breiten Wand- und Deckenstreifen.

Vorwerte

- Elastizitätsmodul
  Obergeschoß: E = 3000 · 1,6 = 4800 MN/m²
  Erdgeschoß: E = 3000 · 2,4 = 7200 MN/m²
  (DIN 1053 Teil 1, Abschnitt 7.2.2)

- Flächenmomente 2. Grades

$$I_B = \frac{1}{12} \cdot 0,20^3 = 6,667 \cdot 10^{-4} \text{ m}^4/\text{m}$$

$$I_M = \frac{1}{12} \cdot 0,115^3 = 1,267 \cdot 10^{-4} \text{ m}^4/\text{m}$$

Lastermittlung

Nach DIN 1053 Teil 1, Abschnitt 7.2.1, sind die Schnittgrößen aus den jeweils maßgebenden Lastfällen zu ermitteln. Für die folgenden Nachweise werden zwei Lastfälle mit unterschiedlichen Deckenbelastungen in den einzelnen Geschossen untersucht.

- Lastfall 1

  Dach- und Obergeschoß $q_1 = q$ = 8,95 kN/m²

  Im Lastfall 1 ergeben sich die maximalen Normalkräfte für die Haustrennwand.

- Lastfall 2

  Dachgeschoß g = 6,20 kN/m²
  Obergeschoß $q_1 = q$ = 8,95 kN/m²

Eigengewicht der Wand (aus Kap. 6.8.3.2)

g_{wi} = 2,48 kN/m²

Die Haustrennwand im Dachgeschoß wird mit einer mittleren Höhe von 2,50 m berücksichtigt:

$P_1 = 2{,}48 \cdot 2{,}50 = 6{,}2$ kN/m

Lotrechte Lasten (Lastfall 1)

Obergeschoß

- Wandkopf

  $N_K = P_1 + 0{,}5 \cdot q_1 \cdot l_1$
  $= 6{,}2 + 0{,}5 \cdot 8{,}95 \cdot 4{,}125 = 24{,}7$ kN/m

- In halber Geschoßhöhe

  $N_m = N_K$ + Eigengewicht Wand
  $N_m = 24{,}7 + 0{,}5 \cdot 2{,}60 \cdot 2{,}48 = 27{,}9$ kN/m

- Wandfuß

  $N_F = 27{,}9 + 0{,}5 \cdot 2{,}60 \cdot 2{,}48 = 31{,}1$ kN/m

Erdgeschoß

- Wandkopf

  $N_K = 31{,}1 + 0{,}5 \cdot 8{,}95 \cdot 4{,}125 = 49{,}6$ kN/m

- In halber Geschoßhöhe

  $N_m = 49{,}6 + 0{,}5 \cdot 2{,}60 \cdot 2{,}48 = 52{,}8$ kN/m

- Wandfuß

  $N_F = 52{,}8 + 0{,}5 \cdot 2{,}60 \cdot 2{,}48 = 56{,}0$ kN/m

Lotrechte Lasten (Lastfall 2)

Obergeschoß

- Wandkopf

  $N_K = 6{,}2 + 0{,}5 \cdot 6{,}20 \cdot 4{,}125 = 19{,}0$ kN/m

- In halber Geschoßhöhe

  $N_m = 19{,}0 + 0{,}5 \cdot 2{,}60 \cdot 2{,}48 = 22{,}2$ kN/m

- Wandfuß

  $N_F = 22{,}2 + 0{,}5 \cdot 2{,}60 \cdot 2{,}48 = 25{,}4$ kN/m

Erdgeschoß

- Wandkopf

  $N_K = 25{,}4 + 0{,}5 \cdot 8{,}95 \cdot 4{,}125 = 43{,}9$ kN/m

- In halber Geschoßhöhe

  $N_m = 43{,}9 + 0{,}5 \cdot 2{,}60 \cdot 2{,}48 = 47{,}1$ kN/m

- Wandfuß

  $N_F = 47{,}1 + 0{,}5 \cdot 2{,}60 \cdot 2{,}48 = 50{,}3$ kN/m

Für die Ermittlung der Knotenmomente werden nur lotrechte Lasten berücksichtigt.

Waagerechte Lasten

Es werden keine waagerechten Lasten angesetzt (siehe Kap. 6.8.3.5).

a) Berechnung am Gesamtrahmen

Das statische System wird aus dem Gebäudequerschnitt B-B (Bild 6/96a) abgeleitet. Die Haustrennwände des Dachgeschosses bleiben im statischen System (Bild 6/96b) unberücksichtigt, da sie lotrechte Kragarme darstellen und keine Biegemomente aus der Rahmenwirkung erhalten. Die Standsicherheit der Haustrennwände im Dachgeschoß kann z. B.

Knotenmomente der Haustrennwand

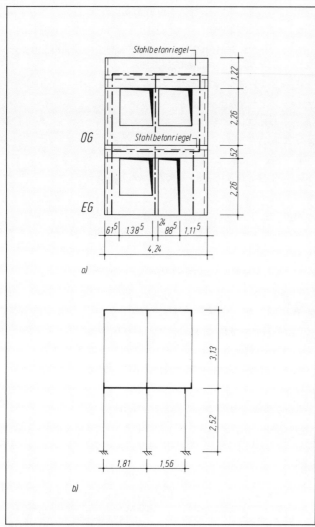

Bild 6/95: Hauseingangswand als Rahmen zur Aussteifung und Abtragung von Horizontallasten
a) Wandansicht mit Systemlinien für Riegel und Stiele
b) Statisches System

durch Stahlbetonbalken sichergestellt werden. Diese am Wandkopf anzuordnenden Balken werden mit der Obergeschoßdecke zug- und druckfest verbunden. Ferner sind Anschlüsse zum Dachstuhl herzustellen, so daß die Balken an den Verbindungspunkten waagerechte Lasten an den Dachverband abgeben können. In Höhe der Oberkante des Kellergeschosses wird starre Einspannung angenommen, da Querwände im Keller die Verdrehung der Kellerdecke weitgehend verhindern. Die waagerecht unverschiebliche Lagerung in Höhe der Riegel wird durch die Decken sichergestellt, die wiederum durch die Außenwände (z. B. Bild 6/95) als horizontal gehalten angesehen werden können.

Über die gesamte Länge der Haustrennwand wird im Obergeschoß eine Zentrierung nach Bild 6/97a vorgenommen. Diese Maßnahme ist nach DIN 1053 Teil 1 erforderlich, da sich bei Annahme einer biegesteifen Ecke Momente ergäben, die von den Haustrennwänden nicht aufgenommen werden könnten. Die Decke kann sich durch die Zentrierung unabhängig von der Wand verdrehen, so daß im statischen System an dieser Stelle ein Gelenk eingeführt wird.

Bei Verwendung eines Elastomer-Lagers wird sich die Spannung am Wandkopf nach Bild 6/97b verteilen.

Knotenmomente

Die Biegemomente wurden mit Hilfe eines Stabwerkprogrammes am Computer ermittelt. Der Verlauf ist im Bild 6/96c angegeben.

Die Bemessungsmomente ergeben sich durch Berücksichtigung des Abminderungsfaktors für Außenwände von 2/3 (Kap. 6.2.2.1):

Obergeschoß
- Wandfuß

$$M_u = \frac{2}{3} \cdot 0{,}710 = 0{,}473 \text{ kNm/m}$$

Erdgeschoß
- Wandkopf

$$M_o = \frac{2}{3} \cdot (-1{,}470) = -0{,}980 \text{ kNm/m}$$

- Wandfuß

$$M_u = \frac{2}{3} \cdot 0{,}730 = 0{,}487 \text{ kNm/m}$$

Planmäßige Ausmitten

Unter Berücksichtigung der Normalkräfte aus Lastfall 2 ergeben sich die größten Ausmitten:

Obergeschoß
- Wandfuß

$$e_u = \frac{0{,}473}{25{,}4} = 0{,}019 \text{ m}$$

Erdgeschoß
- Wandkopf

$$e_o = \frac{0{,}980}{43{,}9} = 0{,}022 \text{ m}$$

- Wandfuß

$$e_u = \frac{0{,}487}{50{,}3} = 0{,}010 \text{ m}$$

b) Berechnung am Teilsystem

Für den Wand-Decken-Knoten der Erdgeschoßdecke wird im folgenden zum Vergleich eine Berechnung am Teilsystem durchgeführt. Im Obergeschoß wird am Wandkopf, im Erdgeschoß im unteren Drittel der Wandhöhe ein Gelenk angenommen. Im Nachbarknoten kann wegen der dünnen Haustrennwand und der geringen Wandnormalkraft die Deckenverdrehung nur in geringem Maß behindert werden. Deshalb wird auch dort ein Gelenk angenommen. Es ergibt sich das im Bild 6/98a dargestellte Teilsystem. Die Berechnung erfolgte mit Hilfe eines Cross-Ausgleichs; die Ergebnisse sind im Bild 6/98b dargestellt.

Die Bemessungsmomente ergeben sich durch Berücksichtigung des Abminderungsfaktors für Außenwände von 2/3 (Kap. 6.2.2.1):

Obergeschoß
- Wandfuß

$$M_u = \frac{2}{3} \cdot 0{,}750 = 0{,}500 \text{ kNm/m}$$

Erdgeschoß
- Wandkopf

$$M_o = \frac{2}{3} \cdot (-1{,}740) = -1{,}160 \text{ kNm/m}$$

Knotenmomente der Haustrennwand

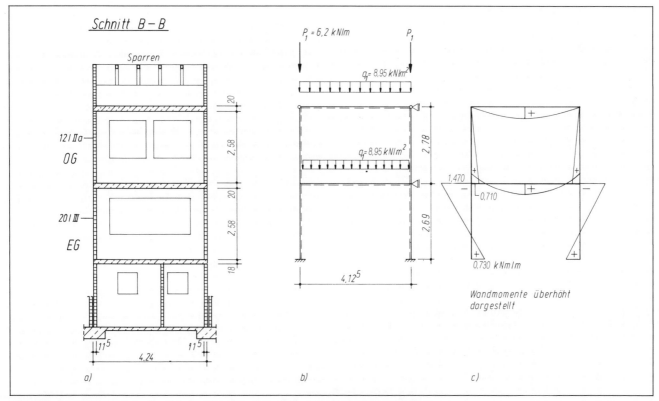

Bild 6/96: Gesamtrahmen im Bereich des Schnittes B-B zur Ermittlung der Knotenmomente
a) Gebäudequerschnitt
b) Statisches System mit lotrechter Belastung (Lastfall 1)
c) Biegemomentenverlauf

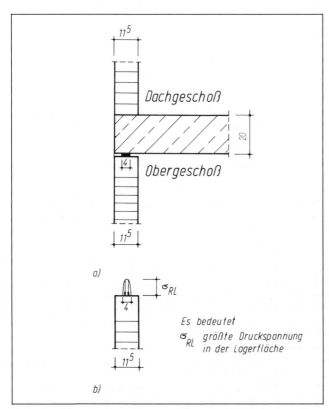

Bild 6/97: Zentrierung der Deckenauflagerkraft im Obergeschoß
a) Anordnung des Lagers
b) Spannungsverteilung unterhalb des Lagers

Die Biegemomente sind größer als nach der Berechnung am Gesamtrahmen, bei der die teilweise Einspannung am Nachbarknoten berücksichtigt wurde.

Planmäßige Ausmitten

Unter Berücksichtigung der Normalkräfte aus Lastfall 2 ergeben sich die größten Ausmitten:

Obergeschoß

- Wandfuß

$$e_u = \frac{0{,}500}{25{,}4} = 0{,}020 \text{ m}$$

Erdgeschoß

- Wandkopf

$$e_o = \frac{1{,}160}{43{,}9} = 0{,}026 \text{ m}$$

c) Vereinfachte Berechnung nach DIN 1053 Teil 1 (5%-Regel)

Da die Nutzlast der Decken beim vorliegenden Gebäude kleiner als 5,00 kN/m² ist, können die Wand-Decken-Knoten näherungsweise nach DIN 1053 Teil 1, Abschnitt 7.2.3, berechnet werden (Kap. 6.2.2.4c).

Knotenmomente

Auflagerkraft der Erdgeschoßdecke nach Gl. (6.30a):

$$A_Z = \frac{1}{2} \cdot 8{,}95 \cdot 4{,}125 = 18{,}5 \text{ kN/m}$$

Knotenmomente, Haustrennwand Pos W 1

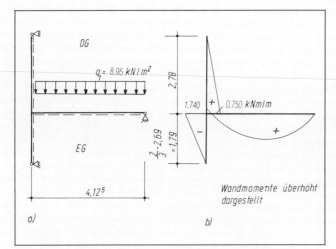

Bild 6/98: Teilsystem zur Ermittlung der Knotenmomente
a) System und Belastung   b) Biegemomentenverlauf

Ausmitte der Deckenauflagerkraft nach Gl. (6.41a):

$e_Z = 0{,}05 \cdot 4{,}125 = 0{,}206$ m

Deckeneinspannmoment nach Gl. (6.31a):

$M'_Z = 0{,}206 \cdot 18{,}5 = 3{,}811$ kNm/m

Entsprechend DIN 1053 Teil 1, Abschnitt 7.2.3, wird das Deckeneinspannmoment je zur Hälfte dem Wandfuß im Obergeschoß und dem Wandkopf im Erdgeschoß zugewiesen. Nach Gl. (6.37a):

$M_u = -M_o = \dfrac{M'_Z}{2} = \dfrac{3{,}811}{2} = 1{,}906$ kNm/m

Planmäßige Ausmitten

Unter Berücksichtigung der Normalkräfte aus Lastfall 2 ergeben sich die Ausmitten

Obergeschoß

● Wandfuß

$e_u = \dfrac{1{,}906}{25{,}4} = 0{,}075$ m $> \dfrac{d}{3} = \dfrac{0{,}115}{3} = 0{,}038$ m

Erdgeschoß

● Wandkopf

$e_o = \dfrac{1{,}906}{43{,}9} = 0{,}043$ m $> \dfrac{d}{3} = \dfrac{0{,}115}{3} = 0{,}038$ m

Vergleich der Ausmitten

In den vorangegangenen Kapiteln wurden mit Hilfe verschiedener Verfahren die Biegemomente am Wand-Decken-Knoten der Erdgeschoßdecke ermittelt. Es ergaben sich dabei folgende planmäßigen Ausmitten (Lastfall 2):

Tafel 6/72: Vergleich der planmäßigen Ausmitten aus unterschiedlichen Berechnungsverfahren

Wand-Decken-Knoten Erdgeschoßdecke	Ausmitte e [m]		
	Berechnung am Gesamtrahmen	Teilsystem	Vereinfachte Berechnung nach DIN 1053 Teil 1
Wandfuß/OG	0,019	0,020	0,075
Wandkopf/EG	0,022	0,026	0,043

Es zeigt sich, daß die Ergebnisse der Berechnung am Gesamtrahmen mit denen am Teilsystem gut übereinstimmen. Nach der vereinfachten Berechnung (5%-Regel) nach DIN 1053 Teil 1, Abschnitt 7.2.3, ergeben sich jedoch wesentlich größere Ausmitten; sie überschreiten d/3 = 0,038 m. Der Nachweis ist dann mit d/3 zu führen; in diesem Fall sind nach DIN 1053 Teil 1, Abschnitt 7.2.4, konstruktive Maßnahmen erforderlich.

Die Ergebnisse der genaueren Berechnungen zeigen jedoch, daß auf diese Maßnahmen wegen e < d/3 (Tafel 6/72) verzichtet werden kann.

Bei erheblichen Steifigkeitsunterschieden zwischen Wänden und Decken empfehlen die Verfasser, die Berechnung der Wand-Decken-Knoten am Teilsystem durchzuführen. Sie ist einfacher als die Berechnung am Gesamtrahmen und für die Praxis ausreichend genau.

6.8.3.4 Standsicherheitsnachweise

Allgemeines

Im folgenden wird für die Haustrennwand Pos W1 der Standsicherheitsnachweis geführt. Dabei werden die am Gesamtrahmen ermittelten Knotenmomente und Ausmitten (Kap. 6.8.3.3a) zugrunde gelegt.

Pos W 1: Haustrennwand

Gegeben:

Abmessungen, siehe Bilder 6/93 und 6/96a

Baustoffe, siehe Kap. 6.8.3.1

Alle Nachweise erfolgen an einem Wandstreifen der Breite 1,00 m.

Gesucht:

Standsicherheitsnachweise

a) Lastermittlung
b) Nachweis der Wand-Decken-Knoten
c) Knicksicherheitsnachweis

Berechnungsgang:

a) Lastermittlung

Siehe Kap. 6.8.3.3, Vorwerte und Lastermittlung

b) Nachweis der Wand-Decken-Knoten

Vorwerte

Es wird auf die zuvor im Kapitel 6.8.3.3 ermittelten Vorwerte zurückgegriffen.

Nachweise

Obergeschoß

● Wandkopf

Die größte Beanspruchung im Lager ergibt sich im Lastfall 1.

Bei Verwendung eines Elastomer-Lagers beträgt der Größtwert der Spannung

$\sigma_{RL} = 2 \cdot \dfrac{24{,}7}{0{,}04 \cdot 1{,}00} = 1235$ kN/m²

$\sigma_{RL} = 1{,}235$ MN/m² $< \dfrac{4{,}27}{2{,}0} = 2{,}14$ MN/m²

Diese Druckspannung kann vom Mauerwerk der Steinfestigkeitsklasse 12 und Mörtelgruppe IIa aufgenommen werden.

- Wandfuß

Die größte Beanspruchung ergibt sich im Lastfall 2.

Normalkraft der Wand
$N_F = 25,4$ kN/m

Biegemoment
$M_u = 0,473$ kNm/m

Planmäßige Ausmitte

$$e_u = \frac{0,473}{25,4} = 0,019 \text{ m} \triangleq \frac{d}{6} = \frac{0,115}{6} = 0,019 \text{ m}$$

$$> \frac{d}{18} = \frac{0,115}{18} = 0,006 \text{ m}$$

Nachweis als ungerissener Querschnitt

Bezogene Ausmitte

$$m = \frac{6 \cdot 0,019}{0,115} = 0,991$$

Spannungsnachweis

Nach Gl. (6.45a):

$$\sigma_R = \frac{25,4}{1,00 \cdot 0,115} \cdot (1 + 0,991) = 439,8 \text{ kN/m}^2$$

$$\sigma_R = 0,440 \text{ MN/m}^2 < 1,33 \cdot \frac{4,27}{2,0} = 2,84 \text{ MN/m}^2$$

Erdgeschoß

- Wandkopf

Die größte Beanspruchung ergibt sich im Lastfall 2.

Normalkraft der Wand
$N_K = 43,9$ kN/m

Biegemoment
$M_o = 0,980$ kNm/m

Planmäßige Ausmitte

$$e_o = \frac{0,980}{43,9} = 0,022 \text{ m} > \frac{d}{6} = \frac{0,115}{6} = 0,019 \text{ m}$$

$$< \frac{d}{3} = \frac{0,115}{3} = 0,038 \text{ m}$$

Nachweis als teilweise gerissener Querschnitt

Bezogene Ausmitte

$$m = \frac{6 \cdot 0,022}{0,115} = 1,148$$

Spannungsnachweis

Nach Gl. (6.45b):

$$\sigma_R = \frac{43,9}{1,00 \cdot 0,115} \cdot \frac{4}{3 - 1,148} = 824,5 \text{ kN/m}^2$$

$$\sigma_R = 0,825 \text{ MN/m}^2 < 1,33 \cdot \frac{6,41}{2,0} = 4,26 \text{ MN/m}^2$$

- Wandfuß

Auf den Nachweis wird im Rahmen dieses Beispiels verzichtet. Die zulässige Spannung ist eingehalten.

c) Knicksicherheitsnachweis

Obergeschoß

Der Nachweis wird im Obergeschoß für eine zweiseitig gehaltene Wand geführt. Der Nachweis erfolgt in halber Geschoßhöhe. Maßgebend ist Lastfall 2.

Vorwerte

- Elastizitätsmodul ⎱ werden für diesen Nach-
- Flächenmomente 2. Grades ⎰ weis nicht benötigt
- Planmäßige Ausmitte in Querrichtung der Wand

Am Wandkopf werden Zentrierungsmaßnahmen vorgesehen.

Biegemoment infolge ausmittiger Deckenauflagerkraft in halber Geschoßhöhe

$$M_m = \frac{1}{2} \cdot 0,473 = 0,237 \text{ kNm/m}$$

Damit beträgt die planmäßige Ausmitte in halber Geschoßhöhe bei Berücksichtigung der Normalkraft von $N_m = 22,2$ kN/m

$$e = \frac{0,237}{22,2} = 0,011 \text{ m} < \frac{0,115}{6} = 0,019 \text{ m}$$

(e < d/3 im Gebrauchszustand ist eingehalten)

- Bezogene Ausmitte

$$m = \frac{6 \cdot 0,011}{0,115} = 0,574$$

- Knicklänge der Wand

Im allgemeinen gilt nach DIN 1053 Teil 1, Abschnitt 7.7.2, bei zweiseitig gehaltenen Wänden $h_K = h_s$.

Bei Wanddicken d ≤ 17,5 cm und einer planmäßigen Ausmitte e ≤ d/3 am Wandfuß und Wandkopf sowie e ≤ d/6 in halber Geschoßhöhe darf die Knicklänge auf 75% der lichten Geschoßhöhe verkleinert werden. In Gl. (6.62) wird in diesem Fall $\beta = 0,75$ gesetzt:

$$h_K = 0,75 \cdot h_s$$

Da die Wand im vorliegenden Fall am Wandkopf wegen der Zentrierungsmaßnahme gelenkig gelagert angenommen wurde, d. h., die günstige Einspannwirkung der Decke an dieser Stelle damit entfällt, wird für β angenommen

$$\beta = \frac{1}{2} \cdot (0,75 + 1,00) = 0,875$$

Damit ergibt sich die Knicklänge nach Gl. (6.62):

$$h_K = \beta \cdot h_s = 0,875 \cdot 2,58 = 2,26 \text{ m}$$

- Schlankheit

$$\bar{\lambda} = 2,26 / 0,115 = 19,65 < 25$$

Nachweis

Näherung nach DIN 1053 Teil 1, Abschnitt 7.9.2

Wandverformung nach Gl. (6.60):

$$f = 19,65 \cdot 2,26 \cdot \frac{1 + 0,574}{1800} = 0,039 \text{ m}$$

Haustrennwand Pos W 1, Stabilität, Windnachweis

$e + f = 0{,}011 + 0{,}039 = 0{,}050 \text{ m} > \dfrac{0{,}115}{6} = 0{,}019 \text{ m}$

Nachweis als teilweise gerissener Querschnitt

Spannungsnachweis

Gesamte bezogene Ausmitte

$m_g = \dfrac{6 \cdot 0{,}050}{0{,}115} = 2{,}609$

Nach Gl. (6.68b):

$\sigma_R = \dfrac{22{,}2}{0{,}115 \cdot 1{,}00} \cdot \dfrac{4}{3 - 2{,}609} = 1974{,}9 \text{ kN/m}^2$

$\sigma_R = 1{,}975 \text{ MN/m}^2 < 1{,}33 \cdot \dfrac{4{,}27}{2{,}0} = 2{,}84 \text{ MN/m}^2$

Damit ist die Standsicherheit der 11,5 cm dicken Haustrennwand im Obergeschoß mit Steinfestigkeitsklasse 12 und Mörtelgruppe IIa nachgewiesen. Man sieht, daß mit einer Berechnung am Gesamtrahmen die Haustrennwand auch für eine größere Hausbreite nachgewiesen werden könnte.

Führt man den Nachweis mit den Ergebnissen der Berechnung am Teilsystem, so ergibt sich ebenfalls

$\sigma_R = 1{,}975 \text{ MN/m}^2 < 2{,}84 \text{ MN/m}^2$

Erdgeschoß

Für den Knicksicherheitsnachweis im Erdgeschoß kann zur Bestimmung der Knicklänge $\beta = 0{,}75$ angesetzt werden, da die 11,5 cm dicke Wand durch die Decken oben und unten elastisch eingespannt ($e \leq d/3$) und die planmäßige Ausmitte in halber Geschoßhöhe $e \leq d/6$ ist.

Auf den Nachweis wird im Rahmen dieses Beispiels verzichtet.

6.8.3.5 Hinweise zur Stabilität des Gesamtbauwerks und zum Windnachweis

Das untersuchte Haus liegt innerhalb einer Reihenhauszeile. Nach den Länderbauordnungen, z. B. [6/26], muß jede bauliche Anlage im Ganzen und in ihren einzelnen Teilen für sich alleine standsicher sein. Reihenhauszeilen sind daher nicht nur als ein „ganzes" Bauwerk, sondern jedes Einzelhaus der Hauszeile ist für sich alleine in statischer Hinsicht zu untersuchen.

Bei Betrachtung der Hauszeile als ein Bauwerk ist in der Regel in Querrichtung des Gebäudes eine ausreichende Anzahl von Aussteifungswänden (Haustrennwände bzw. Giebelwände) vorhanden. Die Ableitung der Horizontallasten in Längsrichtung der Reihenhauszeile (Wind auf Giebelseiten und Lotabweichung) kann ohne weiteres durch die außenliegenden Hauseingangs- und Hausrückwände der beiden Endhäuser der Hauszeile erfolgen. Die innenliegenden Häuser bzw. deren Bauteile werden in Längsrichtung der Hauszeile aufgrund ihrer geschützten Lage nicht durch Windlasten beansprucht. Im Sinne von DIN 1053 Teil 1, Abschnitt 7.4, kann daher davon ausgegangen werden, daß die erforderliche Steifigkeit und Stabilität, bei Betrachtung der Hauszeile als ein Bauwerk, sowohl in Querrichtung als auch in Längsrichtung der Hauszeile gewährleistet ist.

Bei Betrachtung eines Einzelhauses der Reihenhauszeile als ein freistehendes Gebäude bereitet die zuvor genannte Forderung der Länderbauordnungen beim Nachweis der Horizontallasten in Längsrichtung der Hauszeile erhebliche Schwierigkeiten. In Querrichtung der Hauszeile stehen für jedes Einzelhaus in der Regel zwei ausreichend lange Wandscheiben zur Verfügung. Im hier untersuchten Haus können die waagerechten Lasten problemlos durch die beiden 9,865 m langen Haustrennwände abgeleitet werden. Ein besonderer Nachweis der Stabilität in dieser Richtung ist nicht erforderlich. In Längsrichtung der Hauszeile ist jedoch nicht von vornherein erkennbar, ob eine ausreichende Anzahl von genügend langen Wänden vorhanden ist. Bezogen auf ein Einzelhaus stehen in dieser Richtung nur die ungenügend lange, durch zahlreiche Öffnungen (Fenster, Türen) geschwächte außenliegende Hauseingangs- und Hausrückwand zur Ableitung der gesamten Horizontallasten zur Verfügung. Daher muß für diese Richtung entweder ein genauer Nachweis der Abtragung der Horizontallasten geführt werden, oder es müssen von vornherein zusätzliche Aussteifungswände im Gebäudeinneren ausgebildet werden (Bild 6/93). Zur Bestimmung der erforderlichen Anzahl von Aussteifungswänden sowie deren Länge enthält [6/27] zahlreiche Angaben.

Eine Möglichkeit zum rechnerischen Nachweis der Stabilität in Längsrichtung der Hauszeile – ohne Anordnung zusätzlicher Aussteifungswände – besteht darin, die außenliegenden Wände als Rahmensystem nachzuweisen (Bild 6/95).

Die Riegel dieser Rahmen sind Stahlbetonunterzüge, die über die ganze Hausbreite durchgeführt werden (Bild 6/95). Als Rahmenstiele werden die tragenden Wandteile herangezogen, die neben und zwischen den Fenster- bzw. Türöffnungen vorhanden sind. Für den Fall einer Verteilung der gesamten Horizontallast auf die beiden Wände sind die Rahmensteifigkeiten maßgebend. Versatzmomente können ohne Nachweis durch die Haustrennwände aufgenommen werden. Der Nachweis der Rahmenstiele erfolgt in Höhe der Deckenoberkanten sowie der Unterkante der Stahlbetonriegel. Dabei sind die Schnittgrößen infolge der lotrechten Lasten zu berücksichtigen. Da in der Regel Kelleraußenwände durch tragende Innenwände ausreichend ausgesteift sind und zudem im Kellergeschoß größere Außenwanddicken als in den aufgehenden Geschossen vorliegen (Bild 6/93), genügt es, die Abtragung der waagerechten Lasten nur bis zur Oberkante des Kellergeschosses nachzuweisen. Im vorliegenden Beispiel beträgt die Dicke der Kelleraußenwände 30 cm und die der Kellerinnenwände 11,5 cm. Die dünneren Rahmenstiele werden am Wandfuß als im Kellergeschoß eingespannt angenommen. Da beim Ansatz von Horizontallasten die Rahmen „Systeme mit veränderlicher Gliederung" darstellen, ist die Berechnung sehr aufwendig und sollte nur in Ausnahmefällen vorgenommen werden. Zur Vermeidung rißanfälliger Konstruktionen sollten daher grundsätzlich entsprechende Aussteifungswände angeordnet werden [6/27].

Der statische Nachweis von Haustrennwänden mit Ansatz der Winddruck- oder Windsoglasten rechtwinklig zur Wand gelingt bei 11,5 cm dicken Wänden nur, wenn entsprechende Auflasten (Deckenspannrichtung rechtwinklig zur Haustrennwand vorhanden sind. Im Regelfall werden 17,5 cm dicke Wände erforderlich sein (siehe Beispiele Kap. 4.2.4.1 und 4.2.4.2).

6.8.3.6 Erläuterung der Ergebnisse

Für ein Einfamilienreihenhaus wurde die Haustrennwand ohne Ansatz von Windlasten rechtwinklig zur Wand nachgewiesen. Hierfür wurden die Knotenmomente auf drei verschiedene Arten ermittelt. Die Ergebnisse der Berechnung am Gesamtrahmen und am Teilsystem stimmten annähernd überein. Bei der vereinfachten Berechnung der Knotenmomente nach der 5%-Regel ergaben sich deutlich größere Ausmitten.

Nach allen drei Verfahren wurden im Obergeschoß am Wandkopf Zentrierungsmaßnahmen erforderlich. Dadurch sind Decken- und Wandverdrehungen voneinander unabhängig. Dies wurde bei der Berechnung am Gesamtrahmen und am Teilsystem durch die Einführung eines Gelenkes berücksichtigt.

Für die 11,5 cm dicken Haustrennwände wurden der Nachweis des Wand-Decken-Knotens und der Knicksicherheitsnachweis mit den am Gesamtrahmen ermittelten Knotenmomenten geführt. Dabei wurden die Wände als zweiseitig (oben und unten) gehalten angenommen.

Für die Bemessung der Haustrennwand war der Knicksicherheitsnachweis maßgebend.

Eigene Untersuchungen haben ergeben, daß für das gewählte Gebäude mit den gleichen Baustoffgüten bei 11,5 cm dicken Haustrennwänden ohne Wind senkrecht zur Haustrennwand Hausbreiten bis zu etwa 5,60 m möglich sind.

Beim Nachweis der Giebelwände am Ende einer Reihenhauszeile müssen Windlasten angesetzt werden. Gemäß den Bauordnungen der Länder gilt dies auch für Haustrennwände. Für diese Wände ist daher im Regelfall eine Wanddicke von 17,5 cm erforderlich.

Im genaueren Berechnungsverfahren wird im Vergleich mit dem vereinfachten Verfahren der Einfluß der Deckenauflagerdrehwinkel auf die Beanspruchung der Wände noch genauer berücksichtigt. Wenn im Gebäudeinneren keine tragenden Wände vorhanden sind, ergeben sich wegen der großen Deckenstützweiten, insbesondere bei Einfeldplatten, erhebliche Deckenverformungen. Wie das vorliegende Beispiel zeigt, können dann Zentrierungsmaßnahmen erforderlich werden. Dies läßt sich durch Anordnung einer tragenden Innenwand (Bild 6/99a) vermeiden, da dann die Spannweiten und damit die Verformungen der Decken verringert werden. Außerdem kann die Decke in erheblich geringerer Dicke ausgeführt werden. Das gleiche gilt bei zusätzlich angeordneten tragenden Querwänden und zweiachsiger Lastabtragung der Decken (Bild 6/99b).

Bei Entwürfen, die Bild 6/99 entsprechen, wird daher in der Regel – auch bei Ansatz von Windlasten und Ausführung größerer Reihenhäuser (Hausbreite > 6,0 m) – eine 11,5 cm dicke Haustrennwand ausreichend sein.

Abschließend werden für Einfamilienhäuser Hinweise zur Bauwerksaussteifung gegeben (Kap. 6.8.3.5).

6.8.4 Berechnung des Wand-Decken-Knotens bei unterschiedlichen Wand- und Deckendicken

6.8.4.1 Beschreibung

Bei den im Kap. 6.2 behandelten Teilsystemen wurde vorausgesetzt, daß die am betrachteten Knoten beteiligten Decken und Wände jeweils gleichbleibende Dicken aufweisen. In diesem Kapitel soll ein unsymmetrischer Wand-Decken-Knoten (Knoten D, Bild 6/9) untersucht werden, bei dem sowohl die

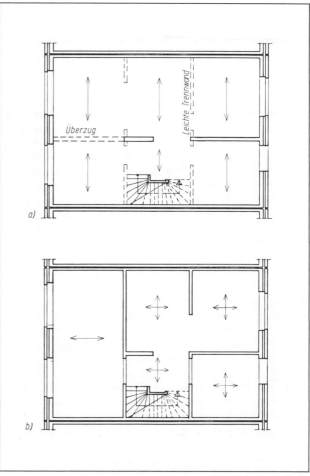

Bild 6/99: Reihenhausgrundriß mit tragenden Innenwänden
a) Tragende Längswand   b) Tragende Längs- und Querwände

Dicke der Decken als auch die der Wände jeweils unterschiedlich sind; die Wände sind dabei noch mit geschoßweise unterschiedlichen Stein-/Mörtelkombinationen hergestellt.

Der Untersuchung wird der im Bild 6/100 dargestellte Gebäudeausschnitt zugrunde gelegt.

Als Baustoffe sind vorgesehen:

Decken: Beton B 25 mit E_B = 30000 MN/m²
(DIN 1045, Tabelle 11)

Wand 1, d = 11,5 cm:
Mauerwerk
Steinfestigkeitsklasse 20, Mörtelgruppe IIa
mit $\beta_R = 2{,}67 \cdot \sigma_o = 2{,}67 \cdot 1{,}9 = 5{,}07$ MN/m²

Wand 2, d = 24 cm:
Mauerwerk
Steinfestigkeitsklasse 12, Mörtelgruppe IIa
mit $\beta_R = 2{,}67 \cdot \sigma_o = 2{,}67 \cdot 1{,}6 = 4{,}27$ MN/m²

6.8.4.2 Belastung

Lotrechte Lasten

Feld 1, Deckendicke 16 cm:
Stahlbeton 0,16 · 25	= 4,00 kN/m²
Putz und Belag	= 1,50 kN/m²
	g_1 = 5,50 kN/m²
Verkehrslast	p_1 = 1,50 kN/m²
	q_1 = 7,00 kN/m²

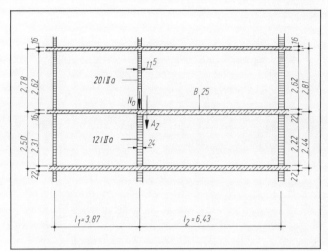

Bild 6/100: Gebäudeausschnitt zur Berechnung eines unsymmetrischen Wand-Decken-Knotens

Feld 2, Deckendicke 22 cm:
Stahlbeton 0,22 · 25   = 5,50 kN/m²
Putz und Belag   = 1,50 kN/m²
                                        g_2 = 7,00 kN/m²
Nutzlast p_2 = 1,50 kN/m²
Trennwandzuschlag   = 1,25 kN/m²
                                          q_2 = 9,75 kN/m²

Normalkraft der Wand oberhalb des Knotens

Annahme: N_o = 84,0 kN/m

6.8.4.3 Berechnung der Knotenmomente

Allgemeines

Das für die Berechnung des Wand-Decken-Knotens zutreffende Ersatzsystem wird zuerst mit Hilfe des Cross-Ausgleichs, dann vergleichsweise mit den im Kap. 6.2 angegebenen Gleichungen untersucht. Weiterhin werden die Ergebnisse einer vereinfachten Berechnung (5%-Regel) nach DIN 1053 Teil 1, Abschnitt 7.2.3, angegeben.

a) Genaue Berechnung am Teilsystem

Der Wand-Decken-Knoten wird als Innenwandknoten D einer Zwischendecke gemäß Bild 6/11d untersucht. Für das Teilsystem werden die Decken bis zu den Nachbarknoten, die Wände bis zur halben Geschoßhöhe (Bild 6/101) berücksichtigt. Die Momente werden mit Hilfe des Ausgleichsverfahrens nach Cross ermittelt.

Vorwerte

- Elastizitätsmodul des Mauerwerks

  Oberes Geschoß:

  $E_1 = 3000 \cdot 1{,}9 = 5700$ MN/m²

  Unteres Geschoß:

  $E_2 = 3000 \cdot 1{,}6 = 4800$ MN/m²

  (DIN 1053 Teil 1, Abschnitt 7.2.2)

- Maßgebende Deckenspannweiten

  $l_1 = 3{,}87$ m, $l_2 = 6{,}43$ m

- Flächenmomente 2. Grades

  Wände

  $I_{M1} = \dfrac{1}{12} \cdot 0{,}115^3 = 1{,}267 \cdot 10^{-4}$ m⁴/m

  $I_{M2} = \dfrac{1}{12} \cdot 0{,}24^3 = 11{,}520 \cdot 10^{-4}$ m⁴/m

  Decken

  $I_{B1} = \dfrac{1}{12} \cdot 0{,}16^3 = 3{,}413 \cdot 10^{-4}$ m⁴/m

  $I_{B2} = \dfrac{1}{12} \cdot 0{,}22^3 = 8{,}873 \cdot 10^{-4}$ m⁴/m

Deckenauflagerkraft, Wandnormalkräfte

- Deckenauflagerkraft

  Anzusetzende Deckenbelastung nach Gl. (6.27):

  $q_1 = 5{,}50 + 1{,}50/2 = 6{,}25$ kN/m²

  $q_2 = 7{,}00 + 2{,}75 = 9{,}75$ kN/m²

  Da das Verhältnis der Deckenspannweiten $l_1/l_2 = 3{,}87/6{,}43 = 0{,}6 < 0{,}7$ beträgt, muß bei der Ermittlung der Deckenauflagerkraft die Durchlaufwirkung berücksichtigt werden. Mit den nachfolgend noch (Momentenausgleich) ermittelten Deckeneinspannmomenten ergibt sich:

  $A_Z = 0{,}5 \cdot (6{,}25 \cdot 3{,}87 + 9{,}75 \cdot 6{,}43)$
  $+ \dfrac{14{,}248 - 4{,}576}{3{,}87} + \dfrac{23{,}482 - 38{,}648}{6{,}43} = 43{,}6$ kN/m

- Wandnormalkräfte

  Wandfuß (obere Wand)

  Annahme N_o = 84,0 kN/m

  Wandkopf (untere Wand)

  $N_u = N_o + A_Z = 84{,}0 + 43{,}6 = 127{,}6$ kN/m

Biegemomente

- Volleinspannmomente

  Es werden die bei Anwendung des Cross-Verfahrens üblichen Vorzeichen benutzt. Nach Gl. (6.21):

  Feld 1

  $M_{1,\text{voll}} = -\dfrac{6{,}25 \cdot 3{,}87^2}{12} = -7{,}800$ kNm/m

  Feld 2

  $M_{2,\text{voll}} = \dfrac{9{,}75 \cdot 6{,}43^2}{12} = 33{,}593$ kNm/m

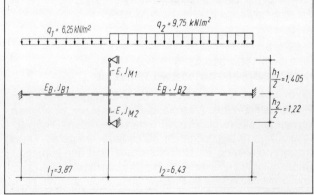

Bild 6/101: Teilsystem mit Belastung zur Berechnung eines unsymmetrischen Wand-Decken-Knotens

- Differenzmoment

$\Delta M = M_{1,voll} + M_{2,voll} = -7{,}800 + 33{,}593 = 25{,}793$ kNm/m

Das Differenzmoment ΔM entspricht M_{voll} nach Gl. (6.23a).

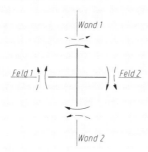

Positive Momente verdrehen den Knoten nach rechts

Cross-Ausgleich

- Steifigkeiten der Stäbe nach Cross

Wände

$k_{M1} = \dfrac{0{,}75 \cdot E_1 \cdot I_{M1}}{h_1/2}$

$= \dfrac{0{,}75 \cdot 5700 \cdot 1{,}267 \cdot 10^{-4}}{1{,}405} = 0{,}386$ MNm/m

$k_{M2} = \dfrac{0{,}75 \cdot E_2 \cdot I_{M2}}{h_2/2}$

$= \dfrac{0{,}75 \cdot 4800 \cdot 11{,}520 \cdot 10^{-4}}{1{,}22} = 3{,}399$ MNm/m

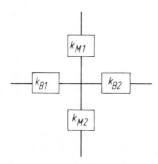

Decken

$k_{B1} = \dfrac{E_B I_{B1}}{l_1} = \dfrac{30000 \cdot 3{,}413 \cdot 10^{-4}}{3{,}87} = 2{,}646$ MNm/m

$k_{B2} = \dfrac{E_B I_{B2}}{l_2} = \dfrac{30000 \cdot 8{,}873 \cdot 10^{-4}}{6{,}43} = 4{,}140$ MNm/m

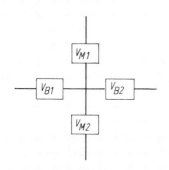

- Verteilungszahlen

Summe der Steifigkeiten

$\sum k = \sum k_{Mi} + \sum k_{Bi} = 0{,}386 + 3{,}399 + 2{,}646 + 4{,}140 = 10{,}57$

$V_{M1} = k_{M1}/\sum k = 0{,}386/10{,}57 = 0{,}037$

$V_{M2} = k_{M2}/\sum k = 3{,}399/10{,}57 = 0{,}322$

$V_{B1} = k_{B1}/\sum k = 2{,}646/10{,}57 = 0{,}250$

$V_{B2} = k_{B2}/\sum k = 4{,}140/10{,}57 = 0{,}392$

- Momentenausgleich

Decken

$M_{B1} = M_{1,voll} - \Delta M \cdot V_{B1}$
$= -7{,}800 - 25{,}793 \cdot 0{,}250 = -14{,}248$ kNm/m

$M_{B2} = M_{2,voll} - \Delta M \cdot V_{B2}$
$= 33{,}593 - 25{,}793 \cdot 0{,}392 = 23{,}482$ kNm/m

Für die Berechnung der Deckenauflagerkraft werden die Einspannmomente an den Nachbarknoten benötigt. Am linken Nachbarknoten ergibt sich $M = 4{,}576$ kNm/m, am rechten $M = -38{,}648$ kNm/m.

Wände

$M_{M1} = -25{,}793 \cdot 0{,}037 = -0{,}954$ kNm/m
$M_{M2} = -25{,}793 \cdot 0{,}322 = -8{,}305$ kNm/m

Mit der unter Beachtung der gestrichelten Faser nach Bild 6/101 sich ergebenden Vorzeichendefinition betragen die Wandmomente am Wand-Decken-Knoten:

$M_{M1} = 0{,}954$ kNm/m
$M_{M2} = -8{,}305$ kNm/m

Bemessungsmomente

Nach DIN 1053 Teil 1, Abschnitt 7.2.2, dürfen die Knotenmomente auf 2/3 ihres Wertes ermäßigt werden. Danach erhält man für den

- Wandfuß

$M_u = \dfrac{2}{3} \cdot 0{,}954 = 0{,}636$ kNm/m

- Wandkopf

$M_o = \dfrac{2}{3} \cdot (-8{,}305) = -5{,}537$ kNm/m

b) Näherungsberechnung am Teilsystem

Um die in Kap. 6.2 hergeleiteten Gleichungen für den Innenwandknoten D einer Zwischendecke benutzen zu können, werden für die vorgegebenen unterschiedlichen Biegesteifigkeiten und Geschoßhöhen Mittelwerte errechnet. Diese Mittelwerte werden zur Unterscheidung von den vorher zugrundegelegten unterschiedlichen Werten durch einen Querstrich gekennzeichnet (z. B. $\overline{I_B}$).

Vorwerte

- Flächenmomente 2. Grades

Decken

$$\overline{I_B} = \frac{1}{2} \cdot (3{,}413 + 8{,}873) \cdot 10^{-4} = 6{,}143 \cdot 10^{-4} \text{ m}^4/\text{m}$$

- Biegesteifigkeit der Wände

Wand 1: d = 11,5 cm, Steinfestigkeitsklasse 20, Mörtelgruppe IIa

$E_1 = 5700 \text{ MN/m}^2$

$I_{M1} = 1{,}267 \cdot 10^{-4} \text{ m}^4/\text{m}$

Biegesteifigkeit

$E_1 \cdot I_{M1} = 5700 \cdot 1{,}267 \cdot 10^{-4} = 0{,}722 \text{ MNm}^2/\text{m}$

Wand 2: d = 24 cm, Steinfestigkeitsklasse 12, Mörtelgruppe IIa

$E_2 = 4800 \text{ MN/m}^2$

$I_{M2} = 11{,}52 \cdot 10^{-4} \text{ m}^4/\text{m}$

Biegesteifigkeit

$E_2 \cdot I_{M2} = 4800 \cdot 11{,}52 \cdot 10^{-4} = 5{,}530 \text{ MNm}^2/\text{m}$

Mittelwert der Biegesteifigkeit beider Wände

$$\overline{E \cdot I_M} = \frac{1}{2} \cdot (0{,}722 + 5{,}530) = 3{,}126 \text{ MNm}^2/\text{m}$$

- Mittlere Geschoßhöhe

$$\overline{h} = \frac{1}{2} \cdot (2{,}44 + 2{,}81) = 2{,}625 \text{ m}$$

Mit diesen Mittelwerten wird der Steifigkeitsbeiwert k_1 bestimmt.

- Steifigkeitsbeiwert

$$k_1 = \frac{2}{3} \cdot \frac{E_B \cdot \overline{I_B} \cdot \overline{h}}{\overline{E \cdot I_M} \cdot l_1} = \frac{2}{3} \cdot \frac{30000 \cdot 6{,}143 \cdot 10^{-4} \cdot 2{,}625}{3{,}126 \cdot 3{,}87}$$

$k_1 = 2{,}666$

Nachweis

- Ausmitte der Deckenauflagerkraft

Mit den zuvor ermittelten Deckenbelastungen $q_1 = 6{,}25$ kN/m² und $q_2 = 9{,}75$ kN/m² erhält man nach Gl. (6.33):

$$e_Z = \frac{2}{9} \cdot 3{,}87 \cdot \frac{1 - \frac{9{,}75}{6{,}25} \cdot \left(\frac{6{,}43}{3{,}87}\right)^2}{1 + \frac{9{,}75}{6{,}25} \cdot \frac{6{,}43}{3{,}87}} \cdot \frac{1}{2 + 2{,}666 \cdot \left(1 + \frac{3{,}87}{6{,}43}\right)}$$

$$e_Z = \frac{2}{9} \cdot 3{,}87 \cdot \frac{1 - 4{,}307}{1 + 2{,}592} \cdot \frac{1}{6{,}271}$$

$e_Z = -0{,}126 \text{ m}$

Das Vorzeichen von e_Z weist auf die Richtung der Ausmitte hin und ist für die Berechnung unerheblich.

- Deckeneinspannmoment

Mit der Deckenauflagerkraft $A_Z = 43{,}6$ kN/m ergibt sich

$M_Z' = 0{,}126 \cdot 43{,}6 = 5{,}494 \text{ kNm/m}$

Das Deckeneinspannmoment wird entsprechend den unterschiedlichen Steifigkeiten der anschließenden Wände auf den Wandfuß und den Wandkopf verteilt. Unter Benutzung der bereits ermittelten Verteilungszahlen ergibt sich für den

- Wandfuß

$$M_u = + M_Z' \cdot \frac{V_{M1}}{V_{M1} + V_{M2}}$$

$$= 5{,}494 \cdot \frac{0{,}037}{0{,}037 + 0{,}322} = 0{,}566 \text{ kNm/m}$$

- Wandkopf

$$M_o = - M_Z' \cdot \frac{V_{M2}}{V_{M1} + V_{M2}}$$

$$= -5{,}494 \cdot \frac{0{,}322}{0{,}037 + 0{,}322} = -4{,}928 \text{ kNm/m}$$

c) Vereinfachte Berechnung nach DIN 1053 Teil 1 (5%-Regel)

Ausmitte der Deckenauflagerkraft nach Gl. (6.41b):

$e_Z = 0{,}05 \cdot (3{,}87 - 6{,}43) = -0{,}128 \text{ m}$

Mit $A_Z = 43{,}6$ kN/m ergibt sich das Deckeneinspannmoment

$M_Z' = 0{,}128 \cdot 43{,}6 = 5{,}581 \text{ kNm/m}$

Die Verteilung des Einspannmomentes auf Wandfuß und Wandkopf wird mit den zuvor errechneten Verteilungszahlen vorgenommen. Es ergibt sich für den

- Wandfuß

$$M_u = 5{,}581 \cdot \frac{0{,}037}{0{,}037 + 0{,}322} = 0{,}575 \text{ kNm/m}$$

- Wandkopf

$$M_o = -5{,}581 \cdot \frac{0{,}322}{0{,}037 + 0{,}322} = -5{,}006 \text{ kNm/m}$$

Vergleich der Ausmitten

Für die Bemessung des Wand-Decken-Knotens ist die Berechnung der Lastausmitten am Wandfuß und Wandkopf erforderlich. Nach den drei Vergleichsrechnungen werden die entsprechenden Ausmitten am Wandfuß und Wandkopf nach Bild 6/24 ermittelt und in Tafel 6/73 zusammengestellt. Hierbei zeigt sich die gute Übereinstimmung der Ausmitten e_o und e_u nach den drei unterschiedlichen Berechnungsverfahren.

Tafel 6/73: Unsymmetrischer Wand-Decken-Knoten: Zusammenstellung der Wandausmitten

	Normalkraft	Biegemoment	Ausmitte e
		Wandfuß M_u	Wandfuß $e_u = M_u/N_o$
		Wandkopf M_o	Wandkopf $e_o = M_o/N_u$
	kN/m	kNm/m	m
Wandfuß	$N_o = 84{,}0$	0,636	0,008
		0,566	0,007
		0,575	0,007
Wandkopf	$N_u = 127{,}6$	5,537	0,043
		4,928	0,039
		5,006	0,039

6.8.4.4 Nachweis

Den Nachweisen werden die Ausmitten aus der genauen Berechnung am Teilsystem (Cross-Ausgleich) zugrunde gelegt.

Gegeben:

Wandfuß d = 11,5 cm

Wandkopf d = 24,0 cm

Weitere Angaben siehe Kap. 6.8.4.1 und Bild 6/100.

Gesucht:

Nachweis des Wand-Decken-Knotens

Berechnungsgang:

- Wandfuß

$$e_u = 0,008 \text{ m} < \frac{d}{6} = \frac{0,115}{6} = 0,019 \text{ m}$$

$$> \frac{d}{18} = \frac{0,115}{18} = 0,006 \text{ m}$$

Nachweis als ungerissener Querschnitt

Bezogene Ausmitte

$$m = \frac{6 \cdot 0,008}{0,115} = 0,417$$

Normalkraftnachweis

Nach Gl. (6.46a):

$$N_{zul} = 1,33 \cdot \frac{5,07}{2,0} \cdot 10^3 \cdot 1,00 \cdot 0,115 \cdot \frac{1}{1+0,417}$$

$$= 273,6 \text{ kN/m}$$

$$N = N_o = 84,0 \text{ kN/m} < N_{zul} = 273,6 \text{ kN/m}$$

- Wandkopf

$$e_o = 0,043 \text{ m} > \frac{d}{6} = \frac{0,24}{6} = 0,040 \text{ m}$$

$$< \frac{d}{3} = \frac{0,24}{3} = 0,080 \text{ m}$$

Nachweis als teilweise gerissener Querschnitt

Bezogene Ausmitte

$$m = \frac{6 \cdot 0,043}{0,24} = 1,075$$

Normalkraftnachweis

Nach Gl. (6.46b):

$$N_{zul} = 1,33 \cdot \frac{4,27}{2,0} \cdot 10^3 \cdot 1,00 \cdot 0,24 \cdot \frac{3-1,075}{4}$$

$$= 328,0 \text{ kN/m}$$

$$N = N_u = 127,6 \text{ kN/m} < N_{zul} = 328,0 \text{ kN/m}$$

6.8.4.5 Erläuterung der Ergebnisse

Im vorliegenden Beispiel stimmen die Wandmomente und Ausmitten der drei Berechnungsverfahren gut überein. Bei den Biegemomenten aus der Näherungsberechnung am Teilsystem und der vereinfachten Berechnung (5%-Regel) wurde die Übereinstimmung jedoch nur durch die Berücksichtigung der stark unterschiedlichen Biegesteifigkeiten der beiden Wände erreicht.

Die Verfasser empfehlen daher, bei erheblich voneinander abweichenden Decken- und Wanddicken sowie Baustoffgüten, die Näherungsberechnung am Teilsystem nach Kap. 6.2 unter Verwendung von Mittelwerten durchzuführen. Das Deckeneinspannmoment muß jedoch unter Berücksichtigung der unterschiedlichen Wandsteifigkeiten verteilt werden.

Allgemein kann festgestellt werden, daß bei Abweichungen des maßgeblichen Ersatzsystems von den einfachen Grundsystemen in Kap. 6.2 der erläuterte Berechnungsablauf nach Cross sinngemäß angewendet werden darf.

6.8.5 Mehrfamilienhaus mit Mauerwerk in Stumpfstoßtechnik

6.8.5.1 Beschreibung

Im nachfolgenden Beispiel wird das in Kap. 6.8.2 bereits untersuchte 6geschossige Mehrfamilienhaus zugrunde gelegt. Die Innenwandanschlüsse werden jetzt als Stumpfstöße ausgeführt (Bild 6/102). Geschoßhöhen und Abmessungen bleiben unverändert. In den Wänden Pos W 14 und W 15 muß die in Bild 6/85 an der entsprechenden Stelle vorhandene Türöffnung entfallen, da diese Wände jetzt zur Aussteifung benötigt werden. Bei den einzelnen Nachweisen und Positionen sind die erforderlichen Abmessungen und Querschnittswerte angegeben.

Als Baustoffe sind vorgesehen:

Decken: Beton B 25 mit E_B = 30000 MN/m²
(DIN 1045, Tabelle 11)

Wände: Mauerwerk
Steinfestigkeitsklasse 12, Mörtelgruppe III
mit $\beta_R = 2,67 \cdot \sigma_o = 2,67 \cdot 1,8 = 4,81$ MN/m²

Steinart: Vollstein mit Grifföffnungen

Es werden im einzelnen folgende Nachweise geführt:

- Stabilität des Gesamtbauwerks
- Windnachweis
- Standsicherheitsnachweise für die Aussteifungswände Pos W 1 und W 11 (Bild 6/102)

Die Nachweise für die Stabilität des Gesamtbauwerks (räumliche Steifigkeit) und für den Wind werden getrennt in x- und y-Richtung geführt.

6.8.5.2 Belastung

Lotrechte und waagerechte Lasten siehe Kap. 6.8.2.2.

6.8.5.3 Stabilität des Gesamtbauwerks

Berechnungsgang

Vorwerte

- Elastizitätsmodul E = 3000 · 1,8 = 5400 MN/m²
 (DIN 1053 Teil 1, Abschnitt 6.6, Tabelle 2)

- Summe aller lotrechten Lasten des Gebäudes (Bauwerkslast):

 N = 17974 kN = 17,974 MN (Kap. 6.8.2.3)

- Gebäudehöhe über OK Fundament

 h_G = 19,7 m (Kap. 6.8.2.2, Lotabweichung)

- Summe der Flächenmomente 2. Grades der für die Stabilitätsuntersuchung herangezogenen Wände (Tafel 6/74)

 ΣI_{xi} = 11,008 m⁴; ΣI_{yi} = 3,970 m⁴

Bedingung für die lotrechten aussteifenden Bauteile nach Gl. (6.75):

- In x-Richtung

$$19,7 \cdot \sqrt{\frac{17,974}{5400 \cdot 3,970}} = 0,57 < 0,6$$

Belastung, Windnachweis

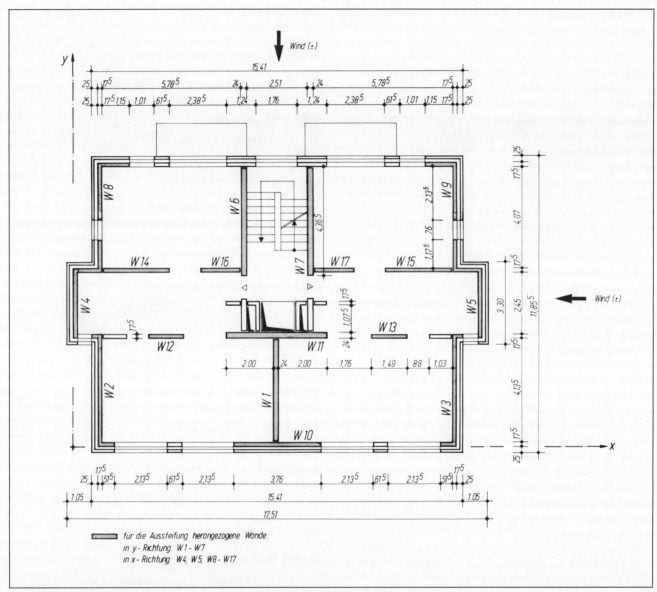

Bild 6/102: Grundriß Mehrfamilienhaus in Stumpfstoß-Bauweise

- In y-Richtung

$$19{,}7 \cdot \sqrt{\frac{17{,}974}{5400 \cdot 11{,}008}} = 0{,}34 < 0{,}6$$

Die Formänderungen dürfen bei der Ermittlung der Schnittgrößen unberücksichtigt bleiben.

Tafel 6/74: Mehrfamilienhaus mit Stumpfstößen: Flächenmomente 2. Grades der aussteifenden Wände

Wand Pos	I_{xi} m⁴	Wand Pos	I_{yi} m⁴
W1	1,414	W4, W5	2 × 0,223
W2, W3	2 × 1,927	W8, W9	2 × 0,071
W4, W5	2 × 1,207	W10	0,775
W6, W7	2 × 1,663	W11	1,525
		W12, W13	2 × 0,048
		W14, W15	2 × 0,398
		W16, W17	2 × 0,095
	$\sum I_{xi} = 11{,}008$		$\sum I_{yi} = 3{,}970$

6.8.5.4 Windnachweis

Unter Verwendung des Bildes 6/45 wird mit Hilfe des Kriteriums zur Beurteilung der Bauwerksaussteifung nach Kap. 6.5.3.3 überprüft, ob ein Windnachweis erforderlich ist.

Alle innen liegenden Aussteifungswände haben Rechteckquerschnitt; für die Außenwände Pos W 2 bis W 5, W 8 und W 9 werden zusammengesetzte Querschnitte angenommen. In x-Richtung werden als Aussteifungswände Pos W 4, W 5 und Pos W 8 bis Pos W 17 herangezogen, für die y-Richtung die Wände Pos W 1 bis Pos W 7. Die Wände sind im Grundriß regelmäßig angeordnet; es gelten näherungsweise die Verhältnisse des Beispiels in Kap. 6.8.2 (Bild 6/85, Kap. 6.8.2.4).

Windnachweis in x-Richtung

Berechnungsgang

Vorwerte

- Gebäudebreite B rechtwinklig zur Windrichtung:

  B = 11,86 m

- Summe der Flächenmomente 2. Grades der für die Aussteifung in Windrichtung herangezogenen Wände (Tafel 6/74):

$$\sum_{i=1}^{n} I_i = \sum I_{yi} = 3{,}970 \text{ m}^4$$

- Wandlänge und Querschnittswert $\varkappa$ des Wandquerschnitts mit dem größten Schwerpunktsabstand vom Rand:

  Bei Rechteckquerschnitten ist die Wand mit der größten Wandlänge in der untersuchten Richtung maßgebend, d. h.

  $(\varkappa \cdot b)_{max} = 0{,}5 \cdot b_{max}$

  Für die Wand Pos W 11 ist $b_{max} = b = 4{,}24$ m (Bild 6/102)

- Korrekturfaktoren

  $f_M = 0{,}56$ für $\sigma_o = 1{,}8$ MN/m² (Tafel 6/55)

  $f_h = 1{,}095$ für Geschoßhöhe h = 2,85 m Bild (6/46)

  $f_Q = 1{,}0$ für Rechteckquerschnitt mit $\varkappa = 0{,}5$ (Bild 6/47)

Bauwerksparameter nach Gl. (6.91):

$$\left(\frac{B}{\sum I_y}\right)' = \frac{11{,}86}{3{,}970} \cdot 0{,}56 \cdot 1{,}095 \cdot 1{,}0 = 1{,}83 \text{ m}^{-3}$$

Überprüfung nach Bild 6/45:

Der Schnittpunkt von b = 4,24 m und $\left(\dfrac{B}{\sum I_y}\right)' = 1{,}83$ m⁻³

liegt oberhalb der Kurve für 6 Geschosse; d. h. für das vorliegende Gebäude muß in x-Richtung ein genauer Windnachweis geführt werden. Der Nachweis erfolgt beispielhaft für die Wand Pos W 11 in Höhe des Erdgeschoßfußbodens (Kap. 6.8.5.5).

Windnachweis in y-Richtung

Berechnungsgang

Die Außenwände Pos W 2 und W 3 sind weniger belastet als die Innenwand Pos W 1. Daher wird bei der Untersuchung der Bauwerksaussteifung die Wand Pos W 1 zugrunde gelegt.

Vorwerte

- Gebäudebreite B rechtwinklig zur Windrichtung:

  B = 15,41 + 2 · 1,05 = 17,51 m

- Summe der Flächenmomente 2. Grades der für die Aussteifung in Windrichtung herangezogenen Wände (Tafel 6/74):

$$\sum_{i=1}^{n} I_i = \sum I_{xi} = 11{,}008 \text{ m}^4$$

- Wandlänge und Querschnittswert $\varkappa$ der Wand Pos W 1:

  b = 4,135 m

  $\varkappa = 0{,}5$ (Rechteckquerschnitt)

- Korrekturfaktoren

  f_M, f_h und f_Q wie beim Windnachweis in x-Richtung

Bauwerksparameter nach Gl. (6.91):

$$\left(\frac{B}{\sum I_x}\right)' = \frac{17{,}51}{11{,}008} \cdot 0{,}56 \cdot 1{,}095 \cdot 1{,}0 = 0{,}98 \text{ m}^{-3}$$

Überprüfung nach Bild 6/45:

Der Schnittpunkt von b = 4,135 m und $\left(\dfrac{B}{\sum I_x}\right)' = 0{,}98$ m⁻³

liegt nach Bild 6/45 unterhalb der Kurve für 6 Geschosse; d. h. für die y-Richtung darf ein genauer Windnachweis entfallen, wenn gleichzeitig nach Gl. (6.92b) die größte Druckspannung infolge lotrechter Lasten max $\sigma \leq \dfrac{\beta_R}{\gamma}$ und die kleinste Druckspannung min $\sigma \geq \dfrac{1}{3} \cdot \dfrac{\beta_R}{\gamma}$ ist. Das Einhalten dieser Kriterien nach Kap. 6.5.3.4 wird im folgenden überprüft.

6.8.5.5 Standsicherheitsnachweise

Allgemeines

Bei den Standsicherheitsnachweisen wird für beide Richtungen jeweils eine Aussteifungswand im Erdgeschoß ausgewählt.

Die Untersuchung der Bauwerksaussteifung nach Kap. 6.5.3.3 ergab, daß nur für die in x-Richtung liegenden Wände des Beispiels (Bild 6/102) ein genauer Windnachweis geführt werden muß; für Wände in y-Richtung darf er entfallen.

Wegen der anschließenden Deckenöffnungen (Fahrstuhlschacht) neben der Wand Pos W 11 wäre der Winkel der Einflußfläche für die Wand Pos W 1 kleiner als 60°; zur Vereinfachung ist hier der Winkel zu 60° angenommen.

Pos W 1: Aussteifungswand im Erdgeschoß in y-Richtung

Gegeben:

Abmessungen

d = 24 cm, b = 4,135 m

Querschnittswerte

A = 0,992 m², I_x = 1,414 m⁴ (Tafel 6/74)

Weitere Angaben siehe Kap. 6.8.5.1

Gesucht:

Standsicherheitsnachweise

a) Lastermittlung
b) Spannungsnachweis für den Gesamtquerschnitt
c) Nachweis der Wand-Decken-Knoten
d) Knicksicherheitsnachweis

Berechnungsgang:

a) Lastermittlung

Einflußfläche für die lotrechten Lasten (Bild 6/103):

$F_1 = 2 \cdot 0{,}5 \cdot 4{,}31 \cdot 3{,}73 = 16{,}08$ m²

Lotrechte Lasten:

(unter Berücksichtigung von Kap. 6.8.2.2)

Eigengewicht

Dachdecke: $N_D = 5{,}00 \cdot 16{,}08$		= 80,4 kN
5 Zwischendecken: $N_Z = 5 \cdot 5{,}00 \cdot 16{,}08$		= 402,0 kN
Eigengewicht der Wand ($g_{wi} = 5{,}16$ kN/m²)		
Aus 5 Geschossen:		
$N_W = 5 \cdot 5{,}16 \cdot 4{,}135 \cdot 2{,}70$		= 288,0 kN
		770,4 kN

Verkehrslasten

Dachdecke: $0{,}75 \cdot 16{,}08$		= 12,1 kN
5 Zwischendecken: $5 \cdot 2{,}75 \cdot 16{,}08$		= 221,1 kN
		233,2 kN

Aussteifungswand Pos W 1 in y-Richtung

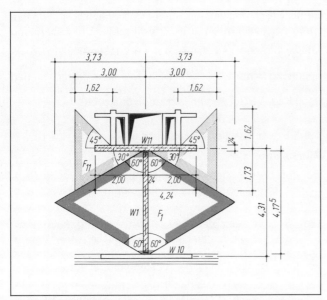

Bild 6/103: Einflußflächen für lotrechte Lasten für die Wände Pos W 1 und W 11

Eine Abminderung der Verkehrslasten gemäß DIN 1055 Teil 3 wird in diesem Beispiel nicht berücksichtigt.

Minimale lotrechte Lasten (Eigengewicht) im Erdgeschoß

- Wandkopf $\min N_K = $ 770,4 kN
- In halber Geschoßhöhe

  $\min N_m = 770{,}4 + 0{,}5 \cdot 5{,}16 \cdot 4{,}135 \cdot 2{,}70 = 799{,}2$ kN
- Wandfuß

  $\min N_F = 799{,}2 + 0{,}5 \cdot 5{,}16 \cdot 4{,}135 \cdot 2{,}70 = 828{,}0$ kN

Maximale lotrechte Lasten (Vollast) im Erdgeschoß

- Wandkopf

  $\max N_K = 770{,}4 + 233{,}2 = 1003{,}6$ kN
- In halber Geschoßhöhe

  $\max N_m = 799{,}2 + 233{,}2 = 1032{,}4$ kN
- Wandfuß

  $\max N_F = 828{,}0 + 233{,}2 = 1061{,}2$ kN

Waagerechte Lasten:

Die Überprüfung der Bauwerksaussteifung hat gezeigt, daß in y-Richtung kein Windnachweis geführt zu werden braucht. Hierbei wird angenommen, daß die weiteren Kriterien nach Kap. 6.5.3.4 erfüllt sind. Dies wird im folgenden überprüft.

b) Spannungsnachweis für den Gesamtquerschnitt

Normalspannungen am Wandfuß

Da aus Symmetriegründen Last- und Flächenschwerpunkt der Wand zusammenfallen, ist die Ausmitte der Normalkraft in Längsrichtung der Wand e = 0. Der Querschnitt ist ungerissen.

Normalspannungen nach Gl. (6.78):

Lastfall Eigengewicht

$$\sigma_{I,II} = \frac{828{,}0}{0{,}992} = 834{,}7 \text{ kN/m}^2$$

Lastfall Vollast

$$\sigma_{I,II} = \frac{1061{,}2}{0{,}992} = 1069{,}8 \text{ kN/m}^2$$

Nachweis auf Einhaltung der Gln. (6.92b) und (6.87b):

$$\max \sigma = 1{,}070 \text{ MN/m}^2 < \frac{4{,}81}{2{,}0} = 2{,}41 \text{ MN/m}^2$$

$$\min \sigma = 0{,}835 \text{ MN/m}^2 > \frac{1}{3} \cdot \frac{4{,}81}{2{,}0} = 0{,}80 \text{ MN/m}^2$$

Beide Bedingungen sind eingehalten.

Damit sind auch die in Kap. 6.8.5.4 erwähnten weiteren Kriterien zur Beurteilung der Bauwerksaussteifung nach Kap. 6.5.3.4 für das Entfallen des Windnachweises erfüllt.

c) Nachweis der Wand-Decken-Knoten

Der Nachweis wird für den gesamten Wandquerschnitt geführt, da über die gesamte Wandbreite für diesen Nachweis gleiche Verhältnisse vorliegen.

Die Ausmitten werden am Teilsystem (Innenwandknoten D, Bild 6/12) errechnet; die Decke wird an den Nachbarknoten als eingespannt vorausgesetzt.

Wanddicke d = 24 cm

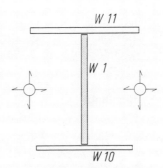

Es wird der Lastfall Vollast zugrunde gelegt.

Vorwerte

- Elastizitätsmodul: $E = 3000 \cdot 1{,}8 = 5400$ MN/m² (DIN 1053 Teil 1, Abschnitt 7.2.2)
- Maßgebende Deckenspannweiten (zweiachsig gespannte Decken, Bild 6/17)

  $l_1 = l_2 = \frac{2}{3} \cdot 4{,}31 = 2{,}87$ m
- Flächenmomente 2. Grades

  $I_B = \frac{1}{12} \cdot 0{,}15^3 = 2{,}813 \cdot 10^{-4}$ m⁴/m

  $I_M = \frac{1}{12} \cdot 0{,}24^3 = 1{,}152 \cdot 10^{-3}$ m⁴/m
- Steifigkeitsbeiwert

  $k_1 = \frac{2}{3} \cdot \frac{30000 \cdot 2{,}813 \cdot 10^{-4}}{5400 \cdot 1{,}152 \cdot 10^{-3}} \cdot \frac{2{,}85}{2{,}87} = 0{,}898$
- Deckenauflagerkraft der Zwischendecke

  Anzusetzende Deckenbelastung nach Gl. (6.27):

  $q_1 = 5{,}0 + 2{,}75 = 7{,}75$ kN/m²

  $q_2 = 5{,}0 + 0{,}5 \cdot 2{,}75 = 6{,}38$ kN/m²

Nach Gl. (6.30b):

$A_Z = 0.5 \cdot 2.87 \cdot (7.75 + 6.38) \cdot 4.135 = 83.8$ kN

Nachweis

Die im folgenden untersuchten Nachweisstellen Wandkopf und Wandfuß beziehen sich auf verschiedene Wand-Decken-Knoten:

Am Wandkopf wird der untere Schnitt des oberen, am Wandfuß der obere Schnitt des unteren Wand-Decken-Knotens im Erdgeschoß nachgewiesen.

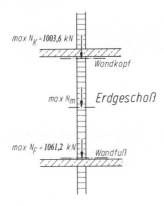

- Wandkopf

Ausmitte der Deckenauflagerkraft nach Gl. (6.33) mit $l_1/l_2 = 1{,}00$ (Nachweis im mittleren Stegbereich):

$$e_z = \frac{2}{9} \cdot 2{,}87 \cdot \frac{1 - \frac{6{,}38}{7{,}75} \cdot 1{,}00^2}{1 + \frac{6{,}38}{7{,}75} \cdot 1{,}00} \cdot \frac{1}{2 + 0{,}898 \cdot (1 + 1{,}00)} = 0{,}0163 \text{ m}$$

Ausmitte nach Gl. (6.39b):

Als $N_o + A_z$ wird die am Wandkopf im Erdgeschoß unter Vollast ermittelte Last max$N_K = 1003{,}6$ kN eingesetzt. Der Einfluß der Wechsellast p/2 wird hierbei vernachlässigt.

$e_o = \frac{83{,}8}{2 \cdot 1003{,}6} \cdot 0{,}0163$

$\quad = 0{,}00068$ m $\approx 0{,}0007$ m $< \frac{d}{6} = \frac{0{,}24}{6} = 0{,}04$ m

$\qquad\qquad\qquad\qquad\quad < \frac{d}{18} = \frac{0{,}24}{18} = 0{,}0133$ m

Nachweis als ungerissener Querschnitt

Bezogene Ausmitte

$m = \frac{6 \cdot 0{,}0007}{0{,}24} = 0{,}018$

Normalkraftnachweis

Bei Berücksichtigung, daß nur $\frac{\beta_R}{\gamma}$ ausgenutzt werden darf, ergibt sich nach Gl. (6.46a):

$N_{zul} = \frac{4{,}81}{2{,}0} \cdot 10^3 \cdot 4{,}135 \cdot 0{,}24 \cdot \frac{1}{1 + 0{,}018} = 2344{,}5$ kN

max$N_K = 1003{,}6$ kN $< 2344{,}5$ kN

- Wandfuß

Ausmitte nach Gl. (6.38b) mit $e_z = 0{,}0163$ m (wie am Wandkopf) und $N_o = $ max$N_F = 1061{,}2$ kN

$e_u = \frac{83{,}8}{2 \cdot 1061{,}2} \cdot 0{,}0163$

$\quad = 0{,}00064$ m $\approx 0{,}0006$ m $< \frac{d}{6} = \frac{0{,}24}{6} = 0{,}04$ m

$\qquad\qquad\qquad\qquad\quad < \frac{d}{18} = \frac{0{,}24}{18} = 0{,}0133$ m

Nachweis als ungerissener Querschnitt

Es ergibt sich mit $m = 0{,}015$ nach Gl. (6.46a):

$N_{zul} = 2351{,}5$ kN

max$N_F = 1061{,}2$ kN $< 2351{,}5$ kN

d) Knicksicherheitsnachweis

Der Nachweis wird für eine zweiseitig gehaltene Wand in halber Geschoßhöhe geführt. Es wird auch bei diesem Nachweis der gesamte Wandquerschnitt zugrunde gelegt.

Vorwerte
- Elastizitätsmodul
- Maßgebende Deckenspannweiten
- Flächenmomente 2. Grades

} siehe Vorwerte für Nachweis der Wand-Decken-Knoten

- Planmäßige Ausmitte in Querrichtung der Wand

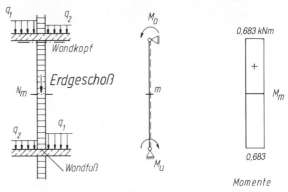

Momente

Infolge der Wechsellast p/2 auf den beiden Geschoßdecken und gleichen benachbarten Feldweiten entsteht ein über die Wandhöhe konstantes Biegemoment, welches beim Knicksicherheitsnachweis zu berücksichtigen ist.

Wandmomente

Wandkopf (aus Nachweis der Wand-Decken-Knoten)

$M_o = \frac{1}{2} \cdot A_Z \cdot e_z = \frac{1}{2} \cdot 83{,}8 \cdot 0{,}0163 = 0{,}683$ kNm

Wandfuß

Infolge symmetrischen Systems und antimetrischer Belastung:

$M_u = 0{,}683$ kNm

In halber Geschoßhöhe

$M_m = 0{,}683$ kNm

Planmäßige Ausmitte der Wandnormalkraft

$e = \frac{M_m}{N_m} = \frac{0{,}683}{1032{,}4} = 0{,}00066$ m $\approx 0{,}0007$ m

($e < d/3$ im Gebrauchszustand ist eingehalten)

Aussteifungswand Pos W 11 in x-Richtung

Bezogene Ausmitte

$$m = \frac{6 \cdot 0,0007}{0,24} = 0,018$$

- Knicklänge der Wand

β nach Gl. (6.63a):

$$\beta = 1 - 0,15 \cdot \frac{30000 \cdot 2,813 \cdot 10^{-4}}{5400 \cdot 1,152 \cdot 10^{-3}} \cdot 2,70 \cdot \left(\frac{1}{2,87} + \frac{1}{2,87}\right)$$

$\beta = 1 - 0,38 = 0,62 < 0,75$

daher ist anzusetzen $\beta = 0,75$

Wegen $e \leq d/6$ in halber Geschoßhöhe beträgt die Knicklänge nach Gl. (6.62):

$h_K = 0,75 \cdot 2,70 = 2,03$ m

- Schlankheit

$$\bar{\lambda} = \frac{2,03}{0,24} = 8,46 < 25$$

Nachweis

Näherung nach DIN 1053 Teil 1, Abschnitt 7.9.2

Wandverformung nach Gl. (6.60):

$$f = 8,46 \cdot 2,03 \cdot \frac{1 + 0,018}{1800} = 0,0097 \text{ m}$$

$e + f = 0,0007 + 0,0097 = 0,0104$ m

$$< \frac{d}{6} = \frac{0,24}{6} = 0,04 \text{ m}$$

$$< \frac{d}{18} = \frac{0,24}{18} = 0,0133 \text{ m}$$

Normalkraftnachweis

Zulässige Normalkraft nach Gl. (6.48a) unter Beachtung, daß nur $\frac{\beta_R}{\gamma}$ ausgenutzt werden darf:

$$N_{zul} = \frac{4,81}{2,0} \cdot 10^3 \cdot 4,135 \cdot 0,24 = 2386,7 \text{ kN}$$

$maxN_m = 1032,4$ kN $< 2386,7$ kN

Damit sind die erforderlichen Nachweise für die Wand Pos W 1 im Erdgeschoß erbracht; die Standsicherheit konnte nachgewiesen werden.

Für die Nachweise der Wand-Decken-Knoten und der Knicksicherheit war der Lastfall Vollast maßgebend.

Pos W 11: Aussteifungswand im Erdgeschoß in x-Richtung

Gegeben:

Abmessungen

$d = 24$ cm, $b = 4,24$ m

Querschnittswerte

$A = 1,018$ m², $I_y = 1,525$ m⁴ (Tafel 6/74)
Weitere Angaben siehe Kap. 6.8.5.1

Gesucht:

Standsicherheitsnachweise

a) Lastermittlung
b) Spannungsnachweis für den Gesamtquerschnitt
c) Nachweis der Wand-Decken-Knoten
d) Knicksicherheitsnachweis
e) Nachweis der Randdehnung

Berechnungsgang:

a) Lastermittlung

Einflußfläche für die lotrechten Lasten (Bild 6/103):
$F_{11} = 2 \cdot 0,5 \cdot 3,00 \cdot 1,73 + 2 \cdot 0,5 \cdot 1,62^2 = 7,82$ m²

Lotrechte Lasten:
(Unter Berücksichtigung von Kap. 6.8.2.2)

Eigengewicht

Dachdecke: $N_D = 5,00 \cdot 7,82$	$= 39,1$ kN
5 Zwischendecken: $N_Z = 5 \cdot 5,00 \cdot 7,82$	$= 195,5$ kN

Eigengewicht der Wand ($g_{wi} = 5,16$ kN/m²)
Aus 5 Geschossen:

$N_w = 5 \cdot 5,16 \cdot 4,24 \cdot 2,70$ $\qquad = 295,4$ kN

Bereich über den Türöffnungen
($g_{wi} = 3,34$ kN/m² für $d = 17,5$ cm)

$N_{St} = 5 \cdot 3,34 \cdot 1,76 \cdot 0,70$ $\qquad \underline{= 20,6 \text{ kN}}$
$\qquad\qquad\qquad\qquad\qquad\qquad\quad 550,6$ kN

Verkehrslasten

Dachdecke: $0,75 \cdot 7,82$	$= 5,9$ kN
5 Zwischendecken: $5 \cdot 2,75 \cdot 7,82$	$\underline{= 107,5 \text{ kN}}$
	$113,4$ kN

Minimale lotrechte Lasten (Eigengewicht) im Erdgeschoß

- Wandkopf $\qquad\qquad\qquad\qquad\qquad minN_K = 550,6$ kN
- In halber Geschoßhöhe

$minN_m = 550,6 + 0,5 \cdot 5,16 \cdot 4,24 \cdot 2,70$ $\qquad = 580,1$ kN

- Wandfuß

$minN_F = 580,1 + 0,5 \cdot 5,16 \cdot 4,24 \cdot 2,70$ $\qquad = 609,6$ kN

Maximale lotrechte Lasten (Vollast) im Erdgeschoß

- Wandkopf
  $maxN_K = 550,6 + 113,4$ $\qquad\qquad\qquad = 664,0$ kN
- In halber Geschoßhöhe
  $maxN_m = 580,1 + 113,4$ $\qquad\qquad\qquad = 693,5$ kN
- Wandfuß
  $maxN_F = 609,6 + 113,4$ $\qquad\qquad\qquad = 723,0$ kN

Waagerechte Lasten:

Gesamte Horizontallast Q_G und Gesamtmoment M_G aus Wind in x-Richtung und Lotabweichung (siehe Bild 6/86)

Schnittgrößen infolge waagerechter Lasten:

Ermittlung in Höhe Erdgeschoßfußboden
(Ergebnisse aus Kap. 6.8.2.5, Pos. W 1, Mit Windnachweis)

$Q_G = 208,1$ kN

$M_G = 1947,7$ kNm

Für die Wand Pos W 11 anteiliges Biegemoment und Querkraft nach den Gln. (6.76b) und (6.77b) sowie Tafel 6/74:

Aussteifungswand Pos W 11 in x-Richtung

$Q_{x11} = 208{,}1 \cdot \dfrac{1{,}525}{3{,}970} = 79{,}9$ kN

$M_{y11} = 1947{,}7 \cdot \dfrac{1{,}525}{3{,}970} = 748{,}2$ kNm

Von dem auf die Wand Pos W 11 entfallenden Lastanteil werden 15% auf andere Wände umverteilt (DIN 1053 Teil 1, Abschnitt 6.4). Es werden daher angesetzt:

$Q'_{x11} = 0{,}85 \cdot 79{,}9 = 67{,}9$ kN

$M'_{y11} = 0{,}85 \cdot 748{,}2 = 636{,}0$ kNm

b) Spannungsnachweis für den Gesamtquerschnitt

Normalspannungen am Wandfuß

Die Normalspannungen werden für die Lastfälle Vollast und Eigengewicht, jeweils mit Wind, ermittelt.

Lastfall Vollast + Wind

Vorwerte

- Ausmitte der lotrechten Lasten mit
  $\max N_F = 723{,}0$ kN und $M'_{y11} = 636{,}0$ kNm

  Ausmitte der Wandnormalkraft in Längsrichtung der Wand

  $e = \dfrac{636{,}0}{723{,}0} = 0{,}880$ m $> \dfrac{b}{6} = \dfrac{4{,}24}{6} = 0{,}707$ m

  $< \dfrac{b}{3} = \dfrac{4{,}24}{3} = 1{,}413$ m

  Es liegt ein teilweise gerissener Querschnitt vor. Für lotrechte Lasten allein ist die planmäßige Ausmitte $e = 0$.

Nachweis

Randspannung infolge lotrechter und waagerechter Lasten nach Gl. (6.79a):

Überdrückte Wandlänge 3c

$3c = 3 \cdot \left(\dfrac{4{,}24}{2} - 0{,}880\right) = 3{,}720$ m

$\sigma_R = \dfrac{2 \cdot 723{,}0}{0{,}24 \cdot 3{,}720} = 1619{,}6$ kN/m²

$\sigma_R = 1{,}620$ MN/m² $< 1{,}33 \cdot \dfrac{4{,}81}{2{,}0} = 3{,}20$ MN/m²

Lastfall Eigengewicht + Wind

Der Nachweis wird nur für den Wandfuß geführt.

Vorwerte

- Ausmitte der lotrechten Lasten mit
  $\min N_F = 609{,}6$ kN und $M'_{y11} = 636{,}0$ kNm

  $e = \dfrac{636{,}0}{609{,}6} = 1{,}043$ m $> \dfrac{4{,}24}{6} = 0{,}707$ m

  $< \dfrac{4{,}24}{3} = 1{,}413$ m

Es liegt ein teilweise gerissener Querschnitt vor.

Nachweis

Überdrückte Wandlänge 3c

$3c = 3 \cdot \left(\dfrac{4{,}24}{2} - 1{,}043\right) = 3{,}231$ m

$\sigma_R = \dfrac{2 \cdot 609{,}6}{0{,}24 \cdot 3{,}231} = 1572{,}3$ kN/m²

$\sigma_R = 1{,}572$ MN/m² $< 1{,}33 \cdot \dfrac{4{,}81}{2{,}0} = 3{,}20$ MN/m²

Schubspannungen am Wandfuß

Nachweis in Höhe Erdgeschoßfußboden für den Lastfall Eigengewicht + Wind. Es liegt Mauerwerk ohne Stoßfugenvermörtelung vor.

Vorwerte nach Tafel 6/47:

- Nennwert der Steindruckfestigkeit
  $\beta_{Nst} = 12$ MN/m²
- Rechenwert der Steinzugfestigkeit
  $\beta_{RZ} = 0{,}40$ MN/m²
- Rechenwert der abgeminderten Haftscherfestigkeit
  $\beta_{RHS} = 0{,}22/2 = 0{,}11$ MN/m²
- Abgeminderter Reibungsbeiwert
  $\bar{\mu} = 0{,}4$

Spannungen

- Normalspannung in der Mitte des überdrückten Wandquerschnitts:

  $\sigma = \dfrac{\sigma_R}{2} = \dfrac{1}{2} \cdot 1{,}572 = 0{,}786$ MN/m²

- Schubspannung

  Vorhandene Schubspannung nach Gl. (6.81) in der Mitte des überdrückten Wandquerschnitts. Es wird auf der sicheren Seite liegend mit dem Faktor 1,5 gerechnet.

  $\tau = 1{,}5 \cdot \dfrac{67{,}9}{0{,}24 \cdot 3{,}231} = 131{,}3$ kN/m²

  $\tau = 0{,}131$ MN/m²

- Grenzwerte $\bar{\tau}$ für die Schubspannungen (Bild 6/104)

  Nach Gl. (6.73a), Fall 1:

  $\bar{\tau} = \dfrac{1}{2{,}0} \cdot (0{,}11 + 0{,}4 \cdot 0{,}786) \qquad = 0{,}212$ MN/m²

  Nach Gl. (6.73b), Fall 2:

  $\bar{\tau} = \dfrac{1}{2{,}0} \cdot \left(0{,}45 \cdot 0{,}40 \cdot \sqrt{1 + \dfrac{0{,}786}{0{,}40}}\right) = 0{,}155$ MN/m²

  Nach Gl. (6.73c), Fall 3:

  $\bar{\tau} = \dfrac{1}{2{,}0} \cdot (4{,}81 - 2 \cdot 0{,}786) \qquad = 1{,}619$ MN/m²

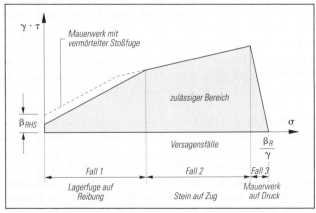

Bild 6/104: Bereich der Schubtragfähigkeit für Mauerwerk mit mörtelfreien Stoßfugen (vgl. Bild 6/6)

Aussteifungswand Pos W 11 in x-Richtung

Schubnachweis

Kleinster Grenzwert nach Fall 2

$\bar{\tau} = 0{,}155$ MN/m² $> \tau = 0{,}131$ MN/m²

Beim Schubnachweis ist Versagen der Steine infolge schräger Hauptzugspannungen maßgebend (siehe auch Nachweis in Kap. 6.8.2.5, Pos. W 1, Mit Windnachweis).

c) **Nachweis der Wand-Decken-Knoten**

Der Nachweis wird für einen 1,0 m breiten Abschnitt am Wandende in Höhe des Erdgeschoßfußbodens geführt.

Wanddicke d = 24 cm

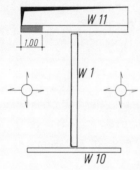

Wegen der anschließenden Deckenöffnungen (Fahrstuhlschacht) an einer Wandseite wird die untersuchte Wand Pos W 11 über ihre gesamte Länge als einseitig durch Decken belastet angenommen.

Es wird das Teilsystem der Zwischendecke mit Außenwandknoten C (Bild 6/12) zugrunde gelegt.

Vorwerte

- Elastizitätsmodul: E = 3000 · 1,8 = 5400 MN/m² (DIN 1053 Teil 1, Abschnitt 7.2.2)
- Maßgebende Deckenspannweiten:

    $l_1 = 4{,}31$ m; $l_2 = 0$

- Flächenmomente 2. Grades (Pos W 1)

    $I_B = 2{,}813 \cdot 10^{-4}$ m⁴/m

    $I_M = 1{,}152 \cdot 10^{-3}$ m⁴/m

- Steifigkeitsbeiwert

    $k_1 = \dfrac{2}{3} \cdot \dfrac{30000 \cdot 2{,}813 \cdot 10^{-4}}{5400 \cdot 1{,}152 \cdot 10^{-3}} \cdot \dfrac{2{,}85}{4{,}31} = 0{,}598$

- Deckenauflagerkraft

    Anzusetzende Deckenbelastung nach Gl. (6.27):

    $q_1 = 5{,}0 + 2{,}75 = 7{,}75$ kN/m²

    $q_2 = 5{,}0 + 0{,}5 \cdot 2{,}75 = 6{,}38$ kN/m²

    Nach Gl. (6.30a):

    $A_Z = 0{,}5 \cdot 7{,}75 \cdot 4{,}31 = 16{,}7$ kN/m

Belastung

Wandnormalkraft

Normalkraft im Querschnittsteil am freien Wandende

Die Normalkraft wird aus der mittleren Spannung σ_m des untersuchten Querschnittteils errechnet:

$\sigma_m = \sigma_R \cdot \dfrac{3 \cdot c - 0{,}5}{3 \cdot c}$

Maßgebend ist σ_R aus dem Lastfall Vollast + Wind.

- Wandfuß

$\sigma_m = 1619{,}6 \cdot \dfrac{3{,}720 - 0{,}5}{3{,}720} = 1401{,}9$ kN/m²

$N_0 = \sigma_m \cdot d = 1401{,}9 \cdot 0{,}24 = 336{,}5$ kN/m

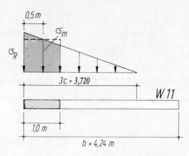

- Wandkopf

    Für diese Stelle erfolgt im Rahmen dieses Beispiels kein Nachweis, daher keine Ermittlung der Wandnormalkraft.

Nachweis

- Wandfuß

Ausmitte der Deckenauflagerkraft aus Betrachtung am Teilsystem nach Gl. (6.32):

$e_Z = \dfrac{2 \cdot 4{,}31}{9} \cdot \dfrac{1}{2 + 0{,}598} = 0{,}369$ m

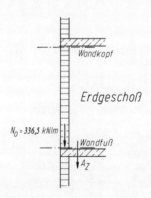

Ausmitte der Wandnormalkraft nach Gl. (6.38b):

Als N_0 wird der am Wandfuß im Erdgeschoß ermittelte Wert von 336,5 kN/m angesetzt.

$e_u = \dfrac{16{,}7}{2 \cdot 336{,}5} \cdot 0{,}369 = 0{,}0092$ m

$ < \dfrac{d}{6} = \dfrac{0{,}24}{6} = 0{,}04$ m

$ < \dfrac{d}{18} = \dfrac{0{,}24}{18} = 0{,}0133$ m

Nachweis als ungerissener Querschnitt

Bezogene Ausmitte

$m = \dfrac{6 \cdot 0{,}0092}{0{,}24} = 0{,}230$

Spannungsnachweis

Für $\sigma_m = \dfrac{N}{b \cdot d}$ wird die Randspannung $\sigma_R = 1619{,}6$ kN/m² im untersuchten Teilquerschnitt eingesetzt.

Nach Gl. (6.43b):

$\sigma_m = \sigma_R = 1{,}620 \text{ MN/m}^2 < \dfrac{4{,}81}{2{,}0} = 2{,}41 \text{ MN/m}^2$

- Wandkopf

Dieser Nachweis kann entsprechend dem Nachweis für den Wandfuß geführt werden; er wird hier jedoch nicht mehr gebracht.

d) Knicksicherheitsnachweis

Es wird ein 1,0 m breiter Abschnitt am freien Wandende zugrunde gelegt. Der Nachweis wird für eine zweiseitig gehaltene Wand in halber Geschoßhöhe geführt.

Vorwerte

- Elastizitätsmodul
- Flächenmomente 2. Grades
- Maßgebende Deckenspannweiten

} Siehe Vorwerte für Nachweis der Wand-Decken-Knoten

- Planmäßige Ausmitte in Querrichtung der Wand

Durch Annahme unterschiedlicher Verkehrslasten in den benachbarten Geschossen ergeben sich folgende Biegemomente:

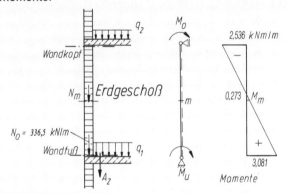

Wandmomente

Wandfuß

$M_u = \dfrac{A_z \cdot e_z}{2} = \dfrac{1}{2} \cdot 16{,}7 \cdot 0{,}369 = 3{,}081 \text{ kNm/m}$

Wandkopf

$M_o = -\dfrac{6{,}38}{7{,}75} \cdot 3{,}081 = -2{,}536 \text{ kNm/m}$

In halber Geschoßhöhe

$M_m = 0{,}5 \cdot (3{,}081 - 2{,}536) = 0{,}273 \text{ kNm/m}$

Normalspannung am freien Rand

Mit $N_m = 693{,}5$ kN und den Biegemomenten infolge Windbelastung wird die Randspannung ermittelt.

Für die Wand Pos W 11 anteiliges Biegemoment nach Gl. (6.76b) sowie Tafel 6/74 unter Berücksichtigung der angenommenen 15%igen Umverteilung der Windlasten:

$M_G = 1661{,}0$ kNm (Kap. 6.8.2.5, Pos. W 1, Mit Windnachweis):

$M_{y11} = 0{,}85 \cdot 1661{,}0 \cdot \dfrac{1{,}525}{3{,}970} = 542{,}3$ kNm

Planmäßige Ausmitte der Normalkraft in Längsrichtung der Wand:

$e = \dfrac{542{,}3}{693{,}5} = 0{,}782 \text{ m} > \dfrac{b}{6} = \dfrac{4{,}24}{6} = 0{,}707 \text{ m}$

$\phantom{e = \dfrac{542{,}3}{693{,}5} = 0{,}782 \text{ m}} < \dfrac{b}{3} = \dfrac{4{,}24}{3} = 1{,}413 \text{ m}$

(e < d/3 im Gebrauchszustand ist eingehalten)

Es liegt ein teilweise gerissener Querschnitt vor.

Randspannung infolge lotrechter und waagerechter Lasten nach Gl. (6.79):

$3c = 3 \cdot \left(\dfrac{4{,}24}{2} - 0{,}782\right) = 4{,}014 \text{ m}$

$\sigma_R = \dfrac{2 \cdot 693{,}5}{0{,}24 \cdot 4{,}014} = 1439{,}8 \text{ kN/m}^2$

Mittlere Spannung σ_m im untersuchten Querschnittsteil:

$\sigma_m = 1439{,}8 \cdot \dfrac{4{,}014 - 0{,}5}{4{,}014} = 1260{,}5 \text{ kN/m}^2$

Wandnormalkraft

$N_m = 1260{,}5 \cdot 0{,}24 = 302{,}5 \text{ kN/m}$

Planmäßige Ausmitte

$e = \dfrac{M_m}{N_m} = \dfrac{0{,}273}{302{,}5} = 0{,}0009 \text{ m}$

- Bezogene Ausmitte

$m = \dfrac{6 \cdot 0{,}0009}{0{,}24} = 0{,}023$

- Knicklänge der Wand

β nach Gl. (6.63a):

$\beta = 1 - 0{,}15 \cdot \dfrac{30000 \cdot 2{,}813 \cdot 10^{-4}}{5400 \cdot 1{,}152 \cdot 10^{-3}} \cdot 2{,}70 \cdot \dfrac{1}{4{,}31}$

$\beta = 1 - 0{,}128 = 0{,}872 > 0{,}75$

Nach Gl. (6.62):

$h_K = 0{,}872 \cdot 2{,}70 = 2{,}35 \text{ m}$

- Schlankheit

$\bar{\lambda} = 2{,}35/0{,}24 = 9{,}79 < 25$

Nachweis

Näherung nach DIN 1053 Teil 1, Abschnitt 7.9.2

Wandverformung nach Gl. (6.60):

$f = 9{,}79 \cdot 2{,}35 \cdot \dfrac{1 + 0{,}023}{1800} = 0{,}0131 \text{ m}$

$e + f = 0{,}0009 + 0{,}0131 = 0{,}0140 \text{ m}$

$\phantom{e + f = 0{,}0009 + 0{,}0131} < \dfrac{d}{6} = \dfrac{0{,}24}{6} = 0{,}04 \text{ m}$

$\phantom{e + f = 0{,}0009 + 0{,}0131} > \dfrac{d}{18} = \dfrac{0{,}24}{18} = 0{,}0133 \text{ m}$

Nachweis als ungerissener Querschnitt

Spannungsnachweis

Nach Gl. (6.43a), wenn für $\sigma_R = \dfrac{N}{b \cdot d}(1 + m_g)$
= 1439,8 kN/m² gesetzt wird:

$\sigma_R = 1{,}440 \text{ MN/m}^2 < 1{,}33 \cdot \dfrac{4{,}81}{2{,}0} = 3{,}20 \text{ MN/m}^2$

Aussteifungswand Pos W 11 in x-Richtung

e) Nachweis der Randdehnung bei Scheibenbeanspruchung und klaffender Fuge

Der Nachweis wird in Höhe des Erdgeschoßfußbodens für beide Lastfälle geführt.

Vorwerte

- Elastizitätsmodul: $E = 5400$ MN/m²
- Größte Druckspannung unter Gebrauchslast

  Lastfall Vollast + Wind

  $\sigma_R = 1{,}620$ MN/m² ($3c = 3{,}720$ m)

  Lastfall Eigengewicht + Wind

  $\sigma_R = 1{,}572$ MN/m² ($3c = 3{,}231$ m)

Nachweis

Randdehnung auf der Zugseite nach Gl. (6.94):

Lastfall Vollast + Wind

$$\varepsilon_R = \frac{1{,}620}{5400} \cdot \left(\frac{4{,}24}{3{,}720} - 1 \right) = 0{,}42 \cdot 10^{-4} < 10^{-4}$$

Lastfall Eigengewicht + Wind

$$\varepsilon_R = \frac{1{,}572}{5400} \cdot \left(\frac{4{,}24}{3{,}231} - 1 \right) = 0{,}91 \cdot 10^{-4} < 10^{-4}$$

Der zulässige Wert der Randdehnung von 10^{-4} wird in beiden Lastfällen eingehalten.

Für die Nachweise der Wand-Decken-Knoten und der Knicksicherheit war der Lastfall Vollast + Wind maßgebend.

Damit sind die Nachweise für die Wand Pos W 11 im Erdgeschoß erbracht; die Standsicherheit konnte nachgewiesen werden.

6.8.5.6 Erläuterung der Ergebnisse

Am Beispiel zweier ausgewählter Aussteifungswände wurden die Standsicherheitsnachweise für das Erdgeschoß geführt.

Die untersuchten Wände Pos W 1 und W 11 sind Innenwände. Außenwände mit Windbelastung rechtwinklig zur Wandfläche wurden beim Gebäude in Stumpfstoß-Bauweise nicht behandelt; entsprechende Nachweise finden sich in Kap. 6.8.2.5, Beispiel Pos W 9.

Bei den Wandnachweisen von Wohngebäuden darf nach Ansicht der Verfasser auf den Ansatz feldweise veränderlicher Verkehrslasten verzichtet werden, da bei diesen Gebäuden im allgemeinen der Anteil der Wechsellast p/2 bezogen auf die ständige Last g + p/2 gering ist. Für die Ermittlung der zur Bemessung maßgebenden Normalkräfte N ist jedoch die volle Verkehrslast anzusetzen.

Literatur

Literatur, Kapitel 1

[1/1] Schweizerischer Ingenieur- und Architekten-Verein: SIA-Norm 113, Norm für die Berechnung und Ausführung von Mauerwerk aus künstlichen und natürlichen Bausteinen. Ausgabe 1965.

[1/2] Schneider, K. H.: Hochhäuser im Mauerwerksbau. Mauerwerk-Kalender 1976. Berlin: Verlag von Wilhelm Ernst & Sohn, S. 355–505.

[1/3] Schneider, K. H., Wiegand, E.: Die Tragfähigkeit von Mauerwerk aus Kalksand-Planelementen. Der Bauingenieur 49 (1974), S. 183–189.

[1/4] Wiegand, E., Pfeifhofer, H.: Anwendung einer neuen Mauerwerksart aus Kalksand-Planelementen an einem Wohnhochhaus in Hanau. Der Bauingenieur 50 (1975), S. 232–238.

[1/5] Zelger, C.: Bewehrtes Mauerwerk nach DIN 1053 Teil 3, Entwurf 1987. Mauerwerk-Kalender 1988. Berlin: Verlag Ernst & Sohn, S. 19–31.

[1/6] Schneider, K. H., Zuber, E., u. a.: KS-Mauerwerk – Konstruktion und Statik. 2. Auflage. Düsseldorf: Beton-Verlag 1979.

[1/7] Schmidt, St.: Merkblätter der DGfM. Mauerwerk-Kalender 1994. Berlin: Verlag Ernst & Sohn, S. 517–544.

[1/8] Reeh, H., Schulz, W., Mathias, B.: Kalksandstein – DIN 1053 Teil 1, Rezeptmauerwerk, Berechnung und Ausführung. 2. Auflage November 1990. Düsseldorf: Beton-Verlag 1990.

[1/9] Reeh, H., Reeh, S., Schulz, W., Zuber, E.: Kalksandstein – Statik und Bemessung DIN 1053 Teil 2. 2. Auflage. Düsseldorf: Beton-Verlag 1986.

[1/10] Kalksandstein Information GmbH & Co. KG: Kalksandstein: Planung, Konstruktion, Ausführung. 3. Auflage. Düsseldorf: Beton-Verlag 1994.

[1/11] Fachausschuß „Bau" bei der Zentralstelle für Unfallverhütung und Arbeitsmedizin des Hauptverbandes der gewerblichen Berufsgenossenschaften: Merkblatt für das Aufmauern von Wandscheiben. Auflage 1985, Ausgabe 10.1985.

Literatur, Kapitel 2

[2/1] Mann, W.: Grundlagen der vereinfachten Bemessung von Mauerwerk nach DIN 1053 Teil 1, Entwurf 1987. Mauerwerk-Kalender 1988. Berlin: Verlag Ernst & Sohn, S. 1–8. (siehe auch Mauerwerk-Kalender 1995, S. 11–18)

[2/2] Mann, W., König, G., Ötes, A.: Versuche zum Verhalten von Mauerwerk unter seismischer Beanspruchung. Mauerwerk-Kalender 1989. Berlin: Verlag Ernst & Sohn, S. 483–488.

[2/3] Mann, W., Müller, H.: Schubtragfähigkeit von gemauerten Wänden und Voraussetzung für das Entfallen des Windnachweises. Mauerwerk-Kalender 1985. Berlin: Verlag Ernst & Sohn, S. 95–114.

[2/4] Kalksandstein Information GmbH & Co. KG: Kalksandstein: Planung, Konstruktion, Ausführung. 3. Auflage. Düsseldorf: Beton-Verlag 1994.

[2/5] Schneider, K. H., Zuber, E., u. a.: KS-Mauerwerk – Konstruktion und Statik. 2. Auflage. Düsseldorf: Beton-Verlag 1979.

[2/6] Schmidt, St.: Merkblätter der DGfM. Mauerwerk-Kalender 1994. Berlin: Verlag Ernst & Sohn, S. 517–544.

[2/7] Institut für Baustoffkunde und Materialprüfung der Universität Hannover, Amtliche Materialprüfanstalt für das Bauwesen: Ankerausziehversuche. Prüfungszeugnis Nr. 392/84 vom 1.8.1984.

[2/8] Zulassung Nr. Z-17.1-332: Mauerwerk aus Kalksand-Planelementen. Ausgestellt vom Deutschen Institut für Bautechnik am 6.6.1996.

[2/9] Kirtschig, K., Kasten, D.: Teilflächenbelastung bei Mauerwerk. Mauerwerk-Kalender 1981. Berlin: Verlag Ernst & Sohn, S. 161–175.

Literatur, Kapitel 3

[3/1] Zulassung Nr. Z-23.2.4-13: Zweischaliges Mauerwerk für Außenwände mit Kerndämmung und Außenschalen von weniger als 115 mm, jedoch mindestens 90 mm Dicke. Ausgestellt vom Deutschen Institut für Bautechnik am 25.11.1992.

[3/2] Schneider, K. H., Zuber, E., u. a.: KS-Mauerwerk – Konstruktion und Statik. 2. Auflage. Düsseldorf: Beton-Verlag 1979.

[3/3] Kalksandstein Information GmbH & Co. KG: Kalksandstein: Planung, Konstruktion, Ausführung. 3. Auflage. Düsseldorf: Beton-Verlag 1994.

[3/4] Entwicklungsgemeinschaft Holzbau (Hrsg.): Aussteifende Holzbalkendecken im Mauerwerksbau. Düsseldorf 1987.

[3/5] Schneider, K.-J., Schubert, P., Wormuth, R.: Mauerwerksbau. Gestaltung, Baustoffe, Konstruktion, Berechnung, Ausführung. 5., neubearbeitete und erweiterte Auflage. Düsseldorf: Werner-Verlag 1996.

[3/6] Wessig, J.: KS-Maurerfibel, Hrsg.: Kalksandstein-Information GmbH & Co. KG Hannover. 5. Auflage. Düsseldorf: Beton-Verlag 1992.

[3/7] Richtlinien für die Bemessung und Ausführung von Flachstürzen. Fassung August 1977. Mauerwerk-Kalender 1980. Berlin: Verlag Ernst & Sohn, S. 483–489.

[3/8] Ohler, A.: Bemessung von Flachstürzen. Mauerwerk-Kalender 1988. Berlin: Verlag Ernst & Sohn, S. 497–506.

[3/9] Ohler, A.: Flachstürze aus Mauerwerk. Deutsches Architektenblatt 4/1989, S. 567–570.

Literatur, Kapitel 4

[4/1] Zulassung Nr. Z-17.1-332: Mauerwerk aus Kalksand-Planelementen. Ausgestellt vom Deutschen Institut für Bautechnik am 6.6.1996.

[4/2] Entwicklungsgemeinschaft Holzbau (Hrsg.): Aussteifende Holzbalkendecken im Mauerwerksbau. Düsseldorf 1987.

[4/3] Richtlinien für die Bemessung und Ausführung von Flachstürzen. Fassung August 1977. Mauerwerk-Kalender 1981. Berlin: Verlag Ernst & Sohn, S. 483–489.

[4/4] Ohler, A.: Bemessung von Flachstürzen. Mauerwerk-Kalender 1988. Berlin: Verlag Ernst & Sohn, S. 497–506.

Literatur, Kapitel 5

[5/1] Kirtschig, K.: Gutachten: Zur Größe der Ausfachungsflächen von nichttragenden Außenwänden unter Verwendung von großformatigen Kalksandsteinen, Hannover 7/1993.

[5/2] Schubert, P.: Eigenschaftskennwerte von Mauerwerk, Mauersteinen und Mauermörtel. Mauerwerk-Kalender 1993. Berlin: Verlag Ernst & Sohn, S. 141–151 (siehe auch Mauerwerk-Kalender 1996, S. 621–651).

[5/3] Schubert, P.: Formänderungen von Mauersteinen, Mauermörtel und Mauerwerk. Mauerwerk-Kalender 1992. Berlin: Verlag Ernst & Sohn, S. 623–637.

[5/4] Schubert, P., Wesche, K.: Verformung und Rißsicherheit von Mauerwerk. Mauerwerk-Kalender 1987. Berlin: Verlag Ernst & Sohn, S. 121–130.

[5/5] König, G., Fischer, A.: Vermeiden von Schäden im Mauerwerk- und Stahlbetonbau. Darmstadt: Bundesminister für Raumordnung, Bauwesen und Städtebau (1991) – Abschlußbericht.

[5/6] Schneider, K. H., Wiegand, E.: Untersuchungen zur Rissefreiheit bei stumpfgestoßenem Mischmauerwerk mit Kalksandsteinen. Bauingenieur 1986. Berlin: Springer-Verlag, S. 35–41.

[5/7] Mann, W., Zahn, J.: Murfor®: Bewehrtes Mauerwerk zur Lastabtragung und zur konstruktiven Rissesicherung – Ein Leitfaden für die Praxis. 1992. N. V. BEKAERT S. A., Zwevegem Belgien.

[5/8] Schubert, P.: Zur rißfreien Wandlänge von nichttragenden Mauerwerkwänden. Mauerwerk-Kalender 1988. Berlin: Verlag Ernst & Sohn, S. 473–488.

[5/9] Kasten, D., Schubert, P.: Verblendschalen aus Kalksandsteinen – Beanspruchung, rißfreie Wandlänge, Hinweise zur Ausführung. In: Bautechnik 6 (1985), Nr. 3, S. 86–94, und Kasten, D., Schubert, P.: Zur rißfreien Wandlänge von Mauerwerk aus Kalksandplansteinen und Planelementen. Bautechnik 64 (1987), Nr. 7, S. 220–223.

[5/10] Pfefferkorn, W.: Dachdecken und Mauerwerk. Köln: Rudolf Müller, 1980.

[5/11] Glitza, H.: Brüstungsmauerwerk ohne Risse. beton 34, Nr. 11, S. 459–460.

[5/12] Schmitz, Gerlach, Naumann, Studgens: Neue Wege im Geschoßwohnungsbau. 2. überarbeitete und erweiterte Auflage. Köln: Verlagsgesellschaft Bau Fachinformationen R. Möller GmbH 1994.

[5/13] Kirtschig, K.: Gutachterliche Stellungnahme zu Zweischaligen Außenwänden mit Putzschicht in DIN 1053 Teil 1, Hannover 5/1991.

[5/14] Zulassung Nr. Z-23.2.4-13: Zweischaliges Mauerwerk für Außenwände mit Kerndämmung und Außenschalen von weniger als 115 mm, jedoch mind. 90 mm Dicke. Ausgestellt vom Deutschen Institut für Bautechnik am 25. 11. 1992.

Literatur, Kapitel 6

[6/1] Mann, W., Müller, H.: Schubtragfähigkeit von Mauerwerk. Mauerwerk-Kalender 1978. Berlin: Verlag von Wilhelm Ernst & Sohn, S. 35–65.

[6/2] Mann, W.: Druckfestigkeit von Mauerwerk. Eine statistische Auswertung von Versuchsergebnissen in geschlossener Darstellung mit Hilfe von Potenzfunktionen. Mauerwerk-Kalender 1983. Berlin: Verlag von Wilhelm Ernst & Sohn, S. 687–699.

[6/3] Mann, W.: Grundlagen für die ingenieurmäßige Bemessung von Mauerwerk nach DIN 1053 Teil 2. Mauerwerk-Kalender 1984. Berlin: Verlag Ernst & Sohn, S. 17–53. Siehe auch [6/8].

[6/4] Mann, W.: Neue Ansätze für statische Nachweise im Mauerwerksbau und Auswirkungen auf Bauwerke. Mauerwerk, welche technischen Maßnahmen steigern die Wirtschaftlichkeit? Technische Tagung des Bundesverbandes Kalksandsteinindustrie e. V., Hannover, am 2./3. 11. 1983 in Hannover.

[6/5] Schulenberg, W.: Theoretische Untersuchung zum Bruchverhalten von gedrücktem Mauerwerk. Mauerwerk-Kalender 1984. Berlin: Verlag Ernst & Sohn, S. 695–699.

[6/6] Mann, W.: Überlegungen zur Sicherheit im Mauerwerksbau. Mauerwerk-Kalender 1987. Berlin: Verlag Ernst & Sohn, S. 1–5.

[6/7] Schneider, K. H., Wiegand, E., Jucht, K.: Innerer Spannungszustand bei Mauerwerk mit nicht vermörtelten Stoßfugen. Bericht über ein vom Bundesminister für Raumordnung, Bauwesen und Städtebau gefördertes Forschungsvorhaben. Kurzbericht aus der Bauforschung. Ausgabe 18 (1977), Nr. 8. Fraunhofer-Gesellschaft, Stuttgart.

[6/8] Mann, W.: Grundlagen für die ingenieurmäßige Bemessung von Mauerwerk nach DIN 1053 Teil 2. Mauerwerk-Kalender 1995. Berlin: Verlag Ernst & Sohn, S. 21–44.

[6/9] Funk, P.: Die Bemessung von gemauerten Wänden mit rechteckförmigem Querschnitt auf Druck und Biegung nach DIN 1053 – 1 – Arbeitshilfen. Mauerwerk-Kalender 1998. Berlin: Verlag Ernst & Sohn, S. 47–80.

[6/10] Dimitrov, N.: Festigkeitslehre, Betonkalender 1987, Teil 1. Berlin: Verlag Ernst & Sohn, S. 375–453.

[6/11] Mann, W., Leicher, E.: Untersuchungen zum Nachweis der Knicksicherheit gemauerter Wände unter Berücksichtigung der Deckeneinspannung. Mauerwerk-Kalender 1986. Berlin: Verlag Ernst & Sohn, S. 771–787.

[6/12] Mann, W.: Grundlagen der Bemessung gemauerter Wände unter vertikaler Belastung nach Eurocode EC 6 unter Berücksichtigung der Knickgefahr und Vergleich mit Versuchsergebnissen. Mauerwerk-Kalender 1992. Berlin: Verlag Ernst & Sohn, S. 593–599.

[6/13] Kirtschig, K., Metje, W. R.: Einfluß von Aussparungen auf die Tragfähigkeit von Mauerwerk, Forschungsbericht BI 5-800181-15 des Instituts für Baustoffkunde und Materialprüfung der Universität Hannover vom März 1986.

[6/14] Kalksandstein Information GmbH & Co. KG: Kalksandstein: Planung, Konstruktion, Ausführung. 3. Auflage. Düsseldorf: Beton-Verlag 1994.

[6/15] Zulassung Nr. Z-17.1-332: Mauerwerk aus Kalksand-Planelementen. Ausgestellt vom Deutschen Institut für Bautechnik am 6. 6. 1996.

[6/16] Cziesielski, E., Wagner, C.: Dachscheiben aus Spanplatten. Bauen mit Holz, Heft 1/79. Karlsruhe: Bruderverlag 1979.

[6/17] Entwicklungsgemeinschaft Holzbau (Hrsg.): Aussteifende Holzbalkendecken im Mauerwerksbau. Düsseldorf 1987.

[6/18] Schneider, K. H., Zuber, E., u. a.: KS-Mauerwerk – Konstruktion und Statik. 2. Auflage. Düsseldorf: Beton-Verlag 1979.

[6/19] Anstötz, W., Kirtschig, K.: Harmonisierung europäischer Baubestimmungen – Eurocode 6 – Mauerwerksbau. Ermittlung der Reibungsbeiwerte von Feuchtsperrschichten. Technische Universität Hannover (7/1990).

[6/20] Mann, W., Bernhardt, G.: Rechnerischer Nachweis von ein- und zweiachsig gespannten gemauerten Wänden, insbesondere von Kellerwänden auf Erddruck. Mauerwerk-Kalender 1984. Berlin: Verlag Ernst & Sohn, S. 69–84.

[6/21] Funk, P.: Tragfähigkeitsatlas – Mauerwerk nach DIN 1053 Teil 3: Kellerwände. Berlin: Verlag Ernst & Sohn 1985.

[6/22] Prüfzeugnis Nr. 751/85: „Druckfestigkeitsprüfungen bei Hohlblocksteinen". Institut für Baustoffkunde und Materialprüfwesen der TU Hannover.

[6/23] Mann, W., Zahn, J.: Bewehrung von Mauerwerk zur Rissesicherung und zur Lastabtragung. Eine Zusammenstellung von Grundlagen und Anwendungsmöglichkeiten. Mauerwerk-Kalender 1990. Berlin: Verlag Ernst & Sohn, S. 467–482.

[6/24] Grasser, E., Kordina, K., Quast, U.: Bemessung von Beton- und Stahlbetonbauteilen nach DIN 1045, Ausgabe Dezember 1978; Biegung mit Längskraft, Schub, Torsion; Nachweis der Knicksicherheit. Heft 220 des Deutschen Ausschusses für Stahlbeton. 2. überarbeitete Auflage. Berlin, München, Düsseldorf: Verlag Ernst & Sohn 1979.

[6/25] Kirtschig, K., Kasten, D.: Teilflächenbelastung bei Mauerwerk. Mauerwerk-Kalender 1981. Berlin: Verlag Ernst & Sohn, S. 161–175.

[6/26] Niedersächsische Bauordnung (NBauO) in der Fassung vom 13. Juli 1995, Nds.GVBl Nr. 14/1995, ausgegeben am 19. 7. 1995.

[6/27] Reeh, H.: Einfache Bemessungsregeln im Mauerwerksbau. Bautechnik 73 (1996), Heft 4. Berlin: Verlag Ernst & Sohn, S. 215–221.

[6/28] Mann, W.: Grundlagen der vereinfachten und der genaueren Bemessung von Mauerwerk nach DIN 1053-1, Ausgabe November 1996. Mauerwerk-Kalender 1997. Berlin: Verlag Ernst & Sohn, S. 1–28.

Baunormen

Stand November 1996   E = Normentwurf

Das DIN hat die frühere Benennung „Blatt" durch „Teil" ersetzt; die Benennung „Teil" wird auch dann angegeben, wenn im Nummernfeld der Norm oder des Normentwurfs noch die Benennung „Blatt" enthalten ist.

Es werden die im Text erwähnten Normen aufgeführt.

		Ausgabedatum
DIN 106	Kalksandsteine	
	Teil 1 – Vollsteine, Lochsteine, Blocksteine, Hohlblocksteine	Sept. 1980
	Teil 2 – Vormauersteine und Verblender	Nov. 1980
E DIN 106	Teil 1 A 1	Sept. 1989
DIN 1045	Beton und Stahlbeton Bemessung und Ausführung	Juli 1988
DIN 1053	Mauerwerk	
	Teil 1 – Mauerwerk; Berechnung und Ausführung	Nov. 1996
	(Diese Norm ersetzt DIN 1053 Teil 1, Ausgabe Febr. 1990)	
	Teil 2 – Mauerwerk; Mauerwerksfestigkeitsklassen aufgrund von Eignungsprüfungen	Nov. 1996
	(Diese Norm ersetzt DIN 1053 Teil 2, Ausgabe Juli 1984)	
	Teil 3 – Bewehrtes Mauerwerk; Berechnung und Ausführung	Febr. 1990
	Teil 4 – Bauten aus Ziegelfertigbauteilen	Sept. 1978
DIN 1055	Lastannahmen für Bauten	
	Teil 1 – Lagerstoffe, Baustoffe und Bauteile, Eigenlasten und Reibungswinkel	Juli 1978
	Teil 2 – Bodenkenngrößen, Wichte, Reibungswinkel, Kohäsion, Wandreibungswinkel	Febr. 1976
	Teil 3 – Verkehrslasten	Juni 1971
	Teil 4 – Verkehrslasten, Windlasten bei nicht schwingungsanfälligen Bauwerken	Aug. 1986
DIN 1072	Straßen- und Wegbrücken Lastannahmen	Dez. 1985
DIN 4102	Brandverhalten von Baustoffen und Bauteilen	
	Teil 3 – Brandwände und nichttragende Außenwände; Begriffe, Anforderungen und Prüfungen	Sept. 1977
	Teil 4 – Zusammenstellung und Anwendung klassifizierter Baustoffe, Bauteile und Sonderbauteile	März 1994
DIN 4103	Nichttragende Trennwände	
	Teil 1 – Nichttragende innere Trennwände; Anforderungen, Nachweise	Juli 1984

		Ausgabedatum
DIN 4109	Schallschutz im Hochbau; Anforderungen und Nachweise	Nov. 1989
	Beiblatt 1: Ausführungsbeispiele und Rechenverfahren	Nov. 1989
	Beiblatt 2: Hinweise für Planung und Ausführung; Vorschläge für einen erhöhten Schallschutz; Empfehlungen für den Schallschutz im eigenen Wohn- und Arbeitsbereich	Nov. 1989
DIN 4149	Bauten in deutschen Erdbebengebieten	
	Teil 1 – Lastannahmen, Bemessung und Ausführung üblicher Hochbauten	April 1981
DIN 4226	Zuschlag für Beton	
	Teil 1 – Zuschlag mit dichtem Gefüge Begriffe, Bezeichnung und Anforderungen	April 1983
	Teil 2 – Zuschlag mit porigem Gefüge (Leichtzuschlag); Begriffe, Bezeichnung und Anforderungen	April 1983
DIN 18 530	Massive Deckenkonstruktionen für Dächer Planung und Ausführung	März 1987
DIN 18 550	Putz	
	Teil 1 – Begriffe und Anforderungen	Jan. 1985
EC 6	Bemessung von Mauerwerksbauten	
	prENV 1996-1-1 Allgemeine Regeln für Bauten – Regeln für bewehrtes und unbewehrtes Mauerwerk	Juni 1994
	prENV 1996-1-2 Brandschutztechnische Bemessung	Juni 1994

Bezeichnungen

Geometrische Größen

d	Wanddicke
b	Breite (bzw. Länge) der Wand
h	Geschoßhöhe
h_s	lichte Geschoßhöhe, Wandhöhe
h_K	Knicklänge der Wand
h_m	mittlere Wandhöhe (Giebelwand)
h_e	Höhe der Anschüttung
a	Deckenauflagertiefe
l, l_1, l_2	Deckenspannweiten, Stützweiten, Verankerungslängen
l_x, l_y	Deckenspannweiten in x- bzw. y-Richtung
l_w	lichte Weite
ü	Überbindemaß
H	Gebäudehöhe über Oberkante der KG-Decke
e_q	Querwandabstand
max e_q	maximaler Abstand der aussteifenden Querwände
b'	Abstand des freien Randes von der Mitte der aussteifenden Wand (dreiseitig gehaltene Wand)
b	Mittenabstand der aussteifenden Wände (vierseitig gehaltene Wand)
erf l	erforderliche Länge der Aussteifungswand
vorh l	vorhandene Länge der Aussteifungswand
$b_ö$	Öffnungsbreite
$h_ö$	lichte Höhe einer Fensteröffnung
c	Abstand des gedrückten Randes von der Wirkungslinie der Normalkraft bei gerissenem Querschnitt
c_g	gesamter Abstand des gedrückten Randes von der Wirkungslinie der Normalkraft bei gerissenem Querschnitt
h	statische Nutzhöhe beim Flachsturz
d_s	Bewehrungsdurchmesser beim Flachsturz
A_1, A_2, A_3	Ausfachungsflächen, Windangriffsflächen
vorh A	vorhandene Ausfachungsfläche
zul A	zulässige Ausfachungsfläche
d_B	Deckendicke (Index B für Beton)
b_B	wirksame Breite der Decke (Index B für Beton)
l_{St}	Steinlänge
h_{St}	Steinhöhe
h_G	Gebäudehöhe über OK-Fundament
B	Gebäudebreite
d_1	Wanddicke im Schnitt 1-1
y_0	Abstand der Nullinie zum gedrückten Rand
a	Flanschbreite beim zusammengesetzten Querschnitt
b_1	Abstand des durch das Moment gezogenen Randes von der Schwerachse x-x
b_2	Abstand des durch das Moment gedrückten Randes von der Schwerachse x-x
b_2'	Abstand des gedrückten Randes einer Teilfläche von der Schwerachse x'-x'
h_e'	vergrößerte Anschütthöhe (Ersatz für Verkehrslasten)
A_1	Teilfläche
a_1	Abstand der Teilfläche vom nächsten Rand der Wand in Längsrichtung
l_1	Länge der Teilfläche in Längsrichtung
t	Blechdicke von Flachankern
l_a, l_b	Einflußlänge angeschlossener Querwände (Tafel 2/6)
l, l_A	Wandlänge
l_Z	Zugankerlänge
e_1	Zugankerabstand
l_a	Auflagerlänge eines Flachsturzes
b_w	Einflußbreite einer Windlast
v	Versatzmaß
l_0	Grundmaß der Verankerungslänge
l_i	Ersatzstützweite
l_r	rißfreie Wandlänge
b_E	Einflußbreite der Erddrucklasten

Querschnittswerte

A	Fläche des überdrückten Wandquerschnittes bei ungerissenem Querschnitt
A'	Fläche des überdrückten Wandquerschnittes bei teilweise gerissenem Querschnitt
A_s	Bewehrungsquerschnitt
W_x	Widerstandsmoment
I	Flächenmoment 2. Grades
I_B	Flächenmoment 2. Grades der Decke (Beton)
I_M	Flächenmoment 2. Grades der Wand (Mauerwerk)
I_x	Flächenmoment 2. Grades des Gesamtquerschnittes um die Schwerachse x-x
I_x'	Flächenmoment 2. Grades des überdrückten Wandquerschnittes um die Schwerachse x'-x'
I_i	Flächenmoment 2. Grades der i-ten Wand
S_M	Flächenmoment 1. Grades des Wandquerschnittes
S_1	Flächenmoment 1. Grades der am Schnitt 1-1 abgetrennten Teilfläche
W_D	Widerstandsmoment, bezogen auf den durch das Moment gedrückten Rand
W_Z	Widerstandsmoment, bezogen auf den durch das Moment gezogenen Rand
W_I, W_{II}	Widerstandsmomente, bezogen auf den Rand I bzw. Rand II
tot A_S	gesamte Biegebewehrung
erf A_S	erforderlicher Bewehrungsquerschnitt
$a_{sBü}$	Querschnitt der Bügelbewehrung je lfd. m

Belastungen, Lastannahmen

q	gleichmäßig verteilte Deckenlast: $q = g + p$
g	ständige Last
p	Verkehrslast
q_1, q_2	gleichmäßig verteilte Deckenlast auf den Feldern 1 bzw. 2
q_v	Gleichstreckenlast beim Flachsturz
zul q_v	zulässige Gleichstreckenlast beim Flachsturz
w_1, w_2	Windlast als Flächenlast
W_1, W_2	Windlast als Einzellast
q	Staudruck nach DIN 1055
q_{wd}, q_{ws}	Linienlast infolge Winddruck bzw. Windsog
w	Windlast
w_d	Winddruck
w_s	Windsog
w_L	Horizontale Ersatzlast infolge Schrägstellung
s	Schneelast
e_p	Lastordinate des Erddrucks aus Verkehrslast in Höhe der Geländeoberkante
e_o, e_a	Lastordinate am Wandkopf infolge Erddruck
e_u, e_b	Lastordinate am Wandfuß infolge Erddruck
ϱ_e	Dichte der Anschüttung (Rohdichte)
φ	Winkel der inneren Reibung
δ	Wandreibungswinkel zwischen Hinterfüllung und Wand
F	Einzellast
F_{sR}	Zugkraft der Bewehrung am Auflager des Flachsturzes
Z_A	Zugkraft der Bewehrung am Auflager
G, G_w	Wandeigengewicht als Einzellast
g_w	Wandeigengewicht als Linienlast
G_v	Eigengewicht der Verblendung
ΔT	Temperaturänderung

Bezeichnungen

Baustoffkennwerte

$\varepsilon, \varepsilon_R$	Dehnung bzw. Randdehnung
ε_{ges}	Gesamtdehnung
ε_{el}	elastische Dehnung
ε_T	Temperaturdehnung
ε_{pl}	plastische Dehnung
ε_f	Feuchtedehnung
$\varepsilon_{f\infty}$	Endwert der Feuchtedehnung
ε_D	Stauchung am Druckrand
ε_S	Schwinddehnung
$\varepsilon_q, \varepsilon_{cq}$	Quelldehnung
$\varepsilon_{S\infty}$	Endwert der Schwinddehnung
$\varepsilon_{q\infty}, \varepsilon_{cq\infty}$	Endwert der Quelldehnung
$\varepsilon_K, \varepsilon_{k,t}$	Kriechdehnung
E	Elastizitätsmodul des Mauerwerkes nach DIN 1053 Teil 1, Tabelle 2
E_S	Sekantenmodul des Mauerwerkes nach DIN 1053 Teil 2 (Ausgabe 07.84), Abschnitt 7.2
E_B	Elastizitätsmodul des Betons nach DIN 1045
E_i	ideeller Sekantenmodul
φ_∞	Endkriechzahl
$\varepsilon_{K\infty}$	Endkriechmaß
φ	Kriechzahl

Festigkeitswerte

β_R	Rechenwert der Druckfestigkeit des Mauerwerkes
β_{Nst}	Nennwert der Steindruckfestigkeit
β_s	Streckgrenze des Betonstahls nach DIN 1045, Tabelle 6
β_M	Nennfestigkeit des Mauerwerkes
β_{RZ}	Rechenwert der Steinzugfestigkeit
β_Z, β_{ZMW}	Zugfestigkeit des Mauerwerkes
$\beta_{Z,St}$	Zugfestigkeit des Steines
β_{RHS}	Rechenwert der Haftscherfestigkeit
β_{HZ}	Haftzugfestigkeit (Bild 5/14)

Spannungen

σ	Normalspannung im Gebrauchszustand
max σ	maximale Normalspannung im Gebrauchszustand
zul σ	zulässige Normalspannung im Gebrauchszustand
vorh σ	vorhandene Normalspannung im Gebrauchszustand
σ_N	Normalspannung infolge Wandnormalkraft
σ_M	Normalspannung infolge Momentenbelastung
σ_0	Grundwert der zulässigen Druckspannung nach DIN 1053 Teil 1, Tabellen 4a, 4b oder 4c
zul σ_D	zulässige Druckspannung nach DIN 1053 Teil 1, Gl. 3
vorh σ_D	vorhandene Druckspannung rechtwinklig zur Lagerfuge
σ_Z	Zugspannung parallel zur Lagerfuge
σ_D	zugehörige Druckspannung rechtwinklig zur Lagerfuge
σ_{Dm}	mittlere zugehörige Druckspannung rechtwinklig zur Lagerfuge
σ_I, σ_{II}	Druckspannungen am Querschnittsrand I bzw. II
zul σ_Z	zulässige Biegezugspannung parallel zur Lagerfuge
max σ_Z	Grenzwert der zulässigen Biegezugspannung nach DIN 1053 Teil 1, Tabelle 6
σ_R	Randspannung
$\sigma_{R,zul}$	zulässige Randspannung
σ_E	Normalspannung im Eckpunkt eines freien Wandendes aus der Überlagerung von Scheiben- und Plattenbeanspruchung
σ_m	mittlere Normalspannung
$\sigma_{m,zul}$	zulässige mittlere Spannung
$\sigma_{I\,li}, \sigma_{I\,re}$	Normalspannung am Querschnittsrand I, linkes bzw. rechtes Ende
$\sigma_{II\,li}, \sigma_{II\,re}$	Normalspannung am Querschnittsrand II, linkes bzw. rechtes Ende
τ	Schubspannung im Gebrauchszustand
τ_R	rechnerischer Grenzwert der Schubspannung im Bruchzustand
$\bar{\tau}$	Grenzwert für die Schubspannung im Gebrauchszustand
σ_1	Teilflächenpressung
σ_{oHS}	zulässige abgeminderte Haftscherfestigkeit nach DIN 1053 Teil 1, Tabelle 5
zul τ	zulässige Schubspannung
max τ	Grenzwert der Schubspannung
τ_{zul}	zulässige Schubspannung im Beton bei Flachstürzen
σ_{zul}	zulässige Stahlzugspannung
zul τ_1	Grundwert der Verbundspannung nach DIN 1045, Tabelle 11
τ_o	Grundwert der Schubspannung

Schnittgrößen

A	Auflagerkraft
A_g	Auflagerkraft aus Eigengewicht
A_q	Auflagerkraft aus Vollast
N_K	lotrechte Last der Wand am Wandkopf
N_F	lotrechte Last der Wand am Wandfuß
N_m	Normalkraft in halber Wandhöhe
max N_F	maximale Normalkraft am Wandfuß (Vollast)
min N_F	minimale Normalkraft am Wandfuß (Eigengewicht)
N_o	vorhandene Auflast der Kelleraußenwand unterhalb der Kellerdecke
max N_o	Größtwert der Auflast bei der Kelleraußenwand
min N_o	Mindestwert der Auflast bei der Kelleraußenwand
M	planmäßig vorhandenes Biegemoment
max M	maximales Biegemoment
M_F	Biegemoment am Wandfuß
M_m	Biegemoment in halber Wandhöhe
M_K	Biegemoment am Wandkopf
Q	Querkraft
A_Z	Deckenauflagerkraft einer Zwischendecke
A_D	Deckenauflagerkraft einer Dachdecke
N	Normalkraft der Wand
N_{zul}	zulässige Normalkraft der Wand
N_o	Normalkraft am Wandkopf (Knicksicherheitsnachweis)
N_u	Normalkraft am Wandfuß (Knicksicherheitsnachweis)
N_o	Normalkraft der Wand oberhalb des Wand-Decken-Knotens
N_u	Normalkraft der Wand unterhalb des Wand-Decken-Knotens
N_{kr}	Kriecherzeugender Anteil der Normalkraft N
N_E	Knicklast (Eulerlast)
$\bar{N}$	Traglast der Wand (Bild 6/30)
N_1	vorhandene Normalkraft der Kelleraußenwand aus ständigen Lasten in halber Höhe der Anschüttung
N_{max}	Größtwert der Wandnormalkraft (Kelleraußenwand)
N_{min}	Mindestwert der Wandnormalkraft (Kelleraußenwand)
n	Normalkräfte in zweiachsig gespannten Kelleraußenwänden nach [6/20]
maxN	maximale Normalkraft (Vollast)
minN	minimale Normalkraft (Eigengewicht)
M_{voll}	Volleinspannmoment der Decke
ΔM	Differenzmoment; Zusatzmoment
M_Z	Deckeneinspannmoment einer Zwischendecke
M_D	Deckeneinspannmoment einer Dachdecke

Bezeichnungen

M'_Z	abgemindertes Deckenmoment (Knotenmoment) einer Zwischendecke
M'_D	abgemindertes Deckenmoment (Knotenmoment) einer Dachdecke
M_o	Moment am Wandkopf (Wandmoment)
M_u	Moment am Wandfuß (Wandmoment)
M_{kr}	Kriecherzeugender Anteil des Biegemomentes M
M_K	Kippmoment
max M_E	größtes Biegemoment aus Erddruckbelastung am gelenkig gelagerten Einfeldbalken
m_x, m_y, m_{xy}	Biegemomente in zweiachsig gespannten Keller-Außenwänden nach [6/20]
H_o, H_u	Gewölbeschub am Wandkopf bzw. Wandfuß
H	horizontale Einzellast
V	vertikale Einzellast
N	Summe aller lotrechten Lasten des Gebäudes
M_G	Gesamtmoment des Gebäudes infolge der Horizontallasten für eine Richtung (x- oder y-Richtung)
Q_G	gesamte Horizontallast (Querkraft) des Gebäudes in einer Richtung (x- oder y-Richtung)
M_i	Biegemoment der i-ten Wand
Q_i	Querkraft der i-ten Wand
Q_o	Querkraft am Wandkopf
Q_u	Querkraft am Wandfuß
M_{wm}	Biegemoment in halber Wandhöhe infolge Windlast
M_{wd}, M_{ws}	Momente infolge Winddruck bzw. Windsog
H_{wd}	Auflagerkraft infolge Winddruck
$M_{wd,m}$, $M_{ws,m}$	Momente infolge Winddruck bzw. -sog in halber Wandhöhe

Ausmitten und Verformungen

e	planmäßige Ausmitte der Normalkraft
m	bezogene Ausmitte: $m = 6 \cdot e/d$
f	gesamte Wandverformung nach DIN 1053 Teil 1, Gl. 11
e + f	gesamte Ausmitte
m_g	gesamte bezogene Ausmitte: $m_g = 6 \cdot (e+f)/d$
f	Gewölbestich bei Decken aus gewölbten Kappen
e_o	Ausmitte am Wandkopf (unterhalb des Wand-Decken-Knotens)
e_u	Ausmitte am Wandfuß (oberhalb des Wand-Decken-Knotens)
e_Z	Ausmitte der Deckenauflagerkraft einer Zwischendecke
e_D	Ausmitte der Deckenauflagerkraft einer Dachdecke
$\overline{m}$	gesamte bezogene Ausmitte: $\overline{m} = m + m_\varphi$
m_{kr}	bezogene Ausmitte, in der nur kriecherzeugende Anteile der Schnittgrößen M und N berücksichtigt werden
f_1	ungewollte Ausmitte
f_2	Verformung nach Theorie II. Ordnung
f_φ	Kriechverformung
m_φ	bezogene Kriechausmitte
f	Gewölbestich (bei Kelleraußenwand)

Hilfsgrößen

n	Anzahl der Geschosse
n	Gesamtanzahl der in einer Richtung für den Nachweis herangezogenen aussteifenden Wände des Gebäudes
n_G	Anzahl der möglichen Vollgeschosse
k	Abminderungsfaktor zur Berechnung der zulässigen Druckspannung
k_1	Faktor zur Erhöhung des Sicherheitsbeiwertes bei Pfeilern und kurzen Wänden
k_2	Faktor zur Berücksichtigung der Traglastminderung bei Knickgefahr
k_3	Faktor zur Berücksichtigung der Traglastminderung durch den Deckendrehwinkel bei Endauflagerung von Decken
ε	Seitenverhältnis
$\overline{\lambda}$	Schlankheit: $\overline{\lambda} = h_K/d$
k_h, k_s, k_z	Bemessungsgrößen zur Ermittlung der erforderlichen Bewehrung
α_T	Temperaturdehnzahl
ν	Querdehnzahl des Mörtels
ν	ideelle Sicherheit: $\nu = N_E / \gamma \cdot N$
η	Abminderungsfaktor zur Ermittlung der Traglast (Bild 6/30)
k	Klaffung
$\varkappa$	Querschnittswert, der das Verhältnis des größten Schwerpunktsabstandes vom untersuchten Querschnittsrand zur Wandlänge b angibt
f_M, f_h, f_Q	Korrekturfaktoren bei Beurteilung der Bauwerksaussteifung
λ	Schubschlankheit bei Flachstürzen (Kap. 4.2.11)
γ	Verschiebewinkel aus Verformung infolge Temperaturdifferenz (Bild 5/26)
R'_w	Schalldämmaß

Beiwerte

γ	globaler Sicherheitsbeiwert
β	Beiwert zur Ermittlung der Knicklänge
c	Formbeiwert zur Windlastermittlung nach DIN 1055
γ_W	Sicherheitsbeiwert für Wände
γ_P	Sicherheitsbeiwert für Pfeiler
μ	Reibungsbeiwert
$\overline{\mu}$	Rechenwert des abgeminderten Reibungsbeiwertes
k	Steifigkeitsverhältniswert: $k = k_1 \cdot k_2 \cdot k_3$ (Kap. 5.5.3.1)
k_1, k_2, k_3	Steifigkeitsbeiwert
K_a	Erddruckbeiwert
η	Momentenbeiwert bei trapezförmiger Erddruckbelastung
α_A, α_1	Beiwerte zur Ermittlung der Verankerungslänge der Bewehrung
α	Stützweitenbeiwert (Kap. 5.4.5)
c	Faktor zur Berücksichtigung der Schubspannungsverteilung bei Scheibenschub

Stichwortverzeichnis

Abminderungsfaktor   27, 28, 85
– der Nennfestigkeit   135
– für Außenwandknoten   145, 148, 158
– für Traglasten   167
Anker   24
Ankeranschluß   113
–, gleitender   117
–, seitlicher   109
– schiene   113
–, starrer   116
– bleche   25
– last, zulässige   24, 25
Anschütthöhe, vergrößerte   210, 221
Anschüttung   218
–, Höhe der   44, 214
–, halbe Höhe der   44, 213, 214
Auflagerdrehwinkel   148
– kräfte   18, 59, 145
– pressungen   32
– tiefe   48, 168
Auflast   88, 89, 223
–, erforderliche   226
–, geringe   90, 150, 223
Ausfachungsfläche   107
Ausmitte   148
– am Wandkopf   149
– am Wandfuß   149
– bei auskragenden Decken   150
– bei geringer Auflast   150
–, bezogene   153, 154
– der Deckenauflagerkraft   149
– der Normalkraft   196
– der Wandnormalkraft   149, 153
–, gesamte bezogene   167, 171, 174
–, planmäßige   31, 155, 165, 210
–, ungewollte   164, 165
Außenschale   52, 123
Außenwand   51
–, einschalige   51
–, zweischalige   52, 123
Außenwandknoten   143, 145
Aussteifende Bauteile   195
– Wand   17, 195, 255
Auszusteifende Wand   168
Aussteifung, räumliche   192
– stütze   228, 229, 230
– wände   167, 192, 195
Ausziehversuche   24

Bauglied, tragendes   245
Bauungenauigkeiten   164, 211
Bauwerksaussteifung   19, 80, 192
–, Kriterium zur Beurteilung der   198
Bauwerkslast   192
– parameter   200, 248
Biegesteifigkeiten   19, 141, 195, 228
Biegetragfähigkeit   230
Biegung, einachsige   202
–, zweiachsige   202
Brandschutz   17
Bruchbedingung   41, 138, 189
– kriterien   138
– last   38, 164
– last, rechnerische   38
– mechanismus   135
– theorien   135, 138
– zustand   39, 135

Dachdecke   127, 149
– deckenknoten   142
Deckenauflagerkraft   148

– auflagerung   142
– drehwinkel   28
Decke, auskragende   150
–, einachsig gespannte   19
–, zweiachsig gespannte   19, 148
– einspannmoment   148
– scheibe   167
– verformung   140
Drillmoment   213, 215, 216
Druckfestigkeit   106
– des Mauerwerks   135, 190
Druckspannung   41, 135, 176
–, zulässige   29, 129
Druckversuch   139
Dünnbettmörtel   29
Durchlaufwirkung   18

Eckstütze   228, 229
Eigenlasten, Rechenwert der   106, 227
Eignungsprüfung   29, 293
Einbindelänge   24
Einfamilienhaus   66, 225, 243
– reihenhaus   66, 269
Einfeldbalken, stat. System des gelenkig gelagerten   210, 211
– träger, System des   209
Einflußfläche   148, 236, 284
Einspannmoment   46, 143, 208, 213
– wirkung   46
Einsteinmauerwerk   41, 139, 213
Einstufung des Mauerwerks   12
Einzellasten   40, 171, 226, 243
Einzelstein   137, 139
Elastizitätsmodul   21, 139, 140
Endauflager   12, 145
Endkriechzahl   21, 39, 119
Erdanschüttung, zulässige   218
–, volle   91, 226, 227
Erddruck   12, 207, 211, 213
–, aktiver   207
– beiwert   207, 215
– belastung   207, 211
Ersatzlast   192, 247
Ersatzmaßnahme für den Verband   168
Eulerlast   164, 165

Fassadenbekleidungen   109
Feldmoment   210, 214
Feuchtedehnung   118
Flachanker   23, 24, 25
– sturz   55
Flächenmoment 1. Grades   188, 198
Flächenmoment 2. Grades   165, 188, 195, 198
Fuge, klaffende   12, 31, 151, 202, 203
Fugenbewehrung   192

Gebäudebreite   200
Gebäudeeck   126
Gebäudehöhe   26, 195
Gebrauchslast   38
– zustand   39
Gesamtbiegesteifigkeit   195
– bauwerk   192, 245, 276
– moment   195, 200
– querschnitt   196, 255
– rahmen   271
– system   141
– verformung   166
Gewölbeschub   54, 228, 229
– stich   54, 228
– wirkung   53, 228, 229

Giebelwand   13, 58, 92, 94
Gleitschicht   128
Grenzbreiten   22, 170
– lastnachweis   213, 214, 216, 219
– schlankheit   171
– wert der Normalkraft   214, 218
– wert der Schubspannung   189, 190, 214
Griffhilfe   104
– öffnungen   104, 190
Grundwerte der zulässigen Druckspannung   29

Haftscherfestigkeit   41, 136, 138
– des Mörtels   207
–, Rechenwert der abgeminderten   41, 189, 190
Halterung der Wände   167
–, zweiseitige   167
–, dreiseitige   167
–, vierseitige   167
Hauptachsen   192
– druckspannungen   138
– zugspannungen   138
Haustrennwand   52
Hohlblockstein   104, 200, 228, 233
Holzbalkendecke   47
Horizontallasten   192
– infolge Schrägstellung   195, 247
–, Umlagerung der   195, 287
–, ungewollte   170
Hüllkurve   139, 192

Innenauflager   145
– schale   53
– stützen   148
Innenwand   145, 148
–, erste   143, 144, 146
– knoten   143, 145, 146, 149

Kalksandsteine   104, 105
KS-Bausystem   104
– Blocksteine   104, 105
– Formsteine   106
– Hohlblocksteine   104
– Lochsteine   104
– Planelemente   104, 105
– Quadro   104
– Steinformate   105
– stürze   56, 106
– U-Schalen   49, 99, 106, 230
– Verblender   104, 105
– Vormauersteine   104
– Vollsteine   104
– Wand   106
Kelleraußenwand   17, 44, 88, 207
–, Berechnungsgewicht der   218
–, einachsig gespannte   46, 209, 216
–, zweiachsig gespannte   47, 213, 216
Kellergeschoßhöhe, lichte   44, 211
Kerndämmung   52, 123
Kippsicherheit   39, 202
Klaffung   214, 216
Knicklast   164, 165
Knicklänge   20, 37, 168
Knicksicherheitsnachweis   31, 39, 163
Knotenmoment   18, 36, 141
–, vereinfachte Berechnung der   141
Kohäsion   136, 207
– des Bodens   207
Konstruktionen, besondere   228
Korrekturfaktor   199, 200, 248
Kriechen des Mauerwerks   21, 119, 166

297

Stichwortverzeichnis

Kriechausmitte, bezogene 167
Kriechverformung 167

Längsdehnung 135
Lagerfuge 40
Last
– einleitung 223, 243
– fälle 145, 187
–, maximale 248
–, minimale 248
– ordinate, horizontale 208
–, ständige 148
– verteilungsbalken 243
Lastabtragung 202
–, einachsige 216, 226
–, zweiachsige 213, 228
–, lotrechte 202
–, waagerechte 202, 228
Lastausbreitung 243
Lasten, lotrechte 192, 195, 198, 245
Leichtmörtel 29
Lotabweichung 19, 192, 200, 247

Materialverhalten, elastisches 38, 141, 164
–, plastisches 164
Mauerwerk 10
–, bewehrtes 48, 230, 293
– druckfestigkeit 135
– festigkeitsklassen 10
–, hochbelastbares 11
– nach Eignungsprüfung 29, 293
– normen 10, 293
– verband 202
Mehrfamilienhaus 66, 245, 281
– mit Stumpfstoßmauerwerk 281
Mindestauflagertiefe der Decken 21
– querschnitt für Pfeiler 38, 59, 140
– wanddicke 44
Mitwirkende Breite 38, 202
Mörtelfestigkeit
– gruppe 41, 190
Momentenausgleichsverfahren 141, 142
– beanspruchung 164
– beiwert 211
– nullpunkt 141, 142

Nachbarknoten 142
Näherungsverfahren 165, 166, 167
Nennfestigkeit des Mauerwerkes 29
Normalkraft 31
– am Wandfuß 168
– am Wandkopf 168
–, ausmittige 164
– beanspruchung 207
– in halber Höhe der Anschüttung 214
– nachweis 152
–, zulässige 156, 158
–, γ-fache 165
Normalmörtel 29, 124
Normalspannung 136, 137, 196, 197, 202
– nachweis 189
–, veränderliche 195
Nullinie 198
Nut-Feder-System 104

Öffnungen 23, 91

Pfeiler 12, 38, 59, 140
– vorlage 48, 207
Platte, zweiachsig gespannte 207
– beanspruchung 151
– schub 34, 137, 188, 191

Querdehnung 135
– behinderung 243
Querkraft 188, 195, 216
Querschnitt, teilweise gerissener 153, 155
–, rechteckiger 202
–, ungerissener 152, 155
–, zusammengesetzter 23, 38, 196
Querschnittsrand 200
Querwände 167, 168, 207, 212, 213
Querzugspannungen 135

Rahmenberechnung 168
– system 141
Randbalken, aussteifender 230
Randdehnung 31, 202
–, freier 202
– spannung 39, 163
Randstütze 229
Rechenwert der Druckfestigkeit 135, 190
– der abgeminderten Haftscherfestigkeit 41, 189, 190
Rechteckquerschnitt 188, 195, 202, 203
Reibung 41, 138, 189
– beiwert, abgeminderter 41, 138, 189
– gesetz (Coulomb) 136, 138
– kräfte 138
– winkel, innerer 207
Restwanddicke 169
Rezeptmauerwerk (RM) 10, 11
Ringanker 48
– balken 49
Rohdichteklasse 106
Rohdichte der Anschüttung 208, 214, 215, 226, 230

Schallschutz 17, 129
Scheibe 213
– beanspruchung 31, 39
– schub 34, 137, 188, 191
Schlankheit 27, 81, 170
Schlitze 23, 50, 117
Schnittgrößen, Nachweis nach den ermittelten 216, 218
Schrägstellung des Bauwerks 192
Schubbeanspruchung 210, 228
– bruchtheorie 137
– festigkeit 137
– mittelpunkt 195
– nachweis 34, 41, 188
– spannung 196
– tragfähigkeit 41, 139, 188
– versagen 137
– versuche 138
Seitenverhältnis 216
Sekantenmodul 139
Sicherheitsbeiwert 38, 136, 140
Spaltzugkräfte 243, 244
Spannungs-Dehnungsverlauf 139
Spannungsnachweis 152, 163, 164
– verteilung, lineare 164
– zustand, räumlicher 243
Stabachse 164
Stabilität des Gesamtbauwerks 192, 245, 247
– betrachtung 171
– theorie 164
Stahlbetonstütze 228, 230
Stahlstütze 229
Standsicherheit des Gesamtbauwerks 192
Steifigkeit, räumliche 18, 37, 168
Steinarten 104
– druckfestigkeit 106, 190

– festigkeitsklasse 106, 191, 202, 215
– format 105
– höhe 138, 189, 215
– länge 138, 189, 215
– normen 293
– rohdichte 106
Steinzugfestigkeit 189, 190, 200
–, Rechenwert der 189, 190, 215
Stoßfuge 54, 137
Stoßfuge, mörtelfreie (unvermörtelte) 55
Stumpfstoß 23, 25, 38, 124, 206, 281
Stützen, aussteifende 228, 229
Stützweitenverhältnis 18, 148

Teileinspannung 213
– fläche 243
– querschnitt 198
– sicherheitsbeiwert 167
– system 141, 149, 272
Teilflächenbelastung 40, 243
– pressung 40, 243
Theorie II. Ordnung 164, 165, 166, 167
T-Querschnitt 196, 202
Traglast 164, 166, 183
– abminderung 28
– verfahren 164
Tragwerksoptimierung 130
Trennschicht 123
Trennwände, leichte 127

Überbindelänge 125
Überlagerung 202
Umlagerung der Biegemomente 151

Verblendschale 52, 123, 125, 209, 240
Verformung 39, 117
– berechnungen 20
– nach Theorie II. Ordnung 164
Verkehrslasten 12
– im Einflußbereich des Erddruckes 213
Versetzgerät 104
Verzweigungslasten 164
Volleinspannmoment 142, 143
Vorhangfassade, belüftete 109

Wand, ausmittig belastete 187
–, einachsig gespannte 46, 210, 214, 216
–, zweiachsig gespannte 47, 212, 215, 218
–, mittig belastete 184
Wand-Decken-Knoten 140, 277
–, unsymmetrischer 277
Wand
– ende, freies 201, 202, 257
– fuß 46, 149, 150, 154, 208, 271
– kopf 46, 149, 150, 154, 208, 209, 227, 271
– länge 115, 125
– last 24
– momente 37, 151
Wandnormalkraft 149, 150, 152, 154
–, erforderliche 210, 214, 218
–, Größtwert der 213, 214
–, Mindestwert der 213, 214
Wandquerschnitt 145, 195, 196, 200
Wandreibungswinkel 207
– verformung 163
Wandverformung, gesamte 163
Wandversprung 209
Wandvorlage 59
Wände, zweiseitig gehaltene 21, 28, 37, 168

–, dreiseitig gehaltene   21, 38, 170
–, vierseitig gehaltene   21, 38, 170
–, Einteilung der   17
–, freistehende   37, 168
–, hochbelastete   84
–, kurze   12, 27, 28, 59, 140
–, nichttragende   47, 106, 110, 113, 115
–, Öffnungen in   23, 38
–, schlanke   61, 170, 186
–, schlanke, geringer Breite   170
–, tragende   16, 44
Wärmedämmung   17, 20, 123
– dehnung   119
– schutz   17, 113
Wechsellast   145
Widerstandsmoment   196
Windbeanspruchung   199
– last   151, 192, 195, 247
– nachweis   151, 202, 245, 247, 282
Windnachweis, Entfallen des   200
Wirtschaftliches Bauen   11, 128
Wohnflächengewinn   129

Zentrierung der Deckenauflagerkraft   36, 151, 169, 273
– maßnahme   36, 209
Zugfestigkeit des Mauerwerks   32, 135
– der Steine   32, 40, 135
– parallel zur Lagerfuge   32, 40, 135
– rechtwinklig zur Lagerfuge   40, 137
Zugglied, lotrechtes   230
Zuggurt   55, 99
Zugspannung   32, 40
–, zulässige   32, 40
Zusatzlasten   192
– anker   126
– moment   163
Zuschlagarten   104
Zwängungen   19, 37, 118
Zweiachsig gespannte Decken   18, 148, 201
Zweischalige Haustrennwände   17, 26, 52, 72, 74, 123
– Mauerwerk   17, 52
Zwischendecke   142, 144, 147, 148, 149
Zwischendeckenknoten   142, 160

DEUTSCHE NORM November 1996

Mauerwerk
Teil 1: Berechnung und Ausführung

DIN 1053-1

ICS 91.060.10; 91.080.30

Deskriptoren: Mauerwerk, Berechnung, Ausführung, Bauwesen

Masonry – Design and construction

Maçonneries – Calcul et exécution

Ersatz für Ausgabe 1990-02
Mit DIN 1053-2 : 1996-11
Ersatz für DIN 1053-2 : 1984-07

Maße in mm

Inhalt

	Seite
1 Anwendungsbereich und normative Verweisungen	3
1.1 Anwendungsbereich	3
1.2 Normative Verweisungen	3
2 Begriffe	4
2.1 Rezeptmauerwerk (RM)	4
2.2 Mauerwerk nach Eignungsprüfung (EM)	4
2.3 Tragende Wände	4
2.4 Aussteifende Wände	4
2.5 Nichttragende Wände	4
2.6 Ringanker	4
2.7 Ringbalken	4
3 Bautechnische Unterlagen	4
4 Druckfestigkeit des Mauerwerks	5
5 Baustoffe	5
5.1 Mauersteine	5
5.2 Mauermörtel	5
5.2.1 Anforderungen	5
5.2.2 Verarbeitung	5
5.2.3 Anwendung	5
5.2.3.1 Allgemeines	5
5.2.3.2 Normalmörtel (NM)	5
5.2.3.3 Leichtmörtel (LM)	5
5.2.3.4 Dünnbettmörtel (DM)	5
6 Vereinfachtes Berechnungsverfahren	5
6.1 Allgemeines	5
6.2 Ermittlung der Schnittgrößen infolge von Lasten	6
6.2.1 Auflagerkräfte aus Decken	6
6.2.2 Knotenmomente	6
6.3 Wind	6
6.4 Räumliche Steifigkeit	7
6.5 Zwängungen	7
6.6 Grundlagen für die Berechnung der Formänderung	7
6.7 Aussteifung und Knicklänge von Wänden	9
6.7.1 Allgemeine Annahmen für aussteifende Wände	9
6.7.2 Knicklängen	9
6.7.3 Öffnungen in Wänden	10
6.8 Mitwirkende Breite von zusammengesetzten Querschnitten	10
6.9 Bemessung mit dem vereinfachten Verfahren	11
6.9.1 Spannungsnachweis bei zentrischer und exzentrischer Druckbeanspruchung	11
6.9.2 Nachweis der Knicksicherheit	12
6.9.3 Auflagerpressung	12
6.9.4 Zug- und Biegezugspannungen	12
6.9.5 Schubnachweis	13
7 Genaueres Berechnungsverfahren	13
7.1 Allgemeines	13
7.2 Ermittlung der Schnittgrößen infolge von Lasten	13
7.2.1 Auflagerkräfte aus Decken	13
7.2.2 Knotenmomente	13
7.2.3 Vereinfachte Berechnung der Knotenmomente	13
7.2.4 Begrenzung der Knotenmomente	14
7.2.5 Wandmomente	14
7.3 Wind	14
7.4 Räumliche Steifigkeit	14
7.5 Zwängungen	14
7.6 Grundlagen für die Berechnung der Formänderungen	14
7.7 Aussteifung und Knicklänge von Wänden	14
7.7.1 Allgemeine Annahmen für aussteifende Wände	14
7.7.2 Knicklängen	14
7.7.3 Öffnungen in Wänden	15
7.8 Mittragende Breite von zusammengesetzten Querschnitten	15
7.9 Bemessung mit dem genaueren Verfahren	15
7.9.1 Tragfähigkeit bei zentrischer und exzentrischer Druckbeanspruchung	15

Fortsetzung Seiten 2 bis 32

„Wiedergegeben mit Erlaubnis des DIN Deutsches Institut für Normung e.V. Maßgebend für das Anwenden der Norm ist deren Fassung mit dem neuesten Ausgabedatum, die bei der Beuth Verlag GmbH, Burggrafenstraße 6, 10787 Berlin, erhältlich ist."

Normenausschuß Bauwesen (NABau) im DIN Deutsches Institut für Normung e. V.

7.9.2	Nachweis der Knicksicherheit	15	9.4 Mauern bei Frost	25
7.9.3	Einzellasten, Lastausbreitung und Teilflächenpressung	16	**10 Eignungsprüfungen**	**25**
7.9.4	Zug- und Biegezugspannungen	16	**11 Kontrollen und Güteprüfungen auf der Baustelle**	**25**
7.9.5	Schubnachweis	16	11.1 Rezeptmauerwerk (RM)	25
			11.1.1 Mauersteine	25
8	**Bauteile und Konstruktionsdetails**	**17**	11.1.2 Mauermörtel	25
8.1	Wandarten, Wanddicken	17	11.2 Mauerwerk nach Eignungsprüfung (EM)	25
8.1.1	Allgemeines	17	11.2.1 Einstufungsschein, Eignungsnachweis des Mörtels	25
8.1.2	Tragende Wände	17	11.2.2 Mauersteine	25
8.1.2.1	Allgemeines	17	11.2.3 Mörtel	25
8.1.2.2	Aussteifende Wände	17		
8.1.2.3	Kellerwände	17	**12 Natursteinmauerwerk**	**25**
8.1.3	Nichttragende Wände	18	12.1 Allgemeines	25
8.1.3.1	Allgemeines	18	12.2 Verband	25
8.1.3.2	Nichttragende Außenwände	18	12.2.1 Allgemeines	25
8.1.3.3	Nichttragende innere Trennwände	18	12.2.2 Trockenmauerwerk	26
8.1.4	Anschluß der Wände an die Decken und den Dachstuhl	18	12.2.3 Zyklopenmauerwerk und Bruchsteinmauerwerk	26
8.1.4.1	Allgemeines	18	12.2.4 Hammerrechtes Schichtenmauerwerk	26
8.1.4.2	Anschluß durch Zuganker	18	12.2.5 Unregelmäßiges Schichtenmauerwerk	26
8.1.4.3	Anschluß durch Haftung und Reibung	18	12.2.6 Regelmäßiges Schichtenmauerwerk	26
8.2	Ringanker und Ringbalken	18	12.2.7 Quadermauerwerk	27
8.2.1	Ringanker	18	12.2.8 Verblendmauerwerk (Mischmauerwerk)	27
8.2.2	Ringbalken	19	12.3 Zulässige Beanspruchung	27
8.3	Schlitze und Aussparungen	19	12.3.1 Allgemeines	27
8.4	Außenwände	19	12.3.2 Spannungsnachweis bei zentrischer und exzentrischer Druckbeanspruchung	28
8.4.1	Allgemeines	19	12.3.3 Zug- und Biegezugspannungen	29
8.4.2	Einschalige Außenwände	19	12.3.4 Schubspannungen	29
8.4.2.1	Verputzte einschalige Außenwände	19		
8.4.2.2	Unverputzte einschalige Außenwände (einschaliges Verblendmauerwerk)	19	**Anhang A Mauermörtel**	**29**
8.4.3	Zweischalige Außenwände	19	A.1 Mörtelarten	29
8.4.3.1	Konstruktionsarten und allgemeine Bestimmungen für die Ausführung	19	A.2 Bestandteile und Anforderungen	29
8.4.3.2	Zweischalige Außenwände mit Luftschicht	21	A.2.1 Sand	29
8.4.3.3	Zweischalige Außenwände mit Luftschicht und Wärmedämmung	22	A.2.2 Bindemittel	29
			A.2.3 Zusatzstoffe	29
8.4.3.4	Zweischalige Außenwände mit Kerndämmung	22	A.2.4 Zusatzmittel	29
8.4.3.5	Zweischalige Außenwände mit Putzschicht	22	A.3 Mörtelzusammensetzung und Anforderungen	30
8.5	Gewölbe, Bogen und Gewölbewirkung	22	A.3.1 Normalmörtel (NM)	30
8.5.1	Gewölbe und Bogen	22	A.3.2 Leichtmörtel (LM)	32
8.5.2	Gewölbte Kappen zwischen Trägern	22	A.3.3 Dünnbettmörtel (DM)	32
8.5.3	Gewölbewirkung über Wandöffnungen	23	A.3.4 Verarbeitbarkeit	32
			A.4 Herstellung des Mörtels	32
9	**Ausführung**	**23**	A.4.1 Baustellenmörtel	32
9.1	Allgemeines	23	A.4.2 Werkmörtel	32
9.2	Lager-, Stoß- und Längsfugen	23	A.5 Eignungsprüfungen	32
9.2.1	Vermauerung mit Stoßfugenvermörtelung	23	A.5.1 Allgemeines	32
9.2.2	Vermauerung ohne Stoßfugenvermörtelung	24	A.5.2 Normalmörtel	32
9.2.3	Fugen in Gewölben	24	A.5.3 Leichtmörtel	32
9.3	Verband	24	A.5.4 Dünnbettmörtel	32

Vorwort

Diese Norm wurde vom Normenausschuß Bauwesen (NABau), Fachbereich 06 "Mauerwerksbau", Arbeitsausschuß 06.30.00 "Rezept- und Ingenieurmauerwerk", erarbeitet. DIN 1053 "Mauerwerk" besteht aus folgenden Teilen:

Teil 1: Berechnung und Ausführung

Teil 2: Mauerwerksfestigkeitsklassen aufgrund von Eignungsprüfungen

Teil 3: Bewehrtes Mauerwerk – Berechnung und Ausführung

Teil 4: Bauten aus Ziegelfertigbauteilen

Änderungen

Gegenüber der Ausgabe Februar 1990 und DIN 1053-2: 1984-07 wurden folgende Änderungen vorgenommen:

a) Haupttitel "Rezeptmauerwerk" gestrichen.

b) Inhalt sachlich und redaktionell neueren Erkenntnissen angepaßt;

c) Genaueres Berechnungsverfahren, bisher in DIN 1053-2, eingearbeitet.

Frühere Ausgaben

DIN 4156: 05.43;   DIN 1053: 02.37x, 12.52, 11.62;   DIN 1053-1: 1974-11, 1990-02

1 Anwendungsbereich und normative Verweisungen

1.1 Anwendungsbereich

Diese Norm gilt für die Berechnung und Ausführung von Mauerwerk aus künstlichen und natürlichen Steinen.

Mauerwerk nach dieser Norm darf entweder nach dem vereinfachten Verfahren (Voraussetzungen siehe 6.1) oder nach dem genaueren Verfahren (siehe Abschnitt 7) berechnet werden.

Innerhalb eines Bauwerkes, das nach dem vereinfachten Verfahren berechnet wird, dürfen einzelne Bauteile nach dem genaueren Verfahren bemessen werden.

Bei der Wahl der Bauteile sind auch die Funktionen der Wände hinsichtlich des Wärme-, Schall-, Brand- und Feuchteschutzes zu beachten. Bezüglich der Vermauerung mit und ohne Stoßfugenvermörtelung siehe 9.2.1 und 9.2.2.

Es dürfen nur Baustoffe verwendet werden, die den in dieser Norm genannten Normen entsprechen.

> ANMERKUNG: Die Verwendung anderer Baustoffe bedarf nach den bauaufsichtlichen Vorschriften eines besonderen Nachweises der Verwendbarkeit, z. B. durch eine allgemeine bauaufsichtliche Zulassung.

1.2 Normative Verweisungen

Diese Norm enthält durch datierte oder undatierte Verweisungen Festlegungen aus anderen Publikationen. Diese normativen Verweisungen sind an den jeweiligen Stellen im Text zitiert, und die Publikationen sind nachstehend aufgeführt. Bei datierten Verweisungen gehören spätere Änderungen oder Überarbeitungen dieser Publikationen nur zu dieser Norm, falls sie durch Änderung oder Überarbeitung eingearbeitet sind. Bei undatierten Verweisungen gilt die letzte Ausgabe der in Bezug genommenen Publikation.

DIN 105-1
  Mauerziegel – Vollziegel und Hochlochziegel

DIN 105-2
  Mauerziegel – Leichthochlochziegel

DIN 105-3
  Mauerziegel – Hochfeste Ziegel und hochfeste Klinker

DIN 105-4
  Mauerziegel – Keramikklinker

DIN 105-5
  Mauerziegel – Leichtlanglochziegel und Leichtlangloch-Ziegelplatten

DIN 106-1
  Kalksandsteine – Vollsteine, Lochsteine, Blocksteine, Hohlblocksteine

DIN 106-2
  Kalksandsteine – Vormauersteine und Verblender

DIN 398
  Hüttensteine – Vollsteine, Lochsteine, Hohlblocksteine

DIN 1045
  Beton und Stahlbeton – Bemessung und Ausführung

DIN 1053-2
  Mauerwerk – Teil 2: Mauerwerksfestigkeitsklassen aufgrund von Eignungsprüfungen

DIN 1053-3
  Mauerwerk – Bewehrtes Mauerwerk – Berechnung und Ausführung

DIN 1055-3
  Lastannahmen für Bauten – Verkehrslasten

DIN 1057-1
  Baustoffe für freistehende Schornsteine – Radialziegel – Anforderungen, Prüfung, Überwachung

DIN 1060-1
  Baukalk – Teil 1: Definitionen, Anforderungen, Überwachung

DIN 1164-1
  Zement – Teil 1: Zusammensetzung, Anforderungen

DIN 4103-1
  Nichttragende innere Trennwände – Anforderungen, Nachweise

DIN 4108-3
  Wärmeschutz im Hochbau – Klimabedingter Feuchteschutz – Anforderungen und Hinweise für Planung und Ausführung

DIN 4108-4
  Wärmeschutz im Hochbau – Wärme- und feuchteschutztechnische Kennwerte

DIN 4165
: Porenbeton-Blocksteine und Porenbeton-Plansteine

DIN 4211
: Putz- und Mauerbinder – Anforderungen, Überwachung

DIN 4226-1
: Zuschlag für Beton – Zuschlag mit dichtem Gefüge – Begriffe, Bezeichnung und Anforderungen

DIN 4226-2
: Zuschlag für Beton – Zuschlag mit porigem Gefüge (Leichtzuschlag) – Begriffe, Bezeichnung und Anforderungen

DIN 4226-3
: Zuschlag für Beton – Prüfung von Zuschlag mit dichtem oder porigem Gefüge

DIN 17440
: Nichtrostende Stähle – Technische Lieferbedingungen für Blech, Warmband, Walzdraht, gezogenen Draht, Stabstahl, Schmiedestücke und Halbzeug

DIN 18151
: Hohlblöcke aus Leichtbeton

DIN 18152
: Vollsteine und Vollblöcke aus Leichtbeton

DIN 18153
: Mauersteine aus Beton (Normalbeton)

DIN 18195-4
: Bauwerksabdichtungen – Abdichtungen gegen Bodenfeuchtigkeit – Bemessung und Ausführung

DIN 18200
: Überwachung (Güteüberwachung) von Baustoffen, Bauteilen und Bauarten – Allgemeine Grundsätze

DIN 18515-1
: Außenwandbekleidungen – Angemörtelte Fliesen oder Platten – Grundsätze für Planung und Ausführung

DIN 18515-2
: Außenwandbekleidungen – Anmauerung auf Aufstandsflächen – Grundsätze für Planung und Ausführung

DIN 18550-1
: Putz – Begriffe und Anforderungen

DIN 18555-2
: Prüfung von Mörteln mit mineralischen Bindemitteln – Frischmörtel mit dichten Zuschlägen – Bestimmung der Konsistenz, der Rohdichte und des Luftgehalts

DIN 18555-3
: Prüfung von Mörteln mit mineralischen Bindemitteln – Festmörtel – Bestimmung der Biegezugfestigkeit, Druckfestigkeit und Rohdichte

DIN 18555-4
: Prüfung von Mörteln mit mineralischen Bindemitteln – Festmörtel – Bestimmung der Längs- und Querdehnung sowie von Verformungskenngrößen von Mauermörteln im statischen Druckversuch

DIN 18555-5
: Prüfung von Mörteln mit mineralischen Bindemitteln – Festmörtel – Bestimmung der Haftscherfestigkeit von Mauermörteln

DIN 18555-8
: Prüfung von Mörteln mit mineralischen Bindemitteln – Frischmörtel – Bestimmung der Verarbeitbarkeitszeit und der Korrigierbarkeitszeit von Dünnbettmörteln für Mauerwerk

DIN 18557
: Werkmörtel – Herstellung, Überwachung und Lieferung

DIN 50014
: Klimate und ihre technische Anwendung – Normalklimate

DIN 51043
: Traß – Anforderungen, Prüfung

DIN 52105
: Prüfung von Naturstein – Druckversuch

DIN 52612-1
: Wärmeschutztechnische Prüfungen – Bestimmung der Wärmeleitfähigkeit mit dem Plattengerät – Durchführung und Auswertung

DIN 53237
: Prüfung von Pigmenten – Pigmente zum Einfärben von zement- und kalkgebundenen Baustoffen

Richtlinien für die Erteilung von Zulassungen für Betonzusatzmittel (Zulassungsrichtlinien), Fassung Juni 1993, abgedruckt in den Mitteilungen des Deutschen Instituts für Bautechnik, 1993, Heft 5

Vorläufige Richtlinie zur Ergänzung der Eignungsprüfung von Mauermörtel – Druckfestigkeit in der Lagerfuge – Anforderungen, Prüfung

Zu beziehen über Deutsche Gesellschaft für Mauerwerksbau e. V. (DGfM), 53179 Bonn, Schloßallee 10.

2 Begriffe

2.1 Rezeptmauerwerk (RM)

Rezeptmauerwerk ist Mauerwerk, dessen Grundwerte der zulässigen Druckspannungen σ_0 in Abhängigkeit von Steinfestigkeitsklassen, Mörtelarten und Mörtelgruppen nach den Tabellen 4a und 4b festgelegt werden.

2.2 Mauerwerk nach Eignungsprüfung (EM)

Mauerwerk nach Eignungsprüfung ist Mauerwerk, dessen Grundwerte der zulässigen Druckspannungen σ_0 aufgrund von Eignungsprüfungen nach DIN 1053-2 und nach Tabelle 4c bestimmt werden.

2.3 Tragende Wände

Tragende Wände sind überwiegend auf Druck beanspruchte, scheibenartige Bauteile zur Aufnahme vertikaler Lasten, z. B. Deckenlasten, sowie horizontaler Lasten, z. B. Windlasten. Als "Kurze Wände" gelten Wände oder Pfeiler, deren Querschnittsflächen kleiner als 1 000 cm² sind. Gemauerte Querschnitte kleiner als 400 cm² sind als tragende Teile unzulässig.

2.4 Aussteifende Wände

Aussteifende Wände sind scheibenartige Bauteile zur Aussteifung des Gebäudes oder zur Knickaussteifung tragender Wände. Sie gelten stets auch als tragende Wände.

2.5 Nichttragende Wände

Nichttragende Wände sind scheibenartige Bauteile, die überwiegend nur durch ihre Eigenlast beansprucht werden und auch nicht zum Nachweis der Gebäudeaussteifung oder der Knickaussteifung tragender Wände herangezogen werden.

2.6 Ringanker

Ringanker sind in Wandebene liegende horizontale Bauteile zur Aufnahme von Zugkräften, die in den Wänden infolge von äußeren Lasten oder von Verformungsunterschieden entstehen können.

2.7 Ringbalken

Ringbalken sind in Wandebene liegende horizontale Bauteile, die außer Zugkräften auch Biegemomente infolge von rechtwinklig zur Wandebene wirkenden Lasten aufnehmen können.

3 Bautechnische Unterlagen

Als bautechnische Unterlagen gelten insbesondere die Bauzeichnungen, der Nachweis der Standsicherheit und eine Baubeschreibung sowie etwaige Zulassungs- und Prüfbescheide.

Für die Beurteilung und Ausführung des Mauerwerks sind in den bautechnischen Unterlagen mindestens Angaben über

a) Wandaufbau und Mauerwerksart (RM oder EM),

b) Art, Rohdichteklasse und Druckfestigkeitsklasse der zu verwendenden Steine,

c) Mörtelart, Mörtelgruppe,

d) Aussteifende Bauteile, Ringanker und Ringbalken,

e) Schlitze und Aussparungen,

f) Verankerungen der Wände,

g) Bewehrungen des Mauerwerks,

h) verschiebliche Auflagerungen

erforderlich.

4 Druckfestigkeit des Mauerwerks

Die Druckfestigkeit des Mauerwerks wird bei Berechnung nach dem vereinfachten Verfahren nach 6.9 charakterisiert durch die Grundwerte σ_0 der zulässigen Druckspannungen. Sie sind in Tabelle 4a und 4b in Abhängigkeit von den Steinfestigkeitsklassen, den Mörtelarten und Mörtelgruppen, in Tabelle 4c in Abhängigkeit von der Nennfestigkeit des Mauerwerks nach DIN 1053-2 festgelegt.

Wird nach dem genaueren Verfahren nach Abschnitt 7 gerechnet, so sind die Rechenwerte β_R der Druckfestigkeit von Mauerwerk nach Gleichung (10) zu berechnen.

Für Mauerwerk aus Natursteinen ergeben sich die Grundwerte σ_0 der zulässigen Druckspannungen in Abhängigkeit von der Güteklasse des Mauerwerks, der Steinfestigkeit und der Mörtelgruppe aus Tabelle 14.

5 Baustoffe

5.1 Mauersteine

Es dürfen nur Steine verwendet werden, die DIN 105-1 bis DIN 105-5, DIN 106-1 und DIN 106-2, DIN 398, DIN 1057-1, DIN 4165, DIN 18151, DIN 18152 und DIN 18153 entsprechen.

Für die Verwendung von Natursteinen gilt Abschnitt 12.

5.2 Mauermörtel

5.2.1 Anforderungen

Es dürfen nur Mauermörtel verwendet werden, die den Bedingungen des Anhanges A entsprechen.

5.2.2 Verarbeitung

Zusammensetzung und Konsistenz des Mörtels müssen vollfugiges Vermauern ermöglichen. Dies gilt besonders für Mörtel der Gruppen III und IIIa. Werkmörteln dürfen auf der Baustelle keine Zuschläge und Zusätze (Zusatzstoffe und Zusatzmittel) zugegeben werden. Bei ungünstigen Witterungsbedingungen (Nässe, niedrige Temperaturen) ist ein Mörtel mindestens der Gruppe II zu verwenden.

Der Mörtel muß vor Beginn des Erstarrens verarbeitet sein.

5.2.3 Anwendung

5.2.3.1 Allgemeines

Mörtel unterschiedlicher Arten und Gruppen dürfen auf einer Baustelle nur dann gemeinsam verwendet werden, wenn sichergestellt ist, daß keine Verwechslung möglich ist.

5.2.3.2 Normalmörtel (NM)

Es gelten folgende Einschränkungen:

a) Mörtelgruppe I:

– Nicht zulässig für Gewölbe und Kellermauerwerk, mit Ausnahme bei der Instandsetzung von altem Mauerwerk, das mit Mörtel der Gruppe I gemauert ist.

– Nicht zulässig bei mehr als zwei Vollgeschossen und bei Wanddicken kleiner als 240 mm; dabei ist als Wanddicke bei zweischaligen Außenwänden die Dicke der Innenschale maßgebend.

– Nicht zulässig für Vermauern der Außenschale nach 8.4.3.

– Nicht zulässig für Mauerwerk EM

b) Mörtelgruppen II und IIa:

– Keine Einschränkung.

c) Mörtelgruppen III und IIIa:

– Nicht zulässig für Vermauern der Außenschale nach 8.4.3. Abweichend davon darf MG III zum nachträglichen Verfugen und für diejenigen Bereiche von Außenschalen verwendet werden, die als bewehrtes Mauerwerk nach DIN 1053-3 ausgeführt werden.

5.2.3.3 Leichtmörtel (LM)

Es gelten folgende Einschränkungen:

– Nicht zulässig für Gewölbe und der Witterung ausgesetztes Sichtmauerwerk (siehe auch 8.4.2.2 und 8.4.3).

5.2.3.4 Dünnbettmörtel (DM)

Es gelten folgende Einschränkungen:

– Nicht zulässig für Gewölbe und für Mauersteine mit Maßabweichungen der Höhe von mehr als 1,0 mm (Anforderungen an Plansteine).

6 Vereinfachtes Berechnungsverfahren

6.1 Allgemeines

Der Nachweis der Standsicherheit darf mit dem gegenüber Abschnitt 7 vereinfachten Verfahren geführt werden, wenn die folgenden und die in Tabelle 1 enthaltenen Voraussetzungen erfüllt sind:

– Gebäudehöhe über Gelände nicht mehr als 20 m.

Als Gebäudehöhe darf bei geneigten Dächern das Mittel von First- und Traufhöhe gelten.

– Stützweite der aufliegenden Decken $l \leq 6{,}0$ m, sofern nicht die Biegemomente aus dem Deckendrehwinkel durch konstruktive Maßnahmen, z. B. Zentrierleisten, begrenzt werden; bei zweiachsig gespannten Decken ist für l die kürzere der beiden Stützweiten einzusetzen.

Tabelle 1: Voraussetzungen für die Anwendung des vereinfachten Verfahrens

		Voraussetzungen		
	Bauteil	Wanddicke d mm	lichte Wandhöhe h_s	Verkehrslast p kN/m²
1	Innenwände	≥ 115 < 240	≤ 2,75 m	≤ 5
2		≥ 240	–	
3	einschalige Außenwände	≥ 175[1] < 240	≤ 2,75 m	
4		≥ 240	≤ 12 · d	
5	Tragschale zweischaliger Außenwände und zweischalige Haustrennwände	≥ 115[2] < 175[2]	≤ 2,75 m	≤ 3[3]
6		≥ 175 < 240		≤ 5
7		≥ 240	≤ 12 · d	

[1]) Bei eingeschossigen Garagen und vergleichbaren Bauwerken, die nicht zum dauernden Aufenthalt von Menschen vorgesehen sind, auch $d ≥ 115$ mm zulässig.

[2]) Geschoßanzahl maximal zwei Vollgeschosse zuzüglich ausgebautes Dachgeschoß; aussteifende Querwände im Abstand ≤ 4,50 m bzw. Randabstand von einer Öffnung ≤ 2,0 m.

[3]) Einschließlich Zuschlag für nichttragende innere Trennwände.

Beim vereinfachten Verfahren brauchen bestimmte Beanspruchungen, z. B. Biegemomente aus Deckeneinspannung, ungewollte Exzentrizitäten beim Knicknachweis, Wind auf Außenwände usw., nicht nachgewiesen zu werden, da sie im Sicherheitsabstand, der den zulässigen Spannungen zugrunde liegt, oder durch konstruktive Regeln und Grenzen berücksichtigt sind.

Ist die Gebäudehöhe größer als 20 m, oder treffen die in diesem Abschnitt enthaltenen Voraussetzungen nicht zu, oder soll die Standsicherheit des Bauwerkes oder einzelner Bauteile genauer nachgewiesen werden, ist der Standsicherheitsnachweis nach Abschnitt 7 zu führen.

6.2 Ermittlung der Schnittgrößen infolge von Lasten

6.2.1 Auflagerkräfte aus Decken

Die Schnittgrößen sind für die während des Errichtens und im Gebrauch auftretenden, maßgebenden Lastfälle zu berechnen. Bei der Ermittlung der Stützkräfte, die von einachsig gespannten Platten und Rippendecken sowie von Balken und Plattenbalken auf das Mauerwerk übertragen werden, ist die Durchlaufwirkung bei der ersten Innenstütze stets, bei den übrigen Innenstützen dann zu berücksichtigen, wenn das Verhältnis benachbarter Stützweiten kleiner als 0,7 ist. Alle übrigen Stützkräfte dürfen ohne Berücksichtigung einer Durchlaufwirkung unter der Annahme berechnet werden, daß die Tragwerke über allen Innenstützen gestoßen und frei drehbar gelagert sind. Tragende Wände unter einachsig gespannten Decken, die parallel zur Deckenspannrichtung verlaufen, sind mit einem Deckenstreifen angemessener Breite zu belasten, so daß eine mögliche Lastabtragung in Querrichtung berücksichtigt ist. Die Ermittlung der Auflagerkräfte aus zweiachsig gespannten Decken darf nach DIN 1045 erfolgen.

6.2.2 Knotenmomente

In Wänden, die als Zwischenauflager von Decken dienen, brauchen die Biegemomente infolge des Auflagerdrehwinkels der Decken unter den Voraussetzungen des vereinfachten Verfahrens nicht nachgewiesen zu werden. Als Zwischenauflager in diesem Sinne gelten:

a) Innenauflager durchlaufender Decken

b) Beidseitige Endauflager von Decken

c) Innenauflager von Massivdecken mit oberer konstruktiver Bewehrung im Auflagerbereich, auch wenn sie rechnerisch auf einer oder auf beiden Seiten der Wand parallel zur Wand gespannt sind.

In Wänden, die als einseitiges Endauflager von Decken dienen, brauchen die Biegemomente infolge des Auflagerdrehwinkels der Decken unter den Voraussetzungen des vereinfachten Verfahrens nicht nachgewiesen zu werden, da dieser Einfluß im Faktor k_3 nach 6.9.1 berücksichtigt ist.

6.3 Wind

Der Einfluß der Windlast rechtwinklig zur Wandebene darf beim Spannungsnachweis unter den Voraussetzungen des vereinfachten Verfahrens in der Regel vernachlässigt werden, wenn ausreichende horizontale Halterungen der Wände vorhanden sind. Als solche gelten z. B. Decken mit Scheibenwirkung oder statisch nachgewiesene Ringbalken im Abstand der zulässigen Geschoßhöhen nach Tabelle 1.

Unabhängig davon ist die räumliche Steifigkeit des Gebäudes sicherzustellen.

6.4 Räumliche Steifigkeit

Alle horizontalen Kräfte, z. B. Windlasten, Lasten aus Schrägstellung des Gebäudes, müssen sicher in den Baugrund weitergeleitet werden können. Auf einen rechnerischen Nachweis der räumlichen Steifigkeit darf verzichtet werden, wenn die Geschoßdecken als steife Scheiben ausgebildet sind bzw. statisch nachgewiesene, ausreichend steife Ringbalken vorliegen und wenn in Längs- und Querrichtung des Gebäudes eine offensichtlich ausreichende Anzahl von genügend langen aussteifenden Wänden vorhanden ist, die ohne größere Schwächungen und ohne Versprünge bis auf die Fundamente geführt sind.

Ist bei einem Bauwerk nicht von vornherein erkennbar, daß Steifigkeit und Stabilität gesichert sind, so ist ein rechnerischer Nachweis der Standsicherheit der waagerechten und lotrechten Bauteile erforderlich. Dabei sind auch Lotabweichungen des Systems durch den Ansatz horizontaler Kräfte zu berücksichtigen, die sich durch eine rechnerische Schrägstellung des Gebäudes um den im Bogenmaß gemessenen Winkel

$$\varphi = \pm \frac{1}{100\sqrt{h_G}} \qquad (1)$$

ergeben. Für h_G ist die Gebäudehöhe in m über OK Fundament einzusetzen.

Bei Bauwerken, die aufgrund ihres statischen Systems eine Umlagerung der Kräfte erlauben, dürfen bis zu 15 % des ermittelten horizontalen Kraftanteils einer Wand auf andere Wände umverteilt werden.

Bei großer Nachgiebigkeit der aussteifenden Bauteile müssen darüber hinaus die Formänderungen bei der Ermittlung der Schnittgrößen berücksichtigt werden. Dieser Nachweis darf entfallen, wenn die lotrechten aussteifenden Bauteile in der betrachteten Richtung die Bedingungen der folgenden Gleichung erfüllen:

$$h_G \sqrt{\frac{N}{EI}} \leq 0,6 \quad \text{für } n \geq 4 \qquad (2)$$
$$\leq 0,2 + 0,1 \cdot n \quad \text{für } 1 \leq n < 4$$

Hierin bedeuten:

h_G Gebäudehöhe über OK Fundament
N Summe aller lotrechten Lasten des Gebäudes
EI Summe der Biegesteifigkeit aller lotrechten aussteifenden Bauteile im Zustand I nach der Elastizitätstheorie in der betrachteten Richtung (für E siehe 6.6)
n Anzahl der Geschosse

6.5 Zwängungen

Aus der starren Verbindung von Baustoffen unterschiedlichen Verformungsverhaltens können erhebliche Zwängungen infolge von Schwinden, Kriechen und Temperaturänderungen entstehen, die Spannungsumlagerungen und Schäden im Mauerwerk bewirken können. Das gleiche gilt bei unterschiedlichen Setzungen. Durch konstruktive Maßnahmen (z. B. ausreichende Wärmedämmung, geeignete Baustoffwahl, zwängungsfreie Anschlüsse, Fugen usw.) ist unter Beachtung von 6.6 sicherzustellen, daß die vorgenannten Einwirkungen die Standsicherheit und Gebrauchsfähigkeit der baulichen Anlage nicht unzulässig beeinträchtigen.

6.6 Grundlagen für die Berechnung der Formänderung

Als Rechenwerte für die Verformungseigenschaften der Mauerwerksarten aus künstlichen Steinen dürfen die in der Tabelle 2 angegebenen Werte angenommen werden.

Die Verformungseigenschaften der Mauerwerksarten können stark streuen. Der Streubereich ist in Tabelle 2 als Wertebereich angegeben; er kann in Ausnahmefällen noch größer sein. Sofern in den Steinnormen der Nachweis anderer Grenzwerte des Wertebereichs gefordert wird, gelten diese. Müssen Verformungen berücksichtigt werden, so sind die der Berechnung zugrunde liegende Art und Festigkeitsklasse der Steine, die Mörtelart und die Mörtelgruppe anzugeben.

Für die Berechnung der Randdehnung ε_R nach Bild 3 sowie der Knotenmomente nach 7.2.2 und zum Nachweis der Knicksicherheit nach 7.9.2 dürfen vereinfachend die dort angegebenen Verformungswerte angenommen werden.

Tabelle 2: Verformungskennwerte für Kriechen, Schwinden, Temperaturänderung sowie Elastizitätsmoduln

Mauersteinart	Endwert der Feuchtedehnung (Schwinden, chemisches Quellen)[1] $\varepsilon_{f\infty}$[1] mm/m		Endkriechzahl φ_∞[2]		Wärmedehnungskoeffizient α_T $10^{-6}/K$		Elastizitätsmodul E[3] MN/m²	
	Rechenwert	Wertebereich	Rechenwert	Wertebereich	Rechenwert	Wertebereich	Rechenwert	Wertebereich
1	2	3	4	5	6	7	8	9
Mauerziegel	0	+0,3 bis −0,2	1,0	0,5 bis 1,5	6	5 bis 7	3500 · σ_o	3000 bis 4000 · σ_o
Kalksandsteine[4]	−0,2	−0,1 bis −0,3	1,5	1,0 bis 2,0	8	7 bis 9	3000 · σ_o	2500 bis 4000 · σ_o
Leichtbetonsteine	−0,4	−0,2 bis −0,5	2,0	1,5 bis 2,5	10 8[5]	8 bis 12	5000 · σ_o	4000 bis 5500 · σ_o
Betonsteine	−0,2	−0,1 bis −0,3	1,0	—	10	8 bis 12	7500 · σ_o	6500 bis 8500 · σ_o
Porenbetonsteine	−0,2	+0,1 bis −0,3	1,5	1,0 bis 2,5	8	7 bis 9	2500 · σ_o	2000 bis 3000 · σ_o

[1] Verkürzung (Schwinden): Vorzeichen minus; Verlängerung (chemisches Quellen): Vorzeichen plus
[2] $\varphi_\infty = \varepsilon_{k\infty}/\varepsilon_{cl}$; ε_{cl}, $\varepsilon_{k\infty}$ Endkriechdehnung; $\varepsilon_{cl} = \sigma/E$
[3] E Sekantenmodul aus Gesamtdehnung bei etwa 1/3 der Mauerwerksdruckfestigkeit; σ_o Grundwert nach Tabellen 4a, 4b und 4c.
[4] Gilt auch für Hüttensteine
[5] Für Leichtbeton mit überwiegend Blähton als Zuschlag

6.7 Aussteifung und Knicklänge von Wänden

6.7.1 Allgemeine Annahmen für aussteifende Wände

Je nach Anzahl der rechtwinklig zur Wandebene unverschieblich gehaltenen Ränder werden zwei-, drei- und vierseitig gehaltene sowie frei stehende Wände unterschieden. Als unverschiebliche Halterung dürfen horizontal gehaltene Deckenscheiben und aussteifende Querwände oder andere ausreichend steife Bauteile angesehen werden. Unabhängig davon ist das Bauwerk als Ganzes nach 6.4 auszusteifen.

Bei einseitig angeordneten Querwänden darf unverschiebliche Halterung der auszusteifenden Wand nur angenommen werden, wenn Wand und Querwand aus Baustoffen annähernd gleichen Verformungsverhaltens gleichzeitig im Verband hochgeführt werden und wenn ein Abreißen der Wände infolge stark unterschiedlicher Verformung nicht zu erwarten ist, oder wenn die zug- und druckfeste Verbindung durch andere Maßnahmen gesichert ist. Beidseitig angeordnete Querwände, deren Mittelebenen gegeneinander um mehr als die dreifache Dicke der auszusteifenden Wand versetzt sind, sind wie einseitig angeordnete Querwände zu behandeln.

Aussteifende Wände müssen mindestens eine wirksame Länge von 1/5 der lichten Geschoßhöhe h_s und eine Dicke von 1/3 der Dicke der auszusteifenden Wand, jedoch mindestens 115 mm, haben.

Ist die aussteifende Wand durch Öffnungen unterbrochen, muß die Länge der Wand zwischen den Öffnungen mindestens so groß wie nach Bild 1 sein. Bei Fenstern gilt die lichte Fensterhöhe als h_1 bzw. h_2.

Bei beidseitig angeordneten, nicht versetzten Querwänden darf auf das gleichzeitige Hochführen der beiden Wände im Verband verzichtet werden, wenn jede der beiden Querwände den vorstehend genannten Bedingungen für aussteifende Wände genügt. Auf Konsequenzen aus unterschiedlichen Verformungen und aus bauphysikalischen Anforderungen ist in diesem Fall besonders zu achten.

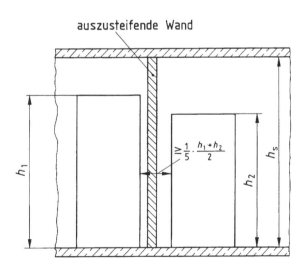

Bild 1: Mindestlänge der aussteifenden Wand

6.7.2 Knicklängen

Die Knicklänge h_K von Wänden ist in Abhängigkeit von der lichten Geschoßhöhe h_s wie folgt in Rechnung zu stellen:

a) Zweiseitig gehaltene Wände:
Im allgemeinen gilt

$$h_K = h_s$$

Bei Plattendecken und anderen flächig aufgelagerten Massivdecken darf die Einspannung der Wand in den Decken durch Abminderung der Knicklänge auf

$$h_K = \beta \cdot h_s$$

berücksichtigt werden.

Sofern kein genauerer Nachweis für β nach 7.7.2 erfolgt, gilt vereinfacht:

$\beta = 0{,}75$ für Wanddicke $d \leq 175$ mm
$\beta = 0{,}90$ für Wanddicke 175 mm $< d \leq 250$ mm
$\beta = 1{,}00$ für Wanddicke $d > 250$ mm.

Als flächig aufgelagerte Massivdecken in diesem Sinn gelten auch Stahlbetonbalken- und -rippendecken nach DIN 1045 mit Zwischenbauteilen, bei denen die Auflagerung durch Randbalken erfolgt.

Die so vereinfacht ermittelte Abminderung der Knicklänge ist jedoch nur zulässig, wenn keine größeren horizontalen Lasten als die planmäßigen Windlasten rechtwinklig auf die Wände wirken und folgende Mindestauflagertiefen a auf den Wänden der Dicke d gegeben sind:

$d \geq 240$ mm $\quad a \geq 175$ mm
$d < 240$ mm $\quad a = d$

b) Drei- und vierseitig gehaltene Wände:

Für die Knicklänge gilt $h_K = \beta \cdot h_s$. Bei Wänden der Dicke d mit lichter Geschoßhöhe $h_s \leq 3{,}50$ m darf β in Abhängigkeit von b und b' nach Tabelle 3 angenommen werden, falls kein genauerer Nachweis für β nach 7.7.2 erfolgt. Ein Faktor β ungünstiger als bei einer zweiseitig gehaltenen Wand braucht nicht angesetzt zu werden. Die Größe b bedeutet bei vierseitiger Halterung den Mittenabstand der aussteifenden Wände, b' bei dreiseitiger Halterung den Abstand zwischen der Mitte der aussteifenden Wand und dem freien Rand (siehe Bild 2). Ist $b > 30 \cdot d$ bei vierseitiger Halterung bzw. $b' > 15 \cdot d$ bei dreiseitiger Halterung, so sind die Wände wie zweiseitig gehaltene zu behandeln. Ist die Wand in der Höhe des mittleren Drittels durch vertikale Schlitze oder Nischen geschwächt, so ist für d die Restwanddicke einzusetzen oder ein freier Rand anzunehmen. Unabhängig von der Lage eines vertikalen Schlitzes oder einer Nische ist an ihrer Stelle eine Öffnung anzunehmen, wenn die Restwanddicke kleiner als die halbe Wanddicke oder kleiner als 115 mm ist.

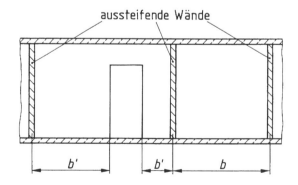

Bild 2: Darstellung der Größen b und b'

Tabelle 3: Faktor β zur Bestimmung der Knicklänge $h_K = \beta \cdot h_s$ von drei- und vierseitig gehaltenen Wänden in Abhängigkeit vom Abstand b der aussteifenden Wände bzw. vom Randabstand b' und der Dicke d der auszusteifenden Wand

Dreiseitig gehaltene Wand						Vierseitig gehaltene Wand				
Wanddicke in mm			b'	β	b	Wanddicke in mm				
240	175	115	m		m	115	175	240	300	
			0,65	0,35	2,00					
			0,75	0,40	2,25					
			0,85	0,45	2,50					
			0,95	0,50	2,80					
			1,05	0,55	3,10					
			1,15	0,60	3,40	$b \leq$ 3,45 m				
			1,25	0,65	3,80					
			1,40	0,70	4,30					
		$b' \leq$ 1,75 m	1,60	0,75	4,80					
			1,85	0,80	5,60	$b \leq$ 5,25 m				
			2,20	0,85	6,60					
	$b' \leq$ 2,60 m					$b \leq$ 7,20 m				
			2,80	0,90	8,40					
$b' \leq$ 3,60 m						$b \leq$ 9,00 m				

6.7.3 Öffnungen in Wänden

Haben Wände Öffnungen, deren lichte Höhe größer als 1/4 der Geschoßhöhe oder deren lichte Breite größer als 1/4 der Wandbreite oder deren Gesamtfläche größer als 1/10 der Wandfläche ist, so sind die Wandteile zwischen Wandöffnung und aussteifender Wand als dreiseitig gehalten, die Wandteile zwischen Wandöffnungen als zweiseitig gehalten anzusehen.

6.8 Mitwirkende Breite von zusammengesetzten Querschnitten

Als zusammengesetzt gelten nur Querschnitte, deren Teile aus Steinen gleicher Art, Höhe und Festigkeitsklasse bestehen, die gleichzeitig im Verband mit gleichem Mörtel gemauert werden und bei denen ein Abreißen von Querschnittsteilen infolge stark unterschiedlicher Verformung nicht zu erwarten ist. Querschnittsschwächungen durch Schlitze sind zu berücksichtigen. Brüstungs- und Sturzmauerwerk dürfen nicht in die mitwirkende Breite einbezogen werden. Die mitwirkende Breite darf nach der Elastizitätstheorie ermittelt werden. Falls kein genauer Nachweis geführt wird, darf die mitwirkende Breite beidseits zu je 1/4 der über dem betrachteten Schnitt liegenden Höhe des zusammengesetzten Querschnitts, jedoch nicht mehr als die vorhandene Querschnittsbreite, angenommen werden.

Die Schubtragfähigkeit des zusammengesetzten Querschnitts ist nach 7.9.5 nachzuweisen.

6.9 Bemessung mit dem vereinfachten Verfahren

6.9.1 Spannungsnachweis bei zentrischer und exzentrischer Druckbeanspruchung

Für den Gebrauchszustand ist auf der Grundlage einer linearen Spannungsverteilung unter Ausschluß von Zugspannungen nachzuweisen, daß die zulässigen Druckspannungen

$$\text{zul } \sigma_D = k \cdot \sigma_0 \qquad (3)$$

nicht überschritten werden.

Hierin bedeuten:

σ_0 Grundwerte nach Tabellen 4a, 4b oder 4c.

k Abminderungsfaktor:
- Wände als Zwischenauflager: $k = k_1 \cdot k_2$
- Wände als einseitiges Endauflager: $k = k_1 \cdot k_2$ oder $k = k_1 \cdot k_3$, der kleinere Wert ist maßgebend.

k_1 Faktor zur Berücksichtigung unterschiedlicher Sicherheitsbeiwerte bei Wänden und "kurzen Wänden"

$k_1 = 1,0$ für Wände

$k_1 = 1,0$ für "kurze Wände" nach 2.3, die aus einem oder mehreren ungetrennten Steinen oder aus getrennten Steinen mit einem Lochanteil von weniger als 35 % bestehen und nicht durch Schlitze oder Aussparungen geschwächt sind.

$k_1 = 0,8$ für alle anderen "kurze Wände".

Gemauerte Querschnitte, deren Flächen kleiner als 400 cm² sind, sind als tragende Teile unzulässig. Schlitze und Aussparungen sind hierbei zu berücksichtigen.

k_2 Faktor zur Berücksichtigung der Traglastminderung bei Knickgefahr nach 6.9.2.

$k_2 = 1,0$ für $h_K/d \leq 10$

$$k_2 = \frac{25 - h_K/d}{15} \quad \text{für } 10 < h_K/d \leq 25$$

mit h_K als Knicklänge nach 6.7.2. Schlankheiten $h_K/d > 25$ sind unzulässig.

k_3 Faktor zur Berücksichtigung der Traglastminderung durch den Deckendrehwinkel bei Endauflagerung auf Innen- oder Außenwänden.

Bei Decken zwischen Geschossen:

$k_3 = 1$ für $l \leq 4,20$ m

$k_3 = 1,7 - l/6$ für $4,20$ m $< l \leq 6,00$ m

mit l als Deckenstützweite in m nach 6.1.

Bei Decken über dem obersten Geschoß, insbesondere bei Dachdecken:

$k_3 = 0,5$ für alle Werte von l. Hierbei sind rechnerisch klaffende Lagerfugen vorausgesetzt.

Wird die Traglastminderung infolge Deckendrehwinkel durch konstruktive Maßnahmen, z. B. Zentrierleisten, vermieden, so gilt unabhängig von der Deckenstützweite $k_3 = 1$.

Falls ein Nachweis für ausmittige Last zu führen ist, dürfen sich die Fugen sowohl bei Ausmitte in Richtung der Wandebene (Scheibenbeanspruchung) als auch rechtwinklig dazu (Plattenbeanspruchung) rechnerisch höchstens bis zum Schwerpunkt des Querschnitts öffnen. Sind Wände als Windscheiben rechnerisch nachzuweisen, so ist bei Querschnitten mit klaffender Fuge infolge Scheibenbeanspruchung zusätzlich nachzuweisen, daß die rechnerische Randdehnung aus der Scheibenbeanspruchung auf der Seite der Klaffung den Wert $\varepsilon_R = 10^{-4}$ nicht überschreitet (siehe Bild 3). Der Elastizitätsmodul für Mauerwerk darf hierfür zu $E = 3000 \cdot \sigma_0$ angenommen werden.

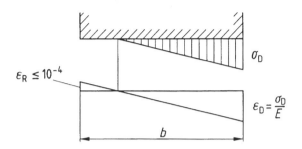

b Länge der Windscheibe

σ_D Kantenpressung

ε_D rechnerische Randstauchung im maßgebenden Gebrauchs-Lastfall

Bild 3: Zulässige rechnerische Randdehnung bei Scheiben

Bei zweiseitig gehaltenen Wänden mit $d < 175$ mm und mit Schlankheiten $\frac{h_K}{d} > 12$ und Wandbreiten $< 2,0$ m ist der Einfluß einer ungewollten, horizontalen Einzellast $H = 0,5$ kN, die in halber Geschoßhöhe angreift und die über die Wandbreite gleichmäßig verteilt werden darf, nachzuweisen. Für diesen Lastfall dürfen die zulässigen Spannungen um den Faktor 1,33 vergrößert werden. Dieser Nachweis darf entfallen, wenn Gleichung (12) eingehalten ist.

Tabelle 4a: Grundwerte σ_0 der zulässigen Druckspannungen für Mauerwerk mit Normalmörtel

Stein- festig- keits- klasse	Grundwerte σ_0 für Normalmörtel Mörtelgruppe				
	I MN/m²	II MN/m²	IIa MN/m²	III MN/m²	IIIa MN/m²
2	0,3	0,5	0,5[1])	–	–
4	0,4	0,7	0,8	0,9	–
6	0,5	0,9	1,0	1,2	–
8	0,6	1,0	1,2	1,4	–
12	0,8	1,2	1,6	1,8	1,9
20	1,0	1,6	1,9	2,4	3,0
28	–	1,8	2,3	3,0	3,5
36	–	–	–	3,5	4,0
48	–	–	–	4,0	4,5
60	–	–	–	4,5	5,0

[1]) $\sigma_0 = 0,6$ MN/m² bei Außenwänden mit Dicken ≥ 300 mm. Diese Erhöhung gilt jedoch nicht für den Nachweis der Auflagerpressung nach 6.9.3.

6.9.2 Nachweis der Knicksicherheit

Der Faktor k_2 nach 6.9.1 berücksichtigt im vereinfachten Verfahren die ungewollte Ausmitte und die Verformung nach Theorie II. Ordnung. Dabei ist vorausgesetzt, daß in halber Geschoßhöhe nur Biegemomente aus Knotenmomenten nach 6.2.2 und aus Windlasten auftreten. Greifen größere horizontale Lasten an oder werden vertikale Lasten mit größerer planmäßiger Exzentrizität eingeleitet, so ist der Knicksicherheitsnachweis nach 7.9.2 zu führen. Ein Versatz der Wandachsen infolge einer Änderung der Wanddicken gilt dann nicht als größere Exzentrizität, wenn der Querschnitt der dickeren tragenden Wand den Querschnitt der dünneren tragenden Wand umschreibt.

Tabelle 4b: Grundwerte σ_0 der zulässigen Druckspannungen für Mauerwerk mit Dünnbett- und Leichtmörtel

Steinfestigkeits-klasse	Grundwerte σ_0 für		
	Dünnbett-mörtel[1]	Leichtmörtel	
		LM 21	LM 36
	MN/m²	MN/m²	MN/m²
2	0,6	0,5[2]	0,5[2],[3]
4	1,1	0,7[4]	0,8[5]
6	1,5	0,7	0,9
8	2,0	0,8	1,0
12	2,2	0,9	1,1
20	3,2	0,9	1,1
28	3,7	0,9	1,1

[1]) Anwendung nur bei Porenbeton-Plansteinen nach DIN 4165 und bei Kalksand-Plansteinen. Die Werte gelten für Vollsteine. Für Kalksand-Lochsteine und Kalksand-Hohlblocksteine nach DIN 106-1 gelten die entsprechenden Werte der Tabelle 4a bei Mörtelgruppe III bis Steinfestigkeitsklasse 20.

[2]) Für Mauerwerk mit Mauerziegeln nach DIN 105-1 bis DIN 105-4 gilt $\sigma_0 = 0,4$ MN/m².

[3]) $\sigma_0 = 0,6$ MN/m² bei Außenwänden mit Dicken ≥ 300 mm. Diese Erhöhung gilt jedoch nicht für den Fall der Fußnote[2]) und nicht für den Nachweis der Auflagerpressung nach 6.9.3.

[4]) Für Kalksandsteine nach DIN 106-1 der Rohdichteklasse $\geq 0,9$ und für Mauerziegel nach DIN 105-1 bis DIN 105-4 gilt $\sigma_0 = 0,5$ MN/m².

[5]) Für Mauerwerk mit den in Fußnote[4]) genannten Mauersteinen gilt $\sigma_0 = 0,7$ MN/m².

Tabelle 4c: Grundwerte σ_0 der zulässigen Druckspannungen für Mauerwerk nach Eignungsprüfung (EM)

Nennfestigkeit β_M[1]) in N/mm²	1,0 bis 9,0	11,0 und 13,0	16,0 bis 25,0
σ_0 in MN/m² [2])	0,35 β_M	0,32 β_M	0,30 β_M

[1]) β_M nach DIN 1053-2

[2]) σ_0 ist auf 0,01 MN/m² abzurunden.

6.9.3 Auflagerpressung

Werden Wände von Einzellasten belastet, so muß die Aufnahme der Spaltzugkräfte sichergestellt sein. Dies kann bei sorgfältig ausgeführtem Mauerwerksverband als gegeben angenommen werden. Die Druckverteilung unter Einzellasten darf dann innerhalb des Mauerwerks unter 60° angesetzt werden. Der höher beanspruchte Wandbereich darf in höherer Mauerwerksfestigkeit ausgeführt werden. Es ist 6.5 zu beachten.

Unter Einzellasten, z. B. unter Balken, Unterzügen, Stützen usw., darf eine gleichmäßig verteilte Auflagerpressung von $1,3 \cdot \sigma_0$ mit σ_0 nach Tabellen 4a, 4b oder 4c angenommen werden, wenn zusätzlich nachgewiesen wird, daß die Mauerwerksspannung in halber Wandhöhe den Wert zul σ_D nach Gleichung (3) nicht überschreitet.

Teilflächenpressungen rechtwinklig zur Wandebene dürfen den Wert $1,3 \cdot \sigma_0$ nach Tabellen 4a, 4b oder 4c nicht überschreiten. Bei Einzellasten $F \geq 3$ kN ist zusätzlich die Schubspannung in den Lagerfugen der belasteten Steine nach 6.9.5, Gleichung (6), nachzuweisen. Bei Loch- und Kammersteinen ist z. B. durch Unterlagsplatten sicherzustellen, daß die Druckkraft auf mindestens zwei Stege übertragen wird.

6.9.4 Zug- und Biegezugspannungen

Zug- und Biegezugspannungen rechtwinklig zur Lagerfuge dürfen in tragenden Wänden nicht in Rechnung gestellt werden.

Zug- und Biegezugspannungen σ_Z parallel zur Lagerfuge in Wandrichtung dürfen bis zu folgenden Höchstwerten in Rechnung gestellt werden:

$$\text{zul } \sigma_Z = 0,4 \cdot \sigma_{oHS} + 0,12 \cdot \sigma_D \leq \max \sigma_Z \quad (4)$$

Hierin bedeuten:

zul σ_Z zulässige Zug- und Biegezugspannung parallel zur Lagerfuge;

σ_D zugehörige Druckspannung rechtwinklig zur Lagerfuge;

σ_{oHS} zulässige abgeminderte Haftscherfestigkeit nach Tabelle 5;

max σ_Z Maximalwert der zulässigen Zug- und Biegezugspannung nach Tabelle 6.

Tabelle 5: Zulässige abgeminderte Haftscherfestigkeit σ_{oHS} in MN/m²

Mörtelart, Mörtelgruppe	NM I	NM II	NM IIa LM 21 LM 36	NM III DM	NM IIIa
σ_{oHS} [1])	0,01	0,04	0,09	0,11	0,13

[1]) Für Mauerwerk mit unvermörtelten Stoßfugen sind die Werte σ_{oHS} zu halbieren. Als vermörtelt in diesem Sinn gilt eine Stoßfuge, bei der etwa die halbe Wanddicke oder mehr vermörtelt ist.

Tabelle 6: Maximale Werte max σ_Z der zulässigen Biegezugspannungen in MN/m²

Steinfestigkeitsklasse	2	4	6	8	12	20	≥ 28
max σ_Z	0,01	0,02	0,04	0,05	0,10	0,15	0,20

6.9.5 Schubnachweis

Ist ein Nachweis der räumlichen Steifigkeit nach 6.4 nicht erforderlich, darf im Regelfall auch der Schubnachweis für die aussteifenden Wände entfallen.

Ist ein Schubnachweis erforderlich, darf für Rechteckquerschnitte (keine zusammengesetzten Querschnitte) das folgende vereinfachte Verfahren angewendet werden:

$$\tau = \frac{c \cdot Q}{A} \leq \text{zul } \tau \qquad (5)$$

Scheibenschub:

$$\text{zul } \tau = \sigma_{\text{oHS}} + 0,2 \cdot \sigma_{\text{Dm}} \leq \max \tau \qquad (6a)$$

Plattenschub:

$$\text{zul } \tau = \sigma_{\text{oHS}} + 0,3 \, \sigma_{\text{Dm}} \qquad (6b)$$

Hierin bedeuten:

- Q Querkraft
- A überdrückte Querschnittsfläche
- c Faktor zur Berücksichtigung der Verteilung von τ über den Querschnitt. Für hohe Wände mit $H/L \geq 2$ gilt $c = 1,5$; für Wände mit $H/L \leq 1,0$ gilt $c = 1,0$; dazwischen darf linear interpoliert werden. H bedeutet die Gesamthöhe, L die Länge der Wand. Bei Plattenschub gilt $c = 1,5$.
- σ_{oHS} siehe Tabelle 5
- σ_{Dm} mittlere zugehörige Druckspannung rechtwinklig zur Lagerfuge im ungerissenen Querschnitt A
- $\max \tau$ $= 0,010 \cdot \beta_{\text{Nst}}$ für Hohlblocksteine
  $= 0,012 \cdot \beta_{\text{Nst}}$ für Hochlochsteine und Steine mit Grifföffnungen oder -löchern
  $= 0,014 \cdot \beta_{\text{Nst}}$ für Vollsteine ohne Grifföffnungen oder -löcher
- β_{Nst} Nennwert der Steindruckfestigkeit (Steinfestigkeitsklasse).

7 Genaueres Berechnungsverfahren

7.1 Allgemeines

Das genauere Berechnungsverfahren darf auf einzelne Bauteile, einzelne Geschosse oder ganze Bauwerke angewendet werden.

7.2 Ermittlung der Schnittgrößen infolge von Lasten

7.2.1 Auflagerkräfte aus Decken

Es gilt 6.2.1.

7.2.2 Knotenmomente

Der Einfluß der Decken-Auflagerdrehwinkel auf die Ausmitte der Lasteintragung in die Wände ist zu berücksichtigen. Dies darf durch eine Berechnung des Wand-Decken-Knotens erfolgen, bei der vereinfachend ungerissene Querschnitte und elastisches Materialverhalten zugrunde gelegt werden können. Die so ermittelten Knotenmomente dürfen auf 2/3 ihres Wertes ermäßigt werden.

Die Berechnung des Wand-Decken-Knotens darf an einem Ersatzsystem unter Abschätzung der Momenten-Nullpunkte in den Wänden, im Regelfall in halber Geschoßhöhe, erfolgen. Hierbei darf die halbe Verkehrslast wie ständige Last angesetzt und der Elastizitätsmodul für Mauerwerk zu $E = 3000 \, \sigma_0$ angenommen werden.

7.2.3 Vereinfachte Berechnung der Knotenmomente

Die Berechnung des Wand-Decken-Knotens darf durch folgende Näherungsrechnung ersetzt werden, wenn die Verkehrslast nicht größer als 5 kN/m² ist:

Der Auflagerdrehwinkel der Decken bewirkt, daß die Deckenauflagerkraft A mit einer Ausmitte e angreift, wobei e zu 5 % der Differenz der benachbarten Deckenspannweiten, bei Außenwänden zu 5 % der angrenzenden Deckenspannweite angesetzt werden darf.

Bei Dachdecken ist das Moment $M_D = A_D \cdot e_D$ voll in den Wandkopf, bei Zwischendecken ist das Moment $M_Z = A_Z \cdot e_Z$ je zur Hälfte in den angrenzenden Wandkopf und Wandfuß einzuleiten. Längskräfte N_0 infolge Lasten aus darüber befindlichen Geschossen dürfen zentrisch angesetzt werden (siehe auch Bild 4).

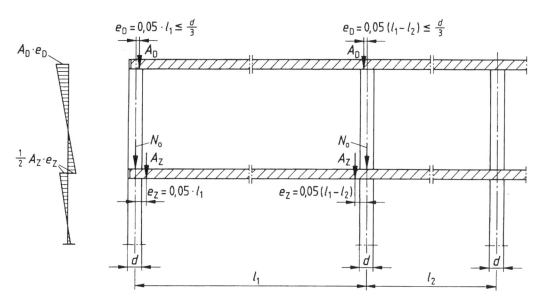

Bild 4: Vereinfachende Annahmen zur Berechnung von Knoten- und Wandmomenten

Bei zweiachsig gespannten Decken mit Spannweitenverhältnissen bis 1 : 2 darf als Spannweite zur Ermittlung der Lastexzentrizität 2/3 der kürzeren Seite eingesetzt werden.

7.2.4 Begrenzung der Knotenmomente

Ist die rechnerische Exzentrizität der resultierenden Last aus Decken und darüber befindlichen Geschossen infolge der Knotenmomente am Kopf bzw. Fuß der Wand größer als 1/3 der Wanddicke d, so darf sie zu 1/3 d angenommen werden. In diesem Fall ist Schäden infolge von Rissen in Mauerwerk und Putz durch konstruktive Maßnahmen, z. B. Fugenausbildung, Zentrierleisten, Kantennut usw. mit entsprechender Ausbildung der Außenhaut entgegenzuwirken.

7.2.5 Wandmomente

Der Momentenverlauf über die Wandhöhe infolge Vertikallasten ergibt sich aus den anteiligen Wandmomenten der Knotenberechnung (siehe Bild 4). Momente infolge Horizontallasten, z. B. Wind oder Erddruck, dürfen unter Einhaltung des Gleichgewichts zwischen den Grenzfällen Volleinspannung und gelenkige Lagerung umgelagert werden; dabei ist die Begrenzung der klaffenden Fuge nach 7.9.1 zu beachten.

7.3 Wind

Momente aus Windlast rechtwinklig zur Wandebene dürfen im Regelfall bis zu einer Höhe von 20 m über Gelände vernachlässigt werden, wenn die Wanddicken $d \geq 240$ mm und die lichten Geschoßhöhen $h_s \leq 3{,}0$ m sind. In Wandebene sind die Windlasten jedoch zu berücksichtigen (siehe 7.4).

7.4 Räumliche Steifigkeit
Es gilt 6.4.

7.5 Zwängungen
Es gilt 6.5.

7.6 Grundlagen für die Berechnung der Formänderungen

Es gilt 6.6. Für die Berechnung der Knotenmomente darf vereinfachend der E-Modul $E = 3000 \cdot \sigma_o$ angenommen werden. Beim Nachweis der Knicksicherheit gilt der ideelle Sekantenmodul $E_i = 1100 \cdot \sigma_o$.

7.7 Aussteifung und Knicklänge von Wänden

7.7.1 Allgemeine Annahmen für aussteifende Wände
Es gilt 6.7.1.

7.7.2 Knicklängen

Die Knicklänge h_K von Wänden ist in Abhängigkeit von der lichten Geschoßhöhe h_s wie folgt in Rechnung zu stellen:

a) Frei stehende Wände:

$$h_K = 2 \cdot h_s \sqrt{\frac{1 + 2N_o/N_u}{3}} \quad (7)$$

Hierin bedeuten:
- N_o Längskraft am Wandkopf,
- N_u Längskraft am Wandfuß.

b) Zweiseitig gehaltene Wände:
Im allgemeinen gilt

$$h_K = h_s \quad (8a)$$

Bei flächig aufgelagerten Decken, z. B. Massivdecken, darf die Knicklänge wegen der Einspannung der Wände in den Decken nach Tabelle 7 reduziert werden, wenn die Bedingungen dieser Tabelle eingehalten sind. Hierbei darf der Wert β nach Gleichung (8b) angenommen werden, falls er nicht durch Rahmenrechnung nach Theorie II. Ordnung bestimmt wird:

$$\beta = 1 - 0{,}15 \cdot \frac{E_b I_b}{E_{mw} I_{mw}} \cdot h_s \cdot \left(\frac{1}{l_1} + \frac{1}{l_2}\right) \geq 0{,}75 \quad (8b)$$

Hierin bedeuten:

- E_{mw}, E_b E-Modul des Mauerwerks nach 6.6 bzw. des Betons nach DIN 1045
- I_{mw}, I_b Flächenmoment 2. Grades der Mauerwerkswand bzw. der Betondecke
- l_1, l_2 Angrenzende Deckenstützweiten; bei Außenwänden gilt

$$\frac{1}{l_2} = 0.$$

Bei Wanddicken ≤ 175 mm darf ohne Nachweis $\beta = 0{,}75$ gesetzt werden. Ist die rechnerische Exzentrizität der Last im Knotenanschnitt nach 7.2.4 größer als 1/3 der Wanddicke, so ist stets $\beta = 1$ zu setzen

Tabelle 7: Reduzierung der Knicklänge zweiseitig gehaltener Wände mit flächig aufgelagerten Massivdecken

Wanddicke d mm	Erforderliche Auflagertiefe a der Decke auf der Wand
< 240	d
≥ 240 ≤ 300	$\geq \frac{3}{4}d$
> 300	$\geq \frac{2}{3}d$

Planmäßige Ausmitte $e^{1)}$ der Last in halber Geschoßhöhe (für alle Wanddicken)	Reduzierte Knicklänge $h_K^{2)}$
$\leq \frac{d}{6}$	$\beta \cdot h_s$
$\frac{d}{3}$	$1{,}00\, h_s$

[1] Das heißt Ausmitte ohne Berücksichtigung von f_1 und f_2 nach 7.9.2, jedoch gegebenenfalls auch infolge Wind.
[2] Zwischenwerte dürfen geradlinig eingeschaltet werden.

c) Dreiseitig gehaltene Wände (mit einem freien vertikalen Rand):

$$h_K = \frac{1}{1+\left(\frac{\beta \cdot h_s}{3b}\right)^2} \cdot \beta \cdot h_s \geq 0{,}3 \cdot h_s \quad (9a)$$

d) Vierseitig gehaltene Wände:
für $h_s \leq b$:

$$h_K = \frac{1}{1+\left(\frac{\beta \cdot h_s}{b}\right)^2} \cdot \beta \cdot h_s \quad (9b)$$

für $h_s > b$:

$$h_K = \frac{b}{2} \quad (9c)$$

Hierin bedeuten:

b Abstand des freien Randes von der Mitte der aussteifenden Wand, bzw. Mittenabstand der aussteifenden Wände

β wie bei zweiseitig gehaltenen Wänden

Ist $b > 30\,d$ bei vierseitig gehaltenen Wänden, bzw. $b > 15\,d$ bei dreiseitig gehaltenen Wänden, so sind diese wie zweiseitig gehaltene zu behandeln. Hierin ist d die Dicke der gehaltenen Wand. Ist die Wand im Bereich des mittleren Drittels durch vertikale Schlitze oder Nischen geschwächt, so ist für d die Restwanddicke einzusetzen oder ein freier Rand anzunehmen. Unabhängig von der Lage eines vertikalen Schlitzes oder einer Nische ist an ihrer Stelle ein freier Rand anzunehmen, wenn die Restwanddicke kleiner als die halbe Wanddicke oder kleiner als 115 mm ist.

7.7.3 Öffnungen in Wänden
Es gilt 6.7.3.

7.8 Mittragende Breite von zusammengesetzten Querschnitten
Es gilt 6.8.

7.9 Bemessung mit dem genaueren Verfahren

7.9.1 Tragfähigkeit bei zentrischer und exzentrischer Druckbeanspruchung

Auf der Grundlage einer linearen Spannungsverteilung und ebenbleibender Querschnitte ist nachzuweisen, daß die γ-fache Gebrauchslast ohne Mitwirkung des Mauerwerks auf Zug im Bruchzustand aufgenommen werden kann. Hierbei ist β_R der Rechenwert der Druckfestigkeit des Mauerwerks mit der theoretischen Schlankheit Null. β_R ergibt sich aus

$$\beta_R = 2{,}67 \cdot \sigma_0 \quad (10)$$

Hierin bedeutet:

σ_0 Grundwert der zulässigen Druckspannung nach Tabellen 4a, 4b oder 4c.

Der Sicherheitsbeiwert ist $\gamma_W = 2{,}0$ für Wände und für "kurze Wände" (Pfeiler) nach 2.3, die aus einem oder mehreren ungetrennten Steinen oder aus getrennten Steinen mit einem Lochanteil von weniger als 35 % bestehen und keine Aussparungen oder Schlitze enthalten. Für alle anderen "kurzen Wände" gilt $\gamma_P = 2{,}5$. Gemauerte Querschnitte mit Flächen kleiner als 400 cm² sind als tragende Teile unzulässig.

Im Gebrauchszustand dürfen klaffende Fugen infolge der planmäßigen Exzentrizität e (ohne f_1 und f_2 nach 7.9.2) rechnerisch höchstens bis zum Schwerpunkt des Gesamtquerschnitts entstehen. Bei Querschnitten, die vom Rechteck abweichen, ist außerdem eine mindestens 1,5fache Kippsicherheit nachzuweisen. Bei Querschnitten mit Scheibenbeanspruchung und klaffender Fuge ist zusätzlich nachzuweisen, daß die rechnerische Randdehnung aus der Scheibenbeanspruchung auf der Seite der Klaffung unter Gebrauchslast den Wert $\varepsilon_R = 10^{-4}$ nicht überschreitet (siehe Bild 3). Bei exzentrischer Beanspruchung darf im Bruchzustand die Kantenpressung den Wert $1{,}33\,\beta_R$, die mittlere Spannung den Wert β_R nicht überschreiten.

7.9.2 Nachweis der Knicksicherheit

Bei der Ermittlung der Spannungen sind außer der planmäßigen Exzentrizität e die ungewollte Ausmitte f_1 und die Stabauslenkung f_2 nach Theorie II. Ordnung zu berücksichtigen. Die ungewollte Ausmitte darf bei zweiseitig gehaltenen Wänden sinusförmig über die Geschoßhöhe mit dem Maximalwert

$$f_1 = \frac{h_K}{300}$$

(h_K = Knicklänge nach 7.7.2) angenommen werden.

Die Spannungsdehnungsbeziehung ist durch einen ideellen Sekantenmodul E_i zu erfassen. Abweichend von Tabelle 2 gilt für alle Mauerwerksarten $E_i = 1100 \cdot \sigma_0$.

An Stelle einer genaueren Rechnung darf die Knicksicherheit durch Bemessung der Wand in halber Geschoßhöhe nachgewiesen werden, wobei außer der planmäßigen Exzentrizität e an dieser Stelle folgende zusätzliche Exzentrizität $f = f_1 + f_2$ anzusetzen ist:

$$f = \bar{\lambda} \cdot \frac{1+m}{1800} \cdot h_k \quad (11)$$

Hierin bedeuten:

$\bar{\lambda} = \dfrac{h_K}{d}$ Schlankheit der Wand

h_K Knicklänge der Wand

$m = \dfrac{6 \cdot e}{d}$ bezogene planmäßige Exzentrizität in halber Geschoßhöhe

In Gleichung (11) ist der Einfluß des Kriechens in angenäherter Form erfaßt.

Wandmomente nach 7.2.5 sind mit ihren Werten in halber Geschoßhöhe als planmäßige Exzentrizitäten zu berücksichtigen.

Schlankheiten $\bar{\lambda} > 25$ sind nicht zulässig.

Bei zweiseitig gehaltenen Wänden nach 6.4 mit Schlankheiten $\bar{\lambda} > 12$ und Wandbreiten < 2,0 m ist zusätzlich nachzuweisen, daß unter dem Einfluß einer ungewollten, horizontalen Einzellast $H = 0{,}5$ kN die Sicherheit γ mindestens 1,5 beträgt. Die Horizontalkraft H ist in halber Wandhöhe anzusetzen und darf auf die vorhandene Wandbreite b gleichmäßig verteilt werden.

Dieser Nachweis darf entfallen, wenn

$$\bar{\lambda} \leq 20 - 1000 \cdot \frac{H}{A \cdot \beta_R} \quad (12)$$

Hierin bedeutet:

A Wandquerschnitt $b \cdot d$.

7.9.3 Einzellasten, Lastausbreitung und Teilflächenpressung

Werden Wände von Einzellasten belastet, so ist die Aufnahme der Spaltzugkräfte konstruktiv sicherzustellen. Die Spaltzugkräfte können durch die Zugfestigkeit des Mauerwerksverbandes, durch Bewehrung oder durch Stahlbetonkonstruktionen aufgenommen werden.

Ist die Aufnahme der Spaltzugkräfte konstruktiv gesichert, so darf die Druckverteilung unter konzentrierten Lasten innerhalb des Mauerwerkes unter 60° angesetzt werden. Der höher beanspruchte Wandbereich darf in höherer Mauerwerksfestigkeit ausgeführt werden. 7.5 ist zu beachten.

Wird nur die Teilfläche A_1 (Übertragungsfläche) eines Mauerwerksquerschnittes durch eine Druckkraft mittig oder ausmittig belastet, dann darf A_1 mit folgender Teilflächenpressung σ_1 beansprucht werden, sofern die Teilfläche $A_1 \leq 2\,d^2$ und die Exzentrizität des Schwerpunktes der Teilfläche $e < \dfrac{d}{6}$ ist:

$$\sigma_1 = \frac{\beta_R}{\gamma}\left(1 + 0{,}1 \cdot \frac{a_1}{l_1}\right) \leq 1{,}5 \cdot \frac{\beta_R}{\gamma} \qquad (13)$$

Hierin bedeuten:
- a_1 Abstand der Teilfläche vom nächsten Rand der Wand in Längsrichtung
- l_1 Länge der Teilfläche in Längsrichtung
- d Dicke der Wand
- γ Sicherheitsbeiwert nach 7.9.1.

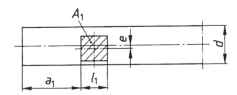

Bild 5: Teilflächenpressungen

Teilflächenpressungen rechtwinklig zur Wandebene dürfen den Wert $0{,}5\,\beta_R$ nicht überschreiten. Bei Einzellasten $F \geq 3$ kN ist zusätzlich die Schubspannung in den Lagerfugen der belasteten Einzelsteine nach 7.9.5 nachzuweisen. Bei Loch- und Kammersteinen ist z. B. durch Unterlagsplatten sicherzustellen, daß die Druckkraft auf mindestens 2 Stege übertragen wird.

7.9.4 Zug- und Biegezugspannungen

Zug- und Biegezugspannungen rechtwinklig zur Lagerfuge dürfen in tragenden Wänden nicht in Rechnung gestellt werden.

Zug- und Biegezugspannungen σ_Z parallel zur Lagerfuge in Wandrichtung dürfen bis zu folgenden Höchstwerten im Gebrauchszustand in Rechnung gestellt werden:

$$\text{zul}\,\sigma_Z \leq \frac{1}{\gamma}(\beta_{RHS} + \mu \cdot \sigma_D)\,\frac{\ddot{u}}{h} \qquad (14)$$

$$\text{zul}\,\sigma_Z \leq \frac{\beta_{RZ}}{2\gamma} \leq 0{,}3 \text{ MN/m}^2 \qquad (15)$$

Der kleinere Wert ist maßgebend.

Hierin bedeuten:
- zul σ_Z zulässige Zug- und Biegezugspannung parallel zur Lagerfuge
- σ_D Druckspannung rechtwinklig zur Lagerfuge
- β_{RHS} Rechenwert der abgeminderten Haftscherfestigkeit nach 7.9.5
- β_{RZ} Rechenwert der Steinzugfestigkeit nach 7.9.5
- μ Reibungsbeiwert = 0,6
- $\ddot{u}$ Überbindemaß nach 9.3
- h Steinhöhe
- γ Sicherheitsbeiwert nach 7.9.1

7.9.5 Schubnachweis

Die Schubspannungen sind nach der technischen Biegelehre bzw. nach der Scheibentheorie für homogenes Material zu ermitteln, wobei Querschnittsbereiche, in denen die Fugen rechnerisch klaffen, nicht in Rechnung gestellt werden dürfen.

Die unter Gebrauchslast vorhandenen Schubspannungen τ und die zugehörige Normalspannung σ in der Lagerfuge müssen folgenden Bedingungen genügen:

Scheibenschub:

$$\gamma \cdot \tau \leq \beta_{RHS} + \bar{\mu} \cdot \sigma \qquad (16a)$$

$$\leq 0{,}45 \cdot \beta_{RZ} \cdot \sqrt{1 + \sigma/\beta_{RZ}} \qquad (16b)$$

Plattenschub:

$$\gamma \cdot \tau \leq \beta_{RHS} + \mu \cdot \sigma \qquad (16c)$$

Hierin bedeuten:
- β_{RHS} Rechenwert der abgeminderten Haftscherfestigkeit. Es gilt $\beta_{RHS} = 2\,\sigma_{oHS}$ mit σ_{oHS} nach Tabelle 5. Auf die erforderliche Vorbehandlung von Steinen und Arbeitsfugen entsprechend 9.1 wird besonders hingewiesen.
- μ Rechenwert des Reibungsbeiwertes. Für alle Mörtelarten darf $\mu = 0{,}6$ angenommen werden.
- $\bar{\mu}$ Rechenwert des abgeminderten Reibungsbeiwertes. Mit der Abminderung wird die Spannungsverteilung in der Lagerfuge längs eines Steins berücksichtigt. Für alle Mörtelgruppen darf $\bar{\mu} = 0{,}4$ gesetzt werden.

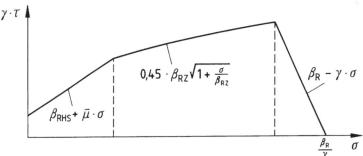

Bild 6: Bereich der Schubtragfähigkeit bei Scheibenschub

β_{RZ} Rechenwert der Steinzugfestigkeit. Es gilt:

$\beta_{RZ} = 0,025 \cdot \beta_{Nst}$ für Hohlblocksteine

$= 0,033 \cdot \beta_{Nst}$ für Hochlochsteine und Steine mit Grifföffnungen oder Grifflöchern

$= 0,040 \cdot \beta_{Nst}$ für Vollsteine ohne Grifföffnungen oder Grifflöcher

β_{Nst} Nennwert der Steindruckfestigkeit (Steindruckfestigkeitsklasse)

γ Sicherheitsbeiwert nach 7.9.1

Bei Rechteckquerschnitten genügt es, den Schubnachweis für die Stelle der maximalen Schubspannung zu führen. Bei zusammengesetzten Querschnitten ist außerdem der Nachweis am Anschnitt der Teilquerschnitte zu führen.

8 Bauteile und Konstruktionsdetails

8.1 Wandarten, Wanddicken

8.1.1 Allgemeines

Die statisch erforderliche Wanddicke ist nachzuweisen. Hierauf darf verzichtet werden, wenn die gewählte Wanddicke offensichtlich ausreicht. Die in den folgenden Abschnitten festgelegten Mindestwanddicken sind einzuhalten.

Innerhalb eines Geschosses soll zur Vereinfachung von Ausführung und Überwachung das Wechseln von Steinarten und Mörtelgruppen möglichst eingeschränkt werden (siehe auch 5.2.3).

Steine, die unmittelbar der Witterung ausgesetzt bleiben, müssen frostwiderstandsfähig sein. Sieht die Stoffnorm hinsichtlich der Frostwiderstandsfähigkeit unterschiedliche Klassen vor, so sind bei Schornsteinköpfen, Kellereingangs-, Stütz- und Gartenmauern, stark strukturiertem Mauerwerk und ähnlichen Anwendungsbereichen Steine mit der höchsten Frostwiderstandsfähigkeit zu verwenden.

Unmittelbar der Witterung ausgesetzte, horizontale und leicht geneigte Sichtmauerwerksflächen, wie z. B. Mauerkronen, Schornsteinköpfe, Brüstungen, sind durch geeignete Maßnahmen (z. B. Abdeckung) so auszubilden, daß Wasser nicht eindringen kann.

8.1.2 Tragende Wände

8.1.2.1 Allgemeines

Wände, die mehr als ihre Eigenlast aus einem Geschoß zu tragen haben, sind stets als tragende Wände anzusehen. Wände, die der Aufnahme von horizontalen Kräften rechtwinklig zur Wandebene dienen, dürfen auch als nichttragende Wände nach 8.1.3 ausgebildet sein.

Tragende Innen- und Außenwände sind mit einer Dicke von mindestens 115 mm auszuführen, sofern aus Gründen der Standsicherheit, der Bauphysik oder des Brandschutzes nicht größere Dicken erforderlich sind.

Die Mindestmaße tragender Pfeiler betragen 115 mm × 365 mm bzw. 175 mm × 240 mm.

Tragende Wände sollen unmittelbar auf Fundamente gegründet werden. Ist dies in Sonderfällen nicht möglich, so ist auf ausreichende Steifigkeit der Abfangkonstruktion zu achten.

8.1.2.2 Aussteifende Wände

Es ist 8.1.2.1, zweiter und letzter Absatz, zu beachten.

8.1.2.3 Kellerwände

Bei Kellerwänden darf der Nachweis auf Erddruck entfallen, wenn die folgenden Bedingungen erfüllt sind:

a) Lichte Höhe der Kellerwand $h_s \leq 2,60$ m, Wanddicke $d \geq 240$ mm.

b) Die Kellerdecke wirkt als Scheibe und kann die aus dem Erddruck entstehenden Kräfte aufnehmen.

c) Im Einflußbereich des Erddrucks auf die Kellerwände beträgt die Verkehrslast auf der Geländeoberfläche nicht mehr als 5 kN/m², die Geländeoberfläche steigt nicht an, und die Anschütthöhe h_e ist nicht größer als die Wandhöhe h_s.

d) Die Wandlängskraft N_1 aus ständiger Last in halber Höhe der Anschüttung liegt innerhalb folgender Grenzen:

$$\frac{d \cdot \beta_R}{3\gamma} \geq N_1 \geq \min N \quad \text{mit} \quad \min N = \frac{\rho_e \cdot h_s \cdot h_e^2}{20d} \quad (17)$$

Hierin und in Bild 7 bedeuten:

h_s lichte Höhe der Kellerwand

h_e Höhe der Anschüttung

d Wanddicke

ρ_e Rohdichte der Anschüttung

β_R, γ nach 7.9.1

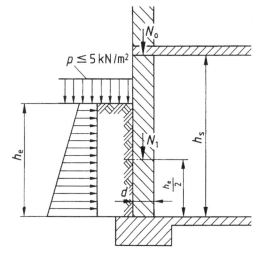

Bild 7: Lastannahmen für Kellerwände

Anstelle von Gleichung (17) darf nachgewiesen werden, daß die ständige Auflast N_o der Kellerwand unterhalb der Kellerdecke innerhalb folgender Grenzen liegt:

$$\max N_o \geq N_o \geq \min N_o \quad (18)$$

mit

$\max N_o = 0,45 \cdot d \cdot \sigma_o$

$\min N_o$ nach Tabelle 8

σ_o siehe Tabellen 4a, 4b oder 4c

Tabelle 8: Min N_o für Kellerwände ohne rechnerischen Nachweis

Wanddicke d mm	min N_o in kN/m bei einer Höhe der Anschüttung h_e von			
	1,0 m	1,5 m	2,0 m	2,5 m
240	6	20	45	75
300	3	15	30	50
365	0	10	25	40
490	0	5	15	30
Zwischenwerte sind geradlinig zu interpolieren.				

Ist die dem Erddruck ausgesetzte Kellerwand durch Querwände oder statisch nachgewiesene Bauteile im Abstand b ausgesteift, so daß eine zweiachsige Lastabtragung in der Wand stattfinden kann, dürfen die unteren Grenzwerte N_o und N_1 wie folgt abgemindert werden:

Tabelle 9: Größte zulässige Werte der Ausfachungsfläche von nichttragenden Außenwänden ohne rechnerischen Nachweis

1	2	3	4	5	6	7
Wanddicke	Größte zulässige Werte[1]) der Ausfachungsfläche in m² bei einer Höhe über Gelände von					
d	0 bis 8 m		8 bis 20 m		20 bis 100 m	
mm	$\varepsilon = 1{,}0$	$\varepsilon \geq 2{,}0$	$\varepsilon = 1{,}0$	$\varepsilon \geq 2{,}0$	$\varepsilon = 1{,}0$	$\varepsilon \geq 2{,}0$
115 [2])	12	8	8	5	6	4
175	20	14	13	9	9	6
240	36	25	23	16	16	12
≥ 300	50	33	35	23	25	17

[1]) Bei Seitenverhältnissen $1{,}0 < \varepsilon < 2{,}0$ dürfen die größten zulässigen Werte der Ausfachungsflächen geradlinig interpoliert werden.

[2]) Bei Verwendung von Steinen der Festigkeitsklassen ≥ 12 dürfen die Werte dieser Zeile um $1/3$ vergrößert werden.

$$b \leq h_s: \quad N_1 \geq \frac{1}{2} \min N; \quad N_o \geq \frac{1}{2} \min N_o \qquad (19)$$

$$b \geq 2 h_s: \quad N_1 \geq \min N; \quad N_o \geq \min N_o \qquad (20)$$

Zwischenwerte sind geradlinig zu interpolieren.

Die Gleichungen (17) bis (20) setzen rechnerisch klaffende Fugen voraus.

Bei allen Wänden, die Erddruck ausgesetzt sind, soll eine Sperrschicht gegen aufsteigende Feuchtigkeit aus besandeter Pappe oder aus Material mit entsprechendem Reibungsverhalten bestehen.

8.1.3 Nichttragende Wände

8.1.3.1 Allgemeines

Nichttragende Wände müssen auf ihre Fläche wirkende Lasten auf tragende Bauteile, z. B. Wand- oder Deckenscheiben, abtragen.

8.1.3.2 Nichttragende Außenwände

Bei Ausfachungswänden von Fachwerk-, Skelett- und Schottensystemen darf auf einen statischen Nachweis verzichtet werden, wenn

    a) die Wände vierseitig gehalten sind (z. B. durch Verzahnung, Versatz oder Anker),

    b) die Bedingungen nach Tabelle 9 erfüllt sind und

    c) Normalmörtel mindestens der Mörtelgruppe IIa oder Dünnbettmörtel oder Leichtmörtel LM 36 verwendet werden.

In Tabelle 9 ist ε das Verhältnis der größeren zur kleineren Seite der Ausfachungsfläche.

Bei Verwendung von Steinen der Festigkeitsklassen ≥ 20 und gleichzeitig bei einem Seitenverhältnis $\varepsilon = h/l \geq 2{,}0$ dürfen die Werte der Tabelle 9, Spalten 3, 5 und 7, verdoppelt werden (h, l Höhe bzw. Länge der Ausfachungsfläche).

8.1.3.3 Nichttragende innere Trennwände

Für nichttragende innere Trennwände, die nicht durch auf ihre Fläche wirkende Windlasten beansprucht werden, siehe DIN 4103-1.

8.1.4 Anschluß der Wände an die Decken und den Dachstuhl

8.1.4.1 Allgemeines

Umfassungswände müssen an die Decken entweder durch Zuganker oder durch Reibung angeschlossen werden.

8.1.4.2 Anschluß durch Zuganker

Zuganker (bei Holzbalkendecken Anker mit Splinten) sind in belasteten Wandbereichen, nicht in Brüstungsbereichen, anzuordnen. Bei fehlender Auflast sind erforderlichenfalls Ringanker vorzusehen. Der Abstand der Zuganker soll im allgemeinen 2 m, darf jedoch in Ausnahmefällen 4 m nicht überschreiten. Bei Wänden, die parallel zur Deckenspannrichtung verlaufen, müssen die Maueranker mindestens einen 1 m breiten Deckenstreifen und mindestens zwei Deckenrippen oder zwei Balken, bei Holzbalkendecken drei Balken, erfassen oder in Querrippen eingreifen.

Werden mit den Umfassungswänden verankerte Balken über einer Innenwand gestoßen, so sind sie hier zugfest miteinander zu verbinden.

Giebelwände sind durch Querwände oder Pfeilervorlagen ausreichend auszusteifen, falls sie nicht kraftschlüssig mit dem Dachstuhl verbunden werden.

8.1.4.3 Anschluß durch Haftung und Reibung

Bei Massivdecken sind keine besonderen Zuganker erforderlich, wenn die Auflagertiefe der Decke mindestens 100 mm beträgt.

8.2 Ringanker und Ringbalken

8.2.1 Ringanker

In alle Außenwände und in die Querwände, die als vertikale Scheiben der Abtragung horizontaler Lasten (z. B. Wind) dienen, sind Ringanker zu legen, wenn mindestens eines der folgenden Kriterien zutrifft:

    a) bei Bauten, die mehr als zwei Vollgeschosse haben oder länger als 18 m sind,

    b) bei Wänden mit vielen oder besonders großen Öffnungen, besonders dann, wenn die Summe der Öffnungsbreiten 60 % der Wandlänge oder bei Fensterbreiten von mehr als $2/3$ der Geschoßhöhe 40 % der Wandlänge übersteigt,

    c) wenn die Baugrundverhältnisse es erfordern.

Die Ringanker sind in jeder Deckenlage oder unmittelbar darunter anzubringen. Sie dürfen aus Stahlbeton, bewehrtem Mauerwerk, Stahl oder Holz ausgebildet werden und müssen unter Gebrauchslast eine Zugkraft von 30 kN aufnehmen können.

In Gebäuden, in denen der Ringanker nicht durchgehend ausgebildet werden kann, ist die Ringankerwirkung auf andere Weise sicherzustellen.

Ringanker aus Stahlbeton sind mit mindestens zwei durchlaufenden Rundstäben zu bewehren (z. B. zwei Stäben mit mindestens 10 mm Durchmesser). Stöße sind nach DIN 1045 auszubilden und möglichst gegeneinander zu versetzen. Ringanker aus bewehrtem Mauerwerk sind gleichwertig zu bewehren. Auf diese Ringanker dürfen dazu parallel liegende durchlaufende Bewehrungen mit vollem Querschnitt angerechnet werden, wenn sie in Decken oder in Fensterstürzen im Abstand von höchstens 0,5 m von der Mittelebene der Wand bzw. der Decke liegen.

8.2.2 Ringbalken

Werden Decken ohne Scheibenwirkung verwendet oder werden aus Gründen der Formänderung der Dachdecke Gleitschichten unter den Deckenauflagern angeordnet, so ist die horizontale Aussteifung der Wände durch Ringbalken oder statisch gleichwertige Maßnahmen sicherzustellen. Die Ringbalken und ihre Anschlüsse an die aussteifenden Wände sind für eine horizontale Last von $1/100$ der vertikalen Last der Wände und gegebenenfalls aus Wind zu bemessen. Bei der Bemessung von Ringbalken unter Gleitschichten sind außerdem Zugkräfte zu berücksichtigen, die den verbleibenden Reibungskräften entsprechen.

8.3 Schlitze und Aussparungen

Schlitze und Aussparungen, bei denen die Grenzwerte nach Tabelle 10 eingehalten werden, dürfen ohne Berücksichtigung bei der Bemessung des Mauerwerks ausgeführt werden.

Vertikale Schlitze und Aussparungen sind auch dann ohne Nachweis zulässig, wenn die Querschnittsschwächung, bezogen auf 1 m Wandlänge, nicht mehr als 6 % beträgt und die Wand nicht drei- oder vierseitig gehalten gerechnet ist. Hierbei müssen eine Restwanddicke nach Tabelle 10, Spalte 8, und ein Mindestabstand nach Spalte 9 eingehalten werden.

Alle übrigen Schlitze und Aussparungen sind bei der Bemessung des Mauerwerks zu berücksichtigen.

8.4 Außenwände

8.4.1 Allgemeines

Außenwände sollen so beschaffen sein, daß sie Schlagregenbeanspruchungen standhalten. DIN 4108-3 gibt dafür Hinweise.

8.4.2 Einschalige Außenwände

8.4.2.1 Verputzte einschalige Außenwände

Bei Außenwänden aus nicht frostwiderstandsfähigen Steinen ist ein Außenputz, der die Anforderungen nach DIN 18550-1 erfüllt, anzubringen oder ein anderer Witterungsschutz vorzusehen.

8.4.2.2 Unverputzte einschalige Außenwände (einschaliges Verblendmauerwerk)

Bleibt bei einschaligen Außenwänden das Mauerwerk an der Außenseite sichtbar, so muß jede Mauerschicht mindestens zwei Steinreihen gleicher Höhe aufweisen, zwischen denen eine durchgehende, schichtweise versetzte, hohlraumfrei vermörtelte, 20 mm dicke Längsfuge verläuft (siehe Bild 8). Die Mindestwanddicke beträgt 310 mm. Alle Fugen müssen vollfugig und haftschlüssig vermörtelt werden.

Bei einschaligem Verblendmauerwerk gehört die Verblendung zum tragenden Querschnitt. Für die zulässige Beanspruchung ist die im Querschnitt verwendete niedrigste Steinfestigkeitsklasse maßgebend.

Soweit kein Fugenglattstrich ausgeführt wird, sollen die Fugen der Sichtflächen mindestens 15 mm tief flankensauber ausgekratzt und anschließend handwerksgerecht ausgefugt werden.

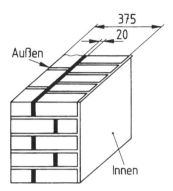

Bild 8: Schnitt durch 375 mm dickes einschaliges Verblendmauerwerk (Prinzipskizze)

8.4.3 Zweischalige Außenwände

8.4.3.1 Konstruktionsarten und allgemeine Bestimmungen für die Ausführung

Nach dem Wandaufbau wird unterschieden nach zweischaligen Außenwänden

– mit Luftschicht,
– mit Luftschicht und Wärmedämmung,
– mit Kerndämmung,
– mit Putzschicht.

Bei Anordnung einer nichttragenden Außenschale (Verblendschale oder geputzte Vormauerschale) vor einer tragenden Innenschale (Hintermauerschale) ist folgendes zu beachten:

a) Bei der Bemessung ist als Wanddicke nur die Dicke der tragenden Innenschale anzunehmen. Wegen der Mindestdicke der Innenschale siehe 8.1.2.1. Bei Anwendung des vereinfachten Verfahrens ist 6.1 zu beachten.

b) Die Mindestdicke der Außenschale beträgt 90 mm. Dünnere Außenschalen sind Bekleidungen, deren Ausführung in DIN 18515 geregelt ist. Die Mindestlänge von gemauerten Pfeilern in der Außenschale, die nur Lasten aus der Außenschale zu tragen haben, beträgt 240 mm.

Die Außenschale soll über ihre ganze Länge und vollflächig aufgelagert sein. Bei unterbrochener Auflagerung (z. B. auf Konsolen) müssen in der Abfangebene alle Steine beidseitig aufgelagert sein.

c) Außenschalen von 115 mm Dicke sollen in Höhenabständen von etwa 12 m abgefangen werden. Sie dürfen bis zu 25 mm über ihr Auflager vorstehen. Ist die 115 mm dicke Außenschale nicht höher als zwei Geschosse oder wird sie alle zwei Geschosse abgefangen, dann darf sie bis zu einem Drittel ihrer Dicke über ihr Auflager vorstehen. Diese Überstände sind beim Nachweis der Auflagerpressung zu berücksichtigen. Für die Ausführung der Fugen der Sichtflächen von Verblendschalen siehe 8.4.2.2.

d) Außenschalen von weniger als 115 mm Dicke dürfen nicht höher als 20 m über Gelände geführt werden und sind in Höhenabständen von etwa 6 m abzufangen. Bei Gebäuden bis zwei Vollgeschossen darf ein Giebeldreieck bis 4 m Höhe ohne zusätzliche Abfangung ausgeführt werden. Diese Außenschalen dürfen maximal 15 mm über ihr Auflager vorstehen. Die Fugen der Sichtflächen von diesen Verblendschalen sollen in Glattstrich ausgeführt werden.

Seite 20
DIN 1053-1 : 1996-11

Tabelle 10: Ohne Nachweis zulässige Schlitze und Aussparungen in tragenden Wänden

Maße in mm

1	2	3	4	5	6	7	8	9	10
	Horizontale und schräge Schlitze[1]) nachträglich hergestellt		Vertikale Schlitze und Aussparungen, nachträglich hergestellt			Vertikale Schlitze und Aussparungen in gemauertem Verband		Mindestabstand der Schlitze und Aussparungen	
	Schlitzlänge								
Wanddicke	unbeschränkt	≤ 1,25 m²)	Schlitztiefe[4])	Einzelschlitz-breite[5])	Abstand der Schlitze und Aussparungen von Öffnungen	Schlitzbreite[5])	Restwanddicke	von Öffnungen	untereinander
	Schlitztiefe[3])	Schlitztiefe							
≥ 115	–	–	≤ 10	≤ 100	≥ 115	–	–	≥ 2fache Schlitzbreite bzw. ≥ 240	≥ Schlitzbreite
≥ 175	0	≤ 25	≤ 30	≤ 100		≤ 260	≥ 115		
≥ 240	≤ 15	≤ 25	≤ 30	≤ 150		≤ 385	≥ 115		
≥ 300	≤ 20	≤ 30	≤ 30	≤ 200		≤ 385	≥ 175		
≥ 365	≤ 20	≤ 30	≤ 30	≤ 200		≤ 385	≥ 240		

[1]) Horizontale und schräge Schlitze sind nur zulässig in einem Bereich ≤ 0,4 m ober- oder unterhalb der Rohdecke sowie jeweils an einer Wandseite. Sie sind nicht zulässig bei Langlochziegeln.
[2]) Mindestabstand in Längsrichtung von Öffnungen ≥ 490 mm, vom nächsten Horizontalschlitz zweifache Schlitzlänge.
[3]) Die Tiefe darf um 10 mm erhöht werden, wenn Werkzeuge verwendet werden, mit denen die Tiefe genau eingehalten werden kann. Bei Verwendung solcher Werkzeuge dürfen auch in Wänden ≥ 240 mm gegenüberliegende Schlitze mit jeweils 10 mm Tiefe ausgeführt werden.
[4]) Schlitze, die bis maximal 1 m über den Fußboden reichen, dürfen bei Wanddicken ≥ 240 mm bis 80 mm Tiefe und 120 mm Breite ausgeführt werden.
[5]) Die Gesamtbreite von Schlitzen nach Spalte 5 und Spalte 7 darf je 2 m Wandlänge die Maße in Spalte 7 nicht überschreiten. Bei geringeren Wandlängen als 2 m sind die Werte in Spalte 7 proportional zur Wandlänge zu verringern.

e) Die Mauerwerksschalen sind durch Drahtanker aus nichtrostendem Stahl mit den Werkstoffnummern 1.4401 oder 1.4571 nach DIN 17440 zu verbinden (siehe Tabelle 11). Die Drahtanker müssen in Form und Maßen Bild 9 entsprechen. Der vertikale Abstand der Drahtanker soll höchstens 500 mm, der horizontale Abstand höchstens 750 mm betragen.

Tabelle 11: Mindestanzahl und Durchmesser von Drahtankern je m² Wandfläche

		Drahtanker	
		Mindestanzahl	Durchmesser mm
1	mindestens, sofern nicht Zeilen 2 und 3 maßgebend	5	3
2	Wandbereich höher als 12 m über Gelände oder Abstand der Mauerwerksschalen über 70 bis 120 mm	5	4
3	Abstand der Mauerwerksschalen über 120 bis 150 mm	7 oder 5	4 5

An allen freien Rändern (von Öffnungen, an Gebäudeecken, entlang von Dehnungsfugen und an den oberen Enden der Außenschalen) sind zusätzlich zu Tabelle 11 drei Drahtanker je m Randlänge anzuordnen.

Werden die Drahtanker nach Bild 9 in Leichtmörtel eingebettet, so ist dafür LM 36 erforderlich. Drahtanker in Leichtmörtel LM 21 bedürfen einer anderen Verankerungsart.

Andere Verankerungsarten der Drahtanker sind zulässig, wenn durch Prüfzeugnis nachgewiesen wird, daß diese Verankerungsart eine Zug- und Druckkraft von mindestens 1 kN bei 1,0 mm Schlupf je Drahtanker aufnehmen kann. Wird einer dieser Werte nicht erreicht, so ist die Anzahl der Drahtanker entsprechend zu erhöhen.

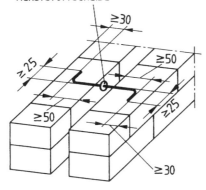

Bild 9: Drahtanker für zweischaliges Mauerwerk für Außenwände

Die Drahtanker sind unter Beachtung ihrer statischen Wirksamkeit so auszuführen, daß sie keine Feuchte von der Außen- zur Innenschale leiten können (z. B. Aufschieben einer Kunststoffscheibe, siehe Bild 9).

Andere Ankerformen (z. B. Flachstahlanker) und Dübel im Mauerwerk sind zulässig, wenn deren Brauchbarkeit nach den bauaufsichtlichen Vorschriften nachgewiesen ist, z. B. durch eine allgemeine bauaufsichtliche Zulassung.

Bei nichtflächiger Verankerung der Außenschale, z. B. linienförmig oder nur in Höhe der Decken, ist ihre Standsicherheit nachzuweisen.

Bei gekrümmten Mauerwerksschalen sind Art, Anordnung und Anzahl der Anker unter Berücksichtigung der Verformung festzulegen.

f) Die Innenschalen und die Geschoßdecken sind an den Fußpunkten der Zwischenräume der Wandschalen gegen Feuchtigkeit zu schützen (siehe Bild 10). Die Abdichtung ist im Bereich des Zwischenraumes im Gefälle nach außen, im Bereich der Außenschale horizontal zu verlegen. Dieses gilt auch bei Fenster- und Türstürzen sowie im Bereich von Sohlbänken.

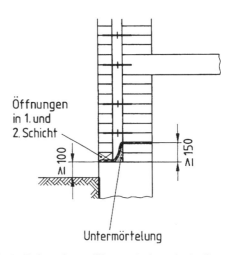

Bild 10: Fußpunktausführung bei zweischaligem Verblendmauerwerk (Prinzipskizze)

Die Aufstandsfläche muß so beschaffen sein, daß ein Abrutschen der Außenschale auf ihr nicht eintritt. Die erste Ankerlage ist so tief wie möglich anzuordnen. Die Dichtungsbahn für die untere Sperrschicht muß DIN 18195-4 entsprechen. Sie ist bis zur Vorderkante der Außenschale zu verlegen, an der Innenschale hochzuführen und zu befestigen.

g) Abfangekonstruktionen, die nach dem Einbau nicht mehr kontrollierbar sind, sollen dauerhaft gegen Korrosion geschützt sein.

h) In der Außenschale sollen vertikale Dehnungsfugen angeordnet werden. Ihre Abstände richten sich nach der klimatischen Beanspruchung (Temperatur, Feuchte usw.), der Art der Baustoffe und der Farbe der äußeren Wandfläche. Darüber hinaus muß die freie Beweglichkeit der Außenschale auch in vertikaler Richtung sichergestellt sein.

Die unterschiedlichen Verformungen der Außen- und Innenschale sind insbesondere bei Gebäuden mit über mehrere Geschosse durchgehender Außenschale auch bei der Ausführung der Türen und Fenster zu beachten. Die Mauerwerksschalen sind an ihren Berührungspunkten (z. B. Fenster- und Türanschlägen) durch eine wasserundurchlässige Sperrschicht zu trennen.

Die Dehnungsfugen sind mit einem geeigneten Material dauerhaft und dicht zu schließen.

8.4.3.2 Zweischalige Außenwände mit Luftschicht

Bei zweischaligen Außenwänden mit Luftschicht ist folgendes zu beachten:

a) Die Luftschicht soll mindestens 60 mm und darf bei Verwendung von Drahtankern nach Tabelle 11 höchstens 150 mm dick sein. Die Dicke der Luftschicht darf bis auf 40 mm vermindert werden, wenn der Fugenmörtel mindestens an einer Hohlraumseite abgestrichen wird. Die Luftschicht darf nicht durch Mörtelbrücken unterbrochen werden. Sie ist beim Hochmauern durch Abdecken oder andere geeignete Maßnahmen gegen herabfallenden Mörtel zu schützen.

b) Die Außenschalen sollen unten und oben mit Lüftungsöffnungen (z. B. offene Stoßfugen) versehen werden, wobei die unteren Öffnungen auch zur Entwässerung dienen. Das gilt auch für die Brüstungsbereiche der Außenschale. Die Lüftungsöffnungen sollen auf 20 m^2 Wandfläche (Fenster und Türen eingerechnet) eine Fläche von jeweils etwa 7500 mm^2 haben.

c) Die Luftschicht darf erst 100 mm über Erdgleiche beginnen und muß von dort bzw. von Oberkante Abfangkonstruktion (siehe 8.4.3.1, Aufzählung c)) bis zum Dach bzw. bis Unterkante Abfangkonstruktion ohne Unterbrechung hochgeführt werden.

8.4.3.3 Zweischalige Außenwände mit Luftschicht und Wärmedämmung

Bei Anordnung einer zusätzlichen matten- oder plattenförmigen Wärmedämmschicht auf der Außenseite der Innenschale ist zusätzlich zu 8.4.3.2 zu beachten:

a) Bei Verwendung von Drahtankern nach Tabelle 11 darf der lichte Abstand der Mauerwerksschalen 150 mm nicht überschreiten. Bei größerem Abstand ist die Verankerung durch andere Verankerungsarten gemäß 8.4.3.1, Aufzählung e), 4. Absatz, nachzuweisen.

b) Die Luftschichtdicke von mindestens 40 mm darf nicht durch Unebenheit der Wärmedämmschicht eingeengt werden. Wird diese Luftschichtdicke unterschritten, gilt 8.4.3.4.

c) Hinsichtlich der Eigenschaften und Ausführung der Wärmedämmschicht ist 8.4.3.4, Aufzählung a), sinngemäß zu beachten.

8.4.3.4 Zweischalige Außenwände mit Kerndämmung

Zusätzlich zu 8.4.3.2 gilt:

Der lichte Abstand der Mauerwerksschalen darf 150 mm nicht überschreiten. Der Hohlraum zwischen den Mauerwerksschalen darf ohne verbleibende Luftschicht verfüllt werden, wenn Wärmedämmstoffe verwendet werden, die für diesen Anwendungsbereich genormt sind oder deren Brauchbarkeit nach den bauaufsichtlichen Vorschriften nachgewiesen ist, z. B. durch eine allgemeine bauaufsichtliche Zulassung.

In Außenschalen dürfen glasierte Steine oder Steine mit Oberflächenbeschichtungen nur verwendet werden, wenn deren Frostwiderstandsfähigkeit unter erhöhter Beanspruchung geprüft wurde.[1]

Auf die vollfugige Vermauerung der Verblendschale und die sachgemäße Verfugung der Sichtflächen ist besonders zu achten.

Entwässerungsöffnungen in der Außenschale sollen auf 20 m^2 Wandfläche (Fenster und Türen eingerechnet) eine Fläche von mindestens 5 000 mm^2 im Fußpunktbereich haben.

Als Baustoff für die Wärmedämmung dürfen z. B. Platten, Matten, Granulate und Schüttungen aus Dämmstoffen, die dauerhaft wasserabweisend sind, sowie Ortschäume verwendet werden.

---

[1] Mauerziegel nach DIN 52252-1, Kalksandsteine nach DIN 106-2

Bei der Ausführung gilt insbesondere:

a) Platten- und mattenförmige Mineralfaserdämmstoffe sowie Platten aus Schaumkunststoffen und Schaumglas als Kerndämmung sind an der Innenschale so zu befestigen, daß eine gleichmäßige Schichtdicke sichergestellt ist.

Platten- und mattenförmige Mineralfaserdämmstoffe sind so dicht zu stoßen, Platten aus Schaumkunststoffen so auszubilden und zu verlegen (Stufenfalz, Nut und Feder oder versetzte Lagen), daß ein Wasserdurchtritt an den Stoßstellen dauerhaft verhindert wird.

Materialausbruchstellen bei Hartschaumplatten (z. B. beim Durchstoßen der Drahtanker) sind mit einer lösungsmittelfreien Dichtungsmasse zu schließen.

Die Außenschale soll so dicht, wie es das Vermauern erlaubt (Fingerspalt), vor der Wärmedämmschicht errichtet werden.

b) Bei lose eingebrachten Wärmedämmstoffen (z. B. Mineralfasergranulat, Polystyrolschaumstoff-Partikeln, Blähperlit) ist darauf zu achten, daß der Dämmstoff den Hohlraum zwischen Außen- und Innenschale vollständig ausfüllt. Die Entwässerungsöffnungen am Fußpunkt der Wand müssen funktionsfähig bleiben. Das Ausrieseln des Dämmstoffes ist in geeigneter Weise zu verhindern (z. B. durch nichtrostende Lochgitter).

c) Ortschaum als Kerndämmung muß beim Ausschäumen den Hohlraum zwischen Außen- und Innenschale vollständig ausfüllen. Die Ausschäumung muß auf Dauer in ihrer Wirkung erhalten bleiben.

Für die Entwässerung gilt Aufzählung b) sinngemäß.

8.4.3.5 Zweischalige Außenwände mit Putzschicht

Auf der Außenseite der Innenschale ist eine zusammenhängende Putzschicht aufzubringen. Davor ist die Außenschale (Verblendschale) so dicht, wie es das Vermauern erlaubt (Fingerspalt), vollfugig zu errichten.

Wird statt der Verblendschale eine geputzte Außenschale angeordnet, darf auf die Putzschicht auf der Außenseite der Innenschale verzichtet werden.

Für die Drahtanker nach 8.4.3.1, Aufzählung e), genügt eine Dicke von 3 mm.

Bezüglich der Entwässerungsöffnungen gilt 8.4.3.2, Aufzählung b), sinngemäß. Auf obere Entlüftungsöffnungen darf verzichtet werden.

Bezüglich der Dehnungsfugen gilt 8.4.3.1, Aufzählung h).

8.5 Gewölbe, Bogen und Gewölbewirkung

8.5.1 Gewölbe und Bogen

Gewölbe und Bogen sollen nach der Stützlinie für ständige Last geformt werden. Der Gewölbeschub ist durch geeignete Maßnahmen aufzunehmen. Gewölbe und Bogen größerer Stützweite und stark wechselnder Last sind nach der Elastizitätstheorie zu berechnen. Gewölbe und Bogen mit günstigem Stichverhältnis, voller Hintermauerung oder reichlicher Überschüttungshöhe und mit überwiegender ständiger Last dürfen nach dem Stützlinienverfahren untersucht werden, ebenso andere Gewölbe und Bogen mit kleineren Stützweiten.

8.5.2 Gewölbte Kappen zwischen Trägern

Bei vorwiegend ruhender Verkehrslast nach DIN 1055-3 ist für Kappen, deren Dicke erfahrungsgemäß ausreicht (Trägerabstand bis etwa 2,50 m), ein statischer Nachweis nicht erforderlich.

Die Mindestdicke der Kappen beträgt 115 mm.

Es muß im Verband gemauert werden (Kuff oder Schwalbenschwanz).

Die Stichhöhe muß mindestens $1/_{10}$ der Kappenstützweite sein.

Die Endfelder benachbarter Kappengewölbe müssen Zuganker erhalten, deren Abstände höchstens gleich dem Trägerabstand des Endfeldes sind. Sie sind mindestens in den Drittelpunkten und an den Trägerenden anzuordnen. Das Endfeld darf nur dann als ausreichendes Widerlager (starre Scheibe) für die Aufnahme des Horizontalschubes der Mittelfelder angesehen werden, wenn seine Breite mindestens ein Drittel seiner Länge ist. Bei schlankeren Endfeldern sind die Anker über mindestens zwei Felder zu führen. Die Endfelder als Ganzes müssen seitliche Auflager erhalten, die in der Lage sind, den Horizontalschub der Mittelfelder auch dann aufzunehmen, wenn die Endfelder unbelastet sind. Die Auflager dürfen durch Vormauerung, dauernde Auflast, Verankerung oder andere geeignete Maßnahmen gesichert werden.

Über den Kellern von Gebäuden mit vorwiegend ruhender Verkehrslast von maximal 2 kN/m² darf ohne statischen Nachweis davon ausgegangen werden, daß der Horizontalschub von Kappen bis 1,3 m Stützweite durch mindestens 2 m lange, 240 mm dicke und höchstens 6 m voneinander entfernte Querwände aufgenommen wird, wobei diese gleichzeitig mit den Auflagerwänden der Endfelder (in der Regel Außenwände) im Verband zu mauern sind oder, wenn Loch- bzw. stehende Verzahnung angewendet wird, durch statisch gleichwertige Maßnahmen zu verbinden sind.

8.5.3 Gewölbewirkung über Wandöffnungen

Voraussetzung für die Anwendung dieses Abschnittes ist, daß sich neben und oberhalb des Trägers und der Lastflächen eine Gewölbewirkung ausbilden kann, dort also keine störenden Öffnungen liegen, und der Gewölbeschub aufgenommen werden kann.

Bei Sturz- oder Abfangträgern unter Wänden braucht als Last nur die Eigenlast des Teils der Wände eingesetzt zu werden, der durch ein gleichseitiges Dreieck über dem Träger umschlossen wird.

Gleichmäßig verteilte Deckenlasten oberhalb des Belastungsdreiecks bleiben bei der Bemessung der Träger unberücksichtigt. Deckenlasten, die innerhalb des Belastungsdreiecks als gleichmäßig verteilte Last auf das Mauerwerk wirken (z. B. bei Deckenplatten und Balkendecken mit Balkenabständen ≤ 1,25 m), sind nur auf der Strecke, in der sie innerhalb des Dreiecks liegen, einzusetzen (siehe Bild 11a).

Für Einzellasten, z. B. von Unterzügen, die innerhalb oder in der Nähe des Lastdreiecks liegen, darf eine Lastverteilung von 60° angenommen werden. Liegen Einzellasten außerhalb des Lastdreiecks, so brauchen sie nur berücksichtigt zu werden, wenn sie noch innerhalb der Stützweite des Trägers

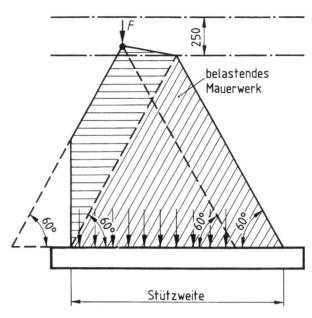

Bild 11b: Einzellast über Wandöffnungen bei Gewölbewirkung

und unterhalb einer Horizontalen angreifen, die 250 mm über der Dreieckspitze liegt.

Solchen Einzellasten ist die Eigenlast des in Bild 11b horizontal schraffierten Mauerwerks zuzuschlagen.

9 Ausführung

9.1 Allgemeines

Bei stark saugfähigen Steinen und/oder ungünstigen Umgebungsbedingungen ist ein vorzeitiger und zu hoher Wasserentzug aus dem Mörtel durch Vornässen der Steine oder andere geeignete Maßnahmen einzuschränken, wie z. B.

    a) durch Verwendung von Mörtel mit verbessertem Wasserrückhaltevermögen,

    b) durch Nachbehandlung des Mauerwerks.

9.2 Lager-, Stoß- und Längsfugen

9.2.1 Vermauerung mit Stoßfugenvermörtelung

Bei der Vermauerung sind die Lagerfugen stets vollflächig zu vermauern und die Längsfugen satt zu verfüllen bzw. bei Dünnbettmörtel der Mörtel vollflächig aufzutragen. Stoßfugen sind in Abhängigkeit von der Steinform und vom Steinformat so zu verfüllen bzw. bei Dünnbettmörtel der Mörtel vollflächig aufzutragen, daß die Anforderungen an die Wand hinsichtlich des Schlagregenschutzes, Wärmeschutzes, Schallschutzes sowie des Brandschutzes erfüllt werden können. Beispiele für

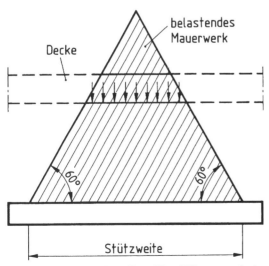

Bild 11a: Deckenlast über Wandöffnungen bei Gewölbewirkung

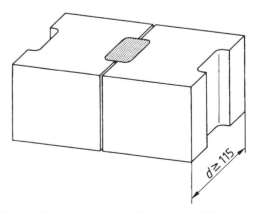

Bild 12a: Vermauerung von Steinen mit Mörteltaschen bei Knirschverlegung (Prinzipskizze)

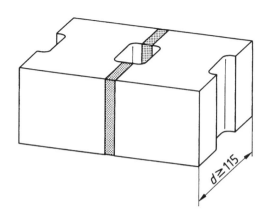

Bild 12b: Vermauerung von Steinen mit Mörteltaschen durch Auftragen von Mörtel auf die Steinflanken (Prinzipskizze)

Vermauerungsarten und Fugenausbildung sind in den Bildern 12a bis 12c angegeben.

Die Dicke der Fugen soll so gewählt werden, daß das Maß von Stein und Fuge dem Baurichtmaß bzw. dem Koordinierungsmaß entspricht. In der Regel sollen die Stoßfugen 10 mm und die Lagerfugen 12 mm dick sein. Bei Vermauerung der Steine mit Dünnbettmörtel muß die Dicke der Stoß- und Lagerfuge 1 bis 3 mm betragen.

Wenn Steine mit Mörteltaschen vermauert werden, sollen die Steine entweder knirsch verlegt und die Mörteltaschen verfüllt werden (siehe Bild 12a) oder durch Auftragen von Mörtel auf die Steinflanken vermauert werden (siehe Bild 12b). Steine gelten dann als knirsch verlegt, wenn sie ohne Mörtel so dicht aneinander verlegt werden, wie dies wegen der herstellungsbedingten Unebenheiten der Stoßfugenflächen möglich ist. Der Abstand der Steine soll im allgemeinen nicht größer als 5 mm sein. Bei Stoßfugenbreiten > 5 mm müssen die Fugen beim Mauern beidseitig an der Wandoberfläche mit Mörtel verschlossen werden.

9.2.2 Vermauerung ohne Stoßfugenvermörtelung

Soll bei Verwendung von Normal-, Leicht- oder Dünnbettmörtel auf die Vermörtelung der Stoßfugen verzichtet werden, müssen hierzu die Steine hinsichtlich ihrer Form und Maße geeignet sein. Die Steine sind stumpf oder mit Verzahnung durch ein Nut- und Federsystem ohne Stoßfugenvermörtelung knirsch zu verlegen bzw. ineinander verzahnt zu versetzen (siehe Bild 12c). Bei Stoßfugenbreiten > 5 mm müssen die Fugen beim Mauern beidseitig an der Wandoberfläche mit Mörtel verschlossen werden. Die erforderlichen Maßnahmen zur Erfüllung der Anforderungen an die Bauteile hinsichtlich des Schlagregenschutzes, Wärmeschutzes, Schallschutzes sowie des Brandschutzes sind bei dieser Vermauerungsart besonders zu beachten.

9.2.3 Fugen in Gewölben

Bei Gewölben sind die Fugen so dünn wie möglich zu halten. Am Gewölberücken dürfen sie nicht dicker als 20 mm werden.

9.3 Verband

Es muß im Verband gemauert werden, d. h., die Stoß- und Längsfugen übereinanderliegender Schichten müssen versetzt sein.

Das Überbindemaß $ü$ (siehe Bild 13) muß $\geq 0{,}4\,h$ bzw. ≥ 45 mm sein, wobei h die Steinhöhe (Sollmaß) ist. Der größere Wert ist maßgebend.

Die Steine einer Schicht sollen gleiche Höhe haben. An Wandenden und unter Stürzen ist eine zusätzliche Lagerfuge in jeder zweiten Schicht zum Längen- und Höhenausgleich gemäß Bild 13c) zulässig, sofern die Aufstandsfläche der Steine mindestens 115 mm lang ist und Steine und Mörtel mindestens gleiche Festigkeit wie im übrigen Mauerwerk haben. In Schichten mit Längsfugen darf die Steinhöhe nicht größer als die Steinbreite sein. Abweichend davon muß die Aufstandsbreite von Steinen der Höhe 175 und 240 mm mindestens 115 mm betragen. Für das Überbindemaß gilt Absatz 2. Die Absätze 1 und 3 gelten sinngemäß auch für Pfeiler und kurze Wände.

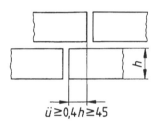

a) Stoßfugen (Wandansicht)

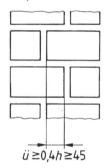

b) Längsfugen (Wandquerschnitt)

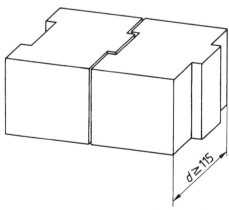

Bild 12c: Vermauerung von Steinen ohne Stoßfugenvermörtelung (Prinzipskizze)

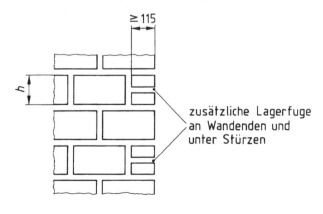

c) Höhenausgleich an Wandenden und Stürzen

Bild 13: Überbindemaß und zusätzliche Lagerfugen

9.4 Mauern bei Frost

Bei Frost darf Mauerwerk nur unter besonderen Schutzmaßnahmen ausgeführt werden. Frostschutzmittel sind nicht zulässig; gefrorene Baustoffe dürfen nicht verwendet werden.

Frisches Mauerwerk ist vor Frost rechtzeitig zu schützen, z. B. durch Abdecken. Auf gefrorenem Mauerwerk darf nicht weitergemauert werden. Der Einsatz von Salzen zum Auftauen ist nicht zulässig. Teile von Mauerwerk, die durch Frost oder andere Einflüsse beschädigt sind, sind vor dem Weiterbau abzutragen.

10 Eignungsprüfungen

Eignungsprüfungen sind nur für Mörtel notwendig, wenn dies nach Anhang A, A.5, gefordert wird.

11 Kontrollen und Güteprüfungen auf der Baustelle

11.1 Rezeptmauerwerk (RM)

11.1.1 Mauersteine

Der bauausführende Unternehmer hat zu kontrollieren, ob die Angaben auf dem Lieferschein oder dem Beipackzettel mit den bautechnischen Unterlagen übereinstimmen. Im übrigen gilt DIN 18200 in Verbindung mit den entsprechenden Normen für die Steine.

11.1.2 Mauermörtel

Bei Verwendung von Baustellenmörtel ist während der Bauausführung regelmäßig zu überprüfen, daß das Mischungsverhältnis nach Anhang A, Tabelle A.1, oder nach Eignungsprüfung eingehalten ist.

Bei Werkmörteln ist der Lieferschein oder der Verpackungsaufdruck daraufhin zu kontrollieren, ob die Angaben über Mörtelart und Mörtelgruppe mit den bautechnischen Unterlagen sowie die Sortennummer und das Lieferwerk mit der Bestellung übereinstimmen und das Übereinstimmungszeichen ausgewiesen ist.

Bei allen Mörteln der Gruppe IIIa ist an jeweils drei Prismen aus drei verschiedenen Mischungen je Geschoß, aber mindestens je 10 m³ Mörtel, die Mörteldruckfestigkeit nach DIN 18555-3 nachzuweisen; sie muß dabei die Anforderungen an die Druckfestigkeit nach Anhang A, Tabelle A.2, Spalte 3, erfüllen.

Bei Gebäuden mit mehr als sechs gemauerten Vollgeschossen ist die geschoßweise Prüfung, mindestens aber je 20 m³ Mörtel, auch bei Normalmörteln der Gruppen II, IIa und III sowie bei Leicht- und Dünnbettmörteln durchzuführen, wobei bei den obersten drei Geschossen darauf verzichtet werden darf.

11.2 Mauerwerk nach Eignungsprüfung (EM)

11.2.1 Einstufungsschein, Eignungsnachweis des Mörtels

Vor Beginn jeder Baumaßnahme muß der Baustelle der Einstufungsschein und gegebenenfalls der Eignungsnachweis des Mörtels (siehe DIN 1053-2, 6.4, letzter Absatz) zur Verfügung stehen.

11.2.2 Mauersteine

Jeder Mauersteinlieferung ist ein Beipackzettel beizufügen, aus dem neben der Norm-Bezeichnung des Steines einschließlich der EM-Kennzeichnung die Steindruckfestigkeit nach Einstufungsschein, die Mörtelart und -gruppe, die Mauerwerksfestigkeitsklasse, die Einstufungsschein-Nr und die ausstellende Prüfstelle ersichtlich sind. Das bauausführende Unternehmen hat zu kontrollieren, ob die Angaben auf dem Lieferschein und dem Beipackzettel mit den bautechnischen Unterlagen übereinstimmen und den Angaben auf dem Einstufungsschein entsprechen.

Im übrigen gilt DIN 18200 in Verbindung mit den entsprechenden Normen für die Steine.

11.2.3 Mörtel

Bei Verwendung von Baustellenmörtel ist während der Bauausführung regelmäßig zu überprüfen, daß das Mischungsverhältnis nach dem Einstufungsschein eingehalten wird.

Bei Werkmörtel ist der Lieferschein daraufhin zu kontrollieren, ob die Angaben über die Mörtelart und -gruppe, das Herstellwerk und die Sorten-Nr den Angaben im Einstufungsschein entsprechen.

Bei Verwendung von Austauschmörteln nach DIN 1053-2, 6.4, letzter Absatz, ist entsprechend zu verfahren.

Bei allen Mörteln ist an jeweils 3 Prismen aus 3 verschiedenen Mischungen die Mörteldruckfestigkeit nach DIN 18555-3 nachzuweisen. Sie muß dabei die Anforderungen an die Druckfestigkeit nach Tabellen A.2, A.3 und A.4 bei Güteprüfung erfüllen. Diese Kontrollen sind für jeweils 10 m³ verarbeiteten Mörtels, mindestens aber je Geschoß, vorzunehmen.

12 Natursteinmauerwerk

12.1 Allgemeines

Natursteine für Mauerwerk dürfen nur aus gesundem Gestein gewonnen werden. Ungeschützt dem Witterungswechsel ausgesetztes Mauerwerk muß ausreichend witterungswiderstandsfähig gegen diese Einflüsse sein.

Geschichtete (lagerhafte) Steine sind im Bauwerk so zu verwenden, wie es ihrer natürlichen Schichtung entspricht. Die Lagerfugen sollen rechtwinklig zum Kraftangriff liegen. Die Steinlängen sollen das Vier- bis Fünffache der Steinhöhen nicht über- und die Steinhöhe nicht unterschreiten.

12.2 Verband

12.2.1 Allgemeines

Der Verband bei reinem Natursteinmauerwerk muß im ganzen Querschnitt handwerksgerecht sein, d. h., daß

a) an der Vorder- und Rückfläche nirgends mehr als drei Fugen zusammenstoßen,

b) keine Stoßfuge durch mehr als zwei Schichten durchgeht,

c) auf zwei Läufer mindestens ein Binder kommt oder Binder- und Läuferschichten miteinander abwechseln,

d) die Dicke (Tiefe) der Binder etwa das 1½fache der Schichthöhe, mindestens aber 300 mm, beträgt,

e) die Dicke (Tiefe) der Läufer etwa gleich der Schichthöhe ist,

f) die Überdeckung der Stoßfugen bei Schichtenmauerwerk mindestens 100 mm und bei Quadermauerwerk mindestens 150 mm beträgt und

g) an den Ecken die größten Steine (gegebenenfalls in Höhe von zwei Schichten) nach Bild 17 und Bild 18 eingebaut werden.

Lassen sich Zwischenräume im Innern des Mauerwerks nicht vermeiden, so sind sie mit geeigneten, allseits von Mörtel umhüllten Steinstücken so auszuzwickeln, daß keine unvermörtelten Hohlräume entstehen. In ähnlicher Weise sind auch weite Fugen auf der Vorder- und Rückseite von Zyklopenmauerwerk, Bruchsteinmauerwerk und hammerrechtem Schichtenmauerwerk zu behandeln. Sofern kein Fugenglattstrich ausgeführt wird, sind die Sichtflächen nachträglich zu verfugen. Sind die Flächen der Witterung ausgesetzt, so muß die Verfugung lückenlos sein und eine Tiefe mindestens gleich der Fugendicke haben. Die Art der Bearbeitung der Steine in der Sichtfläche ist nicht maßgebend für die zulässige Druckbeanspruchung und deshalb hier nicht behandelt.

Seite 26
DIN 1053-1 : 1996-11

12.2.2 Trockenmauerwerk (siehe Bild 14)

Bruchsteine sind ohne Verwendung von Mörtel unter geringer Bearbeitung in richtigem Verband so aneinanderzufügen, daß möglichst enge Fugen und kleine Hohlräume verbleiben. Die Hohlräume zwischen den Steinen müssen durch kleinere Steine so ausgefüllt werden, daß durch Einkeilen Spannung zwischen den Mauersteinen entsteht.

Trockenmauerwerk darf nur für Schwergewichtsmauern (Stützmauern) verwendet werden. Als Berechnungsgewicht dieses Mauerwerkes ist die Hälfte der Rohdichte des verwendeten Steines anzunehmen.

Bild 14: Trockenmauerwerk

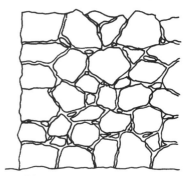

Bild 15: Zyklopenmauerwerk

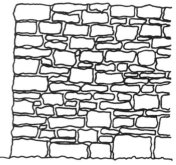

Bild 16: Bruchsteinmauerwerk

Bild 17: Hammerrechtes Schichtenmauerwerk

12.2.3 Zyklopenmauerwerk und Bruchsteinmauerwerk (siehe Bilder 15 und 16)

Wenig bearbeitete Bruchsteine sind im ganzen Mauerwerk im Verband und in Mörtel zu verlegen.

Das Bruchsteinmauerwerk ist in seiner ganzen Dicke und in Abständen von höchstens 1,50 m rechtwinklig zur Kraftrichtung auszugleichen.

12.2.4 Hammerrechtes Schichtenmauerwerk (siehe Bild 17)

Die Steine der Sichtfläche erhalten auf mindestens 120 mm Tiefe bearbeitete Lager- und Stoßfugen, die ungefähr rechtwinklig zueinander stehen.

Die Schichtdicke darf innerhalb einer Schicht und in den verschiedenen Schichten wechseln, jedoch ist das Mauerwerk in seiner ganzen Dicke in Abständen von höchstens 1,50 m rechtwinklig zur Kraftrichtung auszugleichen.

12.2.5 Unregelmäßiges Schichtenmauerwerk (siehe Bild 18)

Die Steine der Sichtfläche erhalten auf mindestens 150 mm Tiefe bearbeitete Lager- und Stoßfugen, die zueinander und zur Oberfläche rechtwinklig stehen.

Die Fugen der Sichtfläche dürfen nicht dicker als 30 mm sein. Die Schichthöhe darf innerhalb einer Schicht und in den verschiedenen Schichten in mäßigen Grenzen wechseln, jedoch ist das Mauerwerk in seiner ganzen Dicke in Abständen von höchstens 1,50 m rechtwinklig zur Kraftrichtung auszugleichen.

12.2.6 Regelmäßiges Schichtenmauerwerk (siehe Bild 19)

Es gelten die Festlegungen nach 12.2.5. Darüber hinaus darf innerhalb einer Schicht die Höhe der Steine nicht wechseln; jede Schicht ist rechtwinklig zur Kraftrichtung auszugleichen. Bei Gewölben, Kuppeln und dergleichen müssen die Lagerfugen über die ganze Gewölbedicke hindurchgehen. Die Schichtsteine sind daher auf ihrer ganzen Tiefe in den Lagerfugen zu bearbeiten, während bei den Stoßfugen eine Bearbeitung auf 150 mm Tiefe genügt.

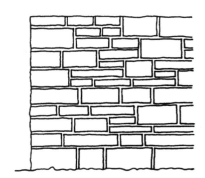

Bild 18: Unregelmäßiges Schichtenmauerwerk

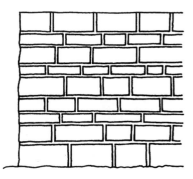

Bild 19: Regelmäßiges Schichtenmauerwerk

12.2.7 Quadermauerwerk (siehe Bild 20)

Die Steine sind nach den angegebenen Maßen zu bearbeiten. Lager- und Stoßfugen müssen in ganzer Tiefe bearbeitet sein.

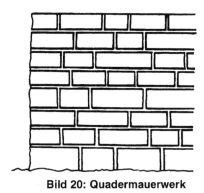

Bild 20: Quadermauerwerk

12.2.8 Verblendmauerwerk (Mischmauerwerk)

Verblendmauerwerk darf unter den folgenden Bedingungen zum tragenden Querschnitt gerechnet werden:

 a) Das Verblendmauerwerk muß gleichzeitig mit der Hintermauerung im Verband gemauert werden.

 b) Es muß mit der Hintermauerung durch mindestens 30 % Bindersteine verzahnt werden.

 c) Die Bindersteine müssen mindestens 240 mm dick (tief) sein und mindestens 100 mm in die Hintermauerung eingreifen.

 d) Die Dicke von Platten muß gleich oder größer als $1/3$ ihrer Höhe und mindestens 115 mm sein.

 e) Bei Hintermauerungen aus künstlichen Steinen (Mischmauerwerk) darf außerdem jede dritte Natursteinschicht nur aus Bindern bestehen.

Besteht der hintere Wandteil aus Beton, so gelten die vorstehenden Bedingungen sinngemäß.

Bei Pfeilern dürfen Plattenverkleidungen nicht zum tragenden Querschnitt gerechnet werden.

Für die Ermittlung der zulässigen Beanspruchung des Bauteils ist das Material (Mauerwerk, Beton) mit der niedrigsten zulässigen Beanspruchung maßgebend.

Verblendmauerwerk, das nicht die Bedingungen der Aufzählungen a) bis e) erfüllt, darf nicht zum tragenden Querschnitt gerechnet werden. Geschichtete Steine dürfen dann auch gegen ihr Lager vermauert werden, wenn sie parallel zur Schichtung eine Mindestdruckfestigkeit von 20 MN/m² besitzen. Nichttragendes Verblendmauerwerk ist nach 8.4.3.1, Aufzählung e), zu verankern und nach Aufzählung d) desselben Abschnittes abzufangen.

12.3 Zulässige Beanspruchung

12.3.1 Allgemeines

Die Druckfestigkeit von Gestein, das für tragende Bauteile verwendet wird, muß mindestens 20 N/mm² betragen. Abweichend davon ist Mauerwerk der Güteklasse N4 aus Gestein mit der Mindestdruckfestigkeit von 5 N/mm² zulässig, wenn die Grundwerte σ_0 nach Tabelle 14 für die Steinfestigkeit β_{st} = 20 N/mm² nur zu einem Drittel angesetzt werden. Bei einer Steinfestigkeit von 10 N/mm² sind die Grundwerte σ_0 zu halbieren.

Erfahrungswerte für die Mindestdruckfestigkeit einiger Gesteinsarten sind in Tabelle 12 angegeben.

Als Mörtel darf nur Normalmörtel verwendet werden.

Das Natursteinmauerwerk ist nach seiner Ausführung (insbesondere Steinform, Verband und Fugenausbildung) in die Güteklassen N1 bis N4 einzustufen. Tabelle 13 und Bild 21 geben einen Anhalt für die Einstufung. Die darin aufgeführten Anhaltswerte Fugenhöhe/Steinlänge, Neigung der Lagerfuge und Übertragungsfaktor sind als Mittelwerte anzusehen. Der Übertragungsfaktor ist das Verhältnis von Überlappungsflächen der Steine zum Wandquerschnitt im Grundriß. Die Grundeinstufung nach Tabelle 13 beruht auf üblichen Ausführungen.

Die Mindestdicke von tragendem Natursteinmauerwerk beträgt 240 mm, der Mindestquerschnitt 0,1 m².

Tabelle 12: Mindestdruckfestigkeit der Gesteinsarten

Gesteinsarten	Mindestdruckfestigkeit N/mm²
Kalkstein, Travertin, vulkanische Tuffsteine	20
Weiche Sandsteine (mit tonigem Bindemittel) und dergleichen	30
Dichte (feste) Kalksteine und Dolomite (einschließlich Marmor), Basaltlava und dergleichen	50
Quarzitische Sandsteine (mit kieseligem Bindemittel), Grauwacke und dergleichen	80
Granit, Syenit, Diorit, Quarzporphyr, Melaphyr, Diabas und dergleichen	120

Tabelle 13: Anhaltswerte zur Güteklasseneinstufung von Natursteinmauerwerk

Güte-klasse	Grundeinstufung	Fugenhöhe/ Steinlänge h/l	Neigung der Lagerfuge $\tan \alpha$	Übertragungs-faktor η
N1	Bruchsteinmauerwerk	$\leq 0{,}25$	$\leq 0{,}30$	$\geq 0{,}5$
N2	Hammerrechtes Schichten-mauerwerk	$\leq 0{,}20$	$\leq 0{,}15$	$\geq 0{,}65$
N3	Schichtenmauerwerk	$\leq 0{,}13$	$\leq 0{,}10$	$\geq 0{,}75$
N4	Quadermauerwerk	$\leq 0{,}07$	$\leq 0{,}05$	$\geq 0{,}85$

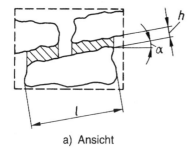
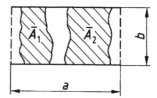

$$\eta = \frac{\Sigma \bar{A}_i}{a \cdot b}$$

a) Ansicht   b) Grundriß des Wandquerschnittes

Bild 21: Darstellung der Anhaltswerte nach Tabelle 13

12.3.2 Spannungsnachweis bei zentrischer und exzentrischer Druckbeanspruchung

Die Grundwerte σ_0 der zulässigen Spannungen von Natursteinmauerwerk ergeben sich in Abhängigkeit von der Güteklasse, der Steinfestigkeit und der Mörtelgruppen nach Tabelle 14.

In Tabelle 14 bedeutet β_{st} die charakteristische Druckfestigkeit der Natursteine (5 % Quantil bei 90 % Aussagewahrscheinlichkeit), geprüft nach DIN 52105.

Wände der Schlankheit $h_K/d > 10$ sind nur in den Güteklassen N3 und N4 zulässig. Schlankheiten $h_K/d > 14$ sind nur bei mittiger Belastung zulässig, Schlankheiten $h_K/d > 20$ sind unzulässig.

Bei Schlankheiten $h_K/d \leq 10$ sind als zulässige Spannungen die Grundwerte σ_0 nach Tabelle 14 anzusetzen. Bei Schlankheiten $h_K/d > 10$ sind die Grundwerte σ_0 nach Tabelle 14 mit dem Faktor

$$\frac{25 - h_K/d}{15}$$

abzumindern.

Tabelle 14: Grundwerte σ_0 der zulässigen Druckspannungen für Natursteinmauerwerk mit Normalmörtel

Güteklasse	Steinfestigkeit β_{st} N/mm²	Grundwerte σ_0 [1]) Mörtelgruppe			
		I MN/m²	II MN/m²	IIa MN/m²	III MN/m²
N1	≥ 20	0,2	0,5	0,8	1,2
N1	≥ 50	0,3	0,6	0,9	1,4
N2	≥ 20	0,4	0,9	1,4	1,8
N2	≥ 50	0,6	1,1	1,6	2,0
N3	≥ 20	0,5	1,5	2,0	2,5
N3	≥ 50	0,7	2,0	2,5	3,5
N3	≥ 100	1,0	2,5	3,0	4,0
N4	≥ 20	1,2	2,0	2,5	3,0
N4	≥ 50	2,0	3,5	4,0	5,0
N4	≥ 100	3,0	4,5	5,5	7,0

[1]) Bei Fugendicken über 40 mm sind die Grundwerte σ_0 um 20 % zu vermindern.

12.3.3 Zug- und Biegezugspannungen

Zugspannungen sind im Regelfall in Natursteinmauerwerk der Güteklassen N1, N2 und N3 unzulässig.

Bei Güteklasse N4 gilt 6.9.4 sinngemäß mit max σ_z = 0,20 MN/m².

12.3.4 Schubspannungen

Für den Nachweis der Schubspannungen gilt 6.9.5 mit dem Höchstwert max τ = 0,3 MN/m².

Anhang A
Mauermörtel

A.1 Mörtelarten

Mauermörtel ist ein Gemisch von Sand, Bindemittel und Wasser, gegebenenfalls auch Zusatzstoffen und Zusatzmitteln. Es werden unterschieden:

a) Normalmörtel (NM),
b) Leichtmörtel (LM) und
c) Dünnbettmörtel (DM).

Normalmörtel sind baustellengefertigte Mörtel oder Werkmörtel mit Zuschlagarten nach DIN 4226-1 mit einer Trockenrohdichte von mindestens 1,5 kg/dm³. Diese Eigenschaft ist für Mörtel nach Tabelle A.1 gegeben; für Mörtel nach Eignungsprüfung ist sie nachzuweisen.

Leichtmörtel[1]) sind Werk-Trocken- oder Werk-Frischmörtel mit einer Trockenrohdichte < 1,5 kg/dm³ mit Zuschlagarten nach DIN 4226-1 und DIN 4226-2 sowie Leichtzuschlag, dessen Brauchbarkeit nach den bauaufsichtlichen Vorschriften nachgewiesen ist (siehe Abschnitt 1, Anmerkung).

Dünnbettmörtel sind Werk-Trockenmörtel aus Zuschlagarten nach DIN 4226-1 mit einem Größtkorn von 1,0 mm, Zement nach DIN 1164-1 sowie Zusätzen (Zusatzmitteln, Zusatzstoffen). Die organischen Bestandteile dürfen einen Masseanteil von 2 % nicht überschreiten.

Normalmörtel werden in die Mörtelgruppen I, II, IIa, III und IIIa eingeteilt; Leichtmörtel in die Gruppen LM 21 und LM 36; Dünnbettmörtel wird der Gruppe III zugeordnet.

A.2 Bestandteile und Anforderungen

A.2.1 Sand

Sand muß aus Zuschlagarten nach DIN 4226-1, Abschnitt 4, und/oder DIN 4226-2 oder aus Zuschlag, dessen Brauchbarkeit nach den bauaufsichtlichen Vorschriften nachgewiesen ist (siehe Abschnitt 1, Anmerkung), bestehen. Er soll gemischtkörnig sein und darf keine Bestandteile enthalten, die zu Schäden am Mörtel oder Mauerwerk führen.

Solche Bestandteile können z. B. sein: größere Mengen Abschlämmbares, sofern dieses aus Ton oder Stoffen organischen Ursprungs besteht (z. B. pflanzliche, humusartige oder Kohlen-, insbesondere Braunkohlenanteile).

Als abschlämmbare Bestandteile werden Kornanteile unter 0,063 mm bezeichnet (siehe DIN 4226-1). Die Prüfung erfolgt nach DIN 4226-3. Ist der Masseanteil an abschlämmbaren Bestandteilen größer als 8 %, so muß die Brauchbarkeit des Zuschlages bei der Herstellung von Mörtel durch eine Eignungsprüfung nach A.5 nachgewiesen werden. Eine Eignungsprüfung ist auch erforderlich, wenn bei der Prüfung mit Natronlauge nach DIN 4226-3 eine tiefgelbe, bräunliche oder rötliche Verfärbung festgestellt wird.

Der Leichtzuschlag muß die Anforderungen an den Glühverlust, die Raumbeständigkeit und an die Schüttdichte nach DIN 4226-2 erfüllen, jedoch darf bei Leichtzuschlag mit einer Schüttdichte < 0,3 kg/dm³ die geprüfte Schüttdichte von dem aufgrund der Eignungsprüfung festgelegten Sollwert um nicht mehr als 20 % abweichen.

A.2.2 Bindemittel

Es dürfen nur Bindemittel nach DIN 1060-1, DIN 1164-1 sowie DIN 4211 verwendet werden.

A.2.3 Zusatzstoffe

Zusatzstoffe sind fein aufgeteilte Zusätze, die die Mörteleigenschaften beeinflussen und im Gegensatz zu den Zusatzmitteln in größerer Menge zugegeben werden. Sie dürfen das Erhärten des Bindemittels, die Festigkeit und die Beständigkeit des Mörtels sowie den Korrosionsschutz der Bewehrung im Mörtel bzw. von stählernen Verankerungskonstruktionen nicht unzulässig beeinträchtigen.

Als Zusatzstoffe dürfen nur Baukalke nach DIN 1060-1, Gesteinsmehle nach DIN 4226-1, Traß nach DIN 51043 und Betonzusatzstoffe mit Prüfzeichen sowie geeignete Pigmente (z. B. nach DIN 53237) verwendet werden.

Zusatzstoffe dürfen nicht auf den Bindemittelgehalt angerechnet werden, wenn die Mörtelzusammensetzung nach Tabelle A.1 festgelegt wird; für diese Mörtel darf der Volumenanteil höchstens 15 % vom Sandgehalt betragen. Eine Eignungsprüfung ist in diesem Fall nicht erforderlich.

A.2.4 Zusatzmittel

Zusatzmittel sind Zusätze, die die Mörteleigenschaften durch chemische oder physikalische Wirkung ändern und in geringer Menge zugegeben werden, wie z. B. Luftporenbildner, Verflüssiger, Dichtungsmittel, Erstarrungsbeschleuniger und Verzögerer, sowie solche, die den Haftverbund zwischen Mörtel und Stein günstig beeinflussen. Luftporenbildner dürfen nur in der Menge zugeführt werden, daß bei Normalmörtel und Leichtmörtel die Trockenrohdichte um höchstens 0,3 kg/dm³ vermindert wird.

Zusatzmittel dürfen nicht zu Schäden am Mörtel oder am Mauerwerk führen. Sie dürfen auch die Korrosion der Bewehrung oder der stählernen Verankerungen nicht fördern. Diese Anforderung gilt für Betonzusatzmittel mit allgemeiner bauaufsichtlicher Zulassung als erfüllt.

Für andere Zusatzmittel ist die Unschädlichkeit nach den Zulassungsrichtlinien[2]) für Betonzusatzmittel durch Prüfung des Halogengehaltes und durch die elektrochemische Prüfung nachzuweisen.

Da Zusatzmittel einige Eigenschaften positiv und unter Umständen gleichzeitig andere aber auch negativ beeinflussen können, ist vor Verwendung eines Zusatzmittels stets eine Mörtel-Eignungsprüfung nach A.5 durchzuführen.

---

[1]) DIN 4108-4 ist zu beachten.

[2]) Richtlinien für die Erteilung von Zulassungen für Betonzusatzmittel (Zulassungsrichtlinien), Fassung Juni 1993, abgedruckt in den Mitteilungen des Deutschen Instituts für Bautechnik, 1993, Heft 5.

A.3 Mörtelzusammensetzung und Anforderungen

A.3.1 Normalmörtel (NM)

Die Zusammensetzung der Mörtelgruppen für Normalmörtel ergibt sich ohne besonderen Nachweis aus Tabelle A.1. Mörtel der Gruppe IIIa soll wie Mörtel der Gruppe III nach Tabelle A.1 zusammengesetzt sein. Die größere Festigkeit soll vorzugsweise durch Auswahl geeigneter Sande erreicht werden.

Für Mörtel der Gruppen II, IIa und III, die in ihrer Zusammensetzung nicht Tabelle A.1 entsprechen, sowie stets für Mörtel der Gruppe IIIa sind Eignungsprüfungen nach A.5.2 durchzuführen; dabei müssen die Anforderungen nach Tabelle A.2 erfüllt werden.

Tabelle A.1: Mörtelzusammensetzung, Mischungsverhältnisse für Normalmörtel in Raumteilen

	1	2	3	4	5	6	7
	Mörtel-gruppe MG	Luftkalk		Hydraulischer Kalk (HL2)	Hydraulischer Kalk (HL5), Putz- und Mauerbinder (MC5)	Zement	Sand[1]) aus natürlichem Gestein
		Kalkteig	Kalkhydrat				
1	I	1	–	–	–	–	4
2		–	1	–	–	–	3
3		–	–	1	–	–	3
4		–	–	–	1	–	4,5
5	II	1,5	–	–	–	1	8
6		–	2	–	–	1	8
7		–	–	2	–	1	8
8		–	–	–	1	–	3
9	IIa	–	1	–	–	1	6
10		–	–	–	2	1	8
11	III	–	–	–	–	1	4
12	IIIa[2])	–	–	–	–	1	4

[1]) Die Werte des Sandanteils beziehen sich auf den lagerfeuchten Zustand.
[2]) Siehe auch A.3.1.

Tabelle A.2: Anforderungen an Normalmörtel

1	2	3	4
Mörtelgruppe MG	Mindestdruckfestigkeit[1]) im Alter von 28 Tagen Mittelwert		Mindesthaftscherfestigkeit im Alter von 28 Tagen[4]) Mittelwert
	bei Eignungsprüfung[2]),[3]) N/mm²	bei Güteprüfung N/mm²	bei Eignungsprüfung N/mm²
I	–	–	–
II	3,5	2,5	0,10
IIa	7	5	0,20
III	14	10	0,25
IIIa	25	20	0,30

[1]) Mittelwert der Druckfestigkeit von sechs Proben (aus drei Prismen). Die Einzelwerte dürfen nicht mehr als 10 % vom arithmetischen Mittel abweichen.

[2]) Zusätzlich ist die Druckfestigkeit des Mörtels in der Fuge zu prüfen. Diese Prüfung wird z. Z. nach der "Vorläufigen Richtlinie zur Ergänzung der Eignungsprüfung von Mauermörtel; Druckfestigkeit in der Lagerfuge; Anforderungen, Prüfung" durchgeführt. Die dort festgelegten Anforderungen sind zu erfüllen.

[3]) Richtwert bei Werkmörtel

[4]) Als Referenzstein ist Kalksandstein DIN 106 – KS 12 – 2,0 – NF (ohne Lochung bzw. Grifföffnung) mit einer Eigenfeuchte von 3 bis 5 % (Masseanteil) zu verwenden, dessen Eignung für diese Prüfung von der Amtlichen Materialprüfanstalt für das Bauwesen beim Institut für Baustoffkunde und Materialprüfung der Universität Hannover, Nienburger Straße 3, 30617 Hannover, bescheinigt worden ist.

Die maßgebende Haftscherfestigkeit ergibt sich aus dem Prüfwert multipliziert mit dem Prüffaktor 1,2.

Tabelle A.3: Anforderungen an Leichtmörtel

		Anforderungen bei				Prüfung nach
		Eignungsprüfung		Güteprüfung		
		LM 21	LM 36	LM 21	LM 36	
1	Druckfestigkeit im Alter von 28 Tagen, in N/mm²	$\geq 7^{2)\,1)}$	$\geq 7^{2)\,1)}$	≥ 5	≥ 5	DIN 18555-3
2	Querdehnungsmodul E_q im Alter von 28 Tagen, in N/mm²	$> 7{,}5 \cdot 10^3$	$> 15 \cdot 10^3$	$^{3)}$	$^{3)}$	DIN 18555-4
3	Längsdehnungsmodul E_l im Alter von 28 Tagen, in N/mm²	$> 2 \cdot 10^3$	$> 3 \cdot 10^3$	–	–	DIN 18555-4
4	Haftscherfestigkeit$^{4)}$ im Alter von 28 Tagen, in N/mm²	$\geq 0{,}20$	$\geq 0{,}20$	–	–	DIN 18555-5
5	Trockenrohdichte$^{6)}$ im Alter von 28 Tagen, in kg/dm³	$\leq 0{,}7$	$\leq 1{,}0$	$^{5)}$	$^{5)}$	DIN 18555-3
6	Wärmeleitfähigkeit$^{6)}$ λ_{10tr}, in W/(m·K)	$\leq 0{,}18$	$\leq 0{,}27$	–	–	DIN 52612-1

$^{1)}$ Siehe Fußnote$^{2)}$ in Tabelle A.2.
$^{2)}$ Richtwert
$^{3)}$ Trockenrohdichte als Ersatzprüfung, bestimmt nach DIN 18555-3.
$^{4)}$ Siehe Fußnote$^{4)}$ in Tabelle A.2.
$^{5)}$ Grenzabweichung höchstens ± 10 % von dem bei der Eignungsprüfung ermittelten Wert.
$^{6)}$ Bei Einhaltung der Trockenrohdichte nach Zeile 5 gelten die Anforderungen an die Wärmeleitfähigkeit ohne Nachweis als erfüllt. Bei einer Trockenrohdichte größer als 0,7 kg/dm³ für LM 21 sowie größer als 1,0 kg/dm³ für LM 36 oder bei Verwendung von Quarzsandzuschlag sind die Anforderungen nachzuweisen.

Tabelle A.4: Anforderungen an Dünnbettmörtel

		Anforderungen bei		Prüfung nach
		Eignungsprüfung	Güteprüfung	
1	Druckfestigkeit$^{1)}$ im Alter von 28 Tagen, in N/mm²	$\geq 14^{4)}$	≥ 10	DIN 18555-3
2	Druckfestigkeit$^{1)}$ im Alter von 28 Tagen bei Feuchtlagerung, in N/mm²	≥ 70 % vom Istwert der Zeile 1		DIN 18555-3, jedoch Feuchtlagerung$^{2)}$
3	Haftscherfestigkeit$^{3)}$ im Alter von 28 Tagen, in N/mm²	$\geq 0{,}5$	–	DIN 18555-5
4	Verarbeitbarkeitszeit, in h	≥ 4	–	DIN 18555-8
5	Korrigierbarkeitszeit, in min	≥ 7	–	DIN 18555-8

$^{1)}$ Siehe Fußnote$^{1)}$ in Tabelle A.2.
$^{2)}$ Bis zum Alter von 7 Tagen im Klima 20/95 nach DIN 18555-3, danach 7 Tage im Normalklima DIN 50014-20/65-2 und 14 Tage unter Wasser bei + 20 °C.
$^{3)}$ Siehe Fußnote$^{4)}$ in Tabelle A.2.
$^{4)}$ Richtwert

A.3.2 Leichtmörtel (LM)

Für Leichtmörtel ist die Zusammensetzung aufgrund einer Eignungsprüfung (siehe A.5.3) festzulegen.

Leichtmörtel müssen die Anforderungen nach Tabelle A.3 erfüllen.

Zusätzlich müssen Zuschlagarten nach DIN 4226-1 und DIN 4226-2 sowie Zuschlag, dessen Brauchbarkeit nach den bauaufsichtlichen Vorschriften nachgewiesen ist (siehe Abschnitt 1, Anmerkung), den Anforderungen nach A.2.1, letzter Absatz, genügen.

Bei der Bestimmung der Längs- und Querdehnungsmoduln gilt in Zweifelsfällen der Querdehnungsmodul als Referenzgröße.

A.3.3 Dünnbettmörtel (DM)

Für Dünnbettmörtel ist die Zusammensetzung aufgrund einer Eignungsprüfung (siehe A.5.4) festzulegen. Dünnbettmörtel müssen die Anforderungen nach Tabelle A.4 erfüllen.

A.3.4 Verarbeitbarkeit

Alle Mörtel müssen eine verarbeitungsgerechte Konsistenz aufweisen. Aus diesem Grunde dürfen Zusätze zur Verbesserung der Verarbeitbarkeit und des Wasserrückhaltevermögens zugegeben werden (siehe A.2.4). In diesem Fall sind Eignungsprüfungen erforderlich (siehe aber A.2.3).

A.4 Herstellung des Mörtels

A.4.1 Baustellenmörtel

Bei der Herstellung des Mörtels auf der Baustelle müssen Maßnahmen für die trockene und witterungsgeschützte Lagerung der Bindemittel, Zusatzstoffe und Zusatzmittel und eine saubere Lagerung des Zuschlages getroffen werden.

Für das Abmessen der Bindemittel und des Zuschlages, gegebenenfalls auch der Zusatzstoffe und der Zusatzmittel, sind Waagen oder Zumeßbehälter (z. B. Behälter oder Mischkästen mit volumetrischer Einteilung, jedoch keine Schaufeln) zu verwenden, die eine gleichmäßige Mörtelzusammensetzung erlauben. Die Stoffe müssen im Mischer so lange gemischt werden, bis ein gleichmäßiges Gemisch entstanden ist. Eine Mischanweisung ist deutlich sichtbar am Mischer anzubringen.

A.4.2 Werkmörtel

Werkmörtel sind nach DIN 18557 herzustellen, zu liefern und zu überwachen. Es werden folgende Lieferformen unterschieden:

a) Werk-Trockenmörtel,

b) Werk-Vormörtel und

c) Werk-Frischmörtel (einschließlich Mehrkammer-Silomörtel).

Bei der Weiterbehandlung dürfen dem Werk-Trockenmörtel nur die erforderlichen Wassermengen und dem Werk-Vormörtel außer der erforderlichen Wassermenge die erforderliche Zementmenge zugegeben werden. Werkmörteln dürfen jedoch auf der Baustelle keine Zuschläge und Zusätze (Zusatzstoffe und Zusatzmittel) zugegeben werden. Mehrkammer-Silomörtel dürfen nur mit dem vom Werk fest eingestellten Mischungsverhältnis unter Zugabe der erforderlichen Wassermenge hergestellt werden.

Werk-Vormörtel und Werk-Trockenmörtel müssen auf der Baustelle in einem Mischer aufbereitet werden. Werk-Frischmörtel ist gebrauchsfertig in verarbeitbarer Konsistenz zu liefern.

A.5 Eignungsprüfungen

A.5.1 Allgemeines

Eignungsprüfungen sind für Mörtel erforderlich,

a) wenn die Brauchbarkeit des Zuschlages nach A.2.1 nachzuweisen ist,

b) wenn Zusatzstoffe (siehe aber A.2.3) oder Zusatzmittel verwendet werden,

c) bei Baustellenmörtel, wenn dieser nicht nach Tabelle A.1 zusammengesetzt ist oder Mörtel der Gruppe IIIa verwendet wird,

d) bei Werkmörtel einschließlich Leicht- und Dünnbettmörtel,

e) bei Bauwerken mit mehr als sechs gemauerten Vollgeschossen.

Die Eignungsprüfung ist zu wiederholen, wenn sich die Ausgangsstoffe oder die Zusammensetzung des Mörtels wesentlich ändern.

Bei Mörteln, die zur Beeinflussung der Verarbeitungszeit Zusatzmittel enthalten, sind die Probekörper am Beginn und am Ende der vom Hersteller anzugebenden Verarbeitungszeit herzustellen. Die Prüfung erfolgt stets im Alter von 28 Tagen, gerechnet vom Beginn der Verarbeitungszeit. Die Anforderungen sind von Proben beider Entnahmetermine zu erfüllen.

A.5.2 Normalmörtel

Es sind die Konsistenz und die Rohdichte des Frischmörtels nach DIN 18555-2 zu ermitteln. Außerdem sind die Druckfestigkeit nach DIN 18555-3 und zusätzlich nach der vorläufigen Richtlinie zur Ergänzung der Eignungsprüfung von Mauermörtel und die Haftscherfestigkeit nach DIN 18555-5[3]) nachzuweisen. Dabei sind die Anforderungen nach Tabelle A.2 zu erfüllen.

A.5.3 Leichtmörtel

Es sind zu ermitteln:

a) Druckfestigkeit im Alter von 28 Tagen nach DIN 18555-3 und Druckfestigkeit des Mörtels in der Fuge nach der vorläufigen Richtlinie zur Ergänzung der Eignungsprüfung von Mauermörtel,

b) Querdehnungs- und Längsdehnungsmodul E_q und E_l im Alter von 28 Tagen nach DIN 18555-4,

c) Haftscherfestigkeit nach DIN 18555-5[3]),

d) Trockenrohdichte nach DIN 18555-3,

e) Schüttdichte des Leichtzuschlags nach DIN 4226-3.

Dabei sind die Anforderungen nach Tabelle A.3 zu erfüllen. Die Werte für die Trockenrohdichte und die Leichtmörtelgruppen LM 21 oder LM 36 sind auf dem Sack oder Lieferschein anzugeben.

A.5.4 Dünnbettmörtel

Es sind zu ermitteln:

a) Druckfestigkeit im Alter von 28 Tagen nach DIN 18555-3 sowie der Druckfestigkeitsabfall infolge Feuchtlagerung (siehe Tabelle A.4),

b) Haftscherfestigkeit im Alter von 28 Tagen nach DIN 18555-5[3]),

c) Verarbeitbarkeitszeit und Korrigierbarkeitszeit nach DIN 18555-8.

Die Anforderungen nach Tabelle A.4 sind zu erfüllen.

---

[3]) Siehe Fußnote [4]) in Tabelle A.2.

Die Kalksandstein-Info GmbH arbeitet für 101 KS-Werke. Deren Beratungsservice vor Ort ist durch eine regionale Bearbeitung gewährleistet.

Kalksandstein-Info GmbH
Entenfangweg 15
30419 Hannover
info@kalksandstein.de
www.kalksandstein.de

Beratung:

KS-Bayern e.V.
Kalksandsteinindustrie Bayern e.V.
Rückersdorfer Straße 18
90552 Röthenbach a.d. Pegnitz
Telefon: 09 11/54 06 03-0
Telefax: 09 11/54 06 03-9
info@ks-bayern.de
www.ks-bayern.de

KS-Nord e.V.
Kalksandsteinindustrie Nord e.V.
Lüneburger Schanze 35
21614 Buxtehude
Telefon: 0 41 61/74 33-60
Telefax: 0 41 61/74 33-66
info@ks-nord.de
www.ks-nord.de

KS-Ost e.V.
Kalksandsteinindustrie Ost e.V.
Kochstraße 6 - 7
10969 Berlin
Telefon: 0 30/25 79 69-30
Telefax: 0 30/25 79 69-32
info@ks-ost.de
www.ks-ost.de

KS-Süd e.V.
Verein Süddeutscher
Kalksandsteinwerke e.V.
Heidelberger Straße 2 - 8
64625 Bensheim/Bergstraße
Telefon: 0 62 51/10 05 30
Telefax: 0 62 51/10 05 32
info@ks-sued.de
www.ks-sued.de

KS-West e.V.
Kalksandsteinindustrie West e.V.
Barbarastraße 70
46282 Dorsten
Telefon: 0 23 62/95 45-0
Telefax: 0 23 62/95 45-25
info@ks-west.de
www.ks-west.de

KS PLUS Wandsystem GmbH
Averdiekstraße 9
49078 Osnabrück
Telefon: 05 41/4 40 61-97
Telefax: 05 41/4 40 61-98
info@ksplus.de
www.ksplus.de

Bauen mit System KS-Quadro e.V.
Malscher Straße 17
76448 Durmersheim
Telefon: 0 72 45/8 06-240
Telefax: 0 72 45/8 06-241
info@ks-quadro.de
www.ks-quadro.de

Werbegemeinschaft KS-Sturz
Bahnhofstraße 21
34593 Knüllwald-Remsfeld
Telefon: 0 56 81/99 86 20
Telefax: 0 56 81/99 86 22
werbegemeinschaft@ks-sturz.de
www.ks-sturz.de

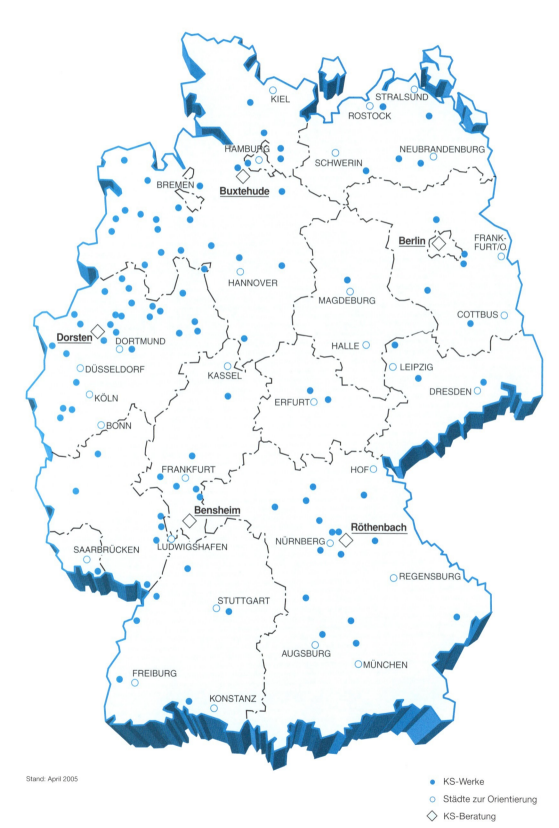

Stand: April 2005

- ● KS-Werke
- ○ Städte zur Orientierung
- ◇ KS-Beratung